纪念孙中山先生创办中山大学 90 周年校庆丛书编委会

总策划：李　萍　陈春声　黎孟枫
主　任：梁庆寅
成　员：李　萍　李宝健　陈汝筑　梁庆寅
　　　　黄天骥　邱　捷　程焕文　丘国新

纪念孙中山先生创办中山大学90周年校庆丛书
Publications to Celebrate the 90th Anniversary of the Founding of Sun Yat-sen University by Dr. Sun Yat-sen

孙中山研究丛录

李吉奎 ◆ 著

中山大学出版社
SUN YAT-SEN UNIVERSITY PRESS
·广州·

版权所有　翻印必究

图书在版编目（CIP）数据

孙中山研究丛录/李吉奎著. —广州：中山大学出版社，2014.11

ISBN 978-7-306-05072-4

Ⅰ.①孙… Ⅱ.①李… Ⅲ.①孙中山（1866—1925）—人物研究—文集 Ⅳ.①K827=6

中国版本图书馆 CIP 数据核字（2014）第 245886 号

出版人：徐　劲
策划编辑：邹岚萍
责任编辑：李海东
封面设计：曾　斌
责任校对：何　凡
责任技编：何雅涛
出版发行：中山大学出版社
电　　话：编辑部 020-84110283，84111996，84111997，84113349
　　　　　发行部 020-84111998，84111981，84111160
地　　址：广州市新港西路 135 号
邮　　编：510275　传真：020-84036565
网　　址：http://www.zsup.com.cn　E-mail：zdcbs@mail.sysu.edu.cn
印　刷　者：广州中大印刷有限公司
规　　格：787mm×1092mm　1/16　28.75 印张　530 千字
版次印次：2014 年 11 月第 1 版　2014 年 11 月第 1 次印刷
定　　价：80.00 元

如发现本书因印装质量影响阅读，请与出版社发行部联系调换。

总　序

李　萍

今年是孙中山先生创办中山大学 90 周年。90 年来，中大人秉承中山先生"天下为公"的精神，在人才培养、科学研究、服务社会、文明传承与创新上砥砺前行，形成了中山大学的优良办学传统，为实现建设世界一流大学的战略目标奠定了坚实基础。

为纪念和庆祝建校 90 年，学校以"学术与校友"为主题开展了一系列活动，建立了学校的顾问董事会，举办了全球中大校友会会长论坛等等，出版"纪念孙中山先生创办中山大学 90 周年校庆丛书"就是这次校庆活动中的一个重要部分。这套丛书包括《孙中山研究丛录》、《孙中山社会建设思想研究（修订版）》、《孙中山与近代中国的觉醒（增订本）》、《中山手创　巍巍上庠》、《声振神州：孙中山在中山大学及前身院校的演讲》、《辛亥革命与新中国》、《中山大学与现代中国学术》、《中大童缘》、《岭南记忆》、《思华年——中山大学外语人的故事》、《康乐芳草：中山大学校园植物图谱》、《泽惠翰林　德铭千秋：1978—2014 年中山大学受赠建筑集萃》、《校园歌曲 30 年》、《中山大学外语学科 90 年（1924—2014）》共 14 部。这 14 部著作，有的通过深入挖掘史料，对中山先生的思想、精神和伟大贡献作出了新的阐发，进一步深化了孙中山研究；有的打开尘封已久但依然鲜活的记忆，讲述了中大的人、中大的事、中大的草木、中大的建筑，呈现了一个个动人的中大故事；有的把笔触投向中大与现代中国学术的关系，从多个视角阐述了中山大学在现代中国学术形成、发展过程中的地位和重要贡献。为完成这套丛书，各书的作者花费了许多精力和心血，丛书的字里行间饱含着他们热爱中大、心系中大的赤诚之情。我们相信，这套丛书的出版必将在凝聚中大精神、传播中大文化方面起到推动作用。

撰写、出版有关中山大学的历史和当前发展的书籍，校庆自然是合适的契机，但是这项工作当然不止于校庆期间。我们希望"书写中大"成为中大师生、校友的常态，在书写中寄托爱校的情怀，寄望学校的发展，让中大精神发扬光大，让中大文化薪火相传。

是为序。

2014 年 12 月 1 日于康乐园

前　言

　　自从1979年中山大学第一次举办全国性的孙中山学术研讨会后，约20年间，国内的孙中山研究呈现一片繁荣景象，"孙中山和他的时代"成为热门话题，逐渐形成一门"孙学"；这个"孙学"还被称为"显学"。然而，斗转星移，进入新世纪以来，这门"显学"走过了它的辉煌历程，逐渐式微，当下专门研究孙中山的学者已经极为有限了。有的学者担心，孙中山研究将后继乏人。这种忧虑确实使人思考它是否多余的问题。诚然，一门学问的研究，只有归于常态化以后，其研究的深度与广度才有可能正常地开展。

　　孙中山在其生前尤其是身后，曾获得许多殊荣，他头上有过许多光环，如国父、世界伟人、世纪伟人、民族英雄等。当然，贬损孙中山的政敌或学者也不乏其人。历史事实告诉人们，任何一个重要的历史人物，都不可能被世人普遍地、毫无争议地接受。但是，如果不是另有目的的话，看待一个历史人物，评判其是非功过，还是要看他的主要方面，比较他与同时代的各式人物，看他为国家民族做了些什么。研究孙中山，事同此理，观其30年革命生涯，波澜壮阔，是弹是赞，非可以一言尽，关键是将史事真相说清楚，实事求是，展示一个历史上曾经存在过的孙中山。

　　平实而言，孙中山是中国民主革命先行者、中华民国缔造者、中国近代化先驱之一。孙中山不是什么"完人"。作为一位革命党的领袖，在他存活的年代，党内外人士就曾对他有过各种各样的评论。时代产生了孙中山，孙中山也义无反顾地以天下为己任。他从不隐瞒自己的目标，但他的任务过于艰巨，受主客观条件的限制，他无力完成自己的历史使命，连他本人晚年也承认：革命尚未成功，同志仍须努力。孙中山在1925年去世后，留下一笔厚重的政治遗产，即他的思想学说与充满变数的党和事业。

　　孙中山的思想学说和革命事业的历史价值，正是后人所要研究的问题。由于史学研究论著不是宣传品，故很难说研究它能直接产生多少社会效用。然而，孙中山的情况有些特殊，他的许多政治主张、建设理想，以及联俄外交政策，其影响所及，恐将历数百年而不替。从这个意义来说，孙中山研究又具有重大现实意义。准此以观，孙中山研究之所以能形成"孙学"，重要原因正是在于它具有不可估量的历史价值，即有助于国家民族的统一、文明与进步。有价值的课题总会有人去研究的，所以，不必忧虑孙中山研究后续的兴衰。

1981年年初，我从吉林省社会科学院调来中山大学孙中山研究室（今研究所），成为孙中山研究的从业人员。30多年来，我先后参与《孙中山全集》、《孙中山年谱长编》及《孙中山志》的编辑、编纂工作（现在还在参与《孙中山全集补编》与《孙文全集》的编辑）；出版了《孙中山与日本》与普及读物《孙中山》（这本小册子迄已印了两三万册）；写了百余篇论文，其中大部分已收入论文集《孙中山的生平及其事业》与《龙田学思琐言——孙中山研究丛稿新编》两书中。我还翻译了日本藤井昇三教授的《孙文研究——以民族主义理论的发展为中心》一书及另外一些日本学者的论文。另外，参与编写《辛亥革命运动史》、《广州——辛亥革命策源地》等书，还参与主编《辛亥革命广东馆藏资料选编》、《广东文史资料精编》（上下编）。这些研究或资料编纂能够完成，均得益于我所在单位的学术环境及同仁的支持，春风夏雨，每一念及，辄生感激之情。

今年是中山大学建校九十周年，中山大学出版社为庆祝学校九旬华诞，计划出版一批孙中山研究书籍，本人忝列其中，自感荣幸之至。在此，首先对中山大学出版社的厚意表示由衷的谢悃。

这本《孙中山研究丛录》，便是根据中山大学出版社的意向编辑的。书中所收各篇，包括从已刊的《孙中山的生平及事业》、《龙田学思琐言——孙中山研究丛稿新编》二书中挑选出来的，以及尚未结集的已刊、未刊的论文。它实际上是著者研究孙中山的自选集。书中各篇，有少量并非专门讲孙中山而事涉孙氏者，亦予以收录，在此附带说明。

本书各篇，有些是二三十年前写作的，因受资料、见识等条件的限制，显得有点单薄和肤浅。现在虽然情况有了变化，但是欲重新去作补充和修饰，显然又为精力和时间所不许可，故只能按原样排出（个别篇有所订正）。前贤有所谓"悔其少作"者，可是我起步研究孙中山时已年逾不惑，中年附骥，勉强从事，学殖所限，只能坦白地说是"卑之无甚高论"而已。时空转换，观念更新，今兹汇新旧作品于一册，若能获读者之一瞥，已是感戴不尽了。

中山大学出版社编审邹岚萍女士、责任编辑李海东先生为本书的出版费心尽力，付出巨大劳动，在此，谨致诚挚的谢意。

李吉奎
二〇一四年元月廿六日
于中山大学步云轩

目 录

香港商人与辛亥革命 …………………………………… 1
张弼士巨款援孙说质疑 ………………………………… 8
南京临时政府的财政与政局 …………………………… 16
1912—1913 年间孙中山的联日外交 …………………… 40
护国战争与日本 ………………………………………… 51
欧战期间的孙中山 ……………………………………… 63
孙中山与外蒙问题 ……………………………………… 78
孙中山与"西藏问题" …………………………………… 90
孙中山联德外交始末 …………………………………… 107
1921—1925 年间的孙中山与旧交通系 ………………… 119
1923—1924 年间孙、陈调和问题研究 ………………… 138
中国国民党"一大"前后孙蒋关系研究 ………………… 151
黄埔军校创办缘起 ……………………………………… 168
中国致公党为何弃孙选陈 ……………………………… 185

孙中山"创立合众政府"与联邦制理想 ………………… 205
试论孙中山的兴亚思想与日本的关系 ………………… 213
孙中山论明治维新 ……………………………………… 229
孙中山晚年文化思想中对传统的因袭 ………………… 245
孙中山与基督教 ………………………………………… 256
传统观念的现代诠释
　　——孙中山宣誓观研究 …………………………… 267
孙中山民德观刍议 ……………………………………… 282
孙中山《大亚洲主义》演说新议 ………………………… 295

孙中山与刘学询 ………………………………………… 311
孙中山与国内上层知识分子
　　——以汪康年资料为中心 ………………………… 333
孙中山与横滨华侨冯氏昆仲 …………………………… 355

孙中山与刘成禺 …………………………………………… 366
孙中山与王宠惠 …………………………………………… 384
孙中山与杨崇伊父子 ……………………………………… 398
是非蜀洛待澄清
　——孙中山章士钊关系初探 ………………………… 404
孙中山与民元实业界 ……………………………………… 419
孙中山与"满铁"关系者 ………………………………… 429
康梁师徒对孙中山逝世的反应 …………………………… 438

孙中山，一个被取、用的名字 …………………………… 448

香港商人与辛亥革命

从1894年檀香山兴中会成立算起，迄1911年武昌起义，在整个辛亥革命运动过程中，香港一隅之地起着重大作用。它是广州重阳起义与惠州起义的军事出发点。同盟会成立后历次起义，亦大多以香港为基地，筹措经费，募集人员，购买械弹，乃至预为撤退之去路，莫不以此地为依托。香港兴中会、同盟会香港分会以及同盟会南方支部，先后是该地指挥机构，而《中国日报》则为革命党活动之中枢。或谓香港为革命党对内地活动之策源地，信然。

香港割让后的百余年间，内地与香港间仍自由通行，无须办护照或通行证一类的什物。这种状况，为革命党人的活动提供了方便。由于来往自由，一些内地人士或华侨到港谋生，经营产业，或久或暂，统称港人。参与、支持革命活动的港人，除了知识界的若干精英，便是被冯自由称为"同志商人"[①]的香港商人。在当时条件下，事实上也不易区别一般商人与买办商人的关系，故本文笼统称之为香港商人，概念亦较含糊。然此辈对中国民主革命之发足，实有不可磨灭的贡献，不可不纪。

孙中山于1894年11月在檀香山成立兴中会后，时值中日甲午战争，得友人信，以国内事大有可为，乃返国，于1895年1—2月间返抵香港。他以自己同志陈少白、郑士良、陆皓东等人为班底，结合原辅仁文社成员杨衢云、谢缵泰、黄咏商等人成立香港兴中会，设机关于士丹顿街十三号，榜其名曰乾亨行，此名为黄咏商所取。港人陆续加入者，有周昭岳、余育之、徐善亭、朱贵、丘四等数十人。

香港兴中会成立后，众议决定在广州大举，即是年的重阳起义。推定孙中山在广州专任军务，发展组织，由郑士良、陈少白、陆皓东等佐之。杨衢云驻港专任后方接应及财务事务，黄咏商、谢缵泰等辅之。广州重阳起义准备过程中的经费，缺乏详细记载。杨衢云在港筹措所得，见于记载者仅两笔。一为黄咏商捐款。咏商是黄胜之子。黄胜，香山人，世居澳门，是容闳同时

---

① 冯自由著：《革命逸史》第三集，中华书局1981年版，第234页。

的留美学生,回港后致力办印刷及经商,曾任香港立法局华人非官守议员。①
"广州重阳之役,咏商鬻其苏杭街洋楼一所,以充军费,得资八千元。"② 另一位捐资者是愉园主人余育之。育之为日昌银号东主,富商,由杨衢云介绍入兴中会。育之独慨助军饷万数千元,密约衢云、黄咏商等至红毛坟场交款,虽同志中亦鲜有知者。③

受孙中山鼓动为起义捐款的檀香山华侨邓荫南,开平人,先在檀香山经商,兼营农业,加入兴中会。1895 年春,孙中山归国,数月后,荫南鬻其私产,得资万数千元,亦返香港,时来往香港广州间,为义师尽力。后荫南居九龙屯门,其寓所地僻人稀,附近山冈常有爆石工作,为支那暗杀团同志试验爆炸品之地点。④ 孙中山记述,"且当日图广州之革命以资财赞助者,固无几人也。所得助者,香港一二人出资数千,檀香山人出资数千,合共不过万余耳。而数年之经营,数省之联络,及于羊城失事时所发现之实迹,已非万余金所能办者也,则人人皆知也。其余之财何自来乎?皆我兄及我所出也。"⑤ 但是,根据一项记载,广州起义前,檀香山兴中会曾给孙中山一千多元。⑥ 没有资料可供证实孙眉兄弟为广州起义提供的金额,也不存在此役经营数年数省问题。在广州的孙中山不清楚在香港募款的具体情况。购械、运输及募勇费用,主要是由香港同志支付的。可以说,香港的商人同志是广州重阳起义的主要经费来源。

乙未广州起义失败后,孙中山、陈少白与郑士良亡走日本。孙本人被港英当局宣布禁止五年内在香港登岸。为制造革命舆论,1899 年秋,孙派遣陈少白在香港创办《中国日报》,12 月下旬开始出版。经过 1900 年惠州之役,《中国日报》经费不支。幸是时富商李纪堂早经杨衢云介绍加入兴中会,于接济军饷外,尚能担负报馆度支。《中国日报》赖以不坠者,李之力为多。⑦

李纪堂(原名李柏),原籍广东新会,香港富商李升之三子,为清季革命党员中捐助起义军饷最巨者。纪堂曾任日本邮船公司港分行华经理。父卒,

---

① 吴伦霓霞等编:《孙中山在港澳与海外活动史迹》,香港 1986 年印刷,第 38 页。
② 《革命逸史》初集,第 6 页。
③ 同上书,第 45 页。
④ 《革命逸史》初集,第 43 页;第四集,第 192 页。
⑤ 罗家伦主编:《革命文献》第 3 辑,台北"中央文物供应社"1984 年版,第 290 页。
⑥ 《檀山华侨》,第 16~17 页。转引自陈锡祺主编:《孙中山年谱长编》上册,中华书局 1991 年版,第 77 页。
⑦ 《革命逸史》初集,第 67 页。

兄弟八人析产，各得百万。纪堂挥金如土。1900年3月，由杨衢云主持加入兴中会。孙中山为经营惠州起义，6月间乘船过港，由衢云、少白等引纪堂登舟相见。孙立予两万元，令充驻港会计主任。纪堂于此役前后所耗不赀，加上支持《中国日报》常费，亦逾巨万。他还支持孙中山游历欧美，提供1902年陈少白赴河内参观博览会游资两千元。1902年洪全福起义，策划者为兴中会会员梁慕光、李植生等人，李纪堂为此役提供五十万元经费。经此役后，其家业因之耗费过半，渐呈竭蹶之象。1904年《中国日报》经费困难，亟图改组，由容星桥介绍与文裕堂印务公司合并。除两单位作合资本若干外，余由李纪堂出资五万元助成其事。纪堂还办了新界的青山农场，辟地数百亩，从事种植畜牧，且为内地起事失败后党人逃避之薮。另外，就是他出资两万元，办"采南歌"剧社，编演具民族主义的剧目，开日后"振天声"等剧团编演革命剧目的先声。1907年以后，他所开设的益隆银号负债累累，因而宣告破产。虽然经济拮据，但对党人行险、募款、涉讼、外交诸事，他支持仍惟恐不力，如黄冈起义后余丑被清吏逮捕之讼案，1909年汪精卫等在屯门作爆炸品之试验，以及辛亥广东水师提督李准之投诚等，均得其助力匪鲜。①

同盟会时期另一支持革命的香港富商是李煜堂（名文奎，以字行）。煜堂台山人。兄弟七人均经商美洲致富。煜堂返港后，创设金利源、永利源两药材行。后在港创设多间保险公司，人称之"保险大王"。1900年，遣子自重赴日本留学。1905年中国同盟会成立，自重与其妹夫冯自由受孙中山派遣返港，推广党务，在香港、广州、澳门各地设分支机构，煜堂与其弟文启亦入会。"丙午（一九〇六年）革命党惟一机关之中国日报为清吏及保皇党人倾陷，势濒歇业，先生徇陈少白、冯自由请，斥资承购该报，而使冯自由主其事。自丙午以迄辛亥，此革命枢纽之赖以维持不堕，实以先生之力为多。及庚戌（一九一〇年）正月，广州新军反正失败，国报（按：即《中国日报》）受当地政府严密监视，先生乃改以其数十年老店金利源药材行为交通机关，辛亥三月二十九日黄花岗一役以迄民元南京政府成立，所有海外党部汇输款项概由该店收解，间有同志假该店贮藏危险物品，店伙震骇，先生泰然处之。"②

1909年10月，中国同盟会南方支部在香港成立，以胡汉民为支部长。据

---

① 《革命逸史》初集，第92、93、94页；第三集，第161页。
② 《革命逸史》初集，第194页。

胡自述,"支部费用,由港同志负担,林直勉、李海云则倾其家以为助"①。据莫纪彭《同盟会南方支部之干部及庚戌新军起义之回顾》称,"南方支部设立的经费,系由林直勉析家产一万余元充用"②。直勉家在香港开设林荣昌号,经营藤枝业。南方支部成立后,直勉任会计。至于李海云,是在准备广州起义紧要关头,提供经费者。时黄兴、赵声等相继抵港,倪映典亦盘马弯弓以待,而孙中山所募仅汇港港币八千元,距二万之数尚远。"支部诸人以为时迫,异常焦灼。有同志李海云者,文咸东街远同源汇兑业商号之司事也,目睹本党需款情形,认为机不可失,乃下大决心,尽提该商号存款二万馀元献请南方支部,以充军费之需,己则隐匿他处,以避股东之追究。支部得此意外之生力军,遂派海云驻广州河南大塘乡李福林家,专任民军购械会计事务。"冯自由还记述,早先海云还贷款给《中国日报》解决经济困乏。远同源系海云父佑谱及陈元英父赴贤与同族某等之合股公司,至是海云乃诿为因金银业失败致亏空公款,转求父执李煜堂、同志陈元英等代向说项。诸股东察知海云此次毁家赴义之真相,亦咸为之谅解。在新军起义"事败后海云犹携其军用余款三千元至香港纳还机关部"。准备黄花岗起义设统筹部,分职任事,海云受任统筹部出纳课长。"三二九"之役前后海外各埠华侨义捐,概由金利源号商店收,而一切文据则由海云署名。③林直勉、李海云二人,被称作毁家报党的事例受到褒扬。

根据冯自由记述,还有香港陈杨三家与革命党关系的问题。陈杨三家,系指香港富商陈席儒、陈赓虞及杨西岩三人。陈氏兄弟为香山人、檀香山华侨大种植家陈芳之子,各得其父资产巨万,归国后历任香港德忌利士轮船公司买办,在港商界素以财雄见称。杨西岩,新会举人。少受乃祖遗下多量地产,有轮船码头曰杨泰兴,时人以大地主名之。1906年春,粤督岑春煊以武力收粤汉铁路为官有,陈杨三家以大股东资格领导粤省及港澳等地股东开会反抗,得到《中国日报》的支持,陈少白且充谋士。该报虽在香港出版,但销售则有赖于广州。岑督下令禁止港报入口,《中国日报》损失巨大。《中国日报》与文裕堂印务公司合并后,成为文裕堂资产之一部分。1905年冬,因该报攻击保皇党在美洲行骗,被康同璧在香港法院控告文裕堂以毁谤罪,双

---

① 《胡汉民自传》,中国社会科学院近代史研究所近代史资料编辑部编:《近代史资料》总45号,中国社会科学出版社1981年版,第31页。
② 中华民国开国五十年文献编纂委员会编:《中华民国开国五十年文献》第1编第12册,台北中正书局1964年版,第17~18页。
③ 《革命逸史》初集,第216~217页。

方涉讼多月未解。1906年夏，文裕堂营业状况不佳，有牵累《中国日报》之虞。陈杨等顾念《中国日报》在粤路风潮中之支持，曾对陈少白表示，若报馆为讼事不能支持，彼等当合力出资万元以助，借酬党人协助彼等之劳云云。到是年8月，文裕堂果然破产，陈杨等人虽然事前知之，但是默无一言，陈少白束手无策。冯自由时任《中国日报》记者，乃求援于其岳父李煜堂，得其帮助，渡过难关，事前以五千元向文裕堂购出《中国日报》，始免于拍卖。香港同盟会诸人对陈杨等食言而肥，深致不满。随后孙中山发动黄冈、七女湖起义，欲向陈杨等筹军饷十万元，写信给冯自由交陈少白承办。少白惩于前事，未向彼等发言，将原函退冯自由了事。陈杨等原无意支持革命。黄冈起义，需款至亟，冯自由乃将孙函交陈赓虞，并委托李煜堂转询意见。赓虞对李声言，革命党起事妨害商务，殊属不智，如此次黄冈作乱，彼之（德忌利士）轮船公司营业即大受影响，即为明证云。陈杨等在粤路风潮停息后，为答谢陈少白，先后给陈九千元。少白并未将此款交公，而是用它购置了九龙牛池湾田产若干亩，辟为农场，移家居住，后来又将农场的一部分借给孙眉营生。①

另据记载，有萧远岩者，潮州人，在香港经商。1905年，萧氏廿余岁，放弃家庭事业经营而投身革命，参加黄冈起义，为积极分子。黄燕南，出身香港富有家庭，曾任外国商行买办。1902年，辞去买办职位，积极参加在香港的革命活动，专志办革命报刊，撰写反清革命文章。②

1910年广州新军起义失败，香港同盟会党务极形不振，新会员仅发展了百余人。同年冬，孙中山在槟榔屿开会，商议筹款再举办法，决定重在广州发难。1911年3月间，留东及沪鄂湘皖赣苏浙等地同志齐集香港，候时出发；南方支部派会员多人分赴各地购运械弹至港备用，并设统筹部为总枢纽，分设八课，各司其职。至3月下旬，已汇到香港十五万余元（后续收了万余元），于是有"三二九"黄花岗之役。此役，香港商人除李海云任统筹部出纳课长外，未见他人参与，亦未在港地筹款。但香港作为起义策划地、起义人员输转中心与收汇地点，已足于体现它在此役中的不可替代的地位。

黄花岗起义失败后，乘着保路风潮高涨，香港成为革命党人暗杀广东清吏的谋划点。刺伤李准，孚琦、凤山先后毙命，一时风声鹤唳，清吏一夕数惊。10月10日武昌起义爆发，南方各省纷纷响应。广东各县民军相率揭竿而起，日夕传言进攻省城。水师提督李准因与粤督张鸣岐不洽，见大势已去，

---

① 《革命逸史》第二集，第205～208页。
② 《孙中山在港澳与海外活动史迹》，第63页。

在党人活动下，乃通款输诚于南方支部。各绅商在咨议局倡议独立。张鸣岐出走，各绅商举胡汉民为广东都督。11月10日，汉民率港商李煜堂、林护、容星桥、余斌臣、邓仲泽、杨西岩、伍于簪、李茂之等十余人晋省就都督职。及孙中山就任南京临时大总统，李海云遵命即将南方支部存款三十余万元尽汇上海，作为大总统就职日犒赏军士之需。《中国日报》随亦迁广州出版，至"二次革命"后为龙济光所封禁。香港党务报务密不可分。《中国日报》自1906年秋至1910年春，即冯自由主持期间，纯由同志商人措资接办。该报先后在港穗出版达12年之久，作为革命党喉舌，其重要性是显然的，它的生存发展，有同志商人的一份功劳，这也是不容忽视的。

以胡汉民为都督的广东军政府，建政之初，即面临严重的财政问题。清吏逃走时，搜劫了官厅银钱。张鸣岐扬言："革命党即使占广东，也不能守三日也。"新军、旗营费用，刻不容缓。省城进驻十万民军，每日每人二毫伙食费，不能拖欠。政府新建，在在需款。胡汉民偕一批香港商人进省，用意极为明白。他任命李煜堂为财政部长，意亦同此。军政府委托省城筹饷局筹募公债500万元。又在香港设立筹饷局，以杨西岩、邓仲泽为局长。胡汉民还令李煜堂、杨西岩速向港商借款40万元，以救燃眉之急；同时，接受海内外捐款接济。不过这些措施仍不能解决问题，在粤省旧有纸币、银元一律照常流通的基础上，将库存官钱银局纸币1200万元加盖军政府财政部印后发行，并令商会承认通用。危机虽然一时度过，但随之出现纸币贬值低折问题。

香港商人在广东光复后也有所贡献。据冯自由记述，光复后由李煜堂主广东财政，当时"民军所在哗噪，先生在港一夕而筹饷八十馀万，饥卒乃就抚听命，库储亦以次就理"。又，"杨西岩于辛亥粤省反正一役，尝联合港商多人輂金附义"。① 但其具体情况不详。

杨西岩、邓仲泽的香港筹饷局，做出了一些成绩。据《广东财政司（首义九月十九日起至民国元年五月卅一日止）所有收入总数报告册》，香港捐款，旧历九月十九日至十一月十二日，29243元；元月份10700元；二月份1285元5毫。香港借款，旧历九月十九日至十一月十二日止，1367733元1毫1仙；元月份63015元6毫7仙；二月份2040元；五月份41049元3毫3仙。② 上述李煜堂所募之款，应在财政司册所记之数内。

在封建专政制度下，商人不顾身家性命，同情支持革命，时人视之为另类，只能是极少数，唯其不易，所以可贵。在商言商，商人欲与党人保持距

---

① 《革命逸史》初集，第194页；第二集，第209页。
② 《孙中山在港澳与海外活动史迹》，第73页。李煜堂所筹之款，似未列入表内。

离,这也是可以理解的。以陈杨三家为代表的香港商人的基本面,大体如此。其中部分人在广东光复后回省城参政,这是与时俱进的表现,也是当时局势所需。但商人毕竟是商事从业人员,可以发财,却未必能做官。李煜堂以及以后的陈席儒等人之所以在官场玩不下去,除了政局不稳难以展其长才外,便是行当不同,舞台相异,即长袖亦难施舞也。

香港同志商人在辛亥革命过程中的活动,其大略如此。

张弼士巨款援孙说质疑

十几年前，笔者参与编纂《孙中山年谱长编》第 1 卷（1866—1911 年）时，对于一则记载 1910—1911 年间张弼士（振勋，1841—1916 年）以"三十万元"援助孙中山革命的资料是否采录，颇费斟酌；因考虑到这个说法过于离谱，经与全书主编陈锡祺教授商定，最终未予收入。但是，疑者自疑，信者自信。近年来张氏故乡的省市地方志以及相关的辞书、传记条目，除个别的回避外，基本上都据为信史，作为对张氏支持反清革命事业的贡献，加以褒扬。所不同的是将援孙款项改成"共计约三十万两白银"（作文者似不清楚晚清两与元并非等值），将"1910—1911 年"改为"1910 年"。同一位作者，一处写的是"对孙中山领导的革命活动，亦曾暗中援助，共计约三十万两白银"，另一处则写成"对孙中山先生的革命活动也曾给予支持，他暗示东南亚所属分支公司对海外革命党人予以经济上不公开的援助，共计约三十万两白银"。1992 年花城出版社出版的《客家名人录》张弼士条，更明确指陈："当革命党人在海外秘密活动时，张指示其南洋企业从中援助，并通过胡汉民暗助孙中山三十万两白银。"言之凿凿，煞有其事，但所记多少有些随意性。当然，也有谨慎一些的作者心存怀疑，仅称张氏"支持孙中山的革命事业"，或"积极地支持孙中山领导的革命活动"，而不写明如何支持、援助金钱多少。有的文章为加强宣传效果，甚至还称孙曾到张宅密谈了一下午。看来，此事有深入研究的必要。

张氏以巨款援孙的记述，最早见之于李松庵的《华侨实业家张弼士史料》，原文是："1910—1911 年间"，"当革命党人在海外从事革命活动的年月，张弼士曾暗示南洋所属分支公司对海外革命党予以经济上不公开的援助。他回到新加坡之后，适值同盟会需巨款孔亟（张氏长子张秩君为同盟会员），他曾通过胡汉民暗中帮助孙中山三十万元（据张氏长孙媳聂国英追忆，此款曾由胡汉民掣给收条）。"张氏五子钊豪，"曾于 1925 年胡汉民任广东省长期间，以乃父当年捐赠孙中山由胡汉民写的三十万元的收条，向胡索还。胡嘱张大埔同乡邹鲁把他赶走。"① 显然，近年来论者有关张弼士以巨款援助孙的记述，都是从李松庵记述中演绎出来的，共同点是，不清楚30万元（或30万两）是一个什么样的概念。据李松庵自述，乃兄李松云系张弼士的孙婿，两家颇有往来，对张氏生平遗事，耳食不少；作此文时，又得张士助（张氏孙女）萧夔龙夫妇、聂国英（张氏孙媳）及张掖（张氏族人、前中山大学教授）等"提供家藏资料，指引一些考察线索"。李松庵又称："由于回忆追述者不止一人，考察材料来自各方面，限于笔者水平，谬误难免，希望知者加以补充订正。"由此可知，李松庵对于自己作文记事，态度还是谨慎严肃的，他并未将自己的记述作为终极结论，而是认为大有讨论的余地。

关于1910—1911年间张弼士曾以30万元援助孙中山革命运动一事之真否，其重要性可能大大超出提供说词者的初意。要考证此事之真伪，自然还需回到1910—1911年革命党人活动的实际状况。

1909—1911年间，孙中山、黄兴、胡汉民等人策划的两次起义，一次是1910年2月12日（庚戌正月初三）的广州新军起义。此次起义的筹款工作实际在1909年进行。据史料记载，1909年秋，中国同盟会在香港建立南方支部，以策动广东等处起事。胡汉民当时受任为支部长，经费无着，一筹莫展。后得同志林直勉倾家相助，捐港币约2万元，方解支部活动的燃眉之急。孙中山当时在北美活动，向纽约、波士顿及芝加哥洪门筹款，先后汇港币共8000元，胡汉民又得同志李海云从其父亲经营的汇兑公司提取2万港元，以应紧急之需。新军起义后次日即告失败，孙中山闻讯即促同志处理善后，有旧金山同志李是男从其父鞋店里借出1000港元汇港。② 综上数笔数目，计约4.9万港元，并无南洋之款，更与张弼士无涉。

孙中山为领导同盟会本部工作并计划召开领导人会议，于1910年5月底由檀香山赴日本。6月10日抵横滨，旋赴东京。但日本政府徇清廷请求，不许孙居留，他只得于6月25日离开东京赴南洋。孙在香港海面接了家属，一同前往槟榔屿（即槟城、庇能），并安置在该地，生活费用由各处同志捐助。南洋支部原设在新加坡，由于原来支持会务的陈楚楠、林义顺、张永福等人因奔走公务，难以顾及生意经营，经济乏力，故孙中山于7月11日去了一趟新加坡，将南洋支部迁至槟榔屿。孙中山自1910年7月19日迄次年12月15

---

① 李松庵：《华侨实业家张弼士史料》，中国人民政治协商会议广东省广州市文史资料研究委员会编：《广州文史资料》第10辑，广东人民出版社1962年版。

② （马来西亚）郑宪：《中国同盟会革命经费之研究》，张玉法主编：《中国现代史论集》第3辑，台北联经出版事业公司1980年版，第237～238页。

日,由欧洲东返,在将近一年半时间里,未能在新加坡活动,更遑论与当地富商接触了。

广州新军起义失败后,党内弥漫悲观情绪,"举目前途,众有忧色"。孙中山于1910年11月13日在槟城柑仔园寓所举行有黄兴、赵声、胡汉民及槟城、怡保、芙蓉、坤甸等地代表参加的秘密会议,决策重新发动广州起义。为筹措款项,以中国教育义捐为名,发捐册,计划募集10万元,英、荷两属各5万元,暹罗、安南3万元。拟在广州得手后,黄兴、赵声分率所部出湖北、江西、长江流域各省举兵相应,会师北伐。① 当场认捐了8000元。会后孙中山本人拟亲自在英属各埠筹募,但为英国殖民当局驱逐,他不得不于12月6日离开槟城赴欧洲,转往美国。

胡汉民在送别孙中山的次日,即开始募款行动。他先在马来亚的太平、巴罗、金宝等地奔走了十几日,仅募得1万多元,"有素所属望,讵往访之,则畏避而不愿见者,有赞成而力不足副者,故应者殊寡"。正在困难之际,他收到邓泽如信,返回新加坡。12月25日,他们在晚晴园开了募捐会。胡即席演说,谓:"此次孙先生决定大举计划,实汉族存亡所关,现在内地同志,均竭力筹备,待机而动,尤望海外同志,竭力资助,以底于成。"但收获仍然有限,即席仅沈联芳等捐了3000元。② 1911年元旦,胡汉民前往西贡,几经周折,筹得3000余元。他又赴曼谷,募得7000余铢。春节过后,他重往西贡,筹得万余元。在这三个月时间里,舟车劳顿不必说了,募款几近哀求,艰难困苦,成效不彰,若非有身肩道义、百折不回精神,以胡之为人狷介傲慢,恐不易有此数埠之行。一次他与邓泽如去找卢姓富商,缕谈半日,卢某只在募捐簿上题捐了20元。他回顾这段历史时说:"南洋大资本家如陆佑、黄仲涵等,凭借帝国主义,多方剥削工人以致富,其人自然恶言祖国,不知革命为何物。即其未至黄、陆地位,而欣羡崇拜其人不置,则亦如之。华侨固多念祖国,因而富于革命性,然非所望于此辈也。""大霹雳之余束纯更谓〈泽〉如曰:'我非不知革命之合理,然我今非昔比,有百万以上之营业,何能效君等所为?'可以为此辈一般心理之代表,实不止华侨为然也。"③ 就马来亚五个地区而言,捐助者主要是"中等阶级"(包括小商人、店员、伙计)与工人。大部分的店东并不热心,虽然他的店员——店里管账的和做伙计的——常捐出一二个月的薪水的也不少,他们不管袋里有没有钱,总是捐了以

---

① 陈锡祺主编:《孙中山年谱长编》上册,第516～517页。
② 邓泽如著:《中国国民党二十年史迹》,台北正中书局1948年版,第40页。
③ 《胡汉民自传》,《近代史资料》总45号,第34页。

后再设法。胡汉民和邓泽如都证实,在辛亥武昌起义以前,没有一个资本家是乐于捐助革命的。1910 年 12 月,邓泽如在麻六甲拜访谭佑初及其他富商,他们都表示对革命深为同情,但却拒绝在金钱上作任何捐助。1911 年 1 月初,邓与黄兴在吉隆坡筹款,富人连一分钱也没有捐过。姚东生原来是革命党,后来因开锡矿发了财,因此改变态度,当胡汉民请他协助时,他表示因其"新地位"而不便再参与革命工作了。金宝的巨商余某,黄兴和邓泽如带着孙中山的介绍信,要求援助款项,不料他不但拒绝,且恶言相加。① 所以,胡汉民在回顾南洋与中国革命时概括地说。"要是分析华侨对于革命的态度呢,那么大概可以大别为两种人:一种是大资本家,还有一种是富于热诚的普通工人商人的华侨。这两种人对于革命的态度有很大区别。""大资本家最不革命,最怕革命,拥了巨大资本的人总是想保守固有的资本并扩大资本的势力,革命就好像对于他是大不利。"② 这种以阶级观点出发对华侨的分析,颇有见地。这些见解,是他在华侨中进行长期、艰苦、细致的工作,特别是筹款工作中所得出来的。胡汉民还进一步指出,晚清朝廷曾派员到南洋各地视察,招商引资,对于阻碍华侨富商支持革命党,也起了一定作用。官府按侨商投资状况及捐赈等贡献,授予品秩与官职,使之翎顶辉煌,光宗耀祖。有了诰命,也就有了地位,他们的身家性命便与市井民众不同。据载,张弼士有七八千万两银子的家产,朝廷授予头品顶戴、太仆寺卿,1904 年即任商部考察外埠商务大臣、槟榔屿管学大臣兼办闽广农工路矿各项事宜,以后还担任了督办铁路大臣、广东总商会总理等多项职务。比较起来,陆佑、黄仲涵辈是等而下之了。张弼士官运日隆,还受过慈禧、光绪召见,但有人却说他"看透了清廷的腐败无能,于是便转向支持孙中山的革命事业"。君子爱人以德,张弼士既受朝廷恩宠,"暗中"却与朝廷叛逆、"钦犯"交通,脚踏两条船,其人之德性,岂不受到污损?此爱张氏者当不愿见也。

至于说到由胡汉民"掣给收条"之事,也大可怀疑。所捐之款如果是"共约三十万两",这条子便没法开,因为明指这是多次而非一次交款,数目也欠确切,到底捐了多少?写收条有"约"字的吗?而且,这条子是捐款人收存的,万一落入不怀好意者手中,一旦公开出来,张弼士怎么办,身家性命不要了?所以"掣给收条"之事,恐不足信。作为谈资无妨,以言历史,便得认真了。

1911 年 3 月初,胡汉民自西贡返抵香港,黄兴、赵声已先期抵达,时国

---

① 毛注青编著:《黄兴年谱长编》,中华书局 1991 年版,第 167 页。
② 冯自由著:《革命逸史》第五集,第 212 页。

内及东京本部同志纷纷来港联络,乃与已设之统筹部一起工作。4月8日开发难会议。4月27日(三月二十九日),黄兴率同志举事于广州,是为黄花岗起义。起义以失败告终。料理善后粗定,黄兴与胡汉民联名(由胡执笔)写成长达万言的致海内外各同志书,里面即讲到筹款与开支问题。黄花岗起义是革命党历次起义中唯一有经费收支情形正式报告的一次。

上述致海内外各同志书写于1911年5月,即起义后的20天。因当时统计未周,收入(共157213港元)支出(17万港元)数目并不确切。据郑宪估计,大约花费至少21万港元,另外还未计入善后费用约2万港元。起义前收到的21万港元来自下列地方:加拿大(超过7万港元)、马来亚(47661.67港元)、荷属东印度(即今印尼,大约54550港元)、暹罗与安南(2万至3万港元)、美国及夏威夷(1.5万港元)、台湾(日币3000元)。善后的约2万港元来自旧金山及夏威夷的希炉岛。其中马来亚的募款,芙蓉1.8万港元,槟城1.15万港元,怡保7301.34港元,新加坡3530港元,大平1000港元。这个47661.67港元的捐款,总数略低于槟城会议提出在英属地区募集5万港元的指标,但在艰难竭蹶中可谓基本上完成了任务。荷属地区募得54550港元,合英荷两属,总数超过10万港元。由于张弼士在英荷两属均有产业,我们设想一下,其他任何人一分钱不捐,他若捐助了30万元(或两,不清楚是当时中国通行的鹰洋还是港币),这102211.67港元全由张弼士一人包下来,尚余197000多元。那么,这将近20万元(或两)的款项,是谁侵吞了呢?孙中山远在北美难知底细,只有胡汉民难辞干系了。如此说来,英荷各属那些捐了钱的华侨,又岂能甘心?显然,这是无稽之谈,不过,它反过来又说明张弼士以30万元(或两)援孙之说,恐怕只是传闻而已。

如果说,胡汉民、邓泽如、张永福他们的记述均未提及张弼士与革命党的关系,是一种疏略或遗漏,不足为训的话,那么,冯自由的记述则是不应当不书一笔的。1912年中华民国南京临时政府成立后,孙中山咨文临时参议院设立稽勋局。该局内设捐输调查科,"专调查光复前后输资人民","就其输助金额给以公债票"。5月,稽勋局成立于北京,冯自由任局长。冯在任15个月,他说在"此十五月间,经本局及各省分局之剀切调查,对于海内外革命党人之大小事迹,搜罗征集,极为详尽"。冯氏又称,"环顾国内出版之开国记载,仍复浅陋不详,而国人对于辛亥前革命伟业,亦多数典忘祖,喜谤前辈,此真民国盛衰存亡之大关键也。余有鉴夫此,因续有《革命逸史》之作。"稽勋局的职能及其作业,值得注意的有几点:一是对辛亥革命有功人员,调查是详细的,冯氏据以写作的《革命逸史》6册,内容详赡,但无一字提及张弼士(张氏名字从未出现),是何道理?二是稽勋局专门调查辛亥革命捐输人及款项，要发行公债票以资偿还，若张氏有所捐输，对此张氏有何表示？三是对辛亥革命的重要有贡献人士，南京临时政府颁发了一批"旌义状"，以示褒奖，其中便包括"踊跃输将，军储是赖"的重要捐助人。张氏在民元仍健在，他是否也获得了此项奖状？四是对于华侨商人之出资以助义军者，从数千元到5万元，孙中山在《建国方略·孙文学说·有志竟成》中，列举了张静江、黄景南、李卓峰、曾锡周、马培生等人，这些人冯书中都提到了，但却同样无张弼士之名。若张弼士真的曾有以30万元援助之事实，颁个"旌义状"，称之为"肇造民国，厥功至伟"，一点也不夸张。但孙中山、冯自由均对此不置一词，如果不是浑然忘记，便是绝无此事，一切无从谈起也。

若说孙中山与张弼士一点关系都没有，也不尽然，但那是在民国建立之后的事。众所周知，1912年8月，卸职以后的孙氏，应北京临时大总统袁世凯邀请赴京。8月20—21日，孙氏在烟台停留。其间，于21日出席烟台商会午宴，并发表演说，申言发展制造业之重要，谈及："为今之计，欲商业兴旺，必从制造业下手，如本埠张裕公司，设一大造酒厂，制造葡萄酒，其工业不亚于法国之大厂，将来必可获利；又如玻璃公司亦然，张君以一人之力，而能成此伟业，可谓中国制造业之进步。"在这里，他对张弼士兴办的企业加以充分肯定。下午5时，至张裕公司茗谈一小时，为题"品重醴泉"四字，以作留念。① 张弼士当时是否在烟台，不详。尽管孙张二人并未在此场合见面，但若是张曾以巨款援孙，这种场面却是对张表示敬意和谢意的最佳机会。况且，孙卸职后从事民生主义、实业建设，对实业界人士仰仗正多，何不乘此时机为未来铺垫？然而，既未种前因，即无后果，孙中山无一言道及前尘往事，足见彼此均是路人。

据载，张氏家属藏有《先考弼士府君生平传略》，该传略当是张氏丧事礼成之后刊印的文字。传略似未记述关于以巨款援孙之事，否则，引用该文的李松庵不会不在其"史料"一文中加以引用。1917年5月，张氏灵柩从南洋运返家乡安葬。北京黎元洪大总统特遣广东省长朱庆澜（派员）赴张氏灵前致祭，并对"前参政院参政"张弼士颁制碑文。碑文记述张弼士生平事迹颇详，内谓："振勋君植品端悫，廉俭自持，平居节约殊甚，惟务施与，水旱荒灾，无不周济，所捐助义赈，殆十万元。尤眷怀大局，在槟榔屿创办华侨学堂，以兴教育。鼎革后独捐数万金以充军饷，维持秩序，乡里赖之，皆其荦

---

① 罗刚编著：《中华民国国父实录》第三册，台北正中书局1988年版，第1961～1962页。

荦大者。"这个碑文，亦未提及以巨款援孙之事。此时袁氏死将期年，孙中山及革命党人已重登国内政治舞台，若有以巨款援孙之事，光明正大，表彰犹恐不及，何能掩遮不闻？对于张弼士丧葬之事，孙中山、胡汉民均未表态，显然不是他们不念旧，而是无旧之可念耳。有的文章收录了孙中山"挽"张弼士之联语，联中称张为怪才，深得民心，云云，不知所云，尤低俗于小说家言，可不议。

由广东历史学会张弼士研究专业委员会编印的《张弼士研究资料》第一辑《张弼士君生平事略等》，刊登了收藏在香港大学图书馆、由郑观应撰写的《张弼士君生平事略》（以下简称《事略》）。这是一篇详细的张氏生平介绍，在它的卷端有"前清广西左江道如弟郑官应序"，内称："官应于张君弼士旧交也，兰谊也，亦道侣也。自弼公归道山后，官应将其生平、事略、荣典、挽章汇集成秩，付诸梨枣，以志景慕，亦聊尽友谊云尔。"这个序表明，撰者是有据而写的，他们有"三同"关系，交非泛泛。写这篇《事略》时的郑观应，可说已经是中国近代洋务运动的鲁殿灵光了。他曾在李鸿章手下办洋务，一部《盛世危言》，不知惊醒了多少青年学子。他与孙中山是香山同乡，孙写的《农功》，收在《盛世危言》中。他帮助孙中山上书李鸿章，又帮助孙办理赴檀香山护照。据陈少白告诉邵元冲，孙上书之前，曾向郑观应借了400元钱，郑临终时焚去债券。邵元冲在国民党中央曾担任主管宣传、党史编纂的工作，他派许师慎去陈少白那里，陈述许录，整理成《兴中会革命史要》，由邵经手刊世。所以，邵元冲所记当是可信无讹之事。在本文中写这个故事，实在属于枝蔓，但笔者无非是想说明，郑观应与孙中山、张弼士，均是熟稔，若张果有以巨款援孙之事，郑张交往中不会不谈到，陈少白也不会不记述。但是，在《事略》中却仅写道："计生平所办中外慈善义举，若水旱荒灾，平粜赈济，筑桥修路，医院善堂，赠医施药，济生救死，所有善举，靡不力为，所费不下百数十万"。"计前清民国以来，君输款助饷、筹赈、募捐、公债各项，综计亦不下二三佰万焉。""输款助饷"，是指对国内政府而言，即《事略》中所称："中东之后（按：即中日甲午战争以后），君输募巨款助国"，[①]而非对革命党提供起事费用。《事略》通篇未言张氏与孙中山、革命党关系，道理同样简单，不能无中生有，伪造史事，误导舆论。

张弼士系白手起家，积累起连他本人也无法精确计算的丰厚家产，当时任何华侨都无法望其项背，确实是清民间有特殊业绩与贡献的侨商。世人对

---

① 广东历史学会张弼士研究专业委员会编：《张弼士君生平事略等》（《张弼士研究资料》第一辑），2006年，第12页。

他有明确的历史定位,原不必借是否支持过革命党作为标尺去度量其历史地位之高低。建设中的"南粤先贤馆"列他为五岭开辟以来迄辛亥革命的56位先贤之一,也与他是否曾以巨款援孙无关。政府部门派员在海外华侨社会招商引资,用境外资金以支持国家经济建设,给予各种优惠政策和政治待遇,不是今人之发明;追其原始,张弼士时代即已开其滥觞,不过今日目的更加明确,政策更加完备,成效更加显著而已。当前,张弼士研究正在开展,随着史料的深入发掘,研究将会有所深化。本文旨趣,是力图辨明一件被普遍引用的重要史料的真伪,丝毫无意贬损张弼士的业绩与地位。个人一得之见,未敢以为举世皆可认同;或然或否,若得三五同志,切磋讨论,尽杜浮言,去伪存真,回归事实,以昭信史,则为史学从业者不贷之责。

南京临时政府的财政与政局

1912年1月1日，南京临时政府成立。清政府在新的形势下，已无法继续统治下去了，它被迫退位，延续二千余年的封建帝制，也随之结束。根据南北议和代表的协议，孙中山将南京临时政府大总统的职位让给了袁世凯。对于孙中山让位问题，许多论著已经作过充分论述；关于南京临时政府的财政问题，近年也已有专文探讨①。本文旨趣，是就有关临时政府的财政与政局问题，发表一些浅见，以进一步说明孙中山让位的原因。

一、临时政府的财政困难与财政总长人选的择定

武昌起义后，孙中山没有立即取道回国，而是到英法两国寻求援助，并阻止四国银行团原定对清廷的两笔巨额贷款。对于孙中山的请求，法国东方汇理银行经理西蒙表示，一旦民军建立一个为全国所接受、为列强所承认的正规政府时，他们对于在财政上之帮助革命党，将不表反对。孙中山未能从西方国家借到钱，但当他于1911年12月25日回到上海时，却传说他挟有多资，使他不得不向报界郑重表示："革命不在金钱，而全在热心。吾此次回国，未带金钱，所带者精神而已。"② 话虽如此，没有必要的资金，政府机关是组织不起来的。早在孙中山返抵上海之前，12月22日，经由张謇作保，黄兴向日商三井洋行借款30万元，以供组织临时政府之用，③ 这便是革命党人借的第一笔外债。

在临时政府成立前，上海南阳路赵凤昌私宅惜阴堂是张謇等原立宪派人

---

① 李荣昌：《南京临时政府财政问题初探》，《辛亥革命史丛刊》编辑组编：《辛亥革命史丛刊》第5辑，中华书局1983年版。该文列举了一些统计数字，但未引用北京临时政府公布的《南京财政部收支报告》。

② 广东省社会科学院历史研究室等合编：《孙中山全集》第一卷，中华书局1981年版，第573页。

③ 《南通张季直先生传记》，中国史学会主编：《辛亥革命》（八），上海人民出版社1957年版，第51页。

士与孙中山、黄兴等革命党人论政、论军及讨论增兵筹饷的场所。① 在当时，最重要的问题，与其说是考虑权力分配，还不如说是讨论财政问题，才符合实际。12月29日，张謇向革命党人提交了一份《对于新政府财政之意见书》（以下简称《意见书》）供采择。《意见书》写道："今欲设临时政府之目的，在能使各国承认共和；各国之能否承认，先视吾政府权力之巩固与否。政府权力，首在统一军队，次在支配财政。而军队之能否统一，尤视财力之强弱为继。"它从全国范围立论。认为国家大宗开支是赔款、海陆军费及行政费，赔款除铁路抵债不计外，年需4000万至5000万两；军费在正常情况下（20镇）岁需2000余万两，海军约500万两，边防办事大员500万至1000万两；行政费（各省不计）及外交费，至少岁需3000万两。总计岁需1.2亿两。至于入款，可恃者海关税3000万两，两淮盐务可得1000万两。各省无力供给中央。如此，每年将短缺8000万两。如何解决，《意见书》认为，政府初成立，各省财政，万难统一，建议召集在南京的各省代表，说明情况，要他们确答每省各自能承担多少万两；此外，认为孙中山久在外洋，信用素著，又为理财专家，能否于新政府成立后，担任募借1亿两，或至少5000万两。② 张謇在《意见书》中没有提到当前由光复各省筹设的政府（即拟议中的南京临时政府）的需用及可能的收入问题。《意见书》也未提到在国内用其他途径募集资金的事，这实际是让孙中山从国外借款作为筹集经费的主要途径。所以，在临时政府成立之前，孙中山已面临借款的严重问题。

　　由于孙中山组织临时政府一事已经不存在障碍，他便需要去处理财政问题这一异常棘手的事。首先便是财政总长人选，难于得人。据胡汉民记述："克强推荐张謇或熊希龄长财政，先生（按：指孙）不可，曰：'财政不能授他派人，我知澜生（按：即陈锦涛）不敢有异同，且曾为清廷订币制，借款于国际，有信用。'于是用陈。"③ 这种说法是值得考虑的，它至少是不太准确。黄兴确曾推荐熊、张二人，但二人不愿接受。据赵尊岳记载，熊与孙、黄在惜阴堂会晤，畅论革命事，特重财政，"孙、黄并重之，请草订设施纲要。熊窥其诚意，遂尽旬日之功，属稿携至。见者咸以为精析可用。此后遂即资之为探讨之本，卒定财政计划"④。熊虽为孙、黄拟订财政计划，但拒绝

---

① 赵尊岳：《惜阴堂辛亥革命记》，《近代史资料》总53号，中国社会科学出版社1981年版，第75～76页。

② 上海社会科学院历史研究所编：《辛亥革命在上海史料选辑》，上海人民出版社1981年版，第1000～10001页。

③ 《胡汉民自传》，《近代史资料》总45号，第56页。

④ 《惜阴堂辛亥革命记》，同前引，第76页。

任事。1912年4月3日，熊致函唐绍仪，内称，"黄总长组织内阁，又以财政事宜相属，龄均再三力辞，得邀原谅"①。熊希望"财政上事，应由财政总长负完全之责任"，且财政之枢纽，"则非政党内阁必无把握"，②革命党人不能满足这些条件，熊当然不会贸贸然去承担责任。可见，不是孙中山否定黄兴的推荐，而是熊本人未曾答应。至于张謇，他在《对于新政府之意见书》中，已明确表示，如各省能确答担任若干万两及孙中山可借到洋款，"则无论何人，均可担任临时政府财政之职，不必下走。如其不然，下走点金无术，虽牺牲之而无裨毫末"，故谢绝受命。原立宪派人士不愿在财政上切实支持临时政府，表明民族资产阶级上层（可能不仅是上层）不愿与之合作，这个后果是严重的，它意味着临时政府难于从江浙等地的资产阶级中得到财力上的巨大支持。在临时政府存在期间，除了沪军都督府提交1000元开办费、广肇公所等旅沪粤商募集规平银42万余两之外，根据《南京财政部收支报告》，未见其他行业有所支持。这样，孙中山虽然选择了一个可以支配的财政总长，实际作用不大，陈锦涛也无法发挥其长才。

　　陈锦涛任职清廷并不是一个举足轻重的财政官员，只是因为他受过良好的西方教育，和西方财界有有效的联系，才受到注意。袁世凯的顾问莫理循评论说："财政部总长陈锦涛，是现代中国人中最有财政知识的人。据我所知，他在柏林会议上结识的外国银行专家，如大卫·巴倍尔爵士，德国人顿伯格和美国人詹克斯等对他的印象都极好。"③ 由于孙中山过分重视陈不敢有异同，无意让他充分发挥作用，因此他无法扮演一个积极角色。1月15日，孙中山任命阪谷芳郎、原口要为财政顾问，就表明在寻求财政出路方面，他更想借重日本人。陈锦涛的工作确也困难重重。在1月1日发布的《临时大总统宣言书》中，提到五个统一，其中即有财政统一，它宣示"此后国家经费，取给于民，必期合于理财学理，而尤在改良社会经济组织，使人民知有生之乐"④。在理想与现实之间，存在巨大差距。2月7日，日本人佐原笃介在谈到临时政府时称："南京的共和政府根本不稳。它没有固定财政来源，也不能控制其治下各省的财政。事实上各省自行其是，也不希望有什么中央政

---

① 林增平、周秋光编：《熊希龄集》上册，湖南人民出版社1985年版，第293页。
② 《熊希龄集》上册，第301、291页。
③ 《致达·狄·布拉姆函》（1912年1月5日），骆惠敏编：《清末民初政情内幕——〈泰晤士报〉驻北京记者、袁世凯政治顾问乔·厄·莫理循书信集》上卷，刘桂梁等译，知识出版社1986年版，第824页。
④ 中国社会科学院近代史研究所中华民国史研究室等合编：《孙中山全集》第二卷，中华书局1982年版，第2页。

府,特别是关于财政,然而财政总长陈锦涛却在设法取得控制权。有人告诉我说,他为了控制各省财政在南京国民会议上提出的一些措施遭到一致反对,因此他提出辞呈但是孙加以慰留。"① 可见,孙中山择定的财政总长,实际上并没有起到应有的作用。

其次,临时政府没有去掌握它本应得到的关余收入。

列强不贷款给临时政府,是不难理解的。值得注意的是,革命党人并没有对本来属于自己主权范围的税关、关余,采取行动。湖北军政府最先表示,承认一切不平等条约,一切债款仍由各省按期如数摊还,对各国"既得权利,亦一体保护"②。这个对外政策是依据同盟会革命方略而具体推行的,它对避免列强干涉有一定作用,但毕竟是失策。胡汉民后来说:"惟海关问题,以各通商省分悉依湖北先例,(广东)外交部长某以为难于立异,余亦不复坚持初见,遂取同一步调,致开民国以来之恶例,此当时最大失策。"③ 光复各省,"每一个海关税务司都直觉地以总税务司的名义接管了海关银号和税款",而在清"政府仍保有管理权的北方各口,他(按指总税务司安格联)和他所属的税务司们协征的很大数目的税款还毫无限制地继续流入帝国的金库"。④ 列强公使团为夺取海关管理权,拟制了《管理税收联合委员会办法》八条,与清政府外务部妥商后于 1912 年 1 月开始施行。它规定海关所有净存税项,每周汇解上海,由总税务司分存汇丰、德华、道胜三行,以作归还该项洋债及赔款之用。⑤ 这样,就关余也给控制住了。或许是革命党人尚未意识到这个问题的严重性,所以对列强的夺取海关税款管理权并未表示反对。当时任税务司的马士写道:"在设立管理权过程中,他们没有遭到什么困难,在控制现款以供作战之用最为事关重要的时候而干涉海关税款的试图竟不多觏,这充分地说明革命领袖们的爱国情绪和他们对国债的责任感。"⑥ 这种肯定或表扬,反映了革命党政治上欠成熟,等到他们发现必须纠正这种局面时,已经晚了。

1912 年 2 月 7 日,副总统黎元洪致电孙中山,建议收回由外人掌管的税关主权(湖北一省有沙市、宜昌、江汉三关)。他认为,"此项税款抵还洋债

---

① 《佐原笃介来函》,《清末民初政情内幕》上卷,第 864 页。
② 张难先:《湖北革命知之录》,商务印书馆 2011 年版,第 272 页。
③ 《胡汉民自传》,同前引,第 48～49 页。
④ 马士:《中华帝国对外关系史》第 3 卷,张汇文等译,商务印书馆 1963 年版,第 429 页。
⑤ 中国近代经济史资料丛刊编委会编:《中国海关与辛亥革命》,中华书局 1983 年版,第 349～350 页。
⑥ 《中华帝国对外关系史》第 3 卷,第 429 页。

外,为数尚巨,竟听外人掌握,既失权利,复损国体",请示办法,并询是否已交涉此事。① 2月9日,孙中山复电说:"阳电问关税事悉。此事正在注意办理交涉,惟必俟各国承认民国后方有结果。"② 此电语涉含混,可以认为是并未进行交涉,因为1月间外交总长王宠惠曾三次要求列强承认民国政府,但是均不置答。既不被承认,当然也就无从谈判,而且也不见临时政府交涉收回税关、关余的记载。

理财之道,不外开源与节流两端。今既不能获得西方贷款、江浙财界支持,又不主动收取关余,无大宗财源可望,已成定局。地方对中央不仅"无一钱供给"③,反而纷催中央拨款,其困窘可知。开支方面,须大量军费以饷饥军。胡汉民记述:"一日,安徽都督孙毓筠以专使来,言饷需奇急,求济于政府。先生即批给二十万。余奉令至财政部,则金库仅存十洋。"又谓:"军队既不堪战斗,而乏饷且虑哗溃。于是克强益窘,则为书致精卫与余,谓:'和议若不成,自度不能下动员令,惟有割腹以谢天下!'"④ 在这种艰难竭蹶之中,欲求临时政府的巩固与北伐成功,显然是缺乏凭借的。但是,孙中山等人不是听天由命,而是千方百计寻求出路。我们从临时政府颁布的财经政策、法令及具体举措,可以看出,他们已尽了一切努力,只是形格势禁,才最终不得不让出权力。

二、临时政府的财经政策平议

南京临时政府作为中国资产阶级民主革命所建立起来的政权,它所拟制的政策,是为了发展资本主义,其性质似无需争议。但是,有的论著认为,这些政策是否真正符合人民利益,还是个问题。这实际是对临时政府的财政政策从总体上提出质疑。这里拟就此问题作些探讨。

在2月12日的清帝宣布退位、南京临时参议院推举袁世凯为统一的临时大总统之后,21日,孙中山批复陈锦涛,告以"新选总统系承受现在南京临时政府之事,凡民国现行财政事宜,如公债、外债、中国银行之创办,及一切财政之已经施行者,当然继续有效,绝无疑问。可由财政部宣布"⑤。南京临时政府的财政设施,纳入统一后的北京临时政府的施政轨道,从程序上说,

---

① 易国幹等辑:《黎副总统政书》(近代中国史料丛刊第67辑),台北文海出版社1971年版,第75页。
② 《孙中山全集》第二卷,第73~74页。
③ 同上书,第86页。
④ 《胡汉民自传》,同前引,第58、60页。
⑤ 《孙中山全集》第二卷,第114页。

是必然的结局。在当时形势下,这些设施有些是完全必要的,有些是权宜之计。这些设施,有些决而不能行,有些不得已取消。大政方兴,形势紧迫,当时颁布的政策、法令甚至具体措施,很难有一个标准去衡量它们对谁有利、对谁不利。

临时政府在财政统一的前提下,从成立之初开始,财经有所举措。1月8日,批准发行军需公债1亿元。26日,签订中日合办汉冶萍的协定。29日,任命吴鼎昌、薛颂瀛为中国银行正副监督(2月5日正式营业)。2月1日,开始发行军用钞票100万元。14日,令准财政部从权办理盐政,即归中央办理,由财政部筹运,将该项盐款悉充军实,所缴课税总收分解,存储中国银行。17日,重申造币权归中央,对江苏筹抵补之法。3月3日,令沪军都督停止发行公债票。11日,令铸开国纪念币。13日,批准行印花税建议采择。17日,批准商业银行暂行则例。18日,批准财政部拟呈海外汇业银行则例。21日,批准中国银行则例。同日,批准中华银行股份不能由国家补助。26日,批准金库则例。其他,如2月6日令财政部转饬苏督,将松江太仓所纳钱粮税款暂拨沪军应用,3月28日令各省救灾等,凡此都是关系政府收支、人民生计之事。临时政府成立之前,孙中山曾表示要取消厘金。但政府成立后,因为实际上一时实行不了,所以便没有就此做出决定。至于各省租税钱粮征收,因省自为政,临时政府无法干预。孙中山以民生凋敝,曾表示"今当先免全国之田赋"①,但这是他不晓国中情伪的表现,因为在正常情况下,地方军政费用所出及指望解赴中央的,主要是依赖田赋。至于谭人凤所说的"悉索敝赋"与北方相周旋,实际上是他自嘲的"时危事迫,敢效狂言"② 而已,无补于事实。

临时政府举措中最为人所诟病的是几笔对日借款。另外,1亿元军需公债与盐政措施,也十分引人注目。这里先谈后两个问题。

军需公债是民国政府发行公债之嚆矢。据载,它发行的地区仅限于民军势力所及之地,而债票又为各省都督预先领出,除拨发军饷外,多以贱值出售,政府直接募入之款,不过500万元而已。③ 财政部在3月17日呈文中表示,"本部此次发行债票,不独补助军需,亦以统一财政";债票既发行,地

---

① 《惜阴堂辛亥革命记》,同前引,第82页。
② 石芳勤编:《谭人凤集》,湖南人民出版社1985年,第28页。
③ 中华民国史事纪要编委会:《中华民国史事纪要》上册,1912年,台北"中华民国史料研究中心"1986年版,第65页。据千家驹《旧中国公债史资料》(中华书局1984年版)第366页记,此公债实行额为7371150元。

方一再来部请领，漫无限制。该部定章，"各省所得债款，半留中央，半归本省"，内外兼权。① 至于其发行数额，据 7 月份发布的《南京财政部收支报告》所开，"各署领去公债"，剔去留守府部分，为 332 万余两。临时政府卖出公债，银 16 万余元，规平银 2.7 万余两。这两个数字，与 1 亿元数目相比较，相距至大，各省（署）领去数目极为有限；临时政府卖出之数，总计不及 20 万元，企图通过发行公债来解决经济困境的目的，未能达到。

熊希龄在 5 月 13 日对北京参议院议员的答辞中说："南京公债，则前总长陈锦涛之办法，本不妥善，明年即须偿还二千万金，民国何来此款？且此公债大半为军人所购，军人得之，亦甚亏损。"② 此语颇带攻击意味，因并无偿还二千万金之事。6 月 1 日，他便改了口，在国务院的谈话中说："南京政府发行之一百兆公债，既为社会所不信用，则求款于国内，实难济急。"这反映了实情。据贾士毅《民国财政史》（千家驹《旧中国公债史资料》数字沿用）记载，公债发行额为 737 万元，这当然主要为各省所领，而非临时政府收入。由于认购者寥寥，孙中山还希望将川路在沪存款作筹办蜀军，改由中央政府照数给予公债证券，即供中央政府使用现款的计划，也未实现。③

前揭张謇意见书称，两淮盐税可得一千万两。有的著作指陈："张謇对南京政府财政困难，曾劝孙先生借外债。但孙先生以为缓不济急，仍希望在淮盐上想办法。张不同意过分增加盐商的负担，转用他自营的大生纱厂作保，向日本三井银〔洋〕行借款三十万元。随后又拨付盐税五十万元，总共一百万元数目，临时政府才算勉强渡过难关。"④ 今按此说不确。三井洋行贷款，事由黄兴经手，张謇作保，孙中山返抵上海之前已办成。张謇作为两淮盐务总理，并无拨付盐税交临时政府之事。他在上海多次致电孙中山，告以"无论军饷若何紧急，不可于盐价商本内有丝毫挪移"；"所收盐税已经指抵洋债者"，"千万不可擅行挪用，以免引起外交困难问题"。⑤ 这样，孙中山虽然计划统一盐政，变通办法乃至从权办理，均未能从盐税中征得一文钱。财政部很清楚，盐课之争，"起于筹饷，不止关乎盐政"，而张謇拒绝拨付盐税，自然也就是阻碍筹饷了。3 月下旬，熊希龄在一封信中写道："迹者南京临时政府成立之后"，"两淮盐厅张君季直以盐务统一要求于各省都督，未闻有一省

---

① 《孙中山全集》第二卷，第 242、243 页。
② 《熊希龄集》上册，第 316～317、342 页。千家驹《旧中国公债史资料》代序称此（五百万）"大部分是南洋华侨购买的"，未注资料来源。
③ 《孙中山全集》第二卷，第 15～16 页。
④ 吴相湘著：《孙逸仙先生传》下册，台北远东图书公司 1984 年增编版，第 1015 页。
⑤ 《临时政府公报》第 9、10 号，1912 年 2 月 10 日。

之承认"。① 中央政府不能得到实力者的支持，职能机关举措反过来又得不到地方实力派拥护，这是恶性的连环套，受害的是国家大局。

临时政府成立伊始，机构新设，1月、2月份未编制预算，也未见结算。3月中，财政部始呈送当月概算，请总统咨临时参议院审议。预算（无收入）支出总金额为洋九百七十五万七千八百四十三元九角二分九厘，其中陆军部占百分之九十一强，即八百九十三万五千八百九十二元六角二分，另外还有军事系统的海军部、参谋部、大本营及卫戍总督府，共计四十余万两。呈文中称，该部"仰屋旁惶，术穷罗掘"，因"省外之解拨不至"，要求大总统"令行各省都督，念国计关系之重，谅本部筹画之艰，将应解部款，从速催缴"。② 但是，直到临时政府结束，它也未收到地方解拨之款。4月3日，财政部呈总统转送会计法草案咨参议院审议文中指出："所有田赋、盐课、茶课、税捐等项，向恃为入款之大宗者，今则一无可恃。即各行省有继续征收者，而机关林立，实成分割之形，事权纷歧，甚于前清之世。中央政府文电交驰，催令报解，迄无一应，财政状况行将陷入无法律之悲境。"③ 在这种形势下，孙黄等人有如坐困愁城，虽有良法美意，也一筹莫展。

三、关于孙中山筹借外债的思想与实践

孙中山从西方返国时，已考虑到成立民国政府，非借外债不可。开始时，他比较乐观，认为"一俟临时共和政府成立，则财政无忧不继，因有外债可借，不用抵押，则出四厘半之息，已借不胜借。就现时情形论之，必须借外债。因满清借债之弊窦，第一则丧失主权，第二浪用无度，第三必须抵押。若新政府借外债，则一不失主权，二不用抵押，三利息甚轻"④。这个思想，可能是受到在英法活动时得到的印象的鼓舞所形成的。他以为临时政府成立后，将会得到列强承认，从而取得贷款。抵港之后，他与前来迎接的日本人山田纯三郎、宫崎寅藏谈到借款一事，希望得到巨额贷款。通过山田介绍，12月31日，孙中山与三井洋行上海支店长藤濑政次郎会晤，随后开始了各项借款交涉。

临时政府借款，起初并不限于日本一国。莫理循收到1912年1月14日的南京通讯，内谓"美孚石油公司的布雷克两天前从上海到这里会见孙文（孙

---

① 《熊希龄集》上册，第292页。
② 《临时政府公报》第43号，1912年3月20日。
③ 《临时政府公报》第56号，1912年4月3日。
④ 《孙中山全集》第一卷，第568页。

中山）总统。他们的长时间会见刚刚结束，就宣布革命党得到达四千万两银子的资金"①。这个消息未经证实，但不排除孙中山曾与西方财团接触，尽管未能成交。不过有一点是明确的，西方财团没有向孙提供贷款，使他集中注意力于日本，并由于形势极为严峻，他不得不放弃借款不用抵押的信念，进行"借路押款"。1月26日，他致函陈炯明，要求广东铁路当局效法苏浙铁路，慨然借出，即借各省之各种实业以为抵当，而借款以应中央政府目前之急需，"其办法用中央担任偿解，订立合同，务期于不损公司利益"②。2月23日，又复电南昌临时议会，望以赣路借款扶助中央。③ 上述要求均未实现。但是，1月27日订立苏路借款协定，它是通过日清邮船公司的买办向驻沪日本总领事有吉明提出250万两借款，交涉具体化，由苏路公司与大仓组订立300万元借款合同，领到款后，该公司与民国政府财政部缔结契约，将其中250万元交给政府；这笔款的相当部分，与大仓组提供的武器贷款相抵消。④

日本认为招商局轮船公司在长江及沿海贸易中占重要地位，该局之命运对日本的对华贸易及在华航运事业具有非常重大的影响。⑤ 因此，亟欲予以控制。日本人终于遇上了机会。2月6日，在南京，中方由孙中山、黄兴及招商局代理人与日方的日本邮船支店长伊东，就金额为1000万元、年利7.5分、定期5年后15年内偿还的借款合同进行草签。

在临时政府与三井洋行谈判汉冶萍公司贷款之事进行之前，盛宣怀为防止革命党没收他在该公司的产业，已与日方进行交涉。1月12日，日本内阁会议以汉冶萍日中合办为条件，正式决定答应向临时政府贷款。1月26日、29日，民国政府同盛宣怀在南京与神户分别签订草约，2月2日订立续合同。该合同规定，公司股本为3000万日元，中日各半，由于此前该公司已向日方借款1000万日元，此次仅提供500万日元（交付了200万日元）。合同还附三项秘密协定，其中第二项规定，中方承诺，若将来批准将矿山、铁道、电力及其他事业由外国人经营时，如其他条件相同，则应批准由三井物产经营。

英、美等国对日本控制招商局的图谋表示反对，招商局股东也不赞成。在各方压力下，孙中山不得不取消这个合同。各方反应最为强烈的是中日合办汉冶萍公司。张謇指责孙黄"因区区数百万之借款，贻他日无穷之累，为

---

① 《查·马圭尔来函》，《清末民初政情内幕》上卷，第833页。
② 《孙中山全集》第二卷，第42页。
③ 《申报》1912年2月23日刊出。
④ （日）藤井昇三著：《孙文の研究》，劲草书房1983年版，第69页。
⑤ 同上。

万国所謹笑"①。黎元洪也致电表示，南京"拟与外人合办，藉资挹注，虽系一时权宜之计，但对外政策种种失败实由于此"。他声明湖北不承认此举，要求立即取消，"切勿任少数人颠顸之为，致拂舆情，而生恶感"。总之，是"汉冶萍中日合办之约，决不可允，招商局抵押之议，决不可行"。②章太炎也一再表示，反对此项借款。在各方责难之下，孙中山只得申辩说："民军待哺，日有哗溃之虞，譬犹寒天解衣裘付质库，急不能择也。"③他多次派代表到临时参议院进行解释，认为此举并非违法。虽然如此，他还是在2月23日宣布："本总统以与外人合股，不无流弊，而其交款又极濡滞，不能践期，是以取消前令。"④从字面上看，孙中山对"合办"一举，仅认为是可能有流弊，而不关涉主权问题。但即使是这样，也与上述借款三原则大相径庭。这便是"急不可择"的下策了。

（略）

在汉冶萍公司中日合办草约废除之际，孙中山指示驻上海的陈锦涛与华俄道胜银行商借免押贷款。据财政部报告，"现拟借华俄道胜银行之款，系五厘息，九七扣，一年期，由中央名义担保，毋庸抵押，由下次大宗借款内还，并须许以下次政府有大借款，如所索权利与他家相等，华俄银行有优先权。共借150万镑，于廿一日签字，候孙、袁总统及京行电许，并参议院通过，即行作实，一星期内即交300万两"⑤云。2月26日，经参议院赞成，但声明须将借款合同交该院核议，始能签字。次日，合同交到，讨论后对第五、七、八各条作了修正，其余悉照原文。但湖北籍参议员刘成禺、张伯烈、时功玖反对，28日在参院声明辞职，退出议场。

随后，参议院以27日会议手续未甚完备，于3月1日进行二读、三读，稍改条文，仍即通过。由于各省官民纷纷以此项借款内有全国赋税作抵及其他条件，认为丧失权利，要求取消。该合同第八条载明须俟两总统及该银行之总行暨参议院核准后方可付款，8日，袁世凯通电，称此合同该银行并未承允，已归无效，因而借款计划又告落空。

综上所述，可知孙中山在南京临时政府大总统任内，由于形势严酷，使他不得不改变原来对借外债的"三不"主张，亲自交涉，谋借外债，以图渡

---

① 张孝若编：《张季子九录·政闻录》第4卷，中华书局1931年版，第5页。
② 《黎副总统政书》，第83、85页。
③ 《孙中山全集》第二卷，第142页。
④ 同上书，第124页。
⑤ 《中华民国开国五十年文献》第2编第2册，第255页。

过难关。但因各方反对，在保护主权的口号下，终使几笔借款不能成立，使人有病急乱投医的感觉。作为中国近代历史上第一个资产阶级政权，从它成立之日起即未得到资产阶级应有的经济支持，实业部总长张謇还为反对汉冶萍中日合办而辞职。对于这段历史，实在有深入研究的必要。

四、关于成立中央银行一事与阪谷芳郎的交涉

银行为金融机构、经济枢纽。临时政府成立后，欲期货币流通，维持工商，统一财政，非设立中央银行不可。

早在1906年，同盟会成员以民营商业银行为掩护，设立上海信成银行，从事筹划经费、支援革命活动。① 据载，上海军政府起初拟以信成银行的钞票，由军政府担保，支付军饷及其他费用。旋因财政稍有头绪，于是取消原计划，由上海军政府于1911年11月21日自行组织中华银行，作为经济枢纽，发行军用钞票和公债票，以资应付，由军政府财政总长沈缦云主持其事。1912年1月10日，该行开会成立董事会与执行部，孙中山、黄兴任正副总董。该行申请大总统拨款30万元欲成立南京分行，已经核准，但以中国银行改设，未能实行。

孙中山极为重视中华银行的作用，他曾同意该行提出的，因垫款过多、请颁公股半数（计洋125万元）以作资本的要求，请财政部与之接商。2月29日，又批示该行为商银行之性质，由国家补助股份一半，其办法如日本政府之对于正金银行。但目前无现金，可给予公债票125万元作抵。经财政部研究，呈复不能补助，取消原议。② 同年7月，在孙中山主持下，中华银行改为完全商办。翌年2月26日，该行改名中华商业储蓄银行。

中华银行在光复之初对稳定形势起了积极作用，但它不是中央银行，临时政府存在不论久暂，从民国政权巩固计，必须建立一个中央银行。这就是将大清银行改为中国银行之前，孙中山与日人阪谷芳郎议设中央银行的交涉的由来。

阪谷芳郎是财阀涩泽荣一的女婿。他在日本财政两界都有一定的地位。1月2日，黄兴派赴日本筹款的代表何天炯，在东京会见阪谷芳郎与原口要（曾在湖广总督府任技术顾问）、八田裕二郎、伊志田平三郎等，就建立中华

---

① 沈芸苏：《辛亥革命时期上海中华银行的资料》，全国政协文史委文史资料研究委员会编：《文史资料选辑》第76辑，文史资料出版社1981年版，第41页。
② 《孙中山全集》第二卷，第130、137～139、272～273页。

民国中央银行一事交换意见。① 孙得何天炯报告后，于10日致函阪谷告"谨以中华民国政府中央银行设立之事相托"，并望来南京一行。同日又加发一电报，谓"阁下对三上丰夷、何天炯所谈，设立中央银行事，应迅速进行。若阁下方便，乞光临南京。关于急需之武器，乞速关照"。②

日本方面迅速作出反应。1月12日，佐佐木、原口要、添田寿一分别与阪谷电话磋商，随后，阪谷赴涩泽荣一宅，报告此事并征求意见。阪谷又打电话给前首相桂太郎、首相西园寺公望，汇报情况。接着，复与涩泽商议，并于17日访问桂及外相内田康哉，讨论此事。18日，阪谷向井上馨汇报讨论进展情况。此外，阪谷还与后藤新平、添田寿一、吉田某、石井菊次郎、安田善次郎、原口要、八田裕二郎、荻野、三上、丰川良平、早川千吉郎、犬养毅、伊志田平三郎、井上准之助（日本第一银行副总裁）、胜田主计（大藏省主计局长）及长谷川为治等日本各界权要，或电商，或面议，征求意见。③

孙中山希望日本有力人士促成此事。1月15日，致函元老松方正义，告以"中华民国政府设立中央银行之事，已嘱托阪谷博士、原口博士。关于此事当望阁下鼎助，实为厚幸"④。2月2日，阪谷亦致函松方，征求意见。⑤ 4日，松方复函阪谷，内谓："前几日，寒舍也曾收到孙文之委托书简，但时值避寒之中，有幸他也同时托付给诸位，既然此事已向其他人诚意相求，我想，无疑必将进展顺利。望阁下不辞辛苦，竭尽全力，予以相助。"⑥ 经过紧张活动，阪谷已得悉各方支持，乃于1月20日函复孙中山："接到贵电及中华民国元年一月初十日贵翰委托阪谷以贵国中央银行设立之事，是系整顿贵国之财政，增进国利民福，尤重要且紧急。故直当为设立之准备，请将特许札盖上正式之印，即速送下为盼。"⑦

阪谷所拟《国立中央银行设立特许状》为日文，系准备原口赴华译成中、英文字。中文称《中华国立中央银行特许札》，凡27条，拟于2月6日原口

---

① 《阪谷芳郎文书》，1912年日记。转引自李廷江：《孙中山委托日本人建立中央银行一事的考察》，《近代史研究》1985年第5期，第135页。
② 《胜田主计文书》（日本大藏省财政史室藏件）。转引自李廷江：《孙中山委托日本人建立中央银行一事的考察》，第135页。
③ 《阪谷芳郎文书》，同前引，第136～138页。
④ 《松方正义文书》。转引自李廷江：《孙中山委托日本人建立中央银行一事的考察》，第143页。
⑤ 同上，第138页。
⑥ 《阪谷芳郎文书》，同前引，第144页。
⑦ 《胜田主计文书》。同前引，第140页。

来华时交给孙中山。该文书主要内容为：以 50 年为限，资本额为日币 1 亿元，政府暂任日本法学博士、男爵阪谷芳郎为总监。该行负责国库岁入岁出，整理、募集内外国债，货币之整理及改造，管理印花纸之出入贩卖等事项。阪谷有选定发起人、设立事务所及初届理事、委员等之任免全权。①

孙中山对设立中央银行一事，似乎做了两手准备，因为这时他又着手将大清银行改组为中国银行。1 月 29 日，他委任吴鼎昌、薛颂瀛为中国银行正副监督，令称："南京为民国首都，亟应整顿金融，以图都市之发达。业经筹拨巨款，开办中国银行，发行划一纸币。惟目前军需孔亟，应先发行军用钞票，以维持市面，而协助饷糈。"② 2 月 5 日，中国银行正式营业。报载，大清银行（清政府在沪之金融机构）经全体股东一致呈请并奉民国临时政府核准，改为中国银行。此为民国成立伊始，最早的惟一的中央金融机构，负责统一发行纸币，办理国库，经理国债云。③ 作为中国中央银行的中国银行既已成立，则原拟委托阪谷筹设的中央银行即毋庸再议。2 月 8 日，三上丰夷通知阪谷称，何天炯奉孙中山命离日返国，并传达孙处来电，取消设立中央银行计划。2 月 16 日，孙正式致函阪谷，说明取消中央银行计划，内谓："前请鼎助关于中央银行之事，蒙荷热心，至为深感。惟以缔造之始，需用浩繁，金融机构，刻不能缓。久仪尊教，迫不及待，是以率先成立，因于事势使然，非倏变初议也。今中央银行虽建，惟巩固与否，尚未可知，异日如有困难，再当求助，谅阁下高怀宏识，必终不我遐弃。"④ 阪谷收到此函，已是 2 月 29 日。从孙中山委托的立场来说，此事已经了结。应当说，在民元孙中山寻求国外财团的支持方面，这件事无疑是一桩重要交涉，他显然是希望在成立中央银行后，从中取得垫款，以应急需，作为临时政府财政困难的一个出路，但终未如愿。

对于这桩重要交涉，除当事人外，知情者似乎不多。但是，北京方面显然听到了风声。在 1913 年宋案发生后，5 月 30 日，袁世凯政府指责孙中山在临时大总统任内，曾以中央银行之全权送与阪谷，谓此举即"以中国财政之全权付与日本人"。对此，阪谷不得不发表声明，澄清真相。他声称，孙任南京临时大总统期间，因财政特别困难，曾致电井上、松方、大隈、涩泽及阪谷本人，研究设立中央银行之办法。时阪谷建议以 1 亿元为该行标准，但其

---

① 《胜田主计文书》，第 140～142 页。
② 《临时政府公报》第 4 号，1912 年 2 月 1 日。
③ 《民立报》1912 年 2 月 6 日。
④ 《胜田主计文书》，同前引，第 139 页。

时中国尚未统一，外国亦未有承认民国者，恐中国不能独办得到，乃定日中两国为股东，选用有经历的日中人为理事。另定规约 27 条，内有条云，该银行经营五年后，中国人可将日本人所有该银行之股尽数买回，又可将该银行之日本理事员一概脱除，以成一完全中国股之银行。此规约阪谷曾于 1912 年 1 月 20 日函寄孙文。当是时，南京临时政府已取得借款，孙乃致函阪谷，谓"前之委托办中央银行之件一概取消"①。这个声明意在表示，此项交涉光明正大，日本决无趁机牟取在华权益意图。不过，此事关系民国政府财政金融之根本，日本政、财两界对此都极为重视，征诸日方在苏路、招商局、汉冶萍等项贷款的态度，实难排除日本人中，有人借此操纵中国财政，扩大在华殖民权益。这时英日在华争夺日见加剧。日本学者指出，四国银行团答应袁世凯方面的要求于 3 月借款 200 万两拨交南方政府，就是英国的意思，旨在抵消日本在苏路借款事件中所造成的影响。由于南京临时政府很快结束，日本方面似乎没有因借款而取得更多好处，英日对华争夺也转到对袁世凯政权的方面去了。

如前所述，民国政府成立后，孙中山颁布了一系列银行法令，如商业银行暂则、中国银行则例、金库则例、海外汇业银行则例、兴农、兴业、殖边各行则例及会计法等。银行制度立法，对中国的银行事业正规化，有着巨大意义。孙中山从中国经济状况出发，主张中外合办银行，认为中国财力不足，难取信于人，须借外债，且用以打破四国银行团的垄断及监督。② 对于这种思想及其实践，过去极少谈到，仍然是值得研究的问题。

五、财政问题决定了南京临时政府的命运

1912 年 4 月 1 日，孙中山赴临时参议院宣布解职，国务总理唐绍仪接收；未了事宜，由袁世凯随后任命的南京留守黄兴处理。

对于孙中山辞职、推袁继任一事，当时就有人不理解，日后又有所谓当初辞职是错误的一类的话，致使民元孙中山让权的举动，一直成为人们讨论的话题。实际上，事情原来并不那么复杂，也不涉及个人品质或名位厚薄问题。袁世凯如果能结束清廷，他便是中国的华盛顿，这个关键问题，在孙中山回到上海之前，在南北议和中，双方已达成了共识。孙中山就临时大总统

---

① 《民立报》1913 年 6 月 8 日。
② 1912 年 6 月与港商再谈中外合资银行（《民立报》1912 年 6 月 19 日）；函日人某君告拟与西人设立合股银行事（中国国民党党史会编：《国父全集》第 3 册，台北"中央文物供应社"1973 年版，第 272～273 页）。

职后，也明白向袁氏通告："倘由君之力，不劳战争，达国民之志愿，保民族之调和，清室亦得安乐，一举数善，推功让能，自是公论。文承各省推举，誓词具在，区区此心，天日鉴之。"① 2月中，他又特地致电北面招讨使谭人凤及上海民立报馆，进一步说明，"文等所求者，创立中华民国也。清帝退让，民国统一，继此建设之事，自宜让熟有政治经验之人"。2月21日，又电陈炯明及广东各法国解释推袁继位理由，谓"因举袁君为第二临时总统，纷纷来电相争，其词颇多误会"；"我辈之义务告尽，而权利则享自由人权而已，其他非所问也"。他还直陈："总统既非酬庸之具，袁君即为任劳之人，宜静观其从容敷设，以行国民之意"。② 这些言论极为明白得体。让位是南北双方既定政策，即使孙中山内心雅不欲将总统一职让袁，也无良策可施。

当时如果不让权，便只有巩固政权与北伐。但是，这两条都无法保证做到。根本问题就是财政来源枯竭。临时政府的所有筹款办法均未达到预期目的，它已经没法维持。我们从临时政府公布的各部院3月份概算表（见附录一）及7月份北京公布的《南京财政部收支报告》（见附录二）可以清楚看到，军费拖垮了临时政府，财政部完全陷入窘境，2月底以后四国银行团提供200万两借款，唐绍仪提供的华比银行、捷成洋行借款，虽达数百万两，但无异杯水车薪。孙袁双方都明白，在这种情况下，南京临时政府很难找到出路，惟一的办法，是赶快结束它的使命。

军费是临时政府不堪承受的重担。上文已经提到，3月份的概算中，仅陆军部支出，即占全部支出的91%以上；其他有关军事部门的支出，仅占4%左右。可以说，上述数字足以证明，临时政府的经费基本上是用在养兵方面去了。《南京财政部收支报告》所开列的，包括陆军部、海军部及其他军事单位等的开支，银元1300余万元，规平银284万余两（总支出为银1423万余元，规平银为385.6万余两），分别约占91%与74%。3月份支出概算，是无收入概算的支出计划；"收支报告"，是支出后的结算，而其收入，正如表中开列，是在2月底以后经北京临时政府向四国银行团、华比银行、捷华洋行借款拨付的。全部外国银行贷款，为规平银849.5万余两（含汉冶萍案三井洋行提供的144.25万两）。张謇作保的三井洋行30万两在外，该款于1912年9月24日由北京政府财政总长周学熙改订展期合同，利息仍旧照付。③

---

① 《孙中山全集》第二卷，第5页。
② 同上书，第112页。
③ 徐义生编：《中国近代外债史统计资料（1853—1927）》，中华书局1962年版，第97页。

有的著作提到，南京临时政府成立，孙中山任临时大总统期间，偿还了自世界各地筹集到的资金总额约140万元中的50万元左右。《南京府财政收支报告》中，我们看不到有此项支出。南京临时政府也无此偿还能力（可能是将1913年6月间，粤督胡汉民在卸任前由广东都督府偿还部分借款当作南京临时政府的偿债。为此胡等还备受攻击。事见邓泽如《中国国民党二十年史迹》第89～90页）。1912年1月，孙中山从上海广肇公所借到42万余两，也未能在孙任内归还，到同年12月，在广帮的催索下，孙中山致函袁政府的财政总长，请速行设法了结此事。① 另外，侨商、港商提供的借款，到1912年底欠数亦未清偿。

当时集结在江苏准备北伐的各省军队，据说有17镇之数。财源偏枯，日有哗溃之虞。陆军总长黄兴"空拳支拄各军饷食"，"寝食俱废，至于吐血"。② 对于所遇到的种种困难，3月30日财政总长陈锦涛具呈列述财政各情，并将经管事项列表以备办理移交，其中所述，可供参考。他写道：

一、机关——各省光复伊始，财政长官类由地方推举，省自为政，人自为谋，号令纷歧，无所取则。财政初立，首宣意见，交院提议，非欲攫地方之利，而归诸中央，实欲以中央之权，而维持各省，然不弗〔复〕为各省所谅。

二、赋税——军兴以来，四民失业，丁漕失征，厘卡闭歇，关税所入，扣抵赔款，加以地方、中央界限混淆，昔应解财部之款，现藉词诿卸。各省支绌纵或实情，而中央孤悬，势同赘疣。

三、军票——军用钞票本以济一时之急，然事前准备及日后收还，设未预图，则受害无极。况滥发伪造，流弊滋多，整理限制，责在财部，经通电各省将发行票式与定额数目说报，惟迄今奉行寥寥。

四、债票——中央债票未发行前，各省有以地方名义自行募集者；及中央债票发行后，纷来请领者既无定率，亦无指定用途，诚足以阻碍进行，混淆观听。已咨各省停止地方债票，而领中央债票妥募。现惟鄂、沪两处照章办理，其他各省有无自发债票及已否取消，未据明报，无从核办。

五、银行币制——此中央权责所在，乃中国银行方拟改办，而欲占利益者纷起要求；江南造币厂设法更张，而希图破坏者横生冲突。群言

---

① 《孙中山全集》第二卷，第557～558页。另见本文附录二《南京财政部收支报告》。

② 《南通张季直先生传记》，《辛亥革命》（八），第175页。

淆乱，变象纷呈。

六、度支——政费出入，全凭预算，现各省拨解之款，未复旧观，收入无可概算，所持流通周转者，非军钞，则外债义捐。各部及军队所需，违之则取戾，应之则术穷。盈虚酌济，无所准绳，出入相衡，难期适合。

七、借债——华俄借约，大启纷争，指提保为抵押，败事机于垂成，饷竭兵嚣，几酿巨变。①

以上是陈锦涛长财政三个月的总结，对就任以来所经过的困难，披沥无遗。他没有提到苏路、招商局、汉冶萍的借款，那是孙中山黄兴直接交涉，未经财政部，故略而不及。上述种种困难，不仅是外部，就是中央、地方间的关系，纷乱与无政府状态，也无法处理好。革命政权缺乏权威，大概是中国国情所决定的。

在临时政府的借款开支中，华比借款成为推倒唐绍仪内阁及牵涉孙中山名誉之事，不可不予提及。

1912年5月12日，记者黄远生记述："其（按：指唐绍仪）所借之款，实数为七百五十万，名义上为一千万云"；"此次所借比款有五百万由唐氏携以南行，皆一律用尽，过于挥霍。此皆资本团某外人所亲对本记者言及者也"。② 6月15日，唐氏弃职潜赴天津。25日，《大陆报》记者问孙中山："外间传先生在南京任临时大总统时，收受贿赂一百万始允让任于袁世凯。此种诬蔑之词，亦闻之否？"孙答称："此款我实未见，大概传播此种谣言之各报纸，应给余此数也！南京政府所有款项，悉归财政部收支，一切余不过问，故余闻此谣言，即驰电向唐绍仪诘问，第电未抵京，而唐已出走天津矣。"③由于谣言四布，所以6月29日孙电袁氏、国务院、参议院、财政部、各省都督及唐绍仪、陈锦涛，请为宣布百万比款用途。袁于7月1日复电，深赞孙毁家为国，"乃一二报馆辄复信口雌黄，造谣误众，殊失言论之责。已交内务部分谕各报馆格外注意，并交财政部迅将比款用途底账详细宣布，以息浮言，而示大公"。接着，各有关方面相继复电。财政部称："至于比款，并无付先生百万之数，先生持身清洁，人所共知，幸勿介意。"唐绍仪称："报纸讹传一节，本不足究。惟关于款项事，亟宜宣布明白。以释群疑"；"乞就近属其

---

① 《中华民国史事纪要》上册，1912年3月30日条。
② 《大借款波折详记》，《远生遗著》卷2，商务印书馆1984年增补影印本，第1~2页。
③ 《孙中山全集》第二卷，第386页。

（按：指王子匡）将中国银行动支各款，从速报部，以期水落石出"。陈锦涛复电："涛收比款，绝无交百万于先生事。"① 谣言是平息了，但事情似乎仍未明白。一部新中国成立后出版的权威统计资料记载，"3、4月间，先由华比银行两次垫交了英金125万镑，充袁政府收买南方反袁势力的费用"。四国银行团要求袁政府取消华比借款合同，威逼唐辞职。比款"扣还外债本息，余为袁世凯收买其反对者的费用。其中……，内拨黎元洪 1,011,695.79 两"。② 这个数字，与《南京财政部收支报告表》所开，基本吻合。问题是，南京方面收到这笔款子后，用在什么地方？这笔款子应否称"收买南方反袁势力的费用"？孙中山与比款是什么关系？

《三水梁燕孙先生年谱》记述："自革命军兴迄袁政府之成立，南北政费军费支出浩繁，库空如洗。及是欲结束南京临时政府诸政务、事务，尤非巨款不办，因订借比款，以资应付。时袁之部下不利唐之功高权重，欲伺隙攻唐，袁亦阴纵之。故厥后遂有屡以比款用途攻唐之事。"袁氏欲去唐而以比款用途攻唐，说他挥霍数百万，是估计唐不会辩解用款详情，果然，唐"不欲仅求自白而讦袁之内幕，故始终二十余年不一置辩"。③ 唐之不辩，在当时别有原因，这就是袁唐孙黄心中都明白的，不是什么一般贪赃枉法，而是不便说明的问题。

据刘厚生在《张謇传记》所载，唐绍仪将比款挥霍殆尽，"此是我国政治内幕个人的秘密行为，除袁世凯外，任何人不能得知"。此事之传出，是由袁向英国人（银行团领袖）泄漏，英人再告报馆的，"世凯之如此行为，就是借刀杀人之故技"，使唐在外人心目中丧失信用。刘厚生认为，"此借款之一部分，或有接济南京临时政府之可能"，而此款数，唐未向袁报告，若行报告，"必将酿成意外纠纷"，只得隐忍不言。④ 从当时参议院及报界未作此报导或评论来看，此说不是没有道理的。不赞成借比款，在唐内阁任财长的熊希龄，在他写于3月、发表于7月的《不就财政总长复向乃祺函》中，即攻击唐用比款，谓："方今海内穷困，人人以为救急之策非大借外债不足图存，不知此项借款一经到手，苟不严限用途及预定生利之事业，任性挥霍，转瞬而尽，此后抵押均穷，恐难再有借款之资格。各国干涉财政，亦必相逼而来矣。"⑤ 7

---

① 《民立报》1912年7月3、5、9日。

② 《中国近代外债史统计资料（1853—1927）》，第108、115页。

③ 凤冈及门弟子编：《梁士诒年谱》上册，广东人民出版社2014年影印版，第115页。

④ 刘厚生：《张謇传记》，上海书店1985年影印版，第200～201页。

⑤ 《熊希龄集》上册，第292页。

月 3 日，熊氏在一封复电中又称，"拟将财政部支款总数，日内先行公布"。则在此之前的 6 月，北京政府应该是清楚比款用途的。这里指的是唐氏拨给南京规平银四百五十五万两的数目。那么，深一层说，这笔款子拨给了南京，又用在什么地方去了呢？7 月底公布的收支报告书中未附明细表。刘厚生提供了一个说明，且言之甚坚。

刘厚生说：有一项秘密事件，为任何官私文书所不载，而久居京津之人，当时皆耳熟能详，这就是临时政府陆军部长黄兴，向德商某洋行订购德国最新式之武器，其价额总值在 300 万元左右，而所付定银，则在总额 50% 以上。原订 6 个月内交货，为袁世凯所侦知，将该洋行买办秘密诱至北京，不惜巨资，令其唆使该洋行将此项军械悉数改运天津交货。又说，他与该买办（广东人）有一面缘，该人以后在天津落籍，托庇于北洋军阀，不敢回南方。结论是，南京政府财政如此窘迫，黄兴购买新式武器，款从何来？既无人为之证明，即不免令唐绍仪受到更大之嫌疑。唐内阁之夭折，完全是由于比国银行之借款，而打倒内阁者，则为袁与银行团之英国人。① 刘厚生还引《张謇年谱》中张致汤化龙调和党争函中内容，以证明他所说的比款用途，确系事实。该函称："比款之用，夫岂得已，正其代项城受过也。吾党中不明此中关键，迫之过甚，铤而走险"云。但是，对于购买此项军械的钱款，吴相湘记载不同，他说是由大仓组提供的苏路借款三百万元，以作向德国购买军火之用。不幸这项军火运到中国时，政权已转移到袁世凯手中。② 吴氏未说明资料来源。笔者认为，黄兴购买武器的款项，可能是来自苏路借款。如果确定，则是 250 万两内的部分。此款成交是 3 月份，这时临时政府正在做结束工作，唐借比款，是用作此项事业的，若在此情况下又用北京拨付的款项购买德国最新式武器，则不但无此必要，也必遭袁氏反对。比较合理的解释是，黄兴等人用苏路借款订购德械，运到中国时被袁氏设计运往天津起岸；由于统一后的外债须由北京偿还，黄兴等人也就不便交涉了。至于唐绍仪拨付南京的华比银行借款 455 万余两，南京财政部收支报告中已明白列入，无可怀疑。同样，也没有任何证据可以说明孙中山接受了北方的贿赂。袁氏之所以散布此项谣言，看来主要还是在银行团方面造成对唐恶感，使之去职；丑化孙中山形象，还只是次要的目的。

在二次革命爆发前，张謇质问孙黄等党人："无所得钱，凭何革命？"③

---

① 《张謇传记》，第 201～202 页。
② 《孙逸仙先生传》下册，第 1015～1016 页。
③ 《张季子九录·政闻录》第 4 卷。

用它来说明临时政府让权的原因，不也是一个道理吗？事情也正如当时报纸所说，"胜负之机，操于借款"①，养兵、购械、行军、打仗、豢养政客、开展外交，在在需款。虽然革命理想十分吸引人，但经济问题无法解决，加上其他因素，临时政府自然是不能长久维持了。南京临时政府的财政与政局，可作如是观。

附录一　财政部呈三月份支出总概算册及表
（一九一二年三月二十二日）

外交部　　共洋四千五百九十元
内务部　　共洋二十七万七百一元四角
财政部　　共洋七千二百六十八元
陆军部　　共洋八百九十三万五千八百九十二元六角二分
海军部　　共洋十九万七千三十六元
教育部　　共洋四千八百五十四元
司法部　　共洋一万一千四百一元
实业部　　共洋四千九百九十二元
交通部　　共洋八千八百四十六元
参谋部　　共洋六万九千九百四十七元
大本营　　共洋十万四百十六元
卫戍总督府　共洋十二万八千六百三角九厘
法制院　　共洋六千二百八十七元六角
印铸局　　共洋五千二百九十元
公报局　　共洋一千七百二十三元

统共计洋九百七十五万七千八百十三〔四〕元九角二分九厘
（引自《中华民国史档案资料汇编》第2辑，第286页）

附录二　南京财政部收支报告
收入

开办经费　银　一千元　由孙总统令沪军都督拨交
捐款　　　银　一十九万四千五百一十七元七角四分

---

①　《民立报》1912年2月4日。

规平①　一十六万三百五十三两九钱五分四厘
外国银行借款　规平　八百四十九万五千四百十四两一钱五分
四国银行团　规平　二百万两
三井洋行　规平　一百四十四万二千五百两（汉冶萍案）
华比银行　规平　四百五十五万二千九百十四两一钱五分
（原借一百万镑，续借二十五万镑，合计借一百二十五万镑，南京政府仅收到规平银四百五十五万二千九百十四两一钱五分，其余均由北京政府收用。另行报告）
捷成洋行　规平　五十万两
（捷成借款系五百万马克，四月份只收到此数，余归下月报告）
广帮借款　银　一千二百四十四元
　　　　　规平　四十二万一千五百两
苏路借款　日元　三百万元
南京杂税　银　二万九千九百四十一元
江南造币厂拨款　银　十万零三千七百零七元
军用钞票　银　四百九十五万元
中国银行利息　规平　一百三十三两七钱九分七厘
短期借款　银　二十万元（由江苏银行）
卖出公债　银　十六万六千六百五十五元五角七分
　　　　　规平　二万七千零七十三两八钱一分
总计　银　八百六十六万零六十五元三角一分
　　　规平　八百八十六万零四百七十五两七钱一分一厘

支　出

政府行政经费　银　一千四百二十三万四千二百三十四元九厘
　　　　　　　规平　三百二十一万四千四百十六两九钱九分二厘
总统府　银　四十一万五千五百二十三元六角
　　　　规平　二十三万六千七百两四分八厘
陆军部　银　八百七十二万六千七百八十三元
　　　　规平　五十万八千七百两
　　　　（内有日金一百三十五万元系由苏路借款拨用）
第一军团　银　五千元
军国民军司令部　银　三万三千六百零三元四角
浙军　银　九万元
财政部　银　六万七千三百六十三元三角五角八厘

---

①　规平称九八规元，是上海通用的货币单位，当时市价银元一百对七十四两二钱。（神谷正男编：《宗方小太郎文书》，原书房昭和五十年版，第291～294页，关于南京财政部收支报告的附注）

规平　一万二千三百六十两九钱六分四厘
　　　　　（所有公债票、军用钞票、印刷费、劝募公债、兑换所经费及
　　　　　解款等各费，均由此数支出）
海军部　银　四十七万二千九百零三元七角六分八厘
　　　规平　十三万三千四百五十五两四钱四分
长江水师司令部　银　一万三千五百元
外交部　银　一万二千零九二元
内务部　银　五万三千元
教育部　银　七千一百六十元
实业部　银　一万七千三百三十八元九角
司法部　银　二万四千九百七十四元二角五分五厘
交通部　银　二万四千三百九十六元
参议院　银　六万二千二百二十五元二角五分
法制院　银　八千八百七十九元九角一分八厘
参谋部　银　十一万九千九百四十七元
公报局　银　四千零九十六元三角
留守府　银　一百八十五万元
通商交涉使　银　六千三百零七元二角五分
　　　　　规平　六千五百两
印铸局　银　五千二百九十元
兵站局　银　十三万元
　　　规平　五万九千八百五十五两
卫戍总督　十七万五千零四十七元
关外都督　银　五万元
　　　规平　十万两
沪军都督　银　一百一十五万元（原数系日金，由苏路借款拨银元一百
　　　一十五万元，又五十万两系由比利时华比借款）
　　　规平　九十三万两
山东都督　银　二十万元
　　　规平　六万两
湖北都督　规平　一百一十一万一千六百九十五两七钱九分（此款除
　　　十万两外，均系由华比借款拨用）
苏路公司　日元　五十万元（由苏路借款拨用）
山西代表乔义生　规平　三千七百五十五两（由孙总统令拨借未还）
汪专使　规平　四万三千零六十二两（孙总统令拨）
唐代表　银　一千元（孙总统令拨）
　　　规平　三千零七十五两

蔡专使　规平　三千八百五十两（孙总统令拨）
神州女子协赞会　银　五千元（孙总统令拨）
萧良椎　规平　一千一百二十七两二钱五分（孙总统令拨）
龚超及柳大年解散党人费　银　二千元（唐总理令拨）
给齐齐哈尔李某　规平　一百两（孙总统令拨）
南京前大清银行借还振款　规平　二万两
中华银行借款　规平　三万一千五百二十两
兑换军用钞票准备金　规平　二十万两
兑换军用钞票　规平　三十九万零八百一十八两五分一厘（此款存各兑换所）
支出总计　银元　一千四百二十三万四千二百三十四元九厘
　　　　　规平　三百八十五万六千八百二十五两四分三厘

（从以上共收银元八百六十六万零六十五元三角一分，规平八百九十六万零四百七十五两七钱一分，除以规平五百四十七万三千八百三十八两一钱九分九厘，照市价折合银元六百九十五万四千六百三十二元七角九分六厘外，共支银元一千四百二十三万四千二百三十四元零九厘

规平三百八十五万六千八百二十五两零四分三厘
收支两抵，实存军用钞票银元，一百三十八万零四百六十六元零九分七厘
透支中国银行　规平　三十七万零一百八十七两五钱三分一厘（另筹还侨商各款）
华侨借款　银　二十一万一千六百八十六元四角六分五厘
　　　　　规平　二十七万九千六百零六两三钱一分
港商借款　规平　十八万两
合计　银　二十一万一千六百八十六元四角六分五厘
　　　规平　四十五万九千六百零六两三钱一分

（此款项系唐总理交卸时孙总统来函，令本部（按：即财政部）筹还，库款支绌，迄今未交款，经由本部发给预约支票作据，以后筹款清还）

另各署领去公债
陕西都督　三十万元
安徽都督　五十万元
关外都督　五十万元
卫戍总督　十万元
陆军部　二十一万七千九百九十五元
第一军团　五十万元
参谋部　三千五百四十五元
贵州都督　十万元
广西都督　一百万元
副总统府　十万元
留守府　六百万元

合　　计　九百三十二万一千五百四十元

以上自中华民国元年正月本部开办日起，至四月三十日本部北移日止，五月以后收支数目，续行公布。

（引自上海《申报》1912 年 7 月 30 日）

1912—1913年间孙中山的联日外交

1912—1913年间,大体上是从南京临时政府成立至"二次革命"前夕,可以认为这是孙中山一生最辉煌的时期。在这段时间里,他经过历年流亡之后公开回到国内,被选举为中华民国开国的第一任临时大总统。他在让权、解职之后,游历南北各地,并应袁世凯之邀进京会晤,共商国是,受到隆重接待。1913年2—3月间,他又以贵宾身份赴日访问,会见了除大正天皇以外日本朝野的几乎所有要人,可谓风光至极。

在这约一年半时间里,孙中山不论执政还是在野,他的思想与活动均与国际关系密不可分,其中,又与日本的关系尤为紧密。本文拟分三个阶段,叙述这一时期孙中山在外交方面与日本的种种关系,即孙中山联日外交的具体内容。

一、国际上对孙中山建立亲日政权之疑问

孙中山自1897年以后曾长期流亡日本。1907年春经日本政府劝告自动离境,并允许三年后可以返回居住。但届期日本政府食言,故孙中山迄1911年仍无法返日就近筹划中国革命。武昌起义后,孙中山未即返国,在两个多月时间里,先后在美欧地区活动。当12月21日孙中山抵达香港时,迎候他的日本人除了宫崎寅藏和池亨吉之外,还有"满铁"的山田纯三郎、东亚同志会的绪方二三、高田商会的郡岛忠次郎、退役海军大佐太田三次郎等人。他们跟着孙中山到上海。一些日本军人已在不同程度上介入南方起义省份的军事行动,大批浪人也来到中国,像举办"浪人展览会"似的,头山满、犬养毅以及北一辉这些名流都相继来华。这样,就引起国际上对孙中山与日本人关系的注意。25日,孙中山刚到达上海,美国人在沪所办的英文《大陆报》记者便询问孙:"与君同来之日本人,果系何人?""君带如许日本人,外间得毋有私议质问,待君之说明乎?""君所带日人,与革命运动有关系乎?""吾言此类日人,与组织民主政府有关系否?""君与日本政府有关系否?"① 这一

---

① 《孙中山全集》第一卷,第572页。

连串的问题，无非是追问孙中山建国与日本的关系。28 日，《大陆报》记者又访问日本驻沪总领事馆，"询问偕孙中山抵沪日本人，为民军办事是否合法？日领按万国公法，凡人民以个人名义协助交战团国家不能阻之"①。实际上，日本政府并没有支持革命党之意。在 10 月 24 日日本内阁会议上，决定对华政策，其中提出，"关于满洲问题根本解决，专待对我国家有利之时机到来，今后应着重致力于在清国本土培植势力，并努力设法使其他各国承认帝国在该地区之优势地位"②。在这种政策指导下，川岛浪速等人积极策划"满蒙独立"运动。军部则另有图谋，准备进行武装干涉。不论是内阁或元老，均不赞成中国实施共和政体。不过，由于南方各省纷纷脱离清廷而宣告独立，形势已不可逆转，日本政府考虑到中国的实际状况，也没有阻止该国国民（包括政界、财界及社会名流）以个人资格参与革命党活动，以作后图。

南京临时政府成立，孙中山就任中华民国临时大总统。民国肇造，面临许多困难，最突出的问题是经济陷入困境。孙中山宣布他从欧洲带回的是革命精神，经济上则不名一钱。临时政府无法从海关取得关余；张謇也不准将两淮盐税上交；光复各省只顾自己，拒绝向临时政府解款。十数万军人云集南京一带，饷项不给，时虞哗变。海外华侨和国内一些团体提供了一些借款，但杯水车薪，无济于事。孙中山、黄兴等领导人只有寄希望于外国借款，尤其指望日本的借款。

孙中山是主张借外债的，据他说，借外债有三个条件，"一不失主权，二不用抵押，三利息甚轻"③。他抵香港后，即向山田纯三郎提出借款，数目愈大愈佳。山田在上海与三井洋行上海事务所负责人藤濑政次郎商量，藤濑表示他最多只能批准 30 万日元，超出此数应由总行批准。这项计划未能成为事实。但三井总行另外已由张謇担保完成了黄兴代表的 30 万日元借款，作为临时政府的开办费。孙中山希望有大数额的借款，其活动主要是苏浙铁路借款、招商局借款及汉冶萍借款，请阪谷芳郎筹设中央银行，等等。

（一）长江流域是英国的"势力"范围，日本早有意插手中国腹地。苏路与招商局均是民营企业，日本打算利用临时政府财政匮乏以此二企业作抵押向日本借款的机会，达到在长江流域扩张的目的。由苏路股东王一亭出面与大仓洋行代表门野重九郎谈判并于 1912 年 1 月 27 日签字的合同，借款 300

---

① 陈锡祺主编：《孙中山年谱长编》上册，第 603 页。
② 日本外务省编：《日本外交文书》第 44、45 卷别册，日本国际联合协会 1961 年版，第 50 页。
③ 《孙中山全集》第一卷，第 568 页。

万元，年息八厘，5年内不还原本，其后10年内逐年还清，以该公司所有之一切动产、不动产以及铁路营业权为担保等条件，利息高，须担保，有损主权。该款50万元交江苏都督府，余款转借给南京临时政府使用。

清末以来，英、日的轮船公司几乎垄断了长江航运业，中国唯一有些竞争能力的是轮船招商局。据估计招商局资产在1000万两至1400万两之间。革命军兴，时有征用船舶及"强制捐献"之事发生。革命党内有人主张将其全部财产作为抵押进行巨额借款，董事多不赞成。该局总办王子展在1912年1月6日向日本驻沪总领事有吉明表示，准备开股东大会，商量出卖之事，希望日本到时承购，有吉允诺。此事尚未决定，孙中山、黄兴通过各种途径，向该局董事会提出，要求以该局全部资产作抵押，借款1000万元，作军费之用，应在1月27日以前答复。消息传出，英、美、日立即开展活动，有吉明表现尤为积极，要求外务省，请国内速下决心。经过各方紧密联系，2月6日，孙中山、黄兴与日本邮船会社上海支店长伊东草签了借款合同。但在各方势力及股东的强烈反对下，借款合同终于未能正式签字，3月2日，内田康哉外相通知伊集院公使与有吉总领事，招商局借款合同应作罢论。①

早在1905年8月，日本桂太郎内阁即决定，为确定扶持帝国在汉口方面之利权，并对清国将来之发展做好准备，须把大冶铁矿和萍乡煤矿的采掘权"伺机全部归诸本邦之手"②。在武昌起义之前，汉冶萍公司已向日本借款约1000万元。公司总理盛宣怀在武昌起义后恐其资产被革命党没收，希望与日本合办汉冶萍。但此项合办须经政府批准，恰好孙中山、黄兴也准备将汉冶萍与日本合办，便于1月21日指示在日筹款的何天炯向盛转告此意。孙、黄之意，是由公司向三井洋行"担借"日金500万元，归民国政府借用。但日方希望"合办"，将公司股本定为3000万元，中日各半，扣除此前所借1000万元，日方再提供500万元，以足其数。孙、黄急于获得此款，便同意合办，并于26日、29日由中方代表分别在南京与神户与三井、正金财团签订了两个性质相同的中日合办汉冶萍草约。

汉冶萍借款一事，引起国内各方强烈抨击。孙中山不得不一再向临时参议院说明，并宣布取消草约。尽管如此，还是借了日本200万元。由于已借日款1200万元，中方不得不保证此约废后，汉冶萍亦不能与其他外人合办。

上述三项借款表明，临时政府迫于财政困难，不得不改变初衷，以国家权

---

① 《日本外交文书》第44、45卷别册，第229页。
② 信夫清三郎著：《日本外交史》上册，天津社科院日本所译，商务印书馆1980年版，第366页。

益作抵押去向日本借款，日本则乘人之困以图渗透、扩张，其用意至为明显。

（二）南京临时政府成立后，孙中山、黄兴拟议设立国家银行——中央银行。孙、黄考虑请日本人帮助完成此项工作，指示何天炯联络日本财界。1912年1月2日，何天炯接得指示，便找了涩泽荣一的女婿，与井上馨、松方正义等财界、政界广有关系的阪谷芳郎，以及财界另外一些人士，就建立中国中央银行一事交换意见。10日，孙中山发信及致电阪谷，"谨以中华民国政府中央银行设立之事相托"，并请他来南京一行。

日本方面对此反应积极。阪谷先后拜谒了前任、现任首相桂与西园寺，以及外相与财界多位大佬，取得他们的支持，然后拟订了"中华国立中央银行特许札"及条例27项，于2月6日派原口要来华交给孙中山。这27项内容包括：以50年为限，资本总额为日币1亿元，以阪谷为总监，该行负责国库之岁入岁出，发行纸币权，整理和招募内外国债，货币之整理及改造，管理印花纸之出入贩卖等事项。阪谷有选定发起人、设立事务所及初次理事、委员等之任免权。① 这件委托阪谷设立中央银行之事，最后被取消。孙中山在进行此一活动的同时，于1月29日任命吴鼎昌等为中国银行正副监督，中国银行系由原大清银行核准改更而成，于2月5日正式营业，负责统一发行纸币、办理国库、经理国债。② 2月16日，孙中山通知阪谷，委婉地取消前议。

孙中山在建国之初，何以会有此决策，未见说明，此事亦为局外人所不悉。1913年5月19日，可能是黄远生最先获得此项秘密，撰文《发现南京政府时代特许日人阪谷设立国家银行事》刊于《时报》。此时"宋案"已经发生，南北行将决裂，此事成为袁政府指责孙中山"以中国财政之全权付与日本"的口实。虽然阪谷撰文申辩，但毕竟给国人留下恶劣印象。无论如何，将新造之国的金融枢纽交给一个处心积虑谋我之国去控制，实在是一个严重失策。

（三）（略）

南京临时政府成立后，孙中山不断派员与日本驻宁领事馆联络。他还聘请了一批日本人任顾问，例如，寺尾亨、副岛义一为法律顾问，内田良平为外交顾问，太田三次郎为海军顾问，准备任犬养毅为政府顾问，但遭拒绝。另外还有一大批接近孙中山、黄兴、宋教仁等的日本人。所以，外界舆论怀疑孙中山准备建立亲日的政府，不是毫无根据的猜测。不过，孙中山还是重

---

① 参见李廷江著：《日本财界与辛亥革命》，第7章"中央银行设立案的成立过程"，中国社会科学出版1994年版。
② 《民立报》1912年2月6日。

用留学欧美的人才的，内阁总长中既有留美的，次长中更有留欧学生。至于任命日本人充顾问，一是长期结交形成的人际关系，二是当时欧美方面缺乏合适的人选。当然，从孙中山与外国关系而言，由于他始终无法得到西方世界的重视，日本方面则来往密切，所以，联合日本的外交构思便愈来愈朝政策方向发展，逐渐形成联日外交。

二、征蒙计划与联日抗俄外交

沙俄在武昌起义前夕乘中国中央政府对地方失去控制能力之际，即策动外蒙古"独立"，脱离祖国大家庭。1911年12月1日，在沙俄驻库伦总领事馆指挥下，外蒙古一部分僧侣贵族悍然宣布"独立"，随后逐走中央驻库大臣。12月16日，在沙俄刺刀支撑下，成立"大蒙古国"。外蒙于是处于沙俄控制之下。沙俄的殖民扩张活动，与英日协调，彼此暂时缓和了矛盾，使得沙俄在新疆、外蒙、北满可以自由行动。1912年7月8日，日俄订立第三次密约，将1907年第一次《日俄密约》规定的在华"势力范围"分界线，从满洲延伸到内蒙古，即将内蒙古划分为东蒙、西蒙。同年11月3日，沙俄又与外蒙傀儡当局订立"俄蒙协约"，并签订一系列条约、协定，排斥中国在外蒙古的主权，使沙俄成为外蒙的保护者，外蒙沦为沙俄的独占殖民地。与此同时，沙俄还策划吞并中国领土唐努乌梁海地区。到1913年，由沙俄指挥的外蒙古军队，几乎占领了内蒙古全境（至1916年北京政府才出兵收复）。

沙俄制造外蒙古"独立"，英国策动西藏"独立"，日本人则从事"满蒙独立"运动。严重的边疆危机，激起中华民族的同仇敌忾，尤其对外蒙问题，反应更是激烈，各地纷纷表示抗俄征蒙的决心。

南京临时政府在成立时的大总统宣言中，提出五个统一，即包括民族之统一与领土之统一，明确蒙古族为中国之一族，蒙古与西藏均为中国领土。[①]面临外蒙"独立"，1月28日孙中山致电贡桑诺尔布等蒙古各王公，告以"俄人野心勃勃，乘机待发，蒙古情形，尤为艰险，非群策群力，奚以图存"，要求他们维持大局，并派代表来宁，参议大政。这种对蒙情的关注，在他赴京后更为表现得紧迫。

孙中山应袁世凯的一再邀请，于8月18日离沪启程赴京，共商国是。他在京期间，曾先后与袁进行了13次会晤，他们所谈内容，便包括了外交问题，尤其是关系外蒙与俄交涉问题。9月4日，报纸刊出孙、袁会谈时袁询及蒙藏"独立""究应以兵力对付是为最要问题"时，孙中山认为暂不宜用兵，

---

① 《孙中山全集》第二卷，第2页。

"若能广收入心，施以恩泽，一面以外交立国。倘徒以兵力从事蒙、藏，人民愚昧无知，势必反激其外向，牵连外交，前途益危，而事愈棘手矣"。袁氏同意其说。①

对于孙中山所主张的"外交立国"，在 8 月 30 日上海《时报》所刊孙对汤漪谈话中说到，"袁总统意欲中美联盟，予不谓然"②。这则消息是黄远生所提供的。黄在 9 月 6 日所作《袁、孙所交换之政见及其关系》报导中说得尤为详尽：二人谈及外交问题，"孙君遂问袁君以联美历史，袁乃告之如此如此。孙君即席嗟叹，谓为远谋。然二君当时即取消联美之政策。至于今日究以联何国为宜，二君亦已谈及，以属外交秘密，不为发表。但敬告诸君，二君言次曾及外交上之联络有二种，一形式上之联络，一精神上之联络云云，便知记者之非造也"③。对于具体办法，黄远生在 9 月 10 日采访孙中山时，虽一再追问，孙以外交很复杂很秘密为由，不予置答。④ 其实，孙中山究竟主张联络何国，并不费猜。在 8 月 26 日他会见陆徵祥时，便答应赴日、美访问，争取外交承认。既不与美联合，则是联日了。他在 8 月间答记者同时也曾说，离京后，即经东三省访问日本，再去欧洲。不过，他离开北京后，即返回上海，并于 10 月 3 日抵达。返上海不过几天，10 月 8 日，有吉总领事报告内田外相称，11 月上旬或中旬，孙拟访日考察铁路事业，希望日方欢迎，停留二至三星期。有吉认为，宜由一二协会以私人立场邀孙赴日，不宜以国家元首对待。⑤ 这个报告不是没有根据的。宫崎寅藏于 10 月下旬返国，23 日抵神户。24 日大阪《朝日新闻》刊载其所撰《孙逸仙之来日》一文，内称，孙逸仙决定下月上旬漫游日本，一行五从，将在长崎上岸，取陆路到福冈，准备在日停留一个月，云云。⑥ 孙中山拟定 11 月 13 日赴日，但此计划未能实现。所以如此，是日本政府对是否接待孙中山未能取得一致意见。日本对袁世凯并无好感，但袁氏上台已成定局，对袁政府的态度不可能不予以考虑。内田外相指示伊集院公使了解袁政府对孙访日的态度。伊集院从国务总理赵秉钧处获悉，对孙赴日，袁未劝行，也没有提出希望，中国政府也没有理由对其

---

① 王耿雄等编：《孙中山集外集》，上海人民出版社 1990 年版，第 181 页。
② 黄宗汉等编：《孙中山与北京》，人民出版社 1996 年版，第 46 页。
③ 《远生遗著》上册，第 2 卷，第 119 页。
④ 同上书，第 129 页。
⑤ 日本外务省档案，机密第 87 号。转引自罗刚编著：《中华民国国父实录》第三册，第 2019 页。
⑥ 宫崎滔天著、近藤秀树编：《宫崎滔天书信与年谱》，陈鹏仁译，台北商务印书馆 1982 年版，第 172～175 页。

言行担负任何责任。对俄蒙问题，袁氏与政府没有考虑通过孙向日本提出任何问题。① 由此可以看出，孙访日，并不是北京当局之所愿。11月16日，袁氏还派胡瑛访日，此行与孙中山访日计划有何关系，不详。这时日本外务省派正在中国的山座圆次郎与孙接触。前首相桂太郎也派秋山定辅赴上海见孙，讨论延期访日之事，秋山答应一年以后孙可访日。如果访日得不到官式接待并与政府当局会谈，这种访问是没有什么意义的，故孙中山只得同意展期，以患病为由，电告宫崎，不能赴日，并要他转达日本有关方面。

日本对孙中山访日，也要顾及沙俄的反应。孙中山当时提出修筑十万里铁路的计划，北线便是修到外蒙古库伦，直达唐努乌梁海，意在抵拒沙俄南侵。6月间孙曾指出，三路之中，北路尤急。在京期间，袁世凯任命孙为筹划全国铁路全权，孙返沪后即设立铁路总公司办事处开始运作。10月20日，孙电复袁世凯，同意提前兴修张家口至库伦、张家口至吉林两铁路。袁氏乐于让孙中山将注意力集中在铁路建设方面。至于联日外交，是采取敷衍的手法，并不明确阻止或反对。11月9日，孙中山为迁都、联日、设立中西合股银行及铁路各事致电袁世凯称："今日弭患要图，非速行迁都，则急宜联日。二者必行其一，方能转危为安，迁都既属困难，则联日不容或缓。文深维此事速欲亲行一试，如有意外之好，其联交之度当至若何，请先示程式，以便文于月底一往东洋游说彼邦执政，想不致虚行也。"袁氏14日对联日一节答复云："顷与国务院商议，佥谓日人忌我共和，恐受影响，我公往说，似应申明我之改革系民族问题。与日本万世一系者迥别，除国体外，所有行政计划多向彼国取法，盼其赞助，庶可免其猜忌。至联日一节，目前尚未承认，如以公家名义前往必不能正式接待，若以私人名义试探日意向如何，恃公德威较易为力。体察现在国势，只可以情谊相感，若与联盟，时期尚早。至攻守同盟，强弱相形，尚难启口。仍候卓裁。"② 从上述电文，可以看出，袁世凯确实未曾对孙中山访日有过什么委托之类的表示，且态度颇为冷淡。尽管如此，孙仍满腔热情去争取支持。他在11月16日密电袁氏："新密。华日联盟，大有可望，假以半年至一年之时，当可办到。故俄蒙之约万不可承认，当出以最

---

① 1912年11月11日有吉明致内田康哉电。见俞辛焞著：《孙中山与日本关系研究》，人民出版社1996年版，第156页。

② 台北中国国民党党史会库藏抄件。见《中华民国国父实录》第三册第2056页。按，另据萱野长知《中华民国革命秘笈》影印袁世凯复孙中山电原件（东京，昭和十五年，皇国青年教育协会发行），袁复电有"迁都尚多窒碍，联日在所急需，借重大名，彼邦动色；应备程式，容饬国务院议决邮寄"内容。若如此，复电似有两件，今并录存，待考。"联日在所急需"一节，与抄件大异其趣。

强硬之抗议,使此问题延长时日,则必有良善之结果。目下尽可以不理处之,以观俄政府之行动。"① 与日结盟,近期目标是抗俄保蒙,因形势紧急,故孙中山迭电袁氏以促联日,以底于成。他这时已不再保持秘密,在 12 月 3 日发表倡议钱币革命对抗沙俄侵略之通电,刊于各报馆,通告国人,"望我政府、我国民,当仁不让,毅然以非常之方,应非常之变,先行钱币革命,而后定作战之计划",以四年为期,未有不胜者也。在同一通电中,还表示准备与俄国算旧账,期望"逐俄出满蒙之野,而复我黑龙江沿海州之侵地"。② 凌云壮志,感奋同胞。

孙中山抗俄言论,非止一端,国人长期以来对俄人印象殊劣,喻之为封豕长蛇、虎狼之国。沙俄当然也了解孙中山对俄日之态度。所以,它的驻日大使在 11 月 8 日到外务省询问孙中山来访时的接待方法,以探听虚实。③ 因俄国推测孙访日是借助日本力量以牵制其在外蒙古的殖民扩张,故有此询问。这种行动,也是对日本的一种牵制作用。由于有这些因素,使得孙中山在 1912 年年底访问日本的计划,便只有取消一法,等待新的机会去成行。

三、1913 年访日与联日实践

在日本政界中真正欢迎孙中山访日的,是在长州军人中地位仅次于"军神"山县有朋的桂太郎。桂太郎在日本政坛上是举足轻重的角色,他在 1901—1905 年、1908—1911 年曾两次任首相。桂与《二六新报》的主笔秋山定辅有相似观点,主张结束英日同盟关系,改善日俄、日中关系,与德结盟。桂迎合日本陆军中一些人的要求,对孙中山态度较为友善。1912 年 12 月,由于扩充两个师团的建议在阁议上未能通过,陆相辞职,导致西园寺内阁垮台。接着,桂太郎第三次组阁。桂内阁的出现引发打倒藩阀的护宪运动,结果桂内阁仅维持了一个多月,桂太郎也成了在野之身。如前所述,早在 1912 年 7 月 8 日,日俄两国订立了瓜分内蒙古的第三次密约;与此同时,大陆浪人与部分陆军军人在军部与政府的支持下,在进行旨在分裂中国的"满蒙独立"运动,一时甚嚣尘上。另方面,列强尚未承认民国政府,它们希望通过外交承认问题,谋取本身特殊权益。孙中山就是在这种国际气氛中正式访问日本的。

在访问出发之前,孙中山公开谈到这次出访是为了感谢日本友人过去对

---

① 《孙中山全集》第二卷,第 542 页。
② 同上书,第 549、548 页。
③ 《孙中山与日本关系研究》,第 155 页。

中国革命的援助，并学习日本兴办铁道的经验。但在致袁世凯电中，谈的却是与日结盟的事。他于1913年1月电袁氏称："今日弭患要图，非速行迁都，则急宜联日，二者必行其一，方能转危为安。迁都既属困难，则联日不容或缓。"2月4日又电袁氏、国务总理及各部总次长，告以定期本月11日由沪赴日，欲以个人名义，联络两国感情，认为，"按以彼国现状，此事不难办到，或更有良好结果，亦在意中。务望诸公一致赞成，并望将我政府最近之对日、对俄方针，详为指示"。① 前面已谈到，对于孙准备访日，日本驻北京公使曾经访问国务总理赵秉钧，赵告以政府无意使孙访日。2月14日，袁氏复电孙中山，告以联合一层，目前外交上尚未承认，望以私人名义试探日政府意向。袁氏经过一段时间摸底，对孙之访日，已经明白其用意了。所以袁氏方面，毫不掩饰他们对孙访日之行决非官方性质的表态。当时袁政府正与各国交涉承认民国政府问题，日本想乘此机会从中国攫取更多的殖民权益，袁氏力图减少日本对他的不信任感，自然也不愿意孙中山有所介入。孙对此应是有所领会，袁始终未表示委托他代表政府方面进行发言。

孙中山一行由日人山田纯三郎陪同，于1913年2月11日，以筹办全国铁路全权名义，乘"山城丸"自上海启程赴日本考察，至3月23日，由长崎乘"山阳丸"返国。

孙中山此行，系桂太郎、秋山定辅商定邀请的。孙出发之日，即桂内阁倒台之时。至2月20日，山本权兵卫内阁成立。日本人对孙中山的接待还是得体的，他会见了除大正天皇以外的日本朝野大批政要，在东京、横滨、名古屋、奈良、大阪、神户、广岛、下关、八幡、福冈、三池、荒尾、熊本以及长崎等地，参观了铁道、工业、军港、文化等多项设施，受到热烈欢迎，他也发表了一系列演说。

孙中山并不是以官方身份访日的，但他力图发挥自己的影响，以中国有力者的地位发言。此行活动，可注意的有两点，一是与桂太郎会谈推行大亚洲主义的问题，二是与涩泽荣一等日本财界创立"中国兴业股份公司"。

关于孙桂会谈，孙、桂本人没有留下记录，宫崎、胡汉民有所记载，因并非当事人，所载只能供参考。孙中山的秘书兼翻译戴天仇（季陶），后来写了一本《日本论》，概括起来，里面谈到会谈中桂向孙中山保证：

1. 以日德同盟取代日英同盟，以后与英国斗争，打破其霸权。
2. 以日德同盟为核心，结成日中德奥同盟，解决印度问题。

---

① 中国社会科学院近代史研究所中华民国史研究室等合编：《孙中山全集》第三卷，中华书局1984年版，第10页。

3. 日本不侵略中国。

4. 日中两国提携，保障东半球的和平；中日德土奥五国提携，维护世界和平。

5. 袁世凯是民国和孙中山之敌，但是，现在立即举事将百害无一利。

6. 全力援助孙中山的铁路干线建设事业。①

在找到更为确实的材料之前，只能相信上述记载是可信的。② 桂太郎是长州军阀的头子，他的言论无疑反映了日本军部的立场。他是1913年10月10日病逝的，据说他临终时叹惜说："我不能倒袁扶孙，成就东方民族独立的大计，是我生平的遗恨。"孙也表示，"日本现在没有一个足与共天下事的政治家，东方大局的转移，更无望于现在的日本了"。③ 孙中山要推行其大亚洲主义，是希望以日本为首，中日结盟，驱逐英美的势力；日本人对袁世凯历来无好感，他们在1902年与英国结盟，但在日俄战争之后却逐渐想改变与英结盟的政策，主张与德结盟，其矛头所向，英国首当其冲。孙的本意在于建立中日联盟，与桂等长州军人有共同要求，这便是孙桂之间能相互"理解"的主要原因。

孙中山一意联络桂太郎，桂死后又联络田中义一、秋山真之等陆海军实力者，难道作为一个政治家还不明白日本军阀的军国主义侵华野心吗？但是，至少在他访日前后，看不出对日本军阀有什么批判，或向中国人民指出过要警惕日本侵华的既定国策。孙中山想在国家衰弱状态下去与日本结盟，实属与虎谋皮。

孙中山访日的具体成果，是与涩泽荣一等日本财界人士拟议设立"中国兴业股份公司"。这个公司是在原有的日本"东亚兴业股份公司"变通而来的。整个谈判从3月3日日方提出《中国兴业股份公司计划概要》开始，至6月14日日方设立设置委员会，随后19日又决定依据日本法律成立为止，断续进行。孙中山主张引进外资，这点方向是对的；他主张该公司主权属中国，依中国法律设立，也是正确的。但由于日方坚持总额为500万日元双方各半，

---

① 戴季陶著：《日本论》，光明日报出版社2011年版，第96～98页。

② 据结束博治著《醇粹的日本人——孙文革命与山田良政·纯三郎》（东京经理社1992年版）内称，在后藤新平主持的华族会馆欢迎会后，桂、孙、戴与山田纯三郎四人举行秘密会谈，桂提出日本每年将增加多少人口，十年五十年之后将如何云云。孙紧握桂的手说："日本的生路在满洲。满洲用日本之力去开发，建成天堂、模范国。希望以此防止俄国的南下势力。但是，主权不变。仅戴着支那的帽子。到日本的国情许可之时，取消日支两国的国境，一块干吧！"这些话是否可信，难于判断。

③ 《日本论》，第62页。

孙中山只能负责筹集到极有限的数目，中国又缺乏完善的相关投资法，再加上"宋案"发生后形势对南方党人不利，所以孙中山只能步步退让。到8月11日正式设立该公司时，"二次革命"已经失败在即。后来中方代表转由袁世凯政府所派人员接任，流亡中的孙中山除了索回其中一些款项之外，他的这个访日成果，也不复存在。①

若说孙中山对日本侵华的历史和野心茫无所知，这是不准确的说法。1912年8月他在北京就曾说过，日本人占领了南满，从朝鲜到中国近便，"一旦有变，五日间日兵可运到十万，北京内外受困"②，存在着严重的威胁。但是，访日的成行，由于他从所受到的热情接待中认为日本朝野支持他，愿意援助他，从而进一步期待日方的提携，所以便以知日、亲日自居，处处回护日本，替日本辩护。例如，2月23日他在东京对中国留学生说：日本"与我国利害相关，绝无侵略东亚之野心"；又称："日本从前对于中国，行侵略政策，亦见中国国势大不可为，假使受制欧洲，则日本以三岛海国，决难巩固，故不得已而出此"。③又说什么（1912年7月8日订立的日俄瓜分中国内蒙古的）第三次密约是"实属子虚，万不可听"④。还说日本"朝野上下，莫不表示真诚与我国联好之意"⑤。他还告诉国民党人，"日俄之战，虽为保护本国在朝鲜之势力起见，然亦未尝非为中国之领土而战"⑥。如此等等，无不说明孙中山在访日前后，其外交政策带有浓厚的亲日色彩，其言论包含了许多错误的成分，这是无可否认的。所不同的是，访日前至少在形式上是推动袁氏去搞联日，而在访日之后，因"宋案"而导致孙、袁决裂势所不免，此后孙之联日，首在倒袁，属孙日关系的主要内容了。

民国元二之间是孙中山的重要政治实践时期。就外交而言，他反对沙俄侵我外蒙，对日本则力主联合，甚至为达目的不惜提供国家权益。事情是复杂的，是非曲直，不宜作笼统的评价。

---

① 有关"中国兴业股份公司"的资料，可参见《日本外交文书》大正二年第二册。
② 《孙中山全集》第二卷，第425页。
③ 《孙中山全集》第三卷，第26页。
④ 同上书，第51～52页。
⑤ 同上书，第52页。
⑥ 同上书，第51页。

护国战争与日本

云南护国战争初起,是由以唐继尧为代表的云南军方实力派结合以梁启超、蔡锷为代表的进步党人和以岑春煊、李烈钧为代表的欧事研究会发动起来的反对袁世凯独裁、卖国、帝制的一场战争。严格说来,它与孙中山领导的中华革命党进行的"三次革命"是有区别的。不过,由于孙中山与梁启超的代表周孝怀以及岑春煊等人进行合作反袁已取得共识,孙中山与黄兴(欧事研究会的精神领袖)也已消除歧见,重归于好,孙还下令中华革命党各地组织联合各派势力共同讨袁,因此,护国战争又实际包含了中华革命党的"三次革命"。中华革命军的反袁稍早于云南护国战争的发动,战争爆发后,西南一些省份相继响应。故可以认为,护国战争作为反袁运动,中华革命军是前驱,部分进步党人是动力,欧事研究会乃纽带,而以西南各省为主体。护国战争以反袁为目的,与日本当时的"排袁"政策合拍,各派反袁势力得到日本的支持、援助。本文拟在此前学者研究的基础上,对护国战争与日本的关系,作进一步梳理,以概见"二十一条"订立后日本当道是如何谋划,利用中国的政局变动,以图扩张其在华殖民权益的。

一、袁世凯的帝制活动高潮与日本决策"排袁"

日本对袁世凯向无好感,但在袁氏掌控中国最高权力以后,它又不能不与他打交道。袁氏为维持其统治地位,也力图修好对日关系。在1913—1914年间袁氏所策动的诸多帝制预谋,实际上都得到日本支持。欧战爆发后,西方列强分裂成协约国、同盟国两大阵营,中国不敢对德宣战,让日本取代了德国在山东的殖民权益。食髓知味,于是日本的财团、浪人、军人、政客各式人等,纷纷向政府提出自己的对华要求。到1914年11月11日,日本政府确定了"二十一条要求大纲",该"大纲"经山县有朋、井上馨、松方正义等元老重臣研究,予以认可,经上报大正天皇,12月2日得到批准。1915年1月18日,不顾外交惯例,日置公使将它直接递给袁世凯。日方的记载称:"所谓'二十一条'的原方案,是政务局长小池张造制订的,只在英国任职而不怎样通晓中国的加藤(高明)外相,在中国问题上,特别器重小池局长",

而小池又是与陆军关系密切的人物,他"动员了小村欣一、广田弘毅等外务省内对中国有关的人员,综合整理了参谋本部、陆军省、民间多方面的中国通的意见,从而作成了原方案"。① 1915年5月9日,袁世凯接受了丧权辱国的"二十一条"修正案,25日完成换文与签字。

袁世凯卖国求荣,激起国人的排日抗议行动。袁氏却无悔过之心,加紧帝制行动。10—11月间,袁氏控制的各省区"国民代表大会",纷纷进行"团体投票",拥袁称帝。袁氏称帝,势必引起中国的动乱,从而破坏列强在华的均势,影响它们在华的权益,故有10月28日日、英、俄三国驻华公使联合向袁提出延期变更国体的劝告。法、意、美三国随后复各提出类似要求。但袁氏不为所动,12月12日,悍然下令称帝,改民国五年为"洪宪元年"。12月14日,日、法、俄、英、意五国驻华公使联合向中国政府提出第二次劝告,并表示"以后对于中国决定执监视之态度"。

日本对华外交,外务省与军部各有一套,往往各行其是。外务省因为需要考虑与列强的关系,虽自有图谋,还不能不在国际上进行一些协调,有些收敛。但军部却没有那么多规矩,行动狂暴露骨,令人侧目。例如,1915年11月15日,孙中山委居正为中华革命军东北军总司令,许崇智为参谋长,聘日人萱野长知为顾问,居正赴青岛,设筹备处。日本占领当局便将原德国总督府交给东北军作司令部,该军的械弹供应人员编组以及在胶济铁路沿线活动,均是在日本占领当局允许范围内进行的。12月5日,中华革命党陈其美等人策动"肇和"号军舰炮击上海制造局,聚众起事,也是在日本军人参与下发动的。当然,不论是外务省或是军部,尽管存在竞争和冲突,它们的目标和利益是一致的,最终是殊途同归。

1915年12月17日,欧事研究会成员李烈钧由香港抵昆明,参与酝酿起兵讨袁。19日,蔡锷等也由日本经越南相继抵达昆明。是晚,在唐继尧举行的宴会上商谈举义事,蔡锷令戴戡宣读由梁启超事先拟好的讨袁通电稿,获得与会者赞同。23日,唐继尧等发表致袁世凯通电,要求取消帝制,严惩帝制祸首,限二十四小时内答复。25日,唐继尧、蔡锷等通电各省,宣告云南独立,组织护国军(原拟称共和军),以唐继尧为都督。护国战争爆发,计划向四川、贵州、广西三路讨袁,并以蔡锷、李烈钧、唐继尧分任第一、第二、第三军总司令。28日,孙中山致电上海同志,谓"唐、蔡已动","既有首

---

① 日本外务省编:《外务省百年》(上),原书房昭和四十四年版。转引自米庆余:《一战期间日本对华外交》,米庆余主编:《日本百年外交论》,中国社会科学出版社1998年版,第83页。

难,则袁之信用已破。此后吾党当力图万全而后动,务期一动即握重要之势力"。① 观此函义,孙既受鼓舞,又欲与西南各自为战,且欲居优势地位,初无合作意向。

梁启超、蔡锷原来都是拥袁的,他们在天津的密谋,日本人并不了解。日本在昆明未设领事馆,有关云南起义的情报,从刊印在《日本外交文书》大正四年部分来看,他们没有第一手情报,均是从英法公使馆、领事馆搜集到的,并不准确。12月25日以后,日本外交部门着手补救,驻广东总领事馆翻译官藤村、参谋本部的山县少佐、大陆浪人大作理三郎等先后潜入云南。② 12月,外务省任命崛义贵(原驻广东总领馆领事)为驻云南领事。崛于1916年3月初抵昆明。3日,唐继尧电河口督办等电:"特密。日本新派驻滇领事崛君已抵越,日内来滇,希妥为接待保护,以联情感,并将晋省日期电闻。" 18日,在川的蔡锷等将领电贺崛上任,并望修好关系;崛义贵也通过外交部云南特派员公署对蔡等表示谢意,希望护国军取得胜利。③ 根据袁世凯的政治顾问莫理循得到的信息,崛义贵曾经表示,到1916年3月6日,日本除了一名参谋本部派出的武官,"在北军前线以外,云南省还派有一名军官和一名情报部门的人。崛义贵先生(这位领事)告诉我大约有两百名日本人遍布云南省,而每条船载了许多人来"④。随后,日本在广西省设立了领事馆,派出了领事。

1915年12月,日本军方将旅顺要塞司令官青木宣纯派往上海,并以松井石根(按:此人后晋大将,系南京大屠杀指挥者之一)为辅佐。他们在上海法租界租房子设公馆,在青木手下,还有斋藤恒、本庄繁、铃木大尉等人。随后派在岑春煊身边的井户川辰三(后中将)、派往云南唐继尧一派相助的嘉悦敏(后少将),以及派往长江的其他将校,均在青木指挥之下,与派往山东吴大洲处的贵志弥次郎(后中将)作为小矶国昭(后大将)的参谋从事满蒙独立的土井市之助(后少将)相呼应,一起从事反袁活动。⑤ 青木来华,体现了军部倒袁的决心。

---

① 《孙中山全集》第三卷,第220页。

② 《日本外交文书》大正四年第2册,第239、94页;黑龙会编:《东亚先觉志士纪传》中,原书房昭和四十一年版,第608页。

③ 中国第二历史档案馆、云南省档案馆编:《护国运动》,江苏古籍出版社1988年版,第328~329页。

④ 骆惠敏编:《清末民初政情内幕》下,第531~532页。

⑤ 东亚同文会编:《续对支回顾录》下,"松井石根"条,原书房昭和四十八年版,第892页。

云南起义后，日本政府决定采取倒袁政策。在外交上，首先是1916年1月15日以俄国大使将至东京，不便接待中国特使和避免两国间各种误解为借口，宣布不接待周自齐（袁政府对日皇的赠勋特使）来访。接着，参谋本部次长田中义一命坂西利八郎（袁世凯政府的军事顾问）告袁，日本将采取强硬态度。19日，日内阁通过决议，要袁政府不得忽视南方动乱而实行帝制。同时，石井菊次郎外相晤中国政府驻日公使陆宗舆，严词警告"延缓帝制；如不听，则出自由行动，派兵驻中国要地。一面认云南为交战团体，一面宣告中国现政府妨害东亚和平云云"①。是月，参谋本部次长田中义一召集二部部长福田雅太郎、外务省政务局长小池张造，每周开会一次，研究对华政策，其中无疑包括了对南方反袁势力的援助与支持。

袁政府明白日本的用心所在，故在其致各省将军、巡按使征求意见的训示（《袁世凯对时局对策》，日期未明，在2月28日前）第八条中写道："必须打破各国外交的一致性，集中力量专以破除日本的阴谋。盖非各国皆为我患。宁可服从欧美势力，不能仰岛夷（按：指日本）之鼻息。若明此理则迷惑自解。"② 这个材料是日本海军省在华坐探宗方小太郎的报告。在各方压力下，袁氏被迫宣布延期实行帝制。但日本并不以此为满足，在3月7日的阁议中，议决"当前帝国应采取之方针，是在中国确定优势势力"，并以"袁氏退出中国政界为宜"。还确定以民间形式出面支持中国国内反袁活动。21日，派森田宽藏前往中国，向驻华公使及部分领事传达了上述决定。③ 阁议表明外务省和军部政策已协调一致，以底于成。虽然3月22日袁氏宣布撤销"承认帝制案"，仍称大总统，但日本排袁方针未变，直至袁氏死亡。

二、孙中山积极争取日本援助反袁

"二次革命"失败后，孙中山、黄兴先后流亡日本。1913年11月4日，袁世凯下令解散国民党，并撤销国会中国民党籍议员的资格。比较有点影响的国民党人，在国内已不能立足。除了小部分转而投靠袁之外，大多流亡日本及南洋。他们中大部分人经济极端困窘，忧心前途。

孙中山认为"二次革命"之所以失败，是由于"党员皆独断独行，各为

---

① 王芸生编著：《六十年来中国与日本》第7卷，读书·生活·新知三联书店1981年版，第30页。
② 神谷正男编：《宗方小太郎文书》，第386页。
③ 段云章编著：《孙文与日本史事编年》，广东人民出版社1996年版，第474～475页。

其是"，宋案发生，他"当时即力主开战，克强不允，卒迁延时日，以至于开战即败"。他计划组织的中华革命党，"因鉴于前此之散漫不统一之病，此次立党，特主服从党魁命令，并须各具誓约。"① 客观地说，"二次革命"不具备任何成功的条件，是孙中山等极少数人意志的表现；服从党魁、填誓词、按指模，是秘密会党的行为；中华革命党采"二民主义"（不要民族主义），不但是对世情的误判，也是理论的倒退和迷失，更为孙中山寻求日本军人、政客援助反袁开了绿灯。所以，居于多数的原国民党要人拒绝加入中华革命党，而集结在欧事研究会②、中华水利社旗帜之下，是可以理解的。孙中山要黄兴约束其部下，并要黄本人"静养"两年不过问革命之事，黄只得远赴美国。欧事研究会奉黄兴为精神领袖，岑春煊、李根源、李烈钧、钮永建、陈炯明等人是该会骨干力量。相较于中国同盟会、国民党，中华革命党更缺乏群众基础，力量很小，影响有限，在日本人眼里，以这批人去发动"三次革命"，是不可能成功的。故尽管孙中山从流亡日本之日起即昌言发动"三次革命"，并用尽一切办法寻求日本援助，但日本人仍藐然视之。③

孙中山第二次流亡日本，完全处在日本警方保护之下，其安全不成问题。在与宋庆龄结婚前一年多时间里，他住在灵南坂头山满（浪人领袖）隔壁。生活费用，则由日商铃木久五郎负担。有了安定的生活环境，又组织了中华革命党，他便将注意力集中在交结新旧朋友、寻求援助方面。

孙中山以中华革命党为中心重新建构了一个人事网络。中华革命党设协理，是预留给黄兴的。接近黄兴的两湖党人居正（党务部长）、田桐（湖北支部长）等被委以重任。总务部长为陈其美，军事部正副部长为许崇智、邓铿，政治部正副部长为胡汉民、杨庶堪，财政部正副部长为张静江（后为邓泽如）、廖仲恺。为给流亡的同志提供一个学习机会，在日本人帮助之下，设立了浩然庐（学舍）和政法学校，后来还设立飞行学校，以培养人才。

保护孙中山的日本警察的逐日报告，为研究者们保存了孙的日常生活及

---

① 《孙中山全集》第三卷，第 82、81 页。

② 欧事研究会成立于 1914 年 8 月（欧战爆发于 7 月 28 日，8 月 23 日日本对德宣战，占领青岛，扩张至胶济铁路沿线，直抵济南。时黄兴已赴美）。社员分旅日、南洋欧美及内地三部分。南洋欧美部分，有岑春煊、陈炯明、黄兴、钮永建等。（罗刚编著：《中华民国国父实录》第三册，第 2499 页，引蒋永敬《近代人物史实》，台湾商务印书馆，第 59～63 页。）

③ 关于孙中山组织中华革命党反袁寻求日本援助的史事，详见拙著《孙中山与日本》（广东人民出版社 1996 年版）第七章。

与各方面来往的完整记录。① 综合日本公私文书和中文资料，我们可以比较清楚地看到孙中山殷切期待日本援助的活动。

首先，期待日本朝野政界人士的支持。孙中山 1913 年春正式访日时结识了前任首相桂太郎，但当他流亡日本后不久，桂病死，孙便转而指望刚上任的首相大隈重信。1914 年 5 月 11 日，孙致长函给大隈，要求支持反袁，"而支那之报酬，则开放全国市场，以惠日本工商"，如此，则日本将可取代英国在亚洲的霸主地位。学者指出，这个函件公布出来之后，对几个月后大隈内阁对袁世凯提出"二十一条"有极大的帮助。孙中山对犬养毅、头山满、板垣退助也同样积极争取，但他们都认为，"三次革命"机会尚未到来。1915 年 2 月 5 日，孙中山、陈其美与犬冢信太郎（原"满铁"理事）、山田纯三郎订立了《中日盟约》11 条。3 月 14 日，孙又具名给小池张造写信，连同上述条约，由中华革命党党员王统一交给外务省。孙中山曾对犬养毅说，为争取日本援助，"即使需要附加任何条件"②，亦在所不惜。

其次，与财界的联络。筹款是革命行动能否取胜的一个先决条件。孙中山认识与联络的日本财界人士，包括了多位重量级人物。就联络、争取的先后而言，有三井物产的森恪、益田孝、"财神"涩泽荣一、山本条太郎、中野武营、安川敬一郎、犬冢信太郎、贝岛太市、相生由太郎、久原房之助、大仓喜八郎、浅野市太郎、丰田利三郎、松岛重太郎、矢野庄三郎、坂谷芳郎等。联络的实在不少，但成效不彰。比较像样的，是犬冢信太郎的 30 万日元（据说犬冢将收条烧掉了）和久原的 70 万日元。日本商人是何等精明，他们怎么会将银钱随便扔给一个无依无靠的流亡者？就是久原的 70 万日元，据说也是以四川省某权益作抵偿的，而且订合同是 1916 年 2 月 22 日军部已决定排袁之后，是由田中义一等人促成的。山田纯三郎是山田良政（惠州起义死难者）之弟，原系"满铁"在上海售煤负责人，犬冢特许他为孙中山办事，许多重要活动，孙中山也通过他去联系；他在上海的住宅便是革命党的据点，陈其美即是在山田宅被袁氏奸细炸死的。

最后，争取日本军界的支持。孙中山对日本军人的联络与争取对象，包括现役预备役或退伍军人，有饭野吉三郎、辻村楠造、上原勇作（参谋总

---

① 见俞辛焞、王振锁编译：《孙中山在日活动密录（1913.8—1916.4）》，南开大学出版社 1990 年版。

② 日本外交档案，1914 年 8 月 22 日，乙秘第 1651 号，《犬养毅与孙文会见之事》，《有关各国内政之杂纂（中国之部）——包括流亡者在内之中国革命党问题》（下称《中国革命问题》）第 13 卷。

长)、田中义一、福田雅太郎、本庄繁、秋山真之（海军军令部长）、石浦谦次郎（驻山东某处联队长）、郡司成忠（预备役海军大尉）、一之濑斧太郎（预备役陆军大尉）等。饭野系日本精神团主持人，曾任陆军部经理局长，其岳父是贵族院议员，1913年8月，经人介绍，与孙结识，并将孙介绍给现任经理局长辻村楠造。饭野与现任参谋次长大岛健一关系密切。经过几次接触，9月13日，孙与饭野订立了援孙的《誓约书》。后来因饭野方面认为"时机不到"未能实施援助，誓约撤销。孙中山还经人介绍不止一次会见过参谋总长上原勇作，提到日方援助及以东三省"特殊权益"予日本之事。日内阁决定排袁后，孙从1916年3月29日开始，频繁与参谋本部二部部长福田雅太郎（主管情报）接触。福田是大陆扩张的积极推动者。新任参谋次长田中义一与孙中山搭上线，是在1916年4月7日，军方联系人是本庄繁。田中是穷凶极恶推行侵华政策的日本军人，派遣青木宣纯来华统筹各派反袁的指示，即出自其手。故孙与田中义一之交往，尤其值得注意。

孙中山对田中期许颇深。他回到上海之后。于5月24日致函田中："前在东京，诸承关切，高情厚谊，谨此函谢。"又谓："文已决心亲赴山东，集结同志力量，全力以赴。然事之成败全系于军火供应之有无。故已委托现在上海之青木将军设法提供两个师团所需之武器，青木将军已体察文意，对此计划表示赞成，据闻业已电告贵国政府云云。此外，又另委托在东京之黄兴兄，将此意转达贵国当局，黄兴兄亦表示赞同，想日内当由黄兴兄面达种切。"继称："大局危急，紧迫万分，切盼鼎力支援"。① 孙中山的要求可能部分得到了满足，故7月3日致田中函表示："先生前此援助之力，虽造次颠沛，不能忘怀，但时局变迁，收效无几，事势所至，无可如何。"与孙氏的态度不同，日后戴季陶（孙之日文译员）称："中山先生在日本的时候，对于田中，也是很属望的。""在中国倒袁运动起来的时候，田中中将的行动是很值得我们注意的。他第一件大事，就是在南方扶植岑春煊、唐继尧而压制中山先生所领导的中华革命党"；而"中山先生所希望于田中中将的，第一是希望他抛弃日本的传统政策，第二是希望他改正一切认识错误，其他的日本人，没有比田中的地位关系中国更大的"，但孙未能成功。② 戴氏是了解内情的人，不过这些话是日后说的，未必是孙之本意，而当日孙中山亟亟祈求者全在日援，已如上揭。至于东北军在山东的活动完全依赖日本军部的支持，就更非秘密了。

---

① 《孙中山全集》第三卷，第293、296页。
② 戴季陶：《日本论》，第112、115、113页。

虽然在反袁各派中以孙中山对日人联络最早且最广泛,亦主动提供条件,但日本反应冷淡。1916年蒋介石称:"本党自去冬谋沪失败,各方亦不利,势已成为弩末,党中怀贰分子,多戴黄兴与岑春煊为领袖,改隶欧事研究社〔会〕。是社〔会〕以钮永建与研究系一派为主干,对抗本党,阻碍计画之进行甚力,当时本党几无立足地。"① 在12月5日"肇和"舰起事失败后,云南起义成功发动,使中华革命党显得无所作为,故蒋介石有是说。孙中山实际也深感迷茫,他在1916年1月9日致上海党人的电报中即说:"日府派青木中将来沪调查,而后定方针,宜秘密间接图利之。"② 显然,他当时并不了解青木来华的真实目的,对日本援助的前景也并不乐观。不过青木来华,确实给反袁各派带来利好消息。

三、青木宣纯来华统筹各派反袁活动

孙中山以秘密结社方式组建中华革命党,并不为受过民主文化不同程度熏陶的党内外人士所乐闻乐见。即他最亲信的同志,也颇不以为然。除廖仲恺未显歧异(即廖加入亦在第一批入党之后半年多)外,胡汉民是为"顾全大局"才加入的。汪精卫则远走欧洲,不与闻党事。朱执信拒不加入,挺至1915年11月才勉强参加。不那么密切的干部,情况也好不到哪里去。何天炯为了某事(或公或私),引起孙总理挥拳欲击。1915年11月23日,孙指责陈炯明"于本党所为,多所抨击,此人险诈,难与共事"。陈当然也知道孙反复不定,故拒不加入中华革命党,当1916年1月16日在惠州发动反袁起义时,还举过护国军旗帜。李烈钧入滇,是以欧事研究会成员资格入伙的,《李烈钧将军自述》称其时"总理亦时以函电相示,余乃作入滇之计"。这些话,是后来说的,有关孙中山的文集不见孙与李的片言只语,倒是在上揭文字之后,表明李与孙并无关系:"其时革命党同志(按,应写成"欧事研究会同志"),如李根源、程潜、林虎、龚振鹏、但懋辛、方声涛、陈泽霈、曹浩森诸人,均在南洋。因商诸声涛,率学生邹以庄、周汝康二人先行。"当然,李烈钧也不是与孙中山毫无关系。据日本外务省档案记载,1916年1月15日,孙中山在东京接见了李烈钧派来日本筹款的密使陈仁、刘明敏、席正铭、刘铸。此后席正铭等还数度访孙,并与廖仲恺等商谈。他们所谈何事,有何成果,不详。不过由此可知,李孙之间恢复了联系,并事实上沟通了欧事研究会、护国军与孙的关系。在日本人心目中,黄兴为人笃实忠厚,重于行,不妄言,

---

① 中国第二历史档案馆编:《蒋介石年谱初稿》,档案出版社1992年版,第24页。
② 《孙中山全集》第三卷,第230页。

故乐于与其交往。欧战爆发后,犬养毅等建议开展"召回"黄兴运动,使之返日参加领导反袁,但为孙中山所婉拒。黄兴既一时不能返日,日本人又不愿再等待,便退而求其次,选一个能团结各派势力且孚众望的人来领军。因缘时会,岑春煊成为日本人夹袋中人物,脱颖而出。

1916年1月,日本参谋本部次长田中义一召集二部部长福田雅太郎、外务省政务局长小池张造和奈良陆军少将、森山海军少将,每星期开一次会,研究和厘定对华政策,而田中委员长"拥有超乎外务大臣之权能,……决定推举一既非国民党,亦不属蔡锷等进步党之官僚系人物岑春煊,助其统一中国之政策"①。后来戴季陶还抱怨说:"那时他(按:指田中)的说法,是说南方的势力要团结,要联合,不可分散。……当时参谋本部派青木宣纯中将到中国来。……南方各军的交通和势力的集散,政府的组织,可以说都出自青木公馆,岑春煊之回国,回国后之活动,军务之组织,政学系研究系之结合,此中关键,都在东京参谋本部。"② 这些日后批评的话,不一定能反映当日孙中山的实际思想,因为孙派也参加了这个联合,尽管居于次要角色。

1916年1月21日,梁启超函告蔡锷,谓日本刻意联络民党,青木中将特派驻沪,将与吾党同气,日内便到,饷械皆有商榷余地。同月24日,岑春煊抵东京。此行目的,据其自述称:"当是时虽有云南起义,而饷械俱缺,难于持久。因之广西亦未敢昌言讨贼。余见逆势犹盛,非有实力为助,惧其功败于垂成也。乃约同章士钊、张耀曾二人,东渡日本,说其当局,共讨袁逆。彼邦亦深恶世凯,谓余能讨袁,必尽力相助。遂缔结条约,以个人名义,借得日币一百万元,并两师炮械,携之归国。西师始得东下,围攻广州。"③ 章士钊与黄兴关系密切,他助岑,即是助黄。张耀曾(字镕西)是1913年10月21日加入(由国民党与进步党部分人士组成的)民宪党者,政治上接近梁启超。在上引梁启超致蔡锷函中说到,"镕西顷随西林(按:岑系广西西林人)东渡,拟留彼在沪襄办外事。吾东渡后小住旬日,便当来滇"④,所讲的便是与日本联络之事。后梁氏未能成行,便派周善培(孝怀)赴日,周并携去梁致犬养毅书,期为患难扶持。

周善培(化名周世民、张国祥)于2月3日抵东京,住谢持处。他此行

---

① 日本外务省记录,《内田良平谈》。转引自《孙文与日本史事编年》,第468页。
② 《日本论》,第116、117页。
③ 岑春煊:《乐斋漫笔》,荣孟源、章伯锋主编:《近代稗海》第一辑,四川人民出版社1985年版,第109页。
④ 丁文江、赵丰田编:《梁启超年谱长编》,上海人民出版社1983年版,第751页。

是为讨袁事与孙中山、日本政府接触。孙派张继、戴季陶往车站迎接。是日下午，孙偕谢持、廖仲恺、邓铿（周任广东陆军小学总办时的学生。邓时任中华革命党军事部副部长）到谢寓与周会晤。2月4日下午，戴季陶、居正、谭人凤等四人前往热海，与岑春煊会见，商议孙岑会谈地点、日期等事项。5日，周善培访问孙中山，以后又趋访多次。2月6日，岑春煊（先后化名关正雄、任兴时）到东京后，先后拜会了加藤高明、头山满、犬养毅及大隈重信等人，引起媒体的震动。

经过协调，2月12日下午，孙中山、岑春煊、周善培（梁启超的代表）举行三方会议，地点在芝区三田南寺町8番地岑寓。张继也在座。四人一直谈到晚上并进晚餐。会谈内容不详，当系联合反袁之事。3月20日，岑春煊与日人竹内维彦签订了100万日元的借款契约。此后未再出现岑、周的活动记录，当是已经返国。① 蔡锷逃离北京、潜赴天津与梁启超密议后，乘日轮赴日本，稍事停留，即赴云南。随后，梁往上海。1916年3月17日，梁氏写了一篇《从军日记》，记录下他是如何在日本人严密保护下潜往越南进入广西的。其中说到："三月初一日，日本驻沪武官青木中将来谒，亦既有所闻，持以相质，吾告以实，遂乘势托以代筹旅途，盖逆料此行之艰阻，不能免也。青木慨然自任，而使其属官松井者负其责。翌日，松井报命，言既与东京、香港往复商定。属乘初四日由上海展轮之横滨丸至香港，更乘妙义山丸入越南之海防。议既定，而伯珊亦至自金陵，遂偕行。"7日抵港后，因弄不到护照，只得偷渡。滞港期间，"日本驻粤武官，驻港领事，邮船会社、三井洋行两支店长，皆来谒，备极殷勤，港中党人领袖林隐青（虎）亦至"。11日，港中党人领袖李印泉（根源）、杨畅卿（永泰）等四人来访，"谈极畅，且极沉湾"。"偷渡之举，今全托诸日本人矣，而日人所规划，信复纤悉周备。数口岸十数人通力合作，全神贯注，所以将护者惟力是视，盖受之于彼政府也。"对于日本人之指挥运作，条理井然，梁氏不禁毛骨悚然："彼今固无所为而为之，至竟有所为耶？无所为耶？念此抑滋栗也。"②

至1916年4月，袁政权已处于风雨飘摇之中，孙中山决定返国。26日，他电告上海同志，已着山田纯三郎通知青木宣纯中将，若彼派人与山田同来接船，与山田同来便可。次日，即离开东京返国，宫崎等同行。5月1日抵沪。孙这时已感到应与黄兴重行合作，利用黄兴的人脉关系与影响力，一致

---

① 拙著《孙中山与日本》，第476、477页。
② 李希泌等编：《护国运动资料选编》上册，中华书局1984年版，第198、200、203页。

讨袁。黄兴虽远在美国，但与各方电信往来，广有联系。4月24日，孙电檀香山吴铁城密告黄兴、邓家彦，"请两兄直乘原船到沪相会为盼"。黄未应。5月18日，陈其美被刺，孙求黄助益切。黄将抵日本，孙于20日长函致黄兴，托宫崎返日亲递。函中畅论时局及应采对策，其中谈到决定与岑春煊合作讨袁，在日本购械亦谋协商办理，谓"又与青木、松井商定，为我军购械，编作北伐，由溥泉、孝怀、钦甫（按：即温宗尧）电岑，请认许。事过一周，尚无复答"。孙中山的设想是争取日本援助军械，建立两个师的军队，以取齐鲁而迫燕赵，告黄："弟经以借购军械之事与青木、松井商量，伊亦赞可。惟此事重大，外交上须有种种之手续。此时兄尚在日本，惟兄足以助成此举。并拟以兄与弟二人名义提出请求"，望黄兴全力以图，"事有把握，仍企来沪一行，共商进行各事"。① 次日，孙再电黄，由于陈其美被害，"来宜缓，文决赴鲁"；又称"文急需武器，在东时，曾与参部商及，已有眉目，青木亦赞助，……盼兄代述，如有障碍，请临机破除"。黄兴得电后，于22日复电："电悉。械事请亲电参部，并要青木再电商当局，以便此间易于交涉。"② 31日，黄再电孙："款二十万，武器若干，嘱汉民请青木再电归，尤可望成功。"孙中山确实曾为此于25日致函田中义一，再次求为援助。③ 由黄兴出面交涉，似有所进展。据柏文蔚（按柏已宣誓加入中华革命党）回忆："五月间，黄克强从美国到日本，日政府允以克强私人名义借贷日币三百万元，练兵一军即刻成立，并与日人商妥以余任军司令，特使张孝准衔命来沪与余商办成军计划"④，旋以袁亡而未实施。至这时为止，孙黄关系已经修复，但黄兴并未加入中华革命党。袁死，国会恢复，欧事研究会自然消亡，其中成员各有归属。7月23日，青木宣纯与日本驻沪总领事有吉明设宴招待北上的国会议员，孙中山、黄兴、张继、伍廷芳、章太炎等有关革命党人士四十人出席。有吉在席上表示：希望议员在制定宪法时，"切勿忘中日亲善之一事"。次日，青木致电参谋总长，陈述中国党派情形，谓"黄兴为南方派的中心，仍留上海"；"孙中山派表面上协助此等运动（按：指组党），但无密切联系"。作为回应，28日，孙中山在上海一品香设宴，招待中日两国人士，有吉与青木出席，中方则有黄兴、唐绍仪、章太炎等六十余人。⑤ 作为感谢青木等人对反袁的援

---

① 《孙中山全集》第三卷，第288、290页。
② 《孙文与日本史事编年》，第485页。
③ 《孙中山全集》第三卷，第293～296页。
④ 柏文蔚：《五十年经历》，《近代史资料》总40号，中华书局1979年版，第43～44页。
⑤ 《孙文与日本史事编年》，第490、491页。

助，到此打上句号。至于西南四省护国军及肇庆军务院的收束，已与日人无涉，不赘。

护国战争与日本的关系，主要是通过青木宣纯来华统筹各派反袁势力体现出来的。护国战争促使袁政权灭亡，青木可以说不辱使命。但日本人支持的南方反袁势力并未能取得中央政权，在这方面它未能如愿以偿。然而，神差鬼使，代袁而兴的段祺瑞政权采取亲日外交，日本通过西原借款，订立军事协定，控制了北京政府，这是出乎日本人意料之外得以"伸张国权"的好事。日本早欲亡华，路人皆知；只有中国南北政客武人，不知"二十一条"为何物，置之不顾，护国之役，夙兴夜寐纷纷恳求日本支持援助，委身唯恐不及，欲借外力以达到国内目的。西谚云，天下没有免费的午餐。真不知此辈当国，将如何酬谢日本人？所幸，祖宗有灵，此辈未能掌控中央政权，只让他们保有反袁的好名声，千秋享誉。

欧战期间的孙中山

欧战（第一次世界大战）的主战场虽然远离中国，但是，积贫积弱的中国从一开始就面临着这场帝国主义战争。作为一位中国重要的政治家，孙中山在欧战期间持何种态度，是值得研究的问题。

从1914年8月战争爆发，迄1919年1月巴黎和会召开，前后约4年多时间，孙中山经历了从反袁到第一次护法两个阶段。其间，孙中山建立中华革命党，联日反袁；及袁死后，曾一度以为国家有望可以从事实业建设。护法运动开展之前，孙中山即反对中国参战，其意颇坚。但在广州非常国会追随北京当局通过对德宣战案之后，孙中山亦不得不加以同意。护法失败，孙中山辞去海陆军大元帅之职，蛰居上海，潜心著述。其所拟《实业计划》，便是作为战后进行建设之蓝图。而对欧战结束后之和平会议，他亦有意作为中国代表与会。后来事虽未果，亦足见他参与世界事务之初衷。本文拟根据上述线索，就欧战期间孙中山的主要活动及其政策措施之得失正谬，作一简要的论述。

一

"二次革命"失败后，孙中山采取联日反袁政策，直到1916年6月袁世凯去世，可以说是坚持不懈，一以贯之。该政策之形成有其历史必然性，但政策的落实及后果则均成问题。

先是，1913年8月，军事反袁无望的孙中山与黄兴，先后流亡日本。当时日本执政的大隈重信内阁，无意因接纳孙中山而交恶袁政权，曾告知孙中山不受欢迎，但孙的友人犬养毅、头山满等却持异议，坚主接纳，表面理由是，孙之投日，如穷鸟入怀，义不能拒，实际考虑是，不能让孙投向美欧等他国，落入西洋人手中。[①] 日本政府终于同意孙中山入境。日本方面安排孙中山住在东京头山满居所的隔壁，由警方严密保护。生活方面，由商人安川敬一郎每月提供费用五百日元。8月30日，孙的友人池亨吉对人谈话称，孙等

---

① 藤本尚则著：《头山满翁正传》（未定稿），苇书房1981年版，第253～254页。

现在"已被萱野等浪人所包围，不能轻易接近"①。当时的情况是，孙与日本军方尚未有联络，活动主要是依靠头山满麾下的浪人。其间日本政府与袁世凯则不断来往照会，交换处理孙中山等流亡者的意见。往后我们还将看到，日本当局已把掌握在自己手中的孙中山等流亡者作为与袁世凯政府交涉的外交筹码，且不断地使用。

由于"二次革命"失败，大批革命党人流亡海外，抵达日本的占了其中的多数。围绕总结反袁失败原因，孙中山与黄兴之间产生了矛盾。为了解决流亡同志面临的诸多困难，集结同志，重新开展"三次革命"，孙中山一面筹建中华革命党（该党在1914年6月22日在东京召开第一次大会，选举孙中山为总理；7月8日正式成立）；另一方面，在日本"民间人士"的帮助下，孙中山相继在东京创办了浩然庐与法政学校，随后又在滋贺县办起飞行学校，以培养党内人才，从事反袁斗争。此外，孙中山还极力争取旅日华侨的支持，杨寿彭、王敬祥等侨领成了孙在日本的有力支持者。有了比较稳定的党内环境，孙中山便全心全意去争取日本人的援助以从事反袁斗争。

巴尔干的硝烟终于引发了世界大战，1914年8月1日至4日，德国先后对俄、法、英国宣战，23日，日本对德宣战。8月6日，北京政府就欧战爆发发表"中立宣言"，并公布局外中立条规二十四款。德国政府考虑减少在远东的压力，示好中国，希图在战后重夺山东殖民权益，因而通告中国，将胶澳租借地交还中国。惟日本图谋山东已久，居然警告中国，不得接受上述建议。随后，日军占领胶济铁路及济南；同时日军还取得英军的配合，于11月7日攻陷青岛，山东半岛地区落入日军控制之中。毋庸讳言，对于日本侵占青岛等地区，孙中山未加丝毫谴责，且欲借此时机加以利用，实施联日反袁政策。

早在日军占领青岛之前，孙中山便对犬养毅表示，"东亚问题之解决，归根结蒂在于人种问题，故黄种人应团结对抗白种人"。他认为，"刻下欧洲战乱确为中国革命之空前绝后之良机"；"战争平息，日德两国恢复和平之时，日本将在对德对华外交上面临复杂情况。此时，若在中国内地发生动乱，必给日本外交带来极大好处。为此日本政府务必支援中国革命。此点请阁下予以关照"。②孙中山认为欧战是黄白人种的问题，估计德国将取胜，都是缺乏根据的，也是不正确的；至于要求支持中国革命党在内地发动的动乱，以为此举将给日本带来极大好处，这是孙中山联日制袁的一种诱惑，这种手段往

---

① 俞辛焞、王振锁编译：《孙中山在日活动密录》，第597页。
② 同上书，第688页。

后还反复使用。

日本侵占青岛之后，孙的秘书戴天仇（季陶）对日方说：不援助中国革命，最使他们感到痛心，"日本陆海军部的某些人曾压制和安抚革命党，言称在青岛陷落之前，不可轻举妄动。而今，青岛陷落，日本政府今后将采取何种方针？我等同志正在暗中观察日本政府的态度有何变化"。他还表示，若德、美等国支持袁政府要求日本从青岛撤兵，日本必将在其他方面寻找驻兵的借口，"在这种情况下，将不得不提出利用我等革命党的策略。此事正是我等所希望的，相信也是得以达到革命目的之时机也"。① 这个谈话，与上揭孙对犬养毅的谈话可作补充。9月19日，孙中山曾到美国驻日使馆活动，寻求美方支持，其实，这一活动似有另一层意思，希望给日方一种印象和压力，使日本政府注意到孙可能投靠西方国家。不过，日本政府在决心排袁之前，并未给孙以有力的支持。与此相反，孙中山寻求日援心切，最明显的，有下述诸端。

（一）提供各种条件，以图获得日本朝野的支持。孙中山抵日之初，即与日本财界领袖涩泽荣一接触，但无反应。他由铃木宗言介绍结识了日本"精神团"主持人饭野吉三郎。此人在陆军省内之要害部门亦有知己，孙想利用此种关系取得武器，9月13日，孙曾与之订立《誓约书》，内谓："鄙人此番预谋使中国成为真正安全之中国，并为实行，特仰仗贵团尽力，就此，尔后与贵团一致协力，以图其发展，更尊重贵团精神之所在，特作出以下保证：在上述行动过程中，或在其后，都完全依赖贵团，以永远图求中日两国之深交与和平，决不许外国擅自损伤中日两国之国交。若政治上或经济上不得不同其他外国合作时，则事先通告贵团之指定代表人，应在征其同意后方实行之。"② 后因饭野未作积极活动，1914年1月4日，孙赴饭野宅，言明取消此《誓约书》。到5月11日，孙致长函予大隈重信，详为申说日本援助中国之利，而中国作为报酬，"则开放全国市场，以惠日本工商"，如见实行，则日本可取代英国地位而"为世界之首雄"。③ 大隈对此函件反应如何，未见记载。不过，同年10月29日黑龙会代表、极右翼浪人内田良平（孙的友人）却向日本外务省提交《黑龙会解决中国问题意见书》，分送给各元老、大臣，主张利用孙中山等革命党人以独霸中国。④

---

① 《孙中山在日活动密录》，第711、712页。
② 日本外务省档案，《誓约书》，《中国革命党问题》第11卷。
③ 《孙中山全集》第三卷，第84~87页。
④ 陈锡祺主编：《孙中山年谱长编》上册，第912页。

日本当局开始主要是与北京政府打交道，与孙中山的联络则由浪人、财界等人士去进行。"二十一条"提出以后，1915年2月5日，孙中山、陈其美（中华革命党总务部长）与犬冢信太郎（原"满铁"领导成员）、山田纯三郎签订《中日盟约》十一条（其内容与"二十一条"之第五号相类），该约并3月14日致外务省政务局长小池张造函件，由王统一递交给小池。① 由于日方未作答复，4月7日，孙对波多野春房（日本太阳通讯社社长）表示，"予将乘此时机，一遂平生所愿。目下正通过日本人（姓名密而不宣）谋求日本政府之援助，正在运动中，倘若日本政府不应允予之要求，予当赴美求援"云云。② 而在上述1914年8月4日孙与犬养毅谈话中也说到，"即使附加任何条件"也靠日本筹款，与此次谈话，实质是一致的，即将希望押在日本的支持上。

对于《中日盟约》与"小池函件"是否真实可靠，学术界意见不尽一致。说者以为小池乃仅一政务局长，官位卑微，实不足与言大计。殊不知此氏之责任，实在系中国之存亡，孙中山与日本政、经、军、浪人等各界要员关系熟稔，与小池亦有往来，岂能不知小池之地位？孙中山所谓对日借款"即使附加任何条件"，亦在所不惜，便是洞悉这种政治性贷款是不能不以付出代价而取得的。1916年2月20日，经由参谋次长田中义一搭线，孙与久原房之助成立了一笔70万日元之贷款，同样也是有附加条件的。③ 这笔贷款是由日人借给孙中山最大数目的一笔，其余，鸡零狗碎合计也不过数十万日元，可见日本朝野始终都未放手支持孙中山去大干一番。

（二）孙中山认为，"二十一条"是袁世凯为了称帝寻求日本支持而提出来的。直至1919年10月18日，他才讲到要废除"二十一条"的问题。众所周知，日本军部与外务省在对华政策上并不完全一致，但外务省一贯尊重军部的意见，彼此互相配合。事实上，日本参谋本部、海军省、外务省、陆军省这几个机关，在日本参战之初，即开始拟制一个对华要求，即后来的"二

---

① （日）藤井昇三：《二十一条交涉时期的孙中山与"中日盟约"》，译文刊《国外辛亥革命研究动态》第五辑；藤井昇三：《"二次革命"失败后孙中山流亡日本与二十一条问题》；俞辛焞：《1913—1916年孙中山在日本的革命活动与日本对策》。

② 日本外务省档案《中国革命党问题》第16卷。

③ 该借款由孙中山立字据，明具"借款目的及今后希望"，内称："一、署名人（按：指孙文）素以图东洋平和及中日亲善为目的，贷款人（按：指久原）深谅此热诚，愿赞署名人之政治改良事业，乃允本项借款。今后署名人得此借款，若获成功，必以全力贡献于东洋平和，及中日亲善之事业。一、今后如贷款人有关于在中国之实业计划商之于署名人，署名人必以好意为之协力。"（彭泽周：《近代中国之革命与日本》，台湾商务印书馆1989年版，第181页）

十一条",其中心人物,即是小池张造。① 据载,日本决定排袁,"实际是,外务省政务局长小池张造串通陆军参谋次长田中、海军军务局长秋山真之,由政府和军部当后台加以操纵搞起来的。他们策划在'满洲'利用以复辟清朝为目标的宗社党和巴布扎布蒙古军发动第二次'满蒙'独立运动。在山东煽动'革命军'蜂起制造动乱。在上海策划夺取军舰来支持革命军"②。由此可见,孙中山致函小池,是看中了小池的实权地位,决非无的放矢。

(略)

(三)依靠日本人支持的中华革命军东北军的活动。中华革命军是日本政府"排袁"的一项实际操作。孙中山从流亡日本开始,便不断策划国内反袁斗争,但总体上说成效不大。1915年11月15日,孙中山组成中华革命军东北军,在山东重新整合反袁军事力量,任命居正为总司令,日人萱野长知为顾问。这年11月间,日本内阁决定"排袁",即将袁世凯赶下台。12月25日,西南护国军起义。1916年1日,日本政府派陆军中将青木宣纯来华,统筹反袁斗争。在青木的活动下,包括西南反袁武人、岑春煊、孙中山、梁启超等各派势力,开始统一步调。戴季陶叙述:田中义一参谋次长派青木中将来华,"南方各军的交通,和势力的集散,政府之组织,可以说都出自青木公馆"③。孙中山一派开始并未参与护国军活动,他与岑春煊一派协议后,于1916年4月底回到上海,5月20日致函在日本的黄兴说:"弟于十二三两日电岑,告以已饬执信、仲元所部改变旗帜,取一致行动,并戒此后与龙毋相攻击。又与青木、松井商定,为我军购械,编作北伐,由溥泉、孝怀、钦甫电岑,请认许。"又说:"弟经以借购军械之事与青木、松井商量,伊亦赞可。惟此事重大,外交上须有种种之手段。此时兄尚在日本,惟兄足以助成此举。"④ 5月24日,孙又致信田中义一,谓"前在东京,诸承关切,高情厚谊,谨此函谢"。信中谓已与青木商定,请其向政府联系提供装备两个师团的

---

① 据德川家正回忆:"日德开战的当时,我是加藤外相的秘书,加藤外相对政务局长小池非常信任,而对华二十一条就是他起草的。之后,同内阁石井任外相时,我不做秘书被调到一课工作。当时中国掀起了革命运动,在日本国内产生了支持中国反政府势力要求对中国出兵的形势。其策动本部,就是外务省小池局长的办公室。"德川还列举了每周两次集会、研究情报的人员。(日本外务省百年史编纂委员会编:《外务省百年》上,原书房四十四年版,第640~641页)

② 今井清一著:《日本近现代史》第二卷,杨孝臣等译,商务印书馆1983年版,第97页。

③ 戴季陶著:《日本论》,第116~117页。

④ 《孙中山全集》第三卷,第288、290页。

武器，其本人也拟赴山东，亲自指挥，并告知黄兴将向田中面述一切，"务望审度时势利弊，予以充分援助，至为盼祷"。①孙中山感谢田中义一，不是没有道理的，前述久原贷款，便是经由田中做中介。孙要求田中帮助获取两个师团的武器装备，似未实现；但是，中华革命军在山东的活动，则确是在日本军部的"关照"下得以开展起来的。

关于东北军反袁活动，有的书籍记述已颇详尽。②日军占领了青岛，控制了胶济路沿线，东北军的活动主要是在这些地区。日本占领军允许东北军司令部设在青岛原德国驻青岛总督的住宅。萱野长知作为东北军顾问，不但协调中日双方关系，且担负购械任务。日本首相大隈重信还通知日军驻青岛司令官大谷喜久藏大将，以非正式训令，要大谷全力帮助萱野；大谷委托参谋长奈良武次大将具体与萱野洽办。在东北军部队中，任用了数目相当可观的日本人，充任军中重要职务，还有若干浪人和技术人员。为了统制这批日人，居正不得不委派一批日人为军部执法委员长、执法官，"专理友邦志士从军者，监视其一切行为，并着其服从军法"。东北军在占领潍县时，日军也起了一定的作用。1916年6月6日袁氏死后，日本军部在青岛的负责人曾召见萱野，要求：东北军停止任何军事行动；东北军调动、募兵，均须随时报告；交出东北军总部及各师旅校级以上军官名单。这个要求虽非日本当局指示，但也可以看出青岛日军控制着东北军的反袁行动，这种行动，是严格限制在日军允许范围之内的。

综上所述，可知孙中山的联日反袁方针，以及在此方针指导下的实践，包括不谴责日军占领青岛、与日人订立盟约、不批判"二十一条"以及山东军事活动等，是适应欧战开始后的日本对华外交的，为了攻倒自己的国内政敌而与亡我日亟的敌国合作，无论从哪个角度去考虑，都是错误的。

二

袁世凯的去世，使国内形势出现了转机。孙中山表示要从事实业建设，强调建设新国家，制定宪法。但是，实际情况却要糟得多，当时根本不存在一个和平建设的国内环境。总统黎元洪与总理段祺瑞之间存在严重的矛盾，围绕参战问题，府院斗争公开化。其结果，是1917年5月23日段祺瑞被免职，29日，督军团叛变，最后导致7月1日张勋复辟。孙中山与章太炎联合

---

① 《孙中山全集》第三卷，第293、296页。
② 参见钟冰：《中华革命军山东讨袁始末》(《文史资料选辑》第48辑，文史资料出版社1964年版，第83～117页)；拙著《孙中山与日本》第7章第4节。

发表宣言，宣布讨逆。7月3日，段祺瑞马厂誓师，"再造共和"，重新组织政府。7月6日，孙中山南下护法，在广州组织军政府，任海陆军大元帅。护法军兴，仍然无法摆脱参战与否的问题。

早在1915年11月1日，莫理循顾问即向袁世凯建议参战，与英、法、俄等协约国共同对德作战，他为此叙述了参战的12条理由，但袁世凯未能接受。莫理循指出，西方某驻京使馆人员曾做了一项独立调查，"以了解各个强国对于战后议和会上，可能给予中国发言权这件事的反应。这个调查的结果表明，共同一致的意见认为，中国既不是一个交战国，自不能容许她在任何会议上发言"①。这是一个重要的警示，但袁氏所急并不在此。一些原留德学生不赞成参战，可能是一个理由，而更重要的，是日本反对中国参战。十分清楚，中国一旦参战，并为之作出贡献，在战后的和会上，对主权攸关的青岛等问题，便有了发言权。在反对中国参战问题上，孙中山与日本可谓取一致态度。到了1917年年初，参战问题已到了不能不解决的阶段。1月27日，英日两国讨论中国参战之事。由于德国无限制的潜水艇攻击，2月3日，美国宣布对德断交，并希望中国采取同一步骤。8日，中国政府讨论参战问题。9日，中国外交部召见德国公使辛慈，谴责德国的潜艇政策。随后，各国劝中国参战。3月14日，中德断交。中国之参战，是在8月14日段祺瑞重任总理之后的事，此前的孙中山，为反对参战正竭力奋斗。从2月至5月间，他先后致电北京政府众参两院、黎元洪、岑春煊等，甚至致函日本寺内首相，反对参战，又发表通电，致函段祺瑞，再三表达己意。2月间，由孙授意、朱执信撰文的《中国存亡问题》发表。凡此种种，均是同一意思。原来国内反对参战之势力不弱，但国际上主张中国参战压力日增。孙中山也许并不知道，1917年2—3月间，日本政府（此时为1916年10月9日上台的寺内正毅内阁）与英、法、俄、意分别达成谅解，允许日本继承德国在太平洋及东亚的权利，日本负责促成中国参战。美国公使芮恩施亦赞成中国参战。有此背景，段政府之决心参战，已不可改变。

孙中山反对参战的思想，集中反映在《中国存亡问题》这个小册子中。他认为当前欧战按其目的可分为"侵略人"与"避人侵略"两种，参战双方均属前者。但比较起来，德国"实可谓之侵犯中国最浅、野心最小者"。他认为日美两国鼓动中国与德断交乃至参战，主要是它们欲乘机在经济上博取巨利，日本从反对转为力促中国参战，"实有日、美之暗斗含于其中"。他认为，英国是此次"战役"之首领，"始终居于使嗾之地位"，而日美之行动，适为

---

① 《清末民初政情内幕》下，第501～504页。

英国所利用。① 很难说这些言论会有什么根据，但他着力批判英国，将日、美作用等量齐观，回避批判日本的险恶用心，则显然是不正确的。由于过去德国侵华"最浅"、"野心最小"，此次就不应当断交、宣战吗？这似乎不应成为理由。

中国在欧战中是被侵略国，参战之后，与侵略者日本站在一条战线上，确实令人难堪；但是，要想在战后和会上有发言权以争回主权，参战却是惟一可行的选择。孙中山之所以反对参战，实另有潜因。这就是通常所说的孙中山接受德款的问题。

1916年10月12日，莫理循在一封信中指出，中国每天付给德国人庚子赔款等项6000英镑，存入德华银行，德国人用这些钱收买报纸，从事反英等活动。实际上，1917年1月，段祺瑞已有参战之意，德使辛慈曾多方阻止。及至中德断交，3月25日，辛慈降旗回国，过沪，指示其驻沪总领事柯南平联络孙中山，与议"段祺瑞总理下台和金钱收买军队"事宜，许以最多至200万元，作倒段之用。柯平南既奉命，即积极开展活动，并请在京的曹亚伯来沪，柯南平请其与领馆译员雪麦秘密谒孙（一说柯自往）。据柯报告，孙对共同倒段一事甚为赞同，但为影响海陆军，盼德方予以200万元款项支援；孙还一再表示，他对日本政府中的部分重要成员有影响力，并认为日本对德态度可分为两派，即外务省为反德派、大部分海陆军将领为亲德派。日方曾经派田中义一来华与孙中山交换意见。后来柯南平续报，孙与田中会谈取得了预期效果。孙明告田中，将倒段；田中表示，日本无意干预中国内政，允将孙之意电告政府。至于柯南平与孙商议倒段问题，据称，曾另案报告德政府，获德首相同意。据载，海军与唐绍仪南下，以及孙组织护法军政府一事，均与此项活动有关。孙曾邀请德人同赴广州，但柯与雪麦研究后认为，如此对双方均不利，故未前往。②

对于孙中山取得德款一事，外界甚为关注。孙在7月抵粤后，广东督军陈炳焜曾告美国驻穗总领事海因策尔曼，据称，"他得到了确凿的消息，在上海的德国人付给了孙中山一百五十万元马克，其中以五十万送给海军，三十万元送给了国会议员，剩余部分通过荷兰银行和台湾银行汇来了广州"，他要求了解这些余款存在什么地方。7月14日，英国外交部亦收到报告，"一个

---

① 中国社会科学院近代史研究所中华民国史研究室等合编：《孙中山全集》第四卷，中华书局1985年版，第39～77页。

② 李国祁：《德国档案中有关中国参加第一次世界大战的几项记载》。转引自《孙中山年谱长编》上册，第1021～1022页。

'特别可靠'的资料说明,孙中山已于5月初从德国方面获得200万的借款。但是,8月5日的一个注释说,在大不列颠英国有着关于德国接触达到什么结果的证据"。稍后,海因策尔曼曾向孙写信询问此事,1918年4月28日孙复函否认曾接受德款。这种否认是必然的,但是,在冯自由记述曹亚伯事迹时,却详细谈到曹经手此事之经过。① 显然,这个事实是无法掩盖的。

那么,这个200万元(姑从此说)德款用到哪里去了呢?须知,这个德款是孙中山一生个人能支配的最大数目,其用途除了运动海军及国会议员之外,一是护法军政府的日常开支(因为桂系广东督军陈炳焜及后继莫荣新是不负担军政府费用的),包括非常国会议员及海军南下以后的费用;二是陈炯明援闽粤军的开拨费;三是为促使驻在衡阳的北军吴佩孚撤防,军政府提供了60万毫洋。加上其他零星开支,到1918年5月,孙中山辞去海陆军大元帅时,大概这笔款项早已用完了。辞职原因之一是由于孙不能再为海军及议员提供费用,从而失去了影响力,海军、护法议员不复听其号令,便是明证。

德方提供款项,名为倒段,实际是阻止中国对德宣战。但是,这一目的并未达到。北京政府在1917年8月14日对德宣战后,陈炳焜将冯国璋代理大总统的"宣战令"抄致驻穗领事团,表示"奉大总统令对德宣战"。北京政府对德宣战的同一日,孙中山向海因策尔曼表示,欲与美国一起对德宣战。9月7日,他又派胡汉民往会该总领事,要求向美政府转达上述意向,并求经济援助。在广州,得到非常国会通过后,26日,军政府布告对德宣战。孙中山立场之转变,据说是"按之事实,我国之与德奥实已处于敌对地位。"实际上,这不过是找下台阶的借口而已。关键问题是,军政府是个空架子,地方实力派即西南武人厌恶它,必欲去之而后快;国际上,列强视之为赘疣,包括日美在内的各领馆并不承认它。孙中山虽一再吁请日美政府援助,但均遭拒绝。反观段祺瑞政府,不但与各国(断交国除外)维持着正常关系,而且日本寺内内阁打着"不干涉主义"的幌子,推行援段政策,即推行所谓西原借款,通过总数达1.45亿日元经援及各种军事协定,实际控制了段政府。段祺瑞手中有了钱,既可以编练"参战军",以扩充自己的实力,又可以对南方用兵,还可以豢养政客,这样,孙中山与德方的倒段计划,便只有宣告失败。

孙中山对德始终未能忘情。1918年5月,他曾派曹亚伯赴柏林,讨论中德合作以对英日及其同盟者。据载,曹抵柏林时,德已战败,德政府接待了他。或许事先得到授权,曹向德政府提交了关于中德合作的建议书。嗣后朱

---

① 韦慕庭著:《孙中山——壮志未酬的爱国者》,杨慎之译,中山大学出版社1986年版,第101～102、343页;冯自由著:《革命逸史》第二集,第53页。

和中与曹亚伯继续充任孙中山与德国的联系人,至第二次护法时,便有了中俄德合作计划,1922年6月陈炯明部兵变,掠得相关密函,制版刊于香港《电信报》,这是后话。

1917年11月7日,俄国发生十月革命。10—11日,上海报纸相继刊登此项消息。孙中山一面注视将给世界带来巨变的这个事件,一面着手与劳农政府联系。不过,比较起来,这时孙中山更重视的是与日本的关系。他继续要求日本停止其援段政策而与孙合作,但是寺内内阁并无援助孙中山之意。这不仅是寺内个人的主张,而且8月6日外交调查会的结论之三点即系"不援助南方派"。9月29日政友会总裁原敬被邀至寺内官邸,原敬提出邀集南方比较有实力、且彼此有关系者数人在一堂,调节他们之间的意见,但寺内以南方没有适当的人物而加以拒绝。同年11月2日,《蓝辛—石井协定》订立,美国承认日本在华有"特殊权益"。日本有恃无恐,放手大行援段,借口"防敌"(防俄、防德),相关协定因之签订。11月28日,日本议员菊池宽致电孙中山,传话说,俄国内乱,由俄之德俘煽成,恐有入中国煽动,扰东亚和平者,故对支政策一变。昨阁议决定,与协商国商议,使南北妥协,中国早归和平,南方须多让步,勉求东亚大局一致,此际认为必要。他要求南方派人赴日,并指明以各派在日有信用之人张謇、汪精卫为宜。孙向南方各实力派通报,并拟照派张、汪二人赴日,陈述意见,借图挽救(他认为"对德宣战已铸成大错",今若并御德俄,亡国必矣),要求各方表态赞同与否,俾早进行。但在11月间孙致孙洪伊电中,又表示拒绝寺内的南北调和方针,免其利用我人众物力以攻俄国,认为"此时救亡妙策,在南北分离,庶不致为寺内利用,劫持中央,以临各省。我能分立,寺内无所施其技,中国不与寺内一致,寺内当不敢建攻俄之策"①。既要树护法旗帜,当然不便赞成南北调和,但这时日本是否有调和南北之意,仍属可疑。因为寺内认定,段祺瑞才是统一中国的人选,故寺内并不看重孙中山;但孙并不计较,仍积极寻求援助。1918年初孙中山派殷汝耕赴日,表达意见。然而日方置若罔闻,反而于3—4月间先后与段政府订立"中日共同防敌协定"及相关的陆、海军协定,将段政府绑在日本的战车上。孙的友人犬养毅邀他访日,他表示目前并无此意。尽管如此,护法运动已走到了尽头。2月26日,海军总长程璧光被刺身亡。向来认为此事系桂系所为。但据知情者日后披露,此系孙之左右朱执信所策

---

① 《孙中山全集》第四卷,第256页。

划。① 遭此变故后，护法形势更加险恶。4月中旬，军政府改组活动浮出台面。虽然孙中山再三表示反对，以为在法律上万难通融，但是，形势比人强，5月4日，他不得不向非常国会辞去大元帅职并发表通电，沉痛地指出："顾吾国之大患，莫大于武人之争雄，南与北如一丘之貉。虽号称护法之省，亦莫肯俯首于法律及民意之下"；表示今后"仍愿以匹夫有责之身，立于个人地位，以尽其扶助民国之天职"。② 5月20日，军政府改组，采合议制，选举七名总裁，废大元帅制（6月5日，举岑春煊为主席总裁）。21日孙中山返抵上海时，表示对于现在之时局，"拟暂不过问"。为了避免岑春煊等一致与北方主和，孙接受了总裁之职，派徐谦为代表出席会议。这时他感到救亡之策，必先整理党务，重订党章，以促党务之发达，但一时尚无法开展，只得从事撰写《建国方略》，并在12月间写成《孙文学说》自叙，从事心理（思想）建设。1919年8月1日，在新创刊的《建设》杂志第1卷第1号上，开始连载《实业计划》的中译本。加上《民权初步（社会）建设》即《会议通则》，孙中山在两次护法战争期间从事的理论研究，先后完成。可以说，这是孙中山对中国文化的重大贡献，他的《实业计划》，至今仍不失其借鉴与参考价值，而其初衷，则是希望在欧战结束之后有所展布。

三

1918年下半年，国内国外形势均发生了重大变化。在国内，皖系控制的安福国会开幕，9月4日，选举徐世昌为大总统。徐氏任命旧属钱能训为国务总理，取代了段祺瑞（段仍任参战督办）。在列强的劝告下，11月16日，徐世昌发布停战令。23日，广东军政府也下令停战。双方商定派出代表在上海进行南北和平谈判，南方总代表由唐绍仪担任，孙中山派胡汉民作为自己的代表随团出席。在国外，日本寺内正毅内阁倒台，由原敬组阁。11月11日，欧战休战，实际结束了军事行动。1919年1月18日，巴黎和会开幕。在国内，2月20日，南北和谈在上海开始，旋停顿。5月21日，宣告最后破裂。

召开南北和会，原非孙中山之本意，只是迫于形势，不得不派胡汉民代表出席。在和会进行期间，他致函漳州陈炯明，告以和议难成，宜整顿粤军内部，充实军力。他在多封函件中，表示要继续护法，但不拟续派驻粤护法代表，当然是意在另起炉灶，再造真正共和。5月28日，孙发表《护法宣

---

① 罗翼群：《有关中华革命党活动之回忆》，《广州文史资料》第11辑，广东人民出版社1964年版，第34页。

② 《孙中山全集》第四卷，第471、472页。

言》，内称，"至今和议不成者，罪在不求之于国家组织之根本，而求之于个人权利之关系"；"今日言和平救国之法，惟有恢复国会完会自由行使职权一途"。① 到9月9日，他复电广州军政府政务会议，声明坚决辞职。10月10日，他将中华革命党正式改组为中国国民党，公布规约，以巩固共和、实行三民主义为宗旨。18日，孙中山在上海寰球中国学生会的演说中，讲到废除"二十一条"暨其他密约的问题。② 尽管他是借他人之口提出这个问题，但是，经历五四运动之后，他的认识无疑有所发展，不仅主张铲除军阀、官僚、政客这三种"陈土"，还说要将南北新旧国会一并废除。同时，孙还宣扬以民意和公理，去打倒强权，就"好像'五四'的运动，卖国政府也怕起来，把三个卖国贼赶掉去"③。孙中山支持五四爱国反帝运动，应当说，这与他对巴黎和会的失望是息息相关的。

说到巴黎和会的召开，孙中山的态度也不是首尾一贯的。中国政府之所以能参加和会，是由于中国参加了欧战，为对德奥作战胜利作出了贡献。对于这点，是一直反对参战的孙中山所始料不及的。

中国因参战而作出的贡献，表现在什么地方呢？归结起来，大致有下述几方面。（1）物资方面，中国成立了农商部战时粮食筹备处，输出粮食；为英国提供了部分枪械。（2）从1916年5月开始，由梁士诒主持，惠民公司与法方代表订立合同，后又成立华工事务局，总共向欧洲输出了近20万华工，为战场服务。（3）没收德奥在华船舶，中国还为协约国建造了若干船舶，并撤消了德国全部在华贸易。凡此，是中国对欧战直接、间接的贡献。也就是有了这些贡献，中国才被邀参加和会。1918年夏天，特别是凡尔登战役后，人们开始意识到，欧洲战争行将结束。至11月11日协约国签订休战条约，欧战终于告终。在此之前议论到欧洲和会召开时，孙中山曾经表示："欧洲和平会议，中国代表舍我其谁"！早以此自任。停战后，北京政府很快传出消息，将派陆徵祥、魏宸组等为代表出席和会。在广州的徐谦、林森、邹鲁等人，致函孙中山，认为北京政府系非法机关，所派之人绝不能代表民国，经与汪精卫议，均以为必须孙中山亲身一行。如决定前往，一种办法是孙自动地赴美国及他国，另一法为由军政府委托为和平会议代表，并历聘日美及欧

---

① 中山大学历史系孙中山研究室等合编：《孙中山全集》第五卷，中华书局1985年版，第60、61页。

② 《孙中山全集》第五卷，第142页。在讲话的另一版本（刊于上海《民国日报》）中，却删去了相关内容。至1920年1月26日对《益世报》记者谈话，才正式提"余本主张'二十一条'应作废"（《孙中山全集》第五卷，第206页）。

③ 同上书，第148页。

洲各国。他们认为此行十分重要："第一，使外交上深明先生宗旨，而恢复外交之信用。（前者反对参战，乃反对段祺瑞之假武力以攻击人民、摧残法律，与欧战宗旨相同。）第二，使外交上深知中国平和非推倒武力派不可。第三，使外交上知推倒武力派，则日本不能逞志于中国，而世界平和亦有莫大关系。第四，使外交上将此次欧战于弱小国之利益，亦推及于中国。凡此种种，均非先生不能得之"。信中还为他日预作准备："且将来中国若成为真共和，则先生必有被选之时；然使外交不能预先接洽，则临时颇觉无及，此又必须于此时出聘之理由也。"但是，此时的孙中山，头脑似比其战友们清醒得多，他已认识到欧洲难于成行，雅不欲轻于一试。为什么如此考虑呢？他在12月12日复徐谦函中说："至派大使赴欧洲参预平和会议，此事恐终须在内国问题解决后，始能办到，此国际条例，美法各国亦未能为我特行破格也。"此其一。12月14日又批示："答以南方政府未被承认，无从取得国际资格，代表无效也。倘将来有机，当以个人发言，效果更大耳。"22日批焦易堂来函，仍认为："南方无国际承认，无资格派代表参加在欧洲举行之和会"。① 此其二。简而言之，是国内问题未能解决，国际上不承认南方政府，作为南方与会代表自然无人承认。既然国际上不承认，派出去也无资格与会。这种观点是正确的。

但是，比较起来，军政府政务会议的参加者便显得昧于大势。12月12日，广州政务会议议决，拟派孙中山、伍廷芳、汪精卫、伍朝枢为出席欧洲和平会议代表；由护法各省分摊代表经费，拟共筹10万元；先派张继、李煜瀛赴法国。这就是12日徐谦致函孙的根据；该函还谓胡汉民、廖仲恺、汪精卫等皆同意孙出使赴欧，请不必推辞。孙中山认定以个人资格发言为佳，对此计划期期以为不可。1919年1月6日致函徐谦、林森、胡汉民，举荐伍朝枢代表军政府出席欧洲和平会议。但是，1月9日，军政府又一次议决，委任孙中山、伍廷芳、王正廷、伍朝枢为出席巴黎和会专使。13日，广州非常国会众参两院草拟宣言，不承认北京政府所派出席和会之代表及所订条约，此宣言于18日公布。据24日上海《民国日报》刊载，20日非常国会参议院协议出席和会代表问题，孙中山、伍廷芳获得通过，伍朝枢、王正廷、王宠惠三人因票不足半数，遭到否决。21日，北京政府正式任命陆徵祥、顾维钧、王正廷、施肇基、魏宸组为出席巴黎和会全权委员。广州军政府以孙中山不愿担任出席和会专使，乃改委王正廷、伍朝枢、王宠惠为出席和会特别代表。但和会已经开幕，北京政府所任命代表已从海外抵达会所，此南方代表名单

---

① 罗刚编著：《中华民国国父实录》第四册，第3301～3303页。

未能列入代表团。据《顾维钧回忆录》所载,王正廷并不代表南方政府,南方政府正式派出的代表为郭泰祺、陈友仁二人。"比王正廷更为活跃的是广州正式派出的两个人,他们代表南方发表了许多公开声明,和举行过记者招待会。"① 郭、陈二人是如何派往巴黎的,不详。但直至 2 月 7 日,孙中山仍不断答复党内同志其所以拒绝担任出席巴黎和会特使的原因。

中国在巴黎和会上受到了不公正对待。中国只获两个代表名额(五名代表可轮流出席),属于三种层次中最低的一种。由于法、英、意在日本参战时已有协议,由日本取代德国在山东的权益(这点连美国也不清楚),所以关于山东问题并不作为大会讨论议案,仅由中日双方谈判,"十人团"列席旁听。1919 年 6 月 28 日,巴黎和会闭幕,在举国反对下,中国代表拒绝在和约上签字。

孙中山对巴黎和会无所谓期望,对中国在和会上的失败也未对欧美列强有更多的谴责;但是,对日本则不然。6 月 24 日,上海《民国日报》刊载他答日本《朝日新闻》记者问,论及有关日本承继德国在山东的权利等问题。在答复"中国人何以恨日本之深,及有何法以调和两国感情"时指出,"予向为主张中日亲善之最力者。乃近年以来日本政府每助吾国官僚,而挫民党,不禁痛之"。又称,"日本武人,逞其帝国主义之野心,忘其维新志士之怀抱,以中国为最少抵抗力之方向,而向之以发展其侵略政策焉,此中国与日本之立国方针,根本上不能相容者也"。关于山东省问题,谓"日本对德宣战,于攻克青岛之时,则对列强宣言以青岛还我。乃于我参加欧战之日,则反与列强缔结密约,要以承继德国在山东之权利。夫中国之参战也,日本亦为劝诱者之一也,是显然故欲以中国服劳,而日本坐享其利也"。"中国人此回所以痛恨日本深入骨髓者,即在此等之行为也"。他进而指出:"日本政府军阀以其所为,求其所欲,而望中国人之不生反动,举国一致,以采近交远攻之策,与尔偕亡者,何可得也?是日本今日之承继德国山东权利者,即为他年承继德国败亡之先兆而已。"② 这节谈话,加上前述提出废除"二十一条",从中我们可以看出,1919 年夏秋以后孙中山对日本的认识,已大为改观,他严厉抨击日本政府、军阀侵华,也就是对军部和外务省过去的合作者不留余地的揭发。这种态度,应是经历了数年失败之后的觉悟,是难能可贵的。总体而言,欧战结束后的几年,也就是孙中山生命的最后几年,他的思想认识,在

---

① 顾维钧著:《顾维钧回忆录》第一分册,中国社会科学院近代史研究所译,中华书局 1983 年版,第 178 页。

② 《孙中山全集》第五卷,第 71~74 页。

政治、经济、文化和对外关系等方面，都有所发展变化。这固然与经过反袁护法与和会上的失败教训有关，也与国人在新文化运动、五四反帝爱国运动带来的冲击有关，此外还与俄国十月革命的影响、国际社会对欧战的后果和失望有关。这种发展变化之结果，便是1922年秋天开始考虑中国国民党改组，实施联俄外交政策，为三年后他的革命生涯划下了一个比较圆满的句号。

欧战期间的孙中山，其活动是多方面的。这是他作为一个革命家从其事业的低谷走向新的高潮的过程。其活动旨在救国，为了达到这个目标，采取了种种手段。这些手段，从旁人或后人看来，是不无可议之处的。就成效而言，可称之为成功之处者殊鲜，但他就是在幻想、挫折、失望中前进的，这也就是他能愈挫愈奋的原因之一。通过各种史料，孙中山活动的具体史事，已彰彰在人耳目，无庸置辩。但是，对若干重要史事的结论与评价，如上所述，"联日反袁"、"护法"讨段、反对参战等政策之是非正谬，似未有结论。应当说，对这些问题，仍有深入研究之必要。至于如何从整体上研究欧战后期至结束，第一次护法运动失败之后孙中山所从事的理论工作，即其《建国方略》三个组成部分所擘划的国家近代化方案、国家未来社会的蓝图，以及对其实际操作及对社会影响与历史意义，应当说都还有研究的余地。

孙中山与外蒙问题

自清末沙俄策动外蒙"独立",外蒙问题对民国政府的内政外交造成极大的困扰。孙中山是在中国政治生活中起着重大影响的人物,他对外蒙问题持何种态度,以往史学界很少注意。事实上,从外蒙问题发生以至他去世,他都一直十分关注这一问题,希望找到解决的办法。本文拟从五个方面,予以综述。

一、外蒙问题是沙俄侵华政策的产物

中俄边界中段,即外蒙古与唐努乌梁海地区同俄国界线,经 1727 年《布连斯奇条约》,完全明确。但俄人志在南侵,无时或已。当 1858 年、1860 年沙俄从中国割占黑龙江以北、乌苏里江以东至海的大片土地时,东西伯利亚总督穆拉维约夫即妄图掠取外蒙,① 惟以时机尚未成熟,不敢贸然动手。此后,俄人加紧拉拢外蒙上层王公喇嘛,并通过贸易等方式,进行渗透。1900年,沙俄乘出兵东北之机,派兵进驻库伦,控制外蒙政局。1907 年、1910年,日俄相继订立密约,确定划外蒙为俄国势力范围。1911 年春,俄人要求续订 1881 年《中俄改订条约》及西伯利亚边境划界,各种探险队、研究队、商务考察队等频繁进出,活动披猖。

外蒙地区经济文化落后,加上"晚清之驻蒙大臣,类多贪墨,抚驭无方,久失民心,蒙情日涣"②。清廷为防备俄人,谋扩充在蒙实力,举办新政,鼓励移民,增派军队,于 1910 年令三多接任库伦大臣。移民实边,驻军屯防,原为主权国家应办之事,但当时蒙情不稳,推行新政又过急,成效未见,反而乱法扰民,新设机关 20 余处,经费转嫁当地,"蒙民不堪其扰,相率逃避,

---

① 巴尔苏科夫著:《穆拉维约夫—阿穆尔斯基伯爵》第 2 卷,转引自《沙俄侵略我国蒙古地区简史》编写组:《沙俄侵略我国蒙古地区简史》,内蒙古人民出版社 1979 年版,第 69 页。

② 张忠绂编著:《中华民国外交史》(一),台北正中书局 1977 年版,第 77 页。

近城各旗为之一空"①。这种状况，予沙俄以可乘之机。

在沙俄策动下，1911年7月10日外蒙以会盟为名密议"独立"之事，与会者赞成"独立"，随后密派杭达多尔济等赴彼得堡，商议"独立"及由俄增派援兵等问题。8月28日，俄国驻华公使向中国政府提出"抗议"，要求中国在蒙古地区即日停办新政，"否则俄国不能漠视"。清廷令三多与哲布尊丹巴交涉，电止俄兵，召回杭达多尔济等返库伦。哲布尊丹巴答应三多的要求，却提出新政一律停办，并免治赴俄诸人之罪，清廷允其所请。但俄兵源源南下，屡诘不止。11月30日，哲布尊丹巴宣称，将蒙古全土自行保护，定为"大蒙古独立帝国"，其本人为"大皇帝"，要三多等于次日出境。其时中国驻军仅130名，俄蒙兵达5000余人，强弱异势，三多于12月5日被迫离开库伦，经俄境返国。清廷下令由塔尔巴哈台参赞大臣桂芬接任库伦大臣，但为俄人所阻，不克到任。外蒙于11月宣布"独立"后，哲布尊丹巴于12月28日"登极"，仪式仿照俄国礼节。② 于是，沙俄在"大蒙古国"里驻兵、派顾问、发行钞票，完全控制了这个傀儡政权。沙皇重臣维特不无得意地说："利用中国的混乱，造成蒙古脱离中国，则是在我们的秘密影响或唆使下发生的。"③ 当1912年元旦中华民国南京临时政府成立时，作为大总统的孙中山，就面临外蒙"独立"、民族分裂的严峻问题。

二、民初孙中山的对蒙方略

民国政府成立，孙中山提出"五族共和"，作为建国目标之一，为维护祖国统一与民族团结，进行不懈奋斗，而对蒙方略，揆诸要端，可归为五点。

（一）主张五族共和，建设统一的中华民国

孙中山在《临时大总统宣言书》中昭示："国家之本，在于人民。合汉、满、蒙、回、藏诸地为一国，即合汉、满、蒙、回、藏诸族为一人。是曰民族之统一。""武汉首义，十数行省先后独立。所谓独立，对于清廷为脱离，对于各省为联合，蒙古、西藏意亦同此。行动既一，决无歧趋，枢机成于中央，斯经纬周于四至。是曰领土之统一。"④ 3月11日公布《临时约法》，规定"中华民国之主权属于国民全体"。"中华民国领土为二十二行省、内外蒙

---

① 《中华民国外交史》（一），第77页。
② 同上书，第79～80页。
③ 《维特回忆录》第3卷，转引自《沙俄侵略我国蒙古地区简史》，第128页。
④ 《孙中山全集》第二卷，第2页。

古、西藏、青海"。并规定"参议员每行省、内蒙古、外蒙古、西藏各选派五人,青海选派一人,其选派方法由各地方自定之"。① 上述法律文件明白表示:外蒙古是中国领土不可分割的组成部分,蒙古民族与国内其他民族一律平等,共同组成中华民族。

民国肇建,清室仍未退位,外蒙已称"独立"。孙中山充分认识到局势的严重性,因此,有必要强调领土完整与民族统一。1912年1月28日,他通电在北京的蒙古王公台吉喇嘛贡桑诺尔布、那彦图、博迪苏等人,陈明形势、布告政策,希望他们派代表到南京参与国是。电文指陈:政体虽更,国犹是国,"汉、蒙本属同种,人权原自天赋,自宜结合团体,共谋幸福"。"而俄人野心勃勃,乘机待发,蒙古情形,尤为艰难,非群策群力,奚以图存。凤仰贵王公等关怀时局,眷念桑梓,际兹国势阽危,浮言四煽,西北秩序,端赖维持。祈将区区之意,通告蒙古同胞,戮力一心,共图大计,务坚忍以底成,勿误会而偾事。"② 2月23日,在京蒙古联合会的王公们致电孙中山,希望他举荐袁世凯任大总统。孙得电即复,极言推让总统职务之事,并告"帝制已除,合五大民族为中华民国,幸福无涯,中外同庆"③。函电往返表明,民初在京蒙古王公与孙中山的关系是友善的。

但是,孙中山也注意到,由于历史原因,北方地区对五族共和思想宣传未广。故1912年秋孙中山应袁世凯之邀赴京时,便着力弘扬五族共和主张。8月21日,他在烟台讲演,称"今日四万万人合汉、满、蒙、回、藏五大民族为自由民,真是莫大荣幸"④。9月3日,在北京五族共和合进会与西北协进会的欢迎会上,重申"今者五族一家,立于平等地位,种族不平等之问题解决,政治之不平等问题亦同时解决,永无更起纷争之事。所望者以后五大民族,同心协力,共策国家之进行,使中国进于世界第一文明大国,则我五大民族公同负荷之大责任也"⑤。此后在北京八旗生计会等欢迎会上、在张家口各界欢迎会上等多个场合,他都阐述五族一家的道理,强调民族平等合作,为共和尽力。

讲民族统一,便必然涉及俄国谋我之事。9月5日,孙中山在北京迎宾馆答礼会上谈到蒙藏地区与内地过去两情不洽,遇事隔阂,今日比以前尤甚,

---

① 《孙中山全集》第二卷,第220～221页。
② 同上书,第48页。
③ 同上书,第89页。
④ 同上书,第402页。
⑤ 同上书,第439页。

欲解决此问题，"非先解决外交问题不可"①。在出席北京蒙藏统一政治改良会欢迎会时，更希望蒙藏同胞认识"今之俄国"，其"人民不惟不能享受国家何等之利益，于政治上且感受种种之苦痛"；"惟以蒙、藏同胞目前未知此理，日受外人挑弄，乃发生种种背谬之行为。吾辈丁此时艰，所当力为劝导，俾了解共和之真理，与吾内地同胞一致进行，以共享共和之幸福"。②

外蒙宣布"独立"后，北京内阁总理大臣袁世凯曾去电联系，要求取消"独立"，但被拒绝。外蒙当局也不接受中央政府派员赴库伦谈判的意见，称"与其派员来库，徒事跋涉，莫若介绍邻使商榷一切之为愈也"③。要俄国公使代表它与中央谈判，足证外蒙实权完全操于俄人之手。此时俄国已占外蒙全境及唐努乌梁海；在内蒙古，经于7月间订立第三次日俄密约后，该两国划定东蒙势力范围。面对危急的边疆形势，在孙中山与袁世凯会谈时，当然也就交换了外蒙局势的处理意见，不过事关交涉，他不愿向报界透露。④ 他们所谈的，实际包括练兵、迁都、对蒙藏新闻的处理等问题。⑤ 在他看来，"中国方今自顾不暇，一时无力控制蒙古。惟俟数年后，中国已臻强盛，尔时自能恢复故土"⑥。从当时政治状况看，中央政府实无力解决外蒙问题，但俄国军事占领愈久，收复的困难也会愈大，对一个软弱的中央政府来说，这将是力不从心的。

（二）主张外蒙设立行省，与各省平等

主张外蒙设立行省，是民初孙中山另一对蒙方略。1912年5月，他在广东对报界表示："料蒙古无甚大事，不久可停妥。最好是将蒙古改为行省，与中国各省平等。内蒙古极赞成共和，外蒙古则尚未知其益处，彼等一明白后，必绝对赞成。"又谓："彼等教育未足，未易明白此问题，惟逐渐开导之而已。"⑦

外蒙设省，不仅是孙中山一个人的想法。当时尚无民族区域自治的概念，为护边与开发，急进的办法，自然是设省与内地一律。但此议缺乏可行性。

---

① 《孙中山全集》第二卷，第447页。
② 同上书，第429～430页。
③ 《中华民国外交史》（一），第82页。
④ 《孙中山全集》第二卷，第444页；罗刚编著：《中华民国国父实录》第三册，第1969页。
⑤ 《孙中山全集》第二卷，第412～413页。
⑥ 同上书，第413页。
⑦ 同上书，第363页。

他进京后，对蒙情有更深切了解，便未重提此事。我们看到，在京蒙古王公对孙中山极表敬意。9月15日，喀尔沁亲王贡桑诺尔布在国民党举行的欢迎孙中山等人的会上发言，申明"蒙古非反对共和，因误会南北尚未统一，今孙先生与黄先生北来，意见融洽，蒙古自取消独立"①。孙中山充分肯定在京蒙古王公的爱国主义立场，可惜他们无法返回自己的领地，不能发挥更大作用。

（三）主张加速修筑直库铁路，保卫与开发外蒙

孙中山在民初极力提倡民生主义，发展实业，担任全国铁路督办，计划修筑20万里铁路。他首重交通极不发达的地区，所拟议的北路，"起点于秦皇岛，绕辽东，折入于蒙古，直穿外蒙古，以达于乌梁海"。他认为此线比由张家口至库伦的直线更重要，此"乃固圉之要道，亦破荒之急务，殖边移民，开源浚利，皆为天然之尾闾"。②

孙中山认为，"今日修筑铁路，实为目前唯一之急务，民国之生死存亡，系于此举"。"现在以国防不固，俄在北满及蒙古进行，日本在南满洲进行，英国在西藏进行。我国兵力若能保护边圉，断无此等事实。"但中国并非无兵，而是"交通不便之故"。他主张及早修路，以抵御俄国提议修恰克图至张家口一线。若及早修造，可杜俄人借口，可以保全我之领土。③另外，他还设计13条铁路线通达兰州，重心接近外蒙，从国防上说，尤具价值。1912年10月8日，日本驻上海总领事报告外务大臣，即称孙中山计划修建的干线一条为蒙（古）直（隶）线。④在此之前9月16日《民立报》公布黄兴为征蒙建议迅速建造军用铁路。⑤这些计划，都未能实施，尤其宋案发生后，一切蓝图都化作乌有。尽管如此，孙中山以兴修铁路作为对蒙方略，构思是正确的。

（四）提出币制改革，以策征蒙

1912年11月3日，俄国与外蒙当局在库伦签订《俄蒙协约》（通称"蒙约"）⑥；此后又订立"商务专条"、"开矿条约"等，从法律上将外蒙置于俄国保护之下。中国政府提出抗议，要求取消"蒙约"；但俄方非但不允，反而

---

① 《民立报》1912年9月16日；《中华民国国父实录》第三册，第2000页。
② 《孙中山全集》第二卷，第384页。
③ 同上书，第433页。
④ 日本外务省档案，机密第87号。
⑤ 《民立报》1912年9月16日；《中华民国国父实录》第三册，第2000页。
⑥ 《中华民国外交史》（一），第84页。

提出四条,极为苛刻,此举引起中国舆论严重抗议。① 11 月 14 日,外交总长梁如浩以对俄交涉蒙事失败去职。次日,国民党本部召开职员大会,讨论"蒙约"问题,议定对策,主张对俄持强硬态度。②

12 月 6 日、7 日,《民立报》刊出《孙中山之救亡策》,即致全国的公开信。他建议由国家发行纸币,以作民间交易的中介,解决财政问题,借以抗强俄而保国土。公开信指出:"今者俄人乘我建设未定,金融恐慌,而攫我蒙古。以常情论之,我万无能抵抗之理。在俄人,固知之素而审之熟,故甘冒不韪行之。我国人皆知蒙亡国亡,与其不抗俄屈辱而亡,孰若抗俄而为壮烈之亡,故举国一致,矢死非他也。"他以第一策先行解决财政问题,乃能言战,战必期于不败,乃能言和。与此相关,是在练兵。他估计半年内俄国难出 50 万兵。中国则可出 50 万于外蒙、北满,半年后可加练 50 万。第一年之战,胜负未可知,"惟第二年我当出兵二百万,意料中当可逐俄出满蒙之野,而复我黑龙江沿海州之侵地"。他还预料仗可能打它五年,战争会引起俄国革命。③ 到 1916 年,孙中山还说:"回忆四年前,因蒙古问题,几与俄国启衅,余当时曾谓与俄战,非练兵五百万不可。闻者或以为空谈,或以为无费。"④ 据载,当时(1912 年 12 月 10 日)北京政府曾开会研究,但意见不一⑤,不了了之。曾被孙中山引为知己的日本人宗方小太郎,嘲笑中国的征蒙俄风潮是全支那第一流的虚势,"如孙文的征俄论,若痴人说梦。如此国民,纵令出兵一千万,也必然指顾间即见其覆灭"⑥。孙中山建议对俄用兵未成事实,但他收复失地的决心却不是任何人的嘲笑所能改变的。

(五)主张联日制俄,以收回外蒙

1912 年 8 月 26 日孙中山在北京会见国务总理陆徵祥时,即提出"联络外交"问题,陆请他"亲往日、美一行,俟日、美承认(民国),各国不待要

---

① 俄国侵略引起中国人民的反抗。11 月 15 日,在京蒙古王公联合会发表通电,否认库伦伪政府有权代表蒙古,严正声明:"该伪政府如有与外国协商订约等事,无论何项事件,何项条约,自应一律无效。"(《民立报》1912 年 11 月 19 日)宗方小太郎报告日本海军省:"对俄蒙协约民心沸腾,所在征俄征蒙论喧传,组织决死队、义勇队、敢死团等以百数十计,各省中以浙江、广东、湖南、江西等主唱征蒙最力。如孙文提出征俄征蒙主张,引起暴论横议鼎沸。"(神谷正男编:《宗方小太郎文书》续,原书房 1977 年版,第 310 页)
② 《民立报》1812 年 11 月 21 日。
③ 《孙中山全集》第二卷,第 544～549 页。
④ 《孙中山全集》第三卷,第 341 页。
⑤ 《民立报》1912 年 12 月 13 日。
⑥ 《宗方小太郎文书》续,第 310 页。

求,自可一律办理"①。11月9日,他密电袁世凯,认为"今日弭患要图,非速行迁都,则急宜联日","迁都既属困难,则联日不容或缓"。他表示月底将赴日本一行,请袁对"联交之度当至若何,请先示程式"。② 11月14日,袁氏经与国务院商议后电复:此行"若以私人名义试探日政府意向如何",较易为力,"若为联盟,时期尚早。至攻守同盟,强弱相形,尚难启口"。③ 袁氏正在要求列强承认与贷款,当然不会让孙中山去搞联日外交,以触动他国。

但是,孙中山似乎不甚理解袁氏意向,11月16日又密电袁氏:"华日联盟,大有可望,假以半年至一年之时,当可办到。故俄蒙之约万不可承认,当出以最强硬之抗议,使此问题延长时日,则必有良善之结果。"又称:"俄蒙之举,不过一、二好大喜功之徒,欲乘我之不备,以博功勋,实非俄政府之本意。故对此事,以牵延为第一办法。"④ 应当承认,孙中山"联日制俄"计划是不现实的。日方与俄订立第三次密约,不可能与中国订立联盟。他对日俄关系也似不太了解,甚至公开表示"近日盛传之日俄协约,实属子虚,万不可听"⑤。这种表态是很危险的。至于沙俄侵蒙,是俄国200余年来追求的目标,正是经过1912年7月第三次日俄密约订立,与9月英国承认俄国在外蒙的独霸权,俄国总理大臣卡科夫佐夫才指示其驻华公使廓索维慈赴库伦订立"俄蒙协约"。尼古拉二世在该约上批示:"朕甚感谢廓索维慈"。⑥ 据此以观,绝不能说俄人订立"蒙约"系一二好事之徒的行动。他还认为过去"亲俄防日,以致贻今日之大患"⑦,以说明"联日制俄",日本"绝无侵略东亚之野心"。这种观点也是完全错误的,为抗俄而亲日,即使实行了,也不过是前门拒虎后门进狼罢了。

民初孙中山对蒙方略,大体如此。他的主张不一定都可以,但他是基于维护国家领土完整与民族统一的立场去考虑的,应当实事求是,予以评价。

三、支持徐树铮收复外蒙

中国政府既拒绝承认"俄蒙协约",在法国调停下,中俄就外蒙问题进行

---

① 《孙中山全集》第二卷,第412页。
② 《中华民国国父实录》第三册,第2055~2056页。
③ 同上。
④ 《孙中山全集》第二卷,第542页。
⑤ 《孙中山全集》第三卷,第51~52页。
⑥ 廓索维慈著:《库伦条约之始末》,王光祈译,中华书局1930年版,第80~81页。
⑦ 《孙中山全集》第三卷,第26页。

谈判，于 1913 年 11 月签订中俄《声明文件》及互换照会。在文件中，俄方承认中国在外蒙古之宗主权。照会则称俄国承认外蒙古土地为中国领土之一部分。中国方面声明，承认外蒙古自治；并承认以"俄蒙商务专条""明定中国与外蒙古关系"。随后，中俄蒙三方在恰克图会议，于 1915 年 6 月订立《中俄蒙协约》21 款。该协约包括上述《声明文件》内容，并规定外蒙古博克多哲布尊丹巴呼图克图汗名号受大中华民国大总统册封，中国承认"外蒙自治官府"有办理一切内政、并与各外国订立关于"自治外蒙"工商事宜国际条约及协约之专权。此后，中央派办事人员驻库伦，外蒙古进入在俄人控制下"自治"的阶段。① 1916 年 7 月，都护使、驻库伦办事大员陈箓代表中央进行册封典礼；翌年 1 月，外蒙代表赴京报聘。4 月，陈箓辞职内调，陈毅继任。

从二次革命到袁世凯去世，孙中山以反袁为急务，外蒙问题未遑涉及。袁氏既死，1916 年 7 月 17 日孙中山在上海张园发表讲话，内谓："今假定民权以县为单位，吾国今不止二千县，如蒙、藏亦能渐进，则至少可为三千县。三千县之民权，犹三千块之石础，础坚则五十层之崇楼不难建立。"② 他的意思，仍然是将外蒙、西藏纳入现代政治和经济开发，建设一个新中国。1917 年 7 月，他率领护法舰队南下，在广州召开非常国会，应召南下的 213 名参议院议员、490 名众议院议员中，包括 20 名以上的蒙古籍议员。③ 这件事表明蒙古地区人民愿意为护法而斗争。俄国革命爆发后，陈毅与外蒙自治当局商定，由内地派兵一团入蒙，并与外蒙王公商议取消"自治官府"。既有成议，派员赴京报告。其时皖系控制北京政府，徐树铮任西北筹边使兼西北边防总司令，增兵库伦。1919 年 10 月杪，徐以检阅部队为名，驰抵库伦。徐、陈意见不洽，徐主张撤销原定条件，不必先定条件，由活佛呈请撤销自治，中央据以明令宣布，一切办法应俟再商。此议王公同意，议院反对。徐氏对活佛陈兵威胁，限期答复，并删去原议中的优待条件。11 月 16 日，外蒙议院被迫屈服，同意呈请撤销自治文件。22 日，大总统明令撤销外蒙自治及《中

---

① 《中华民国外交史》（一），第 343 页。
② 《孙中山全集》第三卷，第 329 页。
③ 护法国会蒙古籍参议员有：宋汝梅、讷漠图、刘丕元、金永昌、恩克阿穆尔、王銮声、布霖、塔旺阿拉布坦、栋国尔多尔济、扬森扎布、色凌端噜布、端多布、达赉、博迪苏、布颜朝克、车林（15 名）。蒙古籍众议员有：张树桐、蔡汇东、唐宝锷、白瑞、孙钟、诺门达赖、乐山、春秀、黄策成、汪震东、巴图、克兴额、业喜海顺、敬棍太、博尔和德、达什多尔济、恩克巴图（17 名）。（神谷正男编：《宗方小太郎文书》，第 678、680 页）

俄蒙协约》。1920年农历正月初一,进行加封典礼。

1919年11月24日,返回北京的徐树铮电告孙中山有关撤销外蒙自治等情。26日孙电复徐氏,予以高度评价。电称:"比得来电,谂知外蒙回,四内响应。吾国久无陈汤、班超、傅介子其人,执事于旬日间建此奇功,以方古人,未知孰愈。自前清季世,四裔携贰,几于日蹙国百里。外蒙纠纷,亦既七年,一旦复归,重见五族共和之盛。此宜举国懽忻鼓舞之不已。"① 他在答唐宝锷、凌钺的疑问时表示,"徐收回蒙古,功实过于傅介子、陈汤,公论自不可没"②。上述言论表明,孙中山对外蒙回归是何等高兴。这种情绪还充分反映在他写作的《实业计划》中,即对外蒙、唐努乌梁海的宏伟开发计划。

四、《实业计划》中的外蒙建设规划

欧战结束后,孙中山力图利用战后的有利环境,助长中国实业发展,因而积极从事国际共同开发中国的研究。他撰写的《实业计划》六种,有关蒙古地区的计划,包括交通、矿业、农业、灌溉及移民等项。③

铁路是近代物质文明重要标志之一。孙中山为开发蒙古地区,首重筑路。④ 他设计中央铁路系统,有"东方大港—库伦线"与"东方大港—乌里雅苏台线"及其支线,用以联结沿海、内地与边疆,"此线所经之沙漠及草地之部分,均可以以灌溉工事改善之"。⑤ 在西北铁路系统中,以北方大港为出发点的共8线,其中,第2线经多伦诺尔穿外蒙至赤塔;第6线经多伦诺尔至乌鲁木齐,中间开一支线经库伦至恰克图;第7线于多伦诺尔乌鲁木齐间开一支线经乌里雅苏台至边境;第8线亦于多伦诺尔乌鲁木齐间开一支线西北走,至边境。⑥ 他计划扩张西北铁路系统,以开发蒙古大草原、牧场的农牧利源。⑦ 这个系统计18条线路,包括多伦诺尔恰克图线、张家口库伦乌梁海线、绥远乌里雅苏台科布多线、靖边乌梁海线等。⑧ 这个铁路网如筑成,将把外蒙、乌梁海与内地联成一体。

---

① 《孙中山全集》第五卷,第169页。
② 同上书,第177页。
③ 中山大学历史系孙中山研究室等合编:《孙中山全集》第六卷,中华书局1985年版,第251~252页。
④ 同上书,第255~256页。
⑤ 同上书,第339页。
⑥ 同上书,第261页。
⑦ 同上书,第324、361页。
⑧ 同上书,第361~367页。

1921年，孙中山曾拟编"建国计划"，包括移民内外蒙古等边疆省区。①在他的《实业计划》中，强调"殖民蒙古新疆，实为铁路计划之补助，盖彼此互相依倚，以为发达者也"。移民是在国家机关主持下进行的，用中国多余劳力及外国废弃机器与专家指导。他还拟定办法，土地由国家收买，组为农庄，长期贷给移民，移民所费资本，由国家供给，以现款偿还或分年摊还。一区移民足数，即授自治之权，移民应受民主政治训练，使经营其个人事业。②

此外，《实业计划》还拟议开浚运河以联络中国北部，开采矿业，发展灌溉等事业。③ 这些庞大的计划，当时不具备实施的条件，但他将开发、保卫外蒙及唐努乌梁海地区纳入中国近代化蓝图，这是前无古人的宏愿。

五、孙中山晚年的对蒙方针

1917年俄国革命后，外蒙局势紊乱，谢米诺夫、恩琴等俄国白党及其他势力，都在积极活动，争夺库伦。这时的局势给中央政府带来机会，如果因利乘势，外蒙问题不难解决。但徐树铮因直皖斗争皖系失败而失势，边防军被裁撤。1920年8月，北京政府重任陈毅暂署西北筹边使（9月改任库乌科唐镇抚使），但陈部实力有限，不能有所作为。1921年3月，库伦成立由恩琴控制的外蒙"独立"政府。同年2月间，由苏俄支持的蒙古人民革命党在恰克图开会，旋于3月成立蒙古临时人民革命政府。7月，蒙古人民革命政府成立于库伦。11月5日，该政府与苏俄在莫斯科签订"俄蒙友好条约"13款。④ 签字双方称为"缔约国"，规定双方遣使设领。苏俄与外蒙关系之发展，因"条约"未公布，兼消息不灵，北京政府一无所知。以后收到中国驻赤塔委员沈崇勋报告，才了解真相。在该"条约"签字前，10月24日，苏俄全权代表巴意开斯启程来华；前此来华的马林，已在中国活动。1922年5月1日，中国外交部向苏俄代表巴意开斯抗议其与外蒙私订"条约"，俄方不予置理，反于5月31日与外蒙订立"财产权协定"。7月，苏俄派越飞为驻华全权代表。到这时为止，孙中山对中苏关系交涉状况了解到何种程度，无法确知，但他对1918年8月齐契林信件及1919年7月第一次《加拉罕宣言》，肯定有

---

① 《孙中山全集》第六卷，第570～571页。
② 同上书，第264～265页。
③ 同上书，第265、390、252页。
④ 王聿均著：《中苏外交的序幕》，台北"中央研究院"近代史研究所1978年版，第255页。

深刻印象。

1923年元旦发表的《中国国民党宣言》表示，要团结国内各民族，完成一大中华民族。孙中山在1月16日复外蒙籍国会议克兴额函中，强调"大中华民族"包含了蒙古民族，内谓："蒙古政教不齐，民智闭塞，诚宜注意宣传，促进文化，以实现我党构成大中华民族之根本计划。"① 这时，越飞借口养病到上海②，与孙中山会谈，并于26日发表《孙文越飞联合宣言》。

《孙文越飞联合宣言》第四条专为外蒙问题而设。该条写明："越飞君正式向孙博士宣称（此点孙自以为满意）：俄国现政府决无亦从无意思与目的，在外蒙古实施帝国主义之政策，或使其与中国分立，孙博士因此以为俄国军队不必立时由外蒙撤退，缘为中国实际利益与必要计，中国北京现政府无力防止因俄兵撤退后白俄反对赤俄阴谋与抵抗行为之发生，以及酿成较现在尤为严重之局面。"③《孙文越飞联合宣言》签字时越飞是否对"俄蒙友好条约"作出过解释，史料无征。

1923年10月，鲍罗廷来到广州，孙中山曾与他谈到控制华中与外蒙的愿望。④ 10月26日，代表孙中山在莫斯科访问的蒋介石，与齐契林讨论外蒙问题，但毫无结果。⑤ 1924年1月，中国国民党第一次全国代表大会在广州召开，蒙古代表恩克巴图被孙中山指定为九人组织宣言审查委员会成员，恩克巴图与白云梯分别当选为中执委、候补执委。

值得注意的是，外蒙古民党首领巴丹增在西藏代表乌勒吉、内蒙代表白云梯陪同下，前来广州，出席国民党大会。在乌、白二氏引介下，巴丹增到大本营会见孙中山，"力言外蒙为中华民国领土之一部，生存繁荣，有莫可或离之势，今日独立，殆迫于环境，不得已而出此一时之机宜；果国民党此后不绝其奋斗，打倒万恶之北方军阀，由总理统一民国，则无论何时，吾侪愿会同乌、白二君，谨率外蒙全体众庶，取消独立"⑥。孙中山对巴丹增大为嘉许。巴氏在广州期间，曾于20日出席孙中山的欢迎会，孙赞扬他这次"到广东的来意，还是想蒙古再同中国联合，造成一个大中华民国"。席间，恩克巴

---

① 中山大学历史系孙中山研究室等合编：《孙中山全集》第七卷，中华书局1985年版，第31页。
② 《中苏外交的序幕》，第447页。
③ 《孙中山全集》第七卷，第52页。
④ 《中华民国国父实录》第六册，第4417页。
⑤ 毛思诚：《民国十五年以前之蒋介石先生》第5册，香港龙门书店1965年版，第57～62页。
⑥ 广州《民国日报》1924年1月28日。

图用蒙语讲话,表示希望五族结合,组成一强大民族。① 2月3日,孙中山演讲民族主义,重新提到:"这回我们国民党在广州开大会,蒙古派得有代表来,是看我们南方政府对外的主张是否仍旧用帝国主义(按:指大汉族主义)。他们代表到了之后,看见我们大会中所定的政纲是扶持弱小民族,毫无帝国主义的意思,他们便很赞成,主张大家联络起来,成一个东方的大国。"②

国民党"一大"宣言规定"中国以内各民族之自决权",胜利后"当组织自由统一的(各民族自由联合的)中华民国"。1924年2月18日,孙中山致函"库伦国民党本部诸同志",通知派白云梯前往商办党务,略谓:"本党力求以三民主义改造中国,并祛除帝国资本主义之横暴,使世界被压迫民族同蒙自由之幸福。所有党纲政策具见宣言,毋庸琐述。素谂诸同志主义相符,用特由本党中央执行委员会特派白云梯同志前来商办党务,切盼推诚接洽,俾利进行,是为至幸。"③ 因为对蒙藏方面联系渐多,孙中山于2月21日任命原国会议员、西藏籍党员乌勒吉为大本营咨议兼蒙文翻译官。④

1924年5月31日,《中俄解决悬案大纲协定》签字,规定苏联承认外蒙古为中国领土。⑤ 但是,7月1日"蒙古人民共和国"公布宪法,一切以苏联为样本。⑥ 8月19日,恩克巴图在中央执行委员会上声明:"库伦对北方伪政府宣布独立,对于本党取一致行动,并不与俄共产党合作。"⑦ 但此举并无实际作用。

在中国近代史上,国家每经历一次大动乱,便要丧失一部分领土。孙中山目睹辛亥以来外蒙问题的发生,他在自己的政治生活中,为国家统一、民族团结与擘划外蒙地区开发,尽了最大努力。北上之后,国内政局混乱,而且他很快就因病去世。此后对外蒙问题的处理,就不是他所能表态的了。

---

① 广东省社会科学院历史研究所等合编:《孙中山全集》第九卷,中华书局1986年版,第107页;广州《民国日报》1924年1月22日。
② 《孙中山全集》第九卷,第200页。
③ 同上书,第474～475页。
④ 同上书,第493页。
⑤ 广东省哲学社会科学研究所历史研究室等编:《孙中山年谱》,中华书局1980年版,第328页。
⑥ 《中华民国国父实录》第六册,第4690页。
⑦ 中国国民党党史会编:《国父年谱》下册,台北,1985年增订本,第1220页。

孙中山与"西藏问题"

从元朝以来,西藏地区即隶中国版图,成为中国领土不可分割的一部分。清朝乾隆年间颁金奔巴瓶,规定达赖、班禅择定办法,中国大皇帝的权威一直得到严格的尊奉。西藏内部的矛盾与冲突,作为中国内政,均由中央政府处理,国际上迄无异言。但是,英国殖民主义者自灭亡印度后,19世纪下半叶乘机北侵,两次发动侵藏战事,妄图割占、奴役西藏,于是有所谓"西藏问题"之纷扰。

"西藏问题"的发生,是西方侵略势力对中国内政和领土主权的严重挑战。孙中山作为中国近代重要的政治家,他对西藏和"西藏问题"不可避免要发表自己的见解。那么,孙中山是如何看待西藏和"西藏问题"的呢?他在自己的实践中又是如何维护中国在西藏的主权和权益的呢?本文拟从下述四个方面,予以概述:一、从反满革命到五族共和;二、民元对解决"西藏问题"的立场;三、《实业计划》中之西藏建设;四、中国国民党"一大"前后对藏情的关注。兹事关系国家大政方针,影响深远,值得深入研究。

一、从反满革命到五族共和

1905年8月20日,中国同盟会在日本东京成立。这个以孙中山为领袖的革命组织,接受了孙所提出的"驱除鞑虏,恢复中华,建立民国,平均地权"的十六字纲领,其后,又将之归纳为民族、民权、民生三民主义。其民族主义,以反满为帜志,即"驱除鞑虏"的内涵,孙中山本人在1912年4月的社会主义演讲中,称之为"种族革命"。① 将反对满洲贵族统治的行动称为"种族革命",从理论上来说显然是难于自解的。因为孙中山早在1904年写《中国问题的真解决》一文时就曾说过:"把过时的满清君主政体改变为'中华民国'的计划,经慎重考虑之后,早就制订出来了。"② 可见,反满,实际是一

---

① 孙中山:《在上海中国社会党的演说》,王耿雄等编:《孙中山集外集补编》,上海人民出版社1994年版,第106页。

② 《孙中山全集》第一卷,第254页。

场政治革命。他在东京《民报》创刊周年庆祝大会的演说中也说,认为"民族革命是要尽灭满洲民族,这话大错","我们推倒满洲政府,从驱除满人那一面说是民族革命,从颠覆君主政体那一面说是政治革命","讲到那政治革命的结果,是建立民主立宪政体"。① 说到底,这个"种族革命",目的是要建立民主立宪政体的问题。满洲贵族和满族是不同的概念,虽然二者有密切的关系。满洲贵族统治必须终结,满族作为中国大家庭成员之一,则将在中国领土上永续生存、发展下去,这是无可怀疑的。

至于说到满洲贵族,我们对它也不能一笔抹煞。它入主北京,建立清朝中央政府,不但带来了包括黑龙江内外、乌苏里江内外广阔的东三省领土,有力地确立了内外蒙古、回疆和西藏与中央政府的关系,还统一了台湾,威加四海,在百余年间,使中国成为当时世界上无可争议的超级大国。只是到了它的衰落时期,才应该是被打倒的对象。中国同盟会成立后,其支部于国内分西、东、中、南、北五部,涵盖了清末有效统治的省区,其中西部为贵州、新疆、西藏、四川、甘肃,北部为蒙古、直隶、东三省、陕西、山西、山东。同盟会要在西藏设分部,并非完全不可能的事,因为清廷在西藏驻扎新军,举办新政,潜移默化,假以时日,当会有所作为。

如果将反满革命等同于种族复仇,这是孙中山不能接受的。但当他将革命对象笼统指为"满人"的时候,却是将满洲与满族贵族混为一谈了。所幸他逐渐明白了这二者的区别,指明革命对象是"满政府"、"胡之政府"、"清政府",这样,"反满革命"便在1910年以后开始话语置换,成为"反清革命"。这种改变意义是不可小觑的,它宣示了一个政治追求:推翻清王朝,建立共和政体,即使汉人想当皇帝,也不能允许。而他所准备活动的舞台,便是"满人"入主中原后所治理的场地,即大清国的辖境,甚至还考虑收复失地。他设想革命成功后将建立美式的"共和联邦政体","倘以一中国君主而易去满洲君主,与近世文明进化相背,决非人民所欲"。这就是武昌起义后1911年11月他对《巴黎日报》访员所表达的意见。他明白指陈,"现在革命之举动,实为改良政治起见,并非单简狭义之问题"。什么是"单简狭义"之问题呢?就是"反满"。既不反满,便是和满了。他在上述同一讲话中称:"中国于地理上分为二十二行省,加以三大属地即蒙古、西藏、新疆是也,其面积实较全欧为大。"他设想政治上不搞中央集权,中央政府只是专管军事、外交、财政,新政府成立,不必改换其历史上传来之组织,由民选督抚,"形

---

① 《孙中山全集》第一卷,第325页。

式仍旧,而精神改变,则效果不同矣"。① 孙中山怀着这种愉悦的心情,构思开国规模,于1911年1月25日回到上海。

在孙中山返国之前,南方民军代表伍廷芳和袁世凯的代表唐绍仪已在上海开展谈判。据12月26日袁氏奏陈国会议员选举办法及清帝退位优待皇室条件各事中,讲到国会选举,南方主张选举区二十四处,一省为一处,内外蒙古一处,前后藏为一处,每处三人。袁方则改为二十八处,一省为一处,蒙藏合为一处,每处六人。是不论南北方,均重视蒙藏地位。12月29日,南北双方举行第三次议和会议,议定开国民会议解决国体,并讨论清帝退位后之待遇,及满、蒙、回、藏之待遇。关于后者,规定:一、一律与汉人平等。二、保护其原有之私产。三、先筹八旗生计,于未筹定八旗生计以前,原有口粮暂仍其旧。四、所有王公等爵,概仍其旧。是日,南方光复各省代表在南京集会,选举孙中山为中华民国临时大总统,这样,南北议和退居为次要问题。

1912年1月1日,中华民国临时政府成立,开始了中国历史的新纪元。孙中山在就职宣言中,宣示新国家将坚持民族、领土、军政、内政及财政统一诸大端,内谓:"国家之本,在于人民,合汉、满、蒙、回、藏诸地为一国,即合汉、满、蒙、回、藏诸族为一人。是曰民族之统一。武汉首义,十数行省先后独立。所谓独立,对于清廷为脱离,对于各省为联合,蒙古、西藏意亦同此。行动既一,决无歧趋,枢机成于中央,斯经纬周于四至。是曰领土之统一。"② 这五个统一,尤其是民族、领土统一,不但宣示民主共和政权继承了前清政府的法统,而且也为本身的施政做出规范,且为以后历届中国政府所遵行。到是年秋9月孙中山视察山西时,19日,在太原各界欢迎会上发表演说,谓"今日五族共和,天下一家,建设方法非各省联络一气,同舟共济,万不足以建稳固之基础"③。同日在山西同盟会欢迎会上,又说今五族共和,建立民国,民族、民权两层已经达到目的。④ 此后,"五族共和"一词,便流行起来。民国元年"五族共和"一词的通用,表示孙中山的反满革命、反清革命已经结束,转入包括藏族在内的中国境内各民族,在平等基础上团结合作,进入了新的历史时期。

政权交替,除了规定对皇室的优待条件外,对各少数民族也应有明文规

---

① 《孙中山全集》第一卷,第561~562页。按,新疆当时是中国二十二行省之一。
② 《孙中山全集》第二卷,第2页。
③ 同上书,第470页。
④ 同上书,第472页。

定。原拟四条,至 1912 年 2 月 5 日,经临时参议院讨论修正为七条,即:

关于满、蒙、回、藏各族待遇之条件——决议:

(一)与汉人平等。

(二)保护其原有之私产。

(三)王公世袭,概仍其旧,并得依次传袭。

(四)王公中有生计过艰者,应设法拨给官产,作为世业,以资补助。决议:应字删去,改为"民国"字样。

(五)先筹八旗生计,于未筹定之前,八旗官兵俸饷,仍旧支放。决议:官兵改为"官弁"。

(六)从前营业、居住等限制,一律蠲除。各州、县听其自由入籍。

(七)满、蒙、回、藏原有之宗教,听其信仰自由。①

上述决议经公布后,引起社会重视。有盛先觉者,上书孙中山,题为《理藩策》,这个长篇策论认为,筹藩之策平易而能即施且无流弊者,诚莫若宣言藩属制度一仍旧贯,保崇喇嘛毋俾惶恐,此于二、三、七条见之。除照会驻京各公使外,应译成蒙、藏文字予以布告,"并宜急遣一介使,携一纸书,直通消息于达赖喇嘛,许以复位之荣,加以虚尊之号,要其遣使寓书谕服蒙、藏,则不折矢烦兵,而可保全藩属。"盛氏认为,蒙人以宗教故,崇奉达赖,"至于西藏,则达赖喇嘛以教主而兼法政之权,民心皈依,无庸赘述。故今达赖喇嘛虽逃,而藏民仰望之忱益固,且有请援于英拟迎达赖喇嘛归藏复位之议。苟能牢笼达赖喇嘛,师法历朝故智,则蒙、藏自必受我羁縻,安然帖服矣"。续谓:"达赖喇嘛原来僻处荒陬,夜郎自大,为英所侮,欲北走俄,不果,乃受旧朝诱折而入觐,于是乎清、藏主属之名分大定,而英人之觊觎遂止。顾达赖不自怨艾,妄议觐仪之无状,不安其居,于是乎逃奔印度,求依英人";"达赖喇嘛既出走,遂被黜,而外蒙古之哲布尊丹巴胡图克图亦窃不能安,是以去年春有依俄罗斯以自固之谋,今且宣告独立矣。"盛先觉长期留学日本,与大谷光瑞有交游,洞悉俄英日等国图谋西藏之狡计。他提出中央政府迎回达赖之法,并对外宣示中国在藏之领土主权,派遣赴藏官员之人选,以及在"内务部设远边(或称蒙藏)经理局,专司经理蒙、藏一切事宜,俾得监临各种积极政策"。② 这份策略保存在民元孙中山私人藏档里,未

---

① 许师慎:《国父当选临时大总统实录》(下册),转引自罗刚编著:《中华民国国父实录》第三册,第 1725 页。

② 盛先觉:《理藩策》,黄彦等编:《孙中山藏档选编》,中华书局 1986 年版,第 618～622 页。

悉他当时曾否寓目。由于此前他对西藏问题了解、介入不多，回国后即接掌重任，致力蠲除畛域，而形势紧张，为因应此种局面，他对包括此策略在内的各种相关资料，当会注意浏览。

1912年3月11日，孙中山公布了经临时参议院议决的具宪法性质的《临时约法》。它明白规定"中华民国之主权属于国民全体"；"中华民国领土为二十二行省、内外蒙古、西藏、青海"。它还规定"中华民国人民一律平等，无种族、阶级、宗教之区别"。① 由于南北议和已宣告结束，清帝决定退位，南北统一，五族一家，孙中山实践诺言，辞去临时大总统职务，让位给袁世凯。4月1日，他恢复了一介平民之身。到目前为止，人们还无法看到当时西藏僧俗人士对中央政府权力转移的直接反应的记载。据喜饶嘉措大师晚年所述，辛亥革命年代，他正在拉萨研究学术，"目睹达赖、班禅、四大寺及西藏僧俗人民，也包括我个人在内，抱着'海静鱼乐，山静兽安'的想法，都希望中原汉族地区逐鹿之辈中止争权夺利的战乱，出现一个安定的局面，使全国人民安居乐业。因此对孙中山先生领导的革命运动抱着极大的希望，纷纷诵经祝祷，祝愿革命成功。其后又听说孙中山先生辞去大总统由袁世凯继任，群情大为恐慌，交相非议。当时西藏人民对袁、孙二氏之向背何以如此鲜明呢？因为藏族人民认为孙中山先生是一个周游环球、学识渊博、热爱祖国、热爱人民的伟大政治家，同时又是一个治病救人的大医学家，而对于袁氏为何如人，则素昧平生，所以拥孙反袁。当然，当时的西藏也存在着一批亲英派，但热爱祖国的是主流"②。大和尚不打诳语。我们相信这些话都是真的。西藏地方是一个中世纪农奴社会，政教合一，空气塞闭，其僧俗各界人士在翻天覆地的时代变革中能有同情孙中山的意识，实在难能可贵。"旗新五色，政美共和"，尽管孙中山对以五色旗为中华民国国旗的决定颇不以为然，但以五色旗表示五族共和，还是不失为一个美好的象征，有利于在新环境下的民族团结，人民是可以接受的。

二、民元对解决"西藏问题"的立场

先是，1909年4月，十三世达赖由塔尔寺启程返藏。当时，驻藏大臣联豫推行新政，因受藏方噶厦阻挠，请求朝廷调陆军入藏，使政教分离，得以放手办事，于是钟颖奉命率二千川军进藏。同年11月，达赖回到拉萨。藏兵

---

① 《孙中山全集》第二卷，第220页。
② 喜饶嘉措：《辛亥革命时西藏人民的祝愿》，全国政协文史资料研究委员会编：《辛亥革命回忆录》第三集，文史资料出版社1981年版，第508～509页。

阻击川军失败，钟颖率部直趋拉萨。达赖在英国殖民者策划下，离开拉萨，并于1910年2月21日越过则利拉山口进入英控锡金。朝廷对达赖未经奏明即行出走，下令革去其名号，以示惩处。达赖逃往印度后，仍与噶厦及三大寺代表不断联系，图谋返藏。辛亥革命爆发后，驻藏大臣联豫失去权威，躲进哲蚌寺，在藏川军中革命派、哥老派各有所求，拉萨秩序大乱。英国殖民者为控制西藏，先是由英印总督与达赖商定，派人返回西藏，组织武装，策动各地反汉暴动；其次则派兵进驻印藏边境纳汤地方，为反汉势力鼓气，对中国政府施压；另外，令英驻江孜商务委员、尼泊尔驻藏代表同川军接触，进行"调解"，结果川军缴出枪支弹药，经印度返回内地（后驻拉萨川军也同样处理），联豫等官员即经印度返国。达赖指示将在藏汉人驱除尽净。1912年12月6日，达赖回到拉萨。在一次重要会议上讨论与中央政府的关系问题时，西藏上层虽然反对汉军骚乱，尚不愿脱离祖国，西藏仍然保留在中国大家庭以内。① 不过到1913年初，达赖却派代表潜赴库伦，与外蒙订立"蒙藏条约"，议定双方相互承认脱离中国而"独立"，相互援助。"藏独"由此开端。

面对严重的边疆危机，北京政府外交部在1912年8月14日向各国驻京公使及我驻各国代表向驻在国递交了五项声明："（一）满、蒙、藏为中国领土，凡关于其各地之条约，未经民国承认者，不得私订，已订者亦均无效。（二）满、蒙、藏各地矿产，无论何人，不得私自抵押向各国借款。各国亦不得轻易允许遽行开采。（三）民国对于满、蒙、藏各地，有自由行动之主权，各国不得干预。（四）民国政府对于各国侨民力任保护，各国不得借保护侨商之名，增加军队及分派警察。（五）蒙、藏反抗民国，为国法所不许，外人不得暗中主使一切。"② 但是，英国贼心不死，其驻京公使于8月17日来照，提出五条要求，谓英国只承认中国在西藏之宗主权，而不承认中国在西藏之主权，苟中国不承认英国对于西藏之要求，则英国政府不能承认中国之新政府，且将与西藏直接订约。③ 其帝国主义丑恶嘴脸，穷凶极恶，展示无遗。

孙中山自解职后，袁世凯一再邀请他赴京共商国是。8月18日，孙离沪北上，据上海《民权报》8月23日报道，孙"未行之时，手编中华民国共和真理一书，分类二十五部，内中安置满族、抚慰蒙、藏人士，尤为详晰。此次北行，将此篇携之而往，意欲与袁世凯商榷一切"。孙氏抵京之日，受到各

---

① 杨公素著：《中国反对外国侵略者干涉西藏地方斗争史》，中国藏学出版社2001年版，第160～166页。
② 《民立报》1912年8月16日。转引自《中华民国国父实录》第三册，第1959页。
③ 张忠绂编著：《中华民国外交史》（一），第101～102页。

方面人士热烈欢迎，其中便包括"蒙藏统一政治改良会"的代表。

孙中山在京期间，曾先后与袁世凯进行了十三次谈话，他们的议题十分广泛，包括内阁、军队、外交、迁都、党争、实业、土地、铁路、国民捐等问题。其中有记载的，四次谈到处理西藏问题，各自发表自己的意见。8月27日第三次谈话，关于蒙、藏宣告"独立"，国势危急问题。据载："袁总统近因蒙、藏宣告独立，岌岌可危，究应以兵力对付否，是为最重要问题。是日特请问于孙中山。孙君'以此次蒙藏离叛，达赖活佛实为祸首。若能广收人心，施以恩泽，一面以外交立国，倘徒以兵力从事蒙、藏，人民愚昧无知，势必反激其外向，牵连外交，前途益危，而事愈棘手矣。'袁氏韪之。"孙又谓："现在蒙、藏风云转瞬万变，强邻逼视，岌岌可危，凡我国人，莫不注目。虽近日报纸所载蒙、藏情形，多不免得之传闻，（故间有毫无影响之谈。）须知蒙、藏如此危急，国人又如此注意，若以误传刊登报章，引为事实，使人心恐慌，外人将必乘此时机直来谋我，当以何法对付。故文主张此后蒙、藏消息，责成各该处办事长官逐日报告政府一次，由政府再分送各报登载，既免误传，且得真相。"袁氏为之欣服云。

8月29日，孙、袁进行第五次谈话。"孙中山是日与袁世凯谈及蒙、藏近况，袁氏当即请问整理蒙、藏办法。孙云：蒙古不欲取消独立者，西藏为之臂助也。如欲使蒙古取消独立，必先平西藏，以为取消库伦独立之预备。西藏平，则蒙古之气焰熄矣。西藏之向背，关乎蒙古之独立与否，蒙古不独立，则边警息矣云云。"

但在8月31日孙袁第七次谈话中，孙却反复其辞，反对以武力从事。"袁氏问：西藏独立，近有主张以兵力从事，先生以为然否？""先生答：余极端反对以兵力从事，一旦激起外向，牵动内地，关系至大。故余主张两事：一、速颁待遇西藏条例。二、加尹昌衡宣慰使衔，只身入藏，宣布政府德意，令其自行取消独立。"

根据上海报纸所引，9月5日孙对袁所说，又有变化。记者称："孙中山对于蒙、藏独立，力主怀柔，已刊本报。现又一说云：先生实主张用激烈之武力解决蒙、藏问题，藉儆反侧，兼以杜外人狡启。俟一大致解决，再派善于辞令，深悉蒙、藏语言者前往宣慰，较单纯用剿者，似易收效等语。闻袁氏颇表同意，已交国务院遵照施行矣。"[①]

上述言论，或主武力，或主羁縻，或二者兼施，袁氏亦未必采纳转而形

---

① 王耿雄编：《孙中山史事详录（1911—1913）》，天津人民出版社1986年版，第359~360、375、382、394~395页。

成政策，加以施行，但这些建言充分反映了孙中山对西藏问题的重视，力图挫败英国殖民者制造"西藏独立"的诡谋，贯彻上述五个统一的宣示。当时，孙袁之间有良好的互动（至少表面上如此），对袁政府的支持，是孙之本心。但他的建议有多少能形成政策，并付诸实施，那就另当别论了。

孙中山在北京，除了会晤袁世凯外，还进行了频繁的活动，与各界人士接触，并出席国民党成立大会。他发表了许多演说、谈话，回答记者的访谈。其中，多次谈到西藏问题、民族和好问题，阐发自己的政治主张。袁世凯政府设立了蒙藏事务局（姚锡光任局长）和蒙藏学校，以管理民族事务，培养少数民族人才，对融合民族关系，乃必要之图。当时民间社团如雨后春笋，一些民族社团也告产生。例如，蒙藏统一政治改良会、五族共和合进会、西北协进会、北京八旗生计会、回教俱进会，黄兴还建议成立拓殖协会。

9月1日，孙中山出席北京军警界代表宴会，讲军界之责任，在捍卫外侮，决不可干预政治，滋生扰乱。他指出，列强环伺，国势濒危，英人驻兵于西藏，日思瓜分，以印度、波兰待我，而我之所赖以为恃者，则军警界同胞是也。同日，他出席雍和宫由蒙藏事务局主持的蒙藏统一政治改良会招待会，讲五族共和之真义。他指出，"共和成立，凡属蒙、藏、青海、回疆同胞，今皆得为国家主体；惟以蒙、藏同胞目前未知此理，日受外人挑弄，乃发生种种背谬之行为，吾辈丁兹时艰，所当力为劝导，俾了解共和之真理，与吾内地同胞一致进行，以享共和之幸福。"据《民立报》9月4日报道，1日，驻藏办事官钟颖以达赖喇嘛所致之议和条件电报中央政府，其条件为：①恢复达赖政教，加崇封号；②华人对于佛教及僧寺，不得仍前侮慢；③西藏行政重大事宜，可与华官商议，惟不得于西藏改设行省及绝然视为领土；④中国不得于拉萨驻扎兵队，办事官卫兵限制两百人；⑤撤退尹司令征藏军队。因有以上情况，公然否定中国在西藏之主权，故孙中山借此机会诫劝蒙、藏及边疆同胞，认识五族共和之真义，勿为他国所愚弄。①

9月3日，孙中山赴北京五族共和合进会暨西北协进会的欢迎会，讲五族协力以谋全国人民之幸福，内谓："今者五族一家，立于平等地位，种族不平等之问题解决，政治不平等之问题亦同时解决，永无更起纷争之事。所望者以后五大民族，同心协力，共策国家之进行，使中国进于世界第一文明大国，则我五大民族共同负荷之大责任也。"② 次日，接见记者黄远生，谈论时局。黄称，现外蒙之乱已及内蒙，西藏原有驻军已自大吉岭送归，而四川征藏之

---

① 《中华民国国父实录》第三册，第 1975～1977 页。
② 《孙中山全集》第二卷，第 439 页。

兵又不能前进，外患情形逼迫如此，必须将蒙、藏紧要问题，设法与袁总统解决。孙表示此事曾与袁商议，惟解决之法，关系外交，且甚复杂，不能宣布。黄请作秘密谈话并答应不发表，如何？孙答"决不可以，决不可以"。①但据9月9日上海《太平洋报》所刊的另一则报道则谓：孙认为"自尹司令进藏迄今数旬，虽无失利，然伤人耗财，究属得不偿失。且达赖背叛之原因，大半受外之〔人〕之运动。故收拾西藏，亦须由运动着手，施行种种政策，如诱以高爵，饵以重币等类。若徒恃征伐，不惟不济，且恐坚其外向之心"②。这则文字，是孙袁谈话中不欲为外界所知者，但不知为何流播于世。实际上，孙中山当时已充分认识到，西藏纠纷，本属内政，但为外人挑动，策划"独立"，即其"向外之心"，欲行阻塞，非专恃征伐可以言功。须得内政（包括怀柔与武力）与外交并举，方可有济。所以，他在9月5日于北京迎宾馆答礼会上演说时，便专门讲到外交问题。他说："因内地与蒙、藏不通闻问，此等现象，亦所不免。不过今日之事，比以前较甚，一时不易解决。然此事虽为国内之问题，其实则关于外交之问题，今日欲解决此问题，非先解决外交问题不可。"至于解决外交问题，他指的不是与俄与英对蒙、藏的具体谈判，而是从长远着手："若因保全小事而失大事，何若保全大事而开放小事之愈也。故今日欲救外交上之困难，惟有欢迎外资，一变向来闭关自守主义，而为门户开放主义。此鄙人对于现在外交问题之意见，尚望诸君切实研究。"③

孙中山在这里讲的"欢迎外资"和"门户开放主义"，指的是兴修铁路。他于9月2日在北京报界欢迎会和铁道协会欢迎会上，即讲修筑铁路之重要。他分析建筑铁路计划于民国之利益，再以国防、政治、文化而言，铁路皆有极大关系，略谓："现在以国防不固，致令俄在北满及蒙古横行，日本在南满州〔洲〕横行，英国在西藏横行。若我国兵力能保护边圉，断无此等事实。""此何故哉？此即交通不便之故。""总之，今日修筑铁路，实为目前唯一之急务，民国之生死存亡，系于此举。"④ 早在是年6月25日，孙中山在上海黄兴寓所接见《大陆报》、《民立报》记者时，即讲到振兴实业与修筑全国铁路计划之事。他当时曾讲到要修北路、中路及南路三条干线。其中"南路：起点于南海，由广东而广西、贵州，走云南、四川间，通入西藏，绕至天山以

---

① 《远生遗著》（上册），卷2，第128～129页。
② 《孙中山全集》第二卷，第451～452页。
③ 同上书，第447、449页。
④ 《中华民国国父实录》第三册，第1978页。

南"①。在上揭9月14日对报界演说中，又讲到"批办铁路"问题，认为"若实在不获利之铁路——如西藏铁路——在我不为不紧要，然若批给外人，外人亦必不肯包办。故此项铁路，惟有借债自修，或招股合办"。据其计划，此路"由广州经湖南、四川，达西藏"。② 由于孙中山多次声明卸职后要脱离政坛，从事实业建设，尤钟情于修筑铁路，因此，9月11日，袁世凯授孙中山"筹画全国铁路全权"。袁指示交通部每月拨出固定经费予孙办公。11月14日，孙乃在上海成立中国铁路总公司，设立事务所，任王正廷为顾问，徐谦为秘书，开始运作。

1912年11月3日，沙俄诱使外蒙当局与之订立"俄蒙协约"及"商务专条"，妄图变外蒙为其殖民地。孙中山要求袁世凯拒绝接受，并倡议征蒙。1913年1月12日又电袁，希望赶筑蒙藏铁路，以固国防。电称："蒙、藏风云日亟一日，若不赶筑铁路，后患不堪设想。现拟作一铁路贯通蒙藏，其路线自西藏拉萨首城起，经过木鲁，直达蒙古车臣汗，名曰萨臣铁路。更由拉萨筑一支线，至四川成都，而与滇、蜀铁路相接，若此铁路一成，不惟蒙、藏交通上大有裨益，即军事上亦有种种便利。"他表示路款约需100万，他拟以个人名义筹借云。③ 袁氏对此议反应如何，不详。由于它缺乏任何可行性，袁或一笑置之。路事既茫无头绪，坊间犹警耗频传，如前所述，1月12日，外蒙与西藏在外人策动下，私订"蒙藏条约"，互认对方为"独立国"。1月30日孙中山电袁世凯，条陈解决蒙、藏办法。其中乙项为"对藏办法：达赖喇嘛背叛，纯系被英人煽动。收拾西藏，亦须由运动着手，施行种种政策，如诱以高爵、饵以重币等，未有不动其心。若只以声讨为前提，非特劳民伤财，恐益坚其向外之心"④。此策新意无多，疑似重出。在西藏与中央政府无法沟通的情况下，以言高爵厚币，诚恐徒托空言。不到黄河心不死，只是到1919年，吃尽英国苦头的十三世达赖，才回头是岸，表示他是亲英国，不背

---

① 《孙中山全集》第二卷，第383～384页。
② 《中华民国国父实录》第三册，第1996、1999页。孙中山在1912年10月10日撰《中国之铁路计划与民生主义》(《孙中山全集》第二卷，第491页) 中又称，"另一条由广州至西藏，取道云南"。
③ 《孙中山史事详录（1911—1913）》，第509页。
④ 陈锡祺主编：《孙中山年谱长编》上册，第763～764页。

中央。①

正当孙中山满怀信心地从事其铁路计划之际,1913年3月,"宋案"发生,从而引爆"二次革命"。其时国人嗯嗯望治之心甚切,雅不愿兵戈再起,生灵涂炭。"二次革命"旋蹶;事未毕,孙中山亡走东瀛,一切美好蓝图,都成泡影。纵观民元孙中山以铁路建设为要旨的处理"西藏问题"之计划,虽乏切实可行之条件,然其以开发为前提,筑路为围边,设想以巩固国防使既外向者归心,使欲图我者逡巡却步,煌煌大计,要不失为后之主政者思考之良图,固不可以"不着边际"一言以蔽之。

三、《实业计划》中之西藏建设

1916年6月6日,袁世凯在内外交困中毙命。此前一个多月,孙中山已从日本回到上海。他希望北京的新执政者黎元洪、段祺瑞恢复《临时约法》,民元国会重新行使权力。但府院冲突不休,段氏毁弃约法,擅权亲日,引发督军团作乱,于是孙中山有1917年7月第一次护法之举。孙开府广州,任海陆军大元帅,但不为西南武人所喜,号令不出帅府之门,卒致失败以去。1918年9月,段祺瑞下野,其亲信徐树铮尚控制西北边防军(原为参加欧战而编练者),于1919年1月间收复外蒙古。徐据以通报孙中山;孙大加奖慰,称"重见五族共和之盛",其功实过陈汤、傅介子。于是,孙段携手合作浮出水面;往后,又进而发展成孙段张三角反直同盟。故孙于1920年11月第二次护法开府广州时,其对手已为曹吴直系武人。

数年间干戈相寻,国无宁岁。孙中山第一次护法失败后,除准备改组中华革命党为中国国民党外(1919年10月正式宣布改组),主要是集中精力撰写《孙文学说》及《实业计划》。它号称六大计划,为"建设新中国之总计划之一部分","盖欲使外国之资本主义以造成中国之社会主义,而调和此人

---

① 1919年,北京中央政府电示甘肃督军派专员朱绣、李仲莲、红教喇嘛古浪仓等人入藏,谒见十三世达赖。达赖表示:"余亲英非出本心,因钦差逼迫过甚,不得已而为之,此次贵代表等来藏,余甚感激,惟望大总统从速特派全权代表,解决悬案,余誓倾心向内,同谋五族幸福。至西姆拉会议草案亦可修改。"(见前揭杨公素书,第206页)此系十三世达赖在民国时期第一次对西藏与中央政府关系的正式表态。但由于当时内地政局混乱,权威毫无,加以西藏当局在英国怂恿支持下发生川藏战争,双方失去一个难得的和好机会。但达赖还是派出一名堪布充任雍和宫四学殿教经堪布,作为与中央政府的联系人。至1928年北伐成功,形成统一局面,双方关系始有重大转机。1930年,达赖派员任驻南京国民政府总代表,设驻京办事处。尽管以后双方关系仍多波折,但挫败英国干扰破坏,关系逐渐趋于常态化。

类进化之两种经济能力,使之互相为用,以促进将来世界之文明也"。① 与撰写计划相配合,孙中山于1919年8月在上海创办了《建设》杂志,发表相关文章,以广宣传。

袁氏死后不久,1916年7月17日,孙中山在上海张园安垲第举行茶话会,到会者有国会两院议员,在沪名流,商、学、政、军各界及新闻记者等千余人。他作长篇发言,昌言建设问题。内谓:"今假定民权以县为单位,吾国今不止二千县,如蒙、藏亦能渐进,则至少可为三千县。三千县之民权,犹三千块之石础,础坚则五十层之崇楼不难建立。建屋不能猝就,建国亦然。"② 蒙古地区地方行政为蒙旗制度,西藏则为宗、溪,均未设县。孙中山考虑及此,拟行地方自治,以省为单位,地方分权。此议不管能否实现,但他已开始规划蒙、藏地区的行政改革了。

《实业计划》是孙中山设计的建设规划,包括港口、铁路、厂矿、水力、移民(或称殖民,同一概念)等内容。其第四计划,即原《国际共同开发计划》绪论中所拟十万英里之铁路,所包括之(五)高原铁路系统,孙称,"此是吾铁路计划之最后部分,其工程极为烦难,其费用亦甚巨大,而以之比较其他在中国之一切铁路事业,其报酬亦为至微。故此铁路之工程,当他部分铁路未完全成立时,不能兴筑。但待至他部分铁路完全成立,然后兴筑此高原境域之铁路,即使其工程浩大,亦当有良好报酬也。"③ 这个高原境域,包括西藏、青海、新疆之一部,与甘肃、四川、云南等地方。对此广大之境域,孙中山特别强调外国人多未知之的西藏。他说:"中国人则目西藏为西方宝藏,盖因除金产丰富外,尚有他种金属,黄铜尤其特产;故以宝藏之名,加于此世人罕知之境域,洵确当也。当世界贵金属行将用尽时,吾等可于此广大之矿域中求之。故为开矿而建设铁路,为必要之图。"所拟十六条线路,包括由拉萨始发的八条,以及由于阗之噶尔(似即今阿里地区之噶尔),其余分别以成都、兰州、宁远、叙府为始发站。

以拉萨为始发的八条线路,即拉萨兰州线、拉萨成都线、拉萨大理车里线、拉萨提郎宗线、拉萨亚东线、拉萨来吉雅令及其支线、拉萨诺和线、拉萨于阗线。从上述各线起止,可看出几条分别是今日川藏、青藏、滇藏、新

---

① 《孙中山全集》第六卷,第398页。

② 《孙中山全集》第三卷,第329页。按:在外蒙古"独立"后,今日34个省级行政单位(包括台港澳),约2400个县(市)级行政单位,与孙中山所说相去不远。此约2400个县(市)中,包括1959年改革后西藏治下的72个县(区)。

③ 有关"高原铁路系统"叙述,见《孙中山全集》第六卷,第369~374页。

藏各公路之大致走向。其中有四条线路，尤其值得注意，今试为之介绍。

（一）拉萨兰州线。孙中山详细介绍了它的走向，入青海后，经西宁等处出境，大致是今日青藏铁路走向。孙谓，"此线与西藏都会相连，为彼境域中之中央干线，足称为此系统中之重要路线。沿此线之起点与终点，现已有少数居民，将来可成为一大殖民地，故即当开办之始，或可成为一有价值之路线也。"中国人民在共产党领导下经过三年艰苦卓绝之努力，2006年7月1日，青藏铁路全线建成通车，对此战略设施之完工，举世为之震惊，此实足以告慰孙中山于九泉者。

（二）拉萨提郎宗线。"此线起自拉萨，向南行，道经德庆，至（雅鲁）藏布江。再由藏布江转东向，沿河之左岸，至札噶尔总。渡藏布江至泽当，即南向前行，经夹吹坡郎、满楚纳（错那）、塔旺（达旺），至提郎宗（德让宗）。再接续前行，至印度之亚三（阿萨姆）。"按1914年英国殖民者炮制非法的"麦克马洪线"，为历届中国政府所不承认。据此臭名昭著之"印藏条约"，英印当局割占中国九万多平方公里领土，至今尚未收复，诚中国人之奇耻大辱。达旺是六世达赖喇嘛仓央嘉措之出生地，为藏传佛教圣地之一。孙中山拟修经此地而引至印度阿萨姆，在中国领土上筑路，即是事实上否认"麦克马洪线"之合法性。此实治边疆史所须重视者。

（三）拉萨亚东线。这是一条沿旧官路至锡金的通道。西藏之通印度即以此路为孔道。当年英国内犯，亦经此道。十三世达赖也由此道出走。今日藏印之间所辟的商道为乃堆拉山口，即在此处，可见此地区之重要。孙中山拟议修筑此路，确具眼光。

（四）拉萨来吉雅令及其支线。此线沿旧官道由拉萨至日喀则，复前行，至拉子（拉孜）。"于是由拉子分一支线向西南行，取道胁噶尔、定日，至尼泊尔边界之聂拉木。"其干线再行至噶尔渡（噶尔），"然后向西前行，至萨特来得河之来吉雅令，以印度边界为终点"。按之地望，来吉雅令应是今日之底雅。朗钦藏布（象泉河）流入印度境内改称萨特累季河，底雅为该河藏境最后一个市镇。据2006年8月29日《环球时报》所载，27日，西藏自治区主席向巴平措向尼泊尔副首相兼外交大臣表示，"青藏铁路不仅将延伸至日喀则市，还将最终抵达中尼边境"。报章宣传，以日喀则市为中心点，成一倒"Y"字，建二支线，一通至聂拉木，一通至亚东。此盖为远景规划。然拉萨日喀则线已于2007年动工，已于2014年通车，则此远景之实施，似非遥遥无期者也，视乎是否具必要性而已。

西藏土地辽阔，交通不便，当边境多事之秋，开发不容或缓，保卫尤属急务，而成败利钝，端赖交通。孙中山以锐利眼光，指陈关键，虽当时似属海客谈瀛，而后人终将付诸实践，是即近代化伟大先驱者之宜乎为世人所景仰也。

孙中山在《实业计划·篇首》中，还讲到西藏移民问题。1921年7月8日着手写《建国计划》，其大纲有"收回我国一切丧失疆土及租借地、租界、割让地之计划"及"移民于东三省、新疆、西藏、内外蒙古各边疆省计划"。① 移民实边，开发与戍边并重，在一般情况下作为国家内政，势在必行。但对中国而言，清季以来又成为一敏感问题，易引发事端，故主持者多谨慎从事。孙中山此意虽佳，用心亦善，但恐不易实行耳。

四、中国国民党"一大"前后对藏情的关注

1912年9月，临时大总统袁世凯下令停止征藏，随后又恢复达赖喇嘛的封号，力图改善中央政府与西藏地方的关系。民初以来历届国会选举，众参两院的西藏地区议员，均由"西藏旅京同乡会"选出，其中不少是1908年达赖晋京时留京奉职的，也有九世班禅派赴北京的，对于他们的代表身份，不论前后藏均不否认。其中一些议员，还赴南方参加护法国会，如诺门达赖、角显清等，是支持孙中山的护法政府的。

1924年1月，中国国民党第一次全国代表大会在广州召开。西藏代表乌勒吉从北京赴会。他在会上还充当了外蒙古"代表"巴丹增的翻译。会后，2月21日，孙中山以对蒙藏同胞联系频繁，特任命乌勒吉为大本营咨议兼蒙文翻译官。② 这时是否还有其他藏族人士在国民党领导部门工作，不详。到1928年北伐成功，南京国民政府内设立蒙藏委员会，处理少数民族和边疆事务。它继承了北京政府蒙藏事务局的业务，层次更高，业务更广，这是正确的措施，可以认为它是秉承了孙中山各民族一律平等的遗教。这是后话。

"五族共和"，曾是民元孙中山呼喊的口号。到了1920年，孙认为这个口号欠妥，不再用它。是年11月4日，孙在上海中国国民党本部会议上讲话，其中说到："现在说五族共和，实在这五族的名词很不切当。我们国内何止五族呢？我的意思，应该把我们中国所有各民族融成一个中华民族（如美国，本是欧洲许多民族合起来的，现在却只成了美国一个民族，为世界上最有光荣的民族）；并且要把中华民族造成很文明的民族，然后民族主义乃为完了。"③ 以中华民族代替五族共和，是正确的。但他演绎这种思想的说辞，便

---

① 《中华民国国父实录》第五册，第3826、3825页。
② 《中华民国国父实录》第六册，第4581页。
③ 《孙中山全集》第五卷，第394页。

有问题了。1921年3月6日,他在中国国民党本部特设驻粤办事处的演说中说:"自光复之后,就有世袭底官僚,顽固底旧党,复辟底宗社党,凑合一起,叫做五族共和。岂知根本错误就在这个地方。讲到五族底人数,藏人不过四五百万,蒙古人不到百万,满人只数百万,回教虽众,大都汉人。讲到他们底形势,满洲既处日人势力之下,蒙古向为俄国范围,西藏亦几成英国底囊中物,足见他们皆无自卫底能力,我们汉族应帮助他(们)才是。"又以美国的民族由白种、黑种几不下数十百种形成美国民族为例,认为"本党尚须在民族主义上做功夫,务使满、蒙、回、藏同化于我汉族,成一大民族主义的国家"。对于这种主张,他设词自问道:"或有人说五族共和揭橥已久,此时单讲到汉族,不虑满、蒙、回、藏不愿意吗?"他辩解称:"此层兄弟以为可以不虑。彼满洲之附日,蒙古之附俄,西藏之附英,即无自为能力底表征。然提撕振拔他们,仍赖我们汉族。兄弟现在想得一个调和的方法,即拿汉族来做个中心,使之同化于我,并且为其他民族加入我们组织建国底机会。仿美利坚民族底规模,将汉族改为中华民族,组织一个完全底民族国家,与美国同为东西半球二大民族主义的国家。"① 中国是由多民族组成的统一国家。各民族各有特点,各有自己的生活方式、信仰与文化传统,在长期的交往磨合中,形成了中华民族。应当说,清王朝对中国多民族国家形成一体,是起了决定性作用的。孙中山或许并不知道,清朝治藏政策总体上是成功的:尊重西藏的宗教信仰与风俗习惯,支持黄教,规定灵童转世制度,册封达赖、班禅,铸造货币,规定对外贸易制度,促进经济发展,打击破坏国家统一和干扰西藏稳定的势力,派遣驻藏大臣,对西藏维持有效统治,保持了百余年的安定局面。孙中山对五族共和口号的成因,对所谓满洲、蒙古、西藏"外附"的说法(按:中央政府都衰弱无能,仰人鼻息,民族区域如何自保?)以及他所规划的"同化"政策,严肃地说,都是错误的。情况不明,思虑欠周,发言太易,结论自然也就不足为训了。明确指出这点,对评论孙中山来说,并不是多余的。

虽然孙中山在民族主义理论上有上述错误,但是,平情而论,在他的思想领域里,并非主流。从他晚年对西藏的关注,可以说明这点。他坚决主张国家统一,关心西藏经济发展,改善民生;他反对英国侵略西藏,深信西藏将有一场改革。他认为,"中国本部形式上向来本分作十八省,另外加入东三省及新疆,一共是二十二省;此外还有热河、绥远、青海许多特别区域,及蒙古、西藏各属地。这些地方,在清朝二百六十多年之中,都是统属于清朝

---

① 《孙中山全集》第五卷,第473~474页。

政府之下。""我们推翻清朝,承继清朝的领土,才有今日的共和国,为什么要把向来统一的国家再来分裂呢?"① 孙中山在《建国方略》中讲到作为百货"中准"时,指出"社会愈文明,工商愈发达,则用钱之事愈多,用钱之途愈广",这是指钱币之用。但"今之蒙古、西藏,亦尚有以盐、茶为钱币者"。② 所以如此,自然是经济不发达,交通闭塞,货物不畅其流的缘故了。于是他要求改善交通:"如果中国十八行省和新疆、满洲、青海、西藏、内外蒙古都修筑了铁路,到处联络起了,中国粮食便可以四处交通,各处的人民便有便宜饭吃。"③ 交通发达,百物转输便利,人民谋生门路益广,收入丰裕,以盐茶作"中准"的日子也就结束了。这是孙中山所追求的民生乐利的社会,即使荒僻如西藏,意亦同此。1914 年西姆拉会议后,英国殖民者取得了西藏的控制权,煽动"藏独"势力搞"大西藏国",策动藏兵内犯,为之提供军官、械弹。至 1917 年秋,西康大部分地区被占。至 1920 年、1922 年,藏军又进占甘孜、壤塘等地,川边形势紧急,引起内地各界严重关切。1921 年 12 月 10 日,孙中山在桂林对滇、赣、粤军演讲时指出:"诸君再观英国所用政策,便当觉悟,彼非以西藏之兵来攻打箭炉(按:即今康定)耶? 西藏为中华民国五族之一,固明明中国人也";"以中国人攻中国人,以中国人为外国人效力攻中国,可痛孰甚"!④ 孙中山不但谴责英国利用中国人打中国,还告诫中国军人要觉悟,不要为他人利用。他在 1924 年的《三民主义》讲演中,还回顾了第一次护法时对英国驻穗总领事所说的一番话。当时英总领事要南方政府加入协约国对德宣战,收回青岛。孙回答说:"青岛离广州还很远,至于离广州最近的有香港","现在你们还要来取西藏。我们中国此刻没有收回领土的力量,如果有了力量,恐怕要先收回英国占去了的领土罢";"西藏比青岛更要大。我们如果要收回领土,当先从大的地方起"。⑤ 收回失去的领土,是孙中山晚年经常提到的问题。收回领土不能徒托空言,必须有强大实力,且以武力作后盾。他不断提出自己的计划、方略,就是要国人一心一德,以图富强,驾欧美而上之。

孙中山对人类进化,认为第一个时期,是人同兽争,不是用权谋,是用气力。第二个时期,是人同天争,是用神权。第三个时期,是人同人争,国

---

① 《孙中山全集》第九卷,第 303、304 页。
② 《孙中山全集》第六卷,第 170 页。
③ 《孙中山全集》第九卷,第 405 页。
④ 《孙中山全集》第六卷,第 15 页。
⑤ 《孙中山全集》第九卷,第 228 页。

同国争，这个民族同那个民族争，是用君权。到了现在的第四个时期，国内相争，人民同君主相争，这叫民权时代。他举了列国事例后称："又象中国的蒙古、西藏都奉活佛做皇帝，都是以神为治。"既讲到民权，"但就历史上进化的道理说，民权不是天生出来的，是时势和潮流所造就出来的。""将来西藏的神权，也一定要被人民推翻。蒙古、西藏的活佛，便是神权的末日，时期一到了，无论是怎么样维持都不能保守长久。"① 伟大的政治家往往有惊人的预见。1959 年，距离孙中山作《三民主义》演讲不过 35 年，随着十四世达赖喇嘛叛逃祖国，托庇异类，西藏民主改革运动，以雷霆万钧之势，勃然而兴，摧枯拉朽。这场改革，不但彻底废除了西藏神权政治，铲除了中世纪政教合一的封建农奴制度，也终结了西方殖民者所制造的"西藏问题"。西藏从此获得新生。

纵观民国建元以来，孙中山对维护西藏主权与开发西藏的论述，可以说他是有足够的重视的。雪域高原，国际注目。尽管境外反华势力闹腾的"藏独"闹剧今后可能仍将继续上演下去，但是，诚如伟人所言："小小寰球，有几个苍蝇碰壁。嗡嗡叫，几声凄厉，几声抽泣。"任何倒行逆施、垂死挣扎，都挡不住历史的车轮滚滚向前，西藏，这块中国的神圣领土，阳光普照，明天将会更美好。

---

① 《孙中山全集》第九卷，第 259、264、267 页。

孙中山联德外交始末

在孙中山三十年革命生涯中，曾先后寻求世界上一些大国的支持和援助。由于孙中山所从事的革命活动，不论是清末还是民初，矛头都是指向北京政府的，与北京政府有正式外交关系的国家，对孙中山的要求，一般官方均未予支持。不过也有比较狡猾的，日本是通过"民间"（包括浪人）和军部人士或暗或明地支持。沙俄政府与孙中山毫无关系。苏俄则先是通过其"第二外交部"——共产国际与之联络，后是政府出面，提供援助进行北伐，以图推翻与它（1924年开始）有大使级外交关系的北京政府。欧战以前，孙中山并未寻求德国的援助。欧战期间和战争结束后，形势的变化使孙中山有机会考虑联德外交的问题。孙中山的联德外交历来不大为研究者注意，但它却是孙中山晚年外交活动的重要部分。本文拟就笔者所接触到的资料，对此一问题作些探讨。

一

孙中山对德国的实际情况是有所了解的。1905年年初，由北美东返拟赴日本的孙中山受湖北留欧学生邀请，在欧陆停留。在布鲁塞尔期间，成立了革命组织（当时尚无名称），其加入的手续、誓词内容一如同年8月在东京成立的中国同盟会，当同盟会成立后，旅欧组织即称欧洲同盟会。孙在布鲁塞尔成立革命组织后，又有柏林之行。朱和中（字子英）当时在德国兵工大学读书，是革命积极分子。当孙抵柏林时，他率二十余名留学生到车站迎接，随即安排孙入住其寓所罗兰多尔福街39号。朱以孙"在比京时间太短，精神上不舒服，乃定上午总理自理信件，午餐后出外游览，晚餐后同人来寓集会，使同人之学业亦不至耽误。居住十二日，故讨论特为详尽"[①]。当时正是德国国势蒸蒸日上之际，孙中山在柏林逗留时间虽然不长，但毕竟对这个国家的状况有了一些了解，这些感性认识对他后来的从政活动显然有其作用。

朱和中在武昌起义后两个月从兵工大学毕业。该校学生在兵工厂商人中间大有声誉。自武昌起义后，军火商纷纷向朱探询意向，朱表示倾向民军，

---

① 朱和中：《欧洲同盟会纪实》，《辛亥革命回忆录》第六集，第8～9页。

并劝德商礼和洋行与捷成洋行原由清廷订购的军火转交民军。他返国后赴南京，时孙中山任临时大总统，黄兴将他安排在自己任总长的总参谋部任第二局局长。这些阅历，与孙中山日后派遣他赴德活动并任命他为广东兵工厂厂长是有密切关系的。

孙中山在1912年4月1日辞去临时大总统以后，曾游历南北各省，访问日本，表示要以实业建设为急务，通过加速铁路建设带动国家经济建设和发展。他要实行国家社会主义，并以德国为楷模。1912年4月1日，他在南京同盟会会员饯别会上演说，认为"今日满清退位，中华民国成立，民族、民权两主义俱达到，唯有民生主义尚未着手，今后吾人所当致力的即在此事"。又谓："本会政纲中，所以采用国家社会主义政策，亦即此事。现今德国即用此等政策。国家一切大实业，如铁道、电气、水道等事务皆归国有，不使一私人独享其利。英美初未用此政策，弊害今已大见。""凡此所云，将来必有达此期望之日，而其事则在思患预防。采用国家社会政策，使社会不受经济阶级压迫之痛苦，而随自然必至之趋势，以为适宜之进步。所谓国利民福，莫不逾此，吾愿与我国民共勉之。"在4月4日答上海《文汇报》记者问时明确表示，"余乃极端之社会党"，"民国政府拟将国内所有铁路、航业、运河及他重要事业，一律改为国有"。8月13日，同盟会联合几个小党改组为国民党，选举孙中山为总理。这是一个合法的政党。该党的《宣言》内，宣称党纲五事，其四"曰采用民生政策，将以施行国家社会主义，保育国民生计，以国家权力，使一国家经济之发达均衡而迅速也"。党纲中明确实行国家社会主义，这便不是个人意愿了。在同年10月14日至16日连续三天，孙中山在上海对中国社会党阐述他的社会主义理论，认为"德国以国家为本位，个人为国家分子，又宁牺牲而不惜也"。他还说，国家社会主义本（附）丽于集产社会主义，"夫所谓集产云者，凡生利各事业，若土地、铁路、邮政、电气、矿产、森林，皆为国有"。①孙中山对德国社会、政治制度的了解是否完全准确，另当别论，但他在开国之初即欲师法德国以建政，这是无可怀疑的，我们甚至还可以从德国方面的记载找到证据。

1912年10月，孙中山曾会见一位德国的退休上尉兼旅游作家沙兹曼（Von Salzmann）。沙兹曼在其所著政治性游记《来自年青的中国》一书中，用长达5页的文字记述此次访问。据载，在访问记中，他形容孙是一位值得争取和使人产生好感的人物；著者希望他的著作能纠正由新闻报道所造成的"歪曲形象"。沙兹曼提及孙对德国租借地胶州湾的良好印象，并把德国誉为

---

① 《孙中山全集》第二卷，第319、323、324、332、399、506、508页。

"我们的导师"以别于英美各国,因为德国的"一切的一切都是有系统的,并且是在学术基础上非常认真地发展起来的"。孙中山拜托沙兹曼告诉他一些愿意或能够帮助中国改革军队的德国知名人士。孙中山最后说:"我认为,从各方面来看,德国都是我们的楷模"。沙兹曼根据这句话得出的结论是:"我们有理由从各方面来支援他(孙)的奋斗。"① 尽管沙兹曼在"二次革命"后对孙中山的看法有所改变,但上述记载明白无误地表明民元孙中山所要推行的建设计划,是以德国为楷模的,以德为师,这是第一次而非最后一次被他提了出来。

二

欧战开始后,日本乘对德宣战之机,占领青岛和胶济铁路,取代了德国的殖民权益。它还向袁世凯递交"二十一条",妄图将整个中国作为其殖民地。袁氏死后,日本在1917—1918年间通过西原借款,订立军事条约,编练参战军,控制了段祺瑞政府。主要围绕参战问题,府院之争日烈。1917年2月9日,外交部以德国采用新潜艇战略,向德国提出抗议。3月10日,国会投票表决与德国绝交,14日将断交事通知德国。德驻华公使辛慈(Paul Von Hintze)下旗离京赴沪。5月,段祺瑞将对德宣战案咨送国会(中经动乱,至8月14日始正式对德及奥匈帝国宣战)。中国参战实现了英美法日等协约国的要求。

孙中山主张严守中立,反对中国参战。1917年3月9日,他分别致电北京众参两院及英国首相劳合·乔治,表达反对中国参战的态度。5月12日,在复段祺瑞函中,重申反对参战理由。他还一再致电国民党系统的国会议员,认为参战有亡国之险。5月间,由孙口授,朱执信撰写了《中国存亡问题》的小册子,印发各地,全面论述中国不能参战的理由。书中认为,"以土地论,德国将来之野心,诚不可知,论其过去与现在,实可谓之侵略中国最浅、野心最小者。"又谓,至于潜艇无限制攻击问题,"德国回答,指明潜艇攻击并不损及中国船舶,仍允磋商保护华人生命财产之法,可谓周到"。"德国既显示我以可用外交手段解决此问题,而我偏不与商酌,务求开战,此可谓为与美国同一乎?""我则突然于外交手段未尽之际,行此激烈手段,此可得谓之有不得己〔已〕之理由耶?"②

---

① (联邦德国)罗梅君(M. Letner):《1945年以前德国和联邦德国关于孙中山的述评和研究》,孙中山研究学会编:《回顾与展望——国内外孙中山研究述评》,中华书局1986年版,第701~703页。

② 《孙中山全集》第四卷,第45、41页。

这里有一个值得注意的问题。1917年3月底是一个分界线。在此之前孙中山反对参战，主张严守中立，目标明确并比较单纯。在此（即3月底）之后，虽然仍坚持反对参战，目标却是转移了。为何这样说呢？因为3月底以前孙反对参战，确实是为国家保持中立，不参与国际纷争，而3月底以后，则因与德方接触，接受了德方金钱，便使他反对参战的目的转移了。

关于孙中山接受德国金钱一事，中国方面最早证实的是当事人曹亚伯，孙中山则矢口否认。冯自由记述，关于筹集革命经费情形，党人曹亚伯曾经透露："民六六月……总理在上海力图起兵护法，而绌于经费，会有素与亚伯相识之美籍某国医士告亚伯曰：如孙公有起兵护法之决心，某国愿助资百万。亚伯以告总理，总理大悦，惟嘱亚伯坚守秘密。亚伯曰：吾乃基督教徒，当指天为誓。自是每当夕阳西下，亚伯恒偕女友吴口口乘马车游行各马路兜风，顺道至虹口某医士寓所携去大皮箧一具，其中累累皆各国钞票，外人虽侦伺甚密，无疑之者。未几遂有程璧光率海军南下及广州召集非常国会之举"[①]。对于此事，孙中山讳莫如深。他在1918年3月18日回答美国驻广州总领事海因策尔曼的信中写道："我趁此机会毫不犹豫地宣布，我从未从德国取得款项。在我目前的运动中，我仅仅是为下述愿望所激励：在中国恢复约法政府，并给我们的同胞以民主政体的福祉。"[②] 这两则史料，揆诸史实，则前者所记金钱数目不准确，后者乃糊弄洋人的假话，其用心自不难理解。

平实地说，孙中山拿德国人的钱，是千真万确的事。从研究的角度说，先后有五种论著讲到这桩活动。（一）1967年，约瑟夫·伐思（Fass Josef）写了一篇《孙逸仙与第一次世界大战》，载《东方档案》第35期（1967）的第115～120页，包括从德国秘密档案原稿中摘录下来的一段很长的文字。（二）台北李国祁教授引述了与前揭约瑟夫·伐思一文中相同来源的德国秘密档案，收入《在德国档案中有关中国参加第一次世界大战的某些记载》文内，刊《中国现代史专题研究报告》第4期（台北"中华民国史料研究中心"，1974），第317～342页。（三）韦慕庭著《孙中山——壮志未酬的爱国者》，1976年英文版，杨慎之译，中山大学出版社1986年版。韦慕庭书中所征引的德方资料，系据上揭两种，即1917年12月20日由德国前驻沪总领事所作的一份秘密报告。该书不但就此事全过程作了叙述，还使用了美国国务院的档案。（四）（联邦德国）罗梅君的《1945年以前德国和联邦德国关于孙中山的

---

① 冯自由：《兴国州人曹亚伯》，冯自由著：《革命逸史》第二集，第53页。
② 《急讯，广州，海因策尔曼致莱因斯（按：即美驻华公使芮恩施），1918年4月28日》，见韦慕庭著：《孙中山——壮志未酬的爱国者》，第343页注[48]。

述评和研究》，发表于 1985 年河北涿州举行的"孙中山研究述评国际学术讨论会"上。（五）陈锡祺主编《孙中山年谱长编》（中华书局 1991 年版）1917 年 3 月底 4 月初部分。"长编"这部分资料，是以征引李国祁文为主，兼收韦慕庭、罗梅君的论著。

上揭五种资料，除韦慕庭书外，对孙取德款之事，均未持异议。韦书称，（德国档案中的秘密报告）"这仅仅是来自一个方面的证据，它并不能证明孙博士从驻上海的德国领事馆那里接受了一笔巨款"，并以前引孙中山致海因策尔曼函件否认之事为证。韦慕庭不了解曹亚伯的自证，也不清楚孙中山用德款内之 30 万元运动海军南下之事，只相信孙致海因策尔曼函中之虚言，认为柯南平前总领事秘密报告为孤证不足取信，也就勉强成一家之言了。

根据李国祁教授整理的资料，1917 年 3 月底至 4 月初，孙中山与德国前驻上海总领事柯南平（Herr Knipping）及译员雪麦（Schimer）接触。这当然是前驻华德公使辛慈的意向。此前，协约国已用巨款贿买中国官员及议员欲使中国参战，德方同样也曾使用这种手段以制止中方参战。（按：此时德国以金钱作"和平宣传"之用，送列宁返国，用意相同。）迨中德断交后，3 月 25 日辛慈下旗回国，临行前除将德国在华情报活动交由美籍教士李佳白（Gibert Reed）及德人克雷格博士（Dr. Krieger）与多布里柯（Dobrikow）外，并于过上海时命令前驻沪总领事柯南平竭力与孙中山联系，洽谈有关"段祺瑞总理下台和用金钱收买军队"事宜。拟以金钱——最多用 200 万元，支持国民党倒段运动。柯南平奉命后，立即电召作为孙的朋友、时为德方工作的曹亚伯（Aber Tssao）自京返沪。在曹未返沪前，柯南平已全力进行此项相关活动，如鼓动报纸倒段与反对参战。当曹抵沪后，柯南平即派雪麦与曹秘密谒孙，商谈倒段。据柯南平报告，孙对共同倒段一事甚为赞同，惟为影响海陆军，盼德方予 200 万元款项支援。孙还一再表示，他对日本政府中部分要员有影响力，他认为日本对德的态度可分为两派，外务省反德，大部分海陆军将领则亲德。孙并说，为确切了解日本对华的实情，最初曾欲亲自赴日，后因如此惹人注目，故为友人劝阻。日方则派高级军官田中义一来华与孙交换意见。据柯南平日后的报告，孙与田中的商谈曾得到预期的效果。孙明白告诉田中，将倒段。田中表示，日本无意干预中国内政，允将其意电告日政府。据载，柯南平曾将孙与德方有关倒段的商谈另案报告政府，并获得德首相同意（李国祁称未见此项文件）。柯南平还报告，日后唐绍仪与海军的南下，以及孙组织军政府，均与德人活动有关。柯氏还称，孙当时还邀德人同往广州，柯与雪麦则认为，如此将对双方均为不利，故未前往。①

孙中山取得德款后，于6月27日派员将30万元送交海军总长程璧光，作为海军南下护法之需。7月8日，孙中山一行由沪乘舰赴粤，17日抵黄埔。9月1日，国会非常会议选举孙中山为中华民国军政府海陆军大元帅。9月22日，国会非常会议议决对德宣战。德国方面以金钱换取孙中山反对宣战的希望于焉破灭。但是，孙中山之第一次联德外交尝试，却并未亦于此告终，他要曹亚伯赴德再活动。根据李国祁教授征引德国外交部档案记载，在欧战行将结束的最后数月中，孙中山还试图取得德国的援助，派曹亚伯去德国。他认为德国和中国必须进行合作，以便把中国从英国、日本和它们的同盟者统治之下解放出来。曹带着建议去了柏林，该建议称："德国和俄国必须联合组织和装备一支由居住在俄国边界的中国人编成的军队，再加上大约一师德国军队，合在一起去占领北京，并且推翻那里的政府。然后，德国可以取得中国的食物和原料，通过俄国的铁路把它们运回家去。然后——大概是胜利以后，德国可以从财政上帮助中国，帮助它重新掌握和管理海关，建筑铁路。德国还必须帮助中国使教育制度现代化，发展工业技术，这样，中国的产品就可以通过俄国运输到德国去。"孙中山第一次护法失败离开广州是1918年5月，不清楚曹亚伯是何时出发并取何途径前往德国的，但他是将近在11月底即停战之后抵达柏林的。12月1日，范柏中尉和辛慈拜访了曹亚伯。曹在一封亲笔信中呈递了这个建议。这个建议没有下文。②

曹亚伯的这次使命仍未能成功，但中俄德联盟的构思在孙中山头脑中已初步成型。随着他的《实业计划》书稿的完成，他认为革命后的俄国与战败后的德国都已不是帝国主义国家，中国可以与之结成同盟关系。所以到了第二次护法战争时期，他又秘密地运作起来。

三

欧战结束，德国以战败国身份在《凡尔赛条约》上签字。德国由于战败失去了在华治外法权、特权和胶州湾租借地，当然庚子赔款也早已不再支付。它不得不承认外交上与中国的平等地位。1921年5月20日，中德缔结和平条约，恢复外交关系。南方护法政府也曾对德宣战，尽管没有一个国家承认它的作为，但出席巴黎和会的中国代表团成员之一的王正廷也是南方政府所推荐的人选。陈炯明的援闽粤军在1920年10月占领广州后，11月间，孙中山

---

① 陈锡祺主编：《孙中山年谱长编》上册，第1021～1022页。
② 《孙中山——壮志未酬的爱国者》，第103、104页。

也回到广州，并于 1921 年 5 月 5 日就任中华民国非常大总统。1921 年 9 月，北京德国公使馆派副领事赫尔·瓦格纳来广州重设领事馆。在瓦格纳对孙中山作礼节性拜访的时候，孙提出他的政府与德国合作的问题。他告诉瓦格纳，早已派出朱和中将军作代表赴德考察局势，他希望能够详细拟订互相合作的计划。据载南方政府的外交部长和孙中山的代表，试图和瓦格纳一起促成德国政府承认孙中山的政府。由于南方政府尚未宣布结束对德战争状态且宣称不承认新订立的中德和平条约，所以孙提出，如德国承认他的政府，那么德国在华将得到优惠的待遇。德方并未接受他的意见。① 孙很失望。但他并未停止自己的追求。

1920 年前后，西方报纸曾不断宣传孙中山采纳布尔什维克主义的问题，以至于 1921 年 3 月日本犬养毅还派宫崎滔天、萱野长知到广州直接向孙询问此事之真相。当时的实际情况是，1920 年 10 月陈炯明的援闽粤军占领广州，11 月孙中山由上海回穗，开展第二次护法战争，欲平定广西、北伐（反直），建立中华民国军政府，再当大总统。护法政府是在广东省政府（陈炯明为省长、粤军总司令、中国国民党广东支部长）之上，依靠广东财政支持的政府，孙、陈之间存在一系列矛盾。孙中山的活动，有些是对陈保密的，如孙与皖奉合作（孙段张"三角反直"）与"中德联盟"活动，便是陈所不悉的。孙、陈矛盾逐渐激化，乃至无法调和，演成 1922 年"六一六"陈部叶举等人发动的驱孙兵变。兵变时，从廖仲恺的保险柜中搜出孙中山致朱和中的三封信（密函）。孙函是在桂林北伐大本营发出的致廖亲启信，注明阅后"付丙"。但廖并未以之"付丙"，而是保存了下来。同年 7 月 24 日，法属安南河内府刊行的法文报纸即宣称，陈炯明发现孙中山正经由前德国驻华公使辛慈居间建立中俄德同盟的文件。9 月 22 日，英国人主办的《香港电讯报》（Hong Kong Telegraph）将此三封函件的中文原件（摄影制版）及英译合印成一小册传布。该册首页称，传说已久的孙逸仙采纳布尔什维克理论一事，"本报经详细访查（按：显然是陈炯明提供）已能公开刊布无法反驳的证据：中俄德将

---

① 《孙中山——壮志未酬的爱国者》，第 117 页。有关孙中山与瓦格纳的接触，罗梅君的记载可能更详细一些。据载，"二十年代初，孙与德官方代表又有了接触。促成双方接触的主要原因是，孙亟思建立中德俄三国联盟以反英。1921 年 9 月，孙向德国副领事瓦格纳（Wagner）提出广东政府与德国合作的建议。此后孙个人及其代表与德官方代表谈判要求德国承认广东政府，签订贸易协定，派遣军事及民政顾问，洽谈成立三国同盟以及中德加强合作问题。""孙中山的出发点是中德两国的共同利益，他认为德国对华无侵略野心并愿给予援助。""在广东应该'为德国人的才能建立一座百年不倒的纪念碑'。"（《1945 年以前的德国和联邦德国关于孙中山的述评和研究》，同前引，第 704 页）

以布尔什维克理论作基础结成三角同盟,这是一非常重大问题。"①

从笔者所了解,孙与朱和中之间有关联德的密函,除上面提到的三封外,至少还有两封,即朱在抵德后于1921年11月15日致孙函,及(11月15日与上述1922年1月1日两次致孙函收到后)1922年2月24日孙复朱和中函。朱和中11月15日函今已不能看到,但它的内容从2月24日孙复朱函中可以得知,即该"密函所陈之十二项事业",主要是讲孙一旦北伐至武汉,则请德国兴办钢铁等事业。孙要朱加速进行,因北伐军已开始由桂林出发。另外,孙要朱联系德方资本家,磋商"为吾人先设一印刷厂,不独印刷纸票,其馀他种之印刷事业,如地图、书画,皆包括在内"。② 因为这两封信当时不为外人所知,故也从未有人提到。引起轰动的,只是9月22日《香港电讯报》及次日《华字日报》所载的上述三封信。

1922年3月8日孙中山在桂林致廖仲恺曹亚伯函,首言"兹得朱和中来函,所图各事,已有头绪"。函嘱廖按所示款额汇北京、柏林,并嘱曹亚伯在广州等候,一经辛慈抵港即往迎接并陪往大本营。"辛慈之事愈密愈佳,如非万不得已,则政府中人,亦不可使之知也。"③ 至于1922年1月1日朱和中从柏林给孙的信,除了向孙报告经费开支外,便主要讲,"惟自得辛慈之助,进

---

① 吴相湘著:《孙逸仙先生传》下册,第1426页。
② 《孙中山全集》第六卷,第88～89页。该函原刊于1981年8月28日《湖北日报》,据亲笔原函影印件。原件藏湖北恩施县博物馆。
③ 原函封面写"要函交廖次长仲恺亲启,别人不得开拆。孙文缄"等字样。"亲"字旁加两个圈。全文如下:
"仲恺、亚伯两兄同鉴:
兹得朱和中来函,所图各事,已有头绪。
其有需两兄协办者,特将所关之函付来共阅,(此函阅后付丙。)便知应付矣。一要仲恺兄照所请,发给四千两百元,分寄北京、柏林;寄柏林者要买美金或英镑,不可买马克,因恐马克有跌无起,美金、英镑则有起无跌故也。并付来支条一纸,交会计司出账可也。二要亚伯兄在广州等候,辛慈到港,则亲往接,直带他来大本营。此事要十分秘密,故接此信之后,则要着电报处留心欧洲或欧亚沿途各埠所来电报,如有H字样来者,即如期往港俟船便妥矣。
朱和中处,于未接他此信以前,已有信着他回国,然无论如何,此三千元当寄。汇款时可加一函,转属〔嘱〕他回国之期,由他自定,如尚有重要事件须办者,当可稍留;如无要事,当以早回为佳;最好能与辛慈齐来,则诸事更为融洽也。
又,亚伯兄在广州等候时,由会计司每月支公费叁百元;到大本营时,则由大本营支,广州可以停止,并付支令一纸。
辛慈之事愈密愈佳,如非万不得已,则政府中人亦不可使之知也。此致,并候
大安
此信看后付丙。孙文 三月八日"(《孙中山全集》第六卷,第91～92页)

行愈速，范围愈广，若设公事所，则用费将三倍于前"，要求续拨经费。① 押日期为"东"的电报，内谓，"前驻华德使辛慈熟悉吾国情形，曾充驻俄陆军特使八年，与俄人感情亦洽"，"方中未抵柏林以前，辛即主张华德俄三国联盟，与钧旨暗合。近自与中接洽后，决拟不问他政，专办此事"。电报还讲到要设一公事所办事，约两个月内完成，然后辛慈向德总理请命来华，任总理员，充孙之咨询及计划一切及行动。最后谓，"辛慈名望颇重，须用假名，虽一般德人，亦不可使知"。②

自《香港电讯报》揭示上述密函后，沪港等地西方报纸纷纷发表评论。孙中山对此不能不作出回应。9月29日，上海孙中山秘书处发表《对联俄联

---

① 《朱和中致孙文函》（一）："大总统钧鉴：谨禀者，自十年七月十六日领得毫银六千二百元，内有半年安家费（即薪金），一千二百元当即汇寄京寓。当支船票费千元，置装费千元，尚存三千元，由德华银行汇兑马克十万二千（当时每元换马克三十四枚）来德。抵德以后，头一月，以各处奔走，四出联络，用去一万二千马克。第二月用去七千马克。第三月极力樽节，用去六千马克。以后不能再省，因德国工人每月亦需用三千马克，至今尚存七万五千马克。惟自得辛慈之助，进行愈速，范围愈广，若设公事所，则用费将三倍于前，需要所迫，体制所关，除本人饮食日用之需外，不能苟简。即请自三月一日、八月三十一日饬拨半年安家费（即薪金）一千二百元，由但秘书焘汇寄北京礼士胡同九十一号，朱子英夫人陈氏查收，以安家小；饬拨此间川费三千元换成美金或英镑由广州长兴街德华银行代办处汇来，千万勿再换成马克，以免亏累。此间用费，若蒙惠拨，即可度支至年底矣。此间诸事，方得门径，进行方殷，半年期满，绝不能中止回国、因此请款饬拨以后，即请示知。肃此。叩请勋安。朱和中叩 十一年一月一日"（据香港《华字日报》1922年9月23日）

② 《朱和中致孙文函》（二）（按：此函实为电报，用"陆海军大元帅行营用笺"抄致廖仲恺者。日期为"东"，似系1922年3月1日，因该函讲到辛慈来华接待事；孙3月8日函廖曹，亦言候接之事也。）："前驻华德使辛慈熟悉吾国情形，曾充驻俄陆军特使八年，与俄人感情亦洽，精通英俄法语；且思想新颖，手段敏活，其所主张亦合民治潮流，洵为德国不可多得之人才。方中未抵柏林以前，辛即主张华德俄三国联盟，与钧旨暗合。近自与中接洽后，决拟不问他政，专办此事。是以决定同组一公事所，以资储备。现允定两个月筹备完竣，伊即请命于其国务总理来华。中愚见拟以辛为总理员，其他各科选定主理员，其余人员材料办法由主理酌定，总理员专备钧座咨询，主理员筹商何项人员先行来华，何项人员陆续前来，何项材料即日需要，何项材料继续运输，何种办法即日拟定，即日实行，何种办法继续拟定，随后推行，均由钧座与总理员核夺。如此则东西声气互通，纲举目张，进行自速。惟辛慈名望颇重，须用假名，虽一般德人亦不可使知。届时当电报所（乘）船名，即请于该船抵港时，派轮密迎入幕为祷。至来华以后，是否受聘，另是一事，兹不遽赘。来电辛以□代。肃请钧裁。中叩。东。"（据香港《华字日报》1922年9月23日。以上二件及前揭孙中山致廖仲恺、曹亚伯同阅函，均引自陈定炎编：《陈竞存（炯明）先生年谱》附录，台北李敖出版社1995年版，第856、857页）

德外交密函的辨正》(以下简称《辨正》)一文,予以澄清。《辨正》首先表示,港报中所称孙中山拟建中俄德同盟将采纳布尔什维克理论的说法,是"一愚而妄之说词"。续谓,孙"从未计划,且从未想及变中国为一共产主义国家",它以《中国之国际发展》一书为例,说明中国之国际发展,"必须外国资本及技术合力提携之见解,极为强固,且彼曾屡次向美国、英国及其他方面招请此等合作"。他认为,"苏维埃政府苟一日继续固守其非侵掠〔略〕政策,中国即一日无所惧于俄罗斯。"至于德国,"就中国方面而论,业已使彼(指德)自处于非侵掠〔略〕国之列"。"彼信德国及俄国现已情形变迁,政治改更,中国能以对等之条件与之周旋。故彼赞成一种与彼两强更加亲善为目的之政策。"《辨正》认为他的政府所为之任何行动或事情,彼除向国会外,并无任何解释之义务。它不承认孙曾计划"根据布尔什维克理想缔立中德俄同盟",并谴责"陈炯明机关报"的"诬诋之辞"。①

对比孙中山秘书处的这篇《辨正》与三封密函,可以清楚地看出,他抓住密函中并无以"布尔什维克理想缔立中俄德同盟"一词,予以反击,是聪明的,因为确实并无此等字样。他在 1919—1921 年间正式面世的《实业计划》中,也确实希望借助西方大国的资金、技术、人才以建设中国的社会主义。但是,《辨正》对俄、德可以与中国平等合作且无"侵掠"(按:指帝国主义侵略野心),这种判断却未必正确,乃一厢情愿,即苏俄对外蒙、中东路之狼子野心,孙已是有切肤之感的。《辨正》说孙对自己的重大决策与行动只有责任向国会议员报告,但自始至终也不见他向"非常国会"报告此事;相反,他不希望此事为政府人员所知,慎之又慎,却是真的。同时,《辨正》也不承认他亟亟以求的"中俄德同盟"的计划,而此事在密函中是彰明较著的,"彼赞成一种与彼两强(按:似指上文提到的英美)更加亲善为目的之政策",这难道不是"同盟"关系吗?至于讲英译"颇劣"与刊登密函的报纸系"陈炯明机关报",这些说词,与"辨正"之效力无补,因这些话不符合事实。

孙中山决非害怕文字攻击的人,早年保皇派就曾百计中伤他,他行之若素;清廷和袁世凯都曾想要他的脑袋,他还不照样干革命,且"愈挫愈奋"。1922 年 8 月他从广州回到上海,即开始推行联俄容共政策,并与洛阳吴子玉谈起合作来。列强也莫奈他何。自 1895 年广州重阳起义失败后,港英当局即禁止孙进入香港陆地。但 1923 年 2 月,即发表《孙文越飞宣言》之后,港英当局不仅准许他上岸,且准许他与各界人士交欢,港督斯塔布斯爵士还在 2 月 18 日设午宴款待,笑脸相迎,相携入室,把酒言欢,亲同故友。但孙返抵

---

① 《孙中山全集》第六卷,第 563～565 页。

广州第三次建立政权后,加紧推行联俄外交,并未顾及与港英的关系。可见,"密函"事件对孙中山毫无影响。

事实上,陈炯明亦在从事与德国的合作。据孙中山部属李其芳医生回忆,"民国十二年回国,途经香港,遇李烈钧,因随之入粤"。"入总理室","余即出陈德曾前任内阁总理米舍爱力士致陈炯明函一道,总理大悦,问所言何事。余曰:按米氏游远东,路过广州,与陈详说中德文化及实业合作事:(一)陈将派学生百名赴德专攻专门技术;(二)改组广东大学仿同济方式;(三)设克虏伯炮厂分厂于广州;(四)设容克飞机厂于广州。各种详细计划,总理大感兴趣,谓必须促其实现。余谓远东协会总干事林德即将来华,日间到港,此事当日他亦知情及参加讨论。"(总理)"嘱余明晨起程,并代表欢迎林德及谈一切合作计划。""余至港。二日,林德即乘德国邮船'沙蒙号'到港。余即与之赴申,舟中经谈一切。林须俟同济开幕后,再赴日本逗留数月,赴粤日期,未能决定。"① 德国在科技教育实业交通各领域都居世界一流,受到陈炯明、孙中山的倾慕,欲引为合作,这是合情合理的。但此事下文如何,不详。

孙中山联德外交并未中止。朱和中于1924年4月19日由大本营高级参谋,改任为广东兵工厂厂长,联德之事已改由邓家彦去承担。邓是何时赴德的,未见记载。在1923年6月23日之前,孙已得到他的来信,并亲答一函(按:该函未见,内容不明)。8月18日孙在答6月23日邓函中表示,此间(指广州)现财政极端困难,无力购买军火。要邓与德大企业家及其政府"订一大建设计划。中国以物资人力,德国以机器科学,共同合作发展中国之富源,改良中国之行政,整顿中国之武备。总而言之,即借德国人才学问,以最速时间,致中国以富强"。孙函又称:"此步达到,则以中国全国之力,助德国脱离华塞条约之束缚。如德国政府能视中国为一线之生机,中国亦必视德国为独一之导师。"他认为德国助中国富强后,互于资助,德国亦可恢复失去的种种权利,"未知德国多数之政治家,有此眼光否?"孙进而说道:"望兄乘留德之机,向其政府及实业家游说之。如彼等有此见地,知两国相需之殷,通济之急,不以欧亚而歧视、种族而区别,则人道之大幸也。倘德国志士将从此途用工,成中德两国之提携,其功业必比于丕斯麦者尤大也,而兄又为成此事之中介,则功业亦当在四万万人之上矣。幸为相机图之。"② 从此函的

---

① 李其芳:《革命回忆录》,国民党党史会藏手稿本。转引自李云汉著:《从容共到清党》,台湾商务印书馆1973年版,第208页。

② 中山大学历史系孙中山研究所等合编:《孙中山全集》第八卷,中华书局1986年版,第137～138页。

文字表述看，虽未言"联德"，实比"联德"犹有过之，这是他第二次讲到以德为师的问题。不必怀疑孙中山的真心诚意，但他完全是想当然耳，德国人对此并没有表现出多少热情。早在 1922 年 9 月三通密函被公布后，德国政府便发表官方声明称，对于谈判或海军将官辛慈赴俄使命各节，德国政府一无所闻。海军上将也宣称，他没有为了这一种联盟进行过任何谈判。① 外交活动历来都是诡秘的，我们今日也无法了解朱和中与辛慈哪一方说了假话，但有一点则是可以肯定的，孙中山的联德外交或中俄德同盟的计划没有成功。他把注意力集中到联俄方面去了。联俄外交成为他当时的主要外交活动。他在 1924 年 10 月 9 日甚至断言："盖今日革命，非学俄国不可"；"我党今后之革命，非以俄为师，断无成就"。② 这些话说得很绝，虽是专指对付商团成立革命委员会而言，实际也是表示他仍处于"革命三程序"中的"军政时期"，对敌只能施诸暴力。据孙所知俄国实行的"新经济政策"，不过是相似他的民生主义；而俄国国内经济一片凋敝，民不聊生，经济建设，有何可师？但无论如何，"革命委员会"是成立了，它成为镇压商团的指挥机构，孙指示，他不在（广州）时，顾问鲍罗廷得有表决权。这样，1924 年 10 月 15 日镇压商团时，俄国人便出了一份力，立了功，这便是孙"以俄为师"的一项重大成果，代价是繁华的西关成了瓦砾场。

综上所述，民国成立后约十四年间，孙中山对德国一直抱持良好印象。民国成立伊始，他即明白宣示，他要新中国师法德国模式建设国家社会主义。"宋案"引发的变局使他无法实施自己的抱负。第一次"护法"，他收了德国人的金钱，想通过拒绝参战以达到中德合作，但形势比人强，以他为首领的护法军政府不得不对德宣战。1921 年冬至 1923 年间虽然断断续续有所接触，但中俄德或中德同盟关系始终未能成事（第三次开府广州，他曾请了一些德国顾问，不过不能认为它属于中德合作关系）。1923 年 11 月 6 日，他在《致犬养毅书》中还说，现在"在欧洲则露、独（按：指西文日译露西亚、独逸，中译为俄罗斯、德意志）为受屈者之中坚"，"日本当首先承认露国政府，宜立即行之，切勿与列强一致"。③ 函中流露出建立中日俄德同盟之意。虽然用心良苦，孜孜以求；但是国际形势的实际情况与孙中山对国际形势的判断相去甚远，他的设想最终破灭于空幻，也是必然的结果。

---

① 《孙中山——壮志未酬的爱国者》，第 119 页。
② 广东省社会科学院历史研究所等合编：《孙中山全集》第十一卷，中华书局 1986 年版，第 145 页。
③ 《孙中山全集》第八卷，第 403、405 页。

1921—1925 年间的孙中山与旧交通系

从 1912 年民国建元至 1925 年孙中山去世的 14 年间，以梁士诒为首领的交通系①与孙中山曾经有过密切的关系。本文简要回顾从民元以来孙中山与交通系的交往，重点是叙述 1921—1925 年间孙中山与交通系从敌对转为密切交往的经过。其间，梁士诒曾指派交通系成员叶恭绰、郑洪年任职孙中山大元帅府，为之主持财政，后叶、郑又受孙派遣联络皖、奉两系，从事三角反直同盟的活动。就孙中山研究而言，这段历史是十分重要而又欠充分探讨的部分。

一

交通系是清末民初活跃在我国政坛上的一个交通金融集团，它在管理国有铁路、创办交通银行的过程中形成并发展。其开山祖是清末曾担任过邮传部、外务部侍郎，邮传部大臣的唐绍仪（字少川，广东香山，今珠海市人），首领是清末铁路总局局长、交通银行创始人梁士诒（字燕孙，广东三水人）。该集团主要成员多为广东籍或出身与广东有关系的外省籍人士，故在经济界又被称为"粤系"，同以周学熙（安徽建德（今东至）人）为首领的"皖系"相颉颃。

武昌起义爆发后，清廷为了维持风雨飘摇中的政权，不得不让袁世凯出山，并由他组织内阁。此前在权力角逐中不敌盛宣怀的唐绍仪与梁士诒两人，被袁世凯择为准备进京铺路的人选。据载，"及袁氏起用，使人密告先生（按：指梁士诒）曰：'南方军事，尚易结束，北京政治，头绪棼如，正赖燕孙居中策划一切。请与唐少川预为布置！'先生乃着手为政治运动。"② 因为有此机会，唐绍仪随后被袁世凯委任为南北议和的北方总代表，南北统一后，他又被议定为北京临时政府总理。梁士诒则由袁氏的幕僚长相应转为大总统

---

① 袁世凯死后，出现以曹汝霖为首的新交通系，该系在五四运动后消失。原交通系被称为旧交通系。本文对以梁士诒为首的交通系，用称一以贯之。

② 凤冈及门弟子编：《梁士诒年谱》上册，第 100 页。

秘书长，迄1914年5月袁氏为实行帝制撤消国务院、设立政事堂，梁始出公府，改任全国税务督办。自1911年10月26日盛宣怀被革职，交通系重新控制铁路系统，梁士诒得袁世凯庇护，从民国元年起任交通银行经理。民国初年，交通系处于鼎盛时期，成为政权的有力支持者。

唐绍仪内阁吸纳了原南北政府的官员及原立宪派人士，号称责任内阁，但主导权操在袁世凯手中。这个内阁从一开始便不被列强所看好，也不为袁世凯所喜欢。袁氏利用种种手段，终使唐内阁夭折。唐氏离职之后，曾对受命来津慰留的梁士诒说："今日国家大势，统一中国，非项城莫办；而欲治理中国，非项城诚心与国民党合作不可。"正是梁士诒"感于唐少川辞总理日临别赠言，故极力拉拢孙、袁、黎、黄，使之合拍，以跻于精诚结合之途"。① 其具体行动之一，便是在1912年8月孙中山应袁世凯之邀晋京，梁氏受命予以完满配合。

孙中山自1912年4月1日辞去南京临时大总统职务后，游历各省，以从事实业、尤以修筑铁路带动实业建设为己任。早在1899年冬，流亡日本的孙中山即编制《支那现势地图》，于1900年7月在日本东京印行。当时中国已建或在建的铁路寥寥无几，孙中山在该图上除了标示列强交侵，欲编此图"以便览者触目警心"外，便是画上将来应修的铁路路线，以此振兴国家。② 这个预期中的铁路计划，就是民初孙中山铁路计划的最早蓝图。孙中山于1912年8月24日抵京后，与袁世凯会晤了十三次，"每次会晤，只孙、袁及先生（按：指梁士诒，下同）三人，屏退侍从。所谈皆国家大政，中外情形。论事最为畅洽。一夕孙语袁，请袁练成陆军一百万，自任经营铁路，延长二十万里。"据载，"孙袁会晤，在当时关系国家前途甚重大。十三次谈话，所语为何，唯先生知之最详，但二十年间，未尝语人。民国二十一年，先生欲将自己经历编成政书，曾语其秘书某曰：'孙袁会晤，可勒成一部专书，容吾暇时述之。'乃先说以上两事。未几，先生竟归道山，孙袁谈话竟成天上曲矣。"③ 袁世凯满足了孙中山的愿望，于9月9日特授孙以"筹划全国铁路全

---

① 《梁士诒年谱》上册，第122、126页。
② 孙中山：《支那现势地图》，《近代史资料》1983年第4期，中国社会科学出版社1984年版，第1页。
③ 《梁士诒年谱》上册，第123、124页。

权"。次日,袁派秘书长梁士诒将特任令送交孙中山,并商定相关事宜。① 梁士诒还协调孙、袁、黎、黄的关系,共同发布了《内政大纲》八条,但此大纲却不为袁氏所重视,成为一纸空文。与之相反,交通系诸人在支持孙中山筹办铁路方面,却发挥了相当的作用。

民国元年5月,梁士诒兼任交通银行总理。6月,中华全国铁路协会在北京成立,选梁士诒为会长,副会长为叶恭绰(字誉虎、玉甫,号遐庵,广东番禺人)。叶当时任交通部路政司长,行清末五路督办大臣之权,又任交通银行帮理,为梁氏最重要的亲信。孙中山留京期间,曾会见叶恭绰。据叶恭绰年谱记载:孙"入京。见先生(按:指叶)而大喜曰:'吾之北也,喜得一同志焉。'辟使赞画全国铁路事宜"。同书另一则又记:"民国元二两年,先生两谒孙总理;总理常极口称誉之。"② 这些记载大致是可信的。交通部按商定拨款给孙中山,1912年11月14日,中国铁路总公司在上海开办。同月25日,孙为庆祝该公司成立在上海醉和春西菜馆宴请商、学、报、实业各界团体,并向与会者介绍前来会商路政之叶恭绰。③ 孙与交通系的这种关系维持至1913年"宋案"发生始告结束。这段经历,无疑给孙中山留下了深刻的印象,亦为日后的重新合作打下了基础。

梁士诒及交通系诸人参加了袁世凯的帝制活动。在袁毙后北京政府通缉的帝制犯名单中,就有梁士诒在内。这是"通而不缉"的政治游戏。尽管如此,梁氏仍不得不避居香港,暂时停止公开的政治活动。直至1918年2月1日,梁氏与交通系的朱启钤、周自齐三人,始为北京段祺瑞政府所明令免予缉究。8月12日,北京安福国会开会,交通系所占席位居次。在8月22日参议院选举时,梁士诒、朱启钤分别当选为正、副议长。由于此前叶恭绰在梁士诒指示下参加了段祺瑞反对张勋复辟的马厂誓师,已在内阁中担任了交通总长,梁氏也被交通银行股东大会选为董事会董事长,这样,交通系便全面恢复了昔日在政治、金融、交通领域的地位,重新开展各方面的活动。

1917年7月孙中山南下,开府广州,进行护法运动。这次护法,可说毫

---

① 据1912年9月18日《民立报》载称,梁与孙商定:"一、借款 纯然输入商家资本,不涉政治意味;一、权限 未动工之路概归〔孙〕先生经营,已修未成之路线管理权限尚须与交通部详细商定;一、公司 择地修建,尚未觅妥;一、经费 暂由交通部每月拨款3万元以资开办,日后再行续筹;一、用人 公司内一切用人之权,归中山主权,政府概不干预。"(陈锡祺主编:《孙中山年谱长编》上册,第726页)

② 《叶遐庵先生年谱》,俞诚之编:《遐庵汇稿》(三),文海出版社1996年影印版,第35、212页。

③ 《孙中山年谱长编》上册,第747、749页。

无成效可言。次年 5 月,他被迫离开广州,重回上海。不过,此次护法,孙中山得到一个意外收获,就是在广东督军莫荣新的许可下,接收了广东省长亲军二十营。孙任命陈炯明为总司令,称作"援闽粤军",占据福建漳州。由此,孙中山可以说掌握了一支武装力量。粤军在返粤之前,其主官人事任免由孙中山安排,经济上亦一直得到孙的接济。此时,孙中山与交通系的往来,也有所恢复。

梁士诒复出前后,一直在调和南北,希望西南方面撤销军政府,实现与中央的统一。梁任参议院议长之后,活动尤力,他认为立宪政治是国民政治,断无为一党派之人垄断之理。梁与孙中山文电往来,中间联络者为汪精卫及江海关监督萨福懋。梁士诒年谱中收存了 1918 年汪、萨往来的两通电报,从中可以了解他们的一些情况。其一:"中山二十五日晚抵沪。前在箱根患急性结膜炎眼病,回沪后,病尚未愈,绝少见客。本日精卫与中山谈及燕老近来筹画及桂老(按:朱启钤,字桂宰)所谈大要。中山谓据年来经验,知实现理想中之政治,断非其时,故拟取消极态度,将来从著述方面启发国民。至于目前收拾大局,但期得有胜任之人,若东海出山,则更不生异议云。"其二:"闻政府近拟以全力平粤、川、湘,涂炭之祸,将见于桑梓,想亦先生所不忍。以大局论,若一二重要问题可以协定,即无用兵之必要;以地方论,私人权利之见,终必为正义所屈,亦非用兵然后得之。今者闽粤相攻,无谓之尤,粤军攻克氾军,闽军攻克饶黄,得失正复相抵;无益大局,徒苦吾民。现中山先生既取消极之态度,陈竞存义同一体,倘能得大力疏解,俾闽粤先行停战,徐图收拾之策,既以造福桑梓,亦以保全大局,关系甚巨,乞留意为幸!"① 上述二电,系汪精卫发给萨福懋者。从电文来看,由于孙中山对当前政局取消极态度,这种联络未见成效。不过,其中提到由徐世昌出山,孙不持异议之事,则颇令人注意,因为后来孙之态度与此完全相反也。

在 1919 年靳云鹏内阁时代,叶恭绰"即主张联孙政策甚力。九年(1920年)夏,中山先生命粤军倡义闽南,先生(按:指叶)在都遂集广东公会同乡数千人于广安门通才学校,力倡粤人治粤之议,遥为孙军声援。其后卒于政策不行罢政"②。这一活动,可视为交通系配合孙中山之活动的一个例子,但是这时孙中山却无与交通系合作之意。当 1920 年粤军返粤攻克石龙之际,10 月 26 日,桂系军人广东督军莫荣新通电取消自主,次日率部退出广州。29 日,陈炯明部入广州。廖仲恺认为粤军将领久战思逸,易为此种"统一"空

---

① 《梁士诒年谱》上册,第 428~429 页。
② 《遐庵汇稿》(一),郑洪年序,第 4~5 页。

气所影响，因致电在沪的孙中山，谓"因燕孙运动，盛宜严防"①。11月7日，徐世昌不顾孙中山、唐绍仪等的反对，在北京召开了"统一善后事宜筹备会议"，梁士诒亦出席了会议。孙中山准备重组军政府，于11月29日抵达广州，从而开始了第二次护法运动。

综观1920年冬以前孙中山与交通系的关系，可知在"二次革命"之前，孙中山与交通系一直保持着畅通的交往渠道。在经过一段时间的中止之后，从1918年开始又有所恢复，但双方在是否由北京政府统一全国与坚持护法主张反对北京政府之间，缺乏共信的基础，故尽管又有了联系，仍无法达成共识。

二

陈炯明在粤军占领广州之后，又乘胜平定了广西。他作为国民党广东支部长，身兼粤军总司令与广东省长职务，主张保境安民，赞成"联省自治"，不支持孙中山的北伐计划，且认为孙要求通过非常国会选举他为总统尚非其时。尽管如此，陈最终还是作了妥协，孙中山终于如愿以偿当上了非常大总统，随后就集结了支持他的滇、桂、赣等省及部分粤军，开始桂林北伐。

孙中山第一次护法，是反对段祺瑞，而第二次护法，矛头所指则是直系曹锟、吴佩孚。自1918年10月徐世昌就任北京政府大总统以来，历届内阁都受到直系势力的干扰。1921年5月组成的第三届靳云鹏内阁中，原来由交通系周自齐、叶恭绰担任的财政部、交通部总长的职务，被直系人员所取代。"自是府院裂痕始揭开矣。此次交通系排去后，积愤不平，认为有机可乘，遂谋以京津停兑为倒阁政策。"② 此策未能奏效，叶恭绰赴奉天谒见张作霖，商议梁士诒组阁问题。在奉张的支持下，梁氏于12月24日被任命为国务总理。

早在1921年12月15日，孙中山即就徐世昌派遣代表赴美出席华盛顿会议，与日本直接交涉山东问题，宣布徐氏及其党羽的卖国奸谋。③ 及至徐世昌任命梁士诒为国务总理，外界又喧传梁氏欲对胶济铁路"借日款赎路自办"（实际是梁氏仅对日使表示"借款赎路自办"，与专指借日款意义不同），引起各方抨击。1922年1月9日，孙中山发表《宣布徐世昌梁士诒罪状通告》，内称，"不图（按：指徐氏）包藏祸心，变本加厉，近更伪令梁士诒为伪国务总理，同时有伪代表在华盛顿与日本代表秘密商妥山东事件，急谋向日本借

---

① 罗刚编著：《中华民国国父实录》第五册，第3706页。
② 张国淦著：《北洋述闻》，上海书店出版社1998年版，第178页。
③ 《孙中山全集》第六卷，第45～46页。

款之事。"继之孙将矛头指向梁士诒,"查梁士诒本帝制罪魁之一,民国八(六?)年,曾经明令通缉;去年谋扰乱西南,又经本大总统令行通缉各在案"。孙中山指出,"徐世昌及其党羽,倾覆民国之阴谋,暴露已无馀蕴","本大总统受国民付托之重,念共和缔造之艰,勘乱建设,不敢告劳,愿与天下共诛危害民国者,特举徐世昌及其党羽之罪状,宣布中外,咸使闻知"。①事情真是阴差阳错,孙中山这次护法,矛头是指向坐镇洛阳的直鲁豫巡阅副使吴佩孚。但这时吴佩孚正倾全力用"电报战"轰击梁内阁,所以,孙、吴莫名其妙地站到了一条战线上,向梁士诒开火。梁氏处此境地,因无法自辩,便在就职不及一个月后的1922年11月19日请假不再入府院,23日赴天津。25日,徐世昌特任颜惠庆暂兼代国务总理。

孙中山作为"友军"协助吴佩孚攻倒梁士诒内阁,实在是一种不智之举。梁阁既倒,直系势力益盛。4月26日,直奉战争爆发,5月5日奉军败退军粮城。梁士诒、叶恭绰等交通系人士旋即被直系控制的徐世昌以搆煽战事、误国殃民等罪,下令褫职逮捕讯办。5月7日,梁士诒离津赴日本,同行者有叶恭绰、郑文轩等人,暂时卜居鱼崎。6月1日,旧国会议员王家襄、吴景濂等一百五十余人在天津开会,发表宣言,主张取消南北政府,另组合法政府。翌日,徐世昌宣布辞职。11日,黎元洪在直系的推举下,入京暂行大总统职权。而此时的孙中山,已自身难保,完全无力去抨击北京政府了。

孙中山第二次开府广州,因与控制广东实权的陈炯明的关系无法理顺,且二人的关系日趋紧张。迨1922年3月21日粤军第一师师长邓铿被刺,孙于26日在桂林大本营召开紧急军事会议,以广东方面断难有所接济,决定回师广东。4月16日,又召开梧州会议,决定出师江西。北伐各军集中韶关,以该地为大本营。18日,陈炯明电辞本兼各职。21日,孙中山下令免去陈炯明广东省长兼粤军总司令兼内务部长职,仅任陆军部长。同日,陈氏率粤军总部人员退居惠州。5月18日,陈部叶举率部进驻广州。至此,双方矛盾已无法调和,于是有6月16日陈部兵变、迫孙退守永丰舰之事。孙中山待援无望,乃于8月9日离粤赴沪,第二次护法以失败告终。

孙中山返抵上海后,一方面从事理论工作,另一方面准备党务建设(即改组问题)。他对南北议和已不感兴趣。因国内外形势的变化使他的思想也发生了新的变化,政策亦随之改变。是年秋天,他在派员与吴佩孚联络的同时,加紧开展孙段张三角反直同盟的活动。孙中山与皖段军人关系的改善,发端于1919年11月徐树铮撤销外蒙自治一事。徐为皖系干将,他担任北京政府

---

① 《孙中山全集》第六卷,第58~59页。

西北筹边使时，值外蒙官府向内情殷，便着手收复外蒙，并电告孙中山其中经过。孙排除干扰，复电予以充分肯定，并告左右，徐收复外蒙，其功拟于傅介子、班超不为过。① 此后孙、段两派关系转趋密切，援闽粤军与在闽皖系军人李厚基辈亦有交往。至 1922 年 2 月 12 日、20 日，张作霖、段祺瑞先后派代表至粤，与孙商议合作讨直事宜，孙亦派伍朝枢往奉报聘，惟因其时孙、陈关系濒临决裂，孙中山一时亦难于旁骛，故三方合作之事未有进展。至于此时交通系是否介入三角反直同盟，则待探讨。1921 年 10 月底，孙中山大本营参谋部秘书长吴宗慈据特别报告，谓北京政府靳云鹏派梁士诒、屈映光等与陈炯明、吴佩孚二人接洽，以图政治上之结合，以解决南北分峙之局。此事见于吴宗慈《护法计程》一书，亦可证于梁士诒年谱。据载，梁氏于是年 9 月南归，11 月 10 日离港，月底入京。吴佩孚致电浙江督军卢永祥称："前此梁士诒赴粤，与陈炯明接洽，亦与孙文有所晤结。此次拟出组阁，将合粤皖奉为一炉，垄断铁路，合并中央，危及国家，殊堪懔慄。"② 这里所说的梁与陈孙会晤，未见他处记载。设使真有其事，恐系初步接触，尚处于试探阶段，不然的话，就无法理解何以梁氏组阁后孙中山居然宣布徐世昌、梁士诒罪状，其用词之尖刻，毫无回旋余地。所以，吴佩孚有关梁氏组阁将是合粤、皖、奉为一炉的判断，是缺乏根据的，它不过是直系军阀为阻止奉张控制中央政权而制造的一个借口而已。不过，孙、段、张之间的来往别有图谋，确为社会所重视，这也是不争的事实。

陈炯明逼走孙中山、独自控制广东的局面，未能维持多久。1922 年 12 月 6 日，受孙中山委任的滇军杨希闵，桂军沈鸿英、刘震寰等部，在广西平南县白马墟召开军事会议（"白马会盟"），决定讨陈。28 日，滇、桂军及部分粤军会同克复梧州。1923 年 1 月 4 日占德庆，9 日占肇庆，16 日占据广州，陈炯明退回惠州。

1923 年 2 月 15 日，孙中山离开上海赴广州，21 日抵达。他曾在香港盘桓数日，与各方应接颇欢，且受港英当局招待。抵广州之次日，孙与日本东方通讯社访员谈话时，表示为促进统一，除以西南之团结为必要外，"予以张段之三角联盟，现进行亦甚顺利"；"吴佩孚若不从予之主张，当用联盟之力讨伐之"。③ 此次谈话，公开亮出了三角反直同盟的底牌。但是，中国的问题是复杂的。自孙、陈决裂以来，双方均不断派代表赴洛阳与吴佩孚联络，寻求

---

① 《中华民国国父实录》第五册，第 5312～5314、5316～5317 页。
② 《梁士诒年谱》下册，第 176 页。
③ 《民国日报》1923 年 2 月 25 日。

合作。在 1922 年夏至 1923 年春之间，受孙中山指示联络洛吴的，有张继、李大钊、孙洪伊等人。《白坚武日记》载之颇详，如 1922 年 10 月 9 日孙之代表赴洛阳者即有张继、王法勤（励斋）、李大钊。吴佩孚函答孙，提出以"共同忠于民国相勉，勿与卖国党、匪党邻近"①。函中所指之两党，似系交通系与奉张。若果然如此，则孙吴合作当无成效可言。盖此时孙与奉张合作，所望经济支持颇殷，且奉张亦有支持孙的表示；孙对于交通系方面，更是引为同志，希望他们鼎力相助。

1923 年 3 月 1 日，陆海军大元帅大本营正式成立，孙中山以廖仲恺、伍朝枢、谭延闿等分任财政、外交、内务等部总长。当时广州当局经济极端拮据，除发行金库券以作军费外，便是变卖广州各处公产。但这些办法，决非长久之计，于是便有孙中山请交通系帮忙之举。据《梁士诒年谱》记述，其时梁氏以负外交、财政重望，为各界所重视，虽下野后在港养父读书，仍与奉张、浙卢（永祥，皖系）信使往还，"大元帅孙中山且欲邀先生共襄国事，先生以身在局外，尤易联络，因允以叶郑二氏佐之。于是西南局面日益恢宏"②。这段记载，大体说明了交通系与孙合作的原委。在叶恭绰年谱中，也记述了他到广州的经过。据载，"先生（按：指叶，下同）居神户已十余月，迭奉总理之召，遂由日本赴香港，五月十七日（按：应为 4 月 17 日），于兵火中诣大元帅大本营。是日，适沈鸿英受吴佩孚嗾使攻广州，炮声震地。总理笑曰：君如怯，可先归香港。先生笑曰：本来共患难，如怕死即不来矣。总理大喜。旋熟商筹饷各策，谆谆以财政部长相属。时环境极困，饷源几于枯竭，先生毅然任之，仍时以培元气剔中饱为念。先生就职之前，总理集党政军各重要人宴先生于大元帅府。席间演说以先生来助为本党成功之兆"③。日后叶恭绰在《我参加孙中山先生大本营之回忆》中也说到，是孙中山派人赴日本邀请他"回粤参加革命大业"的。在沈鸿英军被击退后，孙延叶入密室，屏左右曰："余请君来，非为一地一时关系，不料省城情况忽紧，不得不先其所急，但大计不定，枝节何裨。君知我约君回国之大意乎？曹、吴之指使各方攻我，其背后尚有主之者，而我内部干部，派别分歧，政策之执行，因不能贯彻。即行政事务，亦互相牵掣，各为其私，其何以济？君既意志坚决，我想将一切政务事务，交君主持，我专务其大者远者何如？"叶氏记称：

---

① 中国社会科学院近代史研究所编：《白坚武日记》上册，江苏古籍出版社 1992 年版，第 385、386 页。
② 《梁士诒年谱》下册，第 255 页。
③ 《叶遐庵先生年谱》，同前引，第 213 页。

"余闻之出于意外，惶恐无地。稍息，余心神略定，乃对曰：'余以一党外之人，未尝追随先生从事革命'（时对中山皆称先生）且军务尤非所习，怎能当此大任，且先生何为而出此言？目下军队虽然庞杂，财政更形枯竭，党内诸先进或不尽互相融洽，然对党纲政策及先生命令，当不致违背。且精卫、汉民随先生有年，即有不合，亦不致有大出入。'""言至此，中山先生欲言又止，旋曰：'今且姑谈应急之策，今孤守广州，财源将竭，君意计将安出？'余曰：'余去国经年，离乡廿载，情形极为隔膜，容细思奉答。'"① 孙中山要将大本营的一切政务、事务交给叶恭绰，不论动机如何，都是不现实的，叶恭绰作为一个客卿，当然不会答应接受。不过，从中也可看出，孙对交通系干员，确实欲有所借重。事实上，交通系人士也想对孙中山有所帮助。1923年3月13日，孙中山与英中协会的负责人 S. F. 梅厄斯商谈有关在组建广州政府过程中英国官方予以财政资助的问题。16日，梁士诒与梅厄斯在香港也进行了一次会谈。"梁士诒建议财团向孙中山的政府提供一笔借款，以盐税作为抵押。这笔盐税当时是由广州截留控制的，年收入为五百万至六百万元。梁先生设想，一亿元的贷款是能够到手的！梁士诒先生说，这笔钱的四分之三，由列强专利和监督，用之于建设；但是，其余部分必须是'自由资金'，这对于任何中国政府来说，都是绝对地需要的。三月十八日，孙博士通过发表演讲来附和这个建议。"在演说中，孙讲到了铁路建设以及外国投资的机会。这些要求均未能实现，因为英国外交部的指示表明，"保持友好的中立态度，但不应允孙中山的要求，是为上策"。② 在当时情况下，孙中山想从英国官方（或财团）获得贷款，即使由梁士诒出面交涉，也是难于成功的。往后我们还会看到，尚有梁士诒出面与日本驻广东总领事交涉借款之事，同样也未能实现。

在前述4月17日孙中山与叶恭绰密谈后，叶又晤廖仲恺、徐绍桢、汪精卫等人，始了解一切内情，即夜赴香港晤商诸友，始明国内外资本家心理及市场气氛，皆对革命事业不利。叶意对财政只能以散兵作战，姑且从吸收游资及外援入手。但是，正当叶恭绰积极奔走之际，山东临城劫车事件却被诬为与交通系有关，交通系诸人不得不发表声明以正视听；而这种诬蔑，却是与破坏交通系与孙中山的合作有关的。

关于临城劫车案与交通系相涉之事，沪、港各报早有传说。此案发生于

---

① 叶恭绰：《往事回忆》，《近代史资料》总74号，中国社会科学出版社1989年版，第164～165页。
② 韦慕庭著：《孙中山——壮志未酬的爱国者》，第157～158、159页。

1923年5月6日，在津浦线上，土匪孙美瑶劫掠火车，掳去中西旅客三百余人，置于抱犊崮，酿成涉外大案。由北京《京报》刊出直系首领曹锟5月26（宥）日通电，称孙"勾结土匪，以香港为策源地"，今梁士诒、叶恭绰、郑洪年等来港与孙文勾结，希图扰乱大局，要求中央政府以正式公文知照英使，转达港府，将梁叶辈驱逐出境外。梁士诒等人不得不发出"通电"，予以驳斥。在谈到与孙关系时，"通电"称："士诒今春为父祝寿，恭绰、洪年来港进祝，顺道广州，一谒我手造民国之孙先生，与谈国家建设，坚留在粤办事。恭绰等以对国对乡，一种责任，与其在北方服务十余年，委曲艰难，冀达事功，而终不见谅，未竟所长，无宁服从我先觉先知，或可一偿素抱。此次来粤，深知先生固抱和平统一主张，其乃心民国，百折不回，允为全国重心所在。如天不绝中华，先生主义必永存于天壤，固非世所称以属地主义为地盘者。恭绰、洪年既非漫有恩仇，亦非轻于趋避，惟思竭其智虑，以酬先生之知，以回国家劫运。至能否无负先生厚期，为国人造福，则恭绰洪年日夜所兢兢而辄用自勉者也。"① 这个通电，可谓义正辞严，明白表示与孙合作纯系出于拥护孙之主义，并为桑梓服务。

孙中山在4月17日接见叶恭绰之后，于27日取消了对梁士诒的通缉令。《申报》于29日刊载消息，谓叶恭绰至粤为孙筹款二十万元，助李烈钧入赣。此事似不甚确。4月17日叶与孙密谈后，又晤廖仲恺等，经在香港晤商友人，信心已受影响。叶主张从吸收游资及外援入手，已颇感远水难救近火，而廖仲恺又再三劝其不宜推托，可见筹款无着，叶深表踌躇，当无以二十万元供李烈钧开拔赴赣之可能。5月7日，孙中山任命叶恭绰为财政部长兼广东财政厅长，郑洪年为财政部次长。6月上旬，孙中山调集滇、桂、湘、粤联军，进攻惠州。10日，孙函叶恭绰，嘱为尽力解决财政问题，内谓："西江、北江皆不足虑，此后胜负所关者，仍在东江一着。东江一解决，则西北江必可同时解决"；"所虑者则财政之困乏耳。对于此事，深望兄与诸同人之尽力，倘财政之困难能解决，则军事敢说必有把握"。② 但是，财政问题无法解决，东江军事亦无法取得进展。8月23日，孙中山再赴石龙督师，设立大本营。26日，孙又致函叶恭绰，命急筹东江军费。函称："兄等既来赞襄粤局，自深期粤局之成。然粤局之成，其主要则在财政，而所急正在此时。粤中各财政机关，机〔几〕已罗掘俱穷，实无可再筹之余地，兄所知也。兄部虽筹划未周，收入尚待，然较其他，算为有望，故于此时紧急成败之交，不得不赖兄格外

---

① 《梁士诒年谱》下册，第255、256页。
② 《孙中山全集》第七卷，第528页。

尽力。除今晨电令协同筹济军米之外，由九月一日起，每日筹行营紧急军费壹万元，大约一个月内外，可以结束东江军事，则此款立即停止。如能一起筹足三十万元解应，则军事必可更早了结。此款由行营金库长接收。此为成败所关，无论如何设法，总希办到为祷。"① 从此函看来，孙对叶恭绰等人的工作已有些意见。这实在是毫无办法的事。据叶后来了解，"粤省一切财政及官营事业多由胡清瑞（汉民之兄）一派人包办，此辈操纵官商之间，已成积习"。他们用邹鲁以作缓冲，邹已定胡为财政顾问，几代邹执行职务。叶与内政部长徐绍桢联名宴请省城各界，征求意见及请求帮助，结果反应不大。于是，叶恭绰又"赴港及派人与津沪各银行界、工商界及各华侨所在地联络，然反应亦不大，后不得已介何东与汇丰港行（港为其总行）面谈种种，亦无良果"②。叶恭绰赴港活动之事，另见于9月16日孙致叶氏之函。其函中略谓："惟此时军需极急，甚望兄之筹画早日成功，得以应此要需。至于造币厂，则更不能再有延搁。如兄之路果受日本天灾之影响，则可由兄自动令海滨继续法国银行之议，由法人承办，闻此路亦能照足。兄之合同，惟要以大沙头地担保，此当可照准也。"③ 不过，这些计划同样未能取得成功。10月1日在大元帅府召开会议，决定设立筹饷局，将各征收机关统归该局直辖，以应军需浩繁。至10月27日，孙中山委派廖仲恺、邹鲁兼大本营筹饷总办、会办。至是，筹饷之事另有专司，叶氏之压力当然也就相应减轻了。

孙中山为了解决财政问题，一直在计划截留关余。但各国驻广东总领事皆不甚友好，难以合作。1923年5月13日，日本新任驻广东总领事天羽英二抵广州。此人与孙中山关系较佳，与广州官方亦较友善。据天羽日记载，5月21日，梁士诒与之谈借款之事。次日廖仲恺便谈成一笔二十万元的台湾银行借款，似与梁之活动不无关系。该日记又载，6月25日，叶恭绰就职后，与天羽总领事往来频繁。如7月4日，午后3时，叶偕译员鲍铼来访；6日7时半，天羽招待叶氏等人；11日晚，天羽招待叶、郑等人；8月6日，天羽在港访梁士诒，不遇；夜，招待梁士诒等人；24日，梁氏秘书郑文轩访天羽，作为梁氏使者讨论从日本借款之事。④ 这些活动成效如何，欠详。总之，交通系诸人为解决大本营财政问题，确实尽了力。

---

① 《孙中山全集》第八卷，第167页。
② 《往事回忆》，同前引，第165页。
③ 《孙中山全集》第八卷，第215页。
④ （日）天羽英二日记资料刊行会编：《天羽英二日记·资料集》第一卷，1985年版，各日记事。

在难以获得大宗借款的情况下，孙中山便将希望寄托在截留关余方面。第一次护法时期，经过多方交涉，在北京政府和公使团同意下，根据1918年军政府管辖省份各口税收和当年全国海关税收总额比较，按关余13.7%的比例分拨给军政府。从1919年7月始拨，至1920年4月，以后未付。第二次护法开始后，孙中山再行交涉，为公使团所拒。1923年第三次开府广州，孙强烈要求海关总税务拨付关余自1920年4月以来储存之份额及大本营成立后应拨之数，甚至表示要收回粤海关。几经交涉，1924年1月31日，北京政府决定以关余之一部分分配给广州；6月19日，粤海关关余拨充西江浚治费正式施行。① 对于关余交涉过程中交通系人士所起作用，梁士诒年谱编者谓，"时叶恭绰氏方长大本营财政，往返商榷，始获和平解决焉"②。根据此说，关余问题之解决，交通系应当是起了积极作用的。

1923年11月25日，孙中山派叶恭绰赴沪、奉，联络卢永祥、张作霖，从事三角反直同盟的活动。至1924年9月12日，孙正式免去叶恭绰大本营财政部长之职，10月9日又免去盐务督办兼职。当时叶虽不在广东，但公文来往仍使用叶之财政部长职衔，相关职务由郑洪年实际负责；郑之大本营财政部次长兼盐务署署长职务，则是在1924年10月9日被免去。郑文轩的财政部秘书职务，亦于叶恭绰北上之后于1924年1月3日被免。在1924年1月4日成立的大本营财政委员会中，叶、郑二人则仍为委员之一，叶恭绰、廖仲恺则为主席。叶氏北上后，郑任筹饷局会办，且任广东财政厅长等职。在整理纸币、重设铸币厂机构及发行军用票、投卖惠济仓沙田等重大举措中，郑洪年都是主要参与者。

迄今为止，我们还不清楚1923—1924年大元帅大本营与广东省政府财政厅的收支情况，或者，它们是否有一个预算、结算。除了不正常的税收之外，孙中山还从苏俄、奉张两处得到一些援助，这些援助不是一次性提供的。此外，孙的政府还从日本的银行借到过一些钱，数目不详。所有这些，都不能列入预算，但应可从收支账目中反映出来。可以说，广东政府每一天都在为经济上的生存而奋斗。交通系诸人均是理财高手，但面临如此窘境，也是"司农仰屋、罗掘俱穷"了。他们原本是真心诚意帮助孙中山的，为什么实际上又没有多大作为呢？概括起来，大约主要有下述原因。一是列强各国并未看好孙中山，孙之推行联俄外交政策，更引起列强各国的疑惧与厌恶，故寻求外援一说，便是一厢情愿了。二是交通系原先经营的企业，为铁路、银行

---

① 吴相湘著：《孙逸仙先生传》下册，第1329页。
② 《梁士诒年谱》下册，第272页。

等，大多在直系控制的北方。在梁、叶等人离开北京政权后，该系影响力减弱，筹款已经不易，更何况筹款是为他人作嫁衣裳，并非交通系本身所需，而回报无可指望，如此一来，国内外财界更不会轻易投入了。三是就广州而言，虽然叶恭绰与徐绍桢向商人作了动员，向他们宣传孙中山的主义，但是工作收效甚微。广州商人与孙中山的关系原本就不融洽，加上客军入境，商民不堪其苦，他们以为这是孙开门揖盗的结果。连苏俄顾问也清楚经济困难局面："'外来人'——强大的滇军掌握了广州的财源，如铁路、赌场和妓院、烟酒税、等等。"① 处于这种局面下，不论谁来主持大本营的财政，欲开辟财源、增加收入，都将是荆天棘地，寸步难行。这也使叶恭绰知难而退，将财政部业务交给郑洪年去代拆代行，其本人则转移战线，从事"缔远交，开孙段张联合之局"去了。②

三

直系军人集团在1922年5月进行的第一次直奉战争中击败奉军后，控制了北京政府，张作霖退回关外。6月徐世昌下台，黎元洪复任总统职务。1923年6月13日，北京政府内讧，黎元洪被迫离京赴津。10月5日，曹锟贿选成为总统。8日，孙中山在大元帅府举行会议，颁布讨伐曹锟令，通缉附逆国会议员，并电天津段祺瑞、奉天张作霖、浙江卢永祥，"约共讨贼"。③ 孙中山联张只是向奉天寻求经济援助而已。当时孙部与陈炯明部在东江对峙。11月19日，陈炯明分四路进攻省城，次日被击退。陈军退守惠州。是月25日，孙中山致函张作霖，谓"一年以来，屡蒙我公资助，得以收拾余烬"，近日陈炯明倾巢来犯，"旬日以来，石龙不守，广州危急"，"幸将士用命，将敌人主力完全击破，广州得转危为安。从此广东内部平定可期，而北伐计划亦可从此施行矣。故特派叶誉虎前来领教一切，并详报各情，到时幸赐接洽为盼"。④ 据天羽英二日记，叶恭绰、廖仲恺于29日赴上海（报载系28日）。

从上揭孙中山致张作霖的信，看不出叶恭绰本人的动机与态度。在叶恭绰赴奉之前，伍朝枢、汪精卫即已先后赴奉联络，因而郑洪年称叶之此行是"缔远交，开孙段张联合之局"，是不准确的。而且，叶之此行，可以说是缺

---

① 亚·伊·切列潘诺夫著：《中国国民革命军的北伐——一个驻华军事顾问的札记》，中国社会科学院近代史研究所翻译室译，中国社会科学出版社1981年版，第23页。
② 《遐庵汇稿》（一），郑洪年序，第5页。
③ 《孙中山全集》第八卷，第260、259页。
④ 同上书，第439～440页。

乏成效的。

叶恭绰在回忆往事时称，由于对国内资本家和国外财团均无法筹款，"左思右想，姑且从反对曹、吴的一方面作些打算。因此想到段祺瑞、张作霖虽同是北洋一系，但和曹、吴是不两立的"，"于是赞同中山暂同段、张两方面联络，以反对曹、吴为共同目标。因此从中奔走的不少（自然我也是其中一个），但结果段、张两方面的反应却各有不同。段虽表面上作政治上的周旋，而军事上却并不放松。张则曾对经济上作多次的帮忙，而其他却别有打算"。据叶氏所载，他前往接洽时，孙中山还交给他一个建国纲领方案，该方案大约系李烈钧起草、孙自行定案者，其中分为建国军及建国政府两大部分（原件在上海沦陷时被毁），大致系军事上合力消灭曹吴，政治上孙段商定分工。后因段系内部文武已极分歧，叶拟先与张作霖、卢永祥商有轮廓，再行向段提出，于是先在杭州晤卢，征其意见。①

关于孙派与段系之浙江都督卢永祥的合作，早在1922年9月中旬，胡汉民、汪精卫即曾进行，结果是，"由卢提出浙、奉及国民党三方各派军事代表一人，在沪组织军事委员会，以资联络"②。这次前往联络，1923年12月4日出发，与叶恭绰同行的有汪精卫、廖仲恺、许崇智等人，"会谈数次"，6日返回上海。③ 叶恭绰记述此行稍详，谓"大约汪精卫、许汝为因有所闻，要求同往，余不能拒，遂同见卢。卢因人众，未置可否。隔旬日余再往杭晤卢，卢主先解决对曹、吴军事。继往奉晤张作霖，张亦谓应从三方面合力讨曹、吴入手，否则政治亦属空谈。于是三方军事合作，逐渐形成"④。在孙卢合作过程中，叶氏是主要当事人。1924年9月10日，孙中山派叶恭绰为驻浙江代表，随时与浙奉方面磋商北伐进行事宜和报告浙江情况。10月14日，孙复电叶恭绰、郑洪年，嘱设法联络皖、奉和接济北伐军饷，称财政陷于绝境，"倘公能即接济三十万，则江西不足平，而长江可牵动。子嘉（按：卢永祥字）虽败，不足虑也。"次日，孙又电叶氏："浙局既完，又铮（按：徐树铮字）无事，即请来韶襄助。"⑤ 叶恭绰在苏浙战争中插不上手，对孙要求接济三十万，当然更无能为力，所以，"浙局既完，孙段（卢）之间的合作局面也大体上告终了。

---

① 《往事回忆》，同前引，第166页。
② 蒋永敬：《民国胡展堂先生汉民年谱》，台湾商务印书馆1981年版，第273页。
③ （美）陈福霖等编：《廖仲恺年谱》，湖南出版社1991年版，第209页。
④ 《往事回忆》，同前引，第166页。
⑤ 《孙中山全集》第十一卷，第186、195页。

叶恭绰曾被传"为中山运动元首"。在1923年底至1924年9—10月间苏浙战争这段时间里,叶氏确是三角反直同盟中穿针引线之人,以言孙之首席代表,殆亦可信。叶氏在1923年12月上旬赴杭之后,中旬复有杭州一行,其赴奉天,当在12月下旬,至30日返抵上海。1924年1月4日广州大本营举行军政会议,正是这次会议,给叶氏奉天之行带来许多困扰,甚至可以说是白走一趟。

事情的经过是这样的:1月4日下午4时,孙中山在帅府召开军政联席会议,有大本营各部总长,广东省市相关官员及湘、粤、滇、桂、豫、陕各军总司令、部分军长与各省代表出席,计六十余人。孙在会上发言谓:"今日曹锟贿选已成,国中纠纷万状,时局急待解决。故今日有三事须待商:第一为组织政府问题,因目前政府地位,外交团常视同一地方政府,外交上极受影响。第二为出兵北伐问题。第三为财政统一问题。请各抒己见,共谋讨贼进行办法,以纾国难。"讨论中有人发言认为,从法律、时势而言,应继续护法事业。孙谓,"现在护法可算终了,护法名义已不宜援用","今日应以革命精神创造国家,为中华民国开一新纪元"。他要求各军于一个月之内交还所占财政机关,以利出师北伐。会议最后议决三个事项:(一)设立正式的建国政府,早定国是,请孙中山出任艰巨,执行最高政权。(二)从速准备出师北伐。(三)由军、政两部协力实行统一财政,期一个月内完成(按:此即同日成立的叶恭绰、廖仲恺等九人为委员的大本营财政委员会以统筹整理财政事宜)。当晚,孙中山设宴招待与会者,并在宴会上致词,强调此三项决定,实为民国以来之最大希望,"吾人希望千万年后,亦将此13年1月4日之会议,留为大纪念日也"①。会后,消息见报,广州行将组织政府、孙中山将出任总统的消息,腾播四方,当然也传到奉天。这样,曾在奉天与张作霖谈判合作的叶恭绰,便显得十分被动,真是百口莫辩。1924年1月8日,担任奉军总参议、负责对孙中山方面联络的杨宇霆,致函叶恭绰,谓"当吾兄未来时,曾有风闻为中山运动元首之说。早知其由于过虑揣测,况即有其事,亦非不可磋商者。及至晤面后,弟所谈如何,雨帅所谈如何,既未因风闻而致疑,更未曾埋没中山退让之诚意","及至闻兄云中山愿让合肥等语,未尝不为苍生称庆"。函中委婉地批评叶氏对奉方所说,与事实不符,即证实了风传叶氏来奉系为孙运动元首之说相合。杨函重申奉方合作之意,且主"循序前进,

---

① 《孙中山年谱长编》下册,第1784～1785页。

不必悲观"。①

　　叶恭绰接信后,复函杨宇霆;11日,杨又函叶氏,告知奉方别无隐衷,奉方也不能代表段方表态。函称:"望兄速赴粤,将雨帅前此所言,一一转陈,并可云此间完全知中山真意,毫无误会。况将来事实可昭然于世,更无疑虑之可言。中山若另有其他办法,均可随时磋商,必无隔阂";"此间言行,必可贯彻,望兄千万注意斡旋始终"。②叶恭绰通过与杨数次函件往还,已深感奉方的不满,他只有致电郑洪年(意在转达孙之左右)。1月15日,在大本营担任外交部长的伍朝枢致函叶氏称,"顷绍觉(按:郑洪年字)以来电见示:建国政府事,北方或不无误会,弟亦虑及人谓我食言失信,故前日(十日)向先生(按:指孙中山)进言,以为不宜用总统(按:原函系"统"字,《北洋军阀》第4卷第825页误植为"裁"字)称号。此议颇见采择,将来或行政首长,或大总裁(兄有更好之称号否)之类,但当不至有总统发现。如此则虽设政府,于北方尚未必有太坏之影响。"不过函中又称,"此事势在必行,吾人力所能及,只此而已。或略为延宕之。平心而论,我曾问段、张意见,彼不赞成,则不能怪我之自为也"。③19日,汪精卫、胡汉民、廖仲恺联名电复叶恭绰,指出,"政府问题,闻由外交触起。先生(按:指孙中山)谓只自治己事,不与合作,主旨违反,如前案能得同意,仍照原议办理。惟弟等仍主缓进,仅视为有讨论宣传之必要,不愿其遽即实现也。"又称,"铭俟大会闭会即归,乞兄将所见闻随时电告先生,俾得斟酌缓急。如兄自觉有回粤面陈之必要,则不必待铭也。"④上述两电应是反映出中山的意向,一是总统名义可变,二是建国政府势在必组,三是联合之说重在宣传非即欲实行。至"前案"如何,不详,似与经援有关。这种态度,便使叶恭绰不得不向奉方说明苦衷。1924年1月19日(此信似先发而后收到汪、胡、廖电)叶致函杨宇霆,告以已将赴奉情形及奉张宗旨,向粤中报告。以此行目的,本在与皖段如何合作一题,起初以为奉浙会商结束后即向段氏提出,但奉浙对此均无表示,叶氏便"深虑粤中别有看法,或致生出枝节,然又不便明言,十分焦灼",这便是叶致杨氏函(按:函今不存)之缘由。叶氏表示:"弟数年来之愚见,即以两老合作为解决时局之唯一途径,惟如何实行密接,此不

---

① 章伯锋主编:《北洋军阀(1912—1928)》第4卷,武汉出版社1990年版,第823～824页。
② 《北洋军阀(1912—1928)》第4卷,第824页。
③ 同上书,第825页。
④ 同上书,第826页。

能不有方法与机缘,前此两种提案,弟认为机缘与方法均尚不错,故有此一行。""中山热心大局,意图与合肥携手,意极迫切。弟行后已逾一月,尚未有切实报告。意自着急。"函中叙述:"弟卅号回沪,一号写报告,三号交廖仲恺带回粤。而粤中四号遽有大会议,不惟弟未及料,即胡、汪、廖亦所未及料也。""四号会议遂有此不接筍之决议案,其时弟之报告,计期尚未到达。其所以不候弟之报告者,或已知弟未接洽到所以然,或别有他故,则弟至今尚未明了。目下胡、汪、廖、伍诸君均在粤,弟因病至今滞沪。该事已请胡、汪、廖诸公从长计议。"对于自己为之积极奔走的工作结果如此令人沮丧,叶氏不无感喟:"弟自愧诚信未孚,未能尽其任务,且粤中近事亦复未明真相,方深怅歉。承示种切,自维劣拙,敢不拜嘉。苟有可竭棉〔绵〕微,决不至于畏缩。容将粤中近事真相调查明确,再行奉教,此时不愿遽有所言也。"该函还提到,此前曾闻有人钞送陈炯明致某人电,有"梁燕孙代表合肥来商孙、陈调和条件"云云,"弟当询之燕老,兹得复电云:曾与陈方谈调和,但彼此均未说条件,亦未提奉段命等语。特附闻,以资接洽"。①

1月21日,杨宇霆致函叶恭绰,辩称奉天并未派代表赴粤,谷采(据《近代史资料》83号第155～156页,此人系路孝忱)现已来奉,据云,广州组织政府会议,其并未列席,报载不实。24日,叶复函杨氏,认为谷采是否列席4日广州会议,他无法证明,但渠赴粤时,确系自称奉方代表身份,他北上前还特地候谷采二人与之晤谈,谷若是一闲员,何必如此?25日,叶再函杨氏,强调不但谷采是奉方代表,而且尚有一姓成者,此数日亦在此充代表也,建议不必为此去辩论。在24日函中,叶恭绰还将伍朝枢、胡汪廖上揭各函、电摘要示杨。②

迄今人们所能看到的叶、杨之间交换的函件,1月25日是较晚的一封。尚有一封杨宇霆致叶恭绰函,仅署18日,或作1月18日。③但此函有杨收到叶29日函一事,则显然此函非写于1月18日已无疑问,笔者以为,此函应是写于1月25日以后。在25日函中,叶恭绰除了证实奉方有代表在粤外,还谈到他并未将张作霖的一些讲话内容报孙或外传,特别是"未曾向中山漏出丝毫奉、浙不领彼之诚意"一节;对杨氏谈话内称"根本上虑无合作之可能,且认为目下无以解决。弟恐传达此等言语必兹误会,故悉隐而不言"。"总之,四号粤中会议,不能谓非一种矛盾行动,依目下情况,似亦已转旋。"而近日

---

① 《北洋军阀(1912—1928)》第4卷,第826～827页。
② 同上书,第827～830页。
③ 同上书,第825～826页。

转旋之故,"或者系因汪精卫等陈说及弟之函电",又谓,"但奉、浙至今无开诚之商榷,事实可惜。弟因此焦忧成疾已旬余矣。所谓反直派者,如无一定之方针、目的,谋定后动,窃谓徒予直派以好机会而已"。叶恭绰在函中表示了对此事之悲观,"行将入山奉佛,息心忏悔此多管闲事之咎","日来正在清理债务,欲为闭门一两年之计,读书、养气,藉补前愆","弟不久即将向粤中辞职,免八面不讨好也"。①

广州会议原定 2 月 1 日实行组建建国政府,"旋因恐有碍与段祺瑞、张作霖之合作,此案遂告搁置"②。此次会议开得太过匆促,既缺乏可行性,也引起奉张不快,最后又不了了之,实在是一个败笔。事实上,这个三角反直同盟,并不是基于共同理想或主义的政治合作,三方各有所求,认识上难于取得一致,行动上更难于互相配合。孙之派叶恭绰赴奉天,其合作目的,主要还是为了寻求经济援助。另据叶氏回忆,孙中山还有利用奉张的关系,在东北建立基地的计划。"那时孙中山正当开始与苏联接触。因所处之境颇感于孤立无援,有意在北方开拓天地,拟以北满为根据地,以便与苏联联系。"孙估计张作霖受日本压迫多年,有可能接受此计划。张作霖其人如何,叶恭绰更清楚一些,"据我的考虑,张作霖固然受日本欺压而其实正坚决反对直派,但张氏非能深明大义者,卧榻之侧岂容他人鼾睡,若向其提议,必无效果,反生裂痕,并将对反曹、吴之举亦会产生不良影响,因此我无法进行,只说了些希望资助的话"。这样,这一"重大使命"也就不为外界所知。叶氏谓,"我以往未曾与人说过,今持〔特〕记之"。③

1924 年 10 月 9 日,孙中山既正式免去叶恭绰、郑洪年的职务,彼等即脱离孙氏而可以自由活动。11 月 23 日,冯玉祥发动北京政变,邀孙中山北上。11 月 13 日,孙离广州。24 日,段祺瑞宣布就任中华民国临时执政,组织政府,任命叶恭绰为交通总长。12 月 4 日,孙中山抵津,是日下午赴曹家花园拜会张作霖。叶恭绰回忆说,孙中山北上时,曾有三次电报给他,但都未得见。孙拜会张作霖时,在座者还有张学良、吴光新、杨宇霆、叶恭绰四人。"中山先生对张表示谢其历年相助。张当场表示:'我是一个捧人的,可以捧他人,就可以捧你老。但我反对共产,如共产实行,我不辞流血'云云。""不久中山先生病殁北京,我与中山先生之关系遂告一段落。"④ 对于此阶段

---

① 《北洋军阀(1912—1928)》第 4 卷,第 828~829 页。
② 《中华民国国父实录》第六册,第 4519 页。
③ 《往事回忆》,同前引,第 167 页。
④ 同上书,第 166~167 页。

叶恭绰的活动，郑洪年也有一段记载："其年冬，中山先生北上，先生（按：指叶）复竭力宣传中山主义之纲领于北方领袖之间，且复几经开譬，唇焦舌敝，终冀执政之接纳而卒不悟。中山先生疾中尝谓人曰：'玉甫真吾党之健者也，吾在北方之羽翼，玉甫殆其中之一人也。'其言非徒然也。"①

叶恭绰作为交通系的重要成员，他受梁士诒的委托，在广州以非党同志出任艰巨，可以说合作态度是真诚的。1924年梁士诒游历欧美，孙中山曾致电其驻美代表马素，嘱沿途随行保护。马素也尽力而为。②孙中山去世后，梁士诒亲书挽联云："先觉阐大义，后死哭斯文。"1934年，叶恭绰将其保存的孙中山写给他的信件，以《总理遗墨》为书名影印出版，为后人研究孙中山提供了第一手资料。

综上所述，可以看到，由于政治利益和人际关系等多种因素，孙中山与交通系在1921—1925年间保持着密切的关系。直系与交通系的交恶，致使交通系在孙段张三角反直同盟中扮演了参与者的活跃角色。孙中山欲借重交通系在财政金融方面的影响，使叶、郑等人主持大本营及广东省政府的财政，但因种种因素，成效未彰。

质而言之，交通系是反直斗争中的胜利者。1924年底，在段祺瑞执政下，交通系重返北京政坛，夺回1922年梁内阁垮台后的权势。由于1923年以后交通系与孙中山的因缘，交通系诸人后来支持南京国民政府，亦有所表现。叶恭绰曾任南京国民政府铁道部部长。1929年孙中山奉安大典时，郑洪年被委为赴北平的迎灵专员。不过，作为一个交通金融派系，交通系至此也就寿终正寝了。该项史事与本文无涉，不赘。20世纪20年代中国政治离奇曲折，敌我阵线变幻无常，孙中山与交通系的交往，便是一例。作为孙中山革命事业的组成部分，孙与交通系的这种交往，还是值得研究的。

---

① 《遐庵汇稿》（一），郑洪年序，第5页。
② 《梁士诒年谱》下册，第352～353页。

1923—1924 年间孙、陈调和问题研究

孙中山在其革命生涯中，曾经三次与党内同志发生严重冲突。第一次是中国同盟会时期与章太炎、陶成章的冲突，即两次"倒孙"风潮，导致党内分裂。第二次是中华革命党时期与黄兴的冲突，他要黄兴"静养"两年，不过问革命之事；黄兴远走美国，党内不满孙者另组"欧事研究会"与"中华水利社"，与孙分途。第三次是1922年"六一六"之变，陈部叶举炮击观音山"总统府"。嗣后孙对陈恶言相加，称陈为贼，为逆，为枭獍，双方征战连年，迄无宁日。前两次冲突大体上都化解了，随后原冲突双方还进行了一定程度的合作。第三次冲突，在互相攻伐的同时，虽然进行着断断续续的调和（和解）活动，但最终未能达成和解，其原因何在，这是值得探究的问题。

孙陈分裂原因非止一端，双方均有责任，而"六一六"事变是一个关键。经此事变，直接引发下列问题：一、粤军分裂，由袍泽而成敌人；二、孙中山决策联俄；三、客军入粤祸粤，引发商团反抗；四、孙中山重用蒋介石，予以权责，使之坐大。由此可见，"六一六"事变不仅是孙陈关系史上重要的一页，更是中国现代史上的一个重要转折点。事变后调和无效，历史便在新轨道上发展下去，影响八十余年，直至今日。

本文指要，首叙"六一六"事变后孙陈双方的态势，其次概述孙中山第三次开府广州后面临的难题，最后简介调和最终未成的原因。

一、"六一六"事变后孙陈双方的态势

"六一六"事变次日，孙中山转登"永丰"舰。等待北伐军反攻无望，1922年8月9日，离粤经港赴沪。北伐军许崇智部经江西退往福建，原第一军第一师参加北伐的部队返粤，重归陈炯明麾下。8月15日，陈炯明回广州，重任粤军总司令；以陈席儒为省长。事变之后，陈炯明不是选择放洋，亦不发表宣言对部属管束不严而自责（多宗材料证明他并不赞成搞兵变驱孙），而是亟亟于返省重掌大局，这就在道义上失其价值，对外界的责言亦无以自解（当时除了胡适撰文赞扬陈部兵变驱孙是"革命"行动外，公开支持此举者不多）。且叶举、林虎、洪兆麟等各部亦互争雄长，难以约束，加上广州经济凋

敝，纸币无值，又不开赌禁，财政上毫无办法。广东名义上在陈炯明控制之下，实际该政权存在严重危机，势难持久。

8月14日，孙中山抵达上海。在此前二日，苏俄政府为打开中俄外交局面派来华的越飞，抵达北京。共产国际的代表马林，随即赴沪，于25日会晤孙中山；28—30日，中共举行西湖会议，讨论中共党员有条件加入中国国民党的问题，并作出相应决议。① 孙中山决策联俄，在起初并不见得会预想到日后有那么大的作用。因为从1919年以来，孙中山捐弃前嫌，与第一次护法的对手段祺瑞合作，在第二次护法时联手对付洛阳的吴佩孚，并逐渐形成孙段张三角反直同盟。此次孙中山联俄，又通过李大钊、王法勤、张继等人联络洛吴②，在1922年9月以后形成另外一个三角，即孙中山、吴佩孚与共产国际（苏俄）的合作关系。两个三角并存，孙中山似乎游刃有余。中国政局之荒谬与吊诡，真妙不可言。如果不是1923年的"二七"事件结束了共产国际与吴佩孚的合作关系，历史真不知如何写法。孙中山谴责陈炯明的罪恶之一，是陈不提供军费，与吴佩孚勾结，破坏北伐。③ 当两个月以后他本人与吴佩孚合作时，陈所背负的这条罪名，便不再方便说出口了。

当一个人穷困潦倒的时候，往往容易饥不择食，何况，孙中山与俄国人合作，是他遍求列强（包括日本、美国）援助而遭到拒绝的时候，俄国人伸出援手。俄国人发表的《加拉罕宣言》，表示新俄政权将自愿放弃帝俄时代侵略中国所取得的一切利权，皇皇告示，使许多中国人信以为真。对此，孙中山也当然欢迎。他或许并不知道苏俄还有另外一手。在一方求助心切的状态下，1923年1月26日，签订了《孙文越飞联合宣言》，从而使孙中山的联俄外交正式启动。对孙而言，联俄是他的外交政策选项之一，并非独沽一味，此后，他还想搞中日、中美、中德、中日俄、中日俄德的联盟，但形格势禁，成效毫无。故其及身，联俄也只是半拉子工程。在其身后，这个工程甚至以血腥的方式告终。伟人教导我们说，历史的经验值得注意。旨哉斯言！附带说一句，从李鸿章开始，国人搞了三次联俄外交，皆凶终隙末，教训惨痛。后之来者，当三复斯言。

---

① 马林工作纪录（1922年8月12日至9月7日），李玉贞等编：《马林与第一次国共合作》，光明日报出版社1989年版，第82～83页。

② 有关孙吴共产国际三方合作的记载，可参见吴方联络人白坚武日记的相关部分。

③ 孙中山谴责陈炯明另外两个罪恶：一是搞"联省自治"，一是不支持他当总统。这些罪名恐亦不能成立。认为中国最好建立美式联邦制的说法，最早是孙本人提出来的。至于不赞成孙当总统，有唐绍仪等多人，蒋介石也是上书梗谏之一人（1921年3月5日，中国第二历史档案馆编：《蒋介石年谱初稿》，第61～63页）。

尽管许崇智的粤军在福建与皖系的王永泉合作驱走了李厚基，暂时有了立足之地，但局面太小，不足以图发展，故孙中山仍然希图在广东卷土重来。他派邹鲁在港主持，联络流落省外的杨希闵等各部滇军，桂军刘震寰部，肇庆粤军陈济棠、莫雄、吕春荣、卓仁机等部，岑春煊又促在桂的沈鸿英相助，运动已经成熟。1922年12月6日，杨、刘、沈等人或各自的代表在广西平南县白马圩开会，决定拥孙讨陈。邹鲁以孙大总统名义，分别委任杨、刘为滇、桂军总司令。是为西路讨贼军，与许崇智的东路讨贼军相呼应。12月28日，滇、桂军会同反陈粤军克梧州，31日分两路东下。1923年1月9日，滇、桂军攻占肇庆，次日克三水，接近广州外围。新年前，省城纸币已跌至二成二三，人心惶惶，粤军不稳，陈部将领建议主帅暂回惠州，总部交叶举代拆代行。在当时的情况下，能否解决经济问题，实在是一个政权存亡所系。各种情况如此恶劣，陈炯明似未想到打商团的主意，勒索它一下。而且，广东政府收入，向以赌捐为大宗。尽管经济极端困难，12月1日陈在粤军成立五周年纪念大会上讲话，仍表示赌博之禁，"断无再开之理。质言之，粤军可倒，而赌不可开"①。到了1月15日，陈炯明深感事无可为，乃召部属磋商进退，并令各机关翌日起不用到差，且令前敌部队退防。同时，责成熊略、李炳荣维持省城秩序，令袁带、李群回防河南（李福林地盘）。即令秘书拟辞职布告，通电各社团宣告辞职，旋随部属返回惠州。同日，洪兆麟在潮汕宣布脱离陈炯明独立。次日，滇桂军占领广州。来也匆匆，去也匆匆，此次陈炯明返据广州，不过四个月光景。何以如此快速溃败？据同年2月8日北京《晨报》所载《陈炯明败逃之原因》认为，一是失民心，所谓民治，徒有其名，秕政未除，且加甚焉；二是失军心，众叛亲离，盖陈之猜忌有以致之；三是失外援，复职后不表服从中央，仍搞"联治"，使孙执为攻击借口，且使其潜势力分化陈部，遂不得不下野。这些观点，是颇有道理的。

陈炯明第二次下野后，基本上失去了影响力。退居惠州后不久，即赴香港，偶或返惠州、海丰，但难号令部属。陈炯明所辖粤军旧部，大体上由四大板块组成，即子弟兵、亲信海丰派，以惠州为中心包含梅州的客家人，以洪兆麟为主力的湖南军人，以及中途入伙聚散不定的各部，如林虎等人。据载，陈炯明对林虎印象较好，粤军回师时曾收编他的"三黄散"（黄业兴、黄任寰、王定华），并在滇桂军会师东下时，派林虎指挥一部分粤军对滇桂军作战。迨粤军在西江战事节节失利之际，林虎仍能统帅大部分粤军由北江边境

---

① 段云章、沈晓敏编著：《孙文与陈炯明史事编年》，广东人民出版社2003年版，第704～705页。

退至江西寻乌、黄乡地区结集休整。至于叶举,则将杨坤如、熊略、洪兆麟、翁式亮等和其他各部分别安置在惠州、汕头方面而出走天津。① 惠州老巢,一直由杨坤如据守,直至国民革命军第二次东征才被击破。至于南路八属,名义上仍拥陈,实际上是各自为政,形同割据。1923 年 3 月 9 日,陈在惠州设粤军总指挥部,但它是空架子,其本人亦未就职。

二、孙中山第三次开府广州后面临的难题

陈炯明失败得如此之迅速,实出乎各方预料。说起来,所谓滇桂联军,亦不过是一伙乌合之众,无主旨,无主义。滇军各部是流落省外之武装,有家归不得,且不说它。桂军刘震寰部鼓动入粤,便是说广州如何繁华,西关简直是人间天上,犹如上代当年宣传南京是"小天堂"一般。沈鸿英亦兵亦匪,反复无耻。然而,正是这帮"争食之军"(孙中山语),居然搞垮了陈炯明政权。沈鸿英刚进广州,便于 1 月 26 日在广州江防司令部会议上发动事变,拘捕魏邦平,差点要了胡汉民、邹鲁的命。同日,桂军缴了魏邦平第三师的械。广州的突发事变,使孙中山不得不缓期返粤。这时,孙称沈为"叛逆",要许崇智回师会同各军予以讨伐,迫沈退出广州,移兵郊外。2 月 12 日,孙又表态准其悔过自新,告"文日间即来粤一行,勉副期望"。21 日,又任沈为桂军总司令。敌我之间,宛若儿戏。

1923 年 2 月 15 日,孙中山偕陈友仁等人离沪返粤。此前,陈友仁已会晤英国驻华公使。该使表示,"英国对于孙中山没有任何属于个人敌意"。英国害怕孙中山在香港工人中挑起事端,另外,没有说出来的是,港英当局更害怕孙中山在广东引进苏俄的势力(不久前它拒绝越飞赴港"养病",即可说明)。为此,港英当局予 2 月 17 日抵港的孙中山以前所未有的礼遇——自 1895 年以来,香港一直禁止孙登陆——准许孙登陆、逗留、港督接见、在港大讲演、与工团会座谈、与工商界领袖会见。所有这一切,是与孙修好,希望他不要制造麻烦。孙于 21 日抵达广州,先设陆海军大元帅府于农林试验场,后迁河南士敏土厂。"大总统"一职不再使用了。孙中山自任大元帅,但并无自己的部队,也没有自己可信任的将领。他想到蒋介石。此人不但与孙在"永丰"舰上共过患难,是陈炯明的死对头,还具备光复时期在浙军、中华革命党东北军与在援闽粤军的历练,近期还在福建帮助许崇智,任东路讨贼军参谋长。因此,他任命蒋为大本营参谋长,迭电相催:"各要事需兄相

---

① 张醁村:《陈炯明与孙中山的矛盾及分裂》,尚明轩等编:《孙中山生平事业追忆录》,人民出版社 1986 年版,第 368 页。

助,万望速来。"至 4 月 15 日,蒋始动身来广州。但停留不久,7 月 14 日,据说是"为许崇智所龃龉,愤而辞职,避往香港",即返宁波。至 8 月,孙中山令蒋筹组"孙逸仙博士代表团",赴俄报聘,并考察政治与党务。这样,孙中山想让蒋介石在自己身边起指臂之用的计划,便暂时未能实现。

不过,从当时广州的实际情况出发,即使蒋氏在,也起不了多大作用。广州在客军滇桂军占据以后,大开烟赌,乌烟瘴气,纪律废弛,白昼打劫之事屡见。孙中山不断接到有关客军祸害民众的报告,他曾训斥杨、刘:"你们都是戴着我的帽子,来蹂躏我的家乡,而于国事是毫无益处的。我不得不和你们离开。我要回香山去了。"杨、刘闻诚后答谓:"大元帅何必生气,你要我们怎样,我们此后都服从你就是了。"事后,广州社会秩序如故,杨、刘各部把持财政税收的状况亦如故。孙中山在 2 月间对军界人士作自责:"义军多客军,我粤人尽主人之责而招待之,一时权宜,开赌以谋供给,流毒遂至无穷。"杨希闵日后也说,开始时沈鸿英入城,占据广州各重要机关,如公安局、造币厂及盐运使署等,肆意搜刮。逐走沈之后,滇军实际是无组织的军队,"一师所驻之地,就总揽了整个防区的行政、财经大权;一团所驻之城,也控制了一城的财经命脉;甚至一连所驻之镇,也把持了一镇的税收。上行下效,致使中山先生统一的政令不能推行"①。滇桂军在省城内外不但控制了财源,跋扈嚣张,他们开赴前线作战,还需筹粮饷,② 弄得孙中山束手无策。既要养兵打仗,又无经费来源,广东当局的艰难竭蹶可想而知。无可讳言,当时的广东政府,是没有丝毫国际信用的,想向外国称贷,完全不可能(向台湾银行借三五万元小款,也是通过个人信用去办的)。为图解决,孙中山的措施,除了加税捐之外,一是变卖公产,二是企图截取关余,三是拉交通系入伙。变卖公产,已卖到无可再卖的地步。关余交涉几经周折,最后可说办成了部分,公使团同意将部分关余拨归广东政府,以作整治西江之用(至于有多少用于治河,未见记载)。交通系首领、国务总理梁士诒于 1922 年 1 月被攻击下台,当时孙中山曾以"大总统"名义下令通缉。不过一年零四个月,孙即邀梁参加广东政府,欲借重梁在财政金融界的地位,以解困难。且交通系在政治上是皖段、奉张的盟友,与直系为敌对,故邀其合作,亦可作三角

---

① 杨希闵:《回忆与反省》,《孙中山生平事业追忆录》,第 372 页。
② 如 1924 年 4 月 13 日,西路讨贼军总司令刘震寰报告:"数月以来,移挪筹借,竭蹶万状,因伙食困难已久,今来前线,倘一旦绝粮,势难驱此万余卒,转战于锋镝之间。"孙即日手令财政委员会:"无论如何,对于该军给养费,务与各军同一看待,即日筹拨,以利戎行。"次日,财委会会议决定,由财政厅先赊米十万斤接济刘部,七天后又由筹饷总局拨款一万元,以度困难。以上,不过是许多事例中的一个而已。

反直之助力。梁士诒权衡至再，决定派叶恭绰、郑洪年返粤，这是 5 月间的事。孙任叶、郑长大本营、广东省财政。不过，梁士诒本人的对外借款活动①也好，叶、郑主持广东财政也好，均未能对孙有所帮助。据载，"叶在大本营任职半年间，财政未见好转，军费长在困境之中，于是广东从未举办过之'筵席捐'、'旅馆捐'等等，亦不得不举办。竭泽而渔，民困滋深，自然影响军事。"② 叶、郑之外，孙中山又成立"财政委员会"，以图集中税捐的国内筹款之权，三令五申，表示违者将严惩，但令下之后，一切依旧。到 1924 年 8 月，又成立以宋子文为行长的中央银行。它对外一直宣称向外国借了 1000 万元作基本金。但据多位知情人指陈，它是一个没有基本金的银行。中央银行成立后，因缺乏信誉，也未能起到一个央行的作用。广东政府无力保护广州、佛山等地商人的正常贸易，使商人思有以自卫。商团与官方的摩擦，最终导致商团事变，西关成为瓦砾场。

对于孙中山来说，他的政权能否维持，端赖军事上的胜利。在广州北郊、北江一带驻扎的沈鸿英，时服时叛，不能不对付；更严重的，是东江的陈炯明部。在 1923 年 5 月 9 日滇桂联军击败沈鸿英、占领韶关后，次日，洪兆麟、叶举、熊略、杨坤如等在惠州成立粤军总指挥部，重揭反孙旗帜，与石龙刘震寰部冲突。14 日，桂军占领博罗，奸淫杀掠，以报两年前粤军占桂之仇。桂军恶行，使惠州居民有切肤之痛，深恐蹂躏，坚决拥护杨坤如守惠州。孙中山亲自往惠州，居然下令拆卸虎门的海防大炮，安装在市郊，轰击惠州城，又令飞机轰炸，用了种种手段，就是久攻不下。9 月 22 日，在白沙，原用以爆破城墙之鱼雷爆炸，航空局长杨仙逸、长洲要塞司令苏从山、鱼雷局长谢铁良被炸死，21 日的总攻惠州的计划延至 27 日进行。尽管许崇智、杨希闵、朱培德三路并进，仍无功而返。孙留程潜于博罗，其本人则返广州。战事断续进行，孙中山几次上前线。10 月 23 日，陈部进攻广州。11 月 3 日，孙赴石龙。11 月 12 日，孙返广州，陈部陷石龙，广州震动。18 日战于广州郊区，城中可闻炮声。幸得豫军樊钟秀部参战，始击退陈部，广州转危为安，使国民党"一大"有了个开会的地方。

孙中山和他的战友们经过半年多的征战，体察到客军对陈军作战不力，

---

① 据载，1923 年 3 月，梁士诒在香港与英中协会的 S. F. 梅耶斯会谈，梁建议财团向孙中山的政府提供一笔借款，以盐税为抵押。这笔盐税当时是由广州截留控制的，年收入为 500 万～600 万元。梁设想 1 亿元的贷款是能够到手的。但是，结果是一分钱也未能借到。（韦慕庭著：《孙中山——壮志未酬的爱国者》，第 157～158 页）

② 罗翼群：《读叶遐庵〈我参加孙中山先生大本营之回忆〉书后》，《孙中山生平事业追忆录》，第 421 页。

甚至"养寇自重",深感必须有一支听号令、打得赢的国民党部队,而要有军队,首先得有军校培养骨干。11月15日,国民党临时中央执委会举行第六次会议,商议组织国民党义勇军。26日,临时中央执委会第十次会议,议决将义勇军改名国民军军官学校,拟以蒋介石为校长。1924年1月24日,委任蒋介石为陆军军官学校筹备委员会委员长,随后选定黄埔岛为校址,这便是黄埔军校的由来。

孙中山的目标是北伐,统一中国。他搞三角同盟,是争取支持者作为友军,是手段,不是目的。对于陈炯明,经过严重的政治羞辱,当然不愿再引为同志。但陈部仍具实力,若北伐,必须解后顾之忧,故孙多次亲临惠州、石滩、石龙前线督阵,不遑宁居。他既面临上揭种种难题,加上实施联俄政策后,遭到党内外的议论、反对,前途并不乐观。鲍罗廷还与他商量广州失陷后赴海参崴的计划。自然,陈炯明集团内部也矛盾重重,为使之分化瓦解,孙多次表示,准许他们悔过来归。经过半年多的较量,事实证明此事殊不易了。既不易了,便不能完全排除调和的可能。于是,便谈谈打打,任由旁人不断去进行调和活动。

三、孙、陈调和最终徒劳无功

据说,1922年9月间,陈派某要人曾提出说合,为胡汉民、许崇智所破坏。实际情况是,"六一六"事变后的几个月,孙、陈双方都在气头上,且孙忙于联俄、联吴,正处于政策调整阶段;陈则重返省城,一人独大,省政鞅掌,自无所谓调和之可言。到了1922年底,新上台的国务总理张绍曾,出于国家统一的愿望,建议孙中山与陈炯明和解,共谋国是,为孙所拒绝。随后有张启荣及宣言拥护孙的粤军将领陈部洪兆麟、翁式亮,亦建言调和,均被孙所拒。此后,从1923年6月至1924年11月孙中山北上,有三个时段,交叉在军事行动中,进行了较为密集的调和。

第一次调和于1923年6—7月间,这时滇军在北江对付沈鸿英;许部粤军、桂军讨陈已经开始,孙赴前敌,任蒋介石为大元帅行营参谋长。6月14日,报纸刊登陈派某重要人士传出调和问题谈话,又称姚雨平已辞职,出面调停,并请香港总商会与东华医院各绅商帮忙。16日,孙对报界声明未与陈言和,谓"陈如诚意悔罪,为国立功,自可许其自新,此时尚不能遽宽挞伐"[①]。当时孙对军事甚为乐观,以为东江战事"不日当可结束,今有汝为在

---

① 陈锡祺主编:《孙中山年谱长编》下册,第1644页。

惠城主持，予尽可放心，东江既平，则北江沈军，决无能为"。① 20 日，章太炎、柏文蔚、于右任、居正等电孙，谓"宜贷陈炯明、黄大伟等既往，然后议员可至，政府可设"。不应。据称，6 月 22 日，陈炯明在香港寓所召集一次重要会议，表示颇有调和之意，"以使广州摆脱难以言状的困境。经过认真讨论，据说与会者全部赞成陈炯明的建议，并将采取同他们的主子一致的行动"。② 这个信息显然传给了对方。24 日，孙中山下令停止对惠州的进攻。此时，李福林也出来调停。6 月 27 日，战事再起，陈炯明入惠州。调停之事陷入僵局。随后孙方进攻逐渐无力，至有前述 11 月 18 日广州危急孙与鲍罗廷讨论赴俄海参崴之事。

第二次调和活跃于 1924 年 4 月下旬至 6 月底。在 1923 年底至 1924 年 1 月国民党"一大"召开之前，李福林曾进行过活动，1 月间廖仲恺与金章还在港会谈（见 1 月 10 日廖《致金章公开书》所述晤谈原委）。国民党"一大"的召开，停止了相关的活动。3 月 8 日报载，蔡元培、吴稚晖、李石曾等将来粤实行调停孙陈战争，但孙被共产党所包围，共产党极不以调和为然云。当时陈部粤军将领请陈炯明复出，陈意未决。20 日，孙中山又下令向东江总攻击。这样，自然无法进行调和。到 5—6 月间，各方活动复起。其间头绪正多，大体是：4 月 27 日，吴稚晖致函黄居素，试图对孙陈复合有所调停，并将计划告知在沪的汪精卫。28 日，汪精卫复函黄居素，申述孙陈复合的意见，并请黄代陈于炯明，认为："今日欲谋复合，必须首将一切政客、名士、军人易染之习气如体面论、势力论、利用论等一一尽地扫除，以革命党人之面目，以至诚不顾成败利钝勇往做去，方能将此不堪局面翻转过来。"函中未提具体条件，所言是否出于孙意，不详。29 日，吴稚晖作长函致陈炯明，希望孙、陈复合，此函由黄居素面达。这时，岭南大学校长钟荣光动员魏邦平疏通孙、陈两方关系，魏与熊略等有所协商。据云，孙方对钟、魏主张，并无表示，惟国民党临时中央执委会多数意见反对调和；陈往汕潮梅各处，洪兆麟等对之亦甚冷淡。林虎、洪兆麟还希望与吴佩孚合作。5 月 13 日，陈炯明复函吴稚晖，托黄居素带往上海，代申一切，就"中山首领问题"、"澄清中原问题"，表明心迹。③ 据报，5 月中旬，"北京政府派唐宝谔、关澄芳赴汕头，请

---

① 《孙中山年谱长编》下册，第 1643 页。
② 广东省档案馆编译：《孙中山与广东——广东省档案馆库藏海关档案选译》，广东人民出版社 1996 年版，第 469 页。
③ 段云章、倪俊明编：《陈炯明集》（增订本）下册，中山大学出版社 2007 年版，第 1028～1031 页。

粤军赞成统一。陈少白前已赴汕头运动陈、孙调和,现邹鲁亦有代表加入运动。段祺瑞亦派褚辅成及某君来汕请粤军与段一致行动。"①

当时陈炯明在汕头开军事会议,将领们有三种意见:赞成调和、复合,有条件赞成复合,独树一帜。陈未表示倾向,亦不赞成就总司令职。5月18日,北京政府任命叶举为广东省长,林虎为督理广东军务善后事宜,沈鸿英为粤桂边防督办,洪兆麟为潮梅镇守使。这些职务颇具诱惑力,但叶、林、洪均未就职。

在孙中山亲信中,活动最力者当数汪精卫,但他显然并未得到孙中山授权,他在6月下旬曾在香港与金章、马育航会谈。陈少白已游离于权力中心之外,仅代表孙科。孙中山的重要干部胡汉民、许崇智、蒋介石都反对调和,桂军、豫军首领也反对。真正能表达孙中山见解者是廖仲恺。据6月25日《华字日报》披露:"黄居素邀汪精卫、廖仲恺代表孙中山来香港,在坚道某宅,与先生(按:指陈)代表马育航、邓伯伟会商复合事宜。廖仲恺传达孙中山意,坚持先生具悔过书为唯一条件。马育航电先生请示。"② 7月初旬,陈复电谓尚有难行之处。对于此项报道,孙方未作反应,估计是有此事。在6月5日香港《华字日报》所刊《孙陈调和之面面观》称,此前之发动,"有由粤军发动者,如最初之翁式亮、熊略等是;有由联军军人运动者,如去年梁鸿楷、李福林之到港接洽是;有由双方政客发动者,如金章、陈觉民与廖仲恺之接洽是;有由第三者调停者,如段祺瑞及蔡元培等是;有号称市民请愿者,如钟荣光等是。俱以条件难商,始终不能为正式之接洽。最近广州各报及民党某报连日载调和之消息,且希望其成功"。该报记者采访大本营某要员,据云"大元帅见东江相持年余,劳师糜饷,颇欲与竞存复修旧好"。某君遂以此告汪精卫,汪便约吴稚晖等联名致陈炯明,建议南方仍设总裁制,但孙、陈双方表示并不积极,因陈方坚持孙下野,汪以为万万办不到,便中止南来。孙方派陈少白赴汕头,亦不得要领。这个总裁制又称委员制,由汪精卫在上海起草,计划由孙做委员长,段祺瑞、唐绍仪、唐继尧任委员。这样一来,客军便没有地位了,所以桂军、豫军皆反对;滇军则坐观成败,不出战;湘军谭延闿亦主言和,盖闻报告"战区沿线,千里农田荒芜,如入无人之境,乡民惨受战争苦况,不忍见亦不忍言,人非木石,其主和也,不得谓

---

① 香港《华字日报》1924年5月14日。转引自:《孙文与陈炯明史事编年》,第790页。

② 陈定炎:《陈竞存(炯明)先生年谱》,第728页。按广州《民国日报》24日记此事,廖于20日赴港,系为挽留戴季陶与迎接鲍罗廷,未及此事。

绝无见地"。至于城市苦状,从5月28日广州全市大罢市的情绪已可看得出来。到6月下旬,调和之事又逐步消停下来。8月26日,孙中山表示,先打商团,后打陈家军。不过,孙中山的表态好像有点随意性:9月3日(江浙)齐卢之战开始;5日,孙宣言北伐;9日,孙致函蒋介石,称在粤之三死因:英国的压迫,客军的专横及"东江敌人之反攻,现在已跃跃欲试。如再有石牌之事发生,则鹿死谁手,殊难逆料"。故孙不要广州了,要蒋介石率其学生军北伐,这三死因中并无与商团结仇之事。

第三次调和是在1924年9—10月间。齐卢(江浙)战争爆发,孙中山为实践三角同盟、配合皖系卢永祥,决定北伐。9月13日,移大本营于韶关,通电各方称他亲自督师北伐。同日发出通令,饬东江陈军悔过自新。此前,吴稚晖赴汕尾,与陈炯明晤谈。16日,吴由邹鲁陪同至韶关见孙中山,报告陈所示两点:"一,我一定打吴佩孚;二,江浙战争未分胜负,奉天出兵与否亦未可知,不能不审机观变。"孙亦表示两点:"一,陈如悔过,许其自新;即不为悔过之表示,而能出兵福建为浙江声援,也许其以功赎罪。二,已令诸军撤惠州之围,并停止各军进攻,以待陈之自决。"① 孙中山确实下了撤军命令,19日,滇、粤、桂、湘等各军总司令、军长发表宣言,服从决定自东江撤兵,敦促陈炯明等人速行悔罪自新。不过,邹鲁却另有说辞。据载,"吴先生申述来意后,总理非常愤怒,并且说:'陈炯明背叛,要杀我,人人可恕,陈炯明不可恕。'吴先生立刻向总理跪下,对总理说:'这事关系北伐前途很大,先生不答应,我就不起来。'总理一面拉他起来,一面说道:'快快起来!我为你恕了他,但是要他写一张悔过书。'吴先生见总理这样宽大,非常高兴,就立起来。那知吴先生到汕尾叫陈炯明写悔过书,陈不允,以致自取败亡。由这事看来,可见总理胸怀之宽大,与吴先生之高义。"② 两种说法颇有异同,最大不同之处是报纸报道未提"写悔过书"而邹说有之。是否要陈写悔过书而遭拒绝呢?答案是肯定的,因为炯明死后吴氏致送挽联中写道:"十年前止索悔过书,黄泉送达,定邀师弟如初",吴氏在挽联识文中还称:"民国十一(三?)年,总理北伐,恐东江陈兵牵制,汪精卫先生嘱予与邹海滨先生晤陈于汕尾,谈反正,陈许可。复至总理韶关行营请示,总理止索悔过书一纸,别无条件。后陈为部下所持,遂未成。"云云。可见调和未成,最终是卡在写悔过书问题上。9月23日,吴稚晖宣布调和失败。孙中山急于处理商团问题和北伐,曾下令调查陈与商团勾结一事,未见公布调查结果。但

---

① 广州《民国日报》1924年9月19日。
② 邹鲁:《回顾录》,岳麓书社2000年版,第135页。

在商团事件中，陈军未动，却是事实。

陈部粤军为何未配合商团进攻广州呢？一种说法是："鉴于近郊之役（按：指1923年冬粤军迫近广州东郊），对于军队之补充、军实之搜集，皆不得不通盘打算（此层林虎主张最力）。"另一种说法是，段祺瑞派许世英南来，并与各方电商解决时局办法，以为欲速使孙离粤，尽不必遽诉诸武力。"段之计划，由许世英到粤征求孙文意见。段担任大局和平解决，请孙北行，粤事交回粤军。如孙不愿交粤军，则交回粤人。孙如办到此层，则段对孙今后在大局上之活动，予以援助。孙经一一答允，并谓芝泉肯出，我必助其成功云云，段因此劝粤军暂缓进兵。"① 今案，许世英抵韶关，是10月1日，在数日盘桓中，谈到段的计划、孙北伐及劝与陈和解，令陈共同北伐直系等问题。段之促孙离粤，未悉是否指北伐？当无徒手北走之可能。其时已组织"革命委员会"对付商团。10月11日（商团事件前三天）孙给蒋介石函中，着收束黄埔校军，赴韶关专力练兵北伐，略谓："北伐必可成功，无款亦出，决不回顾广州。望兄速舍长洲来韶，因有某军欲劫械，并欲杀兄，故暂宜避之，以待卫队练成再讲话。陈贼来攻，我可放去，由争食之军互相残杀可也。乱无可平，只有速避耳！"② 他实际是承认讨伐陈军已失败。或许，这就是孙中山接受段祺瑞建议离开广东的真谛。问题是，没有民众，没有一个巩固的后方以作补给基地，到处"因粮于敌"，此种军队恐与流寇相异者几稀。孙终其一生三次"北伐"（桂林一次，韶关两次）毫无寸功，其原盖出于此。

通过上述的一年半左右时间里三个时段比较密集的调和活动，人们可以发现，孙、陈双方均有一定程度的调和意愿，但都未下决心。从大处着想，双方存在许多共性，但又有许多分歧，严格说来，他们的分歧是政见不同，并非主义之别，不过各自的人事系统和利益分配，使之最终未能走到一起。孙、陈都是自视甚高且具有强烈领袖欲望的人，亲信部属的意向，使二人最终无法复合。

对于孙、陈双方部属及友邻势力对调和取赞成与反对态度的两派参与者，似可作大体上的划分。

赞成方面：

（一）实力较差的粤省武人与外省入粤武人，如姚而平、李福林、魏邦平、梁鸿楷、赖世璜、石青阳、但懋辛、卢师谛等。湘军谭延闿也加入这一行列。

---

① 《陈竞存（炯明）先生年谱》，第605、604页。
② 《孙中山全集》第十一卷，第169～170页。

（二）国民党系统的元老与非主流派，如汪精卫、张继、谢持、蔡元培、吴稚晖、章太炎、李石曾、褚辅成等。

（三）太子派，孙科、吴铁城，以及孙科代表陈少白。

（四）孙之合作者段祺瑞（代表为曲同丰、许世英、卢永祥）及交通系梁士诒。

（五）民间代表如钟荣光。

（六）孙中山的代表邹鲁、廖仲恺、李其芳。

（七）陈炯明集团，甲，海丰派马育航、陈觉民等；乙，策士派如金章、邓伯伟、莫纪彭以及为之中介的黄居素；丙，武人中如翁式亮等。

反对方面：

（一）孙中山的亲信，如胡汉民、蒋介石。

（二）国民党内实力派，如许崇智。

（三）客军中的滇、桂、豫军首领。

（四）共产国际（苏俄）在粤代表鲍罗廷；中共的蔡和森、陈独秀（1922年5月中旬，陈曾赴惠州，劝炯明避免与孙火并）、彭湃（直到1924年仍为海陆丰农运问题与陈炯明来往）。

（五）吴佩孚。

（六）陈部有实力将领洪兆麟、林虎、叶举、熊略、杨坤如等。

上列赞成与反对两方面相比较，前者人多，比较热闹，但缺少实力。即陈氏方面，海丰派已不再拥有兵权，策士们更如清客，不为实力派所重视。反观反对派，绝对是影响孙决策的势力，其人数未必比赞成者多，已足以使调和陷于僵局。陈炯明与共产国际未始不能合作，但胡许蒋作为炯明的死对头，在孙、陈复合后的广东政权中定无立足之余地。若调和成功，以驱陈入粤建功的滇桂豫等客军，也将再无盘踞广东之借口。陈集团叶、林、洪等诸将，北京政府已有封任，他们虽未就职，但经此荣宠，心理上自然不愿再居人下；且炯明已权威失坠，势难对此辈随意驱使，即使他写了悔过书（当年已不愿因按指模、宣誓忠于孙文而加入中华革命党，今日更无悔过之可言，此意已明告吴稚晖），洪、叶、林、熊诸将也不会认可。权衡得失，孙中山可以宽恕沈鸿英，就是不能宽恕陈炯明。另外，孙中山允许调和（即并不一味拒绝），部分是出于摆脱困难的需要：一张一弛，被认为是作战术拖延的策略。明知炯明强项（即硬颈，不会认罪）而令其写悔过书，重行羞辱，也不过是最终找到一个拒绝调和的借口而已。

西方（包括日本）国家驻广州的官员均极注意调和问题，但目前尚无法证实有哪一个国家插手调和活动。

冯玉祥等人发动北京政变后,邀请孙中山北上共商国是。直系控制的中央政府的终结诚然是孙所乐闻乐见的,离开广东,也是段祺瑞的计划而为孙所接受的;但是,孙尚未到达北京,也未与孙通气,段祺瑞即就任临时执政,并提出召开善后会议,以对抗孙所主张的国民会议。政见异趋,三角同盟无疾而终。孙北上后,1924年12月16日,陈炯明在部属林虎等强烈要求下,在广东兴宁通电复任粤军总司令职。然而,今昔异势,陈部粤军未能重新振作。此前,"六一六"事变两周年,由蒋介石任校长的黄埔军校正式开学。1925年春第一次东征右翼军(许崇智部粤军及黄埔校军等)底定潮梅后,为回师平定杨刘滇桂军,广州诸党政军大佬决定将潮梅交回陈炯明。但因"廖案"发生,政局丕变,蒋介石崛起,许部粤军被解决,始有第二次东征之举。至1925年10月国民革命军第二次东征时,以黄埔军校毕业学生为骨干组成的国民革命军第一军已经成为新锐之师。经过这次惨烈的征战,陈部粤军被彻底击溃。1925年10月,陈炯明在香港就任中国致公党总理,在华侨中与国民党分势,走上了另一条革命救国的道路,以迄去世。

孙、陈直接关系的终结,是1925年3月孙中山去世后陈炯明送的一副挽联:"唯英雄能活人杀人,功首罪魁,自有千秋青史在;与故交曾一战再战,公仇私谊,全凭一寸赤心知。"据说,这副挽联,执事者未敢挂出来。评论者称,炯明曾颇示谦抑,"明明陈、孙分裂,彼乃绝不表示意见,任对方骂之为逆,骂之为贼,都不辩一词"①。孙死之后却辩了。没有惋惜、庆幸,没有抱憾,更没有悔过。陈氏相信历史是公正的:孙、陈不能调和、复合,关键在孙的发纵指示;至于口诛笔伐,兵戎相见,乃因政见分歧,走到极致(公仇),而许系等部粤军,同为袍泽(私谊),即入粤客军,原无冤仇,连年征战,民生涂炭,初非本心。吾人今日议论造成分裂与调和失败的责任方,将会徒劳无功,但在任何环境下,都是"一个巴掌拍不响"的。1933年9月,陈炯明在香港病逝,次年4月归葬惠州紫薇山时,包括曾经是对手的南京国民政府中的各式人等,送了共二千余副挽联,真有点"山川变色,草木含悲"的气氛。然而,八十六年过去,在历史教科书上,陈炯明至今仍是负面角色。看来,陈氏所称"千秋青史"之写就,尚未知何年。

---

① 《特约通讯·陈炯明通电表示态度后之东江形势紧张》,香港《华字日报》1924年11月29日。

中国国民党"一大"前后孙蒋关系研究

在孙中山研究中，孙与蒋介石的关系，颇受学者的重视。一般读过中国近代史的人都晓得，在1922年"六一六"陈炯明事变后，蒋氏应孙中山之召，自甬赴粤，随侍兼旬，深获孙之欢心。翌年，便有派蒋氏率"孙逸仙博士代表团"赴俄报聘、考察之举。蒋氏返国后，又当上陆军军官学校（俗称黄埔军校、埔校，以下用此简称）校长。蒋氏出长埔校后，即着手编练校军（后发展为党军、国民革命军第一军），在孙中山去世后，他据以崛起广东，排除异己，号令群雄，统一中国，成为不二的"总理忠实信徒"。然而，这是高度概括，是表面文章，它远未涉及孙蒋间这一时段的若干关键问题。

资料表明，自1923年12月15日蒋氏从苏俄返沪后，迄1924年5月3日孙中山正式任命他为埔校校长的近半年时间里，孙蒋关系微妙，甚至可谓低迷。蒋氏抵沪当日即返奉化，拒绝回广州报告达一个月之久。赴广州列席国民党"一大"不久，居然派人宣布遣散埔校筹备委员会（蒋任委员长），遽行返甬。蒋氏恃宠而骄，目无法纪，内中奥秘，或隐或显。凡此，已往学者似未作系统考析。此事实关中国近代历史之重要一页，笔者不揣固陋，拟对此加以梳理。下文分五部分：一、"六一六"事变对孙蒋关系意义重大；二、孙中山对蒋氏之访俄报告未予置评；三、蒋氏对其以非代表身份列席国民党"一大"深致不满；四、孙中山坚持埔校"非蒋莫办"之苦心不为蒋氏所理解；五、余论。

一

蒋介石与陈其美有着深厚的关系。1908年蒋氏在东京加入同盟会，便是陈介绍的。[①] 蒋氏初次会见孙中山，大概也是由陈引见的，但不应在蒋氏留学日本期间，因为孙中山在1907年3月离开日本后，直至1913年2月访日，仅在1910年6月秘密返日待了十五天，其时蒋氏正在日本军营里见习。武昌起义爆发后，蒋氏受陈其美之召脱队返国，参加浙江光复，又任沪军标统。因

---

① 莫永明、范然著：《陈英士纪年》，南京大学出版社1991年版，第32页。

与陈其美的亲密关系，1911年12月25日孙中山从欧洲返抵上海之后，蒋氏若经由担任沪军都督的陈氏介绍给孙认识，则是完全可能的。"二次革命"失败后，国民党员纷纷流亡日本。在总结"二次革命"失败原因以及在组建中华革命党入党手续问题上，孙中山与黄兴意见严重分歧。孙要黄兴"静养两年"，不过问革命之事。黄见矛盾一时不易化解，便赴美国治病去了。支持黄兴的一批党内重要干部，另组欧事研究会与中华水利社。坚决支持孙中山的陈其美在新成立的中华革命党中担任总务部长，相当于同盟会执行部庶务黄兴的职务，孙倚为左右手。这个时期，蒋氏有机会单独接触孙中山。日本警视部门即保存蒋氏进出孙宅的记录。这种单独接触，既说明孙对蒋氏的信任，也有利于对蒋氏的了解。陈其美是以上海为中心的华东地区反袁军事负责人，自然属于袁政权所必除的政敌。1916年5月16日，陈在上海日人山田纯三郎的居所为袁氏刺客所杀。据载，陈既死，刚回沪不久的孙中山闻讯即往视，抚尸痛哭。蒋氏则于悲痛中将陈的遗体搬到自己家里去，办理丧事。① 早在1915年2月间，陈其美回上海时，留蒋氏在东京处理未了之事。蒋氏送陈至横滨上船，表示设陈有不幸，当为陈之"第二化身"。不料一语成谶。陈死后蒋氏为之撰祭文，誓"以守我之信，践我之约而已"。② 蒋以此誓陈，对孙亦以此自重。

  陈其美去世后的蒋介石，毫无选择地投身到孙中山营垒里，并尽力地表现自己的军事才能。由于蒋氏具有相当的军事历练，第一次护法战争开始后，1918年春，赴粤，投孙，旋往援闽粤军陈炯明总司令部（在闽西南、粤东北一带），先后任总司令部作战科主任、第二支队司令、许崇智第二军前敌指挥官等职，成为许部重要将领。因与陈军将领不洽，蒋氏一再离队。尽管如此，孙中山对他仍信任有加，并要求他像对陈其美那样对待陈炯明。援闽粤军反攻顺利，军抵老隆，蒋氏归队。1920年10月11日，陈炯明任命蒋氏为第二军参谋长，代师次河源患病的许军长指挥调度。在1920年9月21日朱执信虎门遇害后，10月29日（是日援闽粤军克复广州），孙中山致函蒋氏，内谓："执信忽然殂折，使我如失左右手。计吾党中知兵事，而且能肝胆照人者，今

---

  ① 《陈英士先生纪念集》，《陈英士纪年》，第431页。
  ② 杨树标著：《蒋介石传》，团结出版社1989年版，第28、29页。按据杨庶堪1924年5月23日辞去广东省长职后致继任者廖仲恺信，蒋介石似曾对孙中山说过不利于陈其美之言论，谓"堪既与介石绝交，不容更致书。唯尚有一言，请兄代询。英士将死之前，渠告我以谁氏谮构于先生，致英士之求死不得者。若闻此而仍漠然无所动于其中，则其人良知已绝，愚更何言也"。（杨庶堪著：《天隐阁集》，重庆出版社1991年版，第379～380页）

已不可多得。惟兄之勇敢诚笃，与执信比，而知兵则又过之。"孙在该函中也指出，蒋氏，"性刚而嫉俗过甚，故常龃龉难合"，要他为党而"勉强牺牲所见而降格以求"。① 把蒋介石评为党内水平最高的知兵者，不免使他养成目无余子的自大狂，也使他认定以后孙绝对少不了自己。到了 11 月上旬，蒋氏借口陈炯明置西江肇庆于不顾，反以粤军主力派遣北江，表示不满，离粤赴沪。（按：陆系桂军从北江方面撤退，粤军以一部追击；15 日粤军主力占肇庆。蒋氏之说不实。）这时许崇智也去了上海。在广州的胡汉民致函孙中山（时在上海），要许、蒋赶快回广州："汝为来，固须先生邀其速即返粤，介石亦定要与之偕回"，"若只洁身抛弃兵权，则他人正中下怀，此求两人所宜知也"。② 胡、许、蒋与陈炯明积不相能，是孙中山身边的反陈联盟，孙陈分裂，由来有自。以后蒋之利用许、胡以图权势，实发端于此援闽粤军占领广州之际。

1920 年 11 月 3 日，广东省议会选举陈炯明为广东省长，仍兼粤军总司令。6 日，陈接收了督军、省长印信。③ 10 日，孙中山等四总裁又重行委任陈炯明为广东省长兼粤军总司令。是日，陈通电就省长职，并宣布废除督军。11 月 28 日，孙中山抵达广州。29 日，重组军政府，孙中山为四总裁之一，这是他第二次开府广州。

广州军政府未能得到国际承认。北京政府是直系曹吴控制的政权。在广东省政府之上存在由广东提供经费支持的军政府，且寄养滇、桂、赣等客军，形成变相的"督抚同城"局面，孙陈间出现难于调和的矛盾。大而言之，孙主张武力统一，北伐（攻曹吴），要求选总统，搞三角（孙段张）反直同盟；陈主张保境安民，粤军不出省，联省自治，民选县长，认为选总统尚非其时，私下与洛吴联系。孙陈各有人事系统，政见异趣。陈氏实际也做了一些妥协，如选举孙为总统，出兵平定广西，以原督军署为总统府；在艰难竭蹶中，提供经营桂林北伐的军费；允许邓铿从陈部第一军第一师中抽出兵力编成孙中山的警卫团。

参加桂林北伐的粤军，是许崇智第二军。蒋氏任第二军参谋长，他虽然任此职，却恒居沪，孙不断促其来粤，但来而复去，不止二三次，孙亦莫可奈何。蒋氏赞成北伐，但也认为选总统尚非其时。1922 年 4 月 20 日，当孙陈矛盾即将转为冲突的前夕，蒋氏致函孙，称陈"意图谋叛，逆迹已彰，莫如

---

① 《孙中山全集》第五卷，第 379 页。
② 蒋永敬著：《民国胡展堂先生汉民年谱》，第 251 页。
③ 陈定炎编：《陈竞存（炯明）先生年谱》，第 202 页。

尽速予以讨平,俾先巩固广东,再谋北伐,是为上策"①。其时陈炯明虽为粤军总司令,大体上实际只能掌握第一军。而在该军第一师师长邓铿被刺后,第二师师长洪兆麟去了上海,第三师师长魏邦平犹豫于孙陈之间(陈离广州后魏即被孙任为广州卫戍司令),陈部主力在西江,广州几乎是座空城。孙因改道韶关北伐,此时抵达肇庆,若依蒋氏策略解决陈炯明,并非无取胜之可能。但胡汉民等不赞成,认为反陈可能引起战祸。孙中山亦不赞成对陈动武②,却解除了陈炯明的广东省长、粤军总司令、内政部长职务,仅保留其大本营陆军部长之职(此前陈已辞去中国国民党广东支部长一职)。陈乃于21日离开广州返惠州。22日,孙中山抵广州。当斯时也,孙中山诚可谓兵事鞅掌,不遑宁居。无论是韶关北伐,还是应对从广西撤回、即将进广州的"陈家军"(孙之用语),都指望蒋氏倚为臂助。然而,蒋从肇庆抵广州次日(24日),却因孙不接纳其"先清内患,再图中原"的建议,拂袖而去。在香港登轮前,他却给"竞公总司令"写了一封情词恳切的长函,函中称,若行内斗,"无论其结果如何,必致两败俱伤,即胜者亦不免同室操戈,授人以残杀同志之口实,吾知其精神之痛苦,较之败者为更烈也"。续谓:"以此而论,则吾公不能不出,且不能不速出也。如吾公深信中正,果能允纳一二,勿听细人之言,勿任宵小之徒,尊重党魁,共同前进,则中虽愚陋,尚思待罪疆场,执鞭以从,聊供指臂之助。"③ 在二三日内,蒋氏为何态度转了一百八十度大弯呢?不宁惟是,经蒋氏亲自删订的《蒋介石年谱初稿》,不但未收4月20日向孙建策讨陈之事,而且对24日致陈炯明函也做了手脚,删去开头自承罪恶的一大段话。④ 猜测蒋氏写此函与篡改内文的目的是多余的,但表明此时他

---

① (日)古屋奎二主笔:《蒋介石秘录》第二卷,湖南人民出版社1988年版,第244页。

② 据邹鲁《中国国民党史稿》第三篇记述:"先生(按:指孙)以陈叛迹未彰,在桂粤军数年奋斗,犹欲保存,并主张亲自督师北伐,两广仍交陈办理,给以殊恩,当能感奋。且直奉战争方炽,不可失此良机。若按兵不动,则与拥兵自卫者何异?遂未纳。"(商务印书馆1938年版,第1096页)

③ 孙定炎、高宗鲁著:《一宗现代史实大翻案——陈炯明与孙中山蒋介石的恩怨真相》,香港吴兴记书报社1997年版,第300～301页。

④ 删去之原文为:"中正昨日回省,极拟劝驾赴三水,以为最后转圜之一着,不料吾公已舍职离省,徒令彷徨失措,不知所归。此次改道攻赣,以致内部纠纷至此,皆由中正一人隐忍贻误之咎,然当时以为反对过甚,竟无从中维持之策,故不能不顺从一时,以为权宜之变,万不料有今日之现象也。中正罪恶,诚万死莫能赎矣。"(《一宗现代史实大翻案》,第300～301页)收入《蒋介石年谱初稿》之同一函件(见该书第84～85页)已改得面目全非,文长,不复迻录。

对孙中山主张的不满与背驰,即他在删改后的表述,"中正惟有独行其道,不复预闻内部事情"。当孙急需用人之际,蒋氏居然又走了。

1922年6月16日凌晨,陈部叶举等人发动兵变,围攻观音山孙中山官邸与总统府。不管这次兵变是否为陈炯明指使的,他都应负道义上的责任;当兵变逐走孙中山之后,他不自责或放洋,而是亟亟于回省主政,尤显得这个秀才加法政生缺乏政治头脑。6月18日,孙中山从永丰舰上发电报给蒋介石:"事紧急,盼速来。"同时,蒋氏接汪精卫、林业明从上海来电:"惊悉粤变,犹幸总理无恙。"事虽紧急,但直至25日,蒋氏才携妻由沪动程;29日抵广州,上了永丰舰。孙中山在8月9日离开广州。蒋氏夫妇与之一同返沪后,又回溪口。9月13日,蒋氏写完《孙大总统广州蒙难记》①。孙中山无疑对这种宣传品饶有兴趣。同年10月10日,他为该书作序,对蒋氏大大表扬了一番:"陈逆之变,介石赴难来粤入舰,日侍余侧,而筹策多中,乐与余及海军将士共生死。"② 在永丰舰上与孙"共生死"者岂止蒋氏一人③,而"蒙难记"中俱未及,"序"中又未及(仅提"海军将士"),独树一人,蒋氏之地位,也就不自高而高了。

实际上,蒋介石可以说是"六一六"之变惟一受益者。首先,经此事变,粤军一、二军由同袍变为敌人,许崇智军成孙系军队之主力,蒋任该军参谋长,实负指挥调度之责,其地位亦随之益显。欲击破陈系粤军,蒋即以此自任。其次,经此创痛,孙欲图新,决策联俄容共,启动之初,孙便想到用蒋助成其事。1922年8月30日,孙由沪致函在甬之蒋氏,函谓:"日来变局愈速,非兄早来沪同谋不可";"某事(按:指孙与越飞代表的会晤)近已由其代表专人带函来问远东大局问题及解决办法","从此彼此已通问讯,凡事当易商量矣",并告对方有一军事随员,将讨论军事问题。④ 一年以后有派蒋访俄之事,实于此为伏笔。复次,许部粤军未经灌输新思想,北伐、东征、对付祸粤之滇桂军,均难用力,必须从头开始,以作后图,于是有后续埔校之设、校军之练,凡此,为蒋氏之纵横捭阖,提供了广阔天地。蒋氏既受孙之重用,予以权责,终于使之坐大。故可断言,"六一六"之变不仅对孙蒋关系

---

① 或称《孙大总统广州蒙难日记》。日记体裁,逐日记事,包括6月29日以前各事,只字未提蒋本人之迟来或随侍及离开,显示蒋之智慧与乖巧。

② 《孙中山全集》第六卷,第571页。

③ 据黄惠龙《中山先生亲征录》(刊王云五等著:《我怎样认识国父孙先生》,台北传记文学出版社1965年版)所记,在舰上者,尚有胡毅生、林直勉、林树巍、陈策、熊秉坤、马伯麟、谢心准、杨虎、杨熙绩、周仲良、陈群、陈煊、马湘、黄惠龙。

④ 《孙中山全集》第六卷,第535～536页。

而言意义极其重大，更是中国近代历史之重要转折点。其历史轨迹之发展，延续至今。

二

1922年8月15日陈炯明重返广州后，政权并不巩固。拥孙的杨刘滇桂军及部分粤军组成讨陈西路军，沿江东下，陈军无法抵抗。当时纸币低跌，陈又反对弛赌禁增加收入以维持政权（谓"粤军可倒，赌不可开"），军心更加涣散。1923年1月15日。陈通电下野，即日回惠州。次日，滇桂军入广州。2月15日，孙中山由沪启程回粤，21日抵广州，重建军政府。

孙在沪期间，1923年1月26日与苏俄代表越飞联合发表《孙文越飞联合宣言》，随后又派廖仲恺赴日，与越飞代表进一步磋商落实问题。返粤之后，联俄容共政策进入实施阶段。在上年10月，孙中山将在闽粤军编为东路讨贼军三个军，许崇智为总司令兼第二军军长，蒋介石为参谋长。许蒋不洽，蒋氏在闽沪间来来去去，心思不在军中，热衷于上海交易所事，自谓为所事披靡，其本人及友人多被累。1923年2月18日，孙中山任命蒋氏为大本营参谋长，并电催其赴粤，谓"军事枢机不可一日无人"。汪精卫、张静江等亦迭电催促。3月15日，胡汉民、汪精卫、邹鲁、林业明、林直勉，胡毅生还赴甬促驾，主客优游林间，至19日结伴赴沪。27日蒋复回甬，延至4月6日始赴沪，15日赴广州，20日抵达，此时距孙之任命蒋为大本营参谋长已逾月。其时东江、潮梅军事紧急，且屡攻惠州不下。6月17日，孙又任蒋为大元帅行营参谋长，随孙出征。正当军事繁忙之际，7月初，蒋氏"默念苦持军事，怨忌交集，引退为安"；12日，乃借口"为许崇智所龃龉，愤而辞职，避往香港"。13日，蒋氏在从港返甬前，写了一封信给杨庶堪（大本营秘书长），内称："为今之计，舍允我赴欧外，则弟以为无一事是我中正所能办者"，"如不允我赴俄，则弟只有消极独善，以求自全"。① 此函此事在《蒋介石年谱初稿》中未记。此前，蒋介石已获悉孙中山将派代表赴苏俄，他想通过杨向孙进言，以促成自己前往。为何蒋不直接向孙提出此项要求呢？大概他了解自己并非惟一人选，为直接争取不成预留余地。早在5月12日，孙在致越飞电中讲到，将"派代表赴莫斯科详细磋商"。马林在该电报上附言，"赴莫斯科代表可能是张继和蒋介石"。② 蒋氏函件果然收到了效果。8月5日的蒋氏年谱

---

① 《"总统"蒋公思想言论总集》第36卷，第92页。转引自汪荣祖、李敖著：《蒋介石评传》上，青海人民出版社1999年版，第84～85页。
② 李玉贞等编：《马林与第一次国共合作》，第152～153页。

初稿记称:"禀承总理意旨(按:应读作"总理满足我之要求"),约会苏俄代表马林及张继、汪兆铭、林业明等,筹组孙逸仙博士代表团,赴俄报聘,并考察政治及党务。"①

孙逸仙博士代表团除蒋氏外,还有沈定一、王登云和张太雷。代表团于8月16日出发,乘船至大连,转搭满铁及中东路火车北行,9月2日抵莫斯科。代表团除肩负上述任务外,还有讨论孙中山的"西北计划"、争取苏俄帮助编练军队等问题。蒋氏向俄方转交了孙致列宁、托洛茨基及齐契林的信。代表团一行受到高规格接待,先后会见加里宁、齐契林、鲁祖塔克(俄共〔布〕中央书记)、斯克良斯基(军委副主席)、加米涅夫(军队总司令)、卢那察尔斯基(教育人民委员)和托洛茨基,还会见了在华工作过的越飞、马林和维经斯基。他们参观了多所陆海军军校和工厂农村,乘了飞机,参加群众集会并出席共产国际执委会会议,提交了"代表团意见书"(内容包括中俄两党关系、绪论、军事计划书、宣传、结论,此件不存中文原件,具体内容不详)。在10月21日与苏俄外交人民委员齐契林会谈谈及与"西北计划"有关的外蒙古问题(蒋强调中国在外蒙的主权)时,"无结果而散"。使他印象较深的是9月11日与苏俄教练总监彼得罗夫斯克谈话时,得知苏俄军队组织的内容之精要在政治委员制度,"凡遇有困难勤务,必由其党首负责躬先",这就是埔校始办的党代表制度。本文随后还将讲到,此行使蒋对联俄外交政策萌发厌恶思想,即"事实与主义之别"的主张。1923年12月10日,蒋氏一行返抵大连,13日乘船返沪。14日在船上"属游俄报告书稿"。15日上午抵沪,即访张静江,"下午3时,趁江天轮归甬。胡汉民、汪精卫、廖仲恺、林业明、陈果夫均集舱房叙别,劝公(按:指蒋)即回沪,处理一切党务"。②汪、胡、廖正在上海准备召开国民党"一大"之事,也不无迎蒋返沪、返粤之意,但说到要等他"处理一切党务",当是虚言,因蒋氏(访俄事了)在党内尚无任何职务也。

蒋介石回奉化后,毫无返粤报告之意。"一大"即将召开,如得不到充分的访俄报告,势必影响大会相关文件的起草,故孙中山及其亲信心急如焚,函电交驰促其来广州。12月28日,廖仲恺函称:"诸兄最迟明正四时船,偕精卫、鲍君等同行,万不能再延,否则事近儿戏,党务改组后而可乘此惰气乎?"24日,孙中山亦电催蒋复使俄之命:"兄此行责任甚重,望速来粤报告一切,并详筹中俄合作办法。台意对于时局、政局所有主张,皆非至粤面谈

---

① 中国第二历史档案馆编:《蒋介石年谱初稿》,第129页。
② 《蒋介石年谱初稿》,第143页。

不可,并希约静江、季陶两兄同来,因有要务欲与商酌也。"(30 日收到)①尽管如此规劝,蒋氏仍置若罔闻,他将访俄报告寄给孙中山之后,便"息影慈庵,拂案焚香,绕茔抚树。入夜,闲躅山门外,岭上寒风,松间明月,清景耐人寻思",②过着与世无争的恬静生活。

　　蒋氏果真心态如此平和写意吗?否。他对孙提出的埔校领导层的人事安排,已经得到满足;对由杨庶堪(实际是由胡汉民)出任广东省长、许崇智复任粤军总司令的建议,则因未能实现,颇有微词。但这些仅是借口。真正让他对孙不满的,是孙任命鲍罗廷为顾问(10 月 18 日任为国民党组织教练员;12 月 12 日,正式聘任鲍为顾问。③)未征求他的意见。据陈洁如回忆,蒋返溪口后对她说,"我们的领袖太不给我面子了,他怎可于我仍在俄国的期间,接受莫斯科新派来做顾问的鲍罗廷?至少他可以打个电报问我的意见。现在,我要让他等我的报告,等了又等。"④这则记载当是可信的。从 1923 年蒋氏抵沪至次年 1 月 4 日廖、鲍等离沪,鲍罗廷一直在上海,蒋氏不屑与其晤面。后来虽勉强逢迎,但始终心存芥蒂。等候多时才举行的埔校开学典礼,甚至没有鲍的身影。蒋氏之游俄报告不经由廖等带返广州,表明该件寄粤是在廖等返粤之后。这个报告在抵沪之前应是大体写就,返奉化时是润色的功夫了。但陈洁如在回忆中说,蒋返溪口才写访俄报告,"他动手草拟访俄报告书,每天只写一点点,因为他心情欠佳,不容易写好。他慢慢写,几天后,终于完成了,竟长达四十页。无法在此引叙。现在我仅摘录其中最重要的几段"⑤陈洁如看过这长达四十页的访俄报告是可信的。但是,迄今为止,海峡两岸出版的孙、蒋二人的全集、年谱、传记,均未刊有这个报告,甚至无

---

① 12 月 20 日,廖电称:"学校急待开办,无论如何,乞即买舟来沪,同伴南行为荷。"22 日,廖汪胡函称:"鲍先生及弟等待商之事甚多,万不能以此一事遂耽搁来沪之期也。"(按:此事系指蒋对省长人选的意见)26 日,胡廖汪又函:"兄所主张者,今诸问题待兄至而决","军官学校由兄负完全责任办理,一切条件不得兄提议,无从进行。诸如此类,非兄来不可,省长问题犹在其次"。27 日,张静江转来杨庶堪要蒋速来之电,并自谓"以兄私意,似不宜再缓"。28 日,廖函除告诸人南行日期外,并告埔校政治部长定戴季陶,教务长俟蒋到任后再定。(《蒋介石年谱初稿》,第 144～145 页)

② 《蒋介石年谱初稿》,第 145 页。

③ 据《中国国民党八十年大事年表》第 162 页。转见罗刚编著:《中华民国国父实录》第六册,第 4496 页。另一说为 1923 年 10 月 24 日,见李玉贞著:《孙中山与共产国际》,台北"中央研究院"近代史研究所 1996 年版,第 281 页。

④ 陈洁如著:《一个改写民国历史的女人——蒋介石第三夫人陈洁如自传》(以下简称《陈洁如自传》),北京师范大学出版社 1992 年版,第 174 页。

⑤ 《陈洁如自传》,第 174 页。

从知道孙是何时收到这个报告的。① 汪荣祖等人认为该报告可能比较正面，所以要在 1924 年 3 月 14 日致长函给廖仲恺，作为不赞成联俄政策之补充意见。蒋氏晚年写《苏俄在中国》一书时提及该致廖函，谓"我的意见，坦率说明，并将这一函件，同时抄送各常务委员，以补充我游俄报告的意见"。然而，查勘《陈洁如自传》中所引录的四段最重要内容（即不赞成联俄政策部分），有三段是与 3 月 14 日蒋致廖函中的雷同文字，这就难以理解，致廖函的补充报告与寄给孙的报告，究竟有什么区别了。至于"自传"中仅剩一段关于苏俄准备派五十名顾问、办一所军校，以及"苏俄愿与中国（按：指与孙）订立二项中俄相互合作联盟"的内容，是否就是蒋氏报告中所谈到的，实在无法否定或肯定；如果不是陈洁如与捉刀人在写"自传"时持有蒋氏报告书底稿，那么，笔者宁愿相信"自传"中相关引录的"重要几段"，是抄录致廖函三段文字及根据史事杜撰的一段。总之，以目前所看到的资料，这是无法说清的问题。

《蒋介石秘录》称，蒋氏的访俄报告是"无讳无饰"地表达了对苏俄的"不安心理"，"然后，于 1924 年 1 月 16 日到达广州，晋谒孙中山，更在口头上作了详细补充说明"。② 蒋氏追述说："国父认为我对于中俄将来的关系，未免顾虑过甚，更不适宜于当时革命现实的环境。"③ 孙蒋会见还谈了些什么，史料无征。明显地，一来话不投机，二来"一大"在即，各有心思所在，彼此间未深谈便匆遽结束。蒋氏自订的"年谱初稿"甚至未记会见之事，而是以"公由沪回粤"，一笔轻轻带过，情见乎词。④

三

国民党"一大"筹备多时，于 1924 年 1 月 20 日至 30 日举行，因悼念列宁逝世，25 日至 27 日休会。大会公开的争议是党员跨党问题，核心层的斗争是孙中山向鲍罗廷提出要以《建国大纲》代替"大一"宣言（《中国国民党第一次全国代表大会宣言》），所有重大争执均以妥协结束。由于孙中山对"一大"宣言有自己的看法，故"一大"尚未结束，1 月 27 日，他便在广东高师开始讲"三民主义"（共讲了十六次，因北上，未讲完）。国民党"一

---

① 笔者曾亲询过台湾一位研究孙蒋、国民党党史的行尊，据告，台北相关史料保存单位亦不存此件。
② 《蒋介石秘录》第二卷，第 270 页。
③ 《中华民国国父实录》第六册，第 4533 页。
④ 1924 年 1 月 21 日广州《民国日报》刊载：蒋介石由沪抵广州，晋谒孙中山，报告沪上各方对直情形及江浙局势近况。

大",全党进行改组,是孙中山联俄政策的阶段性成果。出席大会的各省代表一般是6人,各省区、华侨推选与总理指派各半,代表中有以个人资格加入国民党的中共党员。浙江的指派代表为杭辛斋、沈定一、戴季陶,推选代表为戴任、胡公冕、宣中华。蒋介石以非代表身份列席大会。

这是一桩令人百思不得其解的怪事。如果说通过推选,蒋氏无法获得代表资格,那么孙中山为何不提名蒋为指派代表呢?浙江实在无法安排的话,为何不安排在上海特别区或别的省区呢?叶楚伧是江苏人,他就是上海区的指派代表。眼看着自己的访俄代表团部属沈定一和老搭档戴季陶都当了浙江代表,自己却什么也不是,蒋介石心中当然别有一番滋味。据《陈洁如自传》记述:"国民党第一次全国代表大会于一九二四年一月举行,就在介石和我回到广州之后几天。我们只能旁听,没有发言权。我注意到,这使介石觉得自己渺小,没有分量。事实上,介石在会场座椅中,不时局促扭动。"① 这个记述形象地反映出蒋氏当时的内心世界。若从更深一层分析,他刚从苏俄考察回来,清楚联共(布)的运作,不是大会代表,便进不了中央执监委,更没有决策参与权。蒋氏返国后的种种表态,表示他关注的是全局,他要过问的,军事仅是其中的一个方面,还有政治、财政和党务。而目前居然连正式出席"一大"的资格都没有,这就难免使他想到自己与陈其美的关系,断定孙中山不相信他。他在宣布遣散埔校筹委会后于3月2日写给孙中山函中,长篇回忆他与陈的手足情谊,至死不渝,而"今日先生之谓忠者、贤者及其可靠者,皆不过趋炎附势、依阿谄谀之徒耳","观于陈逆变乱、石龙失败②之际,纷然各谋生路,终始景从之人数,寥如晨星,可以见矣",这是提醒孙中山别忘记前年白鹅潭休戚与共之事;复谓"先生不尝以英士之事先生者期诸中正乎,今敢还望先生以英士之信中正者而信之也。先生今日之于中正,其果深信乎,抑未之深信乎,中正实不敢臆断",说来说去,还是"未之深信",因函中已说过孙去年以来在新旧过渡时期抹杀旧日之系统。③蒋已深陷对孙之猜疑中,个中原因,并非完全由于去年6月以来双方缺乏沟通之故,追其原始,固出于蒋之对联俄心持异议,孙又不乐于见到亲信如蒋氏者加入冯自由、邓泽如辈之大合唱,而一时难于说明,只能进行冷处理。与此相关者,便是对蒋氏访俄报告之态度,对它未予置评,亦是蒋氏指为"未之深信"之原因。

孙中山派蒋氏率孙逸仙博士代表团访俄,实在是对蒋超乎寻常的信任,

---

① 《陈洁如自传》,第177页。
② 指1923年11月中旬陈军攻击石龙得手,进逼广州郊区时之事。
③ 全函见《蒋介石年谱初稿》,第160~164页。

期许之重，莫可言喻。然而，当蒋氏将孙中山的"西北计划"向苏俄试探并谈到中国在外蒙的主权问题，受到对方冷遇的时候，蒋氏的满腔热忱，便顷刻跌至冰点。中国人自清初即称北邻为罗刹，第二次鸦片战争后又喻为封豕长蛇。李鸿章与之签订密约，东三省藩篱尽毁，俄日入我堂奥，予取予携，今又争外蒙主权而不得，如此国家，冀其助我振兴国权，岂非缘木求鱼？此蒋氏因怀疑苏俄用心导致疑忌联俄之主因也。但是，孙中山在国际上举目无亲，俄人又热情示好，联俄外交已进入快车道，即将召开的"一大"和开办的埔校，在多个方面（包括经济上）都离不开俄人，此时去反对联俄，岂不坏了乃公大事！况且，已内定蒋氏出长埔校，将来也仰仗俄顾问的支持，而访俄报告对俄人说三道四，足以影响未来的关系，这是蒋氏自贻伊戚。故孙对报告采取防扩散处理，先是"留中"，后是"付丙"，此乃对蒋氏的爱护。但蒋氏不察，对廖（实则对孙）抱怨，谓"党中特派一人赴俄，费时半年（按：应是4月），费金万余，不可为不郑重其事，而于弟之见闻报告，毫无省察之价值，此弟当自愧信用全失，人格扫地，亦应引咎不遑也。然弟在俄行动，自觉无可为人诽谤之处，亦无失却党体之点"①。这封1924年3月14日致廖仲恺函，句句写来，均是对孙中山的不满。收此信后，廖王顾左右，答谓："至于对外问题，不自弟（按：廖自指）始，亦未尝因弟而加甚。"②盖发纵指示，皆在主公，奔走之人，何必置喙，徒生事端也。有的著作讲到蒋欲结合胡汉民、许崇智以打倒廖仲恺，在"一大"期间未能实现之事，事属枝蔓，这里就不多谈了。③

有的记载说1923年"12月15日蒋介石回到上海，也参加了宣言的讨论与修改"④，这种说法恐不准确。又有的著作认为"在国民党第一次全国代表大会上就决议开办军官学校和创立党军"⑤，这种说法也不准确，因为国民党"一大"并未讨论建立军校的问题，更遑论决议创立党军了。实际情况是，1月24日，孙中山委派蒋介石为陆军军官学校筹备委员会委员长。28日，勘定

---

① 《蒋介石年谱初稿》，第167～168页。
② 同上书，第169页。
③ 1924年1月29日，孙中山任命杨庶堪为广东省长，大本营秘书长遗缺由卸任省长廖仲恺充任。杨既长粤，蒋介石散布杨"挟滇军自重"，对胡汉民言，杨"一日不去，则粤局一日不安"。杨认为，"彼其旨趣，不过欲夺我居职，以崇奉其长官耳"（按此"长官"指许崇智，事详《天隐阁集》，第378～379页）。5月23日，杨辞省长职，赴沪。6月12日，廖仲恺重任广东省长。
④ 《孙中山与共产国际》，第327页。
⑤ 《蒋介石传》，第38页。

以黄埔岛原有广东陆军学校及海军学校旧址为陆军军官学校校址。① 最早出现上述不准确记述的，可能是《蒋介石年谱初稿》，它所记国民党"一大"，有"通过重要各议案，［开办军官学校，创立党军等］"一句。（硬括号内原件文字已涂抹。出版"年谱初稿"时恢复。）综上所述，可知蒋介石在国民党"一大"并未起何种作用，其地位之不足道也是显而易见的。黄埔军校创办既未经"一大"讨论，那么，它是如何创办起来的，蒋氏又如何当上校长的呢？这是下一节所要讨论的问题。

四

孙中山历来重视开办军校。兴中会和中华革命党时期，曾经开办过几个训练班性质的军校，培养了一批军事人才。根据一些记载，1921年底以后，孙与苏俄方面交往中，曾经几次谈过帮助孙办军校的事。蒋介石访俄又一次谈到此事，但仍未正式进入运作。1924年2月初，孙中山约见了苏俄军事顾问团，表示"我们的首要任务是按照苏俄式样建立一支军队，准备好北伐的根据地"；又称，希望他们把自己的反帝经验"传授给我们的学生——革命军队的未来军官"。② 谈话表明，这些顾问至少有一部分是分配在军校工作的。此次约见可以认为是落实联俄外交的一个要点，但拟议办校则大体上是与蒋氏访俄同时。

1923年11月12日，陈军陷石龙，孙中山从石滩返广州，形势十分危急，鲍罗廷甚至提出考虑孙弃粤走海参崴的问题。为动员工农群众抵御陈军，于是有组织国民党员自卫队之议。在15日举行的临时中央执委会上，讨论了由廖仲恺起草的义勇军组织法，并且着手进行人事安排与物资供给。据载，党员加入者甚踊跃。陈军败退之后，又有将义勇军组织变为国民党军官学校永久组织的决议，定名为国民军军官学校。这是1923年11月26日有孙中山出席的临时中央执委会第十次会议上决定的。会议还商定校长为蒋介石，教练长陈翰誉，政治部主任廖仲恺（并任筹备执行委员）。军校已开始办公。据刘峙说，陈翰誉是许崇智的上校参谋，保定军校出身，目空一切，骄纵自私，处事多失公平，致为各方不满。③ 为使办校工作从速进行，12月5日，临时中央执委会第十四次会议决议，由秘书处致电上海，询蒋介石何日可抵粤就军官学校职，而蒋此时尚在俄访问。这个军官学校尚未对外亮相，又改名为

---

① 《蒋介石年谱初稿》，第156页。
② 亚·伊·切列潘诺夫著：《中国国民革命军的北伐》，第90、91页。
③ 刘峙：《我的回忆》。转引自《蒋介石评传》上，第93页。

陆军军官学校。1924 年 1 月 24 日对蒋氏的任命，是该校筹委会的委员长，似校长人选并未确定。

根据各种记载，蒋氏任埔校校长，并非一开始就选定了的。曾任埔校政治部主任的包惠僧说："黄埔军校开办之前，孙中山派蒋介石到苏俄去考察军事，决定派程潜为校长，蒋介石、李济深为副校长。蒋介石认为这一次的联合战线黄埔建军是一个开创的局面，以他同孙中山的关系与他曾到苏俄考察军事的条件，他说一切既是学习苏俄，程潜那一点日本派的旧的军事知识有甚么用处呢？他不愿屈居在程潜之下，便愤然离开了广州。"① 由桂军讲武堂转入埔校的一期生覃异之也说："关于校长的人选，最初决定为程潜，而以蒋介石、李济深为副校长。蒋介石当时无论在党在军，都是后辈，孙中山先生派他为军校副校长，已经是'不次之迁'。但是蒋介石不愿在程潜之下，对这个任命很不满意，就离开了广州，跑到上海，表示消极。"② 蒋之抵制，导致程潜在校长人选上出局，但时间不详，也不一定曾经有所谓任命之事。

许崇智籍隶广州，留日士官生，与孙中山相知在中华革命党时期，曾任中华革命党军事部长、中华革命军东北军（在山东）参谋长（后为蒋介石，总司令居正）、援闽粤军第二军军长。孙陈决裂后，任孙系粤军总司令。许以贵公子出身，耽于逸乐，创始之事，非其所长。上述刘峙所记续称，"起初孙中山先生想要粤军总司令许崇智兼军官学校校长，负责筹备。但许崇智力不从心，一切委之于上校参谋陈翰誉"③。按照这则记述，国民军军官学校似曾由许氏筹备，未见他处记载，但许氏未能当上校长，却是事实。

陈公博在《苦笑录》中称蒋氏为人"阴鸷谲悍"，画皮画骨，诚可谓入木三分。以蒋氏劣极之人际关系而欲承担此大任，自然不为党内军内高层所乐见乐闻，于是，党内提出由孙中山亲任校长的主张。国民党党史会所藏的会议记录显示，1923 年 12 月 8 日，在孙提名蒋氏担任军官学校校长后，部分同志反而请愿提出要求孙自兼校长，并在当日举行的临时中央执委会第十五次会议上作成决议。但孙未予采纳。④

尽管如此，由孙兼长军校的传闻并未停息。上海《民国日报》1924 年 1 月 3 日刊出："闻该校已定孙总理担任校长一席，其余各事，经陆续筹备云。"

---

① 包惠僧著：《包惠僧回忆录》，人民出版社 1983 年版，第 151 页。
② 覃异之：《黄埔建军》，全国政协文史资料研究委员会编：《文史资料选辑》第 2 辑，中华书局 1960 年版，第 2 页。
③ 《蒋介石评传》上，第 93 页。
④ 《中华民国国父实录》第六册，第 4493 页。

苏俄军事顾问切列潘诺夫记述,"人们原来认为孙中山本人要担任军校校长",但孙坚持要由蒋氏来担此任。① 至于反对蒋氏出长军校的人,据埔校学生李奇中称:"不少人反对蒋介石担任这个重要职位,例如李济深、范石生、杨希闵等等。李济深被派为黄埔军校的教练部主任,实际上拒不到差。反叫邓演达代行职务,就是表示不喜欢这个校长。"②然而,任用蒋介石长校,孙中山已铁了心。宋希濂记述:"自孙中山决定创办陆军军官学校之日起,广东各实力派人物,认为是一块肥肉,纷纷向孙中山推荐校长人选,争夺颇烈,而孙则属意于蒋介石,各头头不同意,争论不休。孙曾忿然曰:'如果不叫介石当校长,宁可不办。'"③话已到此,复何言哉?蒋氏长校之事,便乾纲独断了。

孙中山为何非要蒋介石来办军校不可呢?有一段被人反复征引作为理由去加以说明的记述。据说,孙表示,"黄埔军官学校刻由蒋介石主持,有为之士官辈出。当攻击滇军时,蒋介石所指挥之学生军,精锐无比,业已发挥其战斗力矣。我辈知蒋介石为英杰,数年前曾与之谈养成新军之事,今蒋介石已成新军之中心人物,正着手编制民国第一之劲旅。彼为浙江出身之武官,十年前曾留学于日本士官学校,受新式军事之教育,且人物雄略沈毅,将蔚为军官中之大器","军事则命蒋介石掌握"。④这篇日本记者对孙中山的访问记,所记多乖史实,据称是1924年2月某日进行的事,由梁惠锦搜辑的《台湾民报中有关国父孙中山先生的记载》,收在台北出版的《研究孙中山先生的史料与史学》一书中。这篇访问谈话,据笔者研判,它是一个不了解中国当代史的人编造的故事。孙中山去世于1925年3月,广东军事当局平定杨刘滇桂军在1926年6月12日,"谈话"中两次讲黄埔学生军讨灭客军,决非一时口误。至于将林虎、李福林并举,谓彼等知大势所趋"归附吾辈",更不知其所云。孙中山在世之日,蒋氏何曾"掌握"广东军事?"谈话"对蒋氏之高度评价,适足发其"谈话"不足取信之覆。

有关孙中山信任蒋介石之事,概括地说,主要有以下几个因素:孙中山与陈其美(连带及蒋)的关系,蒋氏个人的历练,"六一六"陈变后相从的经历,蒋访俄后俄方的认可。这个访谈如果还有什么内容可资参考的话,可能便是其中说到孙"数年前曾与之谈养成新军之事",演绎起来,孙蒋间或者

---

① 广东革命历史博物馆编:《黄埔军校史料》,广东人民出版社1982年版,第24页;《中国国民革命军的北伐》,第91页。
② 李奇中:《黄埔练兵》,中国人民政治协商会议全国委员会文史资料研究委员会编:《第一次国共合作时期的黄埔军校》,文史资料出版社1984年版,第226页。
③ 宋希濂:《参加黄埔军校前后》,《第一次国共合作时期的黄埔军校》,第242页。
④ 《孙中山全集》第九卷,第534页。

有过约定，将来一旦有机会，便由蒋去办一间军校，以养成一批新式军事人才，编练新军。做领袖的不能食言，现下有了机会，便要兑现了，这便是非蒋莫办的原因。不过，这篇访谈连可信度都成问题，这个说法自然也就难于成立了。

滇军将领范石生确曾说过威胁、讽刺蒋介石办军校的话。筹备之初，军校虽然有可能被滇桂军人消灭，但它还不成气候，也与滇桂军没有什么直接冲突，而且这是孙中山要办的军校，客军虽然野蛮，谅必没有哪个人敢直接与孙作对而攻击它。广东财政极端困难，孙中山虽拉旧交通系入伙（叶恭绰、郑洪年长大元帅府大本营、广东省财政），但夜无隔宿之粮，艰难竭蹶之状，屡见于当事人文牍。黄埔军校从筹备之日始，即由廖仲恺经纪其事，蒋未与闻。1924年4月30日，廖致蒋电最能说明问题："军校款，弟（按：指廖）不问支出，兄亦不问来源，经费不乏，尽可安心办去，惟请即来。"① 以上受客军威胁与经费困难两点，是蒋介石解散埔校筹委会的原因，但应不是主要原因。② 主要原因，是他认为孙中山对其"未之深信"，甚至委任的职务是筹备委员会委员长而非正式任命为校长，具有可变性，故以去留问题作为对孙之要挟。这就是在1924年2月21日，蒋介石写信给孙中山，并呈中央执行委员会，辞去筹办军校职务，径离粤，同时派人向筹备委员宣布发遣散费的原因。此后两个月，蒋孙间互相拉拒角力，致使孙因焦虑染上重病。③

2月23日，孙中山派廖仲恺代理埔校筹备委员会委员长。25日，又派邓演达赴甬促返。26日，中央执委会奉孙对蒋"不准辞职"指示，要蒋"任劳任怨"，"百折不回，以贯彻革命党牺牲之主张"。王登云等人也去电，告以"现此事非办不可"，"非公莫属"；而"进行停滞，度日如年"。29日，孙本人亦去电，谓"且兄在职，辞呈未准，何得佛热〔拂然〕而行？希即返，勿延迟"。随后，廖仲恺、胡汉民相继去电催返。蒋氏对邓演达说，自己离开的原因，是孙"现非有改革决心，国党皆陷绝望，若能公开整理财政，革除市侩垄断财政，并促展（按：指胡汉民）汝（按：指许崇智）回，则彼可回其

---

① 《蒋介石年谱初稿》，第175页。

② 苏俄顾问切列潘诺夫认为，蒋之离去，"显然是因为他当时还不完全明白这所军校对于大资产阶级和对他本人来说是一笔多么可观的财富，而且无疑他是害怕共产党人的革命威望，觉得军校校长这个职位是一个圈套"（《中国国民革命军的北伐》，第91页）。美国韦慕庭认为，蒋离开广州是因为有一种反感情绪，"这种反感情绪，很可能是由于和鲍罗廷意见龃龉触发起来的"（韦慕庭著：《孙中山——壮志未酬的爱国者》，第222页），可备一说。

③ 是年5月孙中山连续生病、休养，外间所传消息殊恶。

意",完全不提军校事。① 如前所述,3月2日,他上书孙中山,14日又致函廖仲恺,洋洋洒洒,发泄其心中的不满。他在致廖函中指责孙中山:"孙先生回粤已阅十五月,为时不可为不久,而对于民政、财政、军政,未闻有一实在方案内定,如期施行。"他又将矛头指向身居省长的廖仲恺:"且政府今日至此地位,凡有责任者如再不反省自悟,则粤局长此扰乱,必无整理收束之一日。"函中进而攻击联俄政策,"即对俄党问题",主张"应有事实与主义之别,吾人不能因其主义之可信,而乃置事实于不顾。以弟观察,俄党殊无诚意可言","俄人之言只有三分可信";"俄党对中国之惟一方针,乃在造成中国共产党为其正统,决不信吾党可与之始终合作,以互策成功者也"。② 凡此种种,孙中山当然知道蒋氏用意所在。蒋氏绝无意放弃埔校的职务,因为这职位直接牵涉自己的前途。经广州方面多方催返,(廖仲恺甚至电告蒋,"归否,请即复,俾得自决"。言下之意,再不回来,要换人了!)在孙中山最大限度满足了他的要求后,4月21日蒋才回到广州,26日入校视事。军校以孙中山任总理。5月3日,孙中山特任蒋介石为陆军军官学校校长,兼粤军总司令部参谋长;9日,孙派廖仲恺为陆军军官学校中国国民党党代表,二人于12日呈报就职视事。6月16日,埔校正式举行开学典礼。扰攘数月的孙蒋间矛盾的调适,至此宣告结束。蒋介石如愿以偿,迈开了通向中国权力巅峰的步伐。

余 论

在笔者上大学的年代,陈伯达的四本小册子③是被奉为圭臬的,它几乎写定了一部中国近代史。"人民公敌蒋介石",这是结论。后来,情况有些变化,据说蒋氏抗战还是有功的;窜伏海曲,也把那个小岛建设得不错,民众怀有多金;尤为重要的是,他有爱国心,坚决镇压"台独",反对美帝搞"两个中国"、"一中一台",乃至"台湾地位未定论";西沙之战,他激于民族大义,说了一句彪炳千古的话,"西沙战事紧啊!"部属心领神会,立即打开封锁多年的台湾海峡,让大陆增援舰队迅速开赴前敌,歼顽灭寇,光复故土。如此一来,历史改写,"人民公敌"这顶帽子,便不再给他,收回来了。不过,尽管有关蒋氏的论著屡见不鲜,但是总体而言,蒋介石究竟是何如人也,人们

---

① 《蒋介石年谱初稿》,第158、159页。
② 同上书,第164～165、167页。
③ 即《刽子手曾国藩》、《卖国贼李鸿章》、《窃国大盗袁世凯》及《人民公敌蒋介石》。

实在不甚了解，也似未有大理论家如陈氏者再去重新作历史性定位。准绳既失，杂议丛生，论者便不免各言其是了。

平情而论，无论是研究孙中山还是研究蒋介石，孙蒋关系都是一笔浓墨重彩。孙中山革命凡三十年，始终重视武力；他也相信西人的话，一支笔胜过三千毛瑟枪。革命成功要靠枪杆子与笔杆子这两杆子，这是孙中山的先知先觉处，后之来者，不过发扬光大而已。正是在靠两杆子出政权这个关键问题上，孙中山除了宣讲"三民主义"，便是办军校，练党军，力排众议，将这副重担交给蒋氏。没有人会否认，蒋氏完成了孙中山的重托。问题是，蒋氏在完成办校练军任务，并凭借手中的家伙统一中国的同时，也摧毁了孙中山的联俄政策，与中共一战再战，情仇爱恨，未见穷期。历史的硝烟已飘过八十余年，流风余韵，至今不绝，追其原始，盖发于斯。

或问，是孙中山挑花了眼，选错了人呢，还是蒋氏以欺诈手段获取信任，最终却背叛了孙的事业？笔者认为，孙深悉蒋之优缺点，更了解党内高层干部的状况；蒋氏从未隐瞒自己的观点，更无所谓以假面目骗孙，以求宠信的问题。用与被用之间，势之所至，理有必然，非可以"蒙骗"、"幸至"作解。本篇所述，系截取孙蒋关系中最关键的部分，进行剖释。探赜索隐，或许多少能说明一些问题。

在孙中山身边，能文之士甚多，而惯战之将殊少，若黄兴之文武兼资、人缘绝佳者，凤毛麟角。且黄兴既死，孙无复副手之设，助手济跄，类皆奔走、办事之员；以言指挥调动一切，谈何容易。以国民党论，欲图成事，孙之后备位领袖者，必雄鸷习武之人，以适武力统一之用。孙点检左右，拔蒋氏于众人侧目之中，洵不得已之举，亦不得不然。不用蒋，用谁耶？至于蒋氏生前到底实践与背叛了哪些"总理遗训"，非关本篇，容当另文讨论。

黄埔军校创办缘起

在中国近代史上,黄埔军校特负盛名。这所军校以其特殊的建校背景,成为蒋介石攫取军权、统治全国的起家权力支柱,是中外无数论者和传记文学作家所津津乐道的题目。应当承认,研究黄埔军校,已经新意无多了。不过,人们耳熟能详的东西,从追求历史的真实性来说,往往会发现其中存在不少问题。例如,由邓文仪任发行人、台北实践出版社1985年6月16日再版的《黄埔建校六十周年简史》(黄埔建国文集编纂委员会主编),便是一册令人读后实在不敢恭维的黄埔军校校史。它在评论孙中山所急于结交的苏俄时指出:"俄帝处心积虑,先后派马林、越飞等来华传播毒素,遂有陈独秀、李大钊成立中国共产党,作为赤化中国的工具。"在讲到建校的过程时则说:"广东虽为革命根据地,派系分立,以陈炯明为首的东江集团,以邓铿为中心的粤东集团,以许崇智为中心的福建集团,相互猜忌,勾心斗角,图逞私利,黄埔创立以前兵连祸结,民生凋敝。"上述两段话,前者是出于反苏反共需要的偏颇之言,实置孙中山于难堪地位;后者则不知所云。该书有些记述,读者易知其谬。不过,另外一些记述,则属似是而非。据载,"十三年一月二十日,第一次全国代表大会决议,建立军官学校于黄埔";"十三年五月三日",孙中山"特任"蒋介石"为中国国民党陆军军官学校校长"。①这两则记载实际上都不正确。1924年1月20日国民党"一大"开幕,全部"一大'议程并无决议设立军校之事;在此之前,已决定成立"国民军军官学校",而勘定黄埔建校校址,是1月28日的事。至于5月2日对蒋介石任命的,是"陆军军官学校校长",并无"中国国民党"这一限定词。这关系到黄埔军校的正式名称问题,不可不辨。

连黄埔一期生邓文仪这些人为其母校编的校史都有如此不正确的或者荒谬的记述,这就难免使人感到对该校创办历史实有正本清源的必要。值此黄埔军校创办八十周年纪念之际,笔者乃为撰《黄埔军校创办缘起》一文。本文分为四部分:一、孙中山创办俄式军校的历史必然性;二、孙中山新办军

---

① 《黄埔建校六十周年简史》,第6~10页。

校的定名；三、孙中山新办军校校长人选的决定；四、蒋介石在黄埔军校校长就职问题上何以对孙讨价还价。

一

从1895年密谋发动广州重阳起义开始，迄1923年为止，孙中山从事革命活动已经走过28年的艰苦历程。在此期间，他领导了反清、反袁、护法，以及一次又一次的北伐，不断从事武装斗争。不必讳言，在孙中山经历的武装斗争中，他先后与会党、新军、南北武人，甚至与日本浪人、军人合作，但获胜的记录却是少之又少。失败的道理很简单，他从未掌握过一支以其思想主义、政治理念武装起来的军队。孙中山深知培养一批军事干部的重要性，他在日本、在美国，虽曾设想和实际筹办过类似青山军事学校的训练班，但因条件所限，成效甚微。国内的陆军大学，广东的陆军、海军学堂，入粤客军的讲武堂、随营学校，甚至第三次开府广州时大本营军政部办的讲武堂，都是孙中山耳闻目睹或属下亲办，自然会给他深刻的印象，一旦条件许可，必定要办一所符合自己要求的军官学校。

孙中山第一次护法时，1918年，他接受了临将去职的广东省长朱庆澜的二十营省长亲军，交给陈炯明，移驻福建，这就是"援闽粤军"。从1918年至1920年"援闽粤军"返粤驱走盘踞广东的桂系之前，孙中山在极端困难的条件下，想尽一切办法支持粤军的生存、发展。粤军返粤、占据广州之后，地位发生变化，孙中山与陈炯明在北伐、联省自治、选举非常大总统等一系列问题上，意见分歧，逐渐无可调和，最后演变为1922年6月16日陈部粤军兵变，攻打观音山总统府，逼走孙中山之役。孙中山对于自己被部属背叛所造成的惨局深感痛心，也深受刺激。他回到上海之后，除了与奉张、皖段及洛吴等国内各派势力寻求合作以对抗陈炯明外，则是在国际上寻找有力的合作伙伴。

陈炯明驱走了孙中山，重返广州掌握省政。但是，他失败得如此之迅速却使国内外的政治观察家们大感意外。1923年1月14日，接受孙中山以大元帅名义委任的西路讨贼军滇桂军杨希闵、刘震寰部及部分广东军占领广州，陈炯明退回东江。东路讨贼军许崇智部粤军则从福建回粤。2月21日，孙中山回到广州。随后成立大元帅大本营，先在东郊农林试验场设大元帅府，为策安全，后来将大元帅府设于河南士敏土厂。有的评论说，孙中山的号令不出帅府。这种说法有点夸张，但他不能完全号令驻广州的客军，粤军也不能收指臂之效，这却是实情。桂军沈鸿英时服时叛，与陈炯明不时窥伺广州；杨刘军在广州分区割据，控制税收，胡作非为，使得气愤至极的孙中山谴责他们打孙的旗号来蹂躏广东。按照这种情况发展下去，对孙中山来说革命前途是毫无指望的。为了图存和发展，孙中山别无选择，只能将从 1922 年开始的联俄、改组国民党的工作进行下去。而国民党改组，用今天的话语表述，是一个系统工程，其最重大的项目之一，便是黄埔军校的创办。孙中山长期从事革命活动，深知如不能得到国际支持，国内的事情将无法有效地处理。所以，他曾要求英、美、法、日等西方主要大国帮助，对日本期望尤殷。但是，没有任何一个西方大国认真考虑过准备与孙结盟。与西方列强相反，在欧战中通过暴力手段推倒旧政权建立起来的苏俄，在经过对陈炯明、吴佩孚等人的联络后，最终选定以孙中山为其在中国的合作对象。孙中山推行联俄外交的重要契机是中国共产党成立。马林、越飞及鲍罗廷，是孙俄合作的关键性人物，前者主要是拉线搭桥，后二人是具体落实。

　　一个重要政策的形成有一个过程。马林是在帮助建立中共之后赴桂林会晤孙中山的。他们在会谈中究竟讨论了哪些问题，当时并无正式记录。日本人古屋奎二的《蒋介石秘录》言之凿凿地说，马林向孙建议："（一）改组国民党，联合社会各阶层，尤其是工农大众。（二）创办军官学校，为建立革命武装之基础。（三）与中国共产党合作。"① 这些建议缺乏档案、资料来源的依据，实不足凭信。但类似的说法在相关的学术论著中却不断出现。连美国韦慕庭教授也相信，"（黄埔军校）办校的宗旨是：培训出一批可资信赖的、有政治素养的下级军官，在新建的忠实的党军中充当基本力量。这种想法，也可能是 1921 年 12 月马林灌输给孙博士的，后来经过了越飞和孙中山在上海的商量，又经过越飞和廖仲恺在日本的讨论"②。韦慕庭上述说法，是比较慎重的，因为他无法找到马林与孙第一次会见时的谈话记录，不能确定他们究竟谈了些什么，更遑论改组国民党和建立军校了；但又无法否认建议一类的话，所以他采用"也可能是"这种留有余地的用语，毕竟孙关注军事，也想了解苏俄的军事状况。在十月革命之后，西方列强包围苏俄，有人甚至公开表态要将苏维埃政权扼杀在摇篮之中；俄国白党与外部势力相呼应，这个新生的政权可谓遍地荆棘，内外交困。但是，经过四五年奋斗，苏俄依靠红军，居然击退了外国侵略，也荡平了白党的势力。孙中山对这种局面当然会

---

① 古屋奎二主笔：《蒋介石秘录》第二卷，第 294 页。
② （美）韦慕庭著：《孙中山——壮志未酬的爱国者》，第 222 页。其他记载，如道夫·宾：《斯内夫利特和初期的中国共产党》、（荷兰）拂·梯歇尔曼：《马林政治传记》，《马林在中国的有关资料》（增订本），人民出版社 1984 年版，第 36、242 页；吴相湘著：《孙逸仙先生传》下册，第 1508 页；杜魏华：《第一次国共合作时期斯内夫利特在华记事》，李玉贞等编：《马林与第一次国共合作》，第 71 页。

感兴趣,俄国人能办到的,为何我办不到?自然会联系到自己的建军问题。这就是马林与孙在上海第二次会谈后于 1922 年 7 月 11 日"向共产国际执行委员会的报告"中所说的,孙在桂林会谈后多次在集会上"强调要以俄国军队为楷模"的表态。①

李玉贞研究员是完整梳理过马林档案的中国学者。她在其新著《孙中山与共产国际》② 一书中,归纳了马林与孙第一次会晤所谈的七个要点。其中第一点是"孙中山最关心的是俄国军队的组织和军队在十月革命中的作用";第五点是,他断然拒绝了与苏俄结盟的建议,认为联俄是日后的事;第七点,"孙中山虽还不想马上同苏俄结盟,但是他愿意派一个可靠的同志到俄国去",这就是当年张秋白的俄国之行。可以查到的他们谈话的重要内容大致如此。而且,以苏俄的专制体制,对马林的授权应当是有限的。既然还谈不到联俄,当然也不会谈国民党改组,更加不可能讨论建立军官学校之类的事情了。

陈炯明兵变促成孙中山决策联俄,改组国民党。1923 年 1 月 26 日发表的《孙文越飞联合宣言》,奠定了孙联俄的基础。随即孙派廖仲恺与越飞同船赴日,在热海,双方讨论落实"宣言"中的细节和一些未曾公开的问题。

廖越会谈的内容不为外界所知。不过学术界普遍接受这种说法,即他们商议了筹办军官学校以及苏俄援助、派代表团访苏等问题。其主要根据是:第一,越飞的秘书向记者说了一句话:"以往的中国革命,过于借重军阀之力,因而常导致失败,国民党必须组织培养自身的军队。"③ 第二,为开办军校提供经费。韦慕庭指出,广东省财政厅在 1924 年 5 月 22 日提供了银 186600 元,财政委员会决议军校每月经常费为银 3 万元。"不过,标明日期为一九二六年四月左右的一份从广州发出的俄国人的报告称:'这所军事学校是 1924 年由我们创办起来的,开始,它是依靠我们的经费来维持的。'若干年以后,鲍罗廷告诉路易士·费希尔,苏维埃政府为这所学校的开办费和经常费捐赠了三百万卢布。这大约相当于中国货币二百七十万元。"④ 这些钱款的转交手续是如何完成的,不详。但它与 1923 年廖仲恺赴日应是有关的。日本山田辰雄教授征引当时日本与越飞谈判的代表后藤新平秘书内藤民治披露的内幕,日方已将日本渔业部门为补偿在日本海苏方一侧捕鱼的 300 万元"由日

---

① 《马林与第一次国共合作》,第 71 页。
② 李玉贞著:《孙中山与共产国际》,第 98~104 页。
③ 陈福霖等编:《廖仲恺年谱》,第 187、218~221 页;山田辰雄:《关于廖仲恺 1922 年和 1923 年的两次访日》,《廖仲恺研究》,广东人民出版社 1989 年版,第 235~237 页。
④ 《孙中山——壮志未酬的爱国者》,第 223 页。

本银行转到越飞手中，再由越飞转到匿名的廖手中"。另外，《大阪每日新闻》记者布施胜治援引孙中山与张继的谈话，称："俄国从 1924 年前后起，每年给广东提供二百万元的援助"，其中 70 万元是黄埔军官学校的费用，130 万元是"国民党的政费"。① 其实，关于越飞与廖谈判以后决定给孙提供款项的事，绝对可靠的是 1923 年 5 月 1 日越飞从热海转苏联政府致孙中山的信，内称："我们准备向你的组织提供达 200 万金卢布的款额作为筹备统一中国和争取民族独立的工作之用。这笔援款应使用一年，分几次付，每次只付 50000 金卢布。"关于武器装备，同函称，物质援助是八千支日本步枪、十五挺机枪、四门奥里萨卡炮和两辆装甲车，"如您同意，则可利用我国援助的军事物资和教练员建立一个包括各兵种的内部军校（而非野战部队）。这就可以为在北部和西部的革命军队准备好举办政治和军事训练的条件"。该函强调此事必须严守秘密。②雪中送炭，孙中山深为感激。国民党改组时期，包括创办军校的费用，主要是廖仲恺去筹措的。其经费来源，又基本上指望苏俄的支付。大概是蒋介石不赞成拿俄国人的钱办中国人的事，所以有关经费来源的事显得颇为神秘。1924 年 4 月 3 日，廖致电蒋介石，谓"军校款，弟不问支出，兄亦不问来源，经费不乏，尽可安心办去，惟请即来"③。只是不问而已，蒋当然晓得款项是从何而来的。

在今天看来，苏俄的经援、军援都是很有限的，况且也不是慷慨无私的。但是，就是这些有限的援助，对于四顾无援的孙中山来说已经是喜出望外了。他在收到 5 月 1 日苏俄政府转发的越飞函电后答复说，该电使他"感到大有希望"。并表示："第一，我们当感谢贵国政府的慷慨允诺；第二，我们同意贵国的一切建议；第三，我们将用大部分精力去实现这些建议，并派代表赴莫斯科详细磋商。"④ "赴莫斯科代表可能是张继和蒋介石。强烈坚持改组党和政治宣传。"——后面这两句话，是马林在电报上向越飞提出自己的要求和看法。由此电报，可以看出孙中山当时的心情和态度。可以说，在 1923 年下半年至次年初，孙中山忠实地贯彻了自己在复电中的承诺，除了应付陈军，他的主要注意力是放在国民党改组和创办军校的问题上。所以，当苏俄军事顾问抵达广州后，孙中山在会见这批顾问时便急切地表示："我们的首要任务

---

① 《关于廖仲恺 1922 年和 1923 年的两次访日》，同前引，第 237～238 页、235～236 页。
② 《马林与第一次国共合作》，第 170～171 页。
③ 中国第二历史档案馆整理：《蒋介石年谱初稿》，第 175 页。
④ 《马林与第一次国共合作》，第 152～153 页。

是按照苏俄式样建立一支军队，准备好北伐的根据地。"又说，"我们希望你们把在反对帝国主义者武装干涉、并把他们赶出本国的斗争中积累的丰富经验传授给我们的学生——革命军队的未来军官。"①

孙中山创办俄式军校，从萌发念头到成为现实的过程，大体上是两年左右的时间，它与联俄外交的形成是同步进行的，由此可以证明，他创办俄式军校实有其历史必然性，是联俄外交的具体成果之一。此事彰明较著，毋庸置辩。

二

1936年南京方面出版的《中央陆军军官学校史稿》第二卷，其开宗明义写道："本校为党立军事学校，故定名为'中国国民党陆军军官学校'。又以校址位于广东黄埔岛上，亦称为'黄埔陆军军官学校'。"按理说，国民党人自己编写的军校校史，对于自己军校的校名，如数家珍，应该是没有记错的问题的，但是，上述两个校名都是错的。准确地说中国国民党1924年在广州创办的军官学校的正式名称是"陆军军官学校"，因地得名，俗称"黄埔军校"，蒋介石则简称之为"埔校"。

细说从头，这个军校校名，曾经三易而后定，即陆军讲武堂，义勇军，国民军军官学校，陆军军官学校。

1923年7月13日，东江战事正紧之际，蒋介石借口"为许崇智所龃龉，愤而辞职，避往香港"，次日返宁波。临走留下一封给大本营秘书长杨庶堪，实际是给孙中山的信，内称："为今之计，舍允我赴欧外，则弟以为无一事是我中正所能办者"，"如不允我赴俄，则弟只有消极独善，以求自全"。② 这是明目张胆地向孙中山要挟，但是孙中山还真的满足了蒋的意愿。8月5日，据蒋氏年谱记述："禀承总理意旨，约会苏俄代表马林及张继、汪兆铭、林业明等，筹组孙逸仙博士代表团，赴俄报聘，并考察政治及党务。"③ 在辞职返甬前，蒋介石任职大元帅大本营参谋长。8月16日，蒋介石率团赴俄。10月6日，鲍罗廷抵广州，孙中山聘他为国民党组织教练员。10月15日，在广州举行的党务讨论会上，通过一项陈安仁提案："建议设陆军讲武堂于广州，训练

---

① 亚·伊·切列潘诺夫著：《中国国民革命军的北伐》，第90、91页。
② 《"总统"蒋公思想言论总集》第36卷，第92页。转引自汪荣祖、李敖著：《蒋介石评传》上，第84～85页。
③ 《蒋介石年谱初稿》，第129页。

本党党员，及本党党员之青年子弟，俾成军事人才，拥护共和案。"① 另据李敖所藏党务会议录原件，记"1923年11月6日举行的第五十八次会议，列席委员林祖涵报告'陆军讲武学校情形案'，决议委蒋介石为该校校长，廖仲恺为该校党代表"②。该提案通过后，具体情形如何，欠详。当时程潜任总长的军政部开办了一个"中央陆军教导团"，地点在北较场营房，后来改名"陆军讲武堂"（1924年归并入黄埔军校），它与上述党务讨论会上通过设立的陆军讲武堂（学校），应系两事。由于10月28日成立临时中央执委会，着手办理国民党改组事宜，另外孙中山所倚重的蒋介石又在国外，所以办军校的计划，似无大进展。

盘踞东江的陈炯明，一直在谋图反攻广州。1923年11月12日，陈军陷石龙，孙中山从石滩返回广州，形势十分危急。是日，临时中央执委会举行第五次会议。在讨论时局问题时，鲍罗廷认为只要充分动员工农群众，还是有可能战胜陈炯明的，他提议建立一支国民党党员自愿队，开赴前线抵抗叛军。这个意见被接受，会议决议由临时中央执委会召集各分部执委及组织成员，于13日在广东支部召开特别会议，讨论组织义勇军问题。这次会议详尽地商议组建国民义勇军之事，推荐廖仲恺起草义勇军组织法，提交临时中央执委会正式会议讨论。在15日的临时中央执委会第六次会议上，讨论了廖仲恺起草的义勇军组织法，决定设立一个供给部，向义勇军提供粮食、用具、军械、衣服等；在组织上，确定教员，教员入营工作，委任军事专家两名，监督及辅助教员从事训练。该供给部由五人组成，以邓泽如为部长。当时形势继续紧张危急，18日陈军分两路进攻广州，前锋抵龙眼洞、瘦狗岭及车陂、石牌，讨贼军得市民支持抵御，又得豫军、湘军从北江前来支援，终使陈军全线溃退，广州转危为安。在19日举行的临时中央执委会第七次会议上，孙中山出席，除了讨论国民党改组问题外，还决定召集有军事学识的党人数十名，日间为学生讲习高深军事学及党义，夜间训练义勇军。

对于义勇军组织的活动，国民党"一大"期间，1924年1月21日，执委谭平山对大会作了报告，说义勇军组织，党人加入者甚踊跃，两日之间，达五百余人；后因我军反守为攻，敌人窜退，于是有义勇军组织变为本党军官

---

① 邓泽如著：《中国国民党二十年史迹》，第479页。1923年10月16日广州《民国日报》作"训练海外本党回国之青年子弟"，文字略有不同。

② 《蒋介石评传》上，第91页。

学校永久的组织的决议。这个军官学校,是国民军军官学校。①

国民军军官学校已经开始筹办。1923年11月26日,国民党临时中央执委会举行第十次会议,孙中山主持了这次会议。鉴于军事形势有所缓和,关于义勇军问题,会议决定建立国民军军官学校,校长蒋介石,教练长陈翰誉,政治部主任廖仲恺,筹备执行委员廖仲恺,校址定为租借某园。次日,会议决议筹组军校事项,推定孙科、吴铁城会同军事委员二人筹备军校,应办之事为:一、定校所;二、设备;三、器具;四、预算购费及安设妥当;五、校内事务所之指定开始办公;六、物色教员,征求学生。② 这时蒋介石访苏仍未返抵国门,可谓校务主持乏人。军校校址,选定测量局及西路讨贼军后方病院。据刘峙在《我的回忆》中说,陈翰誉是许崇智的上校参谋,"是我们保定的同期同学,目空一切,骄纵自私,处事多失公平,致为各方不满"。③ 或许是这个原因,12月5日,临时中央执委会第十四次会议决议由秘书处拍电报至上海,询蒋介石何日可至粤就军官学校职,而蒋之抵上海,是十日后的12月15日,此时尚在苏俄也。

这个学校为何称为"国民军军官学校"?有可能是与国民党相对应。但这个校名尚未正式使用(但已亮出了校名,1924年1月23日广州《民国日报》已刊通讯:"国民党前由恳亲会党务讨论会时,经决议组织军官学校,现经中央执行委员会开会,决议进行,命名曰国民军军官学校。")便改了名。1924年1月24日,孙中山以大元帅名义,派蒋介石为陆军军官学校筹备委员会委员长。筹备委员为王柏龄、邓演达、沈应时、林振雄、俞飞鹏、张家瑞、宋荣昌等七人。④ 这里正式使用"陆军军官学校"校名,而且,迄孙中山去世,在正式场合一直使用这个校名,"国民军军官学校"的校名便弃用了。

对于这所"陆军军官学校",1月27日戴季陶致函蜀中友人说:"在此次大会之前,已由总理决定在广州设立一养成本党党军干部之军官学校,以养成了解本党党义政纲、具备最新军事知识之人才。教育方针除军事教育训练以外,并加以政治教育(本党历史)、政治经济之基本知识、本党政纲大意、三民主义之内容等,大约两个月后可以开始,目前正在积极预备中。至于学

---

① 本节有关义勇军组织的内容,系根据:《廖仲恺年谱》;李云汉:《中国国民党史述》第2编,台北国民党党史会1994年版,第475~477页。
② 罗刚编著:《中华民国国父实录》第六册,第4480页。
③ 刘峙:《我的回忆》。转引自《蒋介石评传》上,第93页。
④ 《中华民国国父实录》第六册,第4553页。

生,则由各省就同志青年中挑选。"① 这是戴季陶对创办黄埔军校宗旨的理解,日后他在军校中的活动,大都离不开这个宗旨。1月28日,孙中山指定以黄埔岛旧有的广东陆、海军学堂旧址为陆军军官学校校址,这便是"黄埔军校"称呼的由来。

历史资料表明,黄埔军校的任命状、校牌、校旗、招生简章及第一期毕业证书等,都称为"陆军军官学校",可见,这是该校的正式名称。但是到了1925年2月东征陈炯明开始,布告中便开始自称"中国国民党陆军军官学校",同时也继续使用"陆军军官学校"名称。至于"黄埔陆军军官学校"与"广州陆军军官学校"一类的称呼,最早出现在1924年6月的上海《民国日报》通讯上,不过这并不是正式的校名。那么,为何会出现"中国国民党陆军军官学校"这一校名呢?黄埔一期毕业的李奇中认为:"学校名称,定名为陆军军官学校。后来蒋介石说到这个学校的名称时总是说成'中国国民党陆军军官学校',大概是在企图肯定这个学校是属于国民党而不是属于共产党也不是国共两党共有,从这一点就可以看到蒋介石的本质和发展。"② 这种说法是可信的。考核名实,应是称作"陆军军官学校"。1926年改组、改名之后,这个军校已经逐渐变质了。至于1926年汪精卫在将黄埔军校改组为"中央军事政治学校"训话时所说的"本来陆军军官学校成立的时候,是叫做中国国民党陆军军官学校"的话,创办时他不是当事人,所说别有用意,并不符合实际,故不足深辩。

三

要办好一个学校,首先要选好一个校长,这是谁都明白的道理。陆军军官学校校长是孙中山选定的蒋介石,这是一般人都晓得的。然而,说起来,当初校长的人选,并不是仅蒋介石一人,在国民党内,曾经出现过几个人选,即程潜、许崇智、孙中山以及蒋介石。

先谈程潜任校长之事。前文说过,程潜任总长的军政部在北较场办了一个讲武堂,招了一批学生,受过比较严格的军事训练。据包惠僧回忆:"黄埔军校开办之前,孙中山派蒋介石到苏俄去考察军事,决定派程潜为校长,蒋介石、李济深为副校长。蒋介石认为这一次的联合战线黄埔建军是一个开创的局面,以他同孙中山的关系与他曾到苏俄考察军事的条件,他说一切既是

---

① 罗家伦主编:《革命文献》第8辑,中国国民党中央委员会党史史料编纂委员会1968年版,第177页。

② 李奇中:《黄埔练兵》,《第一次国共合作时期的黄埔军校》,第227页。

学习苏俄,程潜那一点日本派的旧的军事知识有甚么用处呢?他既不愿屈居在程潜之下,就愤然离开了广州。"① 包惠僧从 1925 年 2 月开始任黄埔军校政治部主任,所言应当不虚。另一位曾就读桂军讲武堂、后来归并到黄埔军校的覃异之,也说到"关于校长的人选,最初决定为程潜,而以蒋介石、李济深为副校长。蒋介石当时无论在党在军,都是后辈,孙中山先生派他为军校副校长,已经是'不次之迁'。但是蒋介石不愿在程潜之下,对这个任命很不满意,就离开了广州,跑到上海,表示消极"②。孙中山最终否定了有关程潜任命的考虑。

孙中山与许崇智的关系,起于中华革命党时期。许是中华革命党军事部长。在援闽粤军中,其地位与陈炯明相伯仲;陈叛孙后,许成为孙部粤军总司令。许是广州人,服务桑梓,与孙的关系自非杨刘滇桂军可比,故孙也曾考虑由许任军校校长。据前揭刘峙《我的回忆》所记:"起初孙中山先生想要粤军总司令许崇智兼军官学校校长,负责筹备。但许崇智力不从心,一切委之于上校参谋陈翰誉。"这位教练长不孚众望,后来蒋介石搭班子,便再也没有用他了。

程潜、许崇智都未能当上军校校长,军界人士又反对蒋介石(此人生性乖张暴戾,同事者实在难与相处),故要求孙中山自任校长。据国民党党史会藏的"会议记录",1923 年 12 月 8 日,在孙中山提名以蒋介石担任军官学校校长后,部分同志请愿要求孙自兼校长,并在本日举行的临时中央执委会第十五次会议中作成决议。但孙中山未予采纳。③ 关于孙中山任军校校长之事,1924 年 1 月 3 日的上海《民国日报》通讯已透露,"闻该校已定孙总理担任校长一席,其余各事,经陆续筹备云"。当时在广州的苏俄军事顾问切列潘诺夫也说,"人们原来认为孙中山本人要担任军校校长",但是,孙中山坚持要由蒋介石来当校长。④ 一名黄埔学生记述说:"自孙中山决定创办陆军军官学校之日起,广东各实力派人物,认为是一块肥肉,纷纷向孙中山推荐校长人选,争夺颇烈,而孙则属意于蒋介石,各头头不同意,争论不休。孙曾忿然曰:'如果不叫介石当校长,宁可不办。'"⑤ 李奇中则具体指出是哪些人反对蒋介石当校长:"不少人反对蒋介石担任这个重要职位,例如李济深、范石

---

① 包惠僧著:《包惠僧回忆录》,第 151 页。
② 覃异之:《黄埔建军》,《文史资料选辑》第 2 辑,第 2 页。
③ 《中华民国国父实录》第六册,第 4493 页。
④ 广东革命历史博物馆编:《黄埔军校史料》,第 24 页;《中国国民革命军的北伐》,第 91 页。
⑤ 宋希濂:《参加黄埔军校前后》,《第一次国共合作时期的黄埔军校》,第 242 页。

生、杨希闵等等。李济深被派为黄埔军校的教练部主任,实际上拒不到差,反叫邓演达代行职务,就是表示不喜欢这个校长。"① 中国政党政治尚处于幼稚园阶段。稍为有点影响的政治党派也无不充满会党色彩。即使开明如孙中山,在国民党内部,他自己的角色定位就置于全党之上。他在1921年12月曾对马林说,"如果在我生前不发生重大变革,中国的进一步发展将推迟六百年。"予智自雄,他是以我为中心处理党务政务军务与外交问题的,使用蒋介石,便是基于这种思想意识。在当时,孙之用蒋长黄埔军校,与用邹鲁长广东大学一样,一文一武,用其所长,似未考虑到一旦蒋介石掌握了军事干部,控制了兵权,将进而操纵国民党,睥睨群雄,号令一切,逐步收拾异己,形成军事独裁。以枪指挥党,蒋氏实中国第一人。后起者不过步武蒋氏而已,未尝有所发明也。

关于为何孙中山坚决任蒋介石长黄埔军校的缘由,许多著作已经深入探讨过,无非是历史渊源与政治现实。传说蒋是日本士官学校毕业,加上保定军校的学历,给人一种印象,在军而言,蒋系科班出身,决非草莽绿林民军土霸之属。从辛亥革命、反袁至护法(粤军漳州时期),蒋氏均与其役,有此历练,非与徒作纸上谈兵者可比。他与陈炯明积不相能,但与许崇智却能"和衷共济"(许将权交蒋,非如炯明强势作风)。陈英士是反袁时期孙中山深相倚重之人,陈死,其亲信继续与孙交密者惟蒋氏。"六一六"事变事出仓皇,使孙中山泊舟白鹅潭,颠踬困顿。在水深火热之中,亲信四散之际,蒋氏闻讯千里急难,追随左右。其难人之所不能,怅触情怀,孙中山与蒋氏的关系,岂能有可移之者? 在粤客军将领中,可用者并非无人,但情多泛泛。许崇智胸无远略,且生活腐化,畀倚之重,实堪衡量。如前所述,早在1923年5月1日电报中,马林已对越飞表示孙将派蒋介石及张继率代表团赴苏俄访问。8月间蒋之成行,虽然有其要挟成分,但孙之所派,亦与马林及中共、共产国际之认可有密切关系,若马林、中共不认为蒋是可接受之人,蒋是无法访俄的。正是此次访俄之行,给蒋介石在政治上大大加分,从而予人们一种印象,蒋介石是知俄派,是孙中山联俄政策的重要执行人——实际情况如何,外界并不知晓。

按照蒋介石手定的蒋介石年谱稿,他此次苏俄之行系"报聘,并考察政治及党务",并未提及考察军事之任务。明白无误此行乃为考察军事,而年谱中不予提及,实在不可理解。苏联沃龙佐夫的《蒋介石之命运》说,蒋介石的任务很具体:"讨论军事政治问题,达成关于苏俄政府帮助中国建立武装力

---

① 《黄埔练兵》,同前引,第226页。

量的协议。"他"把注意力都集中在争取军事援助的问题上了"。① 蒋介石对苏联的军事经验表现出浓厚的兴趣,考察了红军的组织序列和政治委员制度以及军事干部的培养情况,应该说,凡此均是此行的重要目的,为他筹备军校提供了参照数。

综上可知,陆军军官学校校长人选虽有多种考虑,最终还是决定任命蒋介石,其中曲折不是没有理由的。至于蒋介石担任此职是否相宜,如果不是事后诸葛亮,那么我们很难提出什么批评意见。由于这所军校从酝酿至成立问题丛生,迄 1926 年改组之前,充满变数,可以认为,从一开始就矛盾尖锐的状况,均与蒋氏有关。这就是我们要讨论的下一个问题:蒋介石为何在就任黄埔军校校长问题上与孙中山讨价还价。

四

1923 年 11 月 29 日,蒋介石一行离开莫斯科启程返国。12 月 14 日,他在大连至上海的船上"属游俄报告书稿"。15 日上午抵沪,下午 3 时返宁波,胡汉民、汪精卫、廖仲恺等"集舱房叙别,劝公(按:指蒋)即回沪,处理一切党务"。② 为处理改组问题,孙中山最重要的助手汪、胡、廖,以及鲍罗廷,均在上海。无论他们如何催促蒋赴上海商量要件,他就是窝在奉化老家不出来。12 月 20 日廖仲恺电告:"前途要件寄到,鲍君有事与商,学校急待开办,无论如何,乞即买舟来沪,同伴南行为荷。"③ 22 日,汪、胡、廖联名函蒋:"弟自送兄船回,即已以兄意函达先生。今晨展、恺及弟复联电先生乞速发展,并乞沧白勿辞。此事总可如兄之所言,惟望兄早日来沪,鲍先生及弟等待商之事甚多,万不能以此一事遂耽搁来沪之期也";"弟等以为此事或较省长问题为尤重,兄不可因小失大也"。④ 此事为何事,不详。1924 年 1 月 29 日,杨庶堪(沧白)、廖仲恺互易广东省长、大本营秘书长,则蒋之所求系由杨任省长。不过,蒋之所求可能不是由杨长期任省长,观以后蒋介石向孙中山要求以胡汉民任省长(取代杨庶堪)、许崇智任粤军总司令(蒋为参谋长),则此事应是要求孙任许为粤军总司令,别有用意,一时未得答复,故作返粤稽延借口。

---

① 沃龙佐夫著:《蒋介石之命运》,董友忱等译,中共中央党校出版社 1992 年版,第 31 页。
② 《蒋介石年谱初稿》,第 141、143 页。
③ 同上书,第 144 页。
④ 同上引。

12月26日，汪、胡、廖又联名函蒋，谈了几个问题："一、今恺将归，鲍先生日盼兄至有如望岁，兄若不来，必致失望。二、十三日国民党党员大会已告成立，十四区分部同时组织，现已就绪。党事较一切为重，兄所主张者，今诸问题待兄至而决，兄迟迟不来，党事无形停顿，所关甚大。军官学校由兄负完全责任办理，一切条件不得兄提议，无从进行。诸如此类，非兄来不可，省长问题犹在其次。沧白就否，尚须有数度之磋商，兄若坐待省长发表始来上海，此层似非必要耳。"望蒋收到此函后，即速命驾。27日、28日，张静江、汪精卫继续去函催促，汪还转去24（敬）日孙来电。28日廖仲恺再函表示军校教务长候蒋就职后决定人选，政治部主任推戴季陶，并告知汪、胡、鲍等人返穗之期，最后要蒋乘1月4日船，万不能再延，"否则事近儿戏，党务改组后而可乘此惰气乎"！孙中山敬日之电说："兄此行责任至重，望速来粤报告一切，并详筹中俄合作办法。台意对于时局、政局有所主张，皆非至粤面谈不可，并希约静江、季陶两兄同来，因有要务欲与商酌也。"①但是，蒋氏对各方函电催逼，就是不答不应。他在家里忙些什么呢？日记称，是"息影慈庵，拂案焚香，绕茔抚树"，入夜则闲躅山门外，完全摒绝外事。他的妻子陈洁如则说，他在家写访苏报告，写得很慢，总共写了四十页信笺，她还引了几段内容。不过，笔者查对了陈所引函件的内容，却是1924年3月14日致廖仲恺长函之一部分，是赴广州就任黄埔军校筹备委员会委员长，旋又辞去、返回奉化后所写。②

　　蒋介石的这篇访苏（游俄）报告，是邮寄给孙中山的，看过的人极少，这点是可以肯定的。据悉，原稿和抄正件，既不见于蒋氏个人档案（大溪档案），也不见于国民党党史会库藏，所有各种孙、蒋的年谱、传记均未引录其内文，估计是不在人间了。至于这个专门汇报考察印象、关系对苏政策及党务军事意见的内容，可能主旨是反对联俄。他日后在《苏俄在中国》书中追述说："俄共政权如一旦臻于强固时，其帝俄沙皇时代的政治野心之复活，并非不可能，则其对于我们中华民国和国民革命的后患，将不堪设想。"前述3月14日蒋氏致廖仲恺函中说得也一点不含糊："尚有一言欲直告于我兄者，即对俄党问题是也。对此问题，应有事实与主义之别，吾人不能因其主义之可信，而乃置事实于不顾。以弟观察，俄党殊无诚意可言，即弟对兄言俄人之言只有三分可信者，亦以兄过信俄人，而不能尽扫兄之兴趣也。""俄党对中国之惟一方针，乃在造成中国共产党为其正统，决不信吾党可与之始终合

---

① 《蒋介石年谱初稿》，第144、145页。
② 《陈洁如自传》，第175页；《蒋介石年谱初稿》，第167页。

作，以互策成功者也。"甚至说，"吾兄如仍以弟言为不足信而毫不省察，则将来恐亦不免堕落耳。"① 从上述言论，人们不难发现，蒋介石访苏之行，回来得出的结论，是消极的，即联俄终无善果，不信你试试看。这个结论，与孙中山正在兴头上改组国民党，立意依靠俄人办军校的政治愿望完全相悖。孙看了蒋写的报告以后，心中当然不能毫无感想，但大政方针已定，不容随意改变，所以还是催蒋来粤，面商一切。

蒋介石是1924年1月16日到达广州的。20日，国民党"一大"开幕，蒋不是大会代表，没有资格正式与会，只能列席，说白一点，是旁听者。24日，孙中山颁布蒋任陆军军官学校筹备委员会委员长的命令。2月3日，孙中山又任命蒋介石为中国国民党本部军事委员会委员。② 6日开设军校筹备处，8日举行校务筹备会议。各省招生名额也已拟定，共324名。15、17两日，蒋还参观了石井兵工厂、肇庆西江（粤军）讲武堂。但到21日，他却写了一个辞呈，称"自维愚陋，不克胜任"，未经批准，便擅自跑回奉化老家去了。

根据叶剑英、切列潘诺夫等人的回忆，蒋介石指示对筹备处人员宣布军校不办了，给相关人员发了遣散费。至于他为何要宣布筹备处解散，有些记述说是因为滇军范石生当面教训蒋："你在黄埔办什么鸟学校，你那几根'吹火筒'，我只派一营人就可以完全缴你的械。"苏联方面的著作也说：当时他身边许多人都感到，这位校长十分恐惧。广州一些军阀对创办军校很不满，为防备出事，蒋介石就决定逃之夭夭。但据25日受孙中山派遣去奉化挽蒋回粤的邓演达3月5日给廖、汪电中所说，此次离开系"因保持与先生之感情，现非有改革决心，国党皆陷绝望。若能公开整理财政，革除市侩垄断财权【指杨西岩拒发军校开办费】，并促展汝回，则彼可回其意"③。若按此说，辞职是为了军校的经费问题。但经费是由廖仲恺去筹措的，即使有困难，也尽管可与廖商议，不能由蒋个人宣布筹备处解散。

对于这种状况，孙中山万般无奈。他采取了多种措施，力图挽救。他赶紧派廖仲恺代理军校筹备委员长，以免散伙；派邓演达去奉化追蒋回粤；又在蒋辞职书上批示，由中央执行委员会秘书处电告蒋氏，告以"该委员长务须任劳任怨，勉为其难，从艰苦中去奋斗，百折不回，以贯彻国民党牺牲之

---

① 《蒋介石年谱初稿》，第167页。

② 同上书，第156页。这个军事委员会功能不详。1923年2月3日、8日，孙在组织军事委员会、政治委员会后，已先后任命柏文蔚、吕超、黄大伟、蒋作宾、蒋介石、顾忠琛、朱霁青、路孝忱、叶荃、吴介璋、朱一鸣、吴忠信、熊秉坤等为军事委员。未悉这两个军事委员会是否同一个组织。

③ 同上书，第158页。

主张。所请辞职,碍难照准"。孙中山还亲自于 29 日紧急致电蒋氏:"军官学校以兄担任,故遂开办,现在筹备即着手进行,经费亦有着落,军官及学生远方来者,逾数百人,多为慕兄主持校务,不应使热诚倾向者失望而去。且兄在职,辞呈未准,何得佛热〔拂然〕而行?希即返,勿延误。"① 迫切焦虑,情见乎词。

蒋介石之擅行离队,胆敢公然解散军校筹备处,往小说也是目无法纪的行为。他之所以如此张狂,估计是他认定孙中山手里没有多少牌可打,最终少不了他,故恃宠而骄,不顾大局。他所说的不满杨西岩主持财团一类的话,不是没有相根据;他害怕杨刘一伙可能收拾他,亦非毫无可能;而主张重用胡汉民、许崇智,也言之成理;至于军校财政困难,却不是一朝一夕的事了。上述这些,均不应构成蒋擅行离去的理由。那么,蒋为何在军校筹备正顺利开展之际,采取解散这种非常手段呢?因为此事关系军校的前途命运,似可进一步进行研究。

首先,蒋介石心中存在对孙中山的不满情绪。据陈洁如回忆说,他不急于回广州,是因为孙太不给他面子,"他怎可于我仍在俄国的期间,接受莫斯科新派来做顾问的鲍罗廷?至少他可以打个电报问问我的意见。现在,我要让他等我的报告,等了又等"②。这种说法有些道理,他不喜欢鲍罗廷,可以从其他资料中找到佐证。例如,尽管在 1923—1924 年间鲍罗廷在上海参与改组工作,廖仲恺等人三番五次说鲍罗廷要与蒋会见,蒋就是置之不理。又如,韦慕庭在《孙中山——壮志未酬的爱国者》一书中也指出,蒋这次离开广州,"这种反感情绪,很可能是由于和鲍罗廷意见龃龉触发起来的"。换言之,蒋对孙引用了一批包括鲍罗廷在内的顾问不满,因为聘任这些顾问不是蒋个人的意愿,他对苏俄及其在华顾问心存芥蒂乃至疑忌满腹。

其次,孙中山接到蒋介石寄来的访苏报告后,未公开表示意见,不置可否。实际是,他的对苏不友好言论不为孙所乐见,与其联俄外交相牴牾,但又不便公开披露,只好默不作声。然而,蒋对此却大为恼怒,他在 3 月 14 日致廖函中说:"党中特选一人赴俄,费时半年,费金万余,不可为〔谓〕不郑重其事,而于弟之见闻报告,毫无省察之价值,此弟当自愧信用全失,人格扫地,亦应引咎不遑也。"③ 这实在是蒋的一个误会。孙中山要苏俄顾问帮蒋办军校,成就国民革命的大事业。假若这个反苏报告一旦公开,不但坏了革

---

① 《蒋介石年谱初稿》,第 159 页。
② 《陈浩如自传》,第 174 页。
③ 《蒋介石年谱初稿》,第 167～168 页。

命大事，也让蒋无法在军校、在广州立足。故孙对此报告"留中"，乃至销毁（不存档），实有爱护蒋某的深意在焉；而蒋氏戴盆望天，见不及此，犹断断不已，实属不智之至。

再次，蒋介石赴苏考察，虽以军事为主，但于党务、政治，并不是漠不关心。他当然清楚苏俄的权力运作，重心不在政府而在党中央、中央政治局。国民党"一大"改组以苏俄党为楷模，权力将归中央执行委员会。出席"一大"的代表由两部分组成，部分为各省、地区选出，部分由孙直接提名。蒋要在浙江选上出席大会的代表，不太可能。不知出于何种原因，孙中山并未提名蒋介石为出席"一大"代表，既然不是代表，当然也就不能选为中央执委、监委，也就没有在党内的发言权。对此，蒋当然心有不甘。所以，陈洁如写道：在"一大"会上，"我们只能旁听，没有发言权。我注意到，这使介石觉得自己渺小，没有份量。事实上，介石在会场座椅中，不时局促扭动"①。不宁惟是，孙特派老资格的廖仲恺为军校中国国民党代表，联想起来，不免身边有个监军的感觉。蒋之心滋不悦，萌发离开广州的念头，确在情理之中。李敖、汪荣祖的《蒋介石评传》专门讲到蒋介石联合胡汉民、许崇智，"打倒"廖仲恺一节，是否能成立，尚须参详，但蒋不满意孙而迁怒于廖，则有蒋致廖的3月14日的长信可供复案，是没有问题的。

最后，是蒋认定孙不信任他，至少不如陈其美对蒋之信任。1924年3月2日，蒋介石上书孙中山，"缕陈一己委屈与对党主张"。这是供公开用的长函。函中叙述其对孙的忠诚，与陈其美共事十载，始终如一。但孙则不然，自去年以来，新旧过渡时期，抹杀旧势力、扩张新势力，如弃胡汉民、许崇智不用，今日孙"之所谓忠者、贤者及其可靠者，皆不过趋炎附势、依阿谄谀之徒耳"；又称，"先生今日之于中正，其果深信乎，抑未之深信乎，中正实不敢臆断"。② 现在查不到孙中山收到此信后是否作复的资料，但是，从各方催促蒋回校视事及廖仲恺继续与商军校业务来看，孙对蒋仍然信任有加，蒋疑神疑鬼，是其秉性使然。

由2月下旬至4月21日蒋返抵广州，除国民党要人不断赴奉化敦劝外，函电劝返者不下25件之多。这回，蒋不是置之不理了。他除了与主事者函商军校招生等事外，如前揭还在3月2日、14日先后给孙中山、廖仲恺写了长信，叙述对孙中山联俄等各项政策、对党内人事安排的意见。在此期间，孙中山也满足了蒋的所有要求："一切事已照介石意思办"；3月17日，禁烟督

---

① 《陈洁如自传》，第177页。
② 原函见《蒋介石年谱初稿》，第160～164页。

办杨西岩免职查办，财政归并廖仲恺负责，戴季陶任政治部主任，解决胡汉民、许崇智的任职问题，军校学生取额分班、学习期限等，无不尽如蒋意。于是，在许崇智陪同下，蒋介石重返广州；4月26日，莅黄埔入校视事。5月3日，孙中山特任蒋介石为陆军军官学校校长，兼粤军总司令部参谋长。5日，第一期新生入校。9日，孙特派廖仲恺为驻陆军军官学校中国国民党代表。

这里还应当指出，蒋介石对孙中山的讨价还价，长期脱队，给孙中山造成极大精神负担。3月24日廖仲恺催蒋速返，"以免先生加受一重精神痛苦"；26日又发了一封颇似最后通牒的电报，谓："归否，请即复，俾得自决！"4月3日电又说："先生近多感触，亲信者不宜离去也。"对于蒋"拂然"离去，对于各方促返，蒋自有主意，孙拿他没有办法。"瑞元无赖"（瑞元为蒋氏小名），这回孙中山算是领教过了。党内外麻烦杂陈，头绪棼如，一切矛盾都上交到总理那里，终于把孙中山攻倒了。5月4日，孙中山肝疾遽发。这一次肝疾，无疑是半年多以后查出不治之症的前因。5月18日，为澄清外界流传孙病笃的谣言，孙不得不抱病主持了几十分钟广东各界欢迎法国飞行家杜爱西驾机访问之集会。一个半月内，孙仅出席这一次公开集会。5月27日，孙病稍愈即开始处理事务，并率僚属游白云山，以示平安。因此耽搁，黄埔军校的开学典礼，一直延迟至6月16日才举行。

6月16日，陈炯明部兵变两周年，陆军军官学校举行开学典礼，出席典礼者为在粤所有的军政要人（鲍罗廷赴沪，未出席），军校总理孙中山作了长篇讲话。军校正式办起来了，蒋介石拥有对军校的人事权、财权，又兼粤军参谋长、长洲要塞司令，再加上任国民党本部军事委员会委员，他不但控制了一个军事人才培训基地，在党内已有对军事的发言权和对粤军的指挥权，凡此，已足以使他成为广东的军事强人，蒋氏于焉崛起。

综上所述，我们不难发现，陆军军官学校的创办有一个过程，它创办的若干重要环节，与孙中山联俄外交密不可分，如果没有苏俄在人、财、械等方面的支持和体制训练等方面的示范，黄埔军校是办不起来的。因此，为反苏需要而否定苏俄的贡献，是违反历史实际的。根据学者的研究，自诩为"总理惟一忠实信徒"的蒋介石，曾在紧要关头，14次脱队。担任黄埔军校校长的蒋介石，从考虑其人选问题，至其正式就职为止，其间多有波折，非可以一言尽。黄埔军校成立距今已经80年了，作为时代风云的陈迹，渐去渐远。本文依据各种史料，予以回顾，旨在陈述史事，回归历史。笔者相信，它对读者了解黄埔军校之真史，将会有所裨益。

中国致公党为何弃孙选陈

　　凡是有点文化的中国人，一般都知道，反动军阀陈炯明，在1922年6月16日清晨叛变，炮击观音山总统府，将孙中山逐出广州；三年后，国共合作的第二次东征，却彻底击败陈氏；这个叛徒穷困潦倒，最终死在香港。书上是这样写的。大家都这么说，信不信由你，实际上也由不得你不信。如此而已。至于其他，就不用说了。是不是没有什么可说了呢？不是。1925年，正当陈炯明军事上完败、政治上破产，受到国民党的宣传工具口诛笔伐、臭名昭著之际，新成立的中国致公党却推举其为总理，任期迄1933年其去世。这个中国致公党，便是今日中国大陆以侨眷、华侨、华人为主要联系对象的八个参政党之一。作为创党总理，陈氏在该党历史上写下了光辉的一页。那么，致公堂的大佬们为何竟不信邪，在改堂为党的时候，偏偏选择这个已经声名狼藉的人充当这个新党的领袖呢？本文就准备讨论此一问题。

一

　　明末清初以降，海内外有一个从事"反清复明"的秘密结社——洪门。洪门是总称，又称天地会，其支派有哥老会、三合会、致公堂（或洪顺堂、义兴堂）等。其中哥老会在长江沿岸各省活动；三合会（三点会）在闽广一带活动；致公堂等在南洋、檀香山、美洲等地活动，凡有华侨的地方，几乎都设有分堂。由于洪门是地下组织，为适应生存、发展，它形成了一套礼仪、联络和活动方式，颇具神秘性。它的组织严密、纪律严明、等级森严，首领或大佬具权威性。洪门成员文化水平普遍不高，但讲义气，守信用，乡情浓厚，也比较保守。经过二百余年，"反清复明"意识已相对淡薄，逐渐成为"团结互助，扶老仗义"的组织。

　　1899年7月，流亡加拿大的康有为成立保皇会，随后在海外大肆扩张会务，吸收会员，乃至瓦解了檀香山兴中会，北美等处入保皇会者已十人而七，使孙中山极为郁闷。保皇会拉走了各地致公堂的成员，据称仅旧金山一地

"注籍会员约万人"①。在洪门成员普遍转到保皇会旗下的局面出现后，孙中山欲以一己之力与保皇会争群众，可以想象效果不会好。1903年，孙又一次来檀香山，他的母舅杨文纳是洪门的重要人物，因此力劝他加入洪门，"且谓现时保皇党机关林立于美洲各埠，倘不与洪门人士合作，势难与之抗衡"。孙乃请洪门前辈叔父钟水养（即五华人钟木贤）向洪门致公堂介绍入闱。致公堂职员之入保皇会者反对，经钟说服，于是择日拜盟加入，并由主盟者某大佬封为洪棍。②洪棍，是高级军事领导。但据旧金山致公堂大佬黄三德记述："孙文初进洪门，在檀香山，由三德策划，令其加入者也。因为孙文曾到美国，运动华侨作反，华侨不理之，尤其是香山人，最恶之，所到皆飨以闭门羹，运动无所入。三德乃为策划，……由三德先写介绍函，寄到檀香山正埠国安会馆各昆仲，许其加盟。孙文亲在五祖像前发三十六誓，愿遵守洪门二十一条例、十条禁。于是洪门封以洪棍之职，孙文欣然接受之。至光绪三十年甲辰（1904年），三德又致函檀香山洪门昆仲，请其资助孙文来美国。"③两说颇有异同，可不深议。孙中山是4月6日抵达旧金山的，但被美国移民局拘禁于海关旁小木屋中，经黄三德、唐琼昌等多方奔走，始于28日获准入境，所有法律费用均由三德代付。

孙中山加入了洪门并获得高级职务，使其革命活动有了前所未有的生机。为在华侨中扩充势力，他在旧金山对会党进行改造。首先，他将旧金山华侨中的二十四个秘密团体致公堂、保安堂等合并，统名为致公堂。然后，全美洪门十余万人重新注册，由孙起草注册总章程，手定致公堂新章程要义及规程八十条。④章程宗旨为"驱除鞑虏，恢复中华，创立民国、平均地权"，使之与中国革命纲领相一致。其次，改组致公堂机关报《大同日报》，逐走原总编辑康徒欧榘甲，改派刘成禺（武昌人，广州长大，留日学生）为总编辑。最后，从5月24日开始，由黄三德陪同，先北上加州，后往美东等地，对洪门会众进行宣传和注册，随后与留学生、国际友人联络。1904年12月赴欧洲，在留学生中组织革命团体。1905年7月抵日本，与黄兴等人组织中国同盟会，中国民主革命由此翻开新的篇章。

孙中山从1895年发动广州重阳起义开始，即运动会党参与，他的主要合作伙伴郑士良便是惠州三合会首领。1899年初冬，两湖哥老会、广东三合会

---

① 梁启超著：《新大陆游记》，《饮冰室合集·专集》第二十二册，上海中华书局1932年版，第117页。
② 冯自由著：《革命逸史》第二集，第101～102页。
③ 黄三德著：《洪门革命史》，1936年自印本，第2～3页。
④ 《革命逸史》第二集，第113～114页。

及兴中会代表，在香港成立兴汉会，推孙中山为总会长。1904年对北美洪门的联络与改造，使孙在与康梁保皇会争夺华侨的斗争中开始占上风。迄1908年河口起义为止，孙中山等革命党人以运动会党为主力反清的措施，是依靠洪门的结果。孙中山发动华侨，实质上是通过会党去做工作，中国同盟会的工作，至少在北美，也是附属会党（洪门）去活动，进行募款时尤其如此。1908年5月20日，孙中山致函邓泽如等人，谓："惟运动之方面必随时而变，先当动之以大义，不成矣必再动之以大利。想此两方法，兄等必已试之而无验；然更有一法，则当动之以情谊。"①抓住义、利、情三点去发动华侨，这个经验，即是通过与会党的交往总结出来的。利用洪门原有的"反清复明"意识，结合华侨在海外因国势衰弱遭受欺凌而饱含的改变处境的愿望，孙将革命纲领纳入致公堂新章中，民族革命大义所在，于理昭然。他所拟的洪门筹饷局章程，刊明捐款五元以上者，于"中华民国成立之日，准列名为优先国民"，并对捐款"加倍偿还"。此义、利俱在。事实证明，他加入洪门，使自己能在致公堂内与众兄弟有共同语言，可申手足之谊，故能战胜保皇党，筹得巨款，开展国内反清起义，终至建立民国，推倒清廷，结束帝制，此乃义、利、情方法施行的结果。辛亥革命成功后，有人称"华侨为革命之母"，此说固非无据也。

二

1911年10月10日武昌起义后，南方各省相继光复。但清廷未倒，且起用袁世凯，以汉制汉，因此革命前景尚不分明。孙中山为筹款与争取列强承认革命军合法，在美欧活动了两个多月，于12月25日回到上海。29日，光复十七省代表在南京集会，孙以十六票当选为中华民国临时大总统，并于1912年元旦就职。民国建立，海外华侨欢欣鼓舞，对革命时期的种种愿景之实施，寄予厚望。但是，客观实际使华侨深感失望，也使洪门大佬等华侨领袖与孙中山渐走渐远，积怨愈深，终至无可弥缝。

首先，为使孙中山能当上临时大总统，海外华侨纷纷通电拥戴。即以旧金山为例，黄三德、唐琼昌等人为张大其声势，用各埠致公堂名义、各华侨团体名义，一日而发三数十封电报，费用逾千。黄氏认为，这批电报发生了震撼力，孙之任临时大总统，系洪门人士合力造成。当时黄三德任旧金山致公堂总理，兼《大同日报》总司理，唐琼昌为致公堂西文书记，兼《大同日报》翻译。民国元二国会选举，唐被举为国会议员。时黄三德在上海，接唐

---

① 《孙中山全集》第一卷，第368页。

自横滨船中来电,告知孙中山,唐将抵沪。据载,孙不喜唐回国,谓唐回国干什么事!"三德即力责孙文",认为他蔑视华侨代表的政治权利。孙中山的这种轻率表态,立即与洪门的重大诉求被拒联系了起来。

其次,孙中山拒绝洪门在国内立案。立案即官方注册。洪门注册,是登记为公开合法政党。黄三德说:"洪门人士之有识者,亦知在民国时代,政治公开,洪门宜将秘密会社之行动,光正磊落组织为政党,方足以收罗人才,应付国变。"① 正是基于此种认知,1912年1月9日,加拿大蒙特利尔致公总堂在电贺孙中山就任大总统的同时,提出在国内组织一完全政党,"故望大总统回念当日花亭之事,须要协力扶持完全政党之事"②。29日又致函孙氏,称"特命谢君秋、梁翼汉君回国见大总统,办理政党事宜。望大哥念花亭之秘密,高溪歃血之盟,况且大总统是洪门总领,正宜成政党以慰陈近南、郑成功之灵,慰同人仰望之心"③。孙得函未予置答。同年3月黄三德回国后,向南京临时政府呈报洪门筹饷局各种文件及捐款册,继续提出洪门在国内立案和活动的问题。

孙中山对洪门立案一事,有其见解。5月6日,他卸职后回到广州,在广东中国同志竞业社欢迎会上演说,大谈洪门问题。他说:"洪门所以设会之故,系复国仇,倡于二百年前,实革命之导线。惟现下汉族已复,则当改其立会之方针"。"今既治溥大同,为共和之国,自不必仍守秘密。可将从前规矩宣布,使人知之,此去局外猜忌之理由也。"又说,"人贵自重,须知国无法则不立,如其犯法,则政府不得不以法惩治之。""人要知取舍,譬如附船舣岸,既由此达彼,即当急于登岸,以出迷津。如仍在船中,便犯水险。"④ 不谈他与洪门的关系,不谈洪门对革命的贡献,也不谈洪门要求登记为合法政党的事,而是警告洪门须守法,洪门的使命已完成,不要甘犯"水险"。孙中山对美洲洪门立案申请,实际已明白答复了。不仅如此,他还极力切割洪门与辛亥革命的关系,不承认洪门对革命的贡献。1919年1月14日,他在回答蔡元培、张相文关于清代会党与革命关系的函中讲到:"至尊函主《国史前编》上溯清世秘密诸会党,文于此意犹有异同。以清世秘密诸会党,皆缘起于明末遗民,其主恉在覆清扶明。故民族之主义虽甚溥及,而内部组织仍为专制,阶级甚严,于共和原理、民权主义,皆概乎未有所闻。其于共和革命

---

① 《洪门革命史》,第37页。
② 黄彦等编:《孙中山藏档选编》,第431页。
③ 同上书,第437页。
④ 《孙中山全集》第二卷,第358、359页。

关系实践〔浅〕，似宜另编为秘密会党史，而不以杂厕民国史中；庶界划井然不紊，此亦希注意及之也。"① 这些话，不但否定了洪门的作用，实际也否定了自己对洪门改造、利用的革命史，不须作进一步的分析。由于他一再发出不当言论，故黄三德严厉斥责孙之所为。黄三德说：1912 年他回国后，孙令孙科约他到广州会见（按：就是上述 5 月 6 日在中国同志竞业会演讲的时候），他向孙谈到致公堂立案事，孙满口应承，但推给广东都督胡汉民。黄写了呈文递上去，杳无音讯。孙已卸职，只能推胡办，但他表态"我要准就准，胡断不反抗"，说归说，推来推去，就是不准正式立案，从而引起洪门大佬的严重恶感。可是，1915 年，为反袁世凯，孙致函旧金山中华民国总公会，讲到洪门立案事，却提供了另一种说词：对于洪门立案一事，"弟（按：孙自指，下同）在南京首先除去党会之禁，悉使自由立党立会。及解职回粤，以粤为洪门最发达之省，故思从吾粤入手，使其立案，自由公开，为改良进步之办法。商之胡汉民，胡大赞成。弟遂授意黄三德上呈以请，其与黄联名者则外交司陈少白、税务处监理官史古愚，皆胡之属僚也。而是时适陈炯明为军统，握兵权，锐意办匪，而彼并妒会党，力沮其事，谓彼必俟土匪荡平之后，否则土匪窜入，会党更难收拾。胡不能强夺其意，而弟之目的，又不能达。此事应追怨陈炯明，其次胡汉民身为都督而不能制陈，致受沮挠，亦非无过。若弟则系发起为洪门立案之第一人，今闻三德发布传单，并谤及弟身，则不顾事实，不明是非者也"②。

孙中山自诩为主张洪门立案第一人，且将不能立案归咎于陈炯明，除了自我辩白外，更主要是为使洪门加入中华革命党，并为之募款。但是效果不佳，反引起洪门更强烈的反应："当时洪门人士复有答孙文函一封，洋洋千余言，内有'洪门求都督胡汉民立案，一再批斥不准。先生受洪门待遇之厚，胡汉民感谢洪门之手墨未干，岂意忘本食言，如是之速。先生充全国铁路总理，月金三万，一年有余，洪门人未获先生片纸只字。先生短于汉文，亦难怪，岂真无书记乎？今先生大炮之徽誉，腾于内外，伟人变作匪人。先生利用洪门之伎俩又出，先生衰时则倚庇于洪门，盛时则鄙屑洪门，避之若浼。今盛而复衰，又欲与洪门亲密，先生休矣！'等语，观此可知洪门人士对于孙文已愤怒。"③

事情并未完结。1916 年袁世凯去世后，黄三德为洪门立案事又回到国内。

---

① 《孙中山全集》第五卷，第 8 页。
② 罗刚编著：《中华民国国父实录》第四册，第 2567 页。
③ 《洪门革命史》，第 34～35 页。

"三德在上海,吊黄兴之丧,见孙文,孙文问我回来何事,我谓奉公回来,为洪门立案。孙文曰:无庸立案。由此一语推之,可证从前胡汉民之拒绝洪门立案,不肯批准者,确是孙文授意也。其后三德赴北京,见黎元洪,准洪门立案;民六回广东,见省长朱庆澜,又批准洪门立案。"黄随后建议在广州建立五祖祠,独孙一人反对,亦说不出理由。"总之,孙文之对洪门,确是忘恩负义,只为其自立私党起见,而背大公无私之训。彼曾对洪门发誓,三十六条誓词、二十一条例、十条禁,彼尽遗弃背叛之矣!"云云。① 洪门在国内立案、建祠(以作纪念地兼作公所),攸关该堂的政治地位与前途,故黄三德及该堂大佬抓紧不放。至此,三德不惜口出恶言,且以孙之罹患恶疾证为因果报应,足见彼此已绝无手足情谊之可言。

再次,有关偿还捐款的龃龉。根据当日孙中山在北美等处向华侨的承诺,为革命捐款,民国成立之日,五元以上者,将加倍偿还。故当事人黄三德在民元将捐款册子带回国内交南京临时政府办理。

据黄三德说:"当时(洪门筹饷局)规定将来加倍偿还,如捐一百元者偿还二百元。但民元二年时,三德为此事请孙文不可失信,要偿还革命捐款。孙文竟置之不理,至今一百元求还一仙而不可得也。"他还说,这次见孙以后,到了北京,"欲向北京财政部请偿革命公债,据财政部答复,谓孙解临时总统时,未有声明此事,未有公文移交财政部,故财政部不能代偿还此公债云。三德无可如何,只得回美国。道经日本,入东京,到日人头山满家访孙文,孙文托词不见。"② 及至中华革命党反袁时期,为筹募经费,"以为清末时各埠洪门变卖楼业以供孙文革命,如此慷慨,今不妨照样再煮一碗。于是组织机关,三次革命筹响之声,遍于全美。但洪门人士对于孙文既不信仰,对于冯自由尤却弃之。于是各埠大起攻击,英属加拿大致公堂全体发表宣言",至谓"此等棍骗之徒,坏我洪门名誉,望我洪门人士无为孙冯之邪说所惑"。③ 此宣言印成传单,在美加各地广为散发,陈其美、谢持见到后,曾给黄三德去函,代为冯氏调停,向洪门人士疏解,但结果无效。

黄三德所说的陈谢二人的函件,未见抄录,但孙中山对于上述传单,即

---

① 《洪门革命史》,第39、20~21页。
② 据上海《申报》1912年7月30日所刊《南京财政部收支报告》(系北京临时政府公布,至4月30日止),唐总理交卸时孙中山来函,将华侨、港商捐款款项告唐阁,令北京财政部筹还。北京财政部答以"库款支绌,迄今未交款,经由本部发给预约支票作据,以后筹款清还"(见本书第38页)。如是,黄三德所言与事实不合;也可能是孙黄谈话时,尚未移交。
③ 《洪门革命史》,第31、33、34页。

对第一次革命借款之偿还等问题，曾经于 1915 年 2 月 28 日长函作辩（即前揭函之第一部分），内称："弟在南京，即提交参议院，请立稽勋局，同时提款偿还华侨债务。而参议院驳回，谓须俟统一之后。及南京解职，弟将各款详列，移交北京财政部，以后屡与交涉，北京均以财政困难为辞。弟知我党不能主政中央，此款未易结束，因请黄三德致书美洲同志，另请某君致书南洋，问可否由我党自己牺牲，以愧彼一班官僚。旋得各埠复函，大都赞成者少，而否认者多。弟于是函令广东筹还此款，所以然者，以吾党以广东省为革命根据，屡年之活动皆在广东，故由广东还债亦其所也。"孙中山继续写道："其时胡汉民为广东都督，得弟信后，即略事调查，提出现银一百七十余万，特设专局经理其事。乃经理局成，而胡汉民被袁罢职，使陈炯明代之。财政司某君，尚欲奉行胡之命令，而陈炯明使其部下钟鼎基、张我权，以兵力胁迫取消胡之命令，事遂中止。而弟之目的终不能达，此弟对于军债前后经过之事实也。"① 按孙中山这则辩解，可信程度较低，不妨稍加考究，以见大略。

孙中山确实在 1912 年 2 月 19 日咨南京参议院建议设立稽勋局，调查应偿应恤之人，分别偿恤；又建议在稽勋局内设捐输调查科，对光复前后输资人民，"就其输助金额给以公债票"。据载，这些捐输款项是唐内阁结束时（7 月初）孙中山去函移交的，北京财政部也因支绌，仅仅是发给预约支票作据，未能清还。黄三德查询为何北京财政部答无此项资料，原因不详，竟成误会。此其一。

民元二间黄三德为洪门立案、偿债事已与孙中山交恶，到了"三次革命"孙又请黄及某人分别致函美洲、南洋同志提出"牺牲"自己，重行募款，欲以债还债，设有真事，亦属荒唐，有丝毫可行性吗？此其二。

孙中山是一个卸职官员，他以什么身份"函令广东"偿债？且广东经济亦十分拮据，胡汉民能"提出现银一百七十余万"去作偿款？据当时香港报纸报道，胡氏于 1913 年 6 月 20 日交代都督职务时，确曾批示拨出一百四十余万元，随由财政司设立筹还所，先拨五十万元，以便随时给付南洋华侨。② 南洋华侨是否收到了这些钱，也极可疑。诚如孙所说，胡仅是"略事调查"而已，"略事调查"，岂能有明细账目？而且，陈炯明接手后，财政司职员将信息抖了出去，泄密了，引起司长廖仲恺的气愤，对员司大加训斥。所以如此，

---

① 《中华民国国父实录》第四册，第 2567 页。
② 《华字日报》1913 年 6 月 24 日。转引自陈定炎：《陈竞存（炯明）先生年谱》上册，第 105 页。

是因胡之批示引起省议会、港商及社会舆论的严重抗议,盖省议会不知情,且广东民穷财尽,认为全国之事,断无理由由广东一省独力承担。又,此款指为还南洋华侨之债,即使有之,亦不及美洲华侨,更与钟鼎基等人无涉。此其三。

如同立案未成一样,孙中山也把偿债未成归罪于陈炯明。这是十分不地道的。陈此时拒不加入中华革命党,在新加坡华侨中另组中华水利社,与孙分势,故遭孙痛恨。但当日还不了债,能怪他吗?陈于1913年6月20日接广东都督后,面对各方抗议,23日就胡拨款事函复自治研究社说:"胡都督既具有此理由,弟亦难以强阻。惟粤中财政支绌,人所共知,何能为继?已商之财政司,将未拨之九十余万元停止续拨,拟日间召集各团体,共同妥商如何办法,或以公债票抵偿,务其两方各得其平,众情允协,断不至径情直遂,轻拨巨款。"这种处理难道有什么不妥吗?况且,6月26日香港《士蔑西报》刊载胡汉民在港谈话中亦说到:"我上星期离粤时,提议(按:请注意,是"提议",不是孙说的"提出现银"。)由公款拨还借款,陈炯明即写一长信给各报馆,谓南洋与美洲华侨借款应该偿还";"黄兴与陈炯明皆知我所办之事,两人皆知我为何要借款,为何要急于还款。他们两人都支持我所做之事"。①在此扰攘之际,陈氏不得不听从孙中山的要求,宣布反袁,投入"二次革命",但很快失败,国民党人也从而丢掉了一个完整的根据地。8月4日,陈氏逃离广州。凡此,都足以说明孙中山将偿债未成责任推给陈炯明,是不符合事实的。此其四。

综上所述,孙中山在偿还洪门捐款问题上与洪门的冲突,使他在中华革命党反袁斗争中,未能通过洪门组织如同辛亥革命时期那样募得巨款,即黄三德所谓"观此可知洪门人士对于孙文已愤怒,故三次革命筹饷,卒无成功"。相反,美洲洪门将财政支持转向西南护国军:"民四年十二月,奉中华讨袁军政府大元帅岑春煊命,委三德为欧美筹饷专员。民五年二月,又奉西南护国军总司令唐继尧命,委三德为欧美筹饷专员。此种委任状,皆由致公总堂转达,复由五洲洪门致公总堂加委,三德不能不负责进行。此次筹款,成绩尚佳。所得款项,由公堂公议,直汇云南,为讨袁之用。"②这段记述,相信是无可怀疑的。

最后,孙中山将洪门纳入中华革命党,被认为是"消灭"洪门,未能成功,反而加重了洪门大佬的反感。"二次革命"失败,孙中山、黄兴等革命党

---

① 转见《陈竞存(炯明)先生年谱》上册,第106~107页。
② 《洪门革命史》,第37~38页。

人纷纷流亡海外。1914年7月,孙中山摈弃国民党("毁党"),要当真党魁,在东京组织中华革命党("造党")。孙黄意见不合,孙刻责不已,黄兴只得远走美国。不支持中华革命党的原国民党人,分别在东京和新加坡组织欧事研究会与中华水利社,从事反袁活动。

孙中山要求凡加入中华革命党者,必须一律填誓约书,盖指模,宣誓服从孙中山一人。老同志多以填誓书捺指模一节,有损人格,不肯办理入党,陈炯明即其中一人。中华革命党不是合法政党,从未在政府部门登记,是秘密组织,形式实脱胎于洪门。1914年7月29日,孙中山致信"南洋新加坡洪门义兴公司转各埠洪门同志诸公",叙述组织中华革命党缘由及要义,谓"将近年来之景况,及洪门党务进行事宜(按:此函实际未言及洪门之事),与夫民国危急之情形,大略报陈,望诸同志固结团体,振起精神,再做革命工作,爱党爱国,洪门之责任也,亦弟之厚望也"。①从现在可以看到的所存收入孙中山文集的资料,查不到7月29日信发出后孙与南洋洪门联系的记载。到了11月间(一作12月30日),孙中山又发出《各埠洪门改组为中华革命党支部通告》,称"我洪门当日主义,既已昭然若揭,而后此再接再厉,尤应协力并图"。又称:"今日无论各种团体,均已一体改并,万流汇源,实此意也。文忝属洪门一份子,以密切关系所在,意欲各埠洪门团体急起直追,共图革命事业,并全部填写誓约,加入中华革命党。其所存机关外,无论悬示何种通信名义,不妨悉仍其旧;其内部则一律按照总章、通则,改组中华革命党支部,以免消息隔阂,而收指臂相助之妙用。望诸公极力提倡国家主义,而破除门户各立之微嫌,迅速筹办致复,以便正式委任。倘天佑民国,完全之目的能达,则洪门之名誉事功将来益垂无穷矣。"②有意思的是,孙中山在"通告"中不但重视洪门,要它再接再厉(不怕"水险"了),而且自承为"洪门一份子"。但是,洪门已转向,他们已经对做"优先国民"的大利似乎也兴趣索然了。黄三德说,"此函寄到各埠致公堂之后,大多数皆不以为然,无有遵函改组者。盖各埠洪门人士对于孙文,已失信仰之心。因其不能为洪门立案,而有意消灭洪门。……无怪洪门人士之不理会也";然"三德对于孙文,仍望其能觉悟而改过迁善,故亦未曾绝之,有时仍为之解释,可算尽朋友之道"。③孙中山在"三次革命"时期欲再利用洪门,确未达到目的,南洋、美洲等地虽然成立了若干中华革命党支部,但与致公堂总堂无涉。因为

---

① 《孙中山全集》第三卷,第104~105页。
② 同上书,第140~141页。
③ 《洪门革命史》,第32页。

不能通过（依托）洪门去筹款，中华革命军的经费只能主要依靠日本人支持了。

黄三德认为孙中山要"消灭"洪门的另一个证据，是1921年孙在广州就非常大总统职后，孙科用汽车送黄"去见孙文"。黄称："孙文当面逼我，即通函海外致公堂，一律改为中华革命党，签誓服从之。我谓洪门向来革命，事实上在未有中华革命党之前，早有洪门革命，何须今日又易此名称。孙文谓洪门若不易此名称，则不服从指挥，有人报告，谓加属洪门每于'大放洪门'之夜，以纸人做孙文而杀之，你知此事否？三德谓此事我不知，若果有之，洪门之不肯服从你可知，虽通函令其更易名称，亦不听命，何必多此一举？孙文此时勃然变色，谓你为洪门大佬，你有命令，当然要听，你不肯发函，就是你反对我，不是洪门反对我。三德此时亦动怒，谓民国时代，人人有自由权，三德不能强迫洪门人士服从我，此公函我断不发，你现在有权力，谓我反对你，你想将我打靶（按：粤人谓枪决为打靶）吗？"双方勃豀，血脉偾张。经过这场不愉快的对话，三德称，"予自此亦不复与孙文来往。予再往上海，游北京，十一年再回美国"。① 按袁世凯死后，为反袁而量身打造的中华革命党，孙中山宣布它已完成历史使命，又通知，已被他废除了的国民党，与中华革命党可同时使用；1919年10月10日，中华革命党改组为中国国民党，10月12日，孙函告福建宋渊源，内谓："惟国民党分子太为复杂，非仍用中华革命党名义，不能统一号令，发扬革命原始之精神，兄如赞同是说，请即率先宣誓，以为闽中同志之创。"② 12月30日，孙致函在南洋的邓泽如，告速将中华革命党改组为中国国民党的通告发下，迅速改组。③ 1920年11月19日颁布的《中国国民党海外支部通则》规定支部设立资格之一，是"原有中华革命党支部及洪门，全部党员加入改组者"。1921年3月6日孙中山在中国国民党本部特设驻粤办事处的演说中强调："今日用的中国国民党，实在就是中华革命党。但是无论名目如何，实质总是一样的。"真是不知所云，因为中华革命党只有民权、民生二主义，没有民族主义，而中国国民党是实行三民主义。或许真的二者实质上总是一样。在1919年10月之后，海内外因实际需要，是中华革命党、中国国民党名义并用，尤其是北美，情况尤难令人乐观。其时孙中山派陈树人赴美洲发展党务，1920年1月24日，孙函陈，并告知蒙特利尔刘国钧来函，谓"以致公堂中不良分子常与吾党同志为难，亟宜设法融和，以免纷扰"，孙指示，"所请设法除患，洵为当务之急，希转各

---

① 《洪门革命史》，第41～42页。
② 《孙中山全集》第五卷，第136页。
③ 邓泽如编：《孙中山先生二十年来手札》卷三，广州述志公司1927年版。

部机关,如致公堂同人明达之士愿归附吾党者,能照入党手续,可准其加入吾党,则逐渐归并,而该党〔堂〕同人自不能与吾党为敌矣"。① 此函之言孙党与致公堂同人"为敌",孙欲归并该堂,证明黄三德所记之不虚。

海外洪门在民初以来国内局势的影响下,加以前述洪门与孙中山多端不洽,分裂已不可避免。除了部分洪门成员支持孙中山而加入国民党之外,以黄三德为代表的洪门大佬们决心组党(改堂为党),与孙党分途,另树一帜。

三

海外洪门虽然是秘密结社,具有中国传统文化的特色,但是因为他们长期生活在资本主义社会里,尤其是北美洪门受西方社会制度的潜移默化,在思想上受政党政治、联邦宪政的影响,多少存在一些政党意识。民国元二间国内为国会选举而出现的政党多元化,也使洪门精英们对组党前景产生极大兴趣。孙中山对他们的冷落,更激起他们的进取心。

用黄三德的话说,孙文想并吞洪门,令隶属于中华革命党之下。其计划既不行,洪门人士之有识者,乃从事组织政党之活动。1915年8月,旧金山致公总堂推举黄三德为游埠专员,付以"统一党政,扩张党势"之任。该委任书中,特别声明此两点。他出游中南美,到巴拿马、千里达、点利马乎、苏里南、牙买加等处,所至皆受洪门人士的热情欢迎。但还来不及改党,便因为护国运动筹款而停止洪门改组为政党的行动。黄三德在国内经过一系列波折与失望,1922年回到美国之后,再出游各埠,先到加拿大,复回美国纽约,赴古巴及中南美各岛,1923年重游牙买加,上次来游时为之筹划建筑的致公堂大楼已落成。所至皆受到热诚招待,为发动各埠洪门改堂建党做了思想与组织准备。

洪门改党,经费和活动基地均不成问题,难的是要找一位能孚众望的领导人。这种政党领袖,不能从洪门大佬中去找。既是与孙中山立异,便要查找一下自反清反袁以来革命阵营中敢于和孙持异议且具影响力的人物。章太炎、黄兴、宋教仁、岑春煊、陈炯明、唐继尧,或许还有唐绍仪,可算是这类人物。充当政党首脑,能领袖群伦,须具一定的领袖素质,有历练、有前瞻性(有理论),最好身边还有可用之人,更重要的,要有声誉(口碑好),饶有群众基础。上述这批人各有短长,其中,黄兴、宋教仁已去世,章太炎、唐绍仪均不具政党领袖之长才,岑春煊虽为政学系首领,但已老朽不堪,所可考虑者,为陈、唐二人。唐起伏于云南一隅,借护国反袁,名噪一时,影

---

① 《孙中山全集》第五卷,第459页。

响所及，亦不过云贵川一带；他拒充孙之副元帅，虽算是一条汉子，但毕竟是地方头目。这样，陈炯明便成为上选不二之员。

黄三德是加州洪门领袖，又是美洲洪门大佬中与国内的主要联系人，他的喜恶表态，虽非一言九鼎，却有举足轻重的作用。他与陈炯明熟稔，曾任粤军总司令部顾问（应是曾为援闽粤军筹款）。在 1933 年陈病故后，三德为之挽云："为洪门再建功勋，是老友心期，岂料中途遽撒手；当民国初年时候，在它城夜话，不堪往事溯从头。"它，同佗，它城指越王城广州。它城夜话，当是民国元二间陈炯明主政广东之时。三德对老友陈炯明之总理致公党，无疑是十分惬意的。

洪门之所以看中陈炯明，自然是有其能被看中的优长之处。陈氏广东海丰人，字竞存，秀才出身，清末广东法政学堂第一期优等生毕业，被选为省咨议局议员，以力主禁赌著称。加入中国同盟会后，参加广州新军与黄花岗起义之策划。武昌起义后，炯明以早年五坡岭结义同志为班底，光复惠州，吸收原驻惠反正之湘军洪兆麟部，组织循军（惠州古称循州）。广东光复，炯明被选为副都督，率循军入省城。都督胡汉民随孙中山北上后，炯明代理都督，以治烟赌斗盗稳定治安为急务，以循军为基础改编正规军，整顿民军，出手甚狠，毁誉参半。后胡督复任，至民二 6 月，袁世凯任陈为都督。"二次革命"起，炯明不情愿用兵，因部将叛，旋败，亡命新加坡。自民二龙济光督粤至九年桂军被逐，七年左右时间，客军残暴统治广东，粤人称为"亡省"。1918 年初，陈炯明率"护法"援闽粤军入福建，以漳州为中心，据有闽西南 27 县，建立"闽南护法区"，在治区推行新政，提倡返政于民，"刷新政治"；创办《闽星报》，亲自写文章，推行新文化运动。改造漳州城区，办学校，开辟公园，开设书局，革除一些陋习。宣称要在治区建设社会主义。派遣彭湃等留学生，赴欧美日本学习。接待苏俄使者，与列宁通信，引起苏俄注意。无人约束，胆大妄为，震聋发聩，一至于此；但种种设施，受到外界广泛赞扬。

1920 年 8 月，陈炯明誓师从漳州分三路回师。时粤军分为两军，第一军军长由总司令陈炯明兼，第二军军长为许崇智。返旆部队以"粤人治粤"为口号，摧枯拉朽，同年 10 月，光复广州，将桂军逐出粤境。11 月，孙中山从上海回到广州，重建军政府，先任大元帅，次年 5 月任非常大总统。陈炯明任粤军总司令、广东省长、中国国民党广东支部长，集广东党政军大权于一身。然而，广东省之上有一个靠广东供养的军政府，形同赘疣，同时引进滇桂赣等省之客军，体制上形成清代督抚同城局面，二人政见歧异，加上广东财政极端困难，孙陈冲突渐起。

陈炯明主政广东以后，有哪些政绩可言呢？从 1920 年 10 月占领广州，迄 1922 年 4 月被孙罢官，中经出兵"援桂"，头尾三年，实则 18 个月，其事功之可得而言者，约有下述数端：（一）为实现"粤人治粤"，将广东建成全国的模范省，计划将漳州经验最大化。他首先将广州设市，任命孙科为第一任市长，推行新式市政建设，拟建珠江铁桥，组办广东大学。"援桂"完成后，为广西梧州设市，任命戴恩赛（孙中山之婿）为市长，后又将汕头、肇庆设市。全国各省之设市，广东独领风骚。（二）为推行地方自治，他实行民选县长，此事未必十分成功，但事属创举，足式后人。（三）他厉行禁赌禁烟。清末广东，赌风全国第一（政府发包闱姓赌博，以"赌饷"提供"协饷"与海防经费，此为公开合法者），盗风亦全国第一。"赌饷"既为政府收入大宗，一旦严禁，则一年至少少收入二三百万元。（炯明厉禁从不动摇，后来危急之际，仍坚持"粤军可倒，赌不可开"。）（四）他在政府经费奇绌的状况下，仍十分重视教育。他原拟请陈独秀主持创办西南大学，未果，改聘为广东省教育行政委员会委员长，坚决支持陈独秀的工作。中共成立后，他还一再挽留陈独秀，谓"望以教育为重，当风独立"，不荫退志，明告"一切障碍我当能为委员会扫除之"。① 盖当时粤中之顽固势力，称陈独秀为"陈毒兽"，攻击不遗余力也。因任此职，致使陈独秀未能出席中共成立之"一大"。（五）支持陈独秀在广东扩张中共党务。陈抵粤后，即成立广东共产党早期组织，其成员有谭平山、陈公博、谭植棠等人，皆炯明所熟悉者。据炯明旧部（漳州时之教育局长）梁冰弦（海隅孤客）所记，直至 1922 年"六一六"事变前夕，陈独秀仍在劝说炯明加入共产党组织，由其领导华南革命运动；炯明则请陈独秀在广州设立宣传讲习所，为之提供充分的经费。讲习所宣传和普及马克思主义，造就将来开展工作的干部，为日后广东党团培养了一批干部。炯明又在经济上支持陈独秀在广州创办《广东群报》，以大力宣传社会主义，传播共产主义思想。该报后随炯明之去粤而告闭。（六）支持广东工人运动。他不断发表演说，作出批示，称赞工人的斗争精神，主张改善工作待遇。由于他的扶持，1921 年广州地区立案的各行业工会达 93 个（另说为 130 多个）。他还支持 1922 年 1 月发生的香港海员大罢工。他派彭湃回海丰当教育局长。彭湃在海陆丰搞农民运动，他们也不断交换意见。（七）迄"六一六"之变，苏俄在华所欲找的合作对象，仍是陈炯明。1922 年 1 月，共产国际代表马林在桂林会晤孙中山后来到广州，在逗留的 10 天之内，与陈炯明谈了三次。据马林记述："他想派一个代表到俄国去，并表示不反对共产国际在广州

---

① 陈昌福著：《中国致公党史论稿》，香港语丝出版社 2007 年版，第 56～57 页。

建立一个办事处，还希望与俄国军事顾问一起改组军队。"① 马林发现自己所遇到的南方政府的成员，全部都对苏俄持支持的态度，陈更完全站在苏俄一边，甚至表态要建一个社会主义政党。但是，马林感到陈联省自治、保境安民政策的眼光局限于广东，孙则主用武力北伐统一全国，前者不适用于苏俄对华布局，这就使得在孙陈矛盾公开化后，共产国际决定弃陈联孙。这样，陈氏之联俄联共扶持农工的政略，也就随着"六一六"兵变的硝烟而破灭；不仅如此，就是他治粤的政绩，也被一笔抹杀，甚至头顶着粪，史家们所描绘的陈氏，便是一副妖魔面孔了。是非颠倒，莫此为甚。

如前所述，1920年11月28日，孙中山从上海抵达广州。次日，重组军政府。孙之第二次开府广州，与陈炯明几乎没有"蜜月期"。孙抵穗不过一个月光景，12月31日香港《华字日报》即转刊大阪《朝日新闻》的文章，内称："今孙陈表面上，虽似甚好，而陈对孙等到粤，极持消极的态度，对军政府并未表示意见，此系孙陈两氏发生间隙的明证。且军政府与省政府亦生有龃龉。最近军政府突然将与陈炯明友好之徐傅霖逮捕，省警察亦将孙文部下之叶夏声逮捕。又陈炯明欲解散民军，而孙文欲以民军为基础，令许崇智编制成立为军政府直属之军队。况陈氏与许崇智不和，而与江西陈光远有约互不侵犯"，"故孙文与陈炯明不和之传说，虽经各方面否认，观现在之情势，两氏将来恐不能长久保持协调云"。该日本报纸还称，孙文热衷于征伐广西，是为许崇智所主张；但一般舆论以先整理为急务，以达"粤人治粤"，故极力反对伐桂。② 可见孙陈矛盾，是孙中山第二次开府之初就随之出现的，而以是否伐桂之争表现出来，最终演绎出1922年"六一六"之变。

伐桂，当时称"援桂"。明明是用兵征讨邻省，却称"援□"，名义顺一点就是了。"援桂"目的，不仅是扫除陆荣廷桂系武人，实现"两广统一"的简单军事行动，而且是为孙氏北伐扫除障碍。此举之进行与否，充分体现了孙陈政见之异趣。何以见得？不妨列几点来说明。

（一）双方矛盾的死结是北伐问题。孙中山要求陈炯明伐桂，陈虽不甘愿，但他还是披坚执锐，挂帅亲征；但是，要他出兵湘赣，则是万万做不到的，因为他意在"保境安民"。而孙在伐桂同时，便搞桂林北伐，欲借道湖南赵恒惕，饮马长江。北伐，用武力统一中国，孙中山是铁了心的。为了北伐，他要抛弃总裁合议制的军政府，要当中华民国正式大总统。有了这个名义，他就可以师出有名了。要北伐，便要军队，要军费。孙集结了滇桂赣客军，

---

① 李玉贞等编：《马林与第一次国共合作》，第74页。
② 《陈竞存（炯明）先生年谱》上册，第288～289页。

加上与孙关系密切的许崇智部粤军,不缺兵源。至于军费,由于军政府缺乏信用,国际上借不到钱,关余也停拨了,一应开支,只能依赖广东省政府和广州市政府。总之,孙中山伐桂及主张武力统一、北伐所牵涉的所有问题,都与主政广东的陈炯明有关,陈对之不能不有所表态。

(二)孙陈各有人事系统。任何一位军政要员,身边都免不了聚集一帮人,至于是否形成圈子,那就视具体人而定。如前所述,陈炯明青年时期有五坡岭结义(按:海丰五坡岭,是文天祥被执之地),意在反清,这些人中的骨干,扩而充之,在辛亥惠州光复后,渐成气候,这便是陈炯明集团中潮汕帮亲信。其次,是以邓铿、张醁村为代表的惠州嘉应州客家同志的板块。辛亥起义的洪兆麟湘军余绪的依附,屡打不散,这是另一个板块,民元改编正规军、驻防漳州。返筛及援桂后,又相继吸收了杨坤如、熊略、叶举、刘志陆、李易标、林虎等人的部队,因利害所系,他们跟着陈炯明走到最后。这四个板块,构成陈部粤军的主体,即孙中山所称的"陈家军"。陈自有建国理论,一生绝少提及三民主义、五权宪法之类孙的思想。严格说来,孙对陈也并无多少好感。民元陈代理广东都督,约四个月时间,孙挑了汪精卫等多名都督人选,迟迟不宣布陈之转正。民三陈拒不加入中华革命党,另搞一套,孙气愤至极,乃至不惜恶言相加。1915年11月23日,孙致函南洋叶独醒,谓"陈竞存于本党所为,多所抨击,此人险诈,难与共事,所谓通融者,直诳语耳"。说实在的,至此时为止,孙陈尚未"共事"过,尚未"共事"都有此结论,1920年冬同城"共事"之后,当然更"难与"了。这些"难与",关键在政见不同,炯明虽有所妥协,仍是凶终隙末。

(三)孙陈政见最终无法彻底妥协。孙陈之间的分歧,大而言之,有下述五点:①孙要当大总统。陈不同意(即伍廷芳、唐绍仪、蒋介石等亦不赞成),认为时机不到;说刻薄一点,是以"非常国会"(少数议员)选"正式大总统",于法无据,毁法护法,宁非国际笑话?但孙坚持要选,还是选了,炯明最终安排了就职典礼,尽管炯明不出席。②孙坚持要征讨广西,炯明不赞成,但还是出兵了,并亲自挂帅,完成任务。③孙搞桂林北伐,炯明期期以为不可,但还是允许从第一军第一师(邓铿部)中挑员编成警卫团(三个营),以保护孙行动安全,并尽省库能力,提供军费。广东全省1921年度(1921年7月1日至1922年6月30日)预算,总税收约二千万元,支出则为三千七百余万元,其中陆军军费占三千二百五十余万元。赤字达一千七百余万元。这算什么社会?当时广东"公产已卖无可卖,外债已借无可惜",还要北伐,军费从何而来?即使开赌,也不过创收二三百万元,何况赌禁不能开。易地而处,炯明只能走人。④孙中山第一次护法,是联合直系反对段祺瑞皖系武人集团。但1918年段氏下台，尤其是徐树铮收回外蒙古以后，孙段合作浮出水面，外加奉张，结成"孙段张三角反直同盟"，以控制北京政权的直系曹锟吴佩孚为对手。这第二次护法，便是反直了。或联或反，易如唾手。它印证了古人的一句话："赵孟之所贵，赵孟能贱之"。从现有资料，查不出炯明公开评论孙联段之言论。不过1922年6月孙陈决裂前后，孙方抨击陈联吴反孙，是一大罪状。由于陈主联治，自然会与主张联治之各省联络，此乃非孙所乐闻。至于有关陈联洛吴一事，报纸确有不少传闻。然而，根据《白坚武日记》（白是吴幕政务处长，负责与各方联络及文秘），陈与吴佩孚通函、通信使，是"六一六"之变后。与此同时，孙中山决策联俄，通过李大钊、张继、王法勤等人，还利用直隶老乡（白与李同乡同学）的关系，打通吴佩孚的关节，搞"孙吴共（共产国际）联盟"。两个"联盟"并存，极端诡异，联吴，自然就构不成一桩罪行了。⑤无论孙反皖或反直，均是为了北伐，武力统一中国。护法以来，孙中山自诩把中国"拉开做两半"，据说是为了防止日本灭亡中国。① 政治实在玄妙。无论如何，国家确实是被"拉开做两半"了，至少十年多时间，中国有南北两政府。由于连年内战，国家分裂，民不聊生，于是便有文人，也有武人，高唱联省自治（联治），陈炯明便是其中之一。孙中山当时力主武力统一，故反对联治。但是，人们或许不晓得，孙中山是中国提出实行联治的第一人。兴中会纲领"创立合众政府"，即欲效法美国，实行美式联邦制。嗣后不断宣传，1911年11月13日，他还对法国议员说，"中国同欧洲一般大，不适合中央集权，拟依照美国实行联邦制"。然而，将一个高度中央集权的国家分裂成无法约束的"联邦"，前途是什么样子呢？孙氏浅尝辄止。1912年1月上旬，政令难出南京城的临时大总统孙文在复中华民国联合会函中正式宣告："联邦制度，于中国将来为不可行；而今日则必赖各省都督有节度之权，然后可战可守。"都督们竟然"可战可守"，颇有预见性，其义至明，毋庸解释。有的论者指陈，孙氏在1900年搞"两广独立"，1917年搞西南各省"护法政府"，实际就是联治之实践。是否如此，待议。要而言之，在1921年5月5日孙中山就任大总统职宣言中，其联治主张亦曾一度闪现，他说："今欲解决中央与地方永久之纠纷，惟有使各省人民完成自治，自定省宪法，自选省长。中央分权于各省，各省分权于各县，庶几既分离之民国，复以自治主义相结合，以归于统一，不必穷兵黩武，徒苦人民。"对于外交，则"由中央负责"。② 对这段话，有的论者认为："这可以说是根

---

① 《孙中山全集》第五卷，第299页。
② 同上书，第531页。

据孙先生最近发布的《地方自治开始实行法》，同时也是顺应当时国内联治思想的潮流，有调和意味。"① 无论是否出于"调和意味"，孙总知道了联治思想是一个潮流。但是，这并不妨碍他坚定地要进行北伐。须知，桂林北伐注定是会失败的，除了经费缺乏外，更重要的是湖南人不许借道。孙中山是1921年10月15日离开广州赴桂林的，早在9月下旬，湖南各社团即电孙中山，声言拒绝北伐军过境，内谓，此次湘宪对于客军过境，制限极严，倘有毁法横行，即是湘民公敌。若云统一国家，自当谋之全民，岂可诉诸武力，云云。劳师远征，谋定而后动，既然湖南坚不借道，为何还要蛮干呢？真不好理解。桂林北伐受阻，转责陈不供军费，决计移师韶关北伐，'六一六'之变，终于酿成。

"六一六"兵变终结了孙陈的关系。经此事变，孙中山为寻找出路，在联俄的同时，引进滇军杨希闵、桂军刘震寰入广州。滇桂客军分区占据广州，包烟包赌，蛇蝎纵横。市内的税款收不上来，客军还不断索饷，而且城区秩序极坏，不但白昼市内抢劫情事多发，即孙亦称"殊堪痛恨"，说滇桂军是"戴着我的帽子，来蹂躏我的家乡"。政府不能保护商民，引发商团购械自卫冲突的扣械潮。

孙中山在广州推行联俄政策，工农运动勃兴，反对势力将之宣传为赤化，海外反应殊劣。不但岑春煊、徐傅霖、马育航等人趁机向美洲洪门致函，予以抨击，即国民党"一大"前后，党内若干人士，如邓泽如、冯自由等与华侨有密切关系的人物，亦反对孙之此项政策。孙中山派驻美国纽约的国民党代表马素，在1925年5月，经回国亲历之后，也向报界讲"广州这严重的情形是真确的"。美洲等处华侨远离祖国，道路传闻，报刊煽惑，三人市虎，疑信随人。斯可注意者，陈炯明为向洪门筹款，1924年2月2日，向旧金山总堂写信，对孙极尽其攻击之能事，内称："粤自中山援引客军，卷土西来，炯明不忍蹂躏乡邦，毅然下野，耿耿此心，应为同胞共谅。不料中山入粤，暴政百出，烟赌遍地，捐借横施，农场学校，公然变卖，寺庙庵观，拆售殆尽。又霸鬻人民房屋，数至千家；强占耆老堂院，虐及无告。其他如铁路收管宁阳，干没华侨血汗，拉夫逼充前敌，实为刍狗劳工。"② 炯明居港，消息灵通，所述当非无根之谈。但通观全函，仅言客军祸粤与官府失政，只字不及联俄政策与"赤祸"问题，此举实堪考究，应是炯明本人对自己的联俄在先，以及扶持农工运动之举措，思之尚能回甘，不信孙之联俄，竟至引发"赤祸"

---

① 吴相湘著：《孙逸仙先生传》下册，第1412～1413页。
② 《洪门革命史》，第47页。

也。至于客军之祸,可信,前揭孙本人亦言之忿忿,不独炯明一人为然。

广东民众既历民二以来"亡省"之痛,而今滇桂客军又复行祸粤,连孙中山也说广州不能一刻再居。他于 1924 年 9 月 20 日在韶关誓师北伐。10 月 9 日,电令蒋介石舍去黄埔一岛,将所有枪弹并学生,一齐速运来韶,"为北伐之孤注"。此前的 9 月 2 日,他在复蒋长函中称在粤有"三死因","其一,即英国之压迫";"其二,即东江敌人(按:指陈)之反攻";"其三,则客军贪横,造出种种罪孽,亦必死之因"。① 这时他正与段张紧密联络,信使往还;党内外好心人亦积极从事调和孙陈复合;黄埔学生军尚未练成,故手中可打之牌不多。然而,广州乱象中却因对商团扣械一事无法妥善处理,在"三死因"之外,以商团欲图"叛乱",形势迅速恶化,成为突现的第四个"死因"。10 月 9 日,孙成立"革命委员会,自任会长";13 日任命俄人鲍罗廷为顾问,宣布"遇本会长缺席时得有表决权"。在商人罢市风潮中,15 日凌晨,镇压商团开始。孙中山坦承是他下令采取行动的。"贪横"的滇桂军(免作"死因"了)以主力成分参加此举,其后果是西关繁华商业区,变作瓦砾场,民众大有死伤。所记见诸书刊报章,不赘。海外美洲、澳洲、日本等地的华侨,不少人与西关商家有经济上的联系,对广州市面的动静,极为敏感。镇压之事,喧腾报章,海路迢迢,洪门据报,惊称"西关屠城",群情愤激。这样,"商团事件"便最终促成了洪门与陈炯明的结合。

早在 1923 年 10 月 10 日,美洲致公堂即在旧金山召开五洲洪门第三次恳亲大会,会上着重讨论了成立中国致公党问题。如前所述,下野的陈炯明抓紧时机,于 1924 年 2 月 2 日致函旧金山致公堂,揭露客军作恶及孙政府之失政,并提出援助要求:"天不厌乱,战争延长,彼方骤增湘豫诸军,我军运输不继,粮食煞费筹谋。素仰同志诸公义侠爱乡,热诚救国,务请鼎力筹助军糈,则百粤生灵,共蒙幸福。"同时,马育航也给黄三德写了一信,称"中山假执行共产之名,行其掠夺搜刮之实,省港商民,同深惊骇,更盼我军迅起讨虐,而滇湘军在省两酿风潮,或者天相吾粤,得以迅速靖难,并藉告慰于海外侨胞";又说:"吾人未敢枉自菲薄,此后救国与建国之责任,不能不仍引以自负。基此意志,乃有运用大党之必要。老兄领袖侨胞,主持党事,当亦同具此种热心与宏愿"。② 马亦海丰人,音乐家马思聪之父,陈幕第一助手,可为代拆代行者。两函互相补充,深悉三德对孙之不爽,扣紧建党主题,引起重视,即三德所谓"观此两函,更可见国内人士冀望洪门之殷,洪门革命

---

① 中国第二历史档案馆编:《蒋介石年谱初稿》,第 232、233 页。
② 《洪门革命史》,第 47、48 页。

之至诚,与伟人革命之别有企图者,诚不可同日而语"。

1925年2月,陈炯明派陈应权、叶少石二人赴南北美洲,联络致公堂人士,游说组党。2月28日抵加拿大维多利亚,与当地致公堂首领就"组织新政党,反孙迎陈"之事达成五项决议:(一)华侨赞成联省自治;(二)举陈炯明为新党领袖,组织政党;(三)筹助粤军饷项;(四)设立航空学校;(五)选派代表回国,征求陈氏同意。① 随即决定派林某为代表返国执行。8月26日,中国致公党筹备委员会总会就有关建党事宜.在旧金山《大同晨报》刊登《通告全体洪门人士书》,内容计八项。其中,第一项,在旧金山设筹办总会,为海外洪门总机关,各洲设分会。第二项,党纲依三次恳亲会决议通过之草案公布。第三项,关于筹捐救国费事项。第四项,以本年10月10日在旧金山召开总部成立大会。第五项,议决举陈炯明为中国致公党领袖,唐继尧副之,"各地致公堂一律拍电回国,表示拥戴之诚",等等。文长不具录。②

1925年10月10日,五洲洪门第四次恳亲大会在旧金山召开,代表来自国内及美洲等地,决定以洪门致公堂为基础,组织华侨政党,定名为中国致公党。通过《中国致公党党纲》。选举陈炯明为总理、唐继尧为副总理。这次恳亲大会,即是中国致公党的"一大"。会后,由朱逸庭等四人签名,给陈、唐正副总理致正式推选证书,由陈应权携至香港呈炯明。同月27日,炯明复电表示接受,办理手续完整。

1925年10月14日,国民革命军东征军攻陷惠州城,陈部粤军失去最后的据点,1926年初,讨陈战事结束。此时孙中山已去世半年余,蒋介石通过处理"廖案",搞垮了胡汉民、许崇智,解决了许部粤军,玩汪精卫于股掌之上,去之亦仅是时日问题,孙之亲信相继落马,国民党亦将由孙党变成蒋党。

陈炯明在闽与督军周荫人安排解散粤军的善后工作后,即退居香港,专心致力于中国致公党党务。1926年2月,致公党的活动中心从旧金山迁香港。2月20日,成立香港致公俱乐部(此为对外合法组织,盖港英当局不准华人在当地设政治性机构也),委杨达波、钟秀南为正副主任,另委委员多名。炯明亲拟党的宗旨,制定党纲概要。又与陈演生等拟订驻港支分部暂行章程,进行党员登记,又派员赴澳门、广州湾(今湛江)、厦门、上海、天津等地各设支部;南洋英属吉隆坡、麻六甲、芙蓉等埠亦请准设立支部,派员前往指导工作。半年之间,先后登记党员者达十余万人。炯明还多次北上,与段祺

---

① 《华字日报》1925年4月22日。见《陈竞存(炯明)先生年谱》下册,第902页。
② 该决议见陈其尤《中国致公党之历史及其现在使命》,《公论》1947年12月创刊号。

瑞、章太炎等人联络，并撰写《中国统一刍议》，欲以政治手段谋求国家统一；并主张抗日，拒绝与日本人合作。陈氏将一个秘密会社改造成为一个现代政党，是其生平对中国历史作出的一个重大贡献。中国致公党是今日中国大陆八个民主党派中历史最长的党，1947年5月3日通过的《中国致公党政纲》，据说是脱胎于炯明生前拟制的《政纲意见》。中国致公党拥护中国共产党，参加新政协以后，将海外华侨华人之半，凝聚、归心新中国。（它在1949年新中国成立后已不在海外开展活动，故海外致公堂仍存在，恢复改党前的宗旨进行活动。）慎终追远，致公党同人当然不会淡忘其总理创党的这一段史事。

陈炯明生平不事家人生产，统军主政领党，亦不亲手经理财物。一生不贪不腐不二色，洵为近代中国武人、政客中之所仅见。陈氏于1933年9月22日病故后，竟无钱置棺，由马育航等出主意，权用其母预备之寿材，始得装殓。然死后一年，情况丕变，得各方照应，陈氏之柩运返安葬惠州西湖紫薇山，各式人等纷纷致送挽联，蔚为大观。不属陈氏旧部的吴稚晖联中有谓："一身外竟能无长物，青史流传，足见英雄有价"；居正联中则称"奇才嗟潦倒，看此日遄归净土，空剩殊勋表岭南"。蒋介石东征，口号是"杀陈炯明！"，此刻，他的心腹亲信陈立夫拜挽云："胜地卜西湖，供过客千秋凭吊；英灵耀南粤，腾紫薇万丈光芒。"（按：果然如此。现在，紫薇山陈墓依然，成为旅游景点。不过墓前开了一条路，未免有煞风景。）不论是否谀词，亦惟炯明足以当之。

孙对洪门使用义、利、情，实际也是手段。北美洪门对孙不满的，除了前述不准立案、不偿借款之外，便是当日洪门派人陪孙游埠募款，甚至抵押公所筹巨款以济起义，但孙氏一去杳如黄鹤，直至当了大总统、当了"筹画全国铁路全权"这些大官，连一封信也不给洪门叔父兄弟，送个问候，殊不近人情。当义、利、情用完之后，便拜拜了。要钱，再来相求。这样，二三其德，人家就不搭理你了。如此反复经过二十多年，洪门终于告别孙中山和他遗下的中国国民党，而选择了他的对手陈炯明。世人所谓"势之所至、理有必然"者，殆此指。自然，洪门之选定陈炯明，也不是一天两天的事，当确选之际，炯明已是落泊的前军头。然而，正如龚定庵所言，"关河不窘故将军"，炯明仍有挥洒的余地，洪门对他不离不弃，他直至离开人世，仍在党事活动和理论阐发方面不断努力进行。此外，他还为致公党培养了一批干部，陈演生、陈其尤、黄鼎臣等1947年以后与中共合作的致公党的领导者，多是海丰籍人士。总之，洪门选择了陈炯明，陈炯明不负致公党。水源木本，还原真相，历史信而有征者，其庶几乎。兹篇所叙，大抵若此。

孙中山"创立合众政府"与联邦制理想

根据通行的说法，孙中山在1894年11月24日成立檀香山兴中会时，为之制定了秘密誓词："驱除鞑虏，恢复中国，创立合众政府"。① 至翌年2月，香港兴中会成立时，秘密誓词为"驱除鞑虏，恢复中华，创立合众政府"。② 这两个秘密誓词，除了国字改为华字外，其他文字完全相同。这就意味着，反满革命成功后，党人将要建立一个"合众政府"。那么，这个"合众政府"是一个什么样的政体，它是从何而来的，与"创立合众政府"相关纲领的选择，说明了什么，这是本文所要讨论的问题。

一

对广东人来说，花旗国、合众国、美利坚合众国这些名词，并不陌生。1894年，也就是孙中山抵檀香山成立兴中会同年，经过上年美国发动政变，檀香山王国变成檀香山共和国，美国立即予以"承认"（1897年加以吞并，使之成为美国的领土）。孙中山目睹了这场变革，当然更加深了他对"美利坚合众国"的印象。实际上，孙中山对美国是有相当深刻的认识的。早在1896年10月26日致翟理斯函中即表示，他"早岁志窥远大，性慕新奇，故所学多博杂不纯"；"于西学则雅癖达（尔）文之道；而格致政事，亦常浏览。至于教则崇耶稣，于人则仰中华之汤武暨美国华盛顿焉"。③ 为何在众多历史人物中独景仰此二人呢？"汤武革命，应天顺人"，孙亦从事革命事业，自然是取作崇拜对象了。至于华盛顿，为美国国父，任职两届后即坚决"裸退"，这是开创了民主国家领袖出处的榜样。尤有进者，由北美十三州（各州是独立的主权国家）组成的邦联国家——美利坚合众国，在独立战争以后虽然作为一个新兴的独立的民族国家出现在世界舞台上，但它是一个松散的联盟，权力极其有限，对内对外，都显得软弱无力，所以，由邦联走向联邦是形势的

---

① 《檀山华侨》"檀山华侨"部分，第30页。
② 冯自由著：《革命逸史》第四集，第9页。
③ 《孙中山全集》第一卷，第48页。

需要。1787年5月25日，美国制宪会议开幕，华盛顿被一致选为主席。经过国家主义者与州权主义者种种斗争和妥协，7月，解决了州和中央之间权力分配问题。9月，通过了《联邦宪法》草案和《人权法案》。《联邦宪法》的制定标志着一种新的政治体制的产生。它妥善处理了三个问题：人民主权与共和原则；中央与州的权力均取自人民，互不相属，各有一定的活动范围；三权分立与制衡，行政、立法、司法三部门没有一个能不受其他部门牵制而行自己的权力。1788年7月2日，邦联国会宣布合众国宪法生效，并颁布命令选举国会议员与总统，以纽约为临时首都。从此，邦联国会结束。1789年2月4日，华盛顿被一致选为美国第一届总统。在4月30日的就职典礼上，华盛顿说了如下一段话："人们已将维护神圣的自由火炬和维护共和政体的希望，理所当然地，意义深远地，也许是最后一次地寄托于美国民众所进行的这一实验上。"①

孙中山无疑了解美利坚合众国从邦联到联邦过渡的历史，记住了华盛顿在美国历史上的作用和地位，也认同了"合众国"与"联邦制"的同一件事物的两面。孙中山要"创立合众政府"，以美国为型仪，便不能不研究它的宪法。美国联邦宪法未涉及内阁的设立，仅在第二条中规定，"总统得指令行政各部首长就其职务有关事项提出书面意见"。（但是，事实上美国总统还是为了工作需要与各部长官在一起聚会的。）这样，总统制或是内阁制，便成为孙中山后来要表态选择的问题。此外，孙中山在思考美国历史时，还深刻认同美国第十六届总统林肯所说的"民有、民治、民享"的口号，后来，认为它就是自己的三民主义的意思。

由此看来，the United States，即美利坚合众国，便是孙中山要"创立合众政府"的政体模式，而这个联邦政府，也即是合众政府，就是孙中山要建立的中国新政府。

孙中山仰慕华盛顿，连兴中会的入会宣誓形式也是从这位老美那里学来的：宣誓时主持人朗诵誓词，各人均以左手按置基督教《圣经》上，举右手向上，依次朗诵，然后散会。孙中山在香港兴中会成立后，设会长一职。这个会长，在反清起义建立政权时，即是总统。总统一词，英文是President，汉语对音为"伯理玺天德"。晚清文献中称美国总统为"亚美利加合众国伯理玺天德"。1912年元旦，南京临时政府成立，孙中山就职的便是"中华民国临时大总统"。所以，"创立合众政府"的政治诉求，从兴中会誓词、宣誓方式到政府执政名号，都采纳了美国方式，这是可以肯定的。孙中山所谓"步

---

① 乔治·华盛顿著：《华盛顿选集》，商务印书馆1963年版，第220页。

泰西之法",即是步美利坚合众国之法。

二

兴中会秘密誓词说要"创立合众政府",这种意向的含义还是比较含混的,而且也缺少中国革命的特色。革命党开始时的成员是来自华侨社会。随着孙中山本人认识的提高,留学生群体的迅速壮大,原来的誓词便随之也有所改变。

兴中会在檀香山、香港、广州、横滨等地的分会,经过1895年、1900年两次未成功的反清起义密谋,已趋式微。到1903年8—9月间,孙中山在东京创办青山军事训练班,招了十四名学生,"成立之日,总理(按:指孙)率诸生席地团坐,总理则中立演讲革命宗旨,并举手宣誓曰:'驱除鞑虏,恢复中华,创立民国,平均地权,如有不遵,应受处罚。'"① 这便是我们常说的"十六字纲领"。1916年7月15日,孙中山在上海尚贤堂茶话会上演说,内称,"诸君知中华民国之意义乎?何以不曰中华共和国,而必曰中华民国?此民字之意义,为仆研究十余年之结果而得之者。"② 到1919年孙撰《三民主义》时,更进而申述:"有美国共和,而后始有政府为民而设之真理出现于世。林肯氏曰:'为民而有、为民而治、为民而享者,斯乃人民之政府也。'有如此之政府,而民者始真为一国之主也。"③ "十六字纲领"是孙中山十余年研究的结果,它确是比兴中会的誓词完善。由于他研究社会主义,于是有"平均地权"的提出,进而演绎成民生主义。民生主义就是社会主义。梁启超在讲到清末思潮时说:"孙逸仙文,他虽不是个学者,但眼光极锐敏,提倡社会主义,以他为最先。"④ 梁氏这里所说的,便是1903年的事。这年12月17日,孙致友人函中说,"所询社会主义,乃弟所极思不能须臾忘者。弟所主张在于平均地权,此为吾国今日可以切实施行之事。""故弟欲于革命时一齐做起,吾誓词中已列此为四大事(按:指"十六字纲领",文略)之一。"⑤ 此前的11月,他在檀香山已将兴中会改名中华革命军,以"十六字纲领"作为加人者之誓词。

1904年4月6日,孙中山由檀香山抵旧金山。他在旧金山发动华侨,改

---

① 陈锡祺主编:《孙中山年谱长编》上册,第292页。
② 《孙中山全集》第三卷,第323页。
③ 《孙中山全集》第五卷,第189页。
④ 梁启超:《中国近三百年学术史》,《饮冰室合集·专集》第十七册,第30页。
⑤ 《孙中山年谱长编》上册,第299页。

组洪门报纸《大同日报》，修改致公堂章程，规定"本堂以驱除鞑虏，恢复中华，创立民国，平均地权为宗旨"。他随后应旅欧学生之邀前往法、比、德各国。在1905年1月成立欧洲革命组织（当时尚无会名，同盟会在日本成立后，始改名欧洲同盟会分会）时，亦以"十六字纲领"作秘密誓词。

现在可以查到的，同盟会成立前，孙中山已在五个场合使用了"十六字纲领"作誓词。冯自由指出："在同盟会成立前十一年之兴中会，其入党誓辞为'驱除鞑虏、恢复中华、创立合众政府'三事。当时，有人译英文之民主政治（Republic）为合众政治。故兴中会盟书所用'创立合众政府'一语，与同盟会盟书上所用'创立民国'之意义相同。"①

1905年7月30日中国同盟会筹备会上，通过辩论，决定以"十六字纲领"作为该会纲领与秘密誓词。这样，经过改变，从兴中会、中华革命军而至中国同盟会，经历了从"创立合众政府"至"创立民国"的过程，最终确立了"十六字纲领"三个层次的内涵，解释为民族、民权、民生三大主义（后称三民主义）。这也就是孙中山在《有志竟成》中所说的，"及乙巳之秋，集合全国之英俊而成立革命同盟会于东京之日，吾始信革命大业可及身而成矣。于是乃敢定立'中华民国'之名称而公布于党员，使之各回本省，鼓吹革命主义，而传布中华民国之思想焉。"②

民主（Democracy）与共和（Republic）两个词，意思是不同的。从兴中会到同盟会，确实经历了从"创立合众政府"到"创立民国"的转变。但是，并不是经历"民主政治"（即冯说Republic）到中华民国（the Republic of China）的转变，关于这点，上揭孙中山所说不用"中华共和国"而用"中华民国"，意义已明。民国的"民"字，不是"民主政治"，这个"民"就是指国民或人民，主权在民的"民"。所以，"民国"这个概念，对孙中山而言，是"主权在民之国"，并不是"共和国"，当然也不是"合众国"或联邦，尽管它实质上是"共和国"。这是他在1916年的说法。但在1912年之前，我们实在找不到他对采用"民国"而弃用"共和国"的说词，而所能看到的，仅是说要建立美国式联邦制的共和国，或者建立联邦或共和国。从"合众国"到"民国"，显然不仅是文字转换，而且内容也大不相同；否则，就不必去说"联邦制，于中国将来不可行"了。而"创立合众政府"的"合众"，如前所述，是效法"合众国"，意在创立北美联邦式的中央政府，这是有孙中山本人

---

① 《革命逸史》第三集，第198页。
② 《孙中山全集》第六卷，第237页。

的言论可证的。①

三

兴中会成立后发动起义，计划要建立联邦共和政体，至少对孙中山而言，是明确的，直到1911年武昌起义后从欧洲返国，是一以贯之的。

1895年2—4月间，孙中山为发动广州重阳起义，曾经寻求日本驻港领事的支持。日本领事向本国政府报告说，"其党称为兴中会，即振兴中国之会。""孙文等所说的要在两广独立成立共和国，只不过是空中楼阁而已。"② 1897年11月间，孙中山流亡日本，在与日人宫崎寅藏的笔谈中，同意宫崎的主张："中东合同"（即中日联盟），以为亚洲之盟主。但孙又认为，中日结盟，欧洲列强亦必然联盟，先合者必胜，应避免惹欧洲联盟以制我。孙写道："万一不幸欧洲有联之举，鄙意必先分立各省为自主之国，各请欧洲一国为保护，以散其盟；彼盟一散，然后我从而复合之。其法以广东请英保护，广西请法保护，福建请德保护，两湖、四川、中原为独立之国。"解除外部压力后，"我可优游以图治。内治一定，则以一中华亦足以衡天下矣。"宫崎怀疑此计，认为若德国先下手，将引发瓜分危机。孙说："瓜分之机已兆，则我辈须静观清政府之所为如何，暗结英、日两国为后劲，我同志之士相率潜入内地，收揽所在之英雄，先据有一二省为根本，以为割据之势，而后张势威于四方，奠定大局也。"③ 这个白纸黑字的计划，与三年后孙搞庚子华南独立运动，合若符节，丝毫不爽。

1900年6月6日，孙中山在访问法国驻日公使朱尔斯·哈马德时表示，相信起义者能在广西建立革命政府，并在他领导之下向广州挺进，新政权将威胁湘闽边界，迫使这些省份的督抚参加或承认一个新的南中国联邦共和国。④ 7月9日，孙中山对英国驻新加坡总督瑞天咸说，"我们要在华南建立一个独立政府"。孙中山已不必保密，因为他通过刘学询与两广总督李鸿章乘

---

① 史扶邻教授认为，"'合众'这个词实际上就是'联邦'或'联合'的意思，它出现在对'United States of America'的中文表达'美利坚合众国'中。这就使人想到，孙中山的'合众政府'是以美国的共和形式的政府为蓝本的"。史扶邻为证实上述观点的准确，他引用陈锡祺、吴玉章的观点来作说词，尤其是吴玉章（辛亥革命的参与者）的话："合众政府也就是联邦政府"（史扶邻著：《孙中山与中国革命的起源》，丘权政、符致兴译，中国社会科学出版社1981年版，第38页）。
② 《孙中山年谱长编》上册，第81、83页。
③ 《孙中山全集》第一卷，第181～182页。
④ 《孙中山年谱长编》上册，第207页。

华北大乱搞"两广独立"之事，正在进行中，香港殖民当局已介入，且有宫崎寅藏等日本人参与其事。孙中山的一位不和谐的合作者谢缵泰在《中华民国革命秘史》中记述："1900 年 7 月 21 日，何启博士报道说，亨利·阿·卜力（按：即港督）支持中国南部成立一个共和国。"① 这个计划，因李鸿章北上而结束，但是记载留了下来。

到了 1901 年春，孙中山在横滨赞助粤籍留日学生组织"广东独立协会"，主张广东向清政府宣告独立。与此同时，他在接见来访的美国《展望》记者林奇（G. Lynch）时说到，他的"抱负是发动革命，以联邦或共和制取代帝制"。这里很明确，联邦制与共和制并不是一码事。为实现自己的计划，他还拟制了"革命程序"，计划在军法与地方自治法之间绾以约法，以制衡武人。当 1902 年准备在西南边境发动时，与他有接触的法国印支当局称，孙以河内作为输送武器的渠道，"其政治目标仍然是推翻清王朝，至少首先在长江以南建立联邦共和政府"②。孙中山一直对法国方面抱有好感。1905 年 10 月 11 日，孙乘船经过上海，在船上会晤法国军官布加卑，他告诉这个法国人，"一场强大的反清运动正在中国南部兴起，亟盼建立一个联邦共和国"。

1909 年 11 月 8 日，孙中山在纽约会见了留学生顾维钧。据顾氏回忆："我知道，他一直在鼓动推翻满清和大致按照美国的模式建立一个共和国，但是他没有公开讲这话。"③ 武昌起义后，10 月 15 日，英国《每日电讯报》报导，去年 4 月，孙在旧金山谈到，"革命有三个目的：推翻满清政府，创立共和政体和按照美国政府一样的方针组织国家"。1911 年 10 月间，他对法国记者说："吾意拟于他日试行联邦之中国，另设中央之上、下议院，统筹全局。" 11 月 1 日，他在离开美国前夕，发表"对外宣言"，其中第六条称："待联邦共和政体建立，中央政府将与各国签订新的贸易条约，建立友好邦交，消除一切误解与冲突事端。"他认为中国是最适合建立共和制度的国家。11 月 23 日，他在巴黎对记者说，"中国同欧洲一般大，不适合中央集权，拟仿照美国实行联邦制。"同日在与法国东方汇理银行经理西蒙谈话时讲到，这次国内起义不是局部的叛乱，"而是一个事先经过长期准备、有完善的组织、以建立联邦共和国为目的的起义"④。以上引文，言之凿凿，铁了心要在中国实行美国式联邦制，即有一部全国性的宪法，三权分立，有总统，无内阁，妥善分配

---

① 《孙中山年谱长编》上册，第 222 页。
② 同上书，第 267、278、284 页。
③ 顾维钧著：《顾维钧回忆录》第一分册，第 67 页。
④ 《孙中山年谱长编》上册，第 581、582 页。

中央、地方权力。然而，这种设想更多的是纸面上的东西，一接触到实际，便行不通了。

中国自元朝以来实施行省制，清末为二十二行省（割台后剩十八省加上新疆及1907年改制的奉吉黑三省）以及蒙古、西藏地方。各省督抚、驻库伦大臣、驻藏大臣都是朝廷任命的。中央设内阁，是办事机构，并非内阁制。本来是高度中央集权的体制，突然要搞美式联邦，行得通么？

1911年12月26日，即孙中山返抵国门之次日，在其寓所召开同盟会最高干部会议，讨论总统制或内阁制与总统人选问题。孙被定为总统人选。孙主总统制，宋教仁主内阁制。孙的主张占了上风，南京临时政府不设内阁总理。经过这场争论，孙中山在同日回答法国记者询问时，便改口说道；"我个人赞同汲取美利坚合众国和法兰西共和国的各自长处，选择一种间于二者的共和体制。"① 可见，美式联邦制的设想，在实践中是找不到办法的。不仅如此，到1912年1月上旬，即孙当起临时大总统几天后，他发现南方各独立省份不但切断了与南京政府的财政联系，而且在政令方面也是各行其是，仿若美国邦联时代。所以，苦无善策的孙中山在复中华民国联合会函中说："联邦制度，于中国将来为不可行；而今日则必赖各省都督有节度之权，然后可战可守。所谓军政统一，于此亦绝无矛盾也。"② 这些话，顺向不易理解，逆向尤难理解。或许，（一）实际是说，联邦制度，在中华民国领土内，现在和将来都行不通。这是关键。（二）问题是，军政统一是孙中山宣誓要达到的民国"五个统一"之一，在中央缺乏权威的状态下，要求"各省都督有节度之权"，然后可战可守，这不是分散主义，加强各省都督权威，允许他们为"省权"而自相攻伐吗？所以说，这些话实在很难理解。到了袁世凯任北京临时大总统以后，孙中山已不方便对总统制或内阁制表态了。为制袁而量身定做的《临时约法》也约束不了袁世凯。北京临时政府不但设有内阁，唐绍仪们还想搞责任内阁。所以，孙中山从民元开始，便不再说中国"不适合中央集权"，要在中国实施美国联邦制一类的话了。相反，"五个统一"是他积极追求的目标；反对"联省自治"，主张北伐、武力统一中国，实施地方自治，更是他晚年致力的大工程。这是后话。

中国是崇尚大一统的国家。无可讳言，自秦以来二千多年历史中，也经历了多次内战和分裂。在中国，分裂与内战可谓同义词。即今日对台现状亦然。准此以观，将一个统一的、中央集权的国家倒退为联邦制国家，决非国

---

① 《孙中山年谱长编》上册，第599页。
② 同上书，第624页。

家、人民之福。20世纪20年代头三年间的"联省自治"闹剧的过场，便足以说明这个问题。在政治体制的一些问题上，师法洋人是必要的，更重要的还是要考虑中国国情；否则，不仅是徒托空言，而且可以了事之法无多，为害则将不可胜言。

试论孙中山的兴亚思想与日本的关系

孙中山是一个民族主义者。争取民族独立，建设共和国家，是他三十年革命生涯中为之奋斗的坚定目标。

孙中山又是一名国际主义战士，他始终把中国革命前途与亚洲各被压迫国家的命运联系在一起，毕生寻求复兴亚洲的道路。

本篇所要讨论的，是作为民族主义者与国际主义战士的孙中山，在他的复兴亚洲思想的形成、发展过程中，与日本的种种关系；尤其是他所怀抱的大亚洲主义理想，作为特定时期的历史遗产，应当如何评价的问题。

一、兴亚，孙中山与日本自由民权主义者的共识

孙中山有他的亚洲观。他在晚年谈到：“我想我们亚洲就是最古文化的发祥地，在几千年以前，我们亚洲人便已经得到了很高的文化。就是欧洲最古的国家，象希腊、罗马那些古国的文化，都是从亚洲传过去的"。"推到近代世界上最新的种种文化，都是由于我们这种老文化发生出来的"。但是，"到近几百年以来，我们亚洲各民族才渐渐萎靡，亚洲各国家才渐渐衰弱"，"到了欧洲的各民族发扬和各国家强盛之后，他们的势力更渐渐侵入东洋，把我们亚洲的各民族和各国家，不是一个一个的消灭，便是一个一个的压制起来"。然而，"否极泰来，物极必反。亚洲衰弱，走到了这个极端，便另外发生一个转机，那个转机就是亚洲复兴的起点"。那个起点，就在日本，就是30年前（按：指1894年）日本"废除了和外国所立的一些不平等条约。日本废除不平等条约的那一天，就是我们全亚洲民族复兴的一天"。① 这种说法表明，他是在比较东西方文化的基础上，从19世纪末、20世纪初的国际关系出发，谋求打破西方强权政治，争取亚洲民族独立的。而且，为达此目的，他始终希望中日两国平等合作，并以此为核心，使亚洲摆脱欧美列强奴役，建立民族独立、国家富强的亚洲国家关系。

孙中山的亚洲观及与此相关联的兴亚思想，其形成与发展，与日本均有

---

① 《孙中山全集》第十一卷，第401、402页。

密切关系。为了更好地说明这个问题，我们不妨回顾一下孙中山与日本人士交往的情况。

孙中山在其革命活动过程中，寻求援助的最早对象，便是日本。1895年春，他为准备广州起义，曾多次会见日本驻香港领事中川恒次郎，要求日方提供军援。① 1897年8月，即他在伦敦被中国公使馆绑架获释后的半年，到达日本，由此时迄1924年11月，综计他在日本流亡或暂时停留，前后有九年左右，几占他全部革命生涯的三分之一时间。他与日本感情之深厚，可从他的一通函件中看出来，他写道："弟所交游者以贵国人为多，则日本人之对于支那之革命事业必较他国人为更关切"，"弟之视日本，无异第二之母邦"。② 孙中山最初得以在日本流亡，是因为结识了犬养毅、宫崎寅藏等一批具有兴亚思想的朋友。据萱野长知估计，孙中山交往的日本人，约有300位之多。这些日本人大致可分为七类。举例来说：

（一）政治家：犬养毅、大隈重信、井上馨、桂太郎、后藤新平、板垣退助、加藤高明、古岛一雄、菅原传、寺尾亨等。

（二）财界人物：平冈浩太郎、中野德次郎、山本条太郎、添田寿一、铃木久五郎、久原房之助、阪谷芳郎、涩泽荣一、大仓喜八郎、松方幸次郎、森恪、藤濑政次郎、三上丰夷、犬冢信太郎、安川敬一郎、山田纯三郎等。

（三）陆海军将领：儿玉源太郎、寺内正毅、长谷川好道、上原勇作、田中义一、福田雅太郎、宇都宫太郎、青木宣纯、秋山真之等。

（四）外务省官员：中川恒次郎、山座圆次郎、小池张造、有吉明、天羽英二、重光葵等。

（五）大陆浪人：梅屋庄吉、宫崎寅藏、平山周、内田良平、头山满、宗方小太郎、萱野长知、清藤幸六郎等。

（六）知识宗教界：南方熊楠、寺尾亨、副岛义一、大谷光瑞、水野梅晓、和田瑞、秋山定辅等。

（七）妇女领袖：下田歌子。

从上述人物，不难发现，孙中山与日本人士的交往是极为广泛的，包括了日本社会工农以外的主要层面。各种接触，不可避免地导致思想交流，既有共鸣，也会有抵触。孙中山的兴亚思想与日本有密切关系，就是通过这些交往而发生的。

---

① 《原敬关系文书》第2卷，日本放送出版协会1984年版，第392～393、395～396页。

② 《孙中山全集》第一卷，第524页。

日本明治维新以后，出现早期大陆政策的构思，即出现了诸如"征韩论"、"征清论"、"脱亚论"等宣传活动，一些主张国权优越地位的思想家，大力提倡日本对亚洲各国的领导者的使命。① 维新以后的日本亚洲政策方面已走上扩张主义道路。

扩张主义的"脱亚论"在日本国内有一定市场，但在亚洲其他国家中却只能引起反感。为使手段巧妙一些，并利用东方国家抵制沙俄东侵，于是日本出现了"兴亚论"。1880年，曾根俊虎、宫岛诚一郎等一部分日本人成立"兴亚会"，其宗旨集中反映在荒尾精提出的"兴亚论"中。荒尾认为，日本有必要"张纲纪于内，振威信于外，使宇内万邦永瞻皇祖皇宗之懿德，救贫扶朽，是诚国家百年之长计"②。在这种理论鼓动下，大批浪人进入中国、朝鲜，进行活动。他们还设立"兴亚学校"、乐善堂、"日清贸易研究所"（上海）等机构，培养人才，收集情报。这些大陆扩张活动，得到日本权要松方正义、黑田清隆等的支持，在侵华过程中起了重要作用。

日本人持"兴亚"思想的活动家，是具不同论调的大亚洲主义者，在他们的实际活动中，逐渐形成左右两翼：右翼鼓吹"八纮一宇"，坚持大陆扩张政策，自以为有资格领导亚洲；左翼则主张以中日合作为核心，联合亚洲各国，共同抵抗西方列强东侵。孙中山的兴亚思想，是具有民族主义色彩的大亚洲主义。

孙中山的兴亚思想的形成有个过程。1895年春，他在香港与梅屋庄吉结识。梅屋支持菲律宾的反西班牙殖民统治斗争，据载，他还沟通菲律宾独立军领导人之一彭西与孙中山的关系。1896年，孙中山与南方熊楠在伦敦认识，南方在有英国人在场的情况下，说"但愿我东方人一举将西方人悉逐于国境之外"。孙告别南方东返时留字"海内存知己"，显然是指共怀兴亚的抱负。犬养毅也是具有兴亚思想的政治家，1902年孙中山给他写信，表示"人生得一知己可以无憾，弟于先生见之矣"。这些人与孙中山的密切关系，无疑对孙中山的兴亚思想的形成产生影响。

有些大陆浪人，起初受"兴亚论"熏陶，后来形成了"兴亚"活动的积极分子，支持中国革命运动，宫崎寅藏兄弟、萱野长知等人，便是典型例子。宫崎寅藏在《三十三年之梦》一书中详细记述了他在1901年以前的活动。寅藏的二哥弥藏说过，今日世界是一个弱肉强食的场所，黄种人如不奋起反抗，

---

① 《时事小言》。转引自远山茂树：《福泽谕吉与自由民权运动》，《自由民权运动——近代的开始》，东京雄山阁出版，第30页。

② 黑龙会编：《东亚先觉志士纪传》上，第361页。

将长期处于白种人统治之下，而黄种人的命运，实系于中国的兴衰。弥藏认为，中国如能一扫弊政，不仅黄种人的权利可以恢复，更足以号令宇内，行道于万邦，关键是要有能承担领导责任的英雄人物。他决心到中国去找，如不得，将挺身自任。①但他未能如愿，很快病死了。寅藏继承其遗志，于1891年到上海活动。但他经济上遇到了困难。宗方小太郎拉他去日清贸易研究所做事，宫崎认为荒尾精及其一派是侵略中国的集团，主义不同，便谢绝了宗方的劝告，返回日本。②后来他结交了孙中山，引为同志，支持中国革命，奋斗终生。萱野的《中华民国革命秘笈》，真实地记录了他与中国革命的关系，他在该书自序中写道："我与孙中山一起在南洋时，中山告我，亚洲的存在，是由于有日本，因为有日本守护，强盗才不容易进入，日本像是亚洲的看门狗一样。我严肃地指出他把日本比作看门狗不当，这个例子比喻得不好。不管怎样，他谈到亚洲的看门人，亚洲受庇护得以保全，日中亲善提携、亚洲复兴等平素的思想。"③宫崎是孙中山誉之为"日忧黄种陵夷，悯支那削弱"，"欲共建不世之奇勋，襄成兴亚之大业"的"识见高远，抱负不凡"的人物。④萱野则是与孙中山三十年相随、屡参密勿的战友，他们共议兴亚策，思想上达到一致，使孙中山感到吾道不孤，因此将兴亚大业寄希望于中日两国的合作，迄其辞世，不改初衷。

　　孙中山对日本寄予厚望，决不是偶然的。中国人在甲午战争以前，对日本明治维新的成效，很少人能看得清楚，但孙中山眼光独到，他在1894年《上李鸿章书》中就指出："试观日本一国，与西人通商后于我，仿效西方亦后于我，其维新之政为日几何，而今日成效已大有可观，以能举此四大纲（按：指"人能尽其才，地能尽其利，物能尽其用，货能畅其流"）而举国行之，而无一人阻之。"⑤对明治维新的深刻印象，使他在日后将它与中国革命联结在一起，他甚至认为："日本维新是中国革命的第一步，中国革命是日本维新的第二步。中国革命同日本维新实在是一个意义。"⑥ 正是根据这种思想，他希望同具图存发展的中日两国，能互相提携。1897年孙中山抵日之后，在与宫崎笔谈中，宫崎表示，"弟周游贵国，与真士大夫上下议论，先自兴亚之

---

① 宫崎寅藏著：《三十三年之梦》，花城出版社1981年版，第31页。
② 同上书，第51页。
③ 萱野长知著：《中华民国革命秘笈》，东京皇国青年教育协会昭和十六年版，自序。
④ 《孙中山全集》第1卷，第216页。
⑤ 同上书，第15页。
⑥ 《孙中山全集》第十一卷，第365页。

策而入。兴亚之第一着在中东之提携，而欲举中东合同之实，非一洗满清之弊政不可"。孙完全同意宫崎的观点，即"中东合同，以为亚洲之盟主"。① 他将排满革命与兴亚大业联系起来，由此，他强调，"我认为人民自治是政治的极则。因此，我的政治主张是共和主义"；"共和政治不仅因为它是政治的根本原则，适合于中国国民的需要，并且在进行革命上也是有利的"；"拯救中国四亿的苍生，雪除东亚黄种人的耻辱，恢复和维护世界的和平和人道，关键只在我国革命的成功"。② 这些观点，是孙中山1897年抵日本之后发表的。我们从中可以发现，孙中山早期的兴亚思想，其基础是民族主义，在国内是革命排满；在对外方面是反对西方侵略，包含黄白人种斗争意识。在这个阶段，还缺乏明确的反帝国主义思想，在相当长的时间里，并未批判日本的大陆扩张政策，相反，还以日本作为反对西方的依靠力量。

在孙中山早期兴亚思想中，还包含批判"黄祸论"的内容。1900年义和团运动爆发后，国际上围绕"分割"或"保全"的争论，掀起一阵"黄祸论"的喧嚣。1901年春，孙中山在与美国《展望》杂志记者林奇的谈话中，对林奇所谓实现中国革命"将会酿成真正的'黄祸'"予以批驳，认为"中国人本质上是一个爱好和平的而不是好战的民族"，"产生黄祸的唯一可能会是在工业竞争的形式之中"；"在变动了的情况下，……无需把中国劳工廉价输出到世界其他地方去"。③ 1904年，他在《中国问题的真解决》一文中，对"黄祸论"重行批判。④ 他的基本主张，是认为"欲筹东亚治安之策"，"惟有听之支那国民，因其势顺其情而自立之，再造一新支那而已"。⑤ 总之，中国的独立富强，为兴亚大业所必需，而与"黄祸"了不相涉。

亚洲的复兴，是亚洲各国人民的共同事业，实赖各国革命人士的通力合作。孙中山在居留日本期间，经日本友人联系，先后与韩国的朴泳孝、菲律宾的彭西、越南的潘佩珠、印度的巴什等人，有过交往，还会见过关心东方前途的一些俄国流亡革命家。据史料记载，1899年春"布引丸事件"发生后，孙中山与彭西议定，"不论是中国还是菲律宾，实行兴亚大策，都应以日本为顶梁柱"⑥。1911年10月，越南潘伯玉撰《联亚刍言》，主张日华提携以改造、复兴亚洲。《安南民族运动史概说》的作者大岩诚对此评论说，这种亚

---

① 《孙中山全集》第一卷，第183、181页。
② 《三十三年之梦》，第122、123～124页。
③ 《孙中山全集》第一卷，第211页。
④ 同上书，第253页。
⑤ 同上书，第224页。
⑥ 木村毅著：《布引丸——菲律宾独立军秘话》，恒文社1981年版，第230页。

洲联合思想，大概是受民国之父孙中山的大亚洲主义的影响。由此可见，孙中山早期的兴亚思想，在亚洲各国已经产生一定的影响，这是不可忽视的。

二、失望的记录：从依靠日本支持到抨击日本军阀政策

在辛亥革命后的14年间，孙中山所持的以中日合作（即中东合同）为中心实现兴亚大业的构思，经历了从希望到失望再燃起希望的过程，不过，总的来说，是一部失望的记录。从依靠日本支持到抨击日本军阀政策，反映了这样一个基本事实：日本政府决不可能与孙中山合作去实现兴亚理想。

民国政府建立后，孙中山提出合汉满蒙回藏为一家的"五族共和"的民族团结主张。这时中国边疆危机十分严重，俄国正策划外蒙"独立"，英国也在活动西藏脱离，日本在搞满蒙"独立"运动，形势岌岌可危。孙中山卸任临时大总统职后，以在野之身，极力主张筹建中日联盟，借以摆脱困境。1912年11月，他致电袁世凯称"华日联盟，大有可望"①。1913年2月，他以全国铁路督办身份访问日本，多次表示，中日两国应真诚合作。他认为，"单只日本一国，亦决不能终久维持东亚之大势，当与中国扶助，携手进步。东亚同文会之设立，即本此旨"②。"要之，亚细亚者，为亚细亚人之亚细亚也"，"亚细亚之和平，亚细亚人应有保持之义务。然中国现在则欠乏维持之实力，故日本之责任，非常重大"。③ 他还说亚洲大局维持之责任，应在我辈黄人。"日本与中国唇齿之邦，同种同文，对于亚东大局维持之计划，必能辅助进行。"他甚至认为，日本"与我国利害相关，绝无侵略东亚之野心"；"纵近年来不免有侵略之举动，亦出于万不得已，非其本心"。④

根据宫崎龙介记载，孙中山访日期间，由秋山定辅及宫崎寅藏的活动，将这次单纯的私人旅行，"变成了协商大亚细亚计划的会面"，即孙中山与卸职首相桂太郎谈判，"桂公爵认为日俄战争以后，日英同盟已无必要，日本在亚洲必须实行独立自主的外交。因此，他决心要将日英同盟改换为日德同盟；对俄国则进行磋商，而把中国的事情完全交给孙文，加强孙氏策划亚洲各民族独立与连系的决心"。⑤ 这个史事十分值得注意，因为作为日本政界权要、陆军领袖之一的桂太郎，决心与孙中山合作，共谋亚洲大局。为此，孙访日

---

① 《孙中山全集》第二卷，第542页。
② 《孙中山全集》第三卷，第14页。
③ 同上书，第15～16页。
④ 同上书，第26、27页。
⑤ 《三十三年之梦》，第291页。

期间，由桂发起，成立了"中日同盟会"。当时担任孙桂会谈译员的戴天仇（季陶），事后回顾此次会谈时写道，他们进行了两轮计达十五六小时的密谈。桂基于东方民族复兴的根本政策，表示"今后惟望我两人互相信托以达此目的，造成中日土德奥的同盟，以解印度问题，印度问题一解决，则全世界有色人种皆得苏生。日本得成此功绩，决不愁此后无移民贸易地，决不作侵略中国的拙策"①。孙中山认为，"就大亚细亚主义之精神而言，实以真正平等友善为原则"②。孙中山对日本之行取得的成效至为欣慰，他致电袁世凯，称"此次游日，向其朝野官民陈说中日联和之理，双方意见极为浃洽。其现政府已确示图两国亲交之真意，此事于东亚和平，极有关系"。③他在上海国民党交通部宴会上演说，大谈"现在日本在朝在野之政客，均有世界的眼光与智识，且抱一大亚洲主义"④。孙中山的判断显然过于乐观，除了这个当时并未公布的会谈外，我们迄未能找到日本政府当时有什么关于中日合作以策东亚和平的计划。孙中山很可能是把希望寄托在桂太郎身上，所以，在桂死后，他便慨叹"日本现在更没有一个足与共天下事的政治家，东方大局的转移，更无可望于现在的日本了"⑤。这种感喟，反映了他对日本的失望情绪。辛亥革命以后，一些支持过他的日本人，如内田良平、宗方小太郎等，或先或后，与他疏远或断绝了来往，其中原因，是由于这些日本人并不继续支持孙中山的对内、对外政策，中道分手，这也是很正常的现象。

　　孙中山对形势的判断不仅是过于乐观，而且确切地说是错误的。从"二次革命"到护法运动，日本经历了山本（权兵卫）、大隈（重信）、寺内（正毅）三届内阁，历届日本内阁不仅未与中国合作解决亚洲民族独立问题，恰恰相反，他们还利用欧战，出兵占领青岛，取代德国在山东的殖民权益，并向袁世凯政府提出亡华的"二十一条"。寺内内阁通过西原借款控制了段祺瑞政府，直接干预中国参战问题。1917年5月，孙中山发表《中国存亡问题》的小册子，极言中国参战之不可。他认为，日本禁阻中国加入对德作战，是为中国谋利益。"不知中日关系密切，决非单以同种同文云云说明之而足，国际上之真结合，必在乎共通之利害。中国惟与日本同利同害，故日本不能不

---

① 戴季陶著：《日本论》，第97页。
② 胡汉民：《大亚细亚主义与抗日》，《胡汉民先生文集》第2册，台北"中央文物供应社"1978年版，第539页。
③ 《孙中山全集》第三卷，第51页。
④ 同上。
⑤ 《日本论》，第95页。

代计中国之利害,而进其忠言。"① 他批评一些论者说日本此举为"挟制中国,谓之不使中国有外交,此所以动失东亚联合发展之机会,而为白人所利用",认为这是洪宪旧臣深怨日本的说法。② 他进而表示:"夫中国与日本,以亚洲主义,开发太平洋以西之富源,而美国亦以其门罗主义,统合太平洋以东之势力,各遂其生长,百岁无冲突之虞。而于将来,更可以此三国之协力,销兵解仇,谋世界永久之和平。"③ 孙中山这种以中日合作为核心推行"亚洲主义",更以中日美合作解决太平洋问题的构思,在当时不能不说是一厢情愿的主意,并没有得到什么反应。他不久即南下护法,并且失败在日本与其他列强支持的南北武人的夹击之中。

孙中山的兴亚思想,即使是他处于极为困难的时候,仍不稍放弃,护法不忘兴亚,且极力求助于日本。可以举出许多例证来。例如,1917年6月,他致函寺内,要求日本改变支持北方武人的政策,以"东亚之和平与中日将来之发展"为怀。④ 8月25日,张继、戴季陶赴日,孙中山请他们带去致寺内等人函件,内谓"此后东亚文明之兴废,亚洲民族之存亡,全视中国之政治能否适合于国家的生存而决";"二十年来,吾人为中国国民图永久之安宁幸福,为亚洲民族谋文明之进步发展",就是为了"创造以国民多数幸福,亚洲和平为目的之新国家"。⑤ 1918年3月10日,头山满与犬养毅函邀孙中山访日。孙委托在日本的唐绍仪转达答复:"若为东亚百年大计,非与文亲商不可者,请示其详,当亲赴聆教。"随即派朱执信赴日,专函叙述意见,并携去致加藤高明、尾崎行雄、犬冢信太郎、寺尾亨、床次竹二郎、秋山真之、田中义一等函件,内称"贵国为东亚先觉,执事为日本达人,尚望努力自重,为东亚造福,文亦必竭尽可能,以副尊意"。⑥ 这些函电,没有收到任何实际效果。1918年5月护法失败,孙中山由广州经日本返回上海,在日本停留,犬养毅等人甚至不愿见他。这些情况,不免使他深感失望。他回到上海以后,一方面潜心从事理论工作,另一方面着手改组中华革命党,加上国际形势发生巨变,这就有可能重新考虑对日关系及兴亚大业问题。

1919年以后孙中山的民族主义思想,与前此各个革命时期相比,有了新的发展,即具有较为明确的反帝国主义的内容。这种状况的发生,与俄国十

---

① 《孙中山全集》第四卷,第55页。
② 同上书,第63页。
③ 同上书,第95页。
④ 同上书,第108～109页。
⑤ 同上书,第134页。
⑥ 同上书,第421、422～423页。

月革命和中国五四运动有密切关系。他的兴亚思想也相应发生一些变化。这些变化,突出地反映在他对日的态度上。

1919年4月,孙中山发表声明,谴责日军残杀朝鲜人事件。6月24日,他在回答《朝日新闻》记者问时,指出,"予向为主张中日亲善之最力者。乃近年以日本政府每助吾国官僚,而挫民党,不禁痛之"。又说:"乃不图日本武人,逞其帝国主义之野心,忘其维新志士之怀抱,以中国为最少抵抗力之方向,而向之以发展其侵略政策焉";中国人所以"痛恨日本深入骨髓者",即是日本军阀的侵略政策。①1920年6月,他会见《字林西报》记者,要求停止续订英日同盟,废除"二十一条"。6月29日,他致函日本陆相田中义一,抨击"近代日本对于东亚之政策,以武力的、资本的侵略为骨干,信如世人所指;而对于中国,为达日本之目的,恒以扶植守旧的反对的势力,压抑革新运动为事"。强调"近年以来,中国人民对日恶感日深,根本原因,实由于日本之政策与民国国是不相容,故国人咸认日本为民国之敌。若再以乱中国之和平为事,则国人之恶感更深,积怨所发,其祸将不止于排货"。他要求田中"能鉴于世界之大势与东亚之安危,一变昔日方针"。②对这种呼吁,日方没有作出反应。

孙中山一方面谴责日本的帝国主义政策,另一方面仍然希望日本予以支持。从1920年开始的第二次护法运动,孙中山的主要对手已从段祺瑞转变为直系军阀曹吴之流。孙与段之间,从对立转化为合作,并逐渐形成孙、段、张三角反直同盟。段、张的国外支持者是日本,孙希望三角同盟得到日本支持,进而实现中日合作完成兴亚大业。不过,日本政府对孙中山仍然极为冷淡。孙中山向日本、美国要求支持得不到响应,这时苏俄政府却以支持亚洲弱小民族和支持殖民地独立运动相标榜,在谋与北京政府改善关系的同时,向孙中山伸出援手。经过一番活动,终于从1923年开始,形成了孙中山的联俄外交。

孙中山的联俄外交,是他的整个外交政策的一个组成部分,是为实现其革命目标,包括实现兴亚目标服务的。在孙中山心目中,要解决亚洲问题,仍有赖中日两国的合作。因此,从1923年2月他重返广州,迄1925年3月去世,仍继续致力于中日合作,以图实现兴亚计划。1923年5月,他在广州大本营会见鹤见佑辅,向这位朋友指出,过去20年日本对华外交是失败的。不过他对日本仍未绝望,希望日本与中国及苏俄合作结盟,以日本为盟主,以

---

① 《孙中山全集》第五卷,第72、73页。
② 同上书,第276、277页。

图东洋民族复兴。他还要求日本抛弃传统的侵华政策，停止援助北方，从满洲撤退。① 同年11月16日，他亲笔长函致犬养毅，认为犬养入阁，为实现兴亚大业带来希望。他写道："贵国对支行动，向亦以列强之马首是瞻，致失中国及亚洲各民族之望，甚为失策也。今次先生入阁，想必能将追随列强之政策打消，而别树一帜，以慰亚洲各民族嗯嗯之望"；"倘日本以扶亚洲为志，而舍去步武欧洲帝国主义之后尘，则亚洲民族无不景仰推崇也"。又说："今亚洲人民之受屈者比欧洲人民尤甚，故其望救亦尤切，本洲既无济弱扶倾、仗义执言之国，故不得不望于赤露"；"倘日本能翻然觉悟"，"则亚洲人心犹可收拾。否则，亚洲人心必全向赤露而去矣，此断非日本之福也"。② 在谈到世界未来时，他认为未来战争不会是黄白人种战争或欧亚战争，必为公理与强权之战。他借箸代筹，要求日本助中国革命成功，承认苏俄，使日本区别于欧美列强。函中内容突破了黄白人种斗争意识，以联合新俄为号召，是他的民族主义思想的一大进步。不过，他以作"世界盟主"，"为日本发扬国威、左右世界之鸿图"作诱饵，③ 将兴亚大业寄托在犬养一人入阁上，这又显示出其兴亚大计并非依靠亚洲各国人民，联俄存在防俄之意，仍然带有极大的局限性。另外，这个时期他对日本在兴亚大业中的地位仍未摆脱旧有认识的窠臼，他在1924年作的民族主义演讲中说："亚洲今日因为有了强盛的日本，故世界上的白种人不但是不敢轻视日本人，并且不敢轻视亚洲人。所以日本强盛之后，不但是大和民族可以享头等民族的尊荣，就是其他亚洲人也可抬高国际的地位。"④ 这种说法显然是有问题的。

孙中山持上述各种观点，不是偶然的，他确实认为当时亚洲面临新的变局。孙、段、张反直三角同盟已经形成，因为它们反对英美支持的直系武人，从一般道理上说，由于日本与英美在华盛顿会议上表现出的矛盾，日本支持三角同盟并不是不可能的，日本推行"对华不干涉"的币原外交，孙中山也一再表示欣赏。尤其是，1924年5月31日美国国会通过限制日本移民的法案，即被日本舆论称之为排日移民法的歧视性法案，引起日本各界强烈反应，许多不同内涵的大亚洲主义言论喧哗一时，在一部分人士中出现了回归亚洲的意识。

孙中山决定不失时机地解决兴亚问题。8月7日，他发表《忠告日本国民

---

① 鹤见佑辅：《广东大本营的孙文》，《改造》大正十二年7月号，第132～133页。
② 《孙中山全集》第八卷，第401～403页。
③ 同上书，第406页。
④ 《孙中山全集》第九卷，第190页。

宣言》，指出过去"日本恃一日之长，以凌同种，豆萁相煎，较异种为尤烈"；面对美国对日本的歧视，他要求日本国民反省，并劝有意实行"亚洲人种大团结者，留意于此"。① 与此同时，又派参谋部长李烈钧赴日，以发起亚洲大同盟的宣传。这种"亚洲大同盟"的构思，与排日移民法颁布有密切关系。因为在4月间，孙中山在与日本东方通讯社记者谈话中就说过，对排日移民法一事，他"初无特殊之感想，此在日本毋宁视为最良之教训，须为黄色人种而觉醒之绝好机会"；因"日本以前过于倾倒白色人种之势，对于白色民族少所顾虑。余企图亚细亚民族之大同团结已三十年，因日人淡漠置之，遂未具体实现，以至今日。使当时日本表示赞同，想不至如今次受美国极端的屈辱。日本对于美国态度之愤慨，固属当然"。他劝日本"忍受耻辱，退而静谋亚细亚民族之大结合，俟黄色人种之团结完成，然后讲求对此次屈辱之方策，斯日本民族之愤激庶不徒劳，而有圆满结果之一日"。对美国态度正当与否，他不予置评，因"恐引起日本并吞高丽是否正当之反问"，南方政府也"未尝就此考虑何等之对策，局面之变化，殊非吾人所能预测"。② 他正是在这种形势下，考虑"亚洲大同盟"问题的。

7月间，《政治生活》杂志已传出孙中山为结成"东方同盟"，即订立中日俄同盟，切实携手，以谋民族间的真正平等，拟派李烈钧访日。李氏本人谈到，此行是为"叩问日本朝野名士及各政党对我国有何真正意见，同时观察日本一般国民之心理趋向，为加强东方民族之团结，图谋远东之和平"③。李氏临行，孙中山"复召见，授方略与到日本后应注意之言行，作长时间之谈话，复拨款数万"④。李氏于9月18日启程，抵日后，会见了若干人士，但鲜有成效，于是请求返国。10月13日，孙复电，告"详细考量，兄为派驻日本联络彼中朝野之士，为发起亚洲大同盟以抵抗白种之侵略而往，为久驻日本，宣传此旨之任务。今忽有回命之请，想彼政府胆小如鼷，不敢接纳吾人之大亚洲主义。果尔，则兄万不宜自行离日，当久驻而为积极之宣传，必待日本政府有明令下逐客而后行，方足揭破日本之真面目"⑤。李烈钧在日本滞留到冯玉祥发动北京政变后，才返国。从这件事中，我们可以发现，尽管孙

---

① 王芸生编著：《六十年来中国与日本》第8卷，第79～80页。
② 广东省社会科学院历史研究所等合编：《孙中山全集》第十卷，中华书局1986年版，第134～135页。
③ 藤井昇三著：《孙文の研究》，第204页。
④ 李烈钧：《李烈钧将军自传》，章伯锋、顾亚主编：《近代稗海》第九辑，四川人民出版社1988年版，第73页。
⑤ 《孙中山全集》第十一卷，第180页。

中山对日本不满，仍然把日本作为复兴亚洲的主要力量，他这时的大亚洲主义，既包含了以中日俄联盟以复兴亚洲的思想，也仍存在黄白人种斗争意识，它实际是一个充满矛盾而难于实现的宏大构思。

李烈钧日本之行失败，表明日本朝野并无意与孙中山合作解决兴亚大业。1923年5月16日，刚到广州履新的日本驻广州总领事天羽英二，在大本营访问了孙中山，孙说以"日本独立外交必要"①。这种要求，从最直接目的来说，是希望日本在中国人民强烈的"打倒列强"的气氛中，能有别于英美等西方国家，使日本不加入关余事件中对广东政府的报复行动；更进一步的目标，则是实现中日俄联盟。但是，日本最为关切的，是维护它在满洲的殖民权益，他们想了解的是，在充满"赤化"色彩的广东，孙中山要废除一切不平等条约，是否包括收回旅大租借地在内；至于建立中日俄联盟，对日本来说，是匪夷所思之事。综观民国成立后13年中孙中山与日本在兴亚问题的态度，仅是一头热。他经历了从希望到失望到重新燃起希望的过程，在最后，得不到日本官方的反应，只得把对话转向日本国民。

三、一个有争议的历史遗产：关于《大亚洲主义》讲演

冯玉祥在1924年10月23日发动的北京政变，导致由直系军阀控制的中央政府的结束。孙中山受邀北上参与国是，成了各方关注的大事。他所发表的《北上宣言》，呼吁召开国民会议，废除不平等条约，清楚地表明了中国国民党的立场。北京政变后的中央政府，由段祺瑞与张作霖控制着，孙中山北上要能解决国家大政，即牵涉与段、张关系处理问题，这样，就必须重视日本的态度。因此，孙中山从广州抵上海之后，就考虑绕道日本赴天津的行程。李烈钧记述："余抵沪时，总理已至，即晋谒。总理诏余曰：'芝泉约余赴北京，现正待启行，而诸友意见不一，君谓余当如何'？余答：'日本老友甚多，如头山满、犬养毅、白浪滔天（按：宫崎此时已去世）、床次竹二郎诸人者，皆彼国之贤达，与总理夙契厚者，倘过日本晤谈，获益必大'。"② 这个谈话可能使孙中山决心过日一行，"想同日本国民联络一气，用两国国民的力量，共同维持东亚大局"。

但是，日本政府并不欢迎孙中山访日。根据日本学者藤井昇三在《孙文研究》一书中介绍，孙中山抵神户后，他的代表殷汝耕曾两次到外务省会见亚洲局长出渊胜治，询问孙中山可否到东京一行，但都遭到拒绝。这时，段

---

① 天羽英二日记资料集刊行会编：《天羽英二日记·资料集》，第1325页。
② 《李烈钧将军自传》，同前引，第74页。

祺瑞的代表陈树藩等人正在东京访问,却受到热烈接待。孙中山寄予厚望的犬养毅,也回避会面,仅派古岛一雄前往神户叙谈。头山满虽然与他会见,却要孙中山就收回旅大租借地问题表态。他答应目前无意收回,与港澳问题一样看待。在他无法与日本官方会谈的情况下,除了会见记者,只能对一般日本国民发表自己的主张了。11月28日,他在神户商业会议所等五个团体举办的讲演会上,作了题为《大亚细亚问题》(发表时题为《大亚洲主义》)的演说,对兴亚问题作了全面阐述。

孙中山并不讳言他是一个大亚洲主义者。讲演会主持者要他讲"大亚细亚主义"问题,他也就顺主人意向淋漓尽致地发挥了自己的观点。演讲的内容,可以归纳为下述几个要点:

(一)三十年前日本废除不平等条约的那一天,就是我们全亚洲民族复兴的一天。

(二)大亚洲主义是文化问题,要建成我们的大亚洲主义,要用固有文化作基础,即用王道(仁义道德)文化去对付西方的霸道(武力强权)文化;同时,也要学习西方科学技术,用以自卫。

(三)日本战胜俄国,为最近数百年亚洲民族战胜欧洲人之首次,亚洲民族同感兴奋,亚洲民族遂各起独立运动。

(四)呼吁日本承认苏联。

(五)认为讲大亚洲主义,就是为亚洲受痛苦的民族,要怎么样才可以抵抗欧洲强盛民族的问题。简而言之,就是要为被压迫民族来打不平的问题。

(六)我们要完全收回我们的权利,便要诉诸武力。

(七)在未来的国际关系中,日本究竟是做东方王道干城,还是做西方霸道鹰犬,要日本国民详审慎择。①

孙中山的这个讲演,受到在场听众的热烈欢迎。会议主持者泷川仪作致辞中说,解决东洋的和平,在于中华民国与日本缔结完全对等的同盟。这种观点反映了日本回归亚洲的意识,但它不是官方的观点,只是孙中山的同情者的言论。这个讲演,作为他生平最后一次公开阐述他的对日观和兴亚思想,实际是关系到如何评价他的民族主义、反帝思想的问题,事实上,对它的评价不是没有争议。本文仅从兴亚思想与日本关系这个角度,来考察它的意义。

孙中山是作为客人,在主人点的题目下讲演的,他虽然是对日本国民讲话,却是说给日本朝野的权要听的,所以他没有抨击日本过去的对华政策,

---

① 《孙中山全集》第十一卷,第401～409页。

这是可以理解的。但是，孙中山将希望转向日本国民，并不见得有什么新意，因为在 1906 年《民报》发布的六大纲领中，就已提出"主张中国日本两国之国民的联合"，嗣后他也多次表示对两国国民的希望。然而，在当时的情况下，日本国民并不能影响政府的政策，日本推行大陆扩张政策，既要"北进"，也要"南进"，对于它的侵略扩张，孙中山也是清楚的，这就是他批判日本是"专制国家"，推行"军阀政策"，具"帝国主义野心"的原因。应当说，孙中山本着一贯的复兴亚洲主张，坚持亚洲民族独立的方向，尤其是要求日本与苏联合作，多少已突破黄白人种斗争的观念和地域限制，并强调收回主权须诉诸武力。凡此种种，都是讲演中积极的因素。这是应当肯定的，是一种进步。

不过，也应当指出，首先，大亚洲主义是一个陈腐的口号，它最初是日本提出来的，而且被作为抗拒欧美列强、独霸亚洲的大陆扩张观念，它不仅不能反映当代的国际关系，而且也不含有 20 世纪 20 年代亚洲被压迫民族谋求本民族独立、自决，建立民族的国家的内容。当 1920 年 7 月共产国际第二次代表大会关于民族和殖民地问题的补充提纲发表后，这种所谓大亚洲主义，若作为一个政治口号来说，它只具有理论上的反动性，在实践中也不会有任何成效可言。其次，近代帝国主义列强对亚洲人民的奴役，与亚洲各国人民的反抗，不能用霸道文化与王道文化的斗争去解释。在这个问题上，孙中山在民族主义（第一讲）中曾经有过较为准确的叙述，他说："自俄国新变动发生之后，就我个人观察已往的大势，逆料将来的潮流，国际间大战是免不了的。但是那种战争，不是起于不同种之间，是起于同种之间，白种与白种分开来战，黄种与黄种分开来战。那种战争是阶级战争，是被压迫者和横暴者的战争，是公理与强权的战争。"① 为什么有了这种较为准确的分析在前，而又有所谓王道、霸道的不准确的文化比较说在后呢？除了孙中山相信日本有可能支持他实行兴亚大计，极力以同文同种去打动日本人之外，就是孙中山晚年思想的矛盾性。最后，孙中山在讲演中指出，收回失去的主权，要诉诸武力，这表明他认识到列强不会轻易交回被他们攫去的权益，这是正确的观点。关于收回租界问题，1912 年 4 月，孙中山在上海尚贤堂已向 16 个国家的外国人讲过。② 在国民党"一大"宣言中，也明确提出这是废除一切不平等条约的内容之一，但是，在此次滞留日本谈话中，不但声明不收回旅大，而

---

① 《孙中山全集》第九卷，第 192 页。
② 同上书，第 176 页。

且证实他要实行的，仅仅是废除领事裁判权与实行关税自主两项。① 这就表明，他不但从国民党"一大"宣言的立场上后退了，而且还否定了民国初年的这一明确态度，这种妥协性是客观存在而不能否认的。

一些论者在分析孙中山的大亚洲主义讲演时，认为从这个讲演内容，可以看到孙中山对原有的思想进行了彻底的改造。从上述分析中，显然很难看出其晚年的大亚洲主义比早期的大亚洲主义思想有过多大的改造，更不用说彻底改造了。至于这个讲演的实际意义，我们也不能过于夸大。1924年10月号的《日本与日本人》杂志，开辟《亚细亚主义》专号，其中不少文章就认为这个主义行不通。如果我们比较一下李大钊对大亚洲主义的批判，就可以看出孙中山这一讲演的思想水平如何。1919年，李大钊连续发表《大亚细亚主义与新亚细亚主义》与《再论新亚细亚主义》；1924年，又发表《亚洲民族联合与亚洲平民联合》。在这些文章中，他明白指出"大亚细亚主义"是并吞中国主义的隐语，是大日本主义的变名，他提出"新亚细亚主义"口号，"主张拿民族解放作基础，根本改造"②。他还主张，"建立除去日本、中国军阀及一切特权者的平民大联合"③。这种观点，与孙中山的王道、霸道说，显然不同。事实上，孙中山的这一讲演，尽管他在病笃之际仍迫切希望了解日本的反应，但它始终未能激发起亚洲被压迫民族以王道文化去进行反抗霸道文化的斗争。与此相反，这个讲演后来被人利用了。正如平野义太郎在《大亚洲主义历史的基础》一书所说，孙中山的《大亚洲主义》讲演可以归纳为全亚洲民族的联合，以驱逐英美。④ 日本军国主义宣传的"大东亚共荣圈"、"东洋共同体"一类的理论，便可以解释其"合理性"。汪精卫伪政权由于其政治需要，发行《大亚洲主义月刊》，由周化人等炮制文章，大讲大亚洲主义与孙中山的关系。当然，讲演被利用的责任不能由孙中山去承担，但讲演内容的消极意义也是显而易见的。

总之，始终与日本有密切关系的孙中山的兴亚思想，从其发展过程考察，作为其核心的大亚洲主义，不是一个完整、严密的反帝国主义理论体系。它在本质上有别于日本国权主义者的兴亚思想或大亚洲主义，但它同时存在积极意义与消极意义两个方面，因此，对它的评价要实事求是。孙中山因为与

---

① 《孙中山全集》第十一卷，第420页。
② 《李大钊选集》，人民出版社1978年版，第129页。
③ 同上书，第610页。
④ 平野义太郎：《大亚细亚主义历史的基础》，转引自藤井昇三著：《孙文の研究》，第231页。

日本关系至深,他总是从好的一面去考虑中日合作与亚洲的前景。不过言者谆谆,听者藐藐,日本政府所选择的,是发动侵华与太平洋战争,应验了孙中山所说的"与虎谋皮"的预言。

亚洲复兴问题,是殖民统治的产物。孙中山的兴亚思想与日本的关系,也是特定历史条件下的思想遗产。在政治独立已经不是亚洲国家复兴的主要问题的今天,他们面临 21 世纪即被称为太平洋世纪行将到来的时候,各自应当扮演什么样的角色,才能完成亚洲真正的复兴,这是一个值得深思的问题。

孙中山论明治维新

孙中山在其30年左右（1894—1925）的革命生涯中，约有三分之一时间即将近10年，是在日本度过的，因此，他常称日本是"第二故乡"。由于革命活动的实际接触，他与活动在明治时期的许多政治家，有着程度不同的交往。30年间，孙中山有许多关于明治维新的言论，从中反映出他对明治维新有较为深刻的认识，形成了一个明治维新观。本文拟综合孙中山的有关言论，从四个方面，分析一下孙中山论明治维新的内涵。

一、孙中山对明治维新之景慕与认识

众所周知，西方列强在中英鸦片战争以后，曾经相继侵略日本，1853年7月，美国东印度舰队司令培里率舰迫使日本"开国"。从1854年至1857年，日本先后与美、英、俄、荷等国订立了一系列条约，包括从日本取得片面的最惠国条款、治外法权、协定关税、租界特权等。面临严重的民族危机，日本国内开展"尊王攘夷"与倒幕维新运动。经过"王政复古"与戊辰战争，尤其是1868年明治天皇即位后，政治上进行了一系列改革，并推行"殖产兴业"、"文明开化"政策，树立天皇权威，使日本滑向"脱亚入欧"的轨道，日本资本主义经济迅速发展起来。国力的扩充，使日本有可能走上扩张道路，并摆脱西方列强的殖民枷锁。1894年8月，日英订立新的《通商航海条约》，取消了不平等条约和特权。这个条约，事实是英美等列强为日本通向大国的道路、发动对华战争，开放了绿灯。明治维新使日本很快跻身于世界强国之列，孙中山清楚地看到这点，因而对日本维新产生了深刻的印象。

1894年6月，在广州行医的孙中山，到天津向直隶总督北洋大臣李鸿章上书，他希望李利用其地位，效法欧美日本，进行改革，实现人尽其才，地尽其利，物尽其用，货畅其流。他指出："试观日本一国，与西人通商后于我，仿效西方亦后于我，其维新之政为日几何，而今日成效已大有可观，以能举此四大纲而举国行之，而无人一阻之。"① 这些话，是迄今人们所知道的、

---

① 《孙中山全集》第一卷，第15页。

孙中山评论明治维新的最早记载，完全是肯定的言词。这种观点，孙中山后来不断重复，加以强调。他认为明治维新不但改变了日本的地位，是日本人的光荣，就是其他亚洲人，也享受了这种荣誉。1923年8月15日，他在广州全国学生评论会的演说中说："诸君若信我的话，以日本为例，前三十年日本人只三千万，非常之愚昧。但是上从天皇，下至庶民，人人虚心，种种庶政机关几年〔乎〕尽用外国人。外国人坏的也有，可是好的真不少，做事极有功效。"① 日本国民的变革意识，是导致日本国势巨变的原因，孙中山极为佩服。1924年，他讲演三民主义，其中便说到，"这种大和民族的精神，至今还没有丧失。所以乘欧化东渐，在欧风美雨中，利用科学新法发展国家，维新五十年，便成现在亚洲最强盛的国家"。"因为日本能够富强，故亚洲各国便生出无穷的希望，……因为日本人能学欧洲，所以维新之后便赶上欧洲。……亚洲今日因为有了强盛的日本，故世界上的白种人不但是不敢轻视日本人，并且不敢轻视亚洲人。所以日本强盛之后，不但是大和民族可以享头等民族的尊荣，就是其他亚洲人也可抬高国际地位"。② 为了说明这个观点，他不止一次地举述日俄战争后1905年俄国运伤兵的船只通过苏伊士运河，孙本人刚好东返经过该地，人们误以他是日本人时，他的反应与感受。日本明治维新的成就，表明有色人种在进行近代化过程中，其能力并不比白种人差。维新后的日本及日本人的国际地位，确实是有巨大变化。但是，日本人享受"头等民族的尊荣"，其他亚洲人是否也可以抬高国际地位呢？从近代史实看，实际上并做不到，亚洲各国仍受帝国主义列强奴役。不仅如此，因维新变革而崛起的日本，迅速走上军国主义道路，依据山县有朋所拟定的早期"大陆政策"，在1890年提出向邻国扩张的理论，作"守卫主权线"与"防护利益线"的划分，旨在向大陆和南方（琉球、台湾、南洋群岛等处）扩张，成为明治政府对亚洲的根本政策，中国与朝鲜便首先是日本侵略的受害者。因此，孙中山的这些看法显然带有极大的偏颇性，不能认为是符合历史事实的。

明治维新的关键是"殖产兴业"、"文明开化"，即从科技文化乃至生活方式的西化，使日本进入近代资本主义轨道。大体上，这正是中国开展洋务运动的时期。日本人近代化起点实际比中国还低，但一经发动，便干劲冲天，终于成就维新大业。能者为师，孙中山清楚地看到这点。如果说，魏源时代中国人提出"师夷之长技以制夷"，还是天朝有远见的知识分子在亚洲所能提出的当时最先进的口号的话，那么，将近60年之后（1900年）孙中山立足

---

① 《孙中山全集》第八卷，第119页。
② 《孙中山全集》第九卷，第189、190页。

于学习日本去学习西方,情况已完全变了。1901年春,孙中山在与美国记者林奇的谈话中,谈到他本人及其朋友们的抱负,"是发动一次有如三十年前日本所发生的革命,希望在中国实现日本化",认为"日本人用了三十年才办到的事情,我们最多用十五年就能办到"。① 如何能办到呢?从孙中山不同时期的言论重点看,大约有四种办法,今试言之。

一是采取开放主义。他说,"诸君试看日本国,土地不过我中国两省大,人民亦不过我中国两省多,四十年以前,亦是一个最小、最穷、最弱之国,自明治维新以后,四十年间,俨然称为列强。全球上能称为列强者,不过六、七国,而日本俨然是六、七国中之一国。他是用何种方法,始能如此,亦只是用开放主义。我中华民国土地比日本大二十倍,人民亦比日本多二十倍,要照日本办法,亦采用开放主义。不到三、五年后,兄弟可决定,比日本富强十倍。"② 孙中山说这些话时,正是民元临时大总统解职之后,他游历南北各地,提倡民生主义,要求以铁路建设为中心,发展实业,引进外资。他认为向外国借款,用于发展生产,便没有问题。他的铁路计划很宏伟,是准备与外人合作,主权在我。不过,他过于乐观了,袁世凯政权并不准备给他提供机会,这个开放政策真正得以实行,是在他去世后半个多世纪才有可能由中国人民去推行。尽管如此,孙中山主张效法日本明治维新采用开放政策的主张,仍然不失其为远见卓识。

二是在制度上进行改革。进行近代化建设,不能停止在器物生产的层次上,还必须在制度和思想行动层次上进行改革。孙中山注视到这点。1913年2月15日,他访问日本在东亚同文会的欢迎会上指出:"日本自四十年以来,输入欧美之新制度、改革国政,迩来国运发展,已成一大强国。"③ 日本从维新开始,在国家制度方面极力吸收欧美先进典型,改造原来传统的法度。它"废藩设县",在农村废除封建领主土地所有制。1871年派以岩仓具视为首,包括木户孝允、大久保利通、伊藤博文、山口尚芳等人在内的48人出访团,另外华族、士族出身的留学生59人同行,历时20个月,费资百万日元,占1872年政府收入2%以上。此行除了要求西方国家废除不平等条约,恢复日本的独立主权之外,主要是实地考察西方各国的政治、法律、文化教育、军事制度和生产技术,以促进国内改革。此行基本上使政府形成了推行改革的

---

① 《孙中山全集》第一卷,第210页。
② 《孙中山全集》第二卷,第533页。
③ 《孙中山全集》第三卷,第14页。

指导思想,决定了日本发展的方向。① 中日两国封建制度颇多相近之处,日本因效法欧美而作制度改革,导致国势发展,反观清政府仍昏睡不醒。有感于此,孙中山益信政治制度改革的必要,故他对欧美新制度引入日本,评价是十分高的。

三是文明进化,科技发展迅速。1913年3月10日,孙中山在大阪欢迎会上演说,认为"日本于四十年前早已著维新之曙光,文明风物,逐日改进。40余年间之进步发展,遂至升世界强国之地位"②。在《孙文学说》中,他又写道:"日本自维新以后五十年来,其社会之文明,学术之发达,工商之进步,不独超过于彼数千年前之进化,且较之欧洲为尤速,此皆科学为之也。"③在江户幕府时期,统治阶级对兰学(西学)是排斥的,采取"锁国"政策带来的后果是科技落后,被动挨打,丧失独立国地位。明治政府采取"殖产兴业",离不开发展科技,故相应采用"文明开化"政策,作为生产力的科技受到重视,经济自然发展了起来。孙中山强调科学在维新过程中的地位与作用,是完全正确的。

四是引进人才,为我所用。孙中山说:"日本维新之初,人口不及我十分之一,其土地则不及我四川一省之大,当时之知识学问尚远不如我之今日也。然能翻然觉悟,知锁国之非计,立变攘夷为师夷,聘用各国人才,采取欧美良法,力图改革。"④ 人才是国家建设不可或缺的重要因素,但人才培育又不是可一蹴而就的。中国强盛朝代,在人才问题上都很开通,强调"楚才晋用"和客卿聘用,盛唐时期所以雄视四海,便是在中央与地方任用了大量少数民族和周边国家的文武人才,为我所用,用其所长。这种"唐风"在明治时期得到发扬。孙中山本人便坚持引进人才,南京临时政府建立后,他聘用了多名日本顾问,甚至引起西方报界怀疑他要建立一个亲日政府。在谈到日本维新时注意及此,反映出他对人才的重视。在前揭资料中他断言:"美国需百余年而达于强盛之地位者,日本不过五十年,直三分之一时期耳,准此以推,中国欲达于富强之地位,不过十年已足矣。"对前途之乐观,溢于言表。

除了引进人才,日本还重视本国人才的培养和使用。1923年12月,孙中山在《越南中法学生杂志题词》中指出:"昔者日本未维新以前,伊藤博文、井上馨等留学欧洲,科学以外,并悉心考察政治,故归国后,卒能使日本成

---

① 赵建民、刘予苇主编:《日本通史》,复旦大学出版社1989年版,第177、178页。
② 《孙中山全集》第三卷,第42页。
③ 《孙中山全集》第六卷,第200页。
④ 同上书,第202页。

维新之业，为东亚之雄。瞻彼前哲，实为我师"。① 这里明白提出学习日本重视归国留学人才问题，实在是智者之见。在孙中山的南京临时政府里，以及后来三次在广东建立政府，归国留学人员都在其中占有相当地位，这无疑是他学习日本维新政府选贤任能的具体表示。

以上具体言行表明，孙中山对明治维新的景慕和认识，确有其独到之处。"瞻彼前哲，实为我师"，强调学习日本变革中国，始终是孙中山瞄准的目标。从资产阶级革命的立场上说，明治维新是孙心目中的一个模式——日本模式，这大概是没有问题的。

二、孙中山对阳明学在明治维新中所起作用之评论

江户时代中期以后，日本的"宋学"分成朱子学与阳明学两派。阳明学派是17世纪30年代开始形成的。中江藤树最先从中国引进阳明学，成为日本阳明学之祖。② 近代以来，著名的阳明学学者有佐久间象山、吉田松阴、横井小楠、大盐平八郎等人。近代日本阳明学派接受王学左派的影响，以"知行合一"为中心思想，反映新兴市民阶级的要求。吉田松阴等明治维新志士，便是其中的代表人物。③

对于阳明学在明治维新中的作用，孙中山颇为重视，一生多次加以评论。但是，这些评论，前期与后期有极大差别。为了说明问题，下面引录几段原话，从中不难看出其中的差别。

1905年8月13日，孙中山在东京留学生欢迎大会上发表演说，认为在"五十年前，维新诸豪杰沉醉于中国哲学大家王阳明知行合一的学说，故皆具有独立尚武的精神，以成此拯救四千五百万人于水火中之大功。我中国人则反抱其素养的实力，以赴媚异种，故中国的文明遂至落于日本之后"④。这一

---

① 《孙中山全集》第八卷，第580页。

② 黄遵宪《日本杂事诗》（广注）中写道："为阳明之学者凡六人：中江原为之首（原字惟命，号藤树，近江人），其徒之善者曰熊泽伯继（字了介，号蕃山，西京人）。又有伊藤维桢（字源佐，号仁斋，西京人），不甚喜宋儒而讲学自树一帜。其徒七十人，尤者曰伊藤长允（字元藏，号东涯，维桢子）。物茂卿（荻生氏，名双松，以字行，号徂徕，江户人）之学，由史汉而上求经典，学识颇富，近伊藤，而指斥宋儒空谈则过之，门徒六十四人，尤者曰太宰纯（字德夫，号春台，信浓人）、服部元乔（字子迁，号南郭，西京人）、龟井鲁（字道载，号南冥，筑前人）、帆足万里（字鹏卿，号愚亭，世仕日出城主）。"（岳麓书社1985年版，第666页）

③ 见夏应元：《相互影响两千年的中日文化交流》，周一良主编：《中外文化交流史》，河南人民出版社1987年版，第336页。

④ 《孙中山全集》第一卷，第278页。

段话，完全肯定阳明学在维新中之作用，重点是在尚武精神，指导思想是"知行合一"。这是孙中山早期的言论。不过，到了后期，他的说法发生变化。

1917年7月21日，他在广东省学界欢迎会上演说，指陈"中国人知识在日本之上，日本崇尚王阳明学说者，阳明言知行合一，中国古书又言，知之非艰，行之为艰。兄弟思之，此似是而非者也。兄弟谓之：行之非艰，知之为艰"①。在这段文字里，虽然肯定日本有人崇尚阳明学，即重视知行合一学说，但已不再提此学说在明治维新过程中之作用；而且，由于他已提出"知难行易"说，明确否定"知行合一"说，所以实际否认阳明学在明治维新中的积极作用，也即是否定自己在1905年所持的观点。

1919年孙中山发表《孙文学说》——"行易知难"（心理建设）时，更进一步否定阳明学在明治维新中的作用。下面便是他的原话："若夫阳明'知行合一'之说，即所以勉人为善者也。推其意，彼亦以为'知之非艰'，而'行之惟艰'也；……此阳明之说，虽为学者传诵一时，而究无补于世道人心也。""或曰：'日本维新之业，全得阳明学说之功，而东邦人士咸信为然，故推尊阳明极为隆重。'不知日本维新之前，犹是封建时代，其俗去古未远，朝气尚存；忽遇外患凭凌，幕府无措，有志之士激于义愤，于是倡尊王攘夷之说以鼓动国人。是犹义和团之倡扶清灭洋，同一步调也。所异者，则时势有幸有不幸耳。及其攘夷不就，则转而师夷，而维新之业乃全得师夷之功。是日本之维新，皆成于行之而不知其道者，与阳明'知行合一'之说实风马牛不相及也。倘'知行合一'之说果有功于日本之维新，则亦必能救中国之积弱，何以中国学者同是尊重阳明，而效果异趣也。此由于中国习俗去古已远，暮气太深，顾虑之念，畏难之心，较新进文明之人为尤甚。故日本之维新，不求知而便行。中国之变法，则非先知而不肯行，及其既知也，而犹畏难而不敢行，盖误于以行之较知之为尤难故也。夫维新变法，国之大事也，多有不能前知者，必待行之成之而后乃能知之也。是故日本之维新，多赖冒险精神，不先求知而行之；及其成功也，乃名之曰维新而已。中国之变法，必先求知而后行，而知永不能得，则行永无其期也。由是观之，阳明'知行合一'之说，不过不能阻朝气方新之日本耳，未尝有以助之也；而施之暮气既深之中国，则适足以害之矣。""然则阳明'知行合一'之说，不合于实践之科学也。"②

孙中山上述言论，是要确立"行易知难"说，而其行动，是破"知行合

---

① 《孙中山全集》第四卷，第123页。
② 《孙中山全集》第六卷，第197～198页。

一"说；要破"知行合一"说，便先要否定"知行合一"说（或阳明学）在明治维新中的作用，其所立论，是明治维新成于日人"不先求知而行之"、"不求知而便行"，是由于攘夷不成转为师夷之功。总之，是"成于行之而不知其道者"，与阳明学毫不相干。

比较前后两种完全不同的说法，我们应当把哪种说法作为正确的观点而予以采纳呢？在这里，关键在于日本信奉阳明学的人在明治维新运动中所起作用，应该如何评价。

阳明学讲究的是"体究践履，实地用功"，重在行，即重在实践。这种哲学，与处在强烈要求变革的下级武士的意念，是相吻合的。他们强调"知行并举"。参加"尊王攘夷运动"的，主要是各藩的下级武士，他们同豪农、豪商结盟，逐渐将攘夷发展到倒幕维新。阳明学者在理论上适应下级武士的要求，否定"曲学"，崇尚"正学"、"实学"，并且将其与"兰学"结合起来，在与保幕势力斗争中，促进了倒幕与维新。从大盐平八郎、佐久间象山、吉田松阴以及西乡隆盛这些重要人物的经历，可以看出阳明学的作用和地位，也可说明否定阳明学在明治维新中的作用是不正确的。

大盐平八郎（1793—1837）是日本著名阳明学家，他为了教授阳明学，仿效王阳明的"阳明洞"，将私塾命名为"洗心洞"，并著有《洗心洞札记》等书。1837年，他毁家发动大阪穷苦百姓起义，攻打大阪经济中心——船场，进攻官府，兵败后自杀。大盐的行动，被明治维新志士誉称为"古今民权的开宗"。"大盐平八郎还发挥了阳明学中的'知行合一'观"，"他比阳明学的主张重视实行，不仅重视自己的道德修养，而且还把这种道德修养加以推行，要求自己和社会上的人都来执行。所以说他发挥了'知行合一'观的合理因素，注意和避免了消极的成分。"① 与此相印证，正如岛田虔次教授所说："阳明左派之狂之产生，最终爆发了可以说是思想之暴动的运动，与民变时期恰好相一致。"② 在日本，这不就是明治维新的前奏吗？

吉田松阴（183—1859）是佐久间象山的学生。佐久间是主张"东洋道德，西洋艺术（按：指科学技术）"的著名阳明学家，吉田受其影响极大。他们都是从主张尊王攘夷转向师夷的人。吉田用他自己的心血培育出一大批成

---

① 马新民：《大盐平八郎》，朱庭光主编：《外国历史名人传》近代部分（上册），中国社会科学出版社、重庆出版社1981年版，第492～497页。

② 岛田虔次著：《朱子学与阳明学》，陕西师范大学出版社1986年版，第108页。关于民党，原注称：民党指市民的蜂起，同所谓的资本主义萌芽争论相关联，战后特别受到重视。

就维新大业的社会栋梁,如久坂玄瑞、高杉晋作、木户孝允、伊藤博文、山县有朋、品川弥二郎、山田显义等人。他们或是尊王攘夷运动的中坚分子,或是建立明治政权、进行资产阶级改革并向外扩张的骨干力量,在明治维新的历史舞台上各自扮演了举足轻重的角色。有许多人虽未有直接受教于吉田松阴,也受到他尊王攘夷思想和行为的深刻影响。吉田在日本近代史上占有重要地位。1859 年,他以"过激罪"再度入狱,10 月被杀。德富猪一郎称他是"维新改革最好之急先锋"①。

另外一个典型,便是"维新三杰"之一的西乡隆盛(南洲),也是崇拜王阳明的人。日本京都大学狭间直树教授日前惠寄给笔者一份《朝日新闻社》编印的《中国文明选》(月报,第 14 号,昭和五十年 9 月),其中有海音寺潮五郎先生写的《阳明与南洲》一文,指出西乡隆盛也是阳明学者。该文称,庆应初年(1865)中冈慎太郎写给板垣退助函中,说西乡"诚实有学识,实际成为知行合一的人物"。和王阳明 37 岁时被贬谪"龙场悟道"("心即理"),翌年悟"致良知——知行合一",提出理论一样,西乡在 33 岁时(1859,安政六年)因与幕府冲突被谪遣到奄美大岛,地点也在龙乡这个地方。他是投海自杀未死,深有所悟的,由此悟出有名的"敬天爱人"说,并身体力行,与阳明"致良知"、"知(即良知,人间本然之心,不是常识意义之知)行合一"是一致的。这不是偶合。西乡还是崇敬大盐平八郎的人。据狭间先生告知,杉森久美所著《头山满与陆奥、小村》一书(第 238、241、242 页),记述头山访问西乡故里之际,川口雪蓬(孤儿养育者)取出西乡案头的书《洗心洞札记》,借给头山。②

上述事例表明,阳明学者在维新时期的确起过重要作用,其理论是"知行合一",行动是尊王攘夷,攘夷失败,迅速转入师夷。阳明政治上的反对派桂萼攻击说,"守仁事不师古,言不称师"③。这种态度,无疑也有助于日本学者转向师夷行动。三宅雪岭认为,阳明虽然高唱"狂",事实上他的行动毋宁说是平稳的;平八郎尽管在人品上低于阳明,但其能做到知行一致这一点,确实比阳明进了一步。④ 其实,维新志士中实践知行合一者,如上所述,并不止大盐平八郎,继之而起者不乏其人。

显然,孙中山注意到阳明学说"勉人为善"的内涵,这点是不错的。阳

---

① 蒋立峰:《吉田松阴》,《外国历史名人传》近代部分(中册),第 450~455 页。
② 《中国文明选》第 14 号,月报,第 1~3 页。狭间直树先生附言。
③ 孟森著:《明清史讲义》上册,中华书局 1981 年版,第 244 页。
④ 《朱子学与阳明学》,第 130~131 页。

明学讲"天命之性"、"气质之性",只讲性本善。他们认为善是人性之本,恶是"物欲"之迁,人若反身而诚,修身养性,陶铸道德,就会如孟子所说的那样,"人人皆可为尧舜",做当代的圣人。这些,是适合新兴资产阶级强调自我意识的发挥的,同样体现在个人作用,否认旧的权威,建立新的等级关系。这种思想,在变革时期,就不能说它"无补于世道人心"了。

至于说到阳明学所倡由攘夷转为师夷,既如上述,不能说它与阳明学"风马牛不相及",日本维新,也不是什么"成于行之而不知其道者",它有自己的指导思想。义和团扶清灭洋,有尊王攘夷之意,但它与阳明学无关,义和团没有自己的理论家,也没有将笼统排外转成师夷。孙中山说"中国学者同是尊重阳明",不能救积弱之中国,以证"知行合一"有功明治维新之说不足信。事实上,明治维新成功与中国戊戌变法失败,是中日国情不同,具有成功与失败的各种因素。明治维新成功,阳明学也仅仅是其中一个因素,并非惟一或决定性因素。[①] 孙中山又说"阳明'知行合一'之说,不过不能阻朝气方新之日本耳,未尝有以助之也",这种说法,是将阳明学之主要学说"知行合一"置于维新运动之反面,以一种惰性力量视之。从上述大盐、吉田、西乡等人的言行考察,孙中山这种观点似难成立。至于"知行合一"说是否合于实践之科学,不是本文所要讨论的问题,兹不赘。

综上所述,可知孙中山对阳明学在明治维新过程中作用的评价前后说法不同,即从充分肯定到完全否定。前说与历史基本相合,后说便过于武断。至于为什么会有这种变化呢?这是有待研究的问题。

三、在孙中山言论中,维新、改良、革命、改革同义

1980年,陈旭麓教授在《中国近代史上的革命与改良》一文中指出,在中国,把用暴力反抗封建统治称作革命,是孙中山进行武装反清时才流行的。改良,是在孙中山等1895年开始自认是"革命党"以后的岁月里被采用的外来语,即所谓"输入欧美之文明,以谋政治之改良"。只是在1917年胡适与陈独秀进行文学改良、文学革命论战两年之后,李大钊与胡适进行"问题与主义"讨论,才作社会主义革命与资产阶级改良主义之争——革命与改良

---

① 贺麟《当代中国哲学》(胜利出版公司1945年版)所记,中国自19世纪以来,陆王心学得到复兴,康有为首先提出"宋明发挥心学,于士大夫确有所补"。谭嗣同、梁任公,其"思想亦倾陆王"。至于陈天华,其同志在祭文中称他"有知即行,君师阳明"。章太炎颇诋阳明,但"谓其思想渐趋于陆王亦无不可"(郑大华:《梁漱溟与现代新儒学》,方克立、李锦全编:《现代新儒学研究论集》(二),中国社会科学出版社1991年版,第64页)。由此观之,阳明学说在维新、革命两派人士中,确曾有一定影响。

之争。而对戊戌维新运动和康有为一派人，称之为改良（或改良主义）运动和改良派、改良主义道路，大致起于 30 年代。① 换句话说，在 20 世纪 20 年代，还没有使用改良派来称呼康梁一派（维新派、立宪派），孙中山本人也只是说革命与保皇，如东西之不能易位，黑白之不能混淆。

根据陈旭麓先生的说法，吴相湘教授在《孙逸仙先生传》中更进一步指出："在西历二十年代，孙先生对'革命''改造''改良'的意义认为完全一样。"② 以上两位先生的研究，启发了笔者，经过再一度通读《孙中山全集》，并查阅其他一些资料之后，发现孙中山将其所从事的革命事业，与明治维新等同起来，在他的言论中，维新、改良、革命、改革、改造，是同一个意义。下面选几个例子，不难看出其前后思想的一贯性。

1897 年，甫抵日本的孙中山对宫崎寅藏说："盖贵国维新而兴，已大犯欧人之所忌矣。中国今欲步贵国之后尘，初必不能太露头角也。"③ 这是继 1894 年盛赞明治维新之后，又一次肯定明治维新，并表示中国亦将继其后而兴。如前述 1901 年孙中山与林奇谈话中，肯定要"发动一次有如三十年前日本所发生的革命，希望在中国实现日本化"。在东亚同文会于 1913 年 2 月举行的欢迎会上，他称明治维新是输入欧美之新制度，改革国政。将维新与改革作同义词使用的不止一次。1917 年 1 月 1 日，孙中山在《大阪朝日新闻》发表《日中亲善之根本意义》一文，内称："日本的维新乃是中国改革之先声，中国之改革乃是日本维新之效果。"④ 证诸 1924 年 11 月 23 日他在长崎与新闻记者的谈话，说到"日本维新是中国革命的第一步，中国革命是日本维新的第二步。中国革命同日本维新实在是一个意义"⑤，从这个明确的结论可知，孙中山对维新、革命、改革，是作同一意义解释。

孙中山将维新与革命作同义词使用，还可以找到一些例子。1924 年 3 月 24 日，他对驻广州滇军讲话，谈到，"国家能够革命，象日本维新变成强盛，就是国民的个人不好，到处还有人恭祝"，云云。⑥ 同年 4 月 4 日，在广州另一次讲话中又说，"日本因为知道革命，革命能够成功，所以变成世界上的头

---

① 陈旭麓著：《陈旭麓学术文存》，上海人民出版社 1990 年版，第 73～74 页。
② 吴相湘著：《孙逸仙先生传》上册，第 104～105 页。
③ 《孙中山全集》第一卷，第 181 页。
④ 《大阪朝日新闻》1917 年 1 月 1 日所刊。原文见陈德仁、安井三吉编：《孙文讲演〈大亚细亚主义〉资料集》，京都法律文化出版社 1989 年版，第 296～297 页。
⑤ 《孙中山全集》第十一卷，第 365 页。
⑥ 《孙中山全集》第九卷，第 650 页。

等强国，各国都不敢轻视"①。类似这些情况，是否无意识地作这几个词混用呢？作为一个革命领导人，遣词用字，当然是慎重的。其所以如此，笔者认为，有其深刻的思想原因。

首先，孙中山受传统文化影响至深。儒家学说中有关"周虽旧邦，其命维新"、"汤武革命，应天顺人"的思想，不仅在一般士大夫头脑中，就是在孙中山思想上，同样留下烙印。他自谓12岁毕经业，晚年又以他"是从孔子到现在的中国伟大的改革家的直接继承者"自居。② 传统的反对虐政，是除暴安良，孙中山革命亦不能免此。后来进行国民革命，仍旨在清除三种"陈土"。为了达到革命或维新目标，在不同时期，他准备或实际与各种政治势力合作，谈判对象包括刘学询、康梁、李鸿章、袁世凯、岑春煊、皖段、奉张、曹吴，以及中共、苏俄；他对日本、欧美列强，也多次要求支持。许多活动，明知与虎谋皮，但他还是进行不止。道理很简单，便是为了救国目标之实现。在这方面，对他来说，维新、革命、改革、改良、改造，这些概念上内涵之差异并不十分重要，可以等量齐观。这就是为什么上述各种名词混用的原因。

孙中山称自己"雅癖达文之道"，即欣赏达尔文的进化论。进化论"物竞天择，适者生存"的理论施之于人类社会，便是社会达尔文主义。孙中山不止一次地表达了对这种理论的肯定。③

孙中山不是马克思主义者，人们不能苛求他使用马列主义的政治词藻。他在1895年春与日本驻香港领事中川恒次郎谈话时，便表示起义成功之后准备建立共和国。1905年中国同盟会成立，以"驱除鞑虏，恢复中华，创立民国，平均地权"为纲领，是一个比较完整的共和国纲领。但是对于自己所从事的革命事业，他强调的是反满革命，并没有去阐述以资本主义制度去取代封建主义制度的问题。他注意的是将变革事业与"汤武革命，应天顺人"、"周虽旧邦，其命维新"这些传统思想结合起来宣传。因此，他把中国革命与日本维新当作"同一意义"，也就容易理解了。

其次，他受日本人用词的影响。孙中山最早使用革命这个词的时间，据陈少白《兴中会革命史要》所记，是1895年广州起义失败后。当时，孙与郑士良、陈少白乘船逃到神户，下船以后，看到日本报纸有《支那革命党首领孙逸仙抵日》报导，受到启发，以后即自称革命党。但是，这种说法已为日

---

① 《孙中山全集》第十卷，第20页。
② 《马林在中国的有关资料》（增订本），第25页。
③ 较集中论述的，可见《孙文学说》，载《孙中山全集》第六卷，第194～196页。

本安井三吉教授所否定，查清实无此事。① 吴相湘指出，孙中山对林百克自述生平，对于初期排满活动，英文原书作"改造"、"改良"，中文译本作"革命"。② 这种说法，还可找到实例。例如，1897年他与柯林斯合写的《中国司法改革》一文，便使用"我从事的改革事业"、"中国革新运动"的说法。③ 另据冯自由记述，孙中山这时结识并开始支持其反清活动的英国人摩根，是"素有志于东亚维新事业"④ 的人。要之，到1897年，包括与宫崎等人笔谈在内，孙中山迄未使用革命一词。

笔者认为，将孙中山及其一派称为革命党、革命派，最早可能是1897年孙流亡日本之后，是日本人开始使用的。如上所述，在《笔谈残稿》中，孙并未使用革命一词。但在1898年2月犬养毅致陆实信中，便称孙为"革命党员"⑤。同年5月11日，宫崎寅藏将《伦敦被难记》译成日文，题为《清国革命领袖孙逸仙幽囚录》，在福冈玄洋社机关报《九州日报》开始连载，次日改标题为《清国革命党主领孙逸仙幽囚录》，至7月16日载完。⑥ 这是日本报纸首次称孙中山为革命领袖。日本官方称孙为流亡者。到1900年1月18日，神奈川县知事致外相报告中，称孙派欲将大同学校改组，"使之由孙逸仙主宰，成为清国革命派之机关"⑦。24日报告，称孙逸派为清国革命派，康有为派为清国改革派。但各地称呼不一致，同年6月19日一则外务省档案称孙的活动是"清国之革命"；7月19日长崎县报告又称孙为"清国改革派"，"孙康两人作为改革派"云云，说法不一。7月21日福冈县报告，"革命党领袖孙逸仙、康有为"，"共同提倡该国革命，目的相同，方法手段则各异"。⑧ 到1901年2月5日，神奈川县在一则报告中，记孙中山称"去年华南革命党起事之际"⑨。从迄1901年为止孙中山本人言论考察，这是第一次自称革命党。1902年以后，"革命"一词便屡见于当时有关系者的记述中，在流亡日本的中国人中，可能是常用的政治术语了。由于保皇会成立后保皇与革命分野日见明确，孙中山一派已专用"革命派"一词，称保皇派为君主立宪，始终没

---

① 见陈锡祺主编：《孙中山年谱长编》上册，第102页。
② 《孙逸仙先生传》上册，第104页。
③ 见贺跃夫译文，刊《中山大学学报》（社科版）1984年第1期。
④ 冯自由著：《革命逸史》初集，第43页。
⑤ 《孙中山年谱长编》上册，第155页。
⑥ 同上书，第158页。
⑦ 同上书，第172页。
⑧ 同上书，第210～212页。
⑨ 同上书，第260页。

有将维新变法这个名词冠于康梁一派头上。孙中山后来将革命与维新划上等号，在他本人方面，用词是不含混的。

第三，将革命、维新、改革、改良作同义词使用，还与尽可能地吸引民众参加革命有关。在伦敦被难时期，孙中山虽然尚未使用"革命"一词，但已是呼之欲出了。1896年复翟理斯函中说，"纠合英雄，建旗倡义"，"拟驱除残贼，再造中华，以复三代之规，而步泰西之法，使万姓超甦，庶物昌运，此则应天顺人之作也"；"于人则仰中华之汤武暨美国华盛顿焉"①。到了将革命与排满联系起来之后，不管如何应天顺人，这种造反的勾当，已足以骇人听闻了。事实上，革命是暴烈的行动，要付出巨大牺牲，要有所破坏。因此，孙中山说，"我们革命党用了三十年功夫，流了许多热烈的心血，牺牲无数的聪明才力，才推翻满清，变更国体"②。又说，"革命本是流血的事，象汤武革命，人人都说他们是顺乎天应乎人，但是讲到当时用兵的情况，还有人说他们曾经过了血流漂杵"③。为减轻民众对革命的恐惧，他尽量将革命的暴烈程度淡化。1923年2月19日，他说，"我既自称革命家，社会上疑议纷起，多所误会，其实中国式之革命家，究不过抱温和主义，其所主张非极端主义，乃争一良好稳健之政府"④。而在此之前的1919年10月，他在论述改造中国第一步只有革命这个问题时，更是说，"革命两字，有许多人听了，觉得可怕的。但革命的意思，与改造是完全一样的"⑤。他这样解释，与1894年上书李鸿章受挫之后，"知和平之法无可复施"，"积渐而知和平之手段不能不稍易以强迫"的说法，意义正复相同，即维新与革命，并无不同，所异者仅在手段方面，后者仅有点"强迫"味道而已。

综上可见，孙中山并非无意中将维新、革命、改革、改良、改造等词作同义解释。他用维新、革命来说明中日两国的社会变革，恰好说明了他的事业与日本维新一样，具资产阶级革命的性质。

四、中国革命、日本维新互为因果之说，立论有因

在孙中山有关中国革命、日本维新的言论中，有一个关于二者互为因果的观点，这个观点，前后至少重复过四次，十分引人注目。为了解其实质，

---

① 《孙中山全集》第一卷，第46、48页。
② 《孙中山全集》第九卷，第95页。
③ 同上书，第229～230页。
④ 《孙中山全集》第七卷，第116页。
⑤ 《孙中山全集》第五卷，第125页。

下面引录各段有关内容。

1917年1月1日，孙中山在《日中亲善之根本意义》一文中写道："日本的维新乃是中国改革之先声，中国之改革乃是日本维新之效果。"

1923年11月16日，在致犬养毅书中，更申述说："是故支那之革命，实为欧洲帝国主义宣布死刑之先声也，故列强政府之反对支那革命无所不至者此也。乃日本政府不察，亦从而反对之，是何异于自杀也。夫日本之维新实为支那革命之前因，支那革命实为日本维新之后果，二者本属一贯，以成东亚之复兴"，云云。①

1924年3月24日，在对驻广州滇军的演说中又说："中国革命没有成功，外国革命有许多是成功的。离我们最近的就有日本。日本维新，大家都知道是成功的。维新事业和革命事业是相同的。维新成功就是革命成功。"②

孙中山在1924年11月23日，抵日本长崎与新闻界谈话中更说到，"日本维新是中国革命的第一步，中国革命是日本维新的第二步。中国革命同日本维新实在是一个意义"③。

上述几则材料，文字略有不同，但精神则始终一致。孙中山将中国革命与日本维新划上一个等号，初看起来，似乎过于勉强，两国国情各异，变革对象与奋斗目标不同，说二者互为因果，或实际是一个意义，从何谈起？仔细分析起来，却也并不难理解，即孙中山之说，实有其理由。

首先，孙中山从事中国革命，从一开始便将它与日本联系起来，将中国革命放在亚洲（或东亚）民族争取独立自由的位置上。日本倒幕维新，日本志士要求废除列强所强加给日本国民的不平等条约，与中国革命所要达到的目标，革命排满、反袁、反对北洋武人，要求废除不平等条约，目标上有共性。因此，他流亡日本之后，得到日本友人之支持、援助，引日本友人、志士为同道、同志，一些日本同志参加了中国革命组织，与中国革命党人交往甚密，友谊相始终。其中一些孙中山熟悉的日本有影响的人士，如犬养毅、大隈重信、板垣退助、涩泽荣一等人，都是在不同程度上参加了维新运动的有力者。孙中山向慕维新志士，引为同志，除了道义之交，还有争取支持的愿望，他对日本朝野人士均抱此种希望。希望之未能实现，即有批评日本之言论发表。

在《日中亲善之根本意义》一文中，他写道："图今日中国之改革较之当

---

① 《孙中山全集》第八卷，第404页。
② 《孙中山全集》第九卷，第648页。
③ 《孙中山全集》第十一卷，第365页。

时日本之维新为困难,即今日之国际关系比维新当时之日本复杂数十倍,而欧美列强之势力侵入中国之程度比维新时之日本当甚于数十倍。此时国际之难关即突破列强侵略之束缚亦即有必要获得中国之独立自存,如不能达此则中国之根本改革最终将无法计议,此即中国之有识者对日本希望之所在。但是,迄今为止日本不副中国之此希望,对华方针依旧,依据欧美列强所提倡并实行的利益均沾、机会均等云云,唯恐打破此绳索,由于追随欧美列强之后,日本也不过是受制于姑息的利权扩张。而中国人对如此亲密的日本,抱不满、危惧与疑惑,不外是此原因吧?"① 批评之后,日本对华方针并无丝毫改变,孙于是转而严厉揭露日本当权者忘其维新之初衷,益肆侵华之能事。

1919年6月20日,他在答日本《朝日新闻》记者问时,痛斥日本之立国方针,谓:"夫中国民党者,即五十年前日本维新之志士也。日本本东方一弱国,幸得有维新之志士,始能发奋为雄,变弱而为强;吾党之士,亦欲步日本志士之后尘,而改造中国,予之主张与日本亲善者以此也。乃不图日本武人,逞其帝国主义之野心,忘其维新志士之怀抱,以中国为最少抵抗力之方向,而向之以发展其侵略政策焉,此中国与日本之立国方针,根本上不能相容者也。"② 孙中山抨击日本的侵华政策,不止这次谈话。1920年7月9日刊在上海《民国日报》上的《致日本陆相书》,便是对田中义一大将"为主要当事者之一人"推行侵华政策之揭露,不留余地。尽管如此,他仍希望日本回到当年维新志士的道路上来,改变其错误方针,支持中国革命。这种信念,孙中山一直没有放弃,但也始终未能如愿。

其次,孙中山认为,中国革命受明治维新启迪,日本人走过的路,中国革命党人接着走下去,正是在这个意义上,中国革命是日本维新第二步或后果。孙中山希望日本人支持中国走完这一步。不过,在他看来,这还不是完善的结束。他希望解决亚洲问题,图亚洲被压迫民族的解放。他要求中日合作,以两国合作为中心(有时又主张以日本为盟主),另加上苏俄,结成"亚洲大同盟"。1924年9月,孙中山派李烈钧访日,便是为了这个目的。而这种思想,在一年以前他致犬养毅函中已经提了出来,但日本方面反应冷淡。李烈钧在日活动失败而归,可是孙中山并未灰心,仍努力不懈。1924年11月他北上绕道神户赴天津,便有意与日本方面会谈此事,所以刚到长崎,便有上述对新闻记者的谈话,指出中国革命与日本维新"实在是一个意义"的事,希望以此打动日本舆论界,在日本朝野造成影响。

---

① 《孙文讲演〈大亚细亚主义〉资料集》,第297页。
② 《孙中山全集》第五卷,第72页。

在神户，孙中山在神户高等女子学校对神户商业会议所等团体的演说中，将"大亚洲主义"思想发挥得淋漓尽致。他认为，"日本废除不平等条约的那一天，就是我们全亚洲民族复兴的一天"。又说，"自日本在东亚独立了之后，于是亚洲全部的各国家和各民族，便另外生出一个大希望，以为日本可以废除条约来独立，他们当然也可以照样，便从此发生胆量，做种种独立运动，要脱离欧洲人的束缚，不做欧洲的殖民地，要做亚洲的主人翁"。他还讲到，亚洲各国进行民族独立运动，"中国同日本，就是这种运动的原动力"。① 他希望以中日两国为核心，推动大亚洲主义的实现。说到底，还是维新的日本与革命的中国合作，去解决亚洲民族独立问题。在 28 日晚上神户各团体欢迎宴会上的演说中，他还讲到，"当日本维新的时候，欧美势力还没有完全东来，在东亚又没有别的障碍，日本整军经武，刷新政治，都不受掣肘，都是很自由，所以日本维新便能够完全成功"。同时又指出，"从前日本的维新元老，在维新没有成功的时候，本有中日两国携手的提倡"。② 言外之意，日本维新近 60 年的今天，成功了的日本人，当然要实践前言，进行中日提携。不过，日本方面并未对孙中山诚恳的呼吁作任何考虑。他将日本维新与中国革命视为一体、互为因果的理论，仅仅是一厢情愿的说法，丝毫未打动日本当权者。加上孙中山抵天津后身罹重病，前述各言论及"大亚洲同盟"的国际计划，一切也付之东流。

总之，孙中山生前，对明治维新是极为景慕的，一生多所论述，构成一个"明治维新观"，内容丰富，是孙中山革命思想的重要组成部分，值得深入研究。

---

① 《孙中山全集》第十一卷，第 401～402、404 页。
② 同上书，第 411、410 页。

孙中山晚年文化思想中对传统的因袭

我国以儒家学说为主流的文化，形成传统，与社会教育、个人前途紧密结合，在独尊儒术的二千余年间，潜移默化，规范了世代国人的思想道德。传统文化的功能及其影响力，虽不能说无远弗届，但确实不可小觑。即使是少数民族入主中原，其统治力越强，儒化（汉化）速度也越快。征诸史册，历历不爽。事实表明，任何想在中国政治舞台上有所作为的人物，对中国传统文化，或然或否，都是无法回避的。孙中山也不能例外。

一

孙中山毕业于香港西医书院，接受了完整的新式教育。据他自己说，十二岁毕经业，此说似不足信，但他早年受过一定程度的传统文化训练，却是无可怀疑的。从事革命活动，尤其是中国同盟会成立后，他的周围不乏饱学之士，这种环境，对加深他的国学修养，也是很有裨益的。不过，在1917年开展护法运动以前，孙中山为从事反清、反袁，主要任务是从事军事活动，奔走海内外，不遑宁处，缺乏对传统文化探讨与表态的机会，他对传统文化的若干言论主要是表现在宣传上的偶尔涉及，难说有什么系统和深度，这也是环境使然。

孙中山早年颇具民本思想。1894年他在《上李鸿章书》中曾写道："夫国以民为本，民以食为天，不足食胡以养民，不养民胡以立国？"[①] 次年制订的《香港兴中会章程》中说："倘不及早维持，乘时发奋，则数千年声名文物之邦，累世代冠裳礼义之族，从此沦亡，由兹泯灭，是谁之咎？"又说："务使举国之人皆能通晓，联智愚为一心，合遐迩为一德，群策群力，投大遗艰。则中国虽危，无难救挽。所谓'民为邦本，本固邦宁'也。"[②] 伦敦蒙难以后，1896年11月，他在复英国人翟理斯函中称，"生于晚世，目不得睹尧舜之风、先王之化，心伤鞑虏苛残、生民憔悴，遂甘赴汤火，不让当仁，纠合

---

① 《孙中山全集》第一卷，第17页。
② 同上书，第22页。

英雄，建旗倡义。拟驱除残贼，再造中华，以复三代之规，而步泰西之法，使万姓超甦，庶物昌运，此则应天顺人之作也。"同函叙及，"足下昔游敝邦，潜心经史，当必能访〔恍〕然于敝国古先圣贤王教化文明之盛也"。至于他本人，"早岁志窥远大，性慕新奇，故所学多博杂不纯。于中学则独好三代两汉之文，于西学则雅癖达文之道（Darwinism）；而格致政事，亦常浏览。……于人则仰中华之汤武暨美国华盛顿焉。"① 从这些当时的言论可以看出，孙中山走上反清革命道路后，反对的是清朝专制体制，即使这个反满是民主革命，也与传统文化的革命无关，民本思想与儒学思想却仍在他头脑中发酵。至1896 年底为止，孙中山并未在自己的政治术语中使用"革命"二字。那么，孙中山从何时开始使用"革命"二字呢？据冯自由在《革命逸史》中所记，1895 年 11 月孙中山、陈少白及郑士良在广州重阳起义失败后逃往日本，在神户登岸时看到日本报纸刊出题为《支那革命党首领孙逸仙抵日》的报导，孙对陈少白说，革命二字出于《易经》汤武革命顺乎天而应乎人一语，日人称吾党为革命党，以后吾党即称革命党可也。陈少白口述历史《兴中会革命史要》所记，大意亦如此。可是，日本学者查遍当时日本各报，并无上述记事，只有 11 月 10 日《神户又新日报》刊了一篇《广东暴徒巨魁之履历及计划》，而且所记此次暴动首领为"范某"，可见冯陈所记不实。②

彭泽周在《犬养毅与中山先生》一文中引录了 1898 年 2 月 3 日犬养致陆实信中，要求受信人关照流亡来日的孙文等人，谓"彼等亦广东革命党员"。这是日文资料中最早记载孙等为革命党的资料。同年 5 月 11 日，宫崎寅藏将《伦敦被难记》译成日文《清国革命领袖孙逸仙幽囚录》，开始连载于《九州日报》。到 1899 年 1 月 24 日神奈县知事的报告中，才正式区分孙逸仙派为革命派，康有为派为改革派。③ 可见，孙中山的反满事业自此才被外界认可为革命事业。

孙中山无疑希望将自己的反满事业合理合法化。1901 年春，美国记者林奇（G. Lynch）在采访孙中山之后写到，"孙逸仙乐意地谈及他最近组织的革命活动"。1903 年 12 月 13 日，孙中山在檀香山的一次演说中表示："革命为唯一法门，可以拯救中国出于国际交涉之现时危惨地位。甚望华侨赞助革命党。"又称，"首事革命者，如汤武之伐罪吊民，故今人称之为圣人。"④ 这时

---

① 《孙中山全集》第一卷，第 46～48 页。
② 陈锡祺主编：《孙中山年谱长编》上册，第 102、100 页。
③ 同上书，第 155、158、172 页。
④ 《孙中山全集》第一卷，第 209、226 页。

的孙中山，在与康梁保皇派的论战中不断批判对方所持"名为保皇，实则革命"的言论，指出孔子为《易经》系辞，称汤武革命顺乎天也。他甚至认为曾国藩等人虽号称学者，终不明春秋大义（华夷之辨），日陷于以汉攻汉之策，太平天国遂底于亡。这种说法固与史实不合，满汉矛盾也不是什么"华夷"关系，但孙中山强调"春秋大义"，表明他意在坚持儒学传统。及至1905 年 7 月 30 日在东京召开中国同盟会筹备会议，孙中山提议定名为中国革命同盟会。在讨论中，有谓本会属秘密性质，不必明用革命二字者。再三讨论，确定为"中国同盟会"。① 孙中山对革命二字情有独钟。1910 年 2 月 28 日，他在旧金山的一次演说中，针对在美华侨多有不解"革命"之义者，动以"革命"二字不美之名称，不敢闻问，指出："革命者乃圣人之事业也。孔子曰：'汤武革命，顺乎天而应乎人。'此其证也。某英人博士曰：'中国人数千年来惯受专制君主之治，其人民无参政权，无立法权，只有革命权。……中国人民遇有不善之政，则必以革命更易之。'由此观之，革命者乃神圣之事业、天赋之人权，而最美之名辞也。"②

孙中山在充分利用孔子的思想为自己的事业作护符的同时，也指出孔孟天命之说为不足取。1908 年 9 月 15 日，他在新加坡《中兴日报》撰文与《南洋总汇报》论战，内谓："夫孔孟，古之圣人也，非今之科学家也。且当时科学犹未发明，孔孟所言有合于公理者，有不合于公理者。"哪些是不合于公理者呢，孙认为，孔子说的"不在其位，不谋其政"，"庶人不议"，孟子说的"莫之为而为者天也，莫之致而致者命也"，类似这些观点，均是不可取的，否则，就不必议政、救亡图存、革命了。③ 孙中山从民主革命的全新视角对待孔孟学说，不但有力地抨击了保皇理论，这种实事求是的态度，也为后人区分传统儒家的精华与糟粕树立了一个榜样。

二

推翻封建专制帝制，建立共和政府，是孙中山"不让当仁"的历史使命。在同盟会时期（按他自己的说法，可能更早一些），形成了三民主义、五权宪法理论。他在 1923 年 1 月说到，"余之谋中国革命，其所持主义，有因袭吾

---

① 冯自由：《中华民国开国前革命史》第一册。转引自《孙中山年谱长编》上册，第 343 页。

② 《孙中山全集》第一卷，第 441～442 页。

③ 同上书，第 383～384 页。

国固有之思想者,有规抚欧洲之学说事迹者,有吾所独见而创获者"①。平情而论,这种说法还是符合实际的。同盟会时期民族主义主要是反满,民权主义是反对帝制。他并未拒绝孟子的民贵君轻思想,但他所具有的民本思想成为他接受民主思想,演绎成民权主义的基础。民权主义的核心是主权在民,它通过五权(西方的行政、立法、司法,加上中国固有的监察、考试),加以实施。这是政治方面的内容。在孙中山的概念里,民生主义即社会主义。在《民报发刊词》中,他提出要将政治革命、社会革命"毕其功于一役"。革命党人为了宣传鼓动的需要,把事情说得比较轻巧;或者,他们认为只要推倒专制政权,一切问题都会迎刃而解;还有一种可能,即章太炎说的,孙不晓"国中情伪",即不了解国情的真相。

1911年10月的武昌起义,敲响了清王朝的丧钟。1912年元旦成立的中华民国南京临时政府,在它存在的三个月时间里,颁布废止传统文化中有悖于民主政治的一些政策法令,以期革新教化,与民更始。孙中山在《大总统就职誓词》中表示,"至专制政府既倒,国内无变乱,民国卓立于世界,为列邦公认,斯时文当解临时大总统之职"。在2月12日清帝退位后,13日,孙兑现诺言,即向参议院辞职,推荐袁世凯继任。这种让位,被认为是取法三代,不贪恋权位的表现。在临时参议院颁布的《临时约法》中,规定"中华民国之主权属于国民全体",根据孙日后的说法,全部《临时约法》中只有这一条是他的主意。从君主专制到民主共和,国人并没有多少思想准备,讲到民权,基本上还是纸面上的东西。但是,1912年4月1日,孙中山在南京同盟会会员饯别会上发表演说,认为"今日满清退位,中华民国成立,民族、民权两主义俱达到,唯有民生主义尚未着手,今后吾人所当致力的即在此事"。同日在南京参议院解职词中又说,"凡政治、法律、风俗、民智种种之事业,均须改良进步,始能与世界各国竞争。凡此种种之改良进步,均是中华民国国民之责任"。②他在民元不仅大力宣传引进外资、技术及人才建设国家社会主义,而且说将来还要建设大同世界。他还在安徽都督府欢迎会上大谈建设物质文明与道德文明的问题,说"我们道德上文明,外国人是万万赶不及我们大〔的〕"③。他是中国近代最早提出建设两个文明的思想家,当然是有感而发的。他高度评价中国的道德文明(或称心性文明、精神文明),与日后称之为我国固有的旧道德、期待恢复的主张,前后是一致的。

---

① 《孙中山全集》第七卷,第60页。
② 《孙中山全集》第二卷,第319、317页。
③ 同上书,第533页。

1917年7月，孙中山从上海率部南下广州，开展护法战争，次年失败后返沪。当时新文化运动方兴未艾，闽南护法区也开了新局，孙在上海有了一个较为安定的生活环境，于是开始梳理自己的思想，拟制《建国方略》，其中的《孙文学说》部分，又名《心理建设》。他结合欧战尤其是俄国革命后的世界大势，通过阐述其所创获的"知难行易"学说，总结自己的革命历程，规划下一步的革命方向。1919年6月9日他在上海《民国日报》的广告中称《孙文学说》一书是"破天荒之学说，救国之良药"①，号召世人重视它。

从第一次护法战争失败至孙中山去世的六七年间，可以说是他的晚年。这段时间，他在多个场合表述了自己的文化思想，对中国传统文化进行了评价，体现了他对传统文化的因袭。研究孙中山思想，这些都是值得重视的问题。

三

孙中山所使用的"因袭"这个术语，实际便是"传承"的同义词。他在《孙文学说》里写道："夫事有顺乎天理，应乎人情，适乎世界之潮流，合乎人群之需要，而为先知先觉者所决志行之，则断无不成者也，此古今之革命维新、兴邦建国等事业是也。"② 他当然知道《诗·大雅·文王》"周虽旧邦，其命维新"的篇什。既将革命一词与自己的事业联系起来，又接受了"维新"的概念，使自己的政治活动合情、合理、合时，即合法化，也就使革命党与传统儒学联为一体，传统儒学在近代转型社会中有了新的载体。有学者明确指出："在西历二十年代，孙先生对'革命''改造''改良'的意义认为完全一样的。"③ 实际上，上述同义词还应加上"维新"和"改革"。1917年1月1日孙氏在《大阪朝日新闻》上刊出《日中亲善之根本意义》一文，谓"日本的维新乃是中国改革之先声，中国之改革乃是日本维新之效果"④。革命、维新都是手段，变革中国是目的。所以，1921年12月孙中山在桂林便对共产国际代表马林说，自己"是从孔子到现在的中国伟大的改革家的直接继承者，如果在我生前不发生重大的变革，中国的进步发展将推迟六百年"⑤。

---

① 《孙中山年谱长编》下册，第1176页。
② 《孙中山全集》第六卷，第228页。
③ 吴相湘著：《孙逸仙先生传》上册，第104～105页。
④ 陈德仁、安井三吉编：《孙文讲演〈大亚细亚主义〉资料集》，第296～297页。
⑤ 《马林在中国的有关资料》（增订本），第23页。又戴季陶在《孙文主义之哲学的基础》（上海民智书局1927年版）一书中，记载不同，孙谓，"中国有一个正统的道德思想，自尧、舜、禹、汤、文、武、周公，至孔子而绝。我的思想，就是继承这一个正统思想来发扬光大的。"孙还重复说了一次。戴指称孙自认为是中国道统的传人。

基于这种认识，他的政治理论"因袭"中国固有思想，也就顺理成章了。他说："我辈之三民主义首渊源于孟子，更基于程伊川之说。孟子实为我等民主主义之鼻祖。社会改造本导于程伊川，乃民生主义之先觉。其说民主、尊民生之议论，见之于二程语丝。仅民族主义，我辈于孟子得一暗示，复鉴于近世之世界情势而提倡之也。要之，三民主义非列宁之糟粕，不过演绎中华三千年来汉民族所保有之治国平天下之理想而成之者也。"①

孙中山在讲到民权时更明确指出：两千多年前的孔子、孟子便主张民权。孔子说："大道之行也，天下为公。"又"言必称尧舜"。孟子说："民为贵，社稷次之，君为轻。"又说："天视自我民视，天听自我民听。"又说："闻诛一夫纣矣，未闻弑君也。""他在那个时代，已经知道君主不必一定是要的，已经知道君主一定是不能长久的，所以便判定那些为民造福的就称为'圣君'，那些暴虐无道的就称为'独夫'，大家就应该去反抗他。由此可见，中国人对于民权的见解，二千多年以前已经早想到了。"②孙中山晚年为阐述自己的思想，竭力从孔孟学说中寻求支持，这是不争的事实。他在回答党内有关民生主义与社会主义、共产主义的质疑时说，他的民生主义即社会主义，包含了集产主义和共产主义，"'民生'二字，为数千年已有之名词。至用之于政治经济上，则本总理始，非独中国向无新〔斯〕闻，即在外国亦属罕见"③。在这里，他明显体现出不是对儒学（或作孔学）否定一切的狂人。他以感恩的谦恭态度强调的是其本人的思想对中国传统文化的"因袭"；在另外一些场合，他尚有异说，即叙述其"规抚"欧洲的思想学说方面。二者兼收并蓄，故有所"创获"，这才是真正的孙中山和孙中山思想（主义）。孙中山对传统儒学所持"古为今用"的主张，是多方面的，归纳起来，大致有如下几个方面。

（一）孙中山有鉴于晚清以来国势衰弱、国人道德沦丧，主张恢复固有的旧道德，振奋民族精神，以振兴国家。民元的教育改革中，颁布了普通教育暂行办法，包括改学堂为学校，废止小学读经，废止学校出身奖励等。还除旧布新，改革社会劣习，废止跪拜，改变"大人"、"老爷"等称呼，以官员为"公仆"。但是国民缺乏民主训练，政府亦缺乏权威，旧的政治道德、人伦道德受到严重冲击，社会混乱，廉耻道丧，官私方面都深感重构国民道德之必要，于是有"孔教会"、"进德会"、"昌明礼教社"等组织的出现。如前所

---

① 《孙中山全集》第九卷，第532页。
② 同上书，第262页。
③ 同上书，第112页。

述,孙中山还提出"道德文明"建设的问题,针对纷扰无序的政争,他还提出"党德"的重要性。然而,情况并未得到多少改善。1924年3月2日,孙中山在《三民主义·民族主义》第六讲中,明白指陈:"中国从前是很强盛很文明的国家,在世界中是头一个强国,所处的地位比现在的列强象英国、美国、法国、日本还要高得多。""为什么从前的地位有那么高,到了现在便一落千丈呢?此中最大的原因,我从前已经讲过了,就是由于我们失了民族的精神,所以国家便一天退步一天。我们今天要恢复民族的地位,便先要恢复民族的精神。"他又说,"有了很好的道德,国家才能长治久安。"他强调,"穷本极源,我们现在要恢复民族的地位,除了大家联合起来做成一个国族团体以外,就要把固有的旧道德先恢复起来。有了固有的道德,然后固有的民族地位才可以图恢复。"他所指的固有的旧道德,是指忠孝仁爱信义和平,也就是所谓"八德"。他说:"现在受外来民族的压迫,侵入了新文化,那些新文化的势力此刻横行中国。一般醉心新文化的人,便排斥旧道德,以为有了新文化,便可以不要旧道德。不知道我们固有的东西,如果是好的,当然是要保存,不好的才可以放弃。"他未使用"八德"这个通用词,但他对之作了详细的分析,肯定其价值,并对忠字的忠君改为"要忠于国,要忠于民,要为四万万人去效忠"。他进而指出:"我们旧有的道德应该恢复以外,还有固有的智能也应该恢复起来。""中国有什么固有的知识(按:即智能)呢?就人生对于国家的观念,中国古时有很好的政治哲学。""中国有一段最有系统的政治哲学,在外国的大政治家还没有见到,还没有说到那样清楚的,就是《大学》中所说的'格物、致知、诚意、正心、修身、齐家、治国、平天下'那一段话。把一个人从内发扬到外,由一个人的内部做起,推到平天下止。"他认为,孔子从前说"席不正不坐",由此便可见他平时修身虽一坐立之微,亦很讲究的。到了宋儒时代,他们正心、诚意和修身的功夫,更为严谨。现在中国人便不讲究了。在道德方面要求"复古",但"复古"绝非泥古,他说要恢复我国固有的道德、知识和能力,但"恢复我一切国粹之后,还要去学习欧美之所长,然后才可以和欧美并驾齐驱。如果不学外国的长处,我们仍要退后"。① 上述孙中山要求恢复旧道德的言论,似乎并未引起社会多少反响,内治也好,外修也好,对国人而言,结果只能是"言者谆谆,听者藐藐",一切徒然。

(二)以"智仁勇"作为军人精神教育的要义。1921年冬,在援桂军平定广西后,孙中山率师北伐,屯兵桂林。从12月10日开始,他对滇赣粤军

---

① 《孙中山全集》第九卷,第242～244、247、248、251页。

开讲军人精神教育，共讲了五课，即精神教育、智、仁、勇、决心。他认为这些军人都受过军人教育，但非非常军人之教育。什么是非常之教育呢？就是军人之革命精神教育，谓"此次诸君远涉桂林，渡长江而北，直捣幽燕，所为者何事？率直言之，革命而已。革命云者，扫除中国政治上、社会上旧染之污，而再造一庄严华丽之新民国，为民所有、为民所治、为民所享者也。此为今日顺天应人之事，志士仁人不可不勉。"① 他还说，今日之革命，与古代之革命不同。在中国古代，固已有行之者，如汤武革命，为帝王革命。今之革命，则为人民革命。"革命须有精神，此精神即为现在军人之精神。但所谓精神，非泛泛言之，智、仁、勇三者，即为军人精神之要素。能发扬这三种精神，始可以救民，始可以救国。"②

试问，这"智、仁、勇"理论，何所从来？原来是《论语·子罕第九》中的话："子曰：'智者不惑，仁者不忧，勇者不惧'"。他于是对这三个要素分题讲述，对于智的来源，认为若由学问上致力，则能集合多数人之聪明，以为聪明，不特取法现代，抑且尚友古人。简单说来，军人之智，是别是非，明利害，识时势，知彼己。说到仁，孙中山认为，智是辨利害的，"仁则不问利害如何，有杀身以成仁，无求生以害仁。求仁得仁，斯无怨矣"。针对古来说仁者不一而足，他说："据余所见，仁之定义，诚如唐韩愈所云'博爱之谓仁'，敢云适当。博爱云者，为公爱而非私爱，即如'天下有饥者，由己饥之；天下有溺者，由己溺之'之意"，这博爱之仁，包括救世之仁、救人之仁与救国之仁。他还将行仁与实行三民主义联系起来，说实行三民主义，以成救国救民之仁而已。对"勇"字的解释，孙中山谓，"孔子有言'勇者不惧'，可见不惧即为勇之特征"。又谓"勇之种类不一，有发狂之勇，所谓'一朝之忿，亡其身，以及其亲'者是也。有血气之勇，所谓'思以一毫挫于人，若挞之于市朝'者是也。有无知之勇，所谓'奋螳臂以挡车轮'者是也"。这些都是小勇，而非大勇。而军人之勇，是在夫成仁取义，为世界上之大勇。他认为，军人之勇是长技能，明生死。至"明生死"一层，人生几十年，终不免一死，是死于牖下抑死于疆场，在明生死之辨，如孟子所谓"所欲有甚于生者，舍生而取义也"。③

在讲到军人的"决心"时，孙中山要求考虑"成功"、"成仁"。"不成功，毋宁死，死即成仁之谓，古之志士有求之而不可得者"。"济则国家之灵，

---

① 《孙中山全集》第六卷，第10页。
② 同上书，第16页。
③ 同上书，第17～31页。

不济则以死继之"。成仁而死，极有伟大之价值，即此之谓。孙中山之讲军人精神教育，结合"人民革命"历程，阐发孔孟思想中对智、仁、勇的精义，不仅为国民党军队训练提供了一套理论，也为传统儒学的军事思想在现代战争中找到一条出路。

（三）为国立广东大学题写校训。孙中山在1923年春第三次开府广州后，计划开办文武两间学校，事果有成，这便是陆军军官学校（黄埔军校）与国立广东大学。1924年2月4日，孙饬令将国立广东高等师范、广东法科大学与广东农业专门学校合并，改为国立广东大学，并派邹鲁为该校筹备主任。6月5日，批准邹鲁所报下期招生章程与办法。

国立广东大学（今中山大学）创办时经费十分困难，6月7日，孙氏指示校方发起劝捐，并通令各县县长催收保证费，以供大学学款。11月11日，大学举行正式成立典礼，胡汉民、汪精卫、廖仲恺、各军总司令、苏联顾问鲍罗廷及日本驻穗总领事天羽英二、德国代表白仁德等与会。孙中山因忙于准备北上，未能亲自参加，派胡汉民代表在典礼上致辞，并代为宣读孙氏亲笔书写的校训："博学、审问、慎思、明辨、笃行"。① 这个校训来源于《中庸》，原文是："诚之者，择善而固执之者也。博学之，审问之，慎思之，明辨之，笃行之。"它讲了从学习到实践的全过程，治学固然如此，修身之道亦同此理。这是儒学的"内圣外王"之道，故孙中山称："余之民族主义，特就先民所遗留者，发扬而光大之；且改良其缺点"②。此言实在不虚。1923年12月21日，他在岭南大学对学生们说："我劝诸君立志，是要做大事，不可要做大官。"③ 言简意赅，百世不易。

（四）宣传"博爱"思想，否认阶级斗争是社会进步的动力。"博爱"一词来源于《孝经·三才》中"是故先之以博爱，而民莫遗其亲"，具兼爱、泛爱之义。孙中山将解释三民主义民有、民治、民享，与自由、平等、博爱联系起来，说："博爱的口号，这个名词的原文是'兄弟'的意思，和中国'同胞'两个字是一样解法，普通译成博爱，当中的道理，和我们的民生主义是相通的。"④ 如前所述，孙中山十分看重韩愈《原道》所谓"博爱之谓仁"的说法。他一生多次为他人或公共场所题为"博爱"二字，他在1918年5月访问梅县谢良牧、逸桥昆仲时，为之题门联"博爱从吾好，宜春有此家"，最

---

① 《孙中山年谱长编》下册，第2058页。
② 《孙中山全集》第七卷，第60页。
③ 《孙中山全集》第八卷，第535页。
④ 《孙中山全集》第九卷，第283页。

能体现他的情怀。孙中山逝世后,国民党在南京建中山陵,还在起登处竖立"博爱"牌坊,借以彰显其思想。

孙中山在《民权主义》第二讲结束的时候说,"因为我们的民生主义是图四万万人幸福的,为四万万人谋幸福就是博爱。这个道理,等到讲民生主义的时候,再去详细解释。"在《民生主义》演讲中,他讲到"民生就是社会一切活动中的原动力","社会的文明发达、经济组织的改良和道德进步",都是以民生为重心。他主张以和平方法而不是以"快刀斩乱麻"的方法解决问题。他认为今日中国是患贫,不是患不均。"在不均的社会,当然可用马克思的办法,提倡阶级战争去打平他;但在中国实业尚未发达的时候,马克思的阶级战争、无产专制便用不着。所以我们今日师马克思之意则可,用马克思之法则不可。"① 这种调和阶级斗争的言论是否正确,评价不同,但作为一种理论实践的后果,则历史已作出了结论。今日,以博爱为怀,建设和谐社会,中国才有出路。

(五)在国际交往中,提倡王道,反对霸道。"王道"一词,在《尚书·洪范》篇及《孟子·梁惠王》一章已见,王道、霸道,同样是儒家的政治术语。中国处理国际事务的过程,先是严夷夏之防,后又主讲信修睦。但列强交侵,国无宁日。尤其是世界上等而下之的日本,明治以来,相继战胜大清和俄国,成为远东强权,用孙中山的话,是"逞其帝国主义之野心,忘其维新志士之怀抱",而向中国大肆扩张,竟胆敢实施其亡华政策。孙中山历来反对"以小事大"或"以大字小",主张济溺扶倾、国际平等,批判帝国主义的"国际主义"。晚年的孙中山,将行王反霸的原则扩展到国际关系中去,1924年11月他在神户高等女子学校作"大亚细亚主义"演讲,将其思想发挥到了极致。他对听众说:"你们日本民族既得到了欧美的霸道的文化,又有亚洲王道文化的本质,从今以后对于世界文化的前途,究竟是做西方霸道的鹰犬,或是做东方王道的干城,就在你们日本国民去详审慎择。"② 当日本政治陷入右倾狂热的时候,这种规劝是说了白说。历史已证明并将继续证明这点。

(六)孙中山的宣传工作的范本是孔子的言行。孙中山从事革命,历来重视宣传,以唤起民众,迄晚年未尝少懈。1923年12月30日在广州对国民党员的演说中,他说,世界的文明进步,半是由于宣传,中国文化也是如此。"大家都知道中国最有名的人是孔子,他周游列国,是做什么事呢?是注重当时宣传尧、舜、禹、汤、文、武、周公之道。他删诗书,作《春秋》,是为什

---

① 《孙中山全集》第九卷,第283、386、392页。
② 《孙中山全集》第十一卷,第409页。

么事呢？是注重后世宣传尧、舜、禹、汤、文、武、周公之道。所以传播到全国，以至于现在，便有文化。今日中国的旧文化，能够和欧美的新文化并驾齐驱的原因，都是由于孔子在二千年以前所做的宣传工夫。"① 他还举例，说汤武革命成功，是由于他们始初用七十里和百里之地做根本，政治搞好了，民众拥护，一经发动，连四夷都响应，便推倒了暴政。可见革命成功极快的方法，宣传要用九成（功夫），武力只可用一成（功夫）。这和他经常引用的拿破仑的名言"一支笔胜过三千毛瑟枪"，意义相同。

（七）孙中山晚年极力宣传天下为公、世界大同思想。在《民权主义》第一讲中，他说，"两千多年前的孔子、孟子便主张民权。孔子说：'大道之行也，天下为公。'便是主张民权的大同世界。又'言必称尧舜'，就是因为尧舜不是家天下。"② 他强调立党、为政均是为公不为私，仰慕三代之治，便是基于"仁民爱物"、"天下为公"的中国传统文化"公天下"的思想。1923年11月16日致犬养毅函中，他还全文引录了《礼记·礼运》篇中"大道之行也"的一段文字，不但在国内宣传，还推向海外。《礼运》篇还仅仅是讲"大同"，但孙中山将之发展为"世界大同"和"大同主义"，说要"用固有的道德和平做基础，去统一世界，成一个大同之治"。③ 这个世界能否实现大同，无法逆料，但两千多年来中国先民的美好愿望并经孙中山反复宣传庄严华丽的境界，与今日世人所乐道的地球村，庶几近之。

综上所述，不难发现，孙中山晚年对我国固有思想的因袭是多方面的，主要是表现在其重新解释三民主义的讲演中。除了带有时代色彩和增加一些新内容外，还对其所肯定的传统思想尽其所能作了改造。实事求是地说，他之昌言恢复旧道德，未必能起多大的作用，但他的旧道德继承论对当时泛滥的民族虚无主义思潮，无疑是一个有力的反击。他不愿意看到西方形形色色的思想流入中国，以作为低廉的推销场所。当然他也不是维护一切形式的国粹。作为一个中国人，对以孔孟儒学为主流的本国传统文化持全盘肯定的做法固不可取，但相反自作高明持全盘否定（斥为糟粕）亦显得其浅薄无聊。孙中山"允执其中"，且弘扬普世价值，闪烁理智之光，这是孙中山思想可取之处，其为世人所记取者当亦在此。

---

① 《孙中山全集》第八卷，第 566～567 页。
② 《孙中山全集》第九卷，第 262 页。
③ 同上书，第 253 页。

孙中山与基督教

自 1807 年英国人马礼逊来到广州，基督教（即耶稣教、新教）传入中国。在 100 多年间，基督教的各差会，随着西方殖民势力在华扩张，发展教徒，设立教堂，站住了脚跟。传教士在中国设学校，办医院，办慈善事业，出版报刊书籍，带来了西方科技知识。由于林乐知等人倡导"孔子加耶稣"的主张，将基督教的一些教义同儒家学说结合起来宣传，吸引了相当部分在大变局中欲救亡图存的士大夫的注意力，对中国人的近代启蒙起了一定的促进作用。

到了 19 世纪末叶，许多主张维新、革命的人士，都与基督教传教士有来往，有的参加了基督教行列，皈依了基督教。从中西文化交流的方面说，传教士无疑是起了沟通的作用。对中国近代民主革命，基督教、传教士究竟起过何种作用，却仍然是值得研究的问题。

本文旨趣，是希望通过对基督徒孙中山的生平，探讨基督教教义对他的思想学说形成的影响，传教士对他革命活动的助力，他的主要的宗教政策，他对宗教神学的批评，以观察基督教在中国民主革命历史中的作用。

孙中山的故乡香山县毗连澳门，乡民出洋做工贸易者众。据说孙中山在 12 岁时，尝从美教士克尔学习英文，此为孙接触西方文化之始，亦为接触基督教的开端。① 1878 年，孙中山随母由香港乘船赴檀香山，"始见轮舟之奇，沧海之阔，自是有慕西学之心，穷天地之想"。翌年，他在火奴鲁鲁英国基督教监理会主办的意奥兰尼学校读书，至 1882 年毕业。期间，他热衷于读圣经并参与宗教活动，曾想受洗入教，为其兄孙眉所阻，未果。1882 年秋，入美基督教公理会设立的奥阿厚书院，至次年 7 月返国。这次返国，是因为他在学校除平日功课外，还参加宗教聚会，早晚在学校的教堂祈祷，星期日在圣安德勒堂做礼拜，受到韦礼士主教夫妇的特别关怀。孙眉因其切慕耶稣之道，恐其入教将为父母督责，故令其回乡。孙中山乡居期间，与同学陆皓东毁坏村中北帝殿神像，为村人所不容，被迫赴香港。

---

① 陆丹林：《革命史谭》，《近代稗海》第一辑，第 560 页。

1883 年底，孙中山入香港拔萃书室读书，课余师从伦敦会长老区凤墀补习国文，因结识美国传教士喜嘉理，在该牧师主持下，与陆皓东受洗入教，取名日新，即逸仙。① 1884 年 11 月，孙中山再赴檀香山，孙眉对其入教之事未予谅解。1885 年 4 月，孙返国，乏川资，在火奴鲁鲁，得奥阿厚书院牧师芙兰蒂文及同学钟工宇等人资助，始成行。回国后的孙中山，与卢慕贞女士结婚，随后到香港中央书院复学。这时中法战争结束，中国战胜而求和，孙"始决倾覆清廷，创建民国之志"。

1886 年，孙中山经喜嘉理介绍，入美国基督教长老会在广州设立的博济医院附设的医学堂习医。他"以学堂为鼓吹之地，借医术为入世之媒"，在博济读书时，先后结交郑士良、尤列、杨襄甫、尹文楷、练达成等人，均为基督教徒。

1887 年 2 月，何启在香港创办的雅丽氏医院开业，在此基础上，香港伦敦传道会与何启创办西医书院（今香港大学医学院前身）。孟生、康德黎先后在该院任教务长。孙在学期间，结识陈少白、杨鹤龄等，志同道合，昌言反清。少白亦为基督徒。

1891 年 3 月，孙中山参加创立"教友少年会"，在是年上海广学会出版的《中西教会报》第 5 册上，刊出"后学孙日新稿"——《教友少年会纪事》一文。该会活动地点在培道书室，参加者达四十余人，"皆教中俊秀"，该《纪事》称，"望各省少年教友皆仿而行之"，以期"消邪伪于无形，培道德于有基"。②

孙中山在 1892 年 7 月毕业于西医书院，先后在澳门、广州开业行医，与尹文楷（区凤墀之婿）在冼基设中西药局。基督徒左斗山在双门底设圣教书楼，由王质甫司理，以同教关系，孙假该楼为诊所。该楼还寄售广学会出版的西文译书及万国公报等书刊，店内后进为礼拜堂，王质甫兼任讲道。冯自由、张永福在他们的记载中都讲到，孙中山虽然信教，但一般并不去礼拜堂

---

① 据麦梅生《基督教在广东》（见《革命史谭》，《近代稗海》第一辑第 561 页）所载，孙中山受洗以后，"常随喜牧师往香山传道，招得三人入教，盖初次习传道也"。但喜嘉理在 1912 年所记（详冯自由著：《革命逸史》第二集，原文为英文，冯译为中文）则不同，仅述 1884 年喜与英某及孙赴香山，先抵澳门，分售福音书，后至翠亨村，未记发展教徒事，仅称孙"既束身修道，即热心为基督作证，未几，其友二人，为所感动，亦虚心奉教"。麦之所记，或系此事。

② 陈锡祺主编：《孙中山年谱长编》上册，第 54～55 页。

做礼拜。① 1894 年以后因为反清活动，有安全问题，故须避免不必要的公开露面，只是要进行演说，才到教堂去。

孙中山对于自己的思想、抱负，在 1896 年的一则自传中谈得颇为详尽："文早岁志窥远大，性幕新奇，故所学多博杂不纯。于中学则独好三代两汉之文，于西学则雅癖达文之道（Darwinism）；而格致政事，亦常浏览。至于教则崇耶稣，于人则仰中华之汤武暨美国华盛顿焉。"② 这则文字，明白说出他接受达尔文的进化论，其政治则效法汤武、华盛顿，崇信耶稣，为救国救人献身。

他崇信基督教，是将该教教义与中国革命联系起来，作为一种革命的道理。林伯克指出，"他当耶教是文化的法则，他把中国文化同耶教的文化比较，看出中国没有一种进步的宗教的害处，他看见耶教是与近代文化一同往前进的，而孔教、佛教、道教，都保持中国于二千余年前的状态"。又说，他最早从檀香山传教士所宣传的基督教精神中受到启发，认为"有各种事情证明基督教都是活的真理可以实行的。中山以为各种原理都要有一个基础，中国人要用什么基础建筑一个新的文化，使世界上都尊敬这个民族，这个基础是不是就是宗教的基础"?③ 孙中山对此答复是肯定的。

那么，孙中山从基督教教义中吸收了哪些营养呢？他推崇博爱，韩愈说"博爱之谓仁"，这博爱也是耶教教义。康德黎说，上帝甄拔了孙中山，孙的才能，"根据基督教义可以数字包括之，就是信、爱、望，一种坚定不移的信仰，信其所自信。中国从速改造的希望施及邻人的慈爱。爱之一字真义，就是孙的外观的性格"。又谓："在他的之谓上帝，是非常显著大公无我的精神，在现世人中，殊非多觏。"④ 孙中山在青年时期接受了基督教的某些教义，在檀香山、香港、广州就学期间生活在教会的氛围之中，目睹国家衰落，民生日蹙，自然使他在医人与医国之间进行抉择。他在学习期间与同伴被人讥为"四大寇"，反映了他们的反清意图。在行医时，实际是在做反清的准备工作。

对孙中山来说，1894 年是转折性的一年。这年他上书李鸿章。这个上书，内容并不激烈，他希望中国能效法日本，进行改革。上书未达目的，但这封上书在同年上海出版的《万国公报》第 69、70 两册上，以《上李傅相书》为

---

① 《革命逸史》第二集，第 12 页；张永福《孙先生起居注》，王云五等著：《我怎样认识国父孙先生》，第 194 页。
② 《孙中山全集》第一卷，第 48 页。
③ 林伯克：《孙逸仙传记》，《我怎样认识国父孙先生》，第 451～452 页。
④ 康德黎：《孙逸仙与新中国》。转引自《革命史谭》，同前引，第 571～572 页。

题刊登了出来。这封信曾经郑观应润色。郑与《万国公报》编辑人传教士林乐知有交游，开"华美书馆"印刷圣经的宋嘉树与林乐知也有关系，宋的三个女儿都先后在林乐知创办的中西女塾（马克谛耶学校）读书，同是基督徒，这时孙与林乐知或许有过交往。这一年，孙与宋嘉树已经结识。① 此后，宋对孙的革命活动还给予了帮助。

孙中山上书失败，改变了以和平手段救国的主意，赴檀香山，组织兴中会。据陈少白记载，约在 1894 年底 1895 年初，宋嘉树致函孙中山，告国内时机成熟，促其归国。孙乃返港，成立香港兴中会，设立机关。辅仁文社的许多主要成员，如杨衢云、谢缵泰、黄咏商等，均加入兴中会，他们多为基督徒。2 月 21 日，香港兴中会正式成立，陈少白、郑士良、杨鹤龄、陆皓东、区凤墀等都是该会同志。组织建立起来后，便筹划重阳起义。1895 年 3 月 1 日，孙中山到日本驻香港领事馆拜会中川恒次郎领事，寻求支持。中川领事向日本官方的报告中，说到孙要颠覆现政府，他本人是耶教徒。

兴中会在广州设立了许多据点，最重要的是双门底圣教书楼。杨衢云在香港买到的军火，伪装成水泥，收货人便是圣教书楼王质甫。事为海关破获，左斗山被捕，得美领事保释。粤督谭钟麟获悉党人多为教徒，密令道台王存善会同牧师香秉文到码头截拿。王质甫得香秉文密通消息，走脱；后赴日本随孙活动。

先是，香港荷里活道 75 号道济会堂牧师王煜初（王宠惠之父），与隔邻西医书院学生孙中山认识，孙与陈少白同王牧师时相过从，互相讨论耶稣与革命之理想。耶稣之理想为舍己救人，革命之理想为舍己救国，其牺牲小我，求谋大众福利之精神，原属一致。故孙、王二人相处，恍若志同道合。重阳起义未经发动而告失败，孙中山先逃到河南王煜初宅，适逢王之次子宠光结婚喜宴，孙入席，席未散而离去，迨官兵前来索人，孙早已逸去。② 嗣后，孙与郑士良、陈少白从香港走日本，在横滨组织兴中会分会，会员张果、赵明乐、赵峄琴等为耶教徒。横滨的会务一时难有发展，孙中山断发易服，赴檀香山，经美国，抵伦敦。

广州起义失败，孙中山成为清两广总督悬红缉捕的钦犯。1896 年，孙中山在伦敦被中国公使馆绑架，准备偷运回国内处置。在被禁锢期间，孙对使馆英仆柯尔自述是基督徒，用土耳其苏丹妒视亚美尼亚之基督徒为例，类比

---

① 1912 年 4 月 17 日，孙中山致李晓生函称："宋君嘉树者，二十年前曾与陆烈士皓东及弟初谈革命者，二十年来始终不变"（《孙中山全集》第二卷，第 342 页）。

② 王宠惠：《追随国父述略》，《我怎样认识国父孙先生》，第 75 页。

中国皇帝妒视中国基督徒，故欲捕而杀之，以此说服这位英国人，替他送信给康德黎。据称他此时一意祈祷，一连六七日，日夜不断，愈祈愈切。自谓当时所以未成狂疾，实赖有此。他认为柯尔之助，是神施恩的结果。在如此凶险的环境中，竟然还能得救，他相信冥冥中确有助力在。

孙中山获释后，李提摩太刚好回伦敦度假。李在会见孙时表示："在我的意见看来，中国需要的是改良，而不是革命。"但孙中山没有听从他的劝告。1900 年 6 月，李提摩太在横滨又遇到孙中山，重行劝说，未获结果，只好表示："如此看来，我们只得分道扬镳了。因为相信对政府，只能启迪，不能摧毁。"到 1908 年，李提摩太在《大同报》上撰文，公然主张消灭革命党。① 这位传教士的态度，反映了在华传教士的普遍情绪，他们倾向于支持君主立宪派，反对革命党的排满革命运动。

孙中山在上揭致区凤墀函中，引用耶稣的话来形容自己脱险后的心情："如荡子还家，亡羊复获，此皆天父大恩。"不过，教会方面并不支持孙中山的革命事业。孙中山自述，他曾被教会除名。在 20 年代初国内的反基督教运动期间，孙说到："予孰非基督徒者？予之家庭且为基督徒之家庭。予妻予子予女予婿孰非基督徒乎？予深信予之革命精神，得力于基督徒者实多。徒以我从事革命之故，教会惧其波及，宣言去予。是教会弃予，非予弃教会也。故不当在教会，但非教义不足贵也。"② 关于孙中山因从事革命被教会除名一事，未见他处记载。设有其事，对于这种不公正的处理，他当然不满意，但除名自除名，信仰自信仰，一仍其旧，不改初衷。他不仅一人信教，全家都信。不仅如此，他的岳家及连襟，都是教徒。信仰不仅是他生活中的一部分，事实上信仰还与政治牵扯到了一起。

在辛亥革命时期，由于许多同志是基督徒，共同的信仰，有利于沟通思想，联络感情，发动宣传，策划起义，甚至对联系国外支持者，解决活动中的困难，都具有重要意义。

孙中山信仰基督教，将其与国家命运联系起来，并不以异质文化视之。冯自由说："考总理之信教，完全出于基督救世之宗旨，然其所信奉之教义，为进步的及革新的，与世俗之墨守旧章思想陈腐者迥然不同。"③ 这种评论是

---

① 顾长声著：《从马礼逊到司徒雷登——来华新教传教士评传》，上海人民出版社 1985 年版，第 353～354 页。

② 包士杰：《请保护教会促进自立呈文》，原刊《真道周刊》。转引自《革命史谭》，同前引，第 569～570 页。

③ 《革命逸史》第二集，第 12 页。

符合实际的。孙在 1896 年致区凤墀函中,便表示要"从神道而入治道"①。这个"治道",在当时应是实现兴中会纲领——"驱除鞑虏,恢复中国,创立合众政府"。他规定加盟者要"对天发誓"。李石曾、张静江加入同盟会时,被孙特准免除这一手续,据载,"我们当时主要的是反对'对天发誓'这一条,因为我们认为物质的天,没有上帝,用不着发誓"②。孙中山对加盟者采用这种宣誓形式,是否完全对上帝保证,史无明文,但在当时国人思想水平和习俗上,用这种保证去实行治道,也是必要的。

武昌起义不久,中华民国随之诞生,从理论上说,孙中山有了"从神道而入治道"的机会。在民国初年,他多次表示感谢教会在革命中的功劳,保证要宗教信仰自由。在讲到宗教与政治的关系时,提出宗教改造,甚至要创立"从属于政治统一之宗教"。这种主张,与在华教会的"本色化"运动,似乎有些关系。要之,他继续重视基督教,尤其重视宗教在道德方面的价值。

贾立言(A. J. Garnier)在《基督教史纲》中写道:"孙逸仙某次曾说:'我们最大的希望,是将圣经和教育,从欧洲输运给我们不幸的同胞,由此令他们得到公平的律法的福祉,并且从这高洁的文字中,得以革除他们的苦痛。"③ 1912 年 3 月 3 日致康德黎夫人函中,孙说:"我感谢你为着我的行动,贡献的诚笃祷告。我欢喜地告诉你,我们正谋中国的宗教信仰自由,并且我敢卜基督教在这新国度里,日荣月盛。"④ 此函中所表达的思想,他在同年 5 月 9 日出席广州耶稣教联合会欢迎会所作的演说中进一步发挥,大讲其信仰自由问题,他说:"我兄弟姐妹,对于教会则为信徒,对于国家,则为国民";"且前清之对于教会,不能自由信仰,自立传教,只藉条约之保护而已。今则完全独立,自由信仰。为基督徒者,正宜发扬基督之教理,同负国家之责任,使政治、宗教,同达完美之目的。"⑤ 清代信教确实不很自由,但传教之由条约保护,是西方入侵者强加给中国的不平等条约内容之一,民教不和,教案迭出,均与"条约保护"有关,这一点,他没有说清楚。不过他主张处理好教会与政治的关系,这是正确的,也是必需的。

孙中山当然也知道列强利用宗教进行侵略活动。1912 年 2 月 6 日,他在复基督教美以美会的信中称:"外国教士传教中国者,或有时溢出范围,涉及

---

① 《孙中山全集》第一卷,第 46 页。
② 李石曾:《中山先生胸襟浩瀚》,《我怎样认识国父孙先生》,第 100 页。
③ 转引自《革命史谭》,同前引,第 568 页。
④ 转引自《革命史谭》,同前引,第 569 页。
⑤ 《孙中山全集》第二卷,第 361 页。

内政，此自满清法令不修，人民程度不高有以致之。"他随即指出，'有一二野心之国，藉宗教为前驱之谍"。尽管他说得比较委婉，仅仅说到一二个野心之国，也未涉及教堂与不法教士、不法教民的活动，但他主张政教分立，这点同样是十分必要的。他说，"政教分立，几为近世文明国家之公例。盖分立则信教传教皆得自由，不特政治上少纷扰之原因，且使教会得发挥其真美之宗旨"；"至君等欲自立中国耶教会，此自为振兴真教起见，事属可行，好自为之，有厚望焉"。①

对于社会上出现的反基督教运动，他认为不妥："教会在现制度下，诚有不免麻醉青年及被帝国主义者利用之可触。然如何起而改良教会，谋独立自主，脱去各帝国主义之羁绊，此教友人人应负之天责，亦为一般从事宗教运动者应急起为之者也。"他还说，自己奔走政治，不能直接参加此项运动，但也反对现在反基督教的理论。②

孙中山主张政教分立，反对帝国主义宗教侵略，也反对反基督教运动，同时也指出宗教有其存在的理由与作用。1912年9月5日，应袁世凯邀请在京访问的孙中山，出席基督教等六教会的欢迎会。他在会上说到，数年前提倡革命，知革命之真理者，大半由教会所得来；"今日中华民国成立，非兄弟之力，乃教会之功"。他指出宗教与政治有连带关系，"国家政治之进行，全赖宗教以补助其所不及。盖宗教富于道德故也"。他希望世人以宗教上之道德，补政治之所不及。③ 在孙中山看来，世界上有野蛮的宗教，也有文明宗教，在中国偶像遍地，异端尚盛，未能一律崇奉一尊之宗教。"今幸有西方教士为先觉，以开导吾国。惟愿将来全国皆钦崇至尊全能之宗教，以补民国政令之不逮"。他继而指出，"愿国政改良，宗教亦渐改良，务使政治与宗教互相提挈，中外人民愈相亲睦"。他要求教友们"同发爱国心"，各尽其对民国应尽的责任。④

从上述材料，我们大体上可以了解民国以后孙中山的宗教政策与对基督教的态度。政教分立，信仰自由，主张宗教改良，有意改造一个统一的受尊崇的、定于一尊的宗教。这个中国特色的基督教，还要杜绝外国利用宗教进行侵略。在他的思想是，基督教的功能仅仅在道德方面，以此补政治之不足。因此，他支持建立中国基督教，这是独立的、不受西方传教士支配的教会。

---

① 《孙中山全集》第二卷，第66页。
② 《革命史谭》，同前引，第570页。
③ 《孙中山全集》第二卷，第447页。
④ 同上书，第568～569页。

这种思想，即使在今天看来，仍然是应当肯定的。

民国初年，孙中山在上海与基督教人士接触较多。临时大总统解职后，他即到上海宋嘉树家中叙旧。他应李佳白邀请到尚贤堂，在该处，他发表演说，提出收回海关，废除治外法权等不平等条约。1913年2月1日，卜舫济邀请他到圣约翰大学讲演。① 他与丁义华、司徒雷登等人也有交往。通过各种活动，他对教会、传教士的情况有了比较深刻的了解，他也利用这些机会，宣传自己的政策主张，这对改善他与西方传教士的关系，是很有作用的。

孙中山接受了基督教的若干思想，希望提高国人的道德水准，这便是强调圣经与教育的原因。这种主张虽不能说毫无道理，但要用基督教来改造中国，是不现实的，也不见得可取。在他提倡多时之后，1922年、1924年和1927年，中国却掀起非基督教运动，便可说明他的主张行不通。所以到了晚年，他便改变了主张，强调要恢复一切国粹。

孙中山思想是包含吸收中外各种思想学说的复杂体系，用他自己的话来说，既因袭中国固有文化，又规抚了西方的事迹学说，还有自己的创获，斑烂驳杂，异彩纷呈。他相信达尔文的进化论，根据当时科学技术的新成就，将宇宙进化过程分为三个进化阶段（即物质进化时期、物种进化时期与人类进化时期），承认生命原始单位是"生元"（细胞），承认世界是物质的，是从来就有的。这是唯物主义的观点。但是，他同时又曾经笃信基督教，这实在是矛盾。

唯物主义因素在孙中山思想上由于接受进化论而逐渐成型，这是可以肯定的。问题是，他对基督教神学是否淡化，或者说，他后来简直失去了宗教信仰？对于这些问题看来仍然值得讨论。

孙中山确实怀疑过基督教是否完全可信这个问题，他说过："予于耶稣教之信心，随研究科学而薄弱。予在香港医学校时，颇感耶稣教之不合论理，因不安于心，遂至翻阅哲学书籍。当时予之所信，大倾于进化论，亦未完全将耶稣教弃置也。"② 对于一个青年学生来说，在接受了一种先进思想之后，转而怀疑自己曾经深信过的思想（或理论），这是正常的现象。不过就孙中山本人来说，此后的种种言论表明，他尽管有过怀疑，却并未放弃对基督教的

---

① 《从马礼逊到司徒雷登——来华新教传教士评传》，第400～401页。孙中山受到该校师生的热烈欢迎。他在讲话中指出："你们从《圣经》里学到，你们有了光，就应该给别人照亮道路。所以，当你们接受知识之后，也就应该去教导别人。一个民主国家的基础，就是教育。只要人民需要学习，你们就有责任去教育他们。你们要把所得到的给予他人。"

② 宫崎滔天：《孙逸仙传》，《建国月刊》第5卷第4期，1931年。

信仰。当然，他也对基督教有所保留，不是"迷信"，即是说，是尊重，而不是全信。他的自然观是唯物主义的，由自然之进化，导入社会进化，开展政治革命，用物质的力量去推倒物质的力量。他坚持基督徒的立场，如前所述，重在道德思想方面。

他在1918年撰述的《心理建设》中，讲进化论，讲人类起源，物竞天择，适者生存。他又讲人类进化之目的，"即孔子所谓'大道之行也，天下为公'，耶稣所谓'尔旨得成，在地若天'，此人类所希望，化现在之痛苦世界而为极乐之天堂者是也"①。1923年10月17日，中国基督教青年会在广州开会。会议结束时，孙中山莅会演说，他谈到，"就人类的来源讲，基督教说世界人类是上帝六日造成的。近来科学中的进化论家说，人类是由极单简的动物，慢慢变成复杂的动物，以至于猩猩，更进而成人"。"科学和宗教冲突之点，就在所见人类来源之不同。由这一点所见之不同，便生出科学与宗教之争，至今还没有止境"。上述言论，多少有点批评神造论。他还说，"宗教的感觉，专是服从古人的经传"，"就宗教和科学比较起来，科学自然较优"，"至于宗教的优点，是讲到人同神的关系，或同天的关系，古人所谓天人一体。依进化的道理推测起来，人是由动物进化而成，既成人形，当从人形更进化而入于神圣。是故欲造成人格，必当消灭兽性，发生神性，那么，才算是人类进步到了极点"。②

上述一段话，如果理解不错的话，那么孙中山不但未否定基督教，相反，他是想把人与神联系起来，使用古代天人一体、天人感应的理论，使人类的灵魂净化，"发生神性"，以真、善、美的境界，将进化论升华，这便是"宗教的优点"。由此看来，又不能说孙中山批判神造论，只是想折中两种人类起源观的争论，并想将二者调和起来。

说到孙中山对基督教灵魂观的态度，也值得进一步探讨。1921年12月10日，孙中山在桂林对滇赣粤军演说，主题是军人的精神教育。他说："总括宇宙现象，要不外物质与精神二者。精神虽为物质之对，然实相辅为用"。"二者本合为一。在中国学者，亦恒言有体有用。何谓体？即物质。何谓用？即精神"。"二者相辅，不可分离"。物质与精神，在哲学上是一对范畴。在孙中山讲话中，这个"精神"，主要是指思想、思维、道德，不是指"灵魂"。上述话语似不足以说明他根本不相信灵魂论，因为他在讲完机器人之精神不

---

① 《孙中山全集》第六卷，第196页。
② 《孙中山全集》第八卷，第316~317页。

能创造，不能称之为人之后，接着便说，"人者有精神之用，非专恃物质之体也"。① 什么东西是可以不专恃"物质之体"（人的形体）而起作用的呢？这个精神显然不能说是指"灵魂"，物质与精神，这种体用关系的存在，是不能分割的。

孙中山没有说过人体死亡后灵魂是否存在这个问题。但他讲过灵魂存在与否的事。1923年12月30日，他在广州对国民党员演说，指出国民党革命的道理，是要改革中国政治，实行三民主义、五权宪法，他说："我们的这种主义，比宗教的主义还要切实。因为宗教的主义，是讲将来的事和世界以外的事；我们的政治主义，是讲现在的事和人类有切肤之痛的事。宗教是为将来灵魂谋幸福的，政治是为眼前肉体谋幸福的。说到将来的灵魂，自然是近于空虚；讲到眼前的肉体，自然是有凭有据。"② 有的论者认为，孙中山这些话，是批判基督教，揭露其虚伪说教对中国革命的危害，要人们摆脱对天国的幻想，从神或上帝的束缚下解放出来。这种观点，大有商榷的必要。孙中山的原意并非如论者判断的那样，引文已很明白。同一个演说还有其他话，可供说明。他说，"我们用已往的历史来证明，世界上的文明进步，多半是由于宣传"。他认为孔子宣传尧舜禹汤文武周公之道，使中国今日有文化；耶稣教传遍了世界，"这样普遍的道理，也是由于耶稣教徒善于宣传。宗教之所以能够感化人的道理，便是在他们有一种主义，令人信仰"。"所以宗教的势力，比较政治的势力还要更大"。在这里，他将耶稣教作为文明进步的，能感化人的，令人信仰的，比政治势力影响还更大的一种世俗力量，难道能说这是否定宗教，或者去揭露什么，摆脱什么吗？他不仅不是在批判基督教，而且要求国民党人以有凭有据的革命道理去做宣传，做得比教徒们用"近于空虚"的教条宣传，更为出色，更有成效。由此可见，孙中山对基督教虽有所保留，但不能说他批判了基督教。

事实上，孙中山终其一生，都没有放弃对基督教的信仰。他逝世后，入殓是用基督教仪式。卢夫人在答香山商会的信中说："科父返天国，得闻离世前一日，自证'我本基督教徒，与魔鬼奋斗四十余年，尔等亦要如是奋斗，更当信上帝'。此乃科儿手书所言。十分多谢天父，允氏所求，复赐科父信上帝之心，此乃氏至安慰者。"汪精卫也讲过："中山先生曾说他是基督徒，临终并不否认，当中山先生去世之后，孙夫人和孙哲生主张在协和医院行基督教礼仪，但有一部分的人反对，我在当时却是放任的。"在旅英华侨追悼孙中

---

① 《孙中山全集》第六卷，第12页。
② 王治心著：《中国基督教史纲》，台北文海出版社1971年版，第253页。

山逝世会上，康德黎说："孙先生革命的抱负，乃由此抱负所产生的辛心苦行，百折不磨，大有耶稣救世的精神。"孙中山不但自己信教以终，还希望人们善视他的基督徒未亡人。他临终的时候，曾把夫人托付于同志说："她是个基督徒，也是个同志，你们不要因她是基督徒，就歧视她。"① 凡此都说明，孙中山是始终一贯的基督教徒，这是毋庸置疑的。他晚年与基督教将军冯玉祥合作，主要联系人是教友徐谦、马伯援。② 孙中山生前，在广州便与徐谦讲到自己是基督徒之事。

孙中山深感"宗教富于道德"，宗教能使"民德自臻上理"，要用宗教补政治之不足，这是强调宗教的作用。面对着人欲横流的社会状况，希望用宗教道德去改造世界，让世道人心进入规范化的状态，用心的确是很好的。不过，他过高估计了基督教的作用，中国国情也不允许用基督教的世俗功能在这个有本民族悠久文明的国度起取代作用。所以，孙中山在晚年讲演《三民主义》，便提出恢复传统的固有道德，以继承中国传统文化为己任。这种变化，表明孙中山对国情有了更深切的了解，要从中国历史本身寻求解决中国问题的钥匙。作为基督徒的孙中山，在民族主义的思辨中，最终找到了他的政治归宿。

---

① 《革命史谭》，同前引，第 572、573、584 页。
② 冯玉祥著：《冯玉祥自传》，军事科学出版社 1988 年版，第 12 页。

传统观念的现代诠释
——孙中山宣誓观研究

宣誓、发誓,是一种庄严的承诺,是人类社会普遍使用的断然保证。千百年来,坛坫誓天,歃血为盟,统治者与匹夫匹妇,秘密社会与公开政党,都进行这种既严肃又通俗的活动。古人曾说:"大信不约"(《礼·学记》),但又说"约言曰誓"(《礼·曲礼下》),可见人们重视约与誓,但同时又怀疑诚信问题,因为尽管海誓山盟,但违约、寒盟、背叛之事常有发生,在紧要关头,究竟是选择利还是选择义,是各有所求的。

孙中山自从投身反清革命之日始,便与宣誓的举措联系在一起。他组织革命团体,加入者要宣誓。他不但要求他人,自己也一体实行。他不但实行,而且有理论。宣誓作为传统文化的一种模式,到了孙中山这里,发挥到了极致。那么,孙中山宣誓观的内涵如何呢?本文拟从下述四个方面加以叙述:一、在孙中山能行使话语权的阶段,入党必须宣誓;二、将宣誓意义理论化,独此一家;三、中华革命党入党宣誓问题面面观;四、对严肃举措与随意性行为的考察。

一、在孙中山能行使话语权的阶段,入党必须宣誓

1893年冬初,孙中山与一些朋友曾在广州城南广雅书局内南园抗风轩讨论成立团体,以"驱除鞑虏、恢复华夏"为宗旨。但当时同志寥寥,尚无如何具体之组织,自然也就未出现誓词。1894年11月24日,他在檀香山组建了中国第一个资产阶级革命团体兴中会。在选举领导成员后,孙中山令各会员填写入会盟书,"其辞曰:'联盟人○省○县人○○,驱除鞑虏,恢复中国,创立合众政府,倘有贰心,神明鉴察。'宣誓时,由李昌朗诵誓词,各以左手置耶教圣经上,举右手向天依次读之,如仪而散"①。洪门在美洲、檀香山等地的华人社会中盛行,它的秘密结社性质给孙中山提供了加入者诚信保证的

---

① 冯自由:《中国革命运动二十六年组织史》。转引自陈锡祺主编:《孙中山年谱长编》上册,第74~75页。

内容与手续仪式。兴中会是秘密结社,其成员又多为基督徒。这样,兴中会的宣誓便采用中西合璧的形式,并带有会党的色彩。

兴中会组织发展成员,除少量是知识分子外,主要是华侨、会党和军队中的人。1895 年广州重阳起义和 1900 年惠州起义相继失败,亡走海外的孙中山毫不气馁。1903 年夏天,他大力开展留学生的工作,在东京青山创办军事训练班。"成立之日,总理率诸生席地团坐,总理则中立演讲革命宗旨,并举手宣誓曰:驱除鞑虏,恢复中华,创立民国,平均地权,如有不遵,应受处罚。"① 同年 9 月下旬,孙中山赴檀香山,在与保皇派开展论战的同时,集结同志,组成中华革命军。首批加盟者十余人,"入会誓词曰:驱除鞑虏,恢复中华,创立民国,平均地权,如有反悔,任众处罚"。关于这些活动,他在 12 月间致友人函中(刊于 1904 年 4 月 26 日上海《警钟日报》)写道:今日吾国言改革,应为贫富不均计,"故弟欲于革命时一齐做起,吾誓词中已列此为四大事之一。"其誓词曰:"联盟革命人○○○,当天发誓,同心协力,驱除鞑虏,恢复中华,创立民国,平均地权。矢信矢忠,如有异心,任众罪罚。"又称:"公等既为同志,自可不拘形式。但其余有志者,愿协力相助,即请以此形式收为吾党。弟今在檀香山,已将向时'党'字改为'军'字。"② 这则资料表明,革命组织曰会曰党曰军,名称并不必过于重视,有名即可;但誓词是必需的,因为要有宗旨、有约束;然而宣誓方式,可因人地不同而有所变通(即不拘形式)。到 1903 年,孙中山革命的宣誓词、革命宗旨,即日后的所谓十六字纲领,经过多年酝酿,至此已经成型。

孙中山此次在檀香山,为吸引到更多的华侨参加革命,经洪门大佬黄三德介绍,在火奴鲁鲁国安会馆加盟洪门,据载:"孙文亲在五祖像前发三十六誓,愿遵守洪门二十一条例、十条禁。于是洪门封以洪棍之职,孙文欣然接受之。"③ 为了进入美国开展活动方便,1904 年 3 月 9 日,孙中山由其兄孙眉、母舅杨文纳助其领取檀香山出生证。13 日,在向法院宣誓后领到美国岛属居民所持之护照。④ 孙中山宣誓加入洪门,宣誓加入美国国籍,事实上都是

---

① 李树藩:《甲辰拒俄义勇队与长沙之革命运动》。转引自《孙中山年谱长编》上册,第 292 页。
② 《孙中山全集》第一卷,第 228 页。
③ 黄三德著:《洪门革命史》,第 2 页。
④ 《孙中山年谱长编》上册,第 307 页。关于孙中山持有檀香山出生证并取得美国护照的实际效力,1909 年 3 月美国国务院认为护照是有效的,但由于他并未表明他放弃了中国国籍,且一直为中国革命奔走,也未尽美国的公民义务,他现在是否有资格作为美国公民受到保护则是另一个问题。(同上引,第 450 页)

为了从事革命活动的需要。他日后并不认为自己是美国人，民国以后还否认洪门与革命的关系，更不准洪门立案。

1904年4月，孙中山抵旧金山。他在该埠积极发动华侨，多次发表演说，刊行《革命军》，改组《大同日报》，推销军需债券，在黄三德等人的帮助下，进行致公堂总注册。他主订致公堂新章程要义及规程八十条。其纲领规定："本堂以驱除鞑虏，恢复中华，创立民国，平均地权为宗旨。""本堂以协力助成祖国施行宗旨为目的。"他在致公堂人士的支持下，从美西到美东，到处大放洪门，扩大影响，初步改变了原来由保皇派控制华侨社会的局面。12月14日，他离开纽约赴伦敦。翌年1月，赴布鲁塞尔、柏林、巴黎，在留学生中建立革命组织。他亲书誓词："具愿书人〇〇〇当天发誓：驱除鞑虏，恢复中华，创立民国，平均地权，矢信矢忠，有始有卒，倘有食言，任众处罚。天运　年　月　日某某押。主盟人孙文。"魏宸组对于当天发誓一层，略有诘辩。孙中山认为宣誓手续非常重要，"非此无以表决心，且书载《泰誓》、《牧誓》，自古已然"。众始无异议，由朱和中起首，次第亲书笔据。誓毕，孙乃与在场十余人一一握手，欣然曰："为君道喜，君已非清朝人矣。"并将亲书誓文交贺子才等收执。复授予同党晤面时各种秘密口号，手式为并指交钩握手云。①

欧洲成立的革命团体，尚无名称。1905年8月东京中国同盟会成立后，始使用正式会名。由孙拟盟书，经众推黄兴、陈天华二人审定。盟书为："联盟人，　省　府　县人〇〇〇，当天发誓：驱除鞑虏，恢复中华，创立民国，平均地权，矢信矢忠，有始有卒。如或渝此，任众处罚。天运乙巳年七月　日　中国同盟会会员〇〇〇。"②众各自书写盟书一纸签署，孙遂领导各人同举右手向天宣誓如礼。誓毕，孙谓在干事会未成立前，众人盟书由其暂为保管，孙本人的盟书则由众推举黄兴保管。接着，由孙在隔壁分别授会员以同志相见之握手暗号及秘密口号，随与新会员一一行握手礼，并致祝贺之辞。在随后制定的《革命方略》中，又将十六字纲领在《军政府宣言》中详加解释。在各地组建支部时，其宣誓内容也依东京方式进行。

但是，由于孙中山本人长期不在东京，同盟会本部领导乏力，加上党内无政府主义抬头等原因，同盟会内部在1907年、1909年两次发生倒孙风潮，已经宣誓的严肃誓词也得不到应有的尊重。1907年8月，东京部分党人成立

---

① 《孙中山年谱长编》上册，第329～330页。

② 冯自由：《中华民国开国前革命史》第一册。转引自《孙中山年谱长编》上册，第344页。

共进会，会章宗旨改平均地权为平均人权。章太炎、陶成章等人在发动第二次倒孙风潮失败后，于 1910 年 2 月在东京成立光复会总部，显然与同盟会分势。孙中山于同年 3 月 28 日抵檀香山后改组兴中会组织为同盟会分会，其誓词则改为"驱除鞑虏清朝，建立中华民国，实行三民（按：应系民生）主义"①。5 月 30 日，孙中山从檀香山赴日本。6 月 10 日抵日本。停留日本期间，孙对宋教仁表示，"同盟会已取消矣，有力者尽可独树一帜"。谭人凤认为，"中山以总理资格，放弃责任，而又不自请辞职，同人不得已商议改组"。② 中部同盟会筹组于焉发端，并在 7 月 31 日成立于上海，其章程规定，"本会以推覆清政府、建设民主的立宪政体为主义"，明显地否定了十六字纲领。孙对此未见表态。

是年 6 月孙中山到南洋后，将南洋支部从新加坡迁往槟榔屿。接着，他便是改变盟书内容、改易党名。1910 年 8 月 24 日，孙中山在复邓泽如函中称："至于盟书之改良，则殊非舍重就轻，乃再加严密耳。其前之中间四语，今改为三语，各包一主义，以完其说。其前之'中国同盟会会员'字样，今改为'中华革命党党员'，以得名实相符，且可避南洋各殖民地政府之干涉"；"若同盟会之名，在各殖民地皆未注册，彼官吏可视为私会，非如革命党之名有案可稽也。故盟书用之为宜（美洲、檀岛已一律用之矣）。至团体与团体之往还，两者俱可并用，随人择之。并附上盟书底稿一纸，祈为察照施行"。③ 其盟书格式是："联盟人〇〇，〇省〇府〇县（名），当天发誓，同心协力，废灭鞑虏清朝，创立中华民国，实行民生主义。矢信矢忠，有始有卒。如或渝此，任众处罚。中华革命党党员〇〇押，主盟人〇〇，介绍人〇〇，天运〇年〇月〇日立。"④ 这样改易党名、誓词，未见与党内领导层商议，乃属意气用事，徒滋纷扰。结果，在南洋、美洲，两名并用，誓词不一，实际是降低了他在党内的威信。到了武昌起义以后，"革命军兴，革命党消"的舆论便被造了出来。所幸黄兴等革命党人以大局为重，孙继续任总理，随后并被选为中华民国临时大总统。

武昌起义之后，同盟会本部在上海开展活动，1911 年 12 月 29 日下午在汇中旅馆举行欢迎孙中山返国大会。1912 年元旦，中华民国南京临时政府成

---

① 钟工宇：《我在檀香山同盟会和〈自由新报〉工作的回忆》，全国政协文史资料研究委员会编：《辛亥革命回忆录》第八集，文史资料出版社 1982 年版，第 320～321 页。
② 石芳勤编：《谭人凤集》，第 359、361 页。
③ 《孙中山全集》第一卷，第 477 页。
④ 《孙中山年谱长编》上册，第 516 页。

立，孙中山宣誓就任临时大总统职："颠覆满洲专制政府，巩固中华民国，图谋民生幸福，此国民之公意，文实遵之，以忠于国，为众服务。至专制政府既倒，国内无变乱，民国卓立于世界，为列邦公认，斯时文当解临时大总统之职。谨以此誓于国民。"① 1 月 13 日，同盟会设总部于南京。22 日，总部举行会员会议，到会者十八省会员两千余人，胡汉民代表孙中山提议修改誓词为"颠覆满清政府，巩固中华民国，实行民生主义"，获一致通过。② 3 月 3 日，同盟会本部在南京开全体大会，选举孙中山为总理，黄兴、黎元洪为协理。宣布宗旨二事：巩固中华民国，实行民生主义。又通过政纲九条，并决议扩大党为民国之最大政党。在 3 月 31 日同盟会员之饯别会上，孙中山表示："今日满清退位，中华民国成立，民族、民权两主义俱达到，唯有民生主义尚未着手，今后吾人所当致力的即在此事。"③ 这样，三民主义完整的体系便成为"一民主义"，这种变化，究竟是对国情认识不清，还是理论上的浅薄，研究者就各有说辞了。由于未再坚持实行三民主义，也就使得民初革命党人无法在思想领域继续起领导作用。孙黄均决心从事实业建设，8 月 13 日二人联名致电同盟会各支部，赞成同盟会改组为国民党，宗旨为巩固共和，实行平民政治，另有政纲五条，均未涉及主义问题，连"一民主义"也没有了。8 月 25 日孙中山出席北京湖广会馆举行的国民党成立大会，被推为理事长（旋委托宋教仁代理），他在会上发表演说，亦仅是讲到"主张实行民生主义以防将来资本家虐待劳动者"，别无所求。至于誓词、宣誓，则无从提及。

当袁氏就任临时大总统时，曾昭告国人，谓："民国建设肇端，百凡待治。世凯深愿竭其能力，发扬共和之精神，涤荡专制之瑕秽，谨守宪法，依国民之愿望，蕲达国家于安全强固之域，俾五大民族同臻乐利。凡兹志愿，率履勿渝！俟召集国会，选定第一期大总统，世凯即行解职。谨掬诚捆，誓告同胞。"④ 但言犹在耳，刺宋案遽发，从而引爆"二次革命"。"二次革命"失败后，孙黄等人相继流亡日本。由于在总结"二次革命"失败原因、组建中华革命党宣誓形式等方面产生严重分歧，孙中山与黄兴已难以合作，造成党内严重分裂（关于此节，下文将专门叙述）。袁氏背叛民国，帝制自为，终于身名不保。袁死之后，黎元洪、段祺瑞分任元首、阁揆。孙中山指望新政府能使国会行使职权，恢复约法，但未能如愿，于是有护法之举。1919 年 10 月

---

① 《孙中山全集》第二卷，第 1 页。
② 王耿雄编：《孙中山史事详录（1911—1913）》，第 127～128 页。
③ 《孙中山全集》第二卷，第 319 页。
④ 北京临时政府：《临时公报·誓词》，1912 年 3 月 11 日。

10日，孙中山将中华革命党改组为中国国民党。援闽粤军返师之后，孙中山与陈炯明之间在政见上发生分歧，最终导致"六一六"陈部炮击观音山总统府之变。1923年1月上旬，孙中山发布通告，宣布新颁制的宣言、党纲、总章，其中规定，"入党手续，誓约改为愿书，国内外各部处以后对于新进党员，应按照总章所规定之愿书办理。"① 在滇桂联军逐走陈炯明、孙即将返粤之际，国民党在上海召开联席会议，据1923年2月8日彭素民报告孙中山，关于入党宣誓一层，本次联席会议讨论结果，"多数主张不必宣誓；惟以事关重大，因决定仍请总理明教，以定标准"。孙中山批示："入党与受职，皆当宣誓，乃能振兴本党精神。"②

至于加入国民党的中共党员，当1922年8月25日马林与孙中山会谈时，孙已答应加入国民党可取消打手模和宣誓服从他的办法，以后据此实施。实际上手续有所变通，根据张国焘回忆，加入国民党时有人主盟，须填写愿书及宣誓。至此，指天发誓、打指模之类的形式，已不复见于文书。

综上可知，孙中山坚持主张入党须有誓词和宣誓，其中虽不免受西方文化的影响，但主要是来源于传统文化，且与秘密社会密不可分。对于誓词的内容，原非一成不变，宣誓形式更因人地不同而有所变通。他除了强调誓词与宣誓重要，我们还将看到，他是中国历史上对宣誓意义进行理论阐发仅见的一人。

二、将宣誓意义理论化，独此一家

"二次革命"失败后，孙中山、黄兴等革命党人无法在国内立足，纷纷亡走海外。孙黄二人先后到了日本东京。在总结"二次革命"失败原因时，孙中山认为党员不遵守号令，对黄兴尤"刻责无已"，决心要做真党魁，要黄"静养"两年，不过问革命之事。他决心重新组党，这个被称为中华革命党的新党，采用民权、民生二民主义，入党时要填誓约，打指模。1913年9月27日，中华革命党吸收第一批五名党员，党员第一号为浙江永嘉人王统（王统一），在孙中山主持下宣誓。

王统的誓约（其他党员依此）如下："立誓人王统为救中国危亡，拯民生困苦，愿牺牲一己之身命、自由、权利，附从孙先生，再举革命，务达民权、民生两目的，并创制五权宪法，使政治修明，民生乐利，措国基于巩固，维世界之和平，特诚谨矢誓如左：一、实行宗旨；二、服从革命；三、尽忠职

---

① 《中国国民党本部公报》第1卷，第1号。
② 《孙中山年谱长编》下册，第1580页。

务；四、严守秘密；五、誓共死生。从兹永守此约，至死不渝，如有贰心，甘受殛刑。中华民国浙江省永嘉县王统亲笔（指印）民国二年九月二十七日。（中华革命党党部印）"①

加入中华革命党，不但一般党员要签誓约书，作为总理的孙中山也要签誓约书。孙中山的誓约书全文如下："立誓人孙文，为救中国危亡，拯民生困苦，愿牺牲一己之身命、自由、权利，统率同志，再举革命，务达民权、民生两主义，并创制五权宪法，使政治修明，民生乐利，措国基于巩固，维世界之和平，特诚谨矢誓如左：一、实行宗旨；二、慎施命令；三、尽忠职务；四、严守秘密；五、誓共死生。从兹永守此约，至死不渝，如有贰心，甘受极刑。中华民国广东省香山县孙文（指印）民国三年七月八日立。"②

在7月8日公布的《中华革命党总章》第二条规定，"本党以实行民权、民生两主义为宗旨。"第七条规定，"凡进本党者必须以牺牲一己之身命、自由、权利而图革命之成功为条件，立约宣誓，永久遵守。"③对于这些规定的由来，同年4月18日孙中山致南洋革命党人函中说得明白，是"因鉴于前此之散漫不统一之病，此次立党，特主服从党魁命令，并须各具誓约"④。居正的有关回忆，说得更为明白。据载，孙中山认为，"一、革命必须有唯一（崇高伟大）之领袖，然后才能提挈得起，如身使臂，臂使指，成为强有力之团体人格。""二、革命党不能群龙无首，或互争雄长，必须在唯一领袖之下，绝对服从。""三、我是推翻专制，建立共和，首倡而实行之者。如离开我而讲共和、讲民主，则是南辕而北其辙。""四、再举革命，非我不行。同志要再举革命，非服从我不行。我不是包办革命，而是毕生致力于国民革命，对于革命道理，有真知灼见；对于革命方略，有切实措施。同志鉴于过去之失败，蕲求未来之成功，应该一致觉悟。我敢说除我外，无革命之导师。如果面从心违，我尚认为不是革命的同志，况并将'服从孙先生再举革命'一句抹煞，这是我不能答应（的）。"对于按指模，他更认为此举实为"昭信誓"、"验诚实"、"重牺牲"、"明团结"之必需。⑤ 1914年9月1日发布的中华革命党成立通告内称：此后国内外尚存之国民党组织，"希即一律改组为中华革命党"，"均以履行总章第七条之手续书写誓约者，认为本党党员，协力同心，共图三

---

① 中国国民党党史会编：《国父年谱》上册，第603页。
② 《孙中山全集》第三卷，第96～97页。
③ 同上书，第97、98页。
④ 同上书，第81页。
⑤ 居正：《中华革命党时代的回忆》，台北《革命文献》第5辑。转引自《孙中山年谱长编》上册，第885页。

次革命"。而"此次办法,务在正本清源:(一)进〔摒〕斥官僚;(二)淘汰伪革命党,以收完全统一之效,不致如第一次革命时代,异党入据,以伪乱真"。① 对于按指模,最为人所诟病,认为迹近侮辱。孙中山可能感到实在说不过去,便从对党魁的忠诚保证,改变说辞,说是为了保证第三次革命成功之后享受元勋公民(首义党人)的"优先权利","欲防假伪,当以指模为证据。盖指模人人不同,终身不改,无论如何巧诈,终不能作伪也,此本党用指模意也"。"务望将此意向同志解释明白。不必以外国有用于犯人而生忌讳,致坏良法美义,以至将来自误也。"② 但是,"第三次革命"成功将造就一小撮攫取特权的"元勋公民",享受特殊性的待遇,这恐怕不是什么良法美义,更非反袁的真正用心。

如果说,1913—1914 年间孙中山有关宣誓的言论是出于说明组建中华革命党进行反袁所必需的话,那么,1919 年撰写《孙文学说》时用长篇文字讨论宣誓问题的重大政治意义,则更多是着眼于总结历史教训与面向未来了。

首先,孙中山认为,辛亥革命的成功,是全赖对信条的当众正式宣誓。他申论说:"吾人之立同盟会以担任革命也,先从事于鼓吹,而后集其有志于天下国家之任者,并立信誓,以实行三民主义为精神,以创立中华民国为目的。其不信仰此信条当众正式宣誓者,吾不承认其为革命党也。其初,一般之志士莫不视吾党宣誓仪文为形式上之事,以为无补于进行。乃数年之间,革命党之势力膨胀,团体固结,卒能推倒满清者,则全赖有此宣誓之仪文,以成一党心理之结合也。一党尚如此,况其一国乎!"

其次,他认为宣誓是当世文明国家法治之通例。要将被讥为一盘散沙的四万万人聚成为一机体结合之法治国家,"则必从宣誓发其正心诚意之端,而后修、齐、治、平之望可几也"。"今世文明法治之国,莫不以宣誓为法治之根本手续也。故其对于入籍归化之民,则必要其宣誓表示诚心,尊崇其国体,恪守其宪章,竭力于义务,而后乃得认为国民;否则终身居其国,仍以外人相视,而不得同享国民之权利也。其对于本国之官吏、议员,亦必先行宣誓,乃得受职。若遇有国体之改革,则新国家之政府必要全国之人民一一宣誓,以表赞同,否则且以敌人相待,而立逐出境也。此近世文明法治之通例也。"他进而指称:"请观今回战后,欧洲之新成国家、革命国家,其有能早行其国民之宣誓者,则其国必治;如有不能行此、不知行此者,则其国必大乱不止也。中国之有今日者,此也。"

---

① 《孙中山年谱长编》上册,第 900 页。
② 《孙中山全集》第三卷,第 141、142 页。

再次,他认为袁世凯复辟帝制失败,是逼他宣誓的结果。当民国建元之始,孙中山要求:"从此凡文武官吏、军士、人民当一律宣誓,表示归顺民国,而尽其忠勤。而吾党同志以此为不急之务,期期不可,极端反对,予亦莫可如何,故作罢论。后袁世凯继予总统任,予于此点特为注重,而同人则多漠视。予以有我之先例在,决不能稍事迁就。而袁氏亦以此为不关紧要之事也,故姑惟予命是听,于是乃有宣誓服膺共和、永绝帝制之表示也。其后不幸袁氏果有背盟称帝之举,而以有此一宣誓之故,俾吾人有极大之理由以讨罚〔伐〕之;而各友邦亦直我而曲彼,于是乃有劝告取消之举。袁氏帝制之所以失败者,取消帝制为其极大之原因也。"至谓"惟有此信誓也则不然矣,故得列强之主张公道,而维持中国之共和国也。由是观之,信誓岂不重哉!"

最后,孙中山认为,由于党人在民元不重视信誓,造成建设之失败。"乃吾党之士于民国建设之始,则以信誓为不急之务而请罢之,且以予主张为理想者,则多属乎此等浅近易行之事也。夫吾人于结党之时已遵行宣誓之仪矣,乃于开国之初与民更始之日,则罢此法治根本之宣誓典礼,此建设失败之一大原因也。"他认为,当时若按照他提出的主张,"凡归顺之官吏、新进之国民必当对于民国为正心诚意之宣誓,以表示其拥护民国,扶植民权,励进民生;必照行其宣誓之典礼者,乃得享民国国民之权利,否则仍视为清朝之臣民。其既宣誓而后,有违背民国之行为者,乃得科以叛逆之罪,于法律上始有根据也"。但除了少数革命党人和袁世凯以外,其余四万万人原不负何等良心、法律上之责任,故对仍然作恶的昔日官吏、武人及反革命党,便无所谓良心之自责、法律之制裁。

上述孙中山所叙,是否符合历史实际,似不必置辩;要之,其所重视者,在宣誓这种行为。为了改变目前状况,孙中山提出,国民"当急起直追,万众一起,先奠国基于方寸之地为去旧更新之始,以成良心上之建设也"。"予请率先行之,誓曰:'孙文正心诚意,当众宣誓:从此去旧更新,自立为国民;尽忠竭力,拥护中华民国,实行三民主义,采用五权宪法;务使政治修明,人民安乐,措国基于永固,维世界之和平。此誓。中华民国八年正月十二日。孙文立誓。'此宣誓典礼本由政府执行之,然今日民国政府之自身尚未有此资格,则不得执行此典礼也。"

孙中山希望有志之士"各于其本县组织一地方自治会,发起者互相照式宣誓。会成而后,由会中各员向全县人民执行之,必亲笔签名于誓章,举右手向众宣读之。其誓章藏之自治会,而发给凭照,必使普及于全县之成年男女。一县告竣,当助他县成立自治会以推行之"。他最后表示:"凡行此宣誓之典礼者，问良心，按法律，始得无憾而称为中华民国之国民，否则仍为清朝之遗民而已。民国之能成立与否，则全视吾国人之乐否行此归顺民国之典礼也。爱国之士，其率先行之！"①

孙中山亟亟于提倡宣誓文化，是为了建设一个法治的民国、民生乐利的社会，可谓用心良苦。但他所提出的上述主张，没有具体操作的保证，也就缺乏可行性，因此，他的宣誓理论，虽然作为思想资料保存了下来，但是经过八十多年，仍然未见有人去实施它。究其原因，恐怕是大言炎炎，而无补于事。

宣誓这种事体虽然不复杂，但围绕宣誓的仪文问题却麻烦甚多。为说明这个问题，我们不妨回过头去重新考察一个宣誓的案例：宣誓问题与组建中华革命党的斗争。

三、中华革命党入党宣誓问题面面观

中华革命党筹组于 1913 年 9 月 27 日，次年 7 月 8 日正式成立。孙函告同志："当时立党（按：指民元国民党）徒眩于自由平等之说，未尝以统一号令、服从党魁为条件耳。""是以此次重组革命党，首以服从命令为唯一之要件。凡入党各员，必自问甘愿服从文一人，毫无疑虑而后可。""本党系秘密结党，非政党性质"。② 这种擅自取消国民党、填誓词、按指模、宣誓效忠一人的手段，类同秘密社会活动，但它却是为了实行第三次革命的伟大使命。孙之此举，达到党内乾纲独断的地步，遭到原国民党内一批重要干部的反对，拒绝按规定加入中华革命党。由于造成党内已无任何力量可以制衡他，故他可以以本人的意志号令一切。这样，在进行反袁斗争的同时，也就产生了一系列问题。

首先，是将党的纲领定位为二民主义，即实行民权主义与民生主义。易言之，民族主义不提了，不论对内对外，均无民族主义目标，自然也就无所谓反对日本侵华问题。

其次，使得大批原同盟会、国民党的重要干部另组欧事研究会、中华水利社。孙中山的亲信，除廖仲恺别无意见外，胡汉民是为顾全大局才加入的。汪精卫远走欧洲，不与闻组织新党之事。朱执信迟至 1915 年 11 月始行加

---

① 黄彦编：《孙文选集》上册，广东人民出版社 2006 年版，第 65～68 页。
② 《孙中山全集》第三卷，第 92、93 页。

入。① 强硬者另外结社，怀疑者局外旁观，软弱者回归北京，中华革命党势力实在有限。内部力量不足，只能求助于外人。国内各派反袁势力在谋我日亟的日本人幕后指挥下开始"排袁"，护国军首先举旗。孙中山的中华革命军东北军在山东活动亦完全得力于外力之助。

宣誓效果实际上与主持者愿望相去绝远。1924年8月30日，孙中山在国民党中央全会上讲话："党员应绝对服从自己的领袖和他的领导，因此我们在过去组织了中华革命党。那时每一个党员都宣誓，但后来表明，宣誓归宣誓，党员根本不尊重我的指示。我们的同志，还有我们的军队，只有当命令对他们有利时才服从，反之往往拒绝服从。"② 按照孙中山规定的办法，加入中华革命党的人，究竟有无因违反纪律而受惩罚的案例，不详。令人不解的是，原任孙中山秘书而后与孔祥熙结婚的宋蔼龄，在1914年9月随丈夫返山西太谷分娩路经北京。在京期间，孔祥熙给袁世凯的澳籍顾问莫理循写信，信中建议袁氏大赦革命党人，召回孙中山共赴国难，防止被日本利用。③ 孔、宋二人此举出于何种动机，值得深思。它至少表明，在孙中山最亲近的人中，便有人对孙为反袁而量身定造的中华革命党的活动不以为然。

再次，总理——"真党魁"独裁，造成党内个人权力失控。任何文明政治都有制衡权力的机制，孙中山亦明白此点，故五权宪法有监察院之设置。然而，他毁党建党，要党员服从他一人。这种党既属秘密性质，也就决定了党内不可公开决策。第二次流亡日本，孙中山为反袁寻求日本朝野援助，史料迭见，信誓旦旦，后之辩者，词费而已。④

这段时间，孙中山对宣誓问题确实十分重视。国际交往如此，党内关系如此，私人关系亦如此。1915年10月25日，在律师和田瑞见证下，孙与宋庆龄签订了日文的婚姻誓约书。⑤ 这份誓约书，可能是孙中山一生最为有效的一个信用保证。除此之外，大概都属于例行公事，成效不彰。

在非常时期，一个政府或党派的首领相对集中权力以应付事态，本在常

---

① 罗翼群：《追记邓仲元先生事略》，中国人民政治协商会议广东省委员会编：《广东文史资料》第3辑，1962年版，第56页。另据吕芳上《朱执信与中国革命》（台湾师范大学出版社1978年版）所记，朱于1915年11月上旬赴日，由廖仲恺介绍加入中华革命党。
② 中共中央党史研究室第一研究部译：《联共（布）、共产国际与中国国民革命运动（1920—1925）》第1卷，北京图书馆出版社1997年版，第526页。
③ 骆惠敏编：《清末民初政情内幕》下卷，第420～423页。
④ 关于上述史事，可参阅拙著《孙中山与日本》第七章，第382～392、419～420页。
⑤ 《孙中山全集》第三卷，第199页。

理之中。但权力毫无约束，尽管主事者所作所为自谓并非谋取私利，但独断专行，成为事实，则其害将不可胜言。

最后，袁世凯死后，中华革命党的庄严宣誓即化作乌有。如前所述，中华革命党之筹建，系为"三次革命"反袁而设计。但到1916年6月6日袁氏毙命，这样，中华革命党便失去了斗争的目标。为适应新形势，已回到上海的孙中山指示党本部发布通告："今约法规复，国会定期召集，破坏既终，建设方始，革命名义，已不复存，即一切党务亦应停止。"① 如此一来，所有此前的一切保证，也已然失效。8月下旬，马君武等人在国会组织以原中华革命党成员为主体的"丙辰俱乐部"。这时，孙中山又想起了国民党。10月25日，他在一封信中谈到"组党办法"，谓："现方编订党纲及重订规程，所有党纲未寄到以前，请以国民党名义招人入党，其手续则参酌中华革命党各章程办理，而不用中华革命党之名耳。"②这样做，是因为被袁氏解散的国民党，恢复国会后，它是合法的，仍然可以活动；相反，中华革命党则于法无据。今昔异势，孙已无法重新号令已被他取消了的国民党，而于原中华革命党则为党魁，他便想以国民党之名行中华革命党之实。但既直言袁死之后，约法恢复，中华革命党即行取消，而今国民党，却吊诡地称入党仍酌行中华革命党之章程，表示他拟制造一个模糊空间，不明称填誓词、按指模之必行与否而发展党员。到了11月1日，孙在致国民党各支部函中通告黄兴逝世时，则旧帜恢张了。此后一年多时间里，国民党与中华革命党名义混用。1917年3月30日，又用"中华革命党"名义通告海内外各支分部，准备改用中国国民党名称。显然，重新使用国民党这个旗号，对孙中山而言，是十分勉强的。当1914年12月30日他致函同志时便曾说过："本党早已失其作用，袁氏即不迫令解散，亦已名存实亡。兹已解散，我辈精神主体克存，更不必为机关名称惜也。"③ 重行使用国民党既不妥，换名也不易，为示区别，便在国民党之前缀上中国二字，迁延至1919年10月10日，始有改组中国国民党之举，中华革命党也就正式成为历史名词。

四、对严肃举措与随意性行为的考察

1917年7月6日，孙中山乘护法海军的舰只离沪南下广州，开始他的护法历程。迄1924年1月孙中山宣称"现在护法可算终了，护法名义已不宜援

---

① 《孙中山全集》第三卷，第333页。
② 同上书，第382页。
③ 同上书，第147页。

用"为止，他在六年半时间里，曾三次开府广州，先后开展反对北洋武人段祺瑞、吴佩孚的战争。1917年9月1日，孙中山发表海陆军大元帅就职宣言："文谨受职，誓竭真诚执行国会非常会议所授与之任务，勉副国会代表国民之期望，并告我邦人。谨誓。"① 客观地说，这种宣誓实际意义不大。广东当时由桂系军阀所控制，孙的命令不出帅府大门。在南北武人、政客夹击之下，不及一年，即宣告第一次护法失败。1919年10月10日，他撰文《八年今日》，谓民国以来革命失败是由于党人"多附官僚之主张，而不顾入党之信誓。三民主义、五权宪法，悉置之脑后，视为理想难行"②。他说得很含混，民元成立的国民党并无三民、五权之宣示，他也没有说中华革命党时期是否也如此。

1920年10月，陈炯明率援闽粤军占领广州。11月28日，孙中山返粤，重组军府。他在11月中旬答香港《字林西报》记者问时表示，要实行中国官场前所未有的一种新制度："凡官吏，一律宣誓，正直供职，不得受贿。"③ 12月20日，军政府政务会议通过孙中山与伍廷芳议订的官吏任职条例，决定自1921年元旦起实行。誓词为："余诚敬宣誓，尽忠职守，确遵国法，不得营私作弊，滥受贿赂。谨守宣誓，决不违背。"④ 次年5月5日，他就任非常大总统，在就职演说中表示："文誓竭志尽诚以救民国，破除障碍，促成统一，巩固共和基础。凡我国人，幸共鉴之。"⑤ 孙中山与陈炯明局处同城，政见歧趋，随着矛盾的激化，终至不可调和，发生1922年6月16日之变。

陈炯明事变后，孙中山决心采取联俄政策，改组中国国民党。到了1923年1月上旬，孙中山发布通告，宣布实施新颁宣言、党纲及总章，规定："入党手续，誓约改为愿书，国内外各部处以后对于新进党员，应按照总章所规定之愿书式办理。"但对于入党宣誓一事，党内领导层显然意见不一。如前所述，孙批示："入党与受职，皆当宣誓，乃能振兴本党精神。"⑥ 入党、受职如此，对军人也有相关要求。孙以军人服从命令捍卫国家为天职，非经宣誓不足以表示至诚，于1924年6月28日核定军政部所拟军人誓词。该宣誓条例九条及宣誓词，颁布施行。宣誓词称："某誓以至诚，实行三民主义，服从长官

---

① 《孙中山全集》第四卷，第137页。
② 《孙中山全集》第五卷，第131页。
③ 广东省哲学社会科学研究所历史研究室等编：《孙中山年谱》，第269页。
④ 《孙中山年谱长编》下册，第1326页。
⑤ 同上书，第1352页。
⑥ 《孙中山全集》第七卷，第23～24页。

命令，捍卫国家，爱护人民，克尽军人天职。此誓。"① 这条资料，可能是孙中山一生最后一次对宣誓问题的表态。半年多以后，他便去世了。

　　三十年间，孙中山参酌古今中外历史与现实，坚持在入党、受职、服军役方面要进行宣誓，尽管不同时段要求有所不同，或有所变通，但他形成自己的宣誓观，并一以贯之。这一点，即使在提倡政治文明的今天，由于宣誓仍在各种场合进行，故不能否定其价值。不过，我们也看到，对孙中山而言，尽管宣誓了，但随着形势变化，自己曾经宣誓为之奋斗的神圣的宗旨也不是一成不变的。首先，作为同盟会总理，他在经历小部分人拨弄的倒孙风潮后，竟迁怒于东京本部，擅自易名"中华革命党"，改变誓词。其次，民元临时政府建立后，他认为民族、民权两主义已实现，尚未着手的仅民生主义，三民主义变成一民主义。"二次革命"失败后组建的中华革命党，又提出宗旨是民权、民生主义的二民主义。1919年改名中国国民党，重提三民主义。一个党的主义（宗旨），改来改去，虽事出有因，却欠严肃。复次，《临时约法》是临时参议院通过后，经由临时大总统孙中山本人公布、其效力与宪法相等的根本法。但1921年4月，孙却说"后来立了一个'约法'，兄弟也不去理它，因为我以为这个执行约法，只是一年半载的事情，不甚要紧；等到后来再鼓吹我的五权宪法，也未为晚"。又称"民国的'约法'，没有规定具体的民权，……'民国约法'里头，只有'中华民国主权属于国民全体'的那一条，是兄弟所主张的，其余都不是兄弟的意思，兄弟不负那个责任"。② 既然如此，为什么还要三下广州，搞了六七年的"护法"战争呢？又次，1921年5月孙中山就任非常大总统演说中，承诺搞联省自治。8月，改为建立联省政府，随后却指责陈炯明搞联省自治为大逆不道。其实，1894年他就提出建立合众政府（美式联邦制）；1911年11月在巴黎与访员谈到，"倘用北美联邦制度最相宜"。中央与地方权力分配问题的思考，需根据各国国情与民意而定；一个人的主张前后牴牾，亦属平常之事，但若是甲非乙，斥责另类，则未免授人以武断之嫌。最后，中国近代社会性质如何定性，是学术界纷呶不休的问题。因为首先要界定社会性质，然后才能制定相关政策。由共产国际定稿的国民党"一大"宣言，孙中山并不同意，要用《建国大纲》取代它。经鲍罗廷说明利害关系，最后提交表决通过，指该宣言中的三民主义，"其真释具如此"；孙随即演说，要按此宣言"有始有终，来做彻底成功的革命"。但是，孙并不承认宣言中关于中国社会是半殖民地社会的分析，"一大"尚未

---

① 《国父年谱》下册，第1202页。
② 《孙中山全集》第五卷，第511、513页。

结束，他不是去解释宣言中的三民主义内涵，而是按自己的思路开始进行三民主义讲演；在民族主义演讲中，强调中国是次殖民地社会，连半殖民地也不如。斯事体大，未见有资料表明他曾与党内领导层交换过意见。以上五端，诚荦荦大者，亦皆学者耳熟能详之事，皇皇大法、宣言、主义，既经通过、公布，即非儿戏可言；若主持者随意改变，威权自坏，诚信何求？以言民主政治，则难免缘木求鱼，抑背道而驰了。

意大利人马里奥·佩尔尼奥拉在其《仪式思维》的中文版序言中说："仪式在中国文化中，曾被赋予至高无上之地位。"又说："对于中国文化的了解可以给仪式思维这一概念带来极为深远的影响。一般来说，西方人总是把仪式看做是生命自发活力的对立面；可是这样一来，人们就忽略了仪式中与契约甚至是法律之间的那层辩证关系，而这一点始终在中国古籍文献中，通过儒家和法家双方的论争，而早已得到了证实。"① 就孙中山而言，他的宣誓观当属"仪式思维"范畴。在他看来，国人讨伐袁氏，便是与"仪式思维"相联系的违背契约、背弃法律者所应受到的惩罚。总之，孙中山的宣誓观不但是指导革命的一个原则，是为现实服务的，也与传统文化中的权威、偶像崇拜有关。如果从理论层次去探讨，相信它仍会有极大的展现空间。

---

① （意）马里奥·佩尔尼奥拉著：《仪式思维》，吕捷译，商务印书馆2006年版，自序第1页。

孙中山民德观刍议

清季以降，外敌交侵，内忧外患不绝，国势因之式微。世风日下，道德沉沦，外人轻我，丑诋百出。忧时爱国之士，莫不以发奋为雄、振兴道德为务。百余年间，政权屡易，而国民道德问题始终未能解决。孙中山以革命为帜志，清廷既倒，首倡建设物质文明与道德文明社会。一代伟人，其所持之道德观念，身体力行，实关世运之兴替。本文旨趣，在于排比孙中山有关道德之言论，兼考察其道德观形成发展之线索，以为研究孙中山之一得，或有助于当代之精神文明建设。

一

中国传统社会强调以孝治天下，它以纲常名教作为维持统治的政治道德规范与人伦道德的基础。西方殖民者的入侵加速了传统社会的瓦解，末世征兆愈来愈明显，社会动荡，民变蜂起，政治腐败，道德堕落，国际形象极差，国民"一盘散沙"，被视为"东亚病夫"。清末又是中国社会的转型期。有识之士在主张变革，提出开绅智、开民智的同时，也鼓吹拯救国民道德堕落的诉求，如严复提出"新民德"，梁启超号召"道德革命"，黄遵宪援引西人斯宾塞的话，"民德不进，弊或屡易其端，而末由杜绝"。道德问题已被视为救国之急务，不仅维新派人士为之痛心疾首，就是革命党人也强调道德问题。章太炎主持《民报》以后，撰文《革命之道德》，主张将公德与私德结合起来，"无道德者不能革命"。至于革命道德的内容，他在顾炎武所提振兴道德三点（知耻、重厚、耿介）之外，加上"必信"，即"确固坚厉，重然诺，轻死生"。革命道德当然要具有社会实践性。在当时的所谓革命，是造反，是会被抄家杀头的勾当，因此要"必信"。比较起来，同样是进行反清革命的孙中山，他主要是宣传三民主义，鼓吹自由、平等、博爱，致力于阐发推翻帝制和建立共和国的理论。当然他也注意到革命的道德问题，建立了自己的宣誓观，注重宣誓的作用，因为它直接关系党员的诚信问题，诚信不立，目无党纪，当无成功之可言。这一点，与章太炎的"知耻"、"必信"等主张，实质上是一致的。

孙中山全面注重国民的道德观问题，是在民国建立之后。1912 年 1 月 1 日成立以孙中山为大总统的南京临时政府是一个共和政体，它已形成开国规模。它的立法机构是临时参议院。新政权制定了一系列法律法令（尽管许多还来不及施行），废止刑讯、体罚，拟订律法及法官考试令；保护人民权利，禁止贩卖人口、"猪仔"，改变"贱民"身份；除旧布新，改革社会劣习，改历法、剪辫，劝禁缠足，严禁鸦片、赌博；废止跪拜，改变"大人"、"老爷"称呼，以官员为"公仆"；颁布普通教育暂行办法（包括改学堂为学校，废止小学读经，废止学校出身奖励等）。中国人民千百年来处于封建极权统治之下，毫无民主政治训练，一经宣布解放，难以适应。新政权缺乏权威，而旧政权赖以维持的政治道德、人伦道德又受到毁灭性冲击；会党、民军、土霸猖獗，社会失序，国民道德也随之荡然，种种光怪陆离的社会现象充斥于传媒间。与传统社会道德完全背离的弃义趋利、惟利是图、师道沦丧、男女混杂、尊卑颠倒以及各种无政府主义现象，表明国民道德重新构建的迫切性。实际上，官府与民间都有重新规范国民道德的声音。

1912 年 9 月 20 日，北京临时大总统袁世凯令，以孝悌忠信礼义廉耻八德为立国之本。① 或许是有了这个总统令，山东成立了孔教会；广东则在 1912 年 10 月举行"恭祝孔圣诞辰"的重大活动，"各团军及军乐队、公安会员、七十二行、九大善堂、总商会、孔圣会共数千人，齐集商团操场联赴广府学宫谒圣"。为何有此举动？据载，是在革命党人中有人主张"废除孔祀及评论孔子学说不宜于今日"，"民间愈有'异说流行斯文将丧'之忧，故此回祝典在商民心理不以为循例之庆闹，直视为孔教兴废一大问题也"。② 社会精英的态度也颇强烈。蔡元培、汪精卫、吴稚晖等人成立"进德会"。徐绍桢等人成立"上海昌明礼教社总部"，由徐任正会长，范光启、吕志伊任副会长，黄兴、伍廷芳、蔡元培、程德全、杨士琦、李钟钰、王天培、宋教仁为名誉会长。此辈大多数是革命党要人。"自呈请政府嘉许立案以来，四方响应，风起云从，支社已达八十余处。"③ 情况表明，尽管孙中山和他的同志们极力宣传自由平等博爱、天赋人权等思想，并颁布相关法律法令去推行，但是，用西

---

① 罗屏编：《民国广东大事记》，羊城晚报出版社 2002 年版，第 21 页。
② 《再志粤省各界孔诞祝典之盛》。转引自胡绳武、金冲及著：《辛亥革命史稿》第 4 卷，上海人民出版社 1991 年版，第 132 页。
③ 同上书，第 131 页。

方的观念形态去取代儒家的纲常名教，并不是那么容易的事。① 孙中山在民国元二间宣示了许多政见和民主思想。他认为，民国成立，民族民权两主义已实现，现在要着手实施民生主义，到处宣传经济建设，宣传国家社会主义。在这个阶段，他在建国方略中确实未曾讲到道德重建或道德继承问题，但他不能不注意到当时的舆论，故在多次讲演中都讲及"道德"之事，并在中国近代史上第一次提出建设两个文明这个命题。

1912年4月1日，孙中山在南京临时参议院解职辞中说，"凡政治、法律、风俗、民智种种之事业，均须改良进步，始能与世界各国竞争。凡此种种之改良进步，均是中华民国国民之责任。"② 他解职后有武汉、广州、北京等处之行。5月7日在广州岭南学堂对学生演说，认为今日学生的责任是勉术〔求〕学问，琢磨道德，以引进人群。8月30日在北京湖广会馆对学界讲话，批判生存竞争学说，要求学界从此研究文明学问，铲去野蛮学问，使我国之道德日高一日，则我国之价值亦日高一日。价值日高，则有神圣不可侵犯之地位，而瓜分之说，自消灭于无形也。9月3日，孙中山在北京的西北五族共和合进会演说，认为欲进于大同，其道非易，必须人人尚道德，明公理，庶可致之。在10月14—16日对上海社会党员表示，天演淘汰为野蛮物质之进化，公理良知实道德文明之进化。他十分推崇中国传统的道德文明。10月23日在安徽都督府欢迎会上对听众讲到建设富强文明共和政体时高调宣示："我中国是四千余年文明古国，人民受四千余年道德教育，道德文明比外国人高若干倍，不及外国人者，只是物质文明。"但在新政权之下，只要能引进外国资本、人才与方法，"我们物质上文明，只须三、五年即可与外国并驾齐驱。我们道德上文明，外国人是万万赶不及我们大〔的〕"。他预言，"彼时我中华民国在地球上，不特要在列强中占一席，驾乎列强之上，亦意中事"。③

前边所引述的几则孙中山在民元有关道德问题的言论，有几点是值得注意的：（一）他是从正面谈道德教育问题，并未去讲有关道德崩溃之类的话。（二）他未提到道德重建或恢复旧道德问题，但他强调中国四千年来的良好道德，比外国人的道德好若干倍。这个良好的道德指什么，他也没有说明，不言而喻，是指传统的旧道德。但是，以他本人的名义公布的一系列政策、法

---

① 革命党中对旧传统的存废问题，也有不同看法。黄兴在《答复昌明礼教社书》中即表示，"如孝友、睦姻、任恤之类"可视作中国"习惯之善良者"，不同意将这些废除。（《辛亥革命史稿》第4卷，第133页）

② 《孙中山全集》第二卷，第317页。

③ 同上书，第533页。

律、法令是民主政治的载体，是否定旧传统的政治道德、伦理道德的，二者明显存在对立。如何去解释这种矛盾，孙中山未尝道及。（三）孙中山以物质文明与道德文明并举，这个道德文明，后来他又称作精神文明或心性文明，他是中国近代最早提出建设两个文明的政治家。一百年过去了，孙中山当年提出的任务，直至今日仍然是国人面临的迫切问题。经过长期残暴的、非理智的、反人性的阶级斗争，其结果是与反对阶级斗争的孙中山之始料相一致：世风日下，不知伊于胡底！

民初孙中山讲道德问题，不仅在国内讲，在国外也讲。1913年2月23日，他在东京访问时，便对中国留学生说，道德家必愿世界大同，永无争战之一日。此吾人无穷之愿望，最伟大之思想。又说，"中国此次之革命，就是恢复数千年历史上之文明。从前中国文化，限于亚东一小部分，不能扩张。今日得一种高尚完全之政体，政体既改良，人民道德亦必随之改良，方可表示共和政体之真象。"① 民国既是共和政体，便要实行政党政治，不能搞一党专政。既是政党政治，便有党争。他在1913年3月13日对神户国民党交通部的演说，从党争讲到党德问题。他说："盖党争为文明之争，能代流血之争也。""今各党之争，皆维持民国，以民国为前提，以民国为基础，故曰党争。今日所争为公理，为法律。"又称，"党争有一定之常轨，苟能严守文明，不为无规则之争，便是党德。""此次选举议员，得占多数者（按：指国民党），因有党德，合人民之公意耳。"② 孙中山太乐观了。将成熟的西方政党政治理念移植到中国，名字虽同，实际却变了味。正所谓"桔逾淮而北为枳"，水土不服故也。若按国人的观念，君子群而不党，而政客们结党即为营私，有何"党德"之可言？党争，也就只能演成"宋案"，演成"二次革命"了。

孙中山曾经说过："余之谋中国革命，其所持主义，有因袭吾国固有之思想者，有规抚欧洲之学说事迹者，有吾所独见而创获者"③。从上边所引述的几则有关孙中山在民元对道德问题的言论，可知就其内容而言，确实也包含了因袭、规抚和创获几个方面。尽管论述并未展开，易代之际，他也未能对新旧道德观有所厘定或说明，但已可概见其对政治道德、人伦道德的重视；至于将道德文明与物质文明并举，提到了议事日程上来，尤显示出这位革命先行者可贵的先知先觉处。

---

① 《孙中山全集》第三卷，第25页。
② 同上书，第45页。
③ 《孙中山全集》第七卷，第60页。

二

自汉武帝采纳董仲舒之策独尊儒术以后，历代统治者大都尊孔，标榜以孝治天下。实际上，治术还是刑礼并用。这是传统社会的主流。孙中山承认中国有一个道统。到了他的晚年，他把自己的道德观发挥到了极致，认为家庭、家族、宗族、国族，一脉相承，环环相扣，他阐述了中国宗法社会的这个特点，强调这种关系在当代国家振兴过程中有不可或缺的作用。

"宋案"是中国试行政党政治一个失败的先例，也是"党争"缺乏"党德"的明证。"宋案"引发"二次革命"。"二次革命"以失败告终，孙中山、黄兴等革命党人亡走日本。孙中山有鉴于国民党组织严重涣散和党员人格不齐，缺乏战斗力，故在继续反袁的同时，建立中华革命党。因为过去党员缺乏诚信，所以加入中华革命党的人，要填表、宣誓服从党魁（总理），加盖指模。中华革命党是为反袁量身打造的，它是秘密结社，不是合法、公开的政党，所以除了宣誓（要求诚信）之外，并不讲什么"党争"、"党德"。在孙中山反袁的最后阶段，是新文化运动的开启时期。若按陈独秀的说法，新文化运动原来并不包括社会运动。这个文化，包含道德、科学、文学等方面的内容，后来才明确标示为民主与科学两个口号。有人提出打倒孔家店，与反封建诉求相结合，传统文化、传统人伦道德便又一次（并非"史无前例"）遭受厄运，传统的观念也于焉被毁。适逢巴黎和会上中国蒙受屈辱，引发五四学生运动，新思潮与学潮相结合便有所谓"五四新文化运动"一说。

孙中山作为中国当时最重要的政治家，他不可能不关注新文化运动。但是在第一次护法战争前后（1917—1920年），他主要从事《建国方略》①的编著，并未投身或企图引导这个运动。他对新文化运动及其后续发展、转轨予以高度评论，是1920年的事了。② 然而，我们看到，尽管传统的政治道德、人伦道德受到毁灭性冲击，孙中山却是反对崇洋媚外的民族虚无主义，坚持

---

① 孙中山的《建国方略》包括《民权初步》（即《会议通则》、《社会建设》，出版于1917年）、《实业计划》（即《物质建设》，初刊于1919年）及《孙文学说》（即《行易知难》、《心理建设》，出版于1919年）。

② 1920年1月29日，孙中山《致海外国民党同志函》中讲到："此种新文化运动，在我国今日，诚思想界空前之大变动。推其原始，不过由于出版界之一二觉悟者从事提倡，遂至舆论大放异彩，学潮弥漫全国，人皆激发天良，誓死为爱国之运动。倘能继长增高，其将来收效之伟大且久远者，可无疑也。"又谓："最近本党同志，激扬新文化之波浪，灌输新思想之萌蘖，树立新事业之基础，描绘新计划之雏形者，则有两大出版物，如《建设》杂志、《星期评论》等，已受社会欢迎。"（《孙中山全集》第五卷，第210页）

中国主体论，继续他对传统文化中的精华的肯定。不妨举几个例子，加以证实。

1917年8月25日，孙中山致函日本首相寺内正毅等人，内称："当满人之治中国也，贵族官吏布满全国，道德颓废古难寻例，凡可以助长人民进步、国家发展者均被压抑殆尽。"翌年2月7日，他在广州宴请国会及省议会议员时发表演说，认为："我国历史本素注意政治，所谓正心、〔诚意〕、修身、齐家、治国、平天下，屡言于数千年前，是吾人政治经验，应算宏且富矣。"①他在不同场合公开谴责官僚、武人、政客"廉耻丧尽，道德全无"，"军阀专横，道德坠地"。1921年6月30日，在广东省第五次教育大会闭幕式上，他大讲教育、政治与道德的关系，说"政治的力量，足以改造人心，改造社会"；"试读孔氏书，其教旨于诚意正心修身，以及齐家、治国、平天下三致意焉。所谓齐家、治国、平天下，非政治教育而何？""揆之吾国旧道统、旧国粹，观诸孔氏所言，则不谈政治固已不是"。②他在1921年12月10日对驻桂林准备北伐的滇赣粤军人讲话称，"军人精神教育，根本要求是智仁勇"，说自己是取法现代，尚友古人。这个"智仁勇"出自《礼记·中庸》，谓此"三者，天下之达德也"。所谓达德，就是道德的最高水平。他还找到中西道德的交集点，指陈韩愈说过"博爱之谓仁"。他对"博爱"情有独钟，一生不知多少次对人题写这两个字。对军人讲仁，如果是以战止战（止戈为武）还有点意思，但他对滇赣粤军官讲"仁"，就有点对牛弹琴了。不仅如此，1923年12月2日，又对驻粤各军将领讲话，说我们中国两千多年以前，孔子便曾说过，"大道之行也，天下为公"。他在讲话中要听众为主义去牺牲，造成完全人格，已立立人，已达达人。滇桂军杨刘一伙是孙中山招来的，但又是被孙中山谴责为打着我的旗号来蹂躏我的家乡的"叫花子军"军头们，与言"天下为公"，虽不免有"言者谆谆、听者藐藐"之讥，但其意至善，则无可怀疑。

孙中山晚年，对学生、对党员还大讲特讲人格、道德问题，还从传统儒学中寻求理论依据，且格调甚高。1923年12月21日，他在岭南大学对学生演说，内称，"我劝诸君立志，是要做大事，不可要做大官"。因为"中国几千年以来，有志的人本不少，但是他们那种立志的旧思想，专注重发达个人，为个人谋幸福，和近代的思想大不相合"。③他对学生要求发展德智体，要有

---

① 《孙中山全集》第四卷，第134、332页。
② 《孙中山全集》第五卷，第563页。
③ 同上书，第534～535页。

好人格，提倡"人格救国"。尤其值得注意的是，1924年初，他指示将国立广东高师等三所学校合并改称国立广东大学（即今中山大学前身），他为学校题写的校训是"博学、审问、慎思、明辨、笃行"。这十个字直到今日仍作为海峡两岸中山大学的校训，继承下来。它来自《中庸》，原文是："诚之者，择善而固执之者也。博学之，审问之，慎思之，明辨之，笃行之。"从学习到实践，治学如此，修身又何尝不然。这一套方针，完全得之于儒家学说，实际是"内圣外王"之道，故孙中山说："余之民族主义，特就先民所遗留者，发扬而光大之，且改良其缺点"①，实肺腑之言。

孙中山对党员道德、官员品质也极感不满。1923年10月15日，在广州中国国民党恳亲大会上发表演说，他表示，"本总理向来主张以党治国"，但现在的情况是，本党分子此刻过于复杂，党内的人格太不齐，令外人看不起，所以外人都不情愿加入，帮助本党来奋斗。譬如许多党员，总是想"做大官"，"若是不得志的，不能做大官，便反对本党，去赞成敌党"。他进而告诫："平日立志，应该想做大事，不可想做大官。如果存心做大官，便失去党员的真精神！"② 孙中山这时的道德观，和中国的旧文化已完全融为一体。为准备召开国民党"一大"，他在1923年12月30日对广州的党员作了一次演说，其中谈到中国文化从何而来的问题，他说，大家都知道中国最有名的人是孔子，他周游列国，是做什么事呢？是注重当时宣传尧舜禹汤文武周公之道。他删诗书，作《春秋》，是为什么事呢？是注重后世宣传尧舜禹汤文武周公之道。所以传播到全国，以至于现在，便有文化。今日中国的旧文化，能够和欧美的新文化并驾齐驱的原因，都是由于孔子在两千年以前所做的宣传功夫。但是仅有这种优秀的旧文化是不够的，他表示，要让四万万人民知道我们民族现在是很危险的，外国人常说，中国人是一盘散沙。我们没有民族团体，不过有很坚固的家族和宗族团体，"由这种好观念推广出来，便可由宗族主义扩充到国族主义"。他主张继承"敬宗收族"的传统。他说，"救中国危亡的根本办法，在自己先有团体，用三四百个宗族的团体来顾国家，便有办法"。③ 孙中山的这种设想能否付诸实施，是个疑问。然而，他的用意是实现民族团结，恢复固有道德传统，以挽救民族危亡，他在最后的《民族主义》六讲中始终贯彻的，便是这个思想。

根据鲍罗廷的记述，1924年1月23日下午，是要将国民党"一大"宣言

---

① 《孙中山全集》第七卷，第60页。
② 《孙中山全集》第八卷，第280、281页。
③ 《孙中山全集》第九卷，第238、241页。

的草案提交大会批准的,但这天上午,孙中山派人将鲍请到大会秘书处,表示要取消宣言草案,用《建国大纲》代替它。经过争论,最后决定上述两个文件都交付表决通过。① 宣言虽然通过了,但从1月27日("一大"结束于1月30日)起,他便完全按自己的思想去讲《三民主义》,其中《民族主义》第六讲,便是"怎么样可以恢复我们民族的地位"的问题。

孙中山不同意宣言有关中国是半殖民地的基调,认为中国连殖民地也不如,是次殖民地。这就是中国现在的地位,"由于我们失了民族的精神,所以国家便一天退步一天。我们今天要恢复民族的地位,便先要恢复民族的精神"。他在分析过去国家强盛的原因时指出,除了武力的发展,须继之以种种文化的发扬,便能成功,"但是要维持民族和国家的长久地位,还有道德问题,有了很好的道德,国家才能长治久安"。"我们现在要恢复民族的地位,除了大家联合起来做成一个国族团体以外,就要把固有的旧道德先恢复起来。有了固有的道德,然后固有的民族地位才可以图恢复。"②

如果说,民元以来讲道德问题尚属空泛的话,那么,在这个《民族主义》第六讲中已"具体而宏"了。他说:"讲到中国固有的道德,中国人至今不能忘记的,首是忠孝,次是仁爱,其次是信义,其次是和平。"他详细地分析了这四组八个字传统道德的当代意义和与时俱进的价值。他毫不含糊地表白:"这些旧道德,中国人至今还是常讲的。但是现在受外来民族的压迫,侵入了新文化,那些新文化的势力此刻横行中国。一般醉心新文化的人,便排斥旧道德,以为有了新文化,便可以不要旧道德。不知道我们固有的东西,如果是好的,当然是要保存,不好的才可以放弃。"这些言论表明,他提出要恢复旧道德,并不是全盘照旧接受,而是有所扬弃,有所继承。除了恢复旧道德,还要恢复固有的智能,即中国古时很好的政治哲学,这是外国的大政治家还没有见到。还没有说清楚的,"就是《大学》中所说的'格物、致知、诚意、正心、修身、齐家、治国、平天下'那一段的话。把一个人的内发扬到外,由一个人的内部做起,推到平天下止。象这样精微开展的理论,无论外国什么政治哲学家都没有见到,都没有说出"。他断言,这是我们政治哲学中的宝贝,是应该保存的。恢复我们固有的道德、知识和能力,恢复我国一切国粹之后,还要去学欧美之所长,然后才可以和欧美并驾齐驱。有了这个地位,还要济弱扶倾,才能以道德和平去统一世界,成一个大同之治。这便是我们

---

① 亚·伊·切列潘诺夫著:《中国国民革命军的北伐》,第70～75页。
② 《孙中山全集》第九卷,第242、243页。

四万万人的大责任。①

通过恢复固有道德去振兴民族精神以臻国家于富强之域，这是一个很严肃的命题。在国家积弱颓衰任由列强宰割之际，孙中山提出这个命题究竟有多少可行性姑且不论，但他提出这条救国之道，却是用心良苦，甚至有些令人难以理解。他在"一大"会议上表态，宣言中所阐述的三民主义是"真解"，可是《三民主义》十六讲与宣言内容实大异其趣。通过上述民国元二间以来以迄于《民族主义》讲演，人们不难发现，孙中山有关道德观的言论，是前后一以贯之，愈到后来愈加详细明确，显然不存在孙中山思想的回归问题。他明显地认识到，道德问题不仅关系国家形象，也关系国家、民族的兴衰，道德实际起国家统治的调控作用，它直达国家权力不及之处。他在1920年1月致国民党海外同志书中极口称赞新文化运动（从道理上讲也应当是肯定新文化），何以不过五年光景，便对新文化大不以为然？孙中山绝非顽固守旧之人，他对西方思想学说的了解是直接来自西著，而非如梁启超等一批人是通过日译西著转手了解的，他说的新文化包括哪些方面，他为何对新文化横行中国如此厌恶而亟亟于恢复旧道德，确实发人深思。

孙中山言论中从未出现三纲、五常、四维、八德——中国传统道德的精义通谓。他不使用这些名同，应当是他认为不宜再使用，革命党思想是与之对立的。但孙中山却要恢复其中的大部分内容。"三纲"是不要了，不必讨论。所谓"五常"，指仁义礼智信（出自《汉书·礼乐志》刘向议与《白虎通·情性》），这五目，除了"礼"，其余四目，已多处提到（如讲智仁勇，讲仁爱，讲信义）。"八德"，便是"忠孝仁爱信义和平"，这是孙中山要恢复的旧道德的主体。所谓"四维"，是《管子·牧民》所说的，"礼义廉耻，国之四维。四维不张，国乃灭亡"。"义"与"廉耻"，孙中山曾不止一次讲过，可见不是不要。至于"礼"，孙中山确实没有专门去讲，但他讲"修身"、"齐家"，也讲中国人不注意礼貌的问题。何况，哪个国家、政权、个人不必讲礼仪、仪轨、礼节、礼数、礼遇与礼貌呢？不能因袁世凯提倡过礼义廉耻，便以为"礼义廉耻"不可再用。道德有承传性、内涵有时代性，极而言之，从理论上考察孙中山在其恢复旧道德诉求中不提"礼义廉耻"，是一个严重缺失。到了一个最重要的政治家、一个执政党连"礼义廉耻"都不敢张扬的时候，社会道德之崩溃，也就思过半矣。

孙中山的道德观是与时俱进的，并非仅限于恢复旧道德。1924年5月2日，他在岭南大学黄花岗纪念会上演说，其中讲到人类的道德观念的问题、

---

① 《孙中山全集》第九卷，第241～254页。

他说:"现在文明进化的人类,觉悟起来,发生一种新道德。这种新道德就是有聪明能力的人,应该要替众人来服务。这种替众人来服务的新道德,就是世界上道德的新潮流。"他以黄花岗烈士中有许多有本领、有学问的人舍身救国、视死如归为例,他们"为人类来服务的那种道德观念,就是感受了这种新道德的潮流"。① 这样,在旧道德与新道德之间,他找到了一个接合点,即人类的道德精神在"以服务为目的","为主义而牺牲",所以他称三民主义是救国主义,熔新旧道德于一炉,也就比《民族主义》六讲的内容更为丰富,更具时代性。

三

孙中山讲恢复旧道德,也承认"发生了新道德",但并未讲重建道德的问题,也没有将他的民德观发展成"民德主义"。

1923年1月7日,徐绍桢以孙中山代表的名义在洛阳拜访吴佩孚。在徐绍桢转达孙愿与吴合作意向后,吴回应了己方的态度,其中讲到有关对孙中山三民主义的评价,内称:"吾观孙先生过去之经历,虽可认为一伟大人物,然彼之知识与言论,与其谓为中国之固有,毋宁认为祖述泰西之为愈,彼不捃摭我国数千年来蓄聚之文物,在传统的根柢之上,施以适应时地人之建设,乃骤然揭橥三民主义而拟施于固有文化有基础之中国,其不能及时实行固宜。""孙先生提倡之三民主义,即民族主义、民权主义、民生主义,若单以主义而论,无一而非适切之主张。三民主义,由一面观之,虽为政治之题目,然概括而言,毕竟为权利之主张,若一面念及义务附随权利之真理时,则不可不考虑及于实行义务之训练方法。若徒唱权利以饵民,而不关心于义务训练,则作为一个实际政治家,势必至使人民趋利,大局非土崩瓦解不止。枭雄张作霖曾对孙先生使者汪兆铭解释三民主义之际,漫然说及应加'民德主义',不为无见,盖民德乃指彻底之义务观念也。"吴佩孚最后表示:"余信政治上之要谛,在于道德,而孙先生似认政治为一种技术。不知大学所谓治国平天下之根源,在于诚意正心修身,示人以万姓率由之轨范,余奉此信条而

---

① 《孙中山全集》第十卷,第156页。

不渝,故不能与孙先生共同行动。"① 上边冗长地引述吴佩孚的话,无非是想说明一点,奉张与洛吴都认为,三民主义不够,应当增加"民德主义"。孙中山可能从未想到他的"救国主义"会受到北方武人的异议。他不能不作出回应。

孙中山在 1922 年"六一六"陈变后返上海,在继续搞孙段张三角同盟(反直)的同时,② 又在搞孙共(共产国际、中共)吴合作。因京汉铁路成立总工会事吴共双方关系紧张,演成"二七"惨案,孙吴共合作亦随之破局。徐绍桢赴津赴洛,实为破局前力图挽救之举。孙吴合作,本极勉强,盖孙第二次护法(1920 年至 1922 年 8 月)原系联合段张反对曹(锟)吴(佩孚),谴责陈炯明与洛吴勾结;"六一六"陈变后自己与洛吴求合作,便难于自解了。吴佩孚对三民主义有否了解,他对孙自民元以来有关道德问题的言论是否清楚,笔者无从知悉;但吴氏对徐绍桢谈话表示认同张作霖关于应加"民德主义"等言论,徐按常理应向孙中山报告。冈野增次郎是吴幕的日本顾问,他在《吴佩孚》一书中记述徐、吴言论綦详,其所记准确与否,也无法证实。要而言之,张作霖对汪精卫所言应增加"民德主义"一说,当属可信,这大概就是前引孙在《民族主义》六讲中大讲"恢复旧道德"之所由来。认真查对吴对徐所说与《民族主义》六讲的内容,明显是后者对前者的回应。吴氏未必看过《民族主义》六讲,也不一定知道孙中山的回应,但有一点是可以肯定的,在对待固有文化的态度上,站在不同政治立场的孙吴二人,却有极为相同的认知:传统文化的精华部分仍然有其价值。当然他们并不曾料到,正是有其价值,日后才有疯狂岁月的"破四旧"、"批林批孔"运动,才有目前遍布世界通都大邑的孔子学院。

以儒学为主流的中国传统文化,或被称为国粹,它是两千多年来维系中华大一统、光被四表的精神纽带。它是中国重要的"软实力"。孙中山坚持

---

① 吴相湘著:《孙逸仙先生传》下册,第 1530~1531 页。这段文字的注文为:"三十六 冈野增次郎:吴佩孚(昭和十四年即一九三九年,东京刊)第四三九——四四四页。此处据《新中国评论》第三十六卷第四期李满康译文。"原书记会见日期为 1922 年 10 月 2 日,有误。今据《白坚武日记》上册第 403~404 页:"1923 年 1 月 7 日,星期日。吴使宴徐固卿、谢敬虚于家。下午余送徐、谢等往郑州,至金谷园车站送别。"另据《孙中山年谱长编》下册 1535~1536 页(据《国父年谱》增订本下册第 1027~1028 页),徐绍桢于 1922 年 12 月 18 日报告在天津活动情况。徐当是在津活动后赴洛阳。今用白坚武所记日期。

② 据罗刚编著:《中华民国国父实录》第五册第 3938、4089 页所记,汪精卫曾于 1922 年 3 月初、1922 年 9 月两次赴奉天。另据《孙中山年谱长编》下册第 1550 页,汪于 1923 年 1 月 10 日生病,刚由奉天返沪。张作霖何时与汪谈孙"民德观"之事,不详。

"天下为公"的思想,将中国之所以有文化,归功于孔子。他在1921年2月对共产国际的马林宣示,曾经为说服一个青年军官加入国民党,"一连八天,每天八小时,我向他解释我是从孔子到现在的中国伟大的改革家的直接继承者,如果在我生前不发生重大的变革,中国的进一步发展将推迟六百年"①。戴季陶在谈同一件事时称,孙说自己是文武周公孔孟以来道统的继承者,是否如此说过,史料无征。但有一点是肯定的,即孙承认中国有一个道统,它是正面的,而他说自己是道统的继承者,虽有些牵强,但也不能完全排除说过的可能性。其一,从民元演绎下来,他逐渐将继承旧文化、旧道德纳入民族主义范围中,而且有顺理成章的趋势。其二,他的"五权宪法",除了行政、立法、司法是"规抚"西方法制思想外,所加上的考试、监察,是他从中国传统政治中"因袭"过来的优秀制度。其三,他明白说过,"民生主义"实发端于孟子。既然三民主义的每一部分均与中国传统文化有关,那么,他将三民主义视之为中国传统文化的延续,自视为道统的继承者,也是言之成理。吴佩孚可能并未了解这些情况,贸贸然斥之为仅"祖述泰西",未免厚诬孙氏了。

张吴二人建议孙中山在三民主义之外增加"民德主义",不能认为是出于恶意,也并非不可取,完全可以择善而从。事实上,孙中山对三民主义,也是可加可减,并非一成不变的。民国成立后,孙认定民族、民权两主义已实现,现在只有民生主义未实现,便到处讲社会主义,讲建设,修铁路。那时是"一民主义"。到"二次革命"失败后成立中华革命党,党纲中只有民权民生两主义。及至1919年10月10日宣布改称中国国民党,又恢复三民主义。当然,孙中山没有采纳"四民主义"这个建议,而是将"民德主义"的内容融入民族主义之中,并凸显其地位,这既接受了要他重视民德的意见,也符合孙本人的意向,更省去主义增加所带来的困扰。内涵可变可解,但框架不可乱动,毕竟,"三民主义"是孙中山与国民党标志性的"图腾",任何改动,都会引起不必要的争议,徒滋纷扰,分散党内注意力。另外,从孙中山的为人看,他对一些问题,可以从善如流,说改就改;但对他认定的死理,则毫无通融的余地。即如来自共产国际对中国国情的分析,指中国为半殖民地,他就期期以为不可,认定中国为次殖民地,并在《民族主义》六讲中加以批驳,毫不客气。三民主义是孙中山的"创制",若改为"四民主义",乃是接受张胡子与吴秀才的指教,一旦内情传出,岂不贻笑大方?还有,孙中山将自己的民族、民权、民生三主义对应为西人的民有、民治、民享,若增

---

① 《马林在中国的有关资料》(增订本),第23页。

加民德主义，便无所对应了。构建一个理论体系不是可以一蹴而就的事，以当时孙中山所处的战乱局面与年龄已入老境，理论上要再有创制并得到党内同志认同，也良非易易。最后一点是，孙中山历来讲道德文明（即心性文明、精神文明），讲这些传统文化要比欧美不知好若干倍，现在将恢复旧道德作为振兴民族登国家于富强之域的基石，已将"民德"思想融入民族主义，毫无痕迹，已臻完善，这正是孙中山的高明之处。论者以为它证明孙中山晚年思想的倒退，是对五四新文化运动反封建的不满，是否如此，乃是值得深入研究的。

从俄国传来的阶级斗争理论和斗争方式，在中国变本加厉，运动群众，国无宁日。经过数十年穷折腾，痛定思痛，在深感公德、私德、民德、官德均无可言的情况下，相信"中庸之为德也，其至矣乎"（《论语·雍也》）的人逐渐多了起来；执事者闻风鼓舞，顺从民意，倡言建设和谐社会，此乃明智之举，理应普天同庆。知耻而后勇，若能高扬"礼义廉耻"大纛，"君子之德风"，上行而下效之，礼乐刑罚并施，敬业乐群，民生乐利，则民风民气之变，其庶几乎，此亦孙中山提倡"恢复旧道德"之至意也。

孙中山《大亚洲主义》演说新议

1924年11月28日，北上赴京商量国是的孙中山，绕道日本，在神户高等女子学校做了一次"大亚细亚问题"的演说。这篇由黄昌谷记录的演说词，经孙本人订定，于同年12月8日由上海《民国日报》正式发表，取名"《大亚洲主义》演说辞"。由于这是孙中山生前所作的最后一次演说，而且是他对日本国民、实际是对日本政府直接发出的呼吁，故90年来，一直受到中日舆论界与学界的重视，被反复研究和引用。孙中山为何做这个演说，他在演说中讲了些什么，哪些问题他应该说而没有说，这个演说日本人听明白了吗？本文对以上问题，拟重加探讨，发表一点浅见。

一

1924年10月23日，在直奉战争中，直系将领冯玉祥发动北京政变，终结了由直系曹吴控制的北京政权，这对参与孙段张"三角反直同盟"（外加交通系）的孙中山而言，无疑是事发突然，感生意外之举。冯段等人相继邀请孙赴京共商国是。在经过一番考量之后，孙发表《北上宣言》，宣示政见。孙中山早已有意往日本一行，但苦无机遇。他抵沪以后，被派赴日本宣传"吾人之大亚洲主义"并发起组织"亚洲大同盟"、"以抵抗白种之侵略"的李烈钧于11月17日回到上海。孙与之长谈。李认为，日本老友甚多，如头山满、犬养毅等，皆彼国之贤达，与总理夙相契厚者，"倘过日本晤谈，获益必大。总理乃定取道日本之计"①。11月20日，《东京朝日》刊载李烈钧的谈话，谓李"以日本民间主张中日提携的舆论有所抬头，认为抵津前有与日本各方面疏通之必要，劝孙赴日本一行"。孙于是借口沪京铁路不通、沪津轮船近期头等舱位已售罄，只得乘日轮绕道日本赴津。但是，尽管通过各种关系进行联络，并由国民党驻日代表殷汝耕与外务省官员一再交涉，日本当局就是不允许孙中山赴东京。这样，当11月24日孙中山抵神户后，虽然得到日本官方的适当保护与提供方便，但也只能在该地与日本各界人士会见了。

---

① 《李烈钧将军自传》，《近代稗海》第九辑，第74页。

但是，日本舆论界对孙中山赴日一事却极为关注，各地报纸连篇报导。11月27日的《神户又新》等报刊登广告，由神户商业会议所主持，《大阪朝日》、《大阪每日》、《神户新闻》、《神户又新》四家报纸为后援，发起"孙文氏讲演会"，题目是《大亚细亚问题》。广告称："支那革命党之先党〔觉〕，东亚联盟之首倡，日支亲善之楔子孙文，作为支那新政一方领导人，在赴北京途中，力求我国国民之理解，前来神户。兹亲临讲坛与市民诸君相见。有志诸君请来听此风云人物的狮子吼，使日支亲善向亚细亚解放联盟百尺竿头更进一步。"① 日本人出这个题目，要孙中山回答，从广告所强调的要求看，重点是中日同盟、驱逐白人势力出亚洲，即亚洲门罗主义——"亚洲是亚洲人的亚洲"的问题。前者是孙中山的"首倡"，后者却是日本人追求的目标。

日本人要孙中山讲"大亚洲问题"，《民国日报》消息作"大亚细亚问题"，演说词刊出时称"'大亚洲主义'演说辞"，可以说，在孙中山的概念中，它们实际上是同一个意思。那么，为何这个时候日本人出这个题目要孙去做，而孙又公然乐于答应呢？要回答这个问题，还得从当时的形势与国际环境去找答案。

大亚洲主义，作为一个口号或理想，最早是日本人提出来的，后来孙中山也使用这个词汇；但从一开始，孙的理解与孙的意向同日本人的诉求便不相同。早在19世纪五六十年代，日本便有人提出"日清提携论"，旨在抵御西势东渐。到了明治初年，更有论者表示要与邻国交好、联合，在自由民权运动中宣传，将亚洲被侵害的国家结成"万国共议政府"。这种主张，反映了在西方侵略日逼的形势下部分日本人士的危机感和日本的"亚洲使命感"，这是日本大亚洲主义的萌发阶段。但是，随着维新运动开展，福泽谕吉的"脱亚"入欧论调喧嚣起来，日本政治体制的变革引起社会意识形态的变化，欧美化思想、民粹主义、大亚洲主义杂陈。1893年，樽井藤吉出版《大东合邦论》，主张日中两国合纵，进而形成"亚细亚黄人国之一大联邦"。这里指的"大东"，是大韩与日本，这种大亚洲主义已包含了灭亡朝鲜的意识。在甲午战争中击败中国后，由于列强在华掀起瓜分狂潮，日本深感这场瓜分危机实际对其不利，因而急于修好对华关系，以期"保全支那"。1898年东亚同文会的近卫笃麿即提出此主张，强调亚洲国家的联合，抵御列强。1900年10月号《实业之日本》杂志社论，更明白主张保持和扩大在华权益，在中国及南洋扩大通商航行权，由日本保全中国，作为该国的市场，以供日本在东亚的

---

① 陈德仁、安井三吉编：《孙文与神户》。转引自拙著：《孙中山与日本》，第599页。

经营。日本的大亚洲主义所体现的"亚洲使命感",既产生于"亚细亚联带主义",也具有亚洲人种的文化优越感,体现于日本的国粹主义,具有日本领导"亚洲民族使命"的内涵。1898年日本政府提出"刷新外交,扩张国权"口号,与此前颁布的《大日本帝国宪法》(1889)、"教育勅语"(1890)确立日本天皇绝对的政治权力与最高的精神权威地位相结合,产生日本的亚洲共同体的指导观念。当一般的理论与政权相结合之后,这种"东洋的理想"即日本的大亚洲主义,经过八国联军侵华、日俄战争和中国辛亥革命颠覆帝制,形成日本国家主义理论,是一种"作为理论的亦即思想的体系适合统治权力的侵略方向的形态"[①]。由于日本资本主义带有浓厚的军事封建色彩,其理论也缺乏深度,故日本的大亚洲主义往往等同于亚洲门罗主义,成为步武美国的一种区域霸权的从属性思想。其右翼虽然也主张中日提携、东亚联合,但是它体现了日本国粹主义、国权主义思想,主张并吞朝鲜、西伯利亚、满蒙乃至称霸全中国。抱持这种主张的日本人各界都有。其极右翼日本浪人组织玄洋社、黑龙会,最为活跃。不过,即使是浪人,态度也不尽一致。同是浪人首领,内田良平锋芒毕露,头山满思想则较接近日本贵族近卫笃麿,而宫崎寅藏、萱野长知等极少数人主张"中东(中日)合同"说,意在自由民权,联合亚洲弱小民族,与孙中山的大亚洲主义思想相通。进入大正时代(1912),日本侵华活动日益猖獗,两次满蒙独立运动、"二十一条"等是为标志性举措。这时大亚洲主义被高唱入云,最具代表性的是1916年出版的小寺谦吉的《大亚细主义论》,他提出以"白祸论"抵制"黄祸论",联想到日本借欧战之机大肆在华扩张,实际是要由日本取代欧美帝国主义在华权益,在日本指导下改造中国,这个大亚洲主义是什么货色,则思过半矣。

1924年,由美国排日移民法引发日本朝野的强烈反美情绪,大亚洲主义论的讨论达到空前的热闹。6月5日,日本19家报纸联合刊登广告,反对移民法苛例。10月,《日本与日本人》杂志发行《大亚细亚主义》特集,这个特集刊登了日中印等国50位论者对大亚洲主义的评论文章,可谓集大亚洲主义观的大成。这些论者中,不乏知名之士。意见大致分为赞成与反对两种。编辑意见,认为排日移民法是"对全亚洲民族大宣战布告",故应确立大亚细亚主义,唤起舆论,主张"在日本培养成熟"的儒教与佛教作为日中印三国提携的联接点(大石正巳:《大亚细亚主义确立》)。后藤新平主张以亚洲门罗主义对抗美国的门罗主义,支持大亚细亚主义(《亚细亚机枢之把握》)。

[①] 原田胜正:《大亚细亚思想形成之展望》。转引自藤井昇三著:《孙文の研究》,第215页。

柳原义光认为美国的排日将发展成黄白人种的斗争（《亚细亚民族之结合》）。井上哲次郎根据亚洲宗教、文化的优越性，支持大亚细亚主义的见解（《关于东洋的宗教与哲学》）。这类观点，是以排日移民法为发端，从对美国（白色人种）的反感，发展到亚洲民族（黄色人种）的联合。但也有论者认为这种合作或联合不存在实现的可能性。反对意见的观点也很明确。例如，志贺重昂认为，由于日本人的利己之心，口称同文同种，与亚洲提携，但真正的提携却未出现，没有可能结成亚洲联盟（《无希望之亚洲联盟》）。市川源三（女子教育界）说，日中间不可能和亲，从英德、法德等白人之间的关系考察，证实以人种间斗争为前提本身是错误的（《排大亚细亚主义》）。殷汝耕表示，国固无华夷，洋无东西，人无黄白人别，不赞成大亚细亚主义，主张代之以日支提携论；日本压制弱小民族，无提倡大亚细亚主义之资格（《何物大亚细亚主义》）。历史学家稻叶君山认为，日本借美国排日（鼓吹大亚细亚主义）动机不纯，迹其心事，不过以排日问题为掩盖物（《大亚细亚主义之障碍》）。如此等等，各说各话，舆论庞杂，但即使日本人也多不以其所唱大亚细亚主义为然，这是显而易见的。

二

《大亚细亚主义》专号是1924年10月1日发刊的，孙中山是否看过它，不详。但是，孙对日本反对美国移民法，是有其看法的，即认为日本更应该做的事情，是反省它的对华政策。至于讲到他抵日后接受日本人点题要他讲"大亚洲问题"，不妨略为回顾一下他对"大亚洲主义"和"亚洲观"的陈述。

1897年孙中山第一次流亡日本之初，在与宫崎寅藏笔谈时，后者提出"中东合同，以为亚洲之盟主"[①]，孙完全同意这种观点，并将以中日同盟作为亚洲大团结的基础的主张坚持到此后28年的革命过程中。1913年2月孙中山访日，对日本人说，"亚细亚者，为亚细亚人之亚细亚也"[②]。他回国后对国民党干部表示，"现在日本在朝在野之政客，均有世界的眼光与智识，且抱一大亚洲主义"[③]。此际他还与刚卸任的日本前首相桂太郎会谈，强调"就大

---

① 《孙中山全集》第一卷，第181页。
② 《孙中山全集》第三卷，第15页。
③ 同上书，第51页。

亚细亚主义精神言，实以真正平等友善为原则"①。他出席东亚同文会的欢迎会，演说中他强调自己是一个大亚细主义者。经过"二十一条"交涉，孙中山似乎未改初衷，在1917年5月出版的《中国存亡问题》一书中，他写道："夫中国与日本，以亚洲主义，开发太平洋以西之富源，而美国亦以其门罗主义，统合太平洋以东之势力，各遂其生长，百岁无冲突之虞。"② 以上诸端，可见除表述以"真正平等友善为原则"去标示自己的大亚洲主义精神，与日本人一般对大亚细亚主义之陈述并无轩轾。不过，要说孙中山对日本的大亚细亚主义缺乏认识，也不尽然。1917年元旦，孙在《朝日新闻》发表《中日亲善的根本意义》，即批判日本对华外交，要求废除不平等条约。此后类似言论渐多。1923年11月16日，他致长函给老友犬养毅（时刚加入新组成的山本权兵卫内阁，任邮电大臣兼文部大臣），严厉批判日本对华外交，谓："贵国对支行动，向亦以列强之马首是瞻，致失中国及亚洲各民族之望，甚为失策也。"又谓："不图日本无远大之志、高尚之谋，只知步武欧洲之侵略手段，竟有并吞高丽之举，致失亚洲全境之人心，殊为可惜！"他认为，欧战以后，发生一种新的世界势力，此势力即受屈部分之人类咸得大觉悟，群起而抵抗强权之谓也，而"赤露"（苏俄）便是这种势力与亚洲人民的希望，"本洲既无济溺扶倾、仗义执言之国，故不得不望于赤露"。他指陈："夫再来之世界战争，说者多谓必为黄白之战争，或为欧亚之战争，吾敢断言其非也，其必为公理与强权之战也。而排强权者固以亚洲受屈之人民为多，但欧洲受屈人民亦复不少，是故受屈人民当联合受屈人民以排横暴者。"他认为在欧洲俄德是受屈者之中坚，英法为横暴者之主干，美国必不为受屈者之友朋断可知也，"惟日本则尚在不可知之数，其为受屈者之友乎？抑为受屈者之敌乎？吾将以先生之志能否行于山本内阁而定之。若先生果能行其志，则日本必将为受屈者之友也，如是，则对于再来世界之大战争不可不准备也"。孙中山进而陈述，准备之道有二：一是支持中国革命使之成功，统一、独立，一举打倒列强之束缚；二是日本应首先承认苏俄政府。他最后表示，"以上二策，实为日本发扬国威、左右世界之鸿图。兴废存亡，端系乎此"③。孙写此函是听了来访的山田纯三郎获悉犬养入阁的消息后，喜不自胜，经"两日两夜不阖眼写出来的"，又经"宋庆龄夫人整理原稿，然后由孙文先生亲自推敲"，于10月

---

① 中国国民党党史会编：《国父年谱》上册，第494～495页。这些话是并未参与孙桂会谈的胡汉民事后说的，孙桂会谈也未留下记录。姑且信之而已。

② 《孙中山全集》第四卷，第95页。

③ 《孙中山全集》第八卷，第401～406页。

24 日写成的（《孙中山全集》具日期为 11 月 16 日）。山田的以上记述当是有据。我们今日能看到的影印件，长约 4000 字，是孙中山亲笔所写。自中国同盟会成立，孙之公私文牍，多由秘书代笔，而此长函居然由孙亲自操觚，足见其重视程度之高。对于日本，孙中山可谓望至厚而恨至切，他在该函中称："乃日本对于支那之革命，十二年以来，皆出反对行动；反对失败，则假守中立以自文，从未有彻底之觉悟，毅然决然以助支那之革命，为日本立国于东亚之鸿图者。"又警告说："须知欧战后，不独世界大势一变，而人心思想亦为之一变，日本外交方针必当随而改变，乃能保存其地位于世界也，否则必蹈独（按：指独逸，德意志之日译）之覆辙无疑也。"① 有关谴责日本侵华外交与要求日本承认苏俄政权的话，在是年 4—5 月间会晤鹤见佑辅时，孙也曾经说过，认为他对日本还未绝望，中日俄结成同盟，仍以日本为盟主，图东亚民族之复兴，此乃我等之所望。但是，能否成为事实，则"中国人民以深疑的目光继续注视着日本"。②

1923 年 1 月发表《孙文越飞联合宣言》后，孙中山正式启动联俄外交政策，打倒列强、废除不平等条约的口号已公开呼喊。孙第三次开府广州，日本驻广东总领事天羽英二随即履新，而且，孙身边即有日本军事顾问，孙之一切言论举措，无不在日本人耳眼之中。

按常理说，孙段张三角同盟，因三家均与日本素有渊源，若此同盟控制中国，与日本结成密切关系，对日本而言是天赐良机，何以日本对孙访日反应冷淡，犬养毅也仅是派代表古岛一雄到神户去见孙？很明显，可以判断，由于孙所推行的反帝、废除不平等条约、联俄外交政策、在广州镇压商团、支持工农运动等政策，在国内外反应强烈，三角同盟必然破局，日本明白这一层，当然便不会与孙绑在一起，以免引起欧美及段张等实力派不满。另外，因当年清政府与沙俄订约（日俄战后转入日本手中）的旅大租期已满，国内强烈要求收回，日本死赖不交，孙中山持何种主张，迄未表态；日本当然希望孙能做有利于自己的表态，这便是内田良平劝头山满去神户，强使孙回答的由来。除此之外，因孙一再表示要中日合作、搞东亚联盟、宣传大亚洲主义，到底他是怎样的一个"亲日派"，故出了这样一个题目，让他来讲个明白。

---

① 《孙中山全集》第八卷，第 404～405、406 页。
② 鹤见佑辅：《广东大本营的孙文》，《改造》大正十二年 7 月号。

三

日本神户大学安井三吉教授所写的《孙文"大亚细亚问题"讲演的确立及其结构》一文（中译见《孙中山研究》第八集，《中山大学学报论丛》哲学社会科学 25，1991 年），根据中日韩及西文资料，详细介绍了这次演说的背景、过程、内容与后续评论。下面，根据安井教授的文章，归纳介绍一下演讲会进行的情况。

神户高等女子学校（相当于高级中学）旧址在今神户市中央区山手通（大街）。1924 年 11 月 28 日，从中午开始，女高正门前就开始人潮汹涌。午后 1 时，孙由夫人宋庆龄、翻译戴天仇（季陶）陪同，从住地东方大旅馆出发，乘汽车 15 分钟，到达学校门口，受到校长篆原辰次郎等人的欢迎。在三楼休息室停了片刻，先到大礼堂，对千余名女高学生致辞，略谓："隔了好几年来到此地，看到各方面的进步，尤其是看到女子教育的非常发达，值得庆贺。贵国的昌盛是发因于距今六十年前的维新改革。中国今日的革命即相当于日本的明治维新。东洋的和平将根据这个维新的完成与两国的合作而确保。即中国革命的成功是中国与日本所共同祝福之事。故望日本同情我中国之革命。"讲完之后，宋庆龄站起来，用英语讲妇女之觉醒，由该校心理学教师冢本藤子作翻译。其后，篆原校长致谢辞，众人退场。原定 2 点开讲时间已过，市民仍继续集中在正门前，高喊："开门！快开门！"声音混乱，有人还企图从旧校舍的门钻进来，因互相挤拥，"连那个坚固的铁栅栏都被折断了"。2 时半，大门开时，等待着的市民冲进大礼堂，哑着嗓子维持秩序的警官也毫无办法，转眼间礼堂就坐满了人。就是孙中山本人也进不了场。"今天人潮好象要挤到天花板掉下来的程度"，人潮不断拥入。看到这种情况，孙中山提出："如果邻邦诸君对我的东亚政局问题有兴趣的话，今天可以再作一场讲演。"结果，将风雨操场作为第二会场，总算把挤不进来的市民安置了下来。

演讲从第二会场开始。神户商业会议所所长泷川仪作作为主办单位代表首先致辞，他以"日中对等同盟论"为主题叙述道："欧洲大战已经结束，根据凡尔赛条约，世界现已走向和平。而东亚的和平将根据（日本与）中华民国缔结完全对等的同盟加以解决。中日两国在感情上一天比一天亲善。中国的内乱今后也将根据超人的孙阁下以及与孙阁下意见相同的各位人士的英明决断，予以解决。东亚的和平即世界人类和平的确立，时机已经到来，解决的钥匙在孙阁下手中。我代表日本国民向孙阁下致以最崇高的敬意！"值得注意，泷川会长除了说恭维的话之外，他称中国而不称支那，称中华民国而不称支那共和国，这反映了主办方对客人的尊敬，这是难能可贵的。孙中山无疑感受到了对方的诚挚不俗。他接着致辞说:"今天承蒙大家热烈欢迎,感慨无量!今天各位听众不能进入会场而不得不设第二会场,没有机会听到全部讲话,对此感到遗憾。由于在第一会场演说的内容明天将会见报,因此请为原谅。"说完便移步主会场即大礼堂、第一会场。

在孙中山在第二会场讲话时,大礼堂由《大阪朝日》中国部部长神尾茂以《介绍孙文》为题,作了简单的发言,当时大礼堂嘈声震耳欲聋。3点已过,由泷川会长为先导,孙中山等上台,顿时"响起雷鸣般的喝彩声、万岁声,挥舞帽子者、高举双手者,场内宛如欢迎凯旋将军一样,充满了激情"。泷川会长向听众介绍说:"借当今世界伟人、我等平素敬佩不已的孙阁下来神户的机会,得以在此亲聆宏论,非常高兴。在此先对阁下表示深切谢意。"接着,孙中山就位,作了此前11月25日神户商业会议所副所长西川庄三与孙约定的《大亚细亚问题》的演说。

孙中山在神户的这个演说,第二日(29日)日本各报作了报导。记者视角不同,各有取舍。由于孙本人未曾授权日方发表演说记录全文,所以日本各报登载的都不能认为是正本,所有评论,只能以12月8日上海《民国日报》所刊"《孙先生〈大亚洲主义〉演说辞》(黄昌谷)"为准。据黄昌谷在1925年4月30日所作的《大元帅北上患病逝世以来之详情》讲演中所说,孙在"十二月一日清晨便在船上修改昌谷所记的在日本各地之演说词"①。按理说,这个演讲记录稿也在修改之列。问题在于,12月8日正式文本与原记录有什么不同,即删去了什么内容又增加了哪些文字?哪些话过去讲过、演讲时未讲、事后又另作补充的?要确切查明,实在不易,因为国民党史料部门始终未公开经修改的黄昌谷记录稿。由于看不到这个经修改后的记录稿,我们只能从中日文记载的勘比中去考察一些问题。

安井的文章中,引述了《神户又新》11月29日的报导,我们不妨予以转录,看比较详细的日本报导是些什么内容。

穿着玄色唐装的孙文在日语属中国第一人的戴天仇陪同下,出现在讲演台上,一边以极端平民化的微笑向满场听众表示感谢之意,一边开始作如其他记载的宏远的孙氏一流的大亚细亚论。开头他说:"我对此前从未有过的诸君的这种欢迎,实在感激不尽。"然后,稍为加强了语气,断言:

"诸君!大亚细亚主义是如何形成的呢?亚细亚固有的文化是政治

---

① 黄昌谷:《大元帅北上患病逝世以来之详情》,广州民智书局1925年版。转引自陈德仁、安井三吉编:《孙文讲演〈大亚细亚主义〉资料集》,第262页。

的、道德的也是工业的，无论如何也比欧洲的文明优秀。为什么今日我等受彼等压迫呢？然而，亚细亚民族已经渐从五百年的长睡中醒过来，今日正急于摆脱这个压迫。这个觉醒的转机实在是由于三十年前日本废除了不平等条约，得到欧美各国同等的待遇。"他更进而论述：

"然而，亚细亚民族中，现在仍受西方压迫，几乎处于殖民地待遇的尚有许多国家，暹罗如何，波斯如何，我想此等之现状为何迄今仍受侮辱，真是不可思议。这主要是由于，我等二千年前所有的基于正义道德的文化，不能战胜西洋近时产生的以武备武力为主的霸道文化的缘故，对此我坚信不已。"

继而又谈到，日俄战争时亚洲民族对日本的伟大功绩感谢不已的情景，听众一字不漏地认真听着，连一声咳嗽也没有，就象被这位超人的伟人迷住了一样，一片肃静，孙氏越来越进入本题，提高语气，大声地告诉听众：

"亚洲民族应该专心致志于独立运动，为此，不要仅仅限于中日结合的狭小范围，必须进而谋东亚民族的一大团结。"

孙氏讲到独特而远大的理想，东亚的文化仅以道德为基础，感动了大多数听众，引用英国在尼泊尔为例以充分理由加以详细说明后称：

"亚细亚民族有占全世界二分之一人口的十八亿，有富饶的土地。我们一方面以道德为基础发展很好的文化，计划结成一大团结；另方面为正当防卫西势的东渐，也必须以西方文化所谓的武力来予以回报。"

他高声讲到这里时，听众拍手喝彩，但他并未停止，又继续谈到，为什么俄国为欧美各国所讨厌呢？这正是否认西方文化、讴歌以正义人道为基础的文明。孙氏以独立见解热情地进行辩论，约一个半小时时间才结束。西川庄三致结束辞。顿时响起暴风般掌声，响起万岁的欢呼声，震撼着会场，非语言所能充分表达。四时半过后，渐渐在万岁声中散去。受到这样热烈的欢迎，孙文一定是满意的。①

是晚6时半，中国驻神户领事馆、神户商业会议所等联合主办宴会，欢迎孙中山。孙又在会上作了长篇演说（《日本应助中国废除不平等条约》）。孙要求日本应率先伸出援助中国废除不平等条约运动之手："假如日本真有考虑东亚的诚意，首先应援助中国废除不平等条约，夺回主人的地位，以期使

---

① 《神户又新日报》1924年11月29日。转引自安井三吉：《孙文"大亚细亚问题"讲演的确立及其结构》，《孙中山研究》第八集（《中山大学学报论丛》哲学社会科学25），1991年版，第80～82页。

中国人获得自由的身份，中国将与日本建立融和亲善的关系。"① 宴会在9时前热烈的气氛中结束。

《神户又新》所作的报导是否最详尽，不得而知，但对孙比较友善，报导客观，这点是无疑的。从日本人的观察来说，演讲是立足于"东西文化论"，他盛赞日本战胜了俄国是一个很大的"功绩"，他把几千年的东方文化的道德观定位为比欧美以武力为基础的文化优越，甚至把苏俄遭到欧美厌恶也认为是因为二者道德观上的歧异。他要求不仅是中日结盟，还要搞东亚民族的大团结。演讲不断美言日本，也博得了听众的好感。我们也不难发现，在这个场合，至少是在纸面上可以发现，他没有讲打倒列强、批判日本军国主义侵华、废除一切不平等条约，未讲台湾、朝鲜等问题，也未提承认苏俄乃至结成中日俄或中日俄德同盟。当然，听众中无疑有人注意到了，关于这一点，本文还将谈到。

孙中山在演讲中既然回避了一些问题，那么，他究竟讲了些什么，公开文本又增加了什么？缺讲之处，他是如何补救的？下边，想探讨这些问题。

上面已经讲到，我们今日不知道孙中山讲了些什么、黄昌谷当时记了些什么，只能以12月8日上海《民国日报》所载为准，它应该是孙修改后、仍健在时的改定本。

现在收入中华书局版的《孙中山全集》第11卷的《大亚洲主义》演讲，即全文约6800字的孙中山生平最后一次公开演说辞，与他入世开篇的《上李傅相（鸿章）书》洋洋8000字长函，一开一阖，前后媲美。这个演讲，其重点有下列六个方面：

（一）孙中山说，30年前日本废除了不平等条约的那一天，"就是我们全亚洲民族复兴的一天"，"从日本战胜俄国之日起，亚洲全部民族便想打破欧洲，便发生独立的运动"，"这种进步的思想发达到了极点，然后亚洲的全部的民族方可联络起来，然后亚洲全部民族的独立运动，才可以成功"；"中国同日本，就是这种运动的原动力"，将来潮流所趋，就是要恢复我们亚洲从前的地位。

（二）"我们现在讲'大亚洲主义'"，"简而言之，就是文化问题，就是东方文化和西方文化的比较和冲突问题。东方的文化是王道，西方的文化是霸道；讲王道是主张仁义道德，讲霸道是主张功利强权。""讲仁义道德，是

---

① 《孙文的演说速记印刷附件》，1924年12月7日，《江浙与直奉纠纷关系一件·孙文及卢永祥等在本邦之行动》。转引自《孙文"大亚细亚问题"讲演的确立及其结构》，同前引，第82页。

由正义公理来感化人；讲功利强权，是用洋枪大炮来压迫人。"物质文明东洋不及西洋，道德上西洋不及东洋。

（三）在这个世界上，"要造成我们的大亚洲主义"，"就应该用我们固有的文化作基础。要讲道德、说仁义，仁义道德就是我们大亚洲主义的好基础。我们有了这种好基础，另外还要学欧洲的科学，振兴工业，改良武器"，用于自卫。对欧洲人要他们退回我们的权利，是与虎谋皮，要诉诸武力，才能达到目的。

（四）欧洲有一个新国家，为欧洲全部白人所排斥，被视为毒蛇猛兽，不是人类。这个俄国，要和欧洲白人分家，因为"他主张王道，不主张霸道；他要讲仁义道德，不愿讲功利强权；他极力主持公道，不赞成用少数压迫多数。"又说，俄国的新文化与我们东方的旧文化极合，所以要求与东方携手。

（五）"讲大亚洲主义，研究到结果，究竟要解决什么问题呢？就是要为亚洲受痛苦的民族，要怎么样才可以抵抗欧洲强盛民族的问题。简而言之，就是要为被压迫的民族来打不平的问题。"

（六）"你们日本民族既得到了欧美的霸道的文化，又有亚洲王道文化的本质，从今以后对于世界文化的前途，究竟是做西方霸道的鹰犬，或是做东方王道的干城，就在你们日本国民去详审慎择。"①

这个演讲文本，是以（六）这一段文字终结的，说了半天，这段话才是全篇精义所在，是孙中山心头最为纠结而要向日本国民（实际是向日本当道）说的。由于当时日本报导都未提到这段话，而且出于对日本朝野的尊重，加上当场气氛热烈友好，孙中山作为尊贵的客人，有自我约束的问题。连对日本批评都只字不提，还能说做西方鹰犬一类不恭之辞吗？答案至为明确，即据笔者研判，这段话语是孙中山修改记录稿时最后加上去的，可视为孙临终寄语，因为至关紧要，故不得不添进去。

孙中山第三次开府广州与实施联俄外交政策，大体上是同步开始的。通过蒋介石访问苏俄的报告，以及苏俄在华的活动（占领外蒙、否定孙中山的西北计划，欲重占中东路控制北满，以及利用支持南方派压北京政府与之建交等），孙中山未尝不知道苏俄所持"事实与主义有别"（蒋介石报告用语。用今日的话语，相当于说一套做一套。）的实质。但是，在得不到列强支持的情况下，他除了与苏俄合作，别无选择。然而，苏俄是什么样的国家，西方国家（包括日本）是很了解的，职此之故，孙花了那么大劲头给犬养写如此长的信，却得不到一字回音。孙到了日本，犬养对之不屑一顾；头山满，如

---

① 《孙中山全集》第十一卷，第 401～409 页。

前所述，会见孙中山惟一要谈的是要孙对收回旅大问题表态。由于 1924 年 5 月 30 日清浦内阁制定了《对支政策纲领》，其第四项规定"坚持在支那确保及发展据条约惯例获得的应享之权利与利益"，加藤内阁又继承了这个"纲领"，所以头山要孙就旅大问题表态，更多的恐怕是试探孙对中外条约义务的态度。孙想了一夜，第二天回答说："这里所指的是希望废除旧条约，旅顺、大连的收回等尚未考虑在内。这与香港、澳门一样。""旅顺、大连的问题，情况也是一样，再扩大其势力就会成问题，维持现在的势力，就不会出问题。""对此，头山表示，'总之，要很好了解两国的立场，以尽量摆脱他人之事的心情来维持亲善关系，这样才是真正的日中提携'。"[①] 孙中山则要求头山帮助废除不平等条约和中国关税自主。

头山满对孙中山讲要摆脱别人之事去办中日同盟，可能是对孙中山提中日俄结盟之事表示对苏俄的厌恶。而孙对他提出的两条（废除不平等条约与关税自主）要求，实际是说了白说。但是，孙对头山有关收回旅大的问题，回应却是实在而且要命的。事缘 1898 年 3 月 2 日中国被迫与沙俄订约租借旅大（随后还有准许建造中东路南满支线，即后来的"满铁"），为期 25 年。日俄战后订立《朴茨茅斯条约》，俄日私相授受（经 1905 年 12 月 22 日《中日会议东三省事宜正约及附约》加以确认），将旅大及南满铁路交予日本。至 1924 年，租期已届，理应交还中国，但日本政府恃强耍赖，拒绝交还。孙中山将旅大与港澳等量齐观，显然是不符合历史事实的，而且，这与孙本人提出废除一切不平等条约的要求也大相刺谬，不利于中国广大民众特别是东北民众的正义诉求。

四

回到孙中山《大亚洲主义》演说本身，这个演讲不但孙本人极为重视（如亲自加工修改，病重时对从东京赶到北京代表犬养、头山慰问的萱野长知，询问日本舆论对演说反应如何），而且，各界纷纷发表评论，直到战后仍

---

① 《孙文讲演〈大亚细亚主义〉资料集》，第 230～235 页。

不断有人撰文（或在著述中）予以评价。① 孙中山在神户极力回避对日本公开批评，这是毫无疑问的，且尚有重要的记录，即在演说前后（27 日与 29 日）两次答记者问。11 月 27 日，韩国（此时已亡国）汉城《东亚日报》记者尹洪烈到东方大旅馆访孙（日本外务省记录在案），进行暂短而重要的采访，于 30 日在该报刊载访谈录，内称："对孙氏提倡的大亚细亚主义，（记者）问道：'从当今的朝鲜来看，难道不是互相抵触吗？'对这个提问，孙氏回答说：'当然是不能并立的。但是，在日本却回避彻底讨论朝鲜问题。'……并与戴天仇共同约定，由他专为《东亚日报》执笔，他说'打算在船上写这个问题'。"神户英文报纸《日本年鉴》记者布勒尔斯·霍德在 29 日也到孙文住地采访，据该报 12 月 2 日所载："在几年前，他（按：指孙文）对日

---

① 各方对《大亚细亚问题》讲演的评价，综合介绍如下：

孙中山的这次讲演，引起相当注意。不过，由于孙作为客人，自我制约，没有在讲演中明白批判日本，因此，日本的反应，从新闻报导看，都比较热烈。但是，这个讲演的旨趣何在？据介绍，迄"二战"结束以前，对它有两种判断：其一是认为孙强调的是大亚细亚主义，其二主要是向日本呼吁解放被压迫民族。

关于前一种说法，莱恩·夏曼在《评价：孙逸仙的生平及其意义》一书认为："孙逸仙鼓吹大亚洲主义运动以对抗欧美的压迫。日本人由于愤慨于最近美国移民法之区别，更加热心地倾听。"A. 林伯克在《孙逸仙传记》中称："孙逸仙赞同大亚细亚主义。"M. 詹森在《日本人与孙逸仙》（哈佛大学 1954 年版）书中论述："日本选择了不利于中国的道路，很明白，孙逸仙还不相信这点。而且，假如孙将来仍停留在这点上，舍去革命时代的梦，很清楚这不过是在明治时代范围内亚细亚协同的理念与理想，是日本人空想的产物。"又说，孙在最初阶段就怀有强烈的大亚洲主义感情和反帝情绪。大亚洲主义是孙逸仙思想中最坚定不移的主题，这种大亚洲主义由于对西方强烈尤其是对英国的彻底失望而滋长。大亚洲主义是神户演说的主题。平野义太郎在《大亚细亚主义之历史基础》中指出，孙中山的大亚洲主义可以归结为全亚洲民族的联合以驱逐英美。他称孙是大亚洲主义者，并鼓吹"大东亚共荣圈"事业。

至于第二种说法，可以列举两个例子。三宅雪岭的《我观》杂志刊出二十六峰外史的《孙文君的去来与亚细亚运动》，强调孙中山与日本的大亚细亚主义者的立论根据完全不同。日本是联合有色人种，以日本为中心与白人帝国主义对抗，有唱帝国主义高调的倾向。孙是首先联合被白人压迫的亚洲各民族，进一步联合白人中受害的俄德诸国，根据世界的思想进行解放战争。日本旧式人物多，妄信宗教的亚细亚；孙则为反帝新式人物。这是接触到了孙中山的真实意图。高桥勇治在《孙文》一书（刊于 1945 年 8 月）写到："孙文把欧美帝国主义、侵略主义即'霸道'与东洋固有的'王道'相对立，在王道主义的基础上建设新的亚细亚主义，问题是，把苏俄当作王道主义来赞美，相反日本决未被作为王道之国来谈论。这次讲演最后要求日本放弃霸道主义作为结论。"易言之，日本被列为霸道的帝国主义，孙中山的立足点是除日本外，亚洲被压迫民族与苏俄的联合，不是无条件赞美大亚洲主义。（藤井昇三著：《孙文の研究》，第 228、231 页）

本是敌视的,激烈地批判日本在华的侵略政策,当提起这件事时,他说,关于这一点,现在不想触及。"① 关于在公开演说中孙中山对日本侵华问题采取回避态度,孙的言论已证明了这点。至于孙答应韩国记者,承诺将由戴氏执笔回应一事,后来确实实现了。

在 1925 年 3 月号《改造》杂志上,戴天仇发表《关于日本的东洋政策》一文。该文未提孙中山多处宣扬的中日俄德同盟,此外便是沿着孙中山的思路,讲到虽然日本人认为受到英美的威胁,但日本自日俄战争以后,却在远东进行侵略,因而失去中国和亚洲的人心与信任。随后,他提出三点要求:其一,关于对华政策,应劝告各国援助中国国民的国家独立运动,废除治外法权与关税自主。同时,日本率先各国作为示范,宣言废除"二十一条",由此达成两国对等关系,以建成同盟基础。其二,关于日本国内问题,抛弃至今日殖民地统治方针,尊重朝鲜、台湾的民族自由,准许召集人民会议,并设立自治政府,以奠定由各民族的自由联合的国家之基础。并且,准许日占的南洋群岛的殖民地人民自治,培养土人的政治意识,指导其经济独立,施行政治,以作民族平等之示范。其三,从速无条件与俄国恢复邦交,对德由列强共同剥夺其经济自由、阻害国家复兴政策变成采取独立,以缔结日俄、日德间自由合意条约,促成日德俄亲善之机运,消除日本在国际间的孤立状态。②

值得注意的是,日本报刊在孙中山演讲后所作的报导,均非完本。日本刊物第一个刊出完本的是《改造》杂志 1925 年 1 月号,它包含了上揭演讲最后一段〔即(六)干城鹰犬说〕内容。戴氏三点,应是与孙交换意见后写出来的,反映了孙当时的思想实际。如果将孙中山在 1923 年 11 月致犬养函件、1924 年 11 月 28 日演讲与 1925 年 3 月戴氏的文章联系起来看,孙中山在这一时段中的国际关系思考还是比较完整的,虽然不同场合讲不同的话,但是各个讲话又互相补充,对他而言,必须顾虑讲话场合和听众的问题。显然,孙中山近 30 年的对日期待,大体上是归于挫折和失望。他是在一厢情愿的状态下思考对日关系的。他将日本维新与中国革命拟为一体的联带关系,他从未去分析日本"脱亚"论所浸泡的对东方文化的轻蔑,甚而将日本的国粹主义视为东方文明的部分,列入王道范围之中。"脱亚"必然入欧,入欧以后,若按孙的思考,则属于欧美的霸道文化——讲功利强权了。明治维新以后的日本,确实属于西方了,其政治体制是军国主义,在国权扩张、奴役殖民地人

---

① 《孙文"大亚细亚问题"讲演的确立及其结构》,同前引,第 85 页。
② 《孙文讲演〈大亚细亚主义〉资料集》,第 222~223 页。

民方面，其恶劣程度比西方老牌殖民主义者，尤有过之。对这一点，孙中山不会不明白。但是，孙中山的"对日观"似有一个误区，即认为中日同文同种，又同受西方殖民者欺凌，与他交往的日本人确实也帮助过他，相信一旦这些人掌权，必定会采取对华友好政策。他从未由天皇体制下的国民教育、军部谋略、财阀作为、国权膨胀思想等，去分析日本在亚洲侵略扩张的必然性，居然将日本与沙俄的争夺东北亚霸权的死斗以日本的胜利作为亚洲民族的胜利，三番五次地加以宣扬，由此即可知孙中山认识水平之一斑。30年间，不但日本官方从未出面支持他，就是被他题辞赞赏认为"人生得一知己足矣"的犬养毅，最终对他也是待搭不理。当年护法之役，日本通过西原借款，给他的对手段祺瑞提供了一亿四千多万元，对孙则一文不给；现在，段的使者陈树藩、彭渊恂在东京游走于朝野高层之间，但就是不让孙进东京。不但这一次，就是1918年6月第一次护法失败后绕道日本返沪，孙已到了箱根，也不让他进东京。他晚年时而说对日本已经绝望，时而说对日本尚未绝望，内心纠结，达到既爱又恨的地步。在忍无可忍的状态下，在修定"大亚洲主义"演说时，他特别加了最后一段话，要日本朝野详审慎择：究竟是做西方霸道的鹰犬，还是做东方王道的干城！浅白公开，这不是外交辞令。作为政治家的孙文，为了中日友好和亚洲大局，他必须说；作为医生的孙逸仙博士，他也必须说，他深知自己重病在身，再不说，恐怕没有机会了。这些重话，也只有孙中山有资格说，因为此前他曾经一再表白，日本是他的"第二故乡"。但是，套"乡情"没有用，言者谆谆，听者藐藐。在这次演说六年后，日本人发动了沈阳九一八事变；又过了六年，日本人发动了卢沟桥七七事变；再过五年，日本人发动了珍珠港事变，挑起了太平洋战争。据说上帝有话，若要一个人灭亡，先让他疯狂。1945年9月2日日本代表在"密苏里"号上签字无条件投降，大日本帝国算是灭亡了，尽管它的子民日后不尽服气。如此看来，孙中山的狠话真是白说了，其作用，仅仅是留给爬故纸堆者无穷的钻研和引用而已。

话说回来，被日本人称为亚洲门罗主义的"大亚细亚主义"，当时在中国人中便不受好评。上海《民国日报》曾刊出《真东亚联盟》一文，论述日本人的大亚细主义之不可行。李大钊相继发表《大亚细亚主义与新亚细亚主义》、《再论新亚细亚主义》文章，批判日本的大亚细亚主义，提出了"新亚细亚主义""以取代日本的所谓大亚洲主义"的主张。1924年6月4日，陈独秀在《向导》上载文《亚洲民族联合与亚洲平民联合》，提出"除去日本、中国军阀政府以及一切特权者除外的平民大联合，不是亚洲民族的联合"的主张。如前述，甚至国民党驻日代表殷汝耕也认为日本没有资格提大亚细亚主义。凡此，均不支持所谓大亚细亚主义的理论。

　　从报纸刊登的孙中山在神户女高演讲的照片看，他与翻译戴天仇面前桌子（讲台）上，只放两个玻璃杯（似系盛白开水），连一张纸也没有。他在身体极为衰弱的情况下仅凭思维一口气发表了印出来就成文章的讲话，实在不易。他立足于"东西文化观"去解说"大亚洲主义"，以王道霸道说展示世界的未来，虽言非无据，而事不可行。而且，"大亚洲主义"的概念并没有什么积极意义，连同它关联的"王道"说，日后被日本军国主义利用，打着"王道"的旗号，鼓吹建"大东亚共荣圈"，在亚洲疯狂侵略扩张。甘心充当汉奸的汪兆铭之流，成为日寇的鹰犬，胡吹继承孙中山的"大亚洲主义"演讲"遗言"；汪伪政权还由周化人出面，办了一个《大亚洲主义月刊》，为他们的日本主子当吹鼓手，毒化中国人民。汉奸们的行为固然要他们自己负责，但神户女高演说的主题不具正面意义，是可以肯定的，若以该演说去证实孙中山晚年的反帝思想已如何达到新的境界，则未免脱离实际了。不过，在当今日本政界日益右倾化、日本当政者处心积虑改变"二战"以后的国际秩序的时候，重新审视孙中山神户女高演说中强调的"干城鹰犬说"，还是有一定的现实意义的。

孙中山与刘学询

孙中山与刘学询的关系，因为涉及孙中山早期革命活动的许多问题，历来为孙中山研究的学人所重视，但由于史料残缺，大率语焉不详。刘学询不是孙中山的同志，也说不上是革命党的同路人，不过作为香山同乡，又相识有年，在颇长一段时间里，孙中山对刘学询寄予厚望。本文拟分四个阶段，探讨孙刘关系：刘学询其人与早期孙刘交谊，1899 年的刘学询与孙刘密晤，庚子两广"独立运动"与孙刘关系，以及民初孙刘交往之片断。

一

有关孙中山刘学询交往的史料，比较常见的，是冯自由《革命逸史》初集和第四集的《刘学询与革命党之关系》、《孙总理庚子运动广东独立始末》。刘学询生前曾与来访者追述他与孙中山交往，但从笔者所见到的片断看，语多不实。据冯自由记述，"刘学询字问刍，又号耦耕，粤之香山人，少登甲榜归广州为大绅，交结权要，势倾一时，有土豪之称。时粤垣有一种官督商办之公开赌博，号闱姓者，每届科举皆以投考士子之姓氏为赌，政府度支及试官私囊均恃为收入之大宗。刘包办闱姓多年，其金钱势力足以左右士子之成败，及官吏之进退，典试者莫不仰其鼻息。总理（按：指孙中山，下同）于乙未春在广州创办农学会，尝以医术纳交于政绅各界，绅士中署名为农学会发起人者，颇不乏人，刘及潘宝璜兄弟预焉。总理与刘有同邑之谊，往还尤密，因知刘平素蓄志非常，遂与商榷起义大计。刘大悦，引总理为同调。然刘夙抱帝王思想，绝不了解欧美民权学说，故总理相与协议多次，刘均以朱元璋、洪秀全自命，而以总理为徐达、杨秀清。总理以其思想陈腐，势难合作，遂渐疏远之"①。在孙中山与陈少白的记载中，均未提及这一时期孙刘交往，冯氏这段话成了我们经常引用的材料。不过，孙中山在广州以医术结交政绅各界，不一定是在乙未（1895 年）春创办农学会之后，因为从 1893 年春孙中山从澳门回到广州在洗基开中西药局行医卖药之后，即已从事革命运动，

---

① 冯自由著：《革命逸史》初集，第 77 页。

与上层人士来往;"设农学会于羊城为机关"① 不过是起义的一项准备工作。孙刘结识,应是在1893年春以后。刘列名参加发起农学会,对孙中山活动是一大支持;可能通过刘,孙中山结识了更多的广州上层人物。1895年春以前,是刘学询最为得势的时候。根据记载,广东的闱姓赌博,屡禁屡弛,到李瀚章督粤时,"广东赌风之盛甲于天下,而盗劫之案亦较他省为多"②。致使继李任粤督的谭钟麟以及广东巡抚马丕瑶认为有必要将赌馆一律查禁。这样,就使刘学询处于不利地位。

李瀚章是著名贪官。1892年4月30日,粤抚刘瑞芬卒,刚毅从苏抚调补。1894年7月15日刚毅以"入京祝嘏"为名离开广州(由李瀚章兼抚),11月4日桂抚马丕瑶被授为粤抚,4个月后谭钟麟来粤,督抚均主禁赌,自然成了刘学询的灾难了。刚毅与李瀚章同样都是刘学询的庇护人。刘在1900年5月之后成了粤督李鸿章的心腹幕僚,或可溯源于刘与李瀚章的关系;本文后边还要谈到,1899年刚毅称"中国三人才:一张翼,一李徵庸,一刘也",刚毅成为刘充任赴日特使的举荐人,也是因缘于此。由于谭钟麟、马丕瑶在1895年6月开始在广东禁赌,刘学询便成了攻击对象。这年的8月27日,清廷给军机大臣一通上谕,并令谭钟麟、马丕瑶"确切查明,据实具奏,毋稍徇隐"。上谕内容是:"有人奏:广东候选道刘学洵〔询〕,行止卑污,性质狡悍,伦纪有乖,士林不齿。自接充闱姓厂商,交通官府,倚势凌人。创辟刘园,并盖造戏院,将附近小户逼令迁徙〔徒〕。又藉施医为名,在黄沙地方设堂,驱逐居民,阴图占地。其经手闱姓,侵吞捐项,私抽经费,并有藉端生事鱼肉乡愚各情。马丕瑶到任,经举人陶继昌等呈控有案。该绅党与众多,串通隐饰,请饬究办等语。所奏如果属实,必应从严参办"云云。③ 谭钟麟等人当时确实遵旨参办了刘学询,革去他的功名。不过,对这种社会恶势力,地方官吏不能不留有余地,而且官府本身有赖于此类赌博。商衍鎏《清末广东的"闱姓"赌博》一文④,说明即使是比较廉洁的学政,对它也不能过于认真,否则是站不住脚的。谭钟麟等人自然了解这一点。处理结果是,1896年1月17日,江西道监察御史王鹏运在劾谭钟麟奏中提及:"革绅刘学询为广东巨蠹,曾经该省绅士数十人联名呈控,复被纠参。经该督查办奏革

---

① 《孙中山全集》第六卷,第230页。
② 谭钟麟、马丕瑶奏,见《光绪朝东华录》(四),中华书局1958年版,总第3635页。
③ 同上书,总第4640页。
④ 商衍鎏:《清末广东的"闱姓"赌博》,《文史资料选辑》第17辑,中华书局1961年版。

后，刘学询以重金关说，求免根究。遂一味偏袒，扬言该革绅忠实可靠，粤人浮动，忌其多财，平〔凭〕空诬蔑，必令呈内联名各绅全行到案，与刘学询对质，若有一人不到，即属情虚，预为开复该革绅地步。是非颠倒，暗无天日，莫此为甚。"① 由此可见，刘学询虽曾被谭钟麟查办奏革，但在以重金运动之下，不久即开复已革功名，一切仍旧。谭钟麟代替李瀚章、刚毅成了刘学询的庇护者以后，尽管仍有人反对，但对刘学询来说，已有恃无恐了。孙中山这位名声鹊起的青年医生，与尹文楷医生被时人誉为"杏林双帜"，在广州知识分子圈中，是比较知名的。据说谭钟麟对孙也有一定程度的了解，广州重阳起义事发之后，谭初不相信他会造反。那么，当1895年孙中山决定在广州起事后，他究竟准备让刘学询在这拟议的行动中扮演什么角色呢？这位青年革命家在同他的地方实力派朋友之间似乎还没有什么默契；但刘学询显然对起义计划有些了解。可能是出于对反满行动的同情，使得刘学询向孙中山透露广州有巨额"闱姓"饷银可供革命党夺取使用。冯自由记述："及九月重阳之役，刘事先亦略知情，曾告总理，谓是时正值官厅收解闱姓饷银，为数甚巨，大可取作军用，借以表示好感。"② 冯自由是孙中山最早的同志之一，我们相信他这种说法是可靠的，虽然饷款不一定就有巨大数目。而且，

---

① 李学通整理：《〈半塘言事〉选录》，《近代史资料》总65号，中国社会科学出版社1987年版，第68页。

② 《革命逸史》初集，第77页。在吴宗濂著《随轺笔记四种》（《近代中国史料丛刊》第59辑，台北文海出版社1970年版）卷二《龚星使计擒孙文致总署总办公函》中，收录了中国驻英使馆拘禁孙中山以后，1896年10月12日、14日邓廷铿两次与孙中山的谈话。在12日谈话中，孙称："我虽有大志，而时尚未至。惟广东有一富人欲谋是事，被我阻之。"又称："他是为己，我是为民。""他之为己，欲得天下自专其事；……盖该富人不知审时，我所以阻之也。我素重西学，深染洋习，欲将中国格外振兴，喜在广报上发议论，此我谋反之是非所由起也。"这个富人指刘学询。上述谈话，显然与事实有出入，所以在14日第二次谈话时，邓廷铿删去了"刘学询"三个字，并注明："此人近颇为当道倚重。或系孙之妄扳，故删其姓名。"从这个注中，可知刘学询在1894年秋已与谭钟麟关系密切，且不信刘有谋反之意。但是，孙中山对邓廷铿要求明说"前日所说富人"，即其与刘的关系，仍然将刘推到谋反首要的地位上去。说："此人系广东大绅，曾中进士，并且大富。我行医时，素与绅士往来，惟他尤为亲密。……故于中日相接莫解之时，专函请我回广东相商要事。我在香港得信即回见他，他曰：我有密事告你，万勿宣扬。乃述其梦云：我身穿龙袍，位登九五，我弟叩头贺喜。故请你商量，何以助我？我即问曰：你有钱多少？他答曰：我本人有数百万两，且我承弃闱姓，揭晓后始派彩红，现在我手将近十万，如立行谋事，此款可以动用，迟则失此机会。"刘还告孙，可招四万之众。孙以刘不能通在上位之人，"况他之品行最低，无事不作，声名狼藉，我早尽知"，不仅谋私利，故却之。孙中山这段记述不尽可信，但因自述与刘的关系，可备一说。

说刘学询透露这个消息是为了博得革命党人的好感，还不能忽视刘学询对当局革去他的功名的不满。重要的问题是，当时实际是集众矢之的的豪绅刘学询，既为士林所不齿，孙中山能如此相信他，除了乡情之外，还有什么原因？史扶邻教授认为："答案似乎是：孙中山在这第一次高级的政治冒险中，认为自己在策略上必须有足够的灵活性。为了推翻清朝在广东的统治，他准备同本质上是保守的、但又是野心勃勃的绅士妥协，即使这样做会暂时冲淡他的政治目标也在所不计，这个目标此时还只是模糊地谈到过。同刘学询的这种关系（五年后在同样秘密的情况下又恢复了），进一步表明了孙中山在个性上强烈的实用主义倾向。其次，他渴望士绅参加进来，这种心情并不曾稍减。……尤其在目前这样的早期年代中，他认为如果他掌握政权的话，这些受尊敬的有权势的人士的合作是必要的。终其一生，孙中山总是随时准备用外交手段或秘密谅解来补充，甚至代替直接的暴力运动。"① 孙中山致力于资产阶级民主革命，从最终目标讲，是要扫除刘学询这类的清王朝统治的社会基础。但是，由于革命是以反满兴汉作号召的，它就不可避免而且必须团结或利用一切有利于反满的因素，组成广泛的反满战线。联合康梁一派的君主立宪人士也好，争取刘学询一类的地方豪绅也好，都是出于这样的目的。孙中山当时是否仅仅考虑策略上必须有足够的灵活性，我们今天难于悬测，但反满革命具有全民革命的意义，这大概是不成问题的，革命成功以后的权力分配，是下一步的事情，因此还不能说他与刘学询这类士绅合作会对他的政治目标有什么影响。孙中山思想中具有明显的策略性倾向，这是毋须否认的，但如果认为他企图与有权势又受尊敬的人士合作来巩固他掌握的政权，这大概不是他的本心。他在不同时期可以有不同的合作者，他甚至可以不去考虑这些合作者的过去及其当前的思想倾向。孙中山计议与刘学询合作不具有用秘密谅解来补充或代替直接的暴力行动的意义，不论是 1895 年还是在此五年之后。因此，从孙刘交往的记载，我们可以看出，孙中山与刘学询合作，主要是利其金钱（以作军资），并非利其权势（以巩固权力）。孙中山的愿望是真诚的，他以诚待人，甚至不相信人家会欺骗他。在 1895 年广州起义中，刘学询未能帮助孙中山，但也没有出卖孙中山，② 这说明与刘还是可以结交的。刘学询大约被参革不久即经开复功名，并把主要活动基地移往上海，他在那里有一座称为"沧州别墅"的居所。在广州起义失败后，孙中山亡命海外，在约 4 年的时间里，看不出孙刘之间有什么联系。他们重新接上关系，是在

---

① 史扶邻著：《孙中山与中国革命的起源》，第 56 页。
② 《光绪朝东华录》（四），总第 4258 页。

1899 年夏天刘学询访日的时候。

二

1897 年 8 月，孙中山从欧洲经加拿大抵达日本。在日本人士帮助下，他寻求支持者，重新进行反清活动。戊戌政变后，康梁师徒相继亡命日本。孙中山试图会晤康有为，但遭到拒绝。

康有为是 1898 年 10 月 28 日由日本人宫崎寅藏护送从香港赴日本的。缉拿康梁，消除隐患，是西太后集团的急务。11 月 19 日（光绪二十四年十月丙戌），清廷发布一道上谕，内称："知府衔刘学询、员外郎庆宽，均著自备资斧亲历外洋内地考察商务。"这是迄今我们所知的最早提到派遣刘、庆二人赴日的材料，此行是自费，目的地未明指。他们为什么有此行，是谁引荐的，目的何在？缺乏明确记述。1899 年刘学询完成日本之行后，于同年刊行了他撰写的《游历日本考查商务日记》，书中所载纯系考察游历及与日人华商交往的活动，绝口未提此行与孙中山秘密会谈的事。

但是，过去有的著作已经注意到刘学询此行别有任务。例如，濮兰德《李鸿章传》认为刘是为西太后执行一项"秘密使命"，范文澜《中国近代史》（上册）称刘的目的是安排对康、梁的暗杀。这些说法，当是有所根据，不过刘学询没有完成这项使命，而是与孙中山重新接上了头。当时在总理衙门任章京的汪大燮，在 1899 年有几封给汪康年的信件，对我们了解刘、庆访日，提供了说明材料。4 月 18 日，汪大燮在函中说："刘问刍自认能除康，刚极喜之，有中国三人才：一张翼（当时任直隶、热河矿务局督办兼开平矿务局督办），一李徵庸（按此人在刚毅抚粤时任南海知县，李准之父），一刘也。至其所说各节，大约都不确，其权力亦不过足便私图而止。近已与李合办川矿矣。其所走道路却不知，然必通内监，否则不能与刚相合如此速密也。"① 由此可知，刘学询所说能除康有为，为刚毅所闻而极喜，使之成为赴日考察的理由，并被刚毅许为中国三人才之一。但汪大燮不清楚刚、刘交密是早在刚毅抚粤时，并非刘走太监门路而受重视的。朝命虽令刘学询出洋考察，但刘等迟迟其行，而各方亦对此议论纷纷。1899 年 6 月 13 日，汪大燮信中说："刘学询诡见日君，实仅与小田切谋之，偕小田（切）来，欲以行其诳，云日君嘱致意联盟，保东方实无其事，而因杨崇伊达某邸。某邸然之，欲令赍

---

① 《汪康年师友书札》（一），上海古籍出版社 1986 年版，第 802～803 页。另据《光绪朝东华录》，1899 年 5 月 27 日，在李徵庸记名候补道捐募徐、海等属赈款，交部引见；6 月 2 日，以张翼为内阁学士。李、张似亦由刚毅所举荐而受重视。

礼物诣东莅盟，某相察其妄，事遂败。迩日劾杨、刘者，纷纷盈箧矣。徐老道亦有封事并及驻使云，其人则妄，其事则不谬，然自此则此调又不能弹矣。此与去年康、梁同一辙，稍稍可为之事，皆为妄人所败，可叹可叹！此事尚未发作，幸秘之，恐又成大狱也。"① 小田切万寿之助是日本驻上海总领事，是刘学询访日的联系人，他与刘商议，当刘访日之际见日皇，这大概不虚；至于日皇嘱致意联盟，保东方，亦未必"实无其事"，因为自李鸿章与沙俄订立中俄密约之后，形成中俄同盟局面，日本方面颇以为对其不利，近卫笃麿等于1898年组成东亚同文会，旨在拉拢中国，搞"中日同盟"，以遂其大陆政策。杨崇伊与李鸿章家族有亲戚关系，他将小田切与刘计议之事所告知的"某邸"，实指"庆邸"即庆王奕劻。1899年6月1日（光绪二十五年四月二十三日）有一则上谕，内称："庆亲王面奉上谕：前经降旨令刘学询、庆宽亲赴外洋内地考查商务，兹据庆亲王奕劻奏称，该员等在上海与日本总领事酌议中日商务一切办法，尚为详细。商务实为我国富强之基，自应极力振兴，以维大局。著特派二品衔道员刘学询、员外郎衔庆宽会同日本总领事小田切万寿之助亲赴日本，逐细考查、认真联络，庶几内外商务，日有起色，朕实有厚望焉。"② 从这道上谕中可以证实，刘之东行是由最高一层决定的。刘既与小田切商议极为详细，"诣东莅盟"一说当非空穴来风。而且，刘、庆二人由"自备资斧"改变为钦派专使，刘学询还从知府衔（按清制知府为从四品）擢升为二品衔道员，可谓恩遇优渥。至于是谁干预造成传闻至"事遂败"的呢？所指某相，可能是李鸿章，因为他主持中俄同盟。至劾杨、刘者纷纷，则可看出反对刘出使的意见颇为激烈。这种意见分歧，也反映出清政府内部对外交政策转变问题的不同主张，徐桐（徐老道）还表示其人（刘）则妄，其事（出使日本）则不谬，说明这是一桩郑重的事。

北京对遣刘出使问题一直在被议论。7月4日，汪大燮在一封信中继续透露："刘事此间谣传甚多，惟采卿询之东人言似近理，谓未敓〔颁〕国书，但口传耳。东劝我二事：一、从此不再让地他国。一、彼可助我筹款练兵。我要东一事交康，并云此必办不到之事，必碰回，则仍归乌有而已。"③ 这位东人（日本）道出的消息，隐约有谈判订约的意味，中国方面仅提出"交康"一个条件，也说明刘学询出使日本确是在考查商务之外，别负"秘密使命"，即"除康"任务。

---

① 《汪康年师友书札》（一），第808页。
② 刘学询：《游历日本考查商务日记》卷首，光绪二十五年自刻本。
③ 《汪康年师友书札》（一），第808～809页。

刘学询从 7 月 8 日由上海启航,到 9 月 6 日回到上海,访日时间近两个月。他在日本谒见了天皇,与首相山县,外务、内务等省大臣,伊藤博文等元老也曾会面,参观了许多厂矿及军事单位,回来写一部日记,由总署代奏。他在出发前,已与小田切总领事商定行程,7 月 14 日抵横滨,小田切来接,外务省翻译官小林光太郎(此人一直陪同刘访问)、邮船会社商董张果(即张能之,孙中山的朋友),三井分行总办中山、村上等亦前往欢迎。当出发时,前往欢送的三井物产会社(驻沪)总办吴永寿通知刘等,"东京三井总行来电,已派分行御幡雅文至长崎相候"。三井总行督办益田孝在 7 月 15 日当面向刘表示,由御幡相随"以便考查各商务"。于是,外务省的小林,三井的御幡以及小田切,便成了刘学询在日本的指导。7 月 26 日刘学询谒见天皇之后,根据中国公使李盛铎的要求,"移住中国使馆为便。从之"。于是他便离开了原先下榻的帝国旅馆。对于自己的公开活动,旨在图谋密切中日关系,刘学询的记述不厌其详。但是,对他的秘密活动,却讳莫如深。据日本方面记述,刘此行的主要任务,是向日本天皇上奏在日扫除康梁一派。但由于李盛铎公使的拼命抑止而未能完成此项使命。①

在刘学询日记中,隐瞒了这样一个重要活动,即他由宗方小太郎联系,至少两次与孙中山密谈。而宗方是陪刘同船赴日的日方人士。宗方日记记载:

7 月 8 日,早起整顿行李,9 时上"西京丸"。宇都宫少佐同室。同行者有西太后的密使刘学询、庆宽等人。

16 日,到帝国旅馆访刘学询、庆宽等,商议各事,12 点返回。午后孙文来访。

18 日,访西乡内相、清国公使李盛铎,畅谈至午后。孙文来访。

27 日,访问刘学询,一同访西乡内相(按刘学询记访西乡在 29 日,未提及宗方同行)。当夜又陪孙文秘密与刘会见,夜一点返回。

28 日,十点刘学询来访,至午后一点。②

8 月 28 日,孙中山有一封信给犬养毅,内谓:"今晚与刘学询会谈,彼欲于后日(三十日)朝八时来拜会先生,并欲顺候大隈伯,托弟先为转达先生,祈先达大隈伯可也。弟明朝有事复回横滨,晚当再来京,投宿先生家,次早

---

① 上村希美雄:《宫崎兄弟传》(亚洲篇),苇书房昭和六十二年版,第 323~325 页。
② 神谷正男编:《宗方小太郎文书》,第 675 页。另《章太炎先生自定年谱》称"值清廷遣刘学询庆宽等摄录康、梁,为东人笑"。时章在国内,所记当系传闻。

一同会谈也。"① 史扶邻教授认为，刘"对日本的访问是为了请孙中山帮助他会见犬养和大隈"。有的论者还认为，孙还引见犬养毅及其他日本名流；"刘愿意与孙相见，可能是利用与孙关系以期见重于日本朝野"。这些说法是不确切的。刘访日并不仅仅是为了请孙帮他会见犬养、大隈，也未由孙引见犬养（或大隈）以外的其他日本名流。日本的各界名流与刘会见，多由小田切等安排正式会见（包括回拜）。孙、刘在8月30日上午是否曾与犬养（以及大隈）会见，还是个问题。刘学询以专使身份访日，未与在野的宪政党系统的大隈、犬养一流人分开会见，这是合乎常理的。因为宪政党首领们主张容留孙中山、康有为两派的首要人物，还极力撮合两派合作，以革新清政，刘若与之正式会见，显然有悖此行的目的。另外，据刘学询8月30日日记，"上午十钟上海总领事小田切万寿之助来，偕往外务省辞行"。在十点以前的两个钟头里，彼此有身份的人要作一次访问（即使是礼节性的访问），似乎是匆促一些，刘本人的日记绝口未提，就是当时有关系的日本人，如宗方小太郎，也不见记载。所以，是否有过孙、刘与犬养、大隈的会见，很值得怀疑。

这次刘学询访日，宗方小太郎是很值得注意的人物。他对中国情况的了解要比中国当时许多重要官员清楚得多。他与中国上层，如刘坤一、张之洞、陈宝箴（湘抚）、奎俊（苏抚）等都有交往，在下层，与哥老会、天地会等人物也有接触，与上海的舆论界人士如汪康年等过从甚密。1897年冬，他特地到熊本荒尾村宫崎家中会晤孙中山，使孙在此后引为知己。他与康梁一派更是熟悉。总之，他是一个罕见的"中国通"。甲午战前他在山东、辽东、天津一带调查，为军部提供情报，日本八角海军中将说，"军令部颇为重视宗方的报告，对华重大方针几乎全以宗方报告为资料"。对于这样一个大陆浪人，既陪同刘学询赴日，与孙中山又是旧交，不与他们一起去会见犬养毅，这是颇难理解的，因他至少可以在其中充翻译。重视这一点是必要的，因为这是关系到刘学询此行的秘密使命问题。刘之所以能出使日本，原是发端于他自称能"除康"，如今成行，康有为已赴加拿大，"除康"已不可能。不仅如此，康离日后，康氏弟子梁启超与孙中山正在商议合作，这种事体，清使馆不会毫无觉察，犬养毅正是极力赞成两派合作的人。在当时，孙中山众寡势弱，不太为清廷所重视，虽然传说公使李盛铎曾劝孙投清，孙不为所动，但他毕竟不是清廷所急欲去之的人。1899年秋，东亚同文会会长近卫笃麿到武昌访问湖广总督张之洞时，张谈到孙文"不过是鼠贼，不足挂齿"②。1900年

---

① 《孙中山全集》第一卷，第187页。
② 《近卫笃麿日记》第2卷。转引自《宫崎兄弟传》（亚洲篇），第325页。

2月4日，清廷下令通缉康、梁，出10万两赏金；同时却未见对孙中山有此通缉令。可见当时清廷对孙、康两派叛逆，是有轻重之分的；但如果这两派合作起来，对清廷则为害不可胜言。因此，我认为刘学询访日，与孙密谈，而不与康派接触，这是一种牵制策略，是离间孙康两派合作的手段。早已知道日本不会同意"交康"，假设在日本访问时又提出这个要求（何况康已他去），虽至愚者亦所不为；但是，要求日政府不再收容康，并在实际行动中牵制孙康合作，却有极大的可能性。这可以从三个事实说明。

第一，刘学询的活动引起横滨华商会议所分裂。横滨华商会议所是1899年7月底8月初成立的，刘抵日后，该会所在8月17日、18日在横滨中华会馆接待了刘学询（日本外务省档案中的神奈川县报告记作15日、16日，误。今据刘学询日记）。当议长卢荣彬（耀庭）准备在31日再次接待时，梁启超一派的议员袁士庄等反对，认为刘最终不是我等的同志，所以反对接待。卢荣彬以不能行使其权力，断然主张解散。① 从而引发出横滨华商会议所孙康两派争夺该会所领导权的斗争。第二，1899年10月，康有为从加拿大回到日本，已经上了横滨水上警察署，但日本政府无论如何也不收留他，犬养毅指责日本政府是买清政府的欢心才不许康上陆（青木大臣批示："毅的虚构"）。② 可见，刘学询此行，在执行秘密使命方面，并不是没有结果的。康有为于10月25日抵横滨，28日乘"河内丸"去香港；1900年1月26日，离香港去新加坡，在英国殖民当局保护下居住下来。第三，梁启超等人对刘学询产生恶感，1900年后，屡屡提出要除"刘豚（学询）肥贼（合肥，指李鸿章）"。这种恶感之所由产生，应是起端于此次刘学询访日的结果。观乎此，可说明刘学询在日活动达到了预计的目的。

这里还有个所谓孙、刘密谋刺康的问题。东亚同文会重镇中岛真雄在《故同文会理事柏原文太郎氏与中国戊戌政变及安南光复事件》一文中说到："一再传说刘学询等在东京停留期间，曾与孙文秘密会晤。而孙刘之间暗中进行交涉，事实是与当时左迁为两广总督的李鸿章等的政治工作的秘密的谈判，其结果是以康有为一个脑袋供牺牲。"由于柏原与康梁为至交，与中岛又是同志，所以此说虽是得诸传闻，却为世人所相信，应是有所根据。但所记并不十分准确。刘学询此时并非代表李鸿章，李鸿章亦无意与康梁过不去。理由是，在刘学询访日前后，李鸿章奉派视察河工。1899年

---

① 日本外务省档案，各国内政关系杂纂，中国之部。革命党关系（"外史革"），秘甲第404页，神奈川县知事浅田德则致青木外务大臣，1899年8月30日。

② "外史革"，1899年10月27日，乙秘第1010号。

9月20日，清廷以"刘学询、庆宽现由日本差竣回沪，着刘坤一传知该二员，即行回京复命，先赴总理各国事务衙门报到"。到10月12日，上谕又称"刘学询着交张之洞差遣委用"。只是到11月24日，李鸿章被任为商务大臣，前往通商各埠考察一切商务事宜，12月19日，清廷才将刘学询交李鸿章差遣委用，这时李、刘始正式有部属关系，时间在刘返国3个月以后。因此，说刘学询访日受李委派与孙密谈杀康，不能成立。另外，梁启超亡命日本之后，李鸿章委托在北京的伊藤博文返国后劝梁努力上进，增加阅历，将来为国家效力。梁启超还给李写了一通回函给他。尔后，李又托其侄婿孙宝瑄（仲玙）函梁，所叙颇有倦倦之意。当李因甲午丧师被罢直督兼北洋大臣，正在失意之际，康梁与之并无个人恩怨，何需置之死地而后快？且据孙宝瑄《日益斋日记》，李曾对西太后表示，"主张变法者即指为康党，臣无可逃，实是康党"。不过，在1899年11月24日李鸿章被任为商务大臣并奉密旨"除康"之后，他的态度为之一变。从这时开始，直到终粤督任上，至少从表面看他始终在设法除掉康有为，而由刘学询负责办理此事。27日李《致上海虎城》电中说："昨面奉懿旨，令设法捕逆，已奏明仍交尊处妥办。孙已到否？康已离港否？"28日，刘学询复电："孙函约尚未得复。康仍在港。"又称，"沪上各报已传播，恐打草惊蛇，蹈上年李盛铎覆辙，并恐碍孙办法。询现拟得孙回音，即先赴粤。"从这三封电报，可知李、刘设计除康，是想利用孙中山。不过，从事态的进一步发展看，孙中山并未实施"除康"。29日，李电刘，"孙未复，或尚迟疑"。同日刘致李："法用诱用掳，活上毙次"；"候孙来商截南洋之路，防逆闻此次诏捕外窜"。李得电即复，内谓："（刘）欲请旨赴粤面陈，恐来不及。孙无来信，何也？"① 此后，刘回粤、港活动，未再提孙之事，显然孙并未答复刘学询，可以认为他不赞成这种办法。事实上，孙对康有为并未失去合作的希望，根据就体现在他于1900年夏天赴新加坡找康有为合作的活动。

孙中山与刘学询在各自的著述中都回避了1899年的秘密会谈。这次会谈有可能讨论"除康"问题，并且彼此交换时局的看法。可以说，会谈使孙中山重新燃起在财政上求助于刘的希望，并使刘在一年后为孙李合作图谋"两广独立"在无意中做了准备工作。

---

① 《李鸿章全集》（三），上海人民出版社1987年版，第870～871页。

三

1899年11月间,孙中山、梁启超等在东京红叶馆宴别唐才常、林圭。唐、林返国发动长江流域自立军起义,它实际是孙梁合作的一次尝试。在广东,孙中山指派郑士良发动会党,准备举事。12月19日,梁启超离日赴檀香山。当1900年2月4日清廷通缉康梁时,他们已不在日本。

1899年12月19日,清廷命粤督谭钟麟赴京陛见,遗缺由李鸿章署理,到任前由德寿暂署;次年5月24日,李鸿章实授粤督。实授之前,李可能已抵广州。命李督粤,这已不是秘密,是用他去对付康梁一党。例如,北京同文馆教习罗·满乐道在1900年1月16日致莫理循函中,即称他陪李出京,李被特别派到广州去缉拿康有为。李到任后,康党罗伯堂、唐琼昌在国内的家属被捕,此举被指为阻止保皇党在广东活动的事实。但是,把这个行动解释为李鸿章敷衍朝廷更确切些,他不为已甚,没有去挖掘康梁的祖坟,也未罗织党狱。虽然如此,梁启超对李鸿章、刘学询还是忌恨颇深,1900年3月28日,他在致《知新报》同人书中写道:"刘豚为肥贼军师,必竭全力以谋我。恐其必生多术,以暗算我辈。"又说,"肥贼刘豚在粤颇增我辈之阻力,宜设法图之,去年遣归诸侠,有可用否?此二人在他日阻力未有已也,请留意。" 4月29日,在致徐勤函中又说,"豚子不宰,我辈终无着手之地"。① 从这两函文字看,梁并未举出李、刘阻害保皇党活动的实事,因为康有为受到英国的保护,李、刘在英国领地不可能达到目的。保皇派在南方没有除掉李、刘,北方的义和团却如燎原烈火发展起来了。

1900年春夏间,孙中山决定在广东起义,认为"兵贵神速","旷日持久,于大局有害无益。如今只有布背水之阵,以求一战"。② 于是,一批日本浪人,如宫崎寅藏、内田良平、清藤幸七郎、福本诚、平山周、岛田经一等,聚集在孙中山周围,准备到华南发动武装起事。

1900年6月6日,犬养毅、头山满等在红叶馆设宴送别孙中山、杨衢云、郑士良。9日,孙偕杨、郑、陈清、宫崎及清藤离开横滨,乘法轮"烟迪斯"号南行,内田则在神户上船。据兵库县知事大森钟一报告,从横滨上船的6

---

① 丁文江、赵丰田编:《梁启超年谱长编》,第206、238页。
② 宫崎寅藏著:《三十三年之梦》,第175、176页。

人中，孙赴新加坡，郑等 5 人赴香港，孙赴新加坡可能会见康有为。①

这里需要弄清的问题是，孙中山此次南行，与两广独立有何关系？与新加坡"刺康案"关系如何？孙中山与刘学询在 1900 年前半段交往的问题，真相如何？这是较为混乱的问题。据平山周在 1911 年出版的《中国秘密社会史》记载，1900 年，孙中山谋再起革命军，"忽广东刘学询致孙一书，大致谓两广总督李鸿章欲因足下谋广东之独立，惟所最恶者为康有为，足下如得壮士暗杀之，大事即成，请速来广东可也"②。日本人编纂的《续对支回顾录》更说刘学询曾赴日本促驾并面商条件（保证孙生命安全，借款 10 万元给孙还债），至于发上述函件及邮来旅费 5000 元，事在 1900 年 4、5 月间。这些资料不断被引用，有人且认为是刘学询"一石二鸟"的策略。事实是否如此，我认为很值得研究。

首先，从当时形势说，李鸿章是 5 月 24 日实授粤督的，在 6 月 6 日犬养等饯别孙中山时，刚毅诸人正在涿州招抚义和团，团民尚未大批进入北京。刘坤一、张之洞等与列强订立"东南互保"是在 6 月 26 日，即孙中山已南行抵西贡之后。在上述各事发生之前，说在 4、5 月间议论"两广独立"，于理于势，均属虚妄。其次，宫崎当时一直在孙身边，设有其事，不会毫无反应。孙中山当时确实得到一笔 5000 元赠款，它是由日本人中野德次郎提供的。日本警方对孙的行动监视綦严，如果孙、刘有此交往，也会有所记录。再次，平山周书中所记函件，文字浅白，且完全没有秘密可言。孙当时正在与梁"合作"（至少他认为如此，事实是梁已挖空了檀香山兴中会墙脚），又计划与康联合，若接受刘款以谋康，以当时孙的思想和实力计，均不可能。最后，孙当时的主要助手陈少白对此一无所知。有关孙刘关系记述，倒是陈少白、冯自由的话说得准确些，虽然事实前后有错乱。陈少白在《兴中会革命史要》中说，北京失陷以后，何启建议借重港督卜力，劝李鸿章独立，陈认为是个

---

① 关于孙中山赴新加坡与康有为谋求合作问题，除 6 月 10 日兵库县报告提到之外，7 月 21 日福冈县的一则报告中亦叙及：孙逸仙在义和团兴起后，认为应乘此好机会，如与康派存区区分立，殊为不得策，对康有为，有劝其大同团结之必要，持联合运动，纠集大批同志进行。宫崎、清藤、内田因与两派相识均有交往，受孙逸仙委托携介绍信，前往调和斡旋，亲役其劳而渡清。随同南行的陈清，也说孙文建议赴新加坡与康合作。宫崎在《三十三年之梦》中，则称，在轮船上孙逸仙布置行动方略时，由他（宫崎）建议，现在应该联合康有为，共同协力办事。孙赞成此建议，大家都主张有大同团结的必要。但据《宫崎滔天年谱稿》所载，是接受犬养毅意见，与滞在新加坡的康有为提携，孙文赞成。从上述几种说法看，比较可信的是，孙有意与康合作，经犬养劝告，在出发前已决定方略，所谓刺康之说，甚为可疑。

② 平山周著：《中国秘密社会史》，河北人民出版社 1990 年版，第 157 页。

机会，就写信告知孙先生，后来也得到了他的同意。当时李幕下的要人，有刘学询、曾广铨二人，都是熟识的，就使人约请他们从中助力，他们甚以为然，答应相助。又由何启拟一英文稿，由全体会员署名，送与香港总督（按：似即"平治章程"），劝李停止北上，宣告独立以维治安。卜力接受何启的运动，又接到上书，就写了一封信，由沙面领事转交给李鸿章。① 陈少白把两广独立的发动时间定在 8 月 15 日北京沦陷后，显然晚了一些。他没有提到刘学询给孙写信的事，不过肯定刘在其中起作用，这样，就实际否定了李刘等设圈套诱饵的一个假定。冯自由的记载有所不同。他说："至庚子夏，总理在日本忽接刘自粤来书，谓粤督李鸿章因北方拳乱，欲以粤省独立，思得足下为助，请速来粤协同进行。时总理方经营惠州军事，颇不信李鸿章能具此魄力，然此举设使有成，亦大局之福，故亦不妨一试。……先是何启、陈少白已由香港总督卜力斡旋，劝李鸿章乘机宣告独立。李幕府中有刘学询、曾广铨二人亦极力从旁怂恿，闻总理等将由日本至港，遂预派安澜兵轮来迎，邀总理、衢云二人过船开会。总理得香港同志报告，知李督尚无决心，其幕僚且有设阱诱捕孙、杨之计划，更有谓刘实为之主谋者，故不欲冒险入粤，仅派宫崎随刘乘兵轮晋省，代表接洽一切"云云。② 冯自由的另一篇文章补充说，"（刘）及闻港督向鸿章洽商广东自主事，遂向鸿章自告奋勇，谓渠与孙某认识有年，如傅相有意罗致，渠可设法使即来粤听命等语。鸿章颔之。学询遂即贻书总理"。又谓"总理初得少白函电，稍知原委。嗣得学询函，更悉港督所提议已渐发生效力"，遂偕杨等赴港。③ 冯自由不是当事人，但材料后出，比较可信。他在这里所记刘致孙函片断，与平山周所记不同，未涉及"除康"，但其（刘）主动要求致函，罗致孙参与广东独立，较合情理。督署中有人想诱捕孙、杨，不无可能，但刘不一定参与其事。说李鸿章对康有不良印象，是可信的，对孙却未必。据粤海关税务司庆丕 1900 年 6 月 17 日致赫德函称，在他们谈话中，李"又提到康有为，并且说新加坡已被坏人们利用，作为策动危害中国阴谋的中心了"④。既然李对孙并无特别恶感，而且包括何启在内的香港有力人士与孙都有关系，港督还赞成孙李合作以争取两广独立，那么李诱捕孙以邀功，不大可能。詹森教授在《日本人与孙逸仙》一书中提

---

① 陈少白：《兴中会革命史要》，《辛亥革命》（一），第 65～66 页。
② 《革命逸史》初集，第 77～78 页。
③ 《革命逸史》第四集，第 92～93 页。
④ 中国近代经济史资料丛刊编委会编：《中国海关与义和团运动》，中华书局 1983 年版，第 73 页。

到，由于义和团运动引起的经济恐慌，广东富绅提供现款 2500 万两，以发动挽留已受朝命北上的李鸿章的运动。这个说法不一定可靠，但不妨相信，刘学询参与两广独立运动，招孙合作，反映了广东绅商的愿望。李既对康缺乏好感，此次赴广东还有缉拿康的任务，继续离间孙康，防止孙康合作在广东起事，考虑与受到港督支持的孙派合作，也不是说不通的。总之，刘学询因有上年与孙密谈的体验，在两广独立运动中主动为李与孙搭桥，不会是出于恶意。据陈少白记载，当李决定北上担任议和全权大臣乘"安平"轮过港，港督劝阻不住之后，他当时还到"安平"轮上去见曾、刘二人，他们说："傅相意志坚决，无法劝阻"。可见他们二人是真心与孙搞合作，未达目的，不无遗憾。

孙中山离开日本前与刘学询事先可能联系过，不然"烟迪斯"号抵港时，广州方面不会派"安澜"兵轮准时来接。因为孙已从陈少白那里得知李鸿章决心未定，而且贸贸然深入虎穴，也不是明智之举，所以孙让宫崎、清藤、内田三人代他赴广州谈判，本人则乘原船去新加坡。这个赴新加坡的决定，从上述 6 月 10 日福冈县报告看，应是出发前已商量好的。宫崎等人在谈判中提出两条：保障孙的安全，借贷 6 万元以偿历年债务。刘经请示李，答应照办。宫崎等第二天返港后，即由刘之子送来 3 万元，宫崎等三人则按原议合照一张交李，以作留念。他们回到香港，未及向孙汇报，孙的乘船已鼓轮出发了。宫崎等人所收到的刘学询 3 万元款子，成了新加坡"刺康案"的一个物证。

孙中山在 1900 年的活动，包括孙李合作搞两广独立、联康、惠州起义，都是围绕首先在华南建立共和政权这一目标展开的。他去新加坡找康有为谈合作，并无多大把握。到达西贡之后，他未立即赴新加坡，似乎是在等待香港的消息。6 月 22 日，他写信给平山周等人说："弟于六月二十一日已安抵西贡，现下尚未能定行止，并定往何地，且候广东之事消息。刻已缮一电报去问刘氏，各件如何，俟彼回电，自当知一二也。"又说，"福本、平山二君与杨、陈二君在香港所图之事如何？弟料如能一一照法行之，当亦有可望也。今日者乃分头办事之时，想一月之后便可通盘计算，以观成就之多少，而定行事之方针矣。诸君宜一面努力办事，一面静候弟之好音可也。"① 他给刘学询所发电报内容如何，不得而知，但肯定是希望了解刘对孙李合作所持的态度及合作条件。所以当 25 日接到平山等人的报告以后立即回电称："接电大喜。弟数日事完，当往星会宫。"就是说，即赴新加坡与宫崎会合，解决与康

---

① 《孙中山全集》第一卷，第 189、190 页。

合作问题。这时孙中山是否有建立以孙康李为轴心的合作体制呢？这种设想可能有，因为他正积极图谋与李、康合作；但也可能没有，因为他要推翻北京政府，需先在华南建立一个独立政府，估计康有为不会同意。孙在新加坡与坡督瑞天咸谈话，认为"大概除了康党之外，都能够结成一体"。他就是怀着这种估计去找康有为的。

孙中山于7月8日抵达新加坡，在此之前4天，宫崎、清藤及内田已抵该埠（内田抵新不久即返国）。当孙抵新加坡时，宫崎与清藤已以刺康嫌疑入狱了。这确实是一桩冤假错案。在当时，即有刘学询电告康"谨防刺客"的说法。例如，岛田经一返国后便即电康有为：谨防刺客。康遂据以密报新加坡警署。这是不实之词。瑞天咸在审问宫崎、清藤时，即曾问及："你是不是受中国守旧派的委托，想要暗杀改良派的首脑？"此问遭到宫崎的严厉驳斥。平山周《中国秘密社会史》认为，是孙"令日人宫崎等至广东与刘学询议，而自向柴棍（按：即西贡），欲因以与康连合。无如横滨康党，未究其实，以为孙真欲杀康也，遂特电康，命预防之"。这是反映孙派观点的记述。经过孙中山等人的活动，宫崎等获释，旋被驱逐出境。"刺康案"的结果对有关各方都不怎么有利。康有为对此举失去日本人的同情，也有点后悔。他在8月11日给康同薇的信上说："日人之事，系发难于林君（按：似指林文庆），此事于日本邦交极有碍，故我欲忍之，而林骤告督，遂为大案。然无如何，又不敢言其非，恐得罪林及英官也。其人为宫崎，诚是戊戌九月与我返日本者"，"但伊不合与孙同行，且为孙办事。日本有两电五信言其谋害也"。这就是说，告密者在日本，而非刘学询，康也不相信宫崎为行刺他而来。不过，同函又表示，在公开场合仍指为谋刺："汝可与港督书，或面见督夫人，告以孙往坡谋害，赖坡督保护得免。"① 第二日又一函致康同薇，内谓："至北中之变，乃天助我，上有天命，必能保全，惟孙假我名，至为大碍，可虑。来此闹成一大案，因我拒之，致失日人心，事出于无可如何，然益明我与彼之不相合也。"② 康有为确是抓住此事以区别自己与孙不同流。《梁启超年谱长编》收进一通康致梁函，称"昔孙某频欲害我，汝颇不信此事，然此等事一误，岂有悔哉"！他人之心，我忖度之，康氏其人如此。话又说回来，孙的代表宫崎等人接受了刘学询的三万元（当时是大数目），决不可能是白送的。拿了这笔巨款，究竟所为何事，就目前所能看到的史料，还真不能做结论。不管怎

---

① 方志钦等编：《康有为与保皇会》，银河出版社1908年版，第177页。康氏在8月11日函末又批："此信述孙文与日人宫崎寅藏行刺事大案，宜永保存。"

② 同上书，第179页。

说，通过这一案件，孙中山与康梁的合作问题，到此彻底完结了，孙本人也被禁止5年内在新加坡登岸。

1900年7月16日，孙中山一行抵达香港海面，因禁期未满，他不能登陆，便在船上召集所部会议，安排惠州起义计划，同时等候离穗过港北上的李鸿章与港督会谈的消息。李17日抵港，18日北上，陈少白上船见了刘学询、曾广铨，获悉李决心赴沪，刘也随同北上，孙李合作问题至此结束。20日，孙偕宫崎等离港返日，留下郑士良等人布置起事事宜。24日，孙中山回到日本。

李鸿章抵沪之后，看到北方局势一时无法明朗，便在静安寺路沧洲别墅住了下来。孙中山虽经挫折，但不稍灰心，希望刘学询能继续支持他。8月26日，他离开日本秘密乘"神户丸"返上海，同行者有内田良平、平山周等一批日本浪人。29日上午抵达。① 他化名中山樵，医学士，住在日本人开的旅店旭馆里，这是他去国亡命5年以来第一次踏上祖国领土。

对于此行目的，孙中山在出发前曾与某人谈到："迄今为止，我一直在东京注意观察日本的外交方针和政治状况。但近日国内的动乱，经各国公使出面，似已告一段落。同时，推断日本的外交方针也已大体确定。根据这种情况，目前打算去视察本国情势，并与本国同志进行种种磋商。""在中国的政治改革派的力量中，尽管分成多派，但我相信今天由于历史的进展和一些感情因素，照理不致争执不休，而可设法将各派很好地联成一体。"他表示将推众望所归的容闳为领袖。"对国内的李鸿章等各总督以及康有为一派也应重视，暗中联络，这样料可使政治改革方案得以渐次施行。根据这种考虑，我个人准备从中尽力，故匆匆决定回国。我并不抱任何危险激烈的企图，而是考虑始终采取温和的手段和方法。"他表示还可能去北京，对这次回国毫不担心会遇到危险，因将会得到日本领事和另一国领事的间接保护，更加上北京在外国军队占领之下，更可放心。② 他原来考虑出于秘密行动，仅一人行动，但内田良平及平山周等人出于关心，却一定要同行。另外，根据日本外务省档案，当时孙中山对来门司送行的岛田经一说，他准备在上海通过英国领事与港督商议，争取召开一个"国际谈判"会，并在没有危险的范围内与李鸿

---

① 徐珂编著：《清稗类钞》第7册，中华书局1984年版，第3322页。据陈肇琪《总理史实访问记》所载，刘学询谓先生抵沪，初不得上岸，经刘与日领担保始得上岸，刘偕先生往见李鸿章，李谓"明年余当到北洋，届时方可回国任事"等语。（中国国民党党史会编：《国父年谱》，第145页注）征诸史实，系属虚构。

② 《孙中山全集》第一卷，第198、199页。

章会谈。从孙中山抵上海后的行动看，上述记述大体上是可信的。

此时孙中山与英国方面存在某种联系，英国驻沪领事确在暗中关照他。孙在旭馆仅住了一宿，英国驻沪领事就通知他：应赶紧离岸，汉口自立军已失败，通缉19人的命令已到达上海。他于是赶快回到"神户丸"上，以后大概主要靠平山周与各方联系。内田良平一班浪人决定行刺刘坤一、张之洞、李鸿章。当他把计划告诉孙中山时，孙坚决反对，认为："若像这样一来，好像捅破了蜂窝，一群蜂子乱飞起来了，那时大家都不能听我们号令，所以我一定反对此举。"① 因为孙反对，已集合好的浪人便怏怏地解散了。既然不能在岸上活动了，孙中山便设法让刘学询到船上会晤。尽管刘学询不大愿意，还是到船上会见了孙。8月31日晚孙致平山周的一封信写道："今日托交前途之信，该人已经妥收，亦已如约来船会面矣。又订明早（九月一日）九时，请足下再到该人之家，取一要信来。弟恳足下明早如期再往为祷，多劳多谢。"② 9月1日孙中山离开上海港时，刘学询曾前往送行。据9月1日日本驻沪总领事小田切向外务省报告，刘曾向他谈到："神户丸"出发前夕，他曾与孙面谈。又据一位曾与孙往来的人叙述，刘反复告孙，其计划不合时机，暂时必须停止。同时李鸿章奏请皇太后皇上两陛下，无论如何应返回北京，但未获允准，因此考虑拥立李经方在广东谋自立，到时将率同志前往会合，孙亦答应，于是踏上归途。③ 小田切认为，上述对刘学询的谈话可靠性如何，是出于刘的真意，抑或为出于制止孙文企图的手段，不甚明了。无论如何孙目前的计划是停止了，并返回日本。李鸿章劝两宫回銮的事是可信的。但拥李经方在广东自立，恐无其事。至于刘学询劝孙停止活动，也比较合理。孙中山此行与刘会见，似无大成果，从刘处取来一函作何用途，亦不可考，由于1899年刘访日受三井财团热情接待，有可能是供孙在必要时与三井物产会社某要人联系之用。

在此之前，孙中山在华南的活动主要是指望英国方面的谅解与支持，行动中却免不了依靠日本浪人的援助。当他又一次回到日本之后，事情已发生变化。他在上海认识的山田良政，以及平山周，依计划先去了台湾。孙中山本人化名吴仲，偕同清藤幸七郎也于9月28日抵达基隆，计划在该处筹划军资、人力，支援惠州起义。孙中山在台北曾会见台湾总督府民政长官后藤新平及台湾银行行长添田寿一（添田在刘学询访日时曾出席7月27日的宴会）。

---

① 《日本友人追怀孙中山先生座谈会五次记录》，内田良平的发言。
② 《孙中山全集》第一卷，第199页。
③ 代理总领事小田切致青木外务大臣，1900年9月5日，"外史革"机密第100号。

其时正是山县内阁末期,当后藤向内务省报告孙文抵台应如何对待时,经内务、外务两省议定,指示台湾殖民当局不得予以支持,以免惹引国际麻烦。后藤乃表面上准予居留,暗中却指示孙周围的日本人离台,所以除了据说山田是由孙派往广东之外,平山、清藤均返回日本。孙孤居台湾,无所作为,于11月10日离台赴日,惠州起义则于10月下旬失败。

冯自由《刘学询与革命党之关系》一文收录了"明治三十三年九月"孙中山在台北书写、委托平山周交给刘学询的一封重要信件。日本自明治开始使用公历。"明治三十三年九月"即1900年9月,这是无疑的。冯文说,及惠州革命军起,总理时在台湾,闻刘独留上海,未随李督赴津,遂使平山周持密函至沪访刘求助巨款,并约合作。又说:时平山谒刘备述总理推戴之意,惟刘虚与委蛇,平山竟无所得,遂电告总理复命。总理于是即由台湾乘日轮至上海,舟泊黄浦码头,使平山约刘至日轮相见,刘托故不往,平山再三强之始行。孙、刘会谈数时,终无结果,自后刘与革命党人遂不再发生关系。这段记述史实前后倒置,是十分清楚的。孙中山1900年赴台,是在上海与刘会晤之后。而9月间孙致刘函,平山周并没有将信送出。据日本外务省的材料,平山是在台湾总督府劝告下于10月15日前离台返日的,他没有再到上海找刘交信,所以该信件仍留在平山手中,这样,也就不存在刘对平山虚与委蛇之类的事了。

孙中山致刘学询函中首先表示:"前次会议已决行事之法,一为车驾回京之办法,一为车驾改迁之办法;今据明文,迁都已实,则惟有其后之办法耳。数月以前,已令部下分途起事,先占外府,以分省城兵力;并令城内外正军一俟兵力稍单,则乘机袭城,以为基本。袭城之道,亦分二法:一为部下日前布置之法,据报城内外各要地已种烈雷,一燃可陷官军八九,但此法伤残太甚,因知所种之物,'大拿米'(按:即黄色炸药)已有四万余磅,银粉亦有百余磅,若一燃之,则恐羊城虽大,片瓦无存也。此又焉能藉为基本之地哉?故力戒勿行,且饬俟便陆续起回,免以自伤,未审能照命而行否。其二为弟亲率大队,从乡间进迫省城,在内部众同时起应。此法较为妥善,今已约部下待命矣。"接着写道:"今惠军已起,日内则肇、高、北江等处必继之,省城之兵不能不外调,城中不能不单薄,一击必下,计属万全矣。弟已与镜海(按:指澳门)当道密商,已蒙许借其道地为进取之途矣。今拟日间乘邮下南洋荷属,另雇轮直至镜海也。未行之前,欲先将内外局面布置妥当,以为万全中之万全也。"

函中继续说,今特遣深信人周君平山(按:即平山周)来见足下,"面托足下主持内局,先立一暂时政府,以权理政务。政府之格式,先以五人足矣:

主政一人，或称总统，或称帝王，弟决奉足下当之，故称谓由足下裁决"。又告设内政一人，由盛宣君（盛宣怀）当之，外政一人，由李君伯（李纪堂）当之，财政一人，杨君文（杨衢云）当之，"兵政一人弟自当之。先行攻取土地，然后请公等来会也"。又谓"外局则宜先发代理使职人于外国，此等人弟自能择之，如何（按：指何启）容（按：指容闳）皆可当一面也"。函中切入正题，谓今日事机已发，祸福之间不容发，万无可犹豫，且清廷和战之术俱穷，有坐待瓜分之势，是以毅然命众发之。"今欲计出万全，转祸为福，第一要著为厚雄资财，速办外局之事"；如果"列强瓜剖，华夏陆沉，弟固蒙不仁之名，足下亦恐难逃奇祸"，要求刘及杨、李等，即速代筹资百万交周君带回弟处，以便即行设法，挽回大局，再造中华。他进一步说明："主政一节，初欲托足下央李相（按：指李鸿章）为之，惟彼已拜全权和使之命，恐未必肯从吾请，且于理不便，故决推足下当之。已传语反正军中，俟到可扬布之日，则照扬布之矣。"对于江鄂二督，孙询其旨趣如何，如以此举为是，"可致意力守，遏外人侵入"；否则，取粤之后，当提军来吴楚，与彼军一见。①

这封函件充分体现了孙中山文字鼓动的风格，因此我们不一定深究其中所涉及的每一件事的真假，去确定孙刘合作的程度。不过，孙中山的这种手法，表面上却给他在这一时期的政治主张造成混乱：他在6月上旬离日前，已表示要在华南建立共和政权，而在这封函件中又称主政一人，或称总统，或称帝王，决奉刘当之，企图以此满足有帝王思想的刘学询的政治野心。孙中山是精明的（这还表现在他自主兵政的计划），但刘学询也并不愚蠢（不然的话，他也当不了李鸿章的幕僚），所以，以空头支票去赚取他的百万钱财，即使函件送到了，恐也无法使之就范。如果我们要从函中寻找孙刘在此期间的真实活动轨迹的话，那么函中叙及"前次会议已决行事之办法"两端，因彼此当事人通信，可认为是实话，即孙刘在8月31日晚的会晤确曾接触到未来行动问题。如果我们相信这种行事办法的决定是真实的，就没有理由怀疑他们对中国政治前途的看法有某种一致性，虽然他们彼此都想利用对方，但不能认为他们的关系是虚伪的。一个政治家由于缺乏实力而又企望实现自己的宏伟抱负，形势迫使他不得不一次又一次去追求有力者的合作，原则性和策略性交织在一起，这就是政治家表现出来的毁誉参半的矛盾性格，孙刘关系，对孙来说，即可作如是观。

史扶邻教授认为，此后不久，儿玉（源大郎）带着他的建议（要孙向厦

---

① 《孙中山全集》第一卷，第201~203页。

门进军）前来，孙中山也就把刘学询忘掉了。① 这种说法颇值得商榷。儿玉在孙旅居台北期间，不在任所，是有史可稽的。台湾总督府因已得到东京的明确指示，便采用釜底抽薪办法，致使孙无法活动，已如前述。在8月间厦门东本愿寺纵火事件发生后，由于列强反对，元老制止，且囿于东南互保，台湾殖民当局事实上已不愿用孙去冒险。就孙中山本人来说，眼看日本不为己助，希望只有寄托在刘学询的身上了。1901年1月初，在中村弥六诈骗案大体告一段落之后，孙中山又派宫崎寅藏去上海会见刘学询。据宫崎说："孙先生的意气犹未低落。我又衔命去上海。事实上，这已是最后的一策了。""在去上海以前，我还多少怀有希望。停留两天以后，终于看到了事不可为，只有颓然归国，面谒孙先生，向他报告了经过。孙先生也早想到事难有成，对我的无能也未深加责备，只是叹息道：'一切都需要暂时中止。'至此一切希望顿成泡影。"② 可见，孙中山即使在惠州起义失败之后，对刘学询仍未忘怀，而刘不能对孙作有效支持，这也是形势决定了的必然结果。

据记载，刘学询在晚年曾夸口宣称，孙曾提出举他为皇帝，并谓曾在孙中山的运动中投入大量金钱。从上述9月函件看，举刘为皇帝之说不无可能；而给孙以大量金钱之事，我们今天除了知道1900年提供的3万元之外，其他不详。庚子"广东独立"与孙刘的关系，大体如此。

四

冯自由记述，孙刘在上海日轮上密谈之后，不得要领，"自是学询与革命党人遂不再发生关系"。这种说法，当是有所依据。不过，如果我们把孙刘关系结束在1900年或1901年，这是欠妥的。就笔者所接触到的材料，民国初年，孙刘之间仍有一定交往，从中亦可见彼此交谊之未坠。

清末民初，刘学询在上海开信大钱庄，并在李鸿章去世后仍与官场人物有交往。南京临时政府成立后，他与香山同乡、南北议和袁世凯方面代表唐绍仪等人在上海有所往还，甚至还到南京去见过孙中山。在此期间，孙刘交往之事可以记述者，约有三端，今胪列如下。

其一，为联系临时政府向外国借款，刘欲作中介。临时政府成立后，需款孔殷，而来源枯竭。孙中山不得已而有以铁路、企业及招商局作抵或合办，向日商举债之事。其中汉冶萍公司与招商局借款，事未办成，而舆论哗然，致使孙黄等人坐困愁城，一筹莫展。1912年2月23日，刘学询致函孙中山，

---

① 《孙中山与中国革命的起源》，第209页。
② 《三十三年之梦》，第219～220页。

内谓:"日前唐少川(按:即绍仪)君小驻敝寓,欣悉南北统一。共和成立,首在恢复秩序、遣散兵队为第一要务。惟需款甚巨,一时无从筹措。现有西商可以认借一千万两之数,年期可以宽舒,息金亦能公道,且在沪可以交款。如钧处有意筹借,请示意,以便与之接洽。如何之处,伫候德音。"① 此事背景如何,不详,尔后亦未见重提。事虽不成,但由此也可见此时刘学询对孙中山之事业欲有所帮助,即使其中别有私图。

其二,为交涉退还杭州刘庄之事。据记载,清季贝子载振(庆王奕劻长子)至浙江,刘以馈献巨金,得圈用杭州民地数百亩,营造刘庄别墅于西湖。民国后浙政府据乡民举发,特将刘庄封禁充公。其后经刘多方设法,卒获取消封禁,领回原业。② 此处"多方设法",即有刘本人赴南京活动,及孙中山指示浙江都督府处理之事。据《临时政府公报》第41号记载,1912年3月17日孙中山令,"据上海信大庄主刘学询略称:上海信大钱庄抵款穋辖,……颇为复杂。兹既据称业有沪产可作抵款,其杭庄应否籍没?又此案办法能否照来呈所请办理,以清纠纷之处,合行令仰该都督切实查明,秉公核办"③。此令发出后,孙中山又收到刘学询一函④,似再陈说信大钱庄穋辖,并询浙江都督对发还刘庄之处理进展。该函谓:"别后返沪,翌日往晤温钦甫(按:即南京临时政府的通商交涉使广东人温宗尧),当将详细情形告知。适钧函同时递到。"于此可知刘曾赴宁谒孙,孙有信致刘。同函又谓:"现由敝处查明,前沪道刘燕翼移存比国领事署官款计:库款三百二十六万三千五百五十两零一钱二分一厘;又规银八十八万八千六百四十三五钱五分六厘;洋例纹银二万零五百二十两。另上任沪道蔡乃煌移交时,实短三百七十余万两,以押款暂抵。以外尚有苏州濬浦等款,俟查明再行送去。温君业已接洽财政长陈君,则由温君转商办理矣。"在谈到刘庄之事时,该函又谓:"杭州西湖敝庄被杭军政府没收,前蒙钧处函知杭督查办,曾否回复,便祈示悉,尤为感祷。"刘庄确由浙江军政府发还刘,此中关键,与孙出面交涉,当不无关系。

孙中山之所以同意发还刘庄,似非仅从乡情旧谊考虑,而是主要另有设想,这就是孙刘交往之第三件要紧事,由刘搭线筹建银行。上述刘学询函中

---

① 黄彦等编:《孙中山藏档选编》,第202页。
② 《革命逸史》初集,第80页。
③ 《孙中山全集》第二卷,第243~244页。
④ 原函见《孙中山藏档选编》,第205~206页。该书编者以原函末页佚失,写信人及写信日期不详,故收入选编时题为"《□□□致孙中山函》,一九一二年初"。统观全函,应是刘学询所撰,时间当在1912年孙中山指示浙督查核办理,至同年3月31日孙卸任之前。

提到:"前议合办银行之代表雷同君(按:据下述函件,应为雷士之误),抵沪之日,即行详函寄英伦矣。知关垂念,谨以奉闻。"这件合办银行之事,在孙中山卸职后仍继续酝酿。刘学询另有两封信,可说明一些情况。4月17日函称:"雷士君昨日来谈合办银行一事。我公赴粤,将来通电应从何处转递?彼此电商,仍以西文为合。送上电报地址,祈照察存。请公示之在粤地址为幸。"又称:"光华堂主人嘱呈清醒丸三匣,乞给四字匾额,以示奖励,是所拜祷。"① 4月19日刘又发一函,对前函作了补充更正,谓:"昨寄一函,内附雷士函电,计在途次。顷晤雷士面称:昨请尊处电伦敦罗士差罗合资开设中华实业银行一节,请暂缓发;因电文内有二字舛误,现已发电往询,俟得回电再行奉问〔闻〕。"② 孙中山是在访问武昌后在4月14日回到上海的,18日离上海南下广东。他4月17日在上海中华实业联合会的欢迎会上讲话,办银行与其他实业,是孙中山在民初的主要努力方向。1912年6月11日,孙中山与士丕文、路里士等签署"拟创中华振兴商工银行说帖",7月26日又有《复中华银行董事局函》,这大概是原拟中华实业银行的进一步具体化。此"路里士",似即"雷士"之异译,同为一人,"路里士先生两方面皆认彼为讨论时之居间人",但未提及刘学询。孙的签字见证人为容开(即容星桥,容闳之族弟),为兴中会时期同志,曾任汉口俄国洋行买办。刘之不公开出面,自有原因,其在中国士绅中缺乏令誉,估计是主要缘由。即如刘之沧洲别墅,李鸿章、唐绍仪这些风云人物都曾假为下榻之地,而孙中山就任大总统前及解职之后却避之若浼,未尝作为居停处所,说明孙中山在政海中显有清浊之防。他在解职后即于4月3日应宋嘉树之邀住进其家以叙旧,与20年前曾与陆皓东一起"初谈革命者"以追思陆皓东之事,③ 足见孙之与刘、宋,虽不忘旧交,而感情终是不同。

孙中山与刘学询的交往,反映了孙中山生平事业的若干重要片断,但因史料不足,或事出隐秘,至今难道其详。不过,从上述材料,我们仍不难看出,在孙、刘交往中,孙中山始终坚持一条游戏规则:为了进行革命,需要争取多方面的援助,也可能采取各种不同的手段,但目的是不会改变的。

---

① 《孙中山藏档选编》,第240～241页。
② 同上书,第241页。
③ 《孙中山全集》第二卷,第342页。

孙中山与国内上层知识分子
——以汪康年资料为中心

本篇所拟讨论问题的时间界限,上起1894年孙中山上书李鸿章,下迄1911年武昌起义。国内上层知识分子,原无标准,此处泛指当时的报刊主笔、学堂监督、学界领袖、知识界闻人、政府官员等各式有影响的知识界人士。汪康年从1896年办《时务报》开始,到1911年底去世,与国内知识界保持广泛联系。由汪康年之弟诒年所收集、整理,而经上海图书馆抄录校点、上海古籍出版社出版的《汪康年师友书札》①中,保存了许多有关孙中山的资料,是研究当时孙中山与国内上层知识分子关系的不可多得的珍贵记录。兹以该书札所保存的资料为中心,兼采其他有关资料,简述这个时期孙中山与国内上层知识分子的关系,从中或可看出孙中山在知识界的影响。

汪、孙日本会晤引起风波

1894年6月间孙中山上书李鸿章,使他走出了广东人知识分子的圈子,与上海等地的上层知识分子开始交游。上李书稿经郑观应、王韬的润色,并经盛宣怀等函介。上书未能成功,但"香山孙文"这个名字,可能在较大范围内引起关心时务的知识分子的注意。就在这一年,在上海出版的《万国公报》月刊第69、70两册,刊布了"香山孙文"的《上李傅相书》,书中提出了效法日本进行富国强兵改革的建议。显然,当时一般人对这位撰写函件的人十分陌生,但该函又写得如此透澈,所以使人想了解这位"香山孙文"究竟是什么人。或许正是这个原因,汪康年——尚未离开武昌两湖书院,正准备回上海筹办《时务报》——于乙未年(1895年)1月某日给梁启超写信,询问孙文其人状况。

据陈少白记载,1894年初,孙中山曾希望与在广州办万木草堂的康有为

---

① 《汪康年师友书札》全四册,上海图书馆整理,上海古籍出版社1986—1989年出版。该书为汪氏师友戚属写给他的函件之汇集,内容起自中日甲午战争,经戊戌变法、义和团事件,迄辛亥革命,保存了当时各派重要人物的书札,具有重要的史料价值。

结交，但康要求孙递门生帖子，孙不同意，故未能交往。由于孙中山在广州是著名医生，康有为的门人对此举不能不有所反应。但因无来往，故对孙也不会有深刻了解。因此，1895 年 3 月 4 日，在北京的梁启超复信汪康年，其中说道："孙某非哥中人，度略通西学，愤嫉时变之流，其徒皆粤人之商于南洋、亚美、及前之出洋学生，他省甚少。闻香帅幕中有一梁姓者，亦其徒也，盍访之，然弟度其人之无能为也。君所见之人，所闻之事，望时相告。"又谓："我辈今日无一事可为，只有广联人材，创开风气，此事尚可半主。"①上述这段话，是迄今为止我们所知道的康梁维新派人士对孙中山介绍、评价的最早资料。这时梁与夏穗卿、汪康年等交往频繁，他们议论孙中山事，并不奇怪。因为孙仅通西学，无功名，在当时实难入士大夫流中，所以梁之轻视孙，也不难理解。

张之洞幕中是否有孙中山的同志梁姓其人，无考。在上海和华中地区，孙中山还不可能有更多的朋友；但在香港和广州，他凭借自己的医术，成功地结交一批名流，兴中会干部有不少是有影响的人，广州农学会得到巨绅刘学询及潘宝璜、宝琳等数十人署名赞助。广州重阳起义流产后，孙中山被列为第一名通缉的罪犯，名声大噪。汪大燮在北京致函汪康年、诒年，一再提到孙中山在广东活动造成的影响。1896 年 4 月 11 日信中说："粤中匪徒势甚骚动，闻有电驿〔译〕署请转电各国捕孙文。茶陵（按：指粤督谭钟麟）护湘人，而掣郑绍忠②肘，郑将死，死则全省动矣。即无孙文，亦非粤省督抚所能了也。"③ 这些通信，无疑加深了汪康年对孙中山的印象。从中也可认识到，清王朝，至少在广东，到处已布满了反清情绪，全面开展反清活动，仅仅是时间问题罢了。

1896 年孙中山在伦敦被难后，在英国活动了几个月，然后经美国、加拿大赴日本，清朝驻英公使馆派使馆三等书记官曾广铨沿途监视，一同到了日本。④ 曾广铨字敬贻，是曾国藩之孙，回国后参加了汪康年、梁启超等人的活动。《时务报》于 1896 年 8 月发刊后，汪任总理，梁启超任总撰述员（主笔），张坤德、李维格先后担任英文译员。李辞职后，曾广铨继任。可以认

---

① 《汪康年师友书札》（二），第 1831、1830 页。
② 郑绍忠即郑心泉，广东三水人，原名金（绰号大口金），佣工出身，曾参加其中表陈金钅工反清斗争，后被粤督收买，杀陈投清，积功至提督，复赏加尚书衔（事见李伯元著：《南亭笔记》卷七，上海古籍出版社 1983 年版，第 4 页）。
③ 《汪康年师友书札》（一），第 730 页。
④ 日本外务省档案，明治 30 年 8 月 18 日神奈川县知事中野健民致外务大臣大隈重信，秘甲第 410 号。

为，汪康年从曾广铨那里了解到孙中山在欧日活动的一些情况，对孙有了进一步的了解。《时务报》宣传变法图存的宗旨，很快成为当时主张改革的上层知识分子交流思想、信息的中心。汪康年本人也被誉为"执学界牛耳"、"报界之权威"①。在康有为门人中，梁启超以次，麦孟华、徐勤、欧榘甲均相继在《时务报》任笔政。章太炎也曾在该报撰文，后因与梁意见不合，引去。

当时，《时务报》诸人，似对孙中山甚为注意。据章太炎在《口授少年事迹》中谈到，1897年春在上海，"因阅西报，知伦敦使馆有逮捕孙逸仙事，因问梁启超：'孙逸仙何如人？'梁云：'此人蓄志倾覆满洲政府'"。章"心甚壮之"。日后又记："丁酉入时务报馆，闻孙逸仙亦倡是说（按：指"逐满之志"），窃幸吾道不孤，而尚不能不迷于对山（按：对山指康有为）之妄语。"又称："是时上海报载广东人孙文于英国伦敦为中国公使捕获，英相为之担保释放，余因询孙于梁氏，梁曰：'孙氏主张革命，陈胜、吴广流也。'余曰：'果主张革命，则不必论其人才之优劣也。'"②对孙中山的议论必然导致对孙的进一步了解甚至联络。迄今我们还不清楚《时务报》诸人在1897年冬以前是否与孙联系过。1897年年中（其时黄遵宪尚未入湘任臬司），麦孟华南行，他抵广东省城后致汪诒年函中提到，"孙君书已送去，勿念"③。这位"孙君"如果是指孙中山，那么，它应是汪对孙联络的试探。

据陈少白、冯自由等人的记载，孙中山流亡日本之后，考虑到旅日华侨子弟读书困难，建议筹办中西学校，并派华侨邝汝磐回国聘梁启超任校长；康有为以梁有事不能脱身，改派徐勤前往，并将中西学校改为大同学校。④对于这种说法，康氏门人何擎一在《梁启超年谱长编》批注中写道："日本横滨华侨设学，倡议于光绪丁酉夏秋间，冬月邝君汝磐至沪聘徐君君勉往为教员。不闻孙氏所荐。设学之议不闻发起于孙氏。"⑤聘请徐勤，原非孙中山本意，此事不必置辩；但孙在邝汝磐、冯镜如等人发起办学后代定校名，则以《汪康年师友书札》中所存的1898年4月25日汪大燮致汪康年函，谈及总理衙门接驻日公使裕庚（朗西）信，"言孙文久未离日本，在日本开中西大同学

---

① 汪氏殁后日本人在《上海日报》发表的评语。见《汪穰卿先生传记》卷5，章伯锋、顾亚主编：《近代稗海》第十二辑，四川人民出版社1988年版，第316页。
② 汤志钧编：《章太炎年谱长编》上册，中华书局1979年版，第39～40页。
③ 《汪康年师友书札》（三），第2167页。但此"孙"亦可能是指横滨华侨孙实甫，此人与汪亦有交往。
④ 陈锡祺主编：《孙中山年谱长编》上册，第152页。
⑤ 丁文江、赵丰田编：《梁启超年谱长编》，第73页。

校"① 云云，可以说明。横滨这所华侨学校，校名原有中西二字，而且是孙最先议设的。至于孙康两派争夺学校领导权以及它后来被康派所控制，则日本记载有大量资料可证。② 该校于 1898 年 2 月下旬开学，2 月 14 日徐勤致汪康年函中告知，"大同学校规模已定，日间开馆"③。同函又称："东文社习者若干人，暇乞便告。"徐勤因曾在《时务报》任事，故与汪通候；但是，还有一层，便是汪康年在此之前不久，曾赴日本，在横滨活动时，可能会见了徐勤。但显然是汪康年在东京、横滨接触了孙中山，引起康派诸人不快，其中煽动其事者，主要便是徐勤。

据《汪穰卿先生传记》卷二"年谱一"记述："（丁酉）十二月，先生与湘乡曾敬贻君（广铨）游日本，遍历东京、横滨、大阪、神户、长崎等处，匝月而归。"汪诒年指出，"先生此行用意至远，于采访政治风俗而外，兼寓有与其国之朝野名流联络声气之意义，非寻常游历之比。事前曾与梁卓如君往返商酌（时梁君在湖南）"。④ 汪之去信内容今不可晓，梁之复信，则存于《汪康年师友书札》中，内谓："东行事弟亦刻不能忘，惟前往之人，必须极老诚、慎密、镇静者乃可。意中之人实无几，兄自往则弟以为不可，不可轻于一掷也。然今日实到山穷水尽之时，更雍容一刻，不知又作何了结，此惟兄相时而动。若此信到时，而德事尚未了，则往复之变，殆不可问，兄或以春初姑往一观之，亦未为不可。惟切须慎密，无待多嘱。"⑤ 未能等到春初，汪康年便与曾广铨作日本之游。在东京的具体活动不详，但从大阪朝日新闻社、山本宪（梅崖）等日本方面的反应来看，对汪、曾二人评价极高，认为当前只可与此二人谈"东亚振兴之大策"。汪大燮也称，"闻穰弟去冬有扶桑之游，彼中颇颂之"⑥，可见此行达到了某些预定目标。

但是，汪康年、曾广铨此次日本之行，一项活动是会见了孙中山，并由此引起了一场风波。孙中山当时住在东京。他们显然在东京会晤过，然后孙又赶往横滨，以中山樵名字赴汪、曾二居所送行。1898 年 1 月 17 日《大阪每日新闻》报导中提到"中山樵（中山氏少年时在广东，来此地已多时，除华、

---

① 《汪康年师友书札》（一），第 775 页。
② 《孙中山年谱长编》上册，第 171～274 页。
③ 徐勤致汪康年函，《汪康年师友书札》（二），第 1517 页。
④ 《近代稗海》第十二辑，第 224 页。
⑤ 《汪康年师友书札》（二），第 1852 页。
⑥ 1898 年 3 月 7 日致汪康年函，《汪康年师友书札》（二），第 773 页。

英两种语言外,不熟习日语,此次由东京来,系为曾氏等送行之人)"①。

汪、曾既在东京会晤孙中山,孙又赴横滨送行,且以"中山樵"名字见报,这便不能不引起有关方面,即中国驻日使馆及康有为门人的注意。

首先,是驻公使裕庚向总理衙门的报告。前揭 1898 年 4 月 25 日汪大燮函告汪康年,"昨日菊生(按:张元济)来言,译署接裕朗西函,言孙文久未离日本,在日本开中西大同学校,专与《时务报》馆诸人通。近以办事不公,诸商出钱者颇不悦服等语,即日由总办带内回邸堂云云"。孙文为叛党,《时务报》诸人与通,如果属实,朝廷当然会依法治罪。为免使事态变化,汪大燮在得张元济报告后,"当即往见樵(按:张荫桓,字樵野),言狱不可兴。

---

① 《大阪每日新闻》1898 年 1 月 17 日。据该报同日其他报导:"上海发行的《时务报》的记者曾广铨、汪康年两人,如期于前天晚上由东京到达本地,投宿于中之岛六丁目冈田菊处。

"昨晨我社记者前往采访时,仅汪康年在座,在与同来者孙实甫(川口三十二番华商)、汪有龄、嵇侃(二人系约二十三四岁的青年,前不久为留学到过此地,日前在山本梅崖的家塾中习日语)、白岩龙平(苏杭汽船会社即大东新利洋行行主)、山本梅崖、中山樵(中山氏少年时在广东,来此地已多时,除华、英两种语言外,不熟习日语,此次由东京来,系为曾氏等送行之人)等人闲聊中,记者交换名片,做初次见面的寒暄;特意远来,心中并无何种快慰。尤其遗憾的是,汪氏以前晚抵达,来不及拜会诸君,又蒙远访,心中感激不尽,并说:在东京时会见贵国人甚多,见贵国规模宏远,人才众多,不胜钦佩,令弟愧之欲死。汪氏年五十左右,带一种举措沈静之气概,氏湖南人(按:应是浙江人),凤具英才,具有翰林院进士之资格,屡受督抚等之劝诱,现不仕于朝以自持,执在野志士之牛耳。曾广铨氏身穿礼服,从另一房间走出。曾氏系故侯曾纪泽之子(即有名的曾国藩之孙),曾侯任驻英公使时,即随时在彼处学习,一二年后归国。其人通泰西之学,见识超俗,年龄约三十二三岁,戴金边近视眼镜,脸白皙,乃风采温雅之士。曾氏会见本社记者,首先说道,弟匆匆到此,未及造访,至为抱歉。此次来贵国,瞻仰上国制度,启发殊多。又谈到,可惜旅日不宜过久,不能尽见所应见、尽闻所应闻之事。至以为憾。且贵国能不畏困难采用西法,并讲求之,不及三十年况能有今日,深表钦佩!接着,汪氏问梅崖氏曰:山本先生,闻吾中国胶州之事,得无气愤乎?即西人之可依赖否?如此之人种既殊,西人之心,非尽歼东人则无已也。今日胶州之事,识者必早已察之,之所以如此,勿庸说乃我等之中日两国交邻未能益加深固之所至。及梅崖氏答,汪氏言,极是,……弟故极愿中国人多来贵国学校读书,愿人民多来贵国游历,彼此相亲。汪氏还感慨地说,贵国人才众多,文武足备,中国之年轻人今则确实……慷慨。记者也进行了一些谈话即辞去。

"听说甲午战争之际,有反对李鸿章等之在野的二千余有志者互相结纳,研究国策,屡陈意见给现政府之事。观尔来国势日非,欲图振兴,在采用泰西之文明,先应在上海办《时务报》,次则在各地出版报纸杂志,成为现今文明有爱国者之中坚,以刷新中国朝野之耳目。如汪、曾二氏亦党中之铮铮者。氏等昨日应孙甫实之邀,进行午餐,午后赴市内参观。本日参观各工厂、学校等处。明日离开神户,乘'中国奥尼布雷斯号'归国云。"

樵颇深明此意，惟谓长（按：长素，康有为）、卓（按：卓如，梁启超）二人在此设堂开讲，颇为东海（按：指徐世昌）所不悦，有举劾之意。而译署有东海，弟设以此言告之，即增其文料。如果发作，则两邸（按：指恭王、醇王）皆旧党，虽瓶公（按：翁同龢字叔平）不能遏，无论樵矣"。同函有谓："此时两公（按：指翁、张）能为掩饰计，但又虑朗西归来，直燃之恭，亦甚足虑。此间已密嘱长、卓诸人弗再张皇，并致电尊处，未知作何动静，鄙意且弗张皇为妙。"① 可能是经过一番活动，且恭王又病重，所以 5 月 15 日汪大燮另一函中，表示"裕事近已无复言者"②。尽管如此，北京还是在造作种种谣传，至有谓汪康年"尽以报馆存款畀孙文作乱者"③。至于谣言从何而来，汪大燮也弄不清楚。但这种说法，似与康有为一派有关。这时梁启超等人与汪康年关系已经很僵，退出了时务报社；日本方面，也对汪发起了攻击，从下述材料可以看出来。

在张之洞幕中的邹代钧，在 1898 年 5 月 2 日或 31 日（三月或四月十二日）致汪康年信中，告知："昨又见徐君勉致韩树园信，言公东见行者（按：指孙中山），大坏《时务报》馆名声，欲公度（按：黄遵宪字）、卓如速致书都中士大夫，表明此事为公一人之事，非《时务报》馆之事。又极言公荒谬，甚至目公为小人。若辈论议若此，知卓电有自矣。"这个"卓电"是什么样的内容呢？邹代钧通报说："卓如致公度电，有'容甫东游，牵动大局，速派人接办报事'之语。"邹认为："揣其语意，不可测度，可以无事，可以兴大狱。兹师弟聚处都门，不知又作何计较，思之思之。此语不能不告公，使公知备"，要汪亟筹之，因虑以此事构陷汪氏。④ 黄遵宪如何处理此事呢？他原先似有意张扬此事，但后来作罢了。邹代钧在 1898 年 7 月 18 日告知汪康年："东游事，公之心鄙人与伯严（按：指陈三立）都知之，惟若辈甚欲以此相陷。公度已将此电节庵（按：指梁鼎芬，张之洞亲信），伯严极言公度不可如是，公度始改悔，而康党用心尚不可知（徐勤屡械言）。鄙人甚不愿闻有此事，若辈陷公固不可，若辈自陷亦不可，惟愿此后无事也。"⑤ 类似这些"阅后务乞焚之万不可示人"的私人密件，不但保留了下来，而且还向后世的研究者提供了一些罕见的史料，这真是弥足珍贵的函件。据汪大燮在 1899 年 1

---

① 《汪康年师友书札》（一），第 775 页。
② 同上书，第 776 页。
③ 同上书，第 778 页。
④ 《汪康年师友书札》（三），第 2756 页。
⑤ 同上书，第 2758～2759 页。

月 29 日的一封信上说,他收到广东来信,称搜康函涉及康年者甚多,亦间及大燮,但皆无背谬之语云,又谓,"与康有隙之汪某、曾广铨曾经上达天听,数之为物,真不可解也"①。"上达天听"的材料应是包括徐勤、梁启超等人对汪曾与孙中山交往表示强烈不满的内容。不过,在戊戌政变过程中已杀了人,康梁也已逃到海外,对于受张之洞庇护的汪康年等与被视为"鼠窃之辈不足挂齿"的孙中山有过交往,即使为西太后所不满,也不会遽兴大狱了。

1898 年春夏间,国内形势对康梁一派甚为有利,变法运动正在展开,梁启超等人在这时居然不惜分神与汪康年斗争,可能是围绕《时务报》办报方向及领导权问题的争执有关,此事还可能将矛头指向汪康年的后台张之洞。梁启超是支持汪访日本的,但在访日回来之后却反颜相向,其必有深一层的原因。汪康年聘曾广铨任职二年,事先并未与梁商议,引起梁的极度不满。令人费解的是,曾广铨原来是奉派监视孙中山从英国回东方的,但这次伴汪东游却一起在日本会晤孙中山。到 1900 年,入李鸿章幕的曾广铨,还参与孙中山、李鸿章的合作活动,其间,似存在一种用某种合作改造国家的共同因素。至于徐勤屡次写信鼓动揭露汪康年与孙中山来往一事,可能不仅同孙康两派争夺大同学校领导权有关。据冯自由记述,徐勤抵日之初,与孙中山陈少白时相过从,并讨论时政得失。但到 1898 年夏秋间,光绪变法,康以帝师自居,徐等弹冠相庆,"虑为革命党株连,有碍仕版,遂渐与总理少白疏远,而两党门户之见,从此日深"②。或许更主要是这方面的原因,徐勤他们才急于从政治上与孙有关的人划清界限,对于梁、黄等人,应主要是因时务报社的冲突,为维护该报"名誉"起见,才考虑揭露汪、孙来往这件事。不过,从《汪康年师友书札》保存的函件看,徐勤等人与孙矛盾激化,不是 1898 年度秋间,应是春夏间,围绕横滨华商会议所及大同学校领导权的斗争,已与汪康年本人无关,介入其事的是刘学询。但就刘访日一事,我们现在所能了解到的资料,大多数仍来自《汪康年师友书札》,对刘东行,汪康年也是关注的。

---

① 《汪康年师友书札》(一),第 792 页。
② 冯自由著:《革命逸史》初集,第 48 页。按 1898 年 9 月 25 日,《国闻报》刊载《中山樵传》,极尽丑诋孙文。以后徐勤曾向宫崎寅藏表白非其所作。但此文并未起贬低孙中山的作用,该报主笔夏曾佑向汪康年表述要支持孙革命;该报主持人严复在 1905 年访伦敦时,曾与孙会晤,讨论改革与革命问题。(事详《孙中山年谱长编》上册,第 163～164、335 页)

刘、庆访日疑团莫解

关于刘学询、庆宽在1899年夏天访问日本一事，我在《孙中山与刘学询》一文中已经介绍过，有关此行一些活动，《孙中山年谱长编》第1卷及刘本人出版的《游历日本考查商务日记》，均可参考。这一节，我主要是通过《汪康年师友书札》，对刘、庆此行重新作一些考察。

刘学询（字问刍）进士出身，因闽姓赌博声名狼藉，曾被革除功名，旋开复，甲午战争后迁居上海。刘与孙中山为香山同乡，可能曾经与闻1895年广州起义事。刘在广州时，与督、抚李瀚章、刚毅关系密切。戊戌政变后，西太后急于缉拿康、梁。在1898年10月底以前，梁启超、康有为已先后逃亡日本。据载，刘学询自称能除康，于是有11月19日清廷谕令"知府衔刘学询、员外郎庆宽，均着自备资斧亲历外洋内地考察商务"的通告。奇怪的是，既是"自备资斧"，即自费考察，何需发上谕？而且前往地点是"外洋内地"，并无明确地点，所考察者为"商务"，按理并无秘密可言。刘学询"考察"回来后公开发表的文字，也称"考查商务日记"，只字未提此行有其他使命。但是，在《汪康年师友书札》里，事情便是另一种样子了。

1899年4月19日，在总理衙门任章京的汪大燮告知汪康年，谓"刘问刍自认能除康，刚极喜之，有中国三人才：一张翼，一李徵庸，一刘也。至其所说各节，大约都不确，其权力亦不过足便私图而止。近已与李合办川矿矣。其所走道路却不知，然必通内监，否则不能与刚相合如此速密也"①。这里道出了一个机密，即刘东游是自荐能除康，而且是走协办大学士刚毅的门子。但信中所说通过内监，则似乎不确，因刘、刚早已结识，毋需他人中介。如果说，1898年11月份刘学询计划访日是为了除康的话，那么，到1899年6月，康有为离开日本赴加拿大已三个月之后，除康便说不通了，其中，必有另外的理由，始能成行。

甲午战争以后，通过1896年李鸿章赴俄国祝贺尼古拉二世加冕典礼，订立《中俄密约》，采取联俄外交。联俄外交未能实现"联络西洋，牵制东洋，二十年可确保无事"的设想，反而加剧了瓜分狂潮，因此，清廷中一些大员便在积极考虑联日的问题，此事可从刘学询访日一事中看到端倪。1899年6月13日，汪大燮向汪康年透露，"刘学询诡言见日君，实仅与小田切谋之，偕小田（切）来，欲以行其诳，云日君嘱致意联盟，保东方实无其事，而因杨崇伊达某邸。某邸然之，欲令赍礼物诣东莅盟，某相察其妄，事遂败。迩

---

① 《汪康年师友书札》（一），第802～803页。

日劾杨、刘者，纷纷盈箧矣。徐老道亦有封事并及驻使云，其人则妄，其事则不谬，然自此则此调又不能弹矣。此与去年康、梁同一辙，稍稍可为之事，皆为妄人所败，可叹可叹"！又称，"此事尚未发作，幸秘之，恐又成大狱也"。① 二汪之间的私人通信，颇多内幕消息，故多隐语。但从揣摩上函文意，大体可知，刘学询与小田切万寿之助驻上海总领事一起到了北京，日方表示有意联盟，保东方，汪大燮则认为实无其事，但杨崇伊将此说传到了庆邸那里，庆邸同意，计划让刘等带礼物赴日结盟。李鸿章认为此事不妥而沮之，出现言官连日弹劾杨、刘之事，连徐桐也上封事表态。汪函认为，联日之事已不可能。事实上，包括汪大燮在内的一些人，并不知道中枢的真实态度，这从 6 月 1 日的上谕可以看出："庆亲王面奉上谕：前经降旨令刘学询、庆宽亲赴外洋内地考查商务，兹据庆亲王奕劻奏称，该员等在上海与日本总领事酌议中日商务一切办法，尚为详细。商务实为我国富强之基，自应极力振兴，以维大局。着特派二品衔道员刘学询、员外郎衔庆宽会同日本总领事小田切万寿之助亲赴日本，逐细考查，认真联络，庶几内外商务，日有起色，朕实有厚望焉。"② 刘学询的擢升及由"自备资斧"改为钦派专使，可见清廷的重视。庆宽是庆王奕劻的私人，看来此行主要是庆王在起作用，目的在试探改变甲午战争以后推行的联俄外交，变为联日。为什么说此行是试探呢？一是由于最高统治集团意见未能一致。7 月 23 日，邹代钧对汪康年说："刘庆东渡已久，尚未知其究竟。闻李鸿章力阻联倭，仍主联俄，西佛信之，奈何！王小航言可信之。"③ 二是唐才常在《答客问支那近事》中认为"联俄联日，乃举棋而莫定"；"谓为密商大局，则刘、庆何人，堪此重选。然闻此次之东，庆邸既尸之，则庆邸别有深谋，未可知也"。他还认为，此次遣使，视同儿戏，沿途国书，玩弄示人，甚至弄到腥闻秽声，腾诸西报。总之是"刘、庆东使一事，曲折甚多，非一言所能罄。"④ 对这样一个低级别的人，在朝廷又无职责，日本方面当然不会与之作为谈判对手，去订立盟约。根据 7 月 4 日汪大燮得到的消息，此行目的有另种说法："刘事此间（按：指北京）谣传言甚多，惟采卿询之东人言似近理，谓未颁国书，但口传耳。东劝我二事：一、从此不再让地他国。一、彼可助我筹款练兵。我要东一事交康，并云此必办

---

① 《汪康年师友书札》（一），第 808 页。
② 刘学询：《游历日本考查商务日记》卷首。
③ 《汪康年师友书札》（三），第 2778 页。按黄中黄（章士钊）《沈荩》，亦记"后以康梁之变，庆尝随刘学询到海外捕康有为，亦不获"（《辛亥革命》（一），第 298 页）。
④ 《唐才常集》，中华书局 1982 年版，第 186、187 页。

不到之事，必碰回，则仍归乌有而已。"① 如此说属实，则完全放弃了"苢盟"的目标。不过，当时流亡日本的梁启超，对刘、庆此行有另一种说法，我们不妨稍加引录。

《清议报》25号写道："（前略）及去岁政变，西后贼臣幽囚皇上，诛戮新党，以新党遁逃国外，欲置之死而不可得也，学询闻之，以为开复原官，此其时矣，乃以百万之资，贿通某亲王太监，自荐能捕新党，西后信之，于是借查办商务为名，贸贸然来东，行踪诡秘，人言啧啧，致外人疑有两国同盟之事，而不知学询自以其数十年为赌棍所积数千万家资起见，欲借日人之名，开日清银行以安顿之也。"② 按照这种说法，是名为捕新党，实则是为了与日人合伙开银行。这些事因无实际结果，自然也无法判其真伪。倒是其中的"行踪诡秘，人言啧啧"这八个字，值得玩味。如果仅仅是与日本官、商界交往，即使是两国同盟之事，那也无所谓"行踪诡秘"问题，它似乎是另有所指，而为《汪康年师友书札》所未载之事。日本浪人宗方小太郎（华名宗北平、宗大亮）是汪康年的旧识，与孙中山亦有交游。这次刘学询访日，宗方奉命从汉口回到上海，随刘、庆返国。在离开上海前，宗方、白岩龙平还在一品香设宴招待了汪康年等人。据宗方日记，刘、庆是西太后的密使。1899年7月8日出发。在东京，16日宗方到帝国旅馆访刘，商量各事，午后孙中山访宗方，显然是沟通了孙、刘的旧关系。18日，宗方访中国公使李盛铎；孙访宗方。27日，宗方陪刘访西乡内相；当夜又陪孙秘密与刘会见，至夜一点钟。③ 这些秘密接触，当然不可能仅仅是叙旧。刘学询的访日日记，多处提到一位名叫张果的人参加接待他的活动。这位张果，字能之，是法国邮船公司驻横滨的买办，冯自由称张与孙有通家之好。④ 既有如此密切关系，他自然可以在孙刘之间传达一些信息。

尽管多种日本及中国的资料都提到刘学询利用孙中山去除康⑤，但孙、刘本人却未记述这次日本的会晤。孙中山是否有过何种承诺，在1899年的这次会晤未留下记载，至少是迄今尚未发现有关文字。相反，1899年7—8月间，孙中山与梁启超正在商议两派合作之事。章太炎就是通过梁启超认识孙中山

---

① 《汪康年师友手札》（一），第808～809页。
② 《清议报》第25号。
③ 神谷正男编：《宗方小太郎文书》，第765页。
④ 《革命逸史》第三集，题词一，注六；初集，第134～135页。
⑤ 例如，上引《宗方小太郎文书》及《续对支回顾录》下卷"柏原文太郎"条，都说到这点。从1899年11月24—29日间李鸿章与刘学询等人往返电报，也可看出一些问题（详见本书《孙中山与刘学询》一文）。

的。7月17日，章致函汪康年，其中谈到："兴公（按：孙兴公，晋人，孙中山的代号）亦在横滨，自署中山樵，尝一见之。聆其议论，谓不瓜分不足以恢复，斯言即流血之意，可谓卓识。惜其人闪烁不恒，非有实际，盖不能为张角，王仙芝者也。"① 章氏在《自定年谱》中又说："时卓如在横滨，余往候之。值清廷遣刘学询、庆宽等摄录康、梁，为东人笑。香山孙文逸仙时在横滨，余于卓如坐中遇之，未相知也。"梁启超不仅介绍章太炎与孙认识，而且也前后写了两函，将1899年秋到日本的周善培（孝怀）介绍给孙中山。从这些活动，可知孙、梁两派在当时除了有矛盾斗争一面外，还存在友好、合作的一面。在此时刘欲借孙图康、梁师徒，可以肯定是无法实现的。

不过，从上述汪、宗方、刘、梁、章、周善培与孙的关系，综合上揭各种资料，可以看出是比较密切的，孙中山其人及其革命主张，在以上海为中心的国内上层知识界，已不陌生，其中有些人还颇为关注。这种情况，对孙中山开展革命活动，是有利的。刘学询、庆宽访日虽然留下了许多疑问，但有一点是肯定的，即在秘密会见中，孙、刘重新联络上了，其联系人为宗方小太郎；不到一年，在策动李鸿章搞两广独立运动时，刘学询、曾广铨又居中起作用，孙中山的代表则为宫崎寅藏、内田良平等人，内田、宫崎与双方又是知交。另外，唐才常经毕永年介绍，在日本结识了孙中山，孙中山的代表容星桥（容开，容闳之族弟）在汉口俄国洋行当买办，与林圭等人相联络，实际上成为自立军起义的一个联络站。据一些新发现的资料，唐才常为了促成孙中山与康有为合作，1900年3月，说服容闳再次去做说客，前往新加坡游说康有为，但无成效。② 到7月26日，容闳、唐才常、汪康年成立"中国国会"，8月22日，梁启超回到上海。据说梁在东京似曾会见孙中山③（待考，似无其事）。据《梁启超年谱长编》第145页记，梁启田仲策称，启超仍由檀香山遄归上海，拟参加汉口发动；孙中山也在8月22日离横滨赴上海，但在29日抵达时，唐才常、林圭等已于21日被捕，两天后被杀。由于唐才常等人的发动准备在1899年冬在横滨已研究过，所以不排除这种可能性，即孙中山与梁启超一样，是回国参加自立军发动的。但是，江、鄂两督追缉要

---

① 《汪康年师友书札》（二），第1956页。1900年香港《中国旬报》又刊出章太炎致孙中山信，内称："去岁流寓于□□（按：应系横滨），□（按：应系梁）君座中得望风采，先生天人也。"于孙极备推崇。

② 黄宇和：《三位流亡的理想主义者：容闳、康有为及孙中山（1894—1911）》，《国外中国近代史研究》第12辑，中国社会科学出版社1989年版，第311页。

③ 《井上雅二日记》，《近代史资料》总74号，中国社会科学出版社1989年版，第125页。

犯将及孙中山，孙只得与容闳、容星桥逃离上海赴日本。陪同李鸿章在上海的刘学询，最后也未能帮上忙。这样，1899年刘、庆访日所留下的疑团，包括1899年11月李鸿章刘学询布置刺康的事，1900年5月刘学询邀孙赴粤、提供3万元商议两广独立的事，以及1900年7月新加坡"刺康案"，事实上都未能逐一作圆满解释。这些问题，因史料不足，仍有待进一步作深入研究。

国内学界关注孙文动向

孙中山流亡日本并且陆续与中国上层知识分子来往，使他的影响日益扩大。《革命逸史》初集中保存了梁启超致孙中山的两封信，是介绍"四川豪杰"周善培与孙中山认识的。周善培自己记述，他是1899年（己亥）在日本东京与孙订交的，他虽主张立宪，却也不反对孙的革命。1903年至1905年，周在岑春煊（粤督）幕府里，孙常派陈少白找他，他也暗中给孙帮了许多忙。[1] 孙中山在1921年4月15日致函周，称"先生素性，成功不居"[2]，这些文字，表明他们之间确有一种密切关系在。早在1900年6月18日，在泸州任川南师范学堂主持人的周善培，在义和团运动高潮中，致函汪康年，内称：如果外人出兵戡乱，清政府可能垮台，如此，"吾党之生机亦从此绝。救此绝者仆计凡有二焉，则与绂臣（按：指唐才常）一书论之。南海、中山举动何如？中山许（按：许，义同处）公宜常与之通消息，缓急亦有用者也"[3]。从这段话里，我们可以发现，国内知识界上层人士，与孙中山保持着一定的联系，他们并不忌讳与孙的关系，甚至还认为这种关系必要时是有用处的。由此也就可知，1900年前后汪康年的关系者在通信中不时提到孙中山，是有其原因的。不过汪康年本人是否常与孙通消息，这个问题迄今还是一个谜。

关注孙中山的当然不尽是同情或支持他的人。例如，1890年7月23日，在张之洞幕任事的邹代钧，就曾致函汪康年，询问"行者有举动否"？他是将孙中山的革命活动作为中国政治生活的一个重要组成部分加以提问，并希望了解的。[4] 如果汪与孙中山没有一定的联系，对此发问，恐难于置答。10月6

---

[1] 《孙中山致周善培书》，广东省政协文史资料研究委员会等编：《纪念辛亥革命七十周年史料专集下》附录一，1981年，第51页。

[2] 同上书，第46页。

[3] 《汪康年师友书札》（二），第1197页。

[4] 邹代钧原函为："上海所立国会，可成否？有用否？闻康、梁之党，四布于长江上下，果蠢动否？李相离粤，粤保无虞否？康党又伏于镇南关内外，有济否？行者有举动否？沈愚溪之言可信否？公如有所闻，望示一二。"（《汪康年师友书札》（三），第2803页）

日，惠州起义爆发。邹代钧听到这个消息后，作了一番评论，他对汪康年说："闻孙文又起事广东，不知确否？此辈同为乱贼举动，当无异也。"① 这种评论，纯然是站在清政府立场（虽然他是不得志的地学家），但如果考虑到他对在湖南维新时共事过以及交友过的康党亦加抨击，认为，"观唐才常所欲为，知康梁举动直盗贼之行耳"，也就不难理解他对孙中山的上述评论了。

钱恂在 1900 年 6 月 7 日有一封信给汪康年，里边附了一单《计开奉询各事》，从内容看，它似是错简，当日各信粘联时误置于 6 月 7 日（真，庚五月十七日到）之后。钱恂原是张之洞幕僚，1898 年被派为湖北留学生监督，与汪康年关系密切，这个"奉询各事"的答复，应是 1901 年 1 月份以后的事。因为它除了所述是 1900 年下半年之事外，最后一询是杨衢云被杀事，按杨被刺在庚子十一月二十日（1901 年 1 月 10 日），汪想从日本证实此事之真伪。下面，引录汪之所询与钱之所答：

"计开奉询各事：

"八月间是否南皮有撤回学生之事？（有此意，无此事。）

"又是否南皮有不发留学生零用之事？（无此事。）

"又是否有电请日本勿干与复辟之事？（共约七八电，不外此旨。）

"代学生复南皮书，闻作者数十人，以沈祥〔翔〕云为首，即今所刊者，是否？（沈翔云为首，章仲和、戢元丞辈助之，中有名言，岂一人之力哉。）

"二雄合一，是否？（门下士极力图合，然孙昏而康诞，均非豪杰。）

"二雄能再雄鸣否？（有志未逮，七八月间患太骤，近患太颓。）

"香港刺死者为杨衢云，是否？（此事毫不知端绪）"②

（按原文答复部分排印小号字，今引录时字体同等，为示区别加上括号）

函中的询问与答复，提供了若干过去人所不详的内情，汪康年居然称康、孙为二雄，并在自立军起义、惠州起义失败后仍关注他们能否合作，再雄鸣。这样的关注，恐怕不是一般新闻记者的职业习惯，而是关注保、革两党的前途。在答复中，也透露出梁启超等人仍"极力图合"，不过因"孙昏而康诞，均非豪杰"，未能成事。

康有为与孙中山非但未能合作，而且康视汪康年、孙中山为敌人。孙不必说了，对汪康年这位曾经与之合作的立宪派人士，康派目为张之洞在上海的情报人员。在自立军事件和惠州起义失败后，康有为写信给邱菽园，其中

---

① 《汪康年师友书札》（三），第 2805 页。

② 《汪康年师友书札》（三），第 3008～3009 页。据冯自由记述，钱恂与章太炎、周善培、唐才常一样，均经梁启超介绍给孙认识。若如此，则钱恂与孙亦有交往。

写道:"自汉事一败,百凡坠裂,尚有惠事相牵诬,致败乃公事。呜呼!汪、孙之罪,真中国蟊贼也。"① 将汪、孙等量观,予以评价,并不说明汪、孙是站在同一条战壕里作战,康有为主要是强调保皇与排满不同,至于汪康年,仅仅是误会他参与镇压自立军起义而已,实际上,对维持清廷统治,汪、康之间观点并无何种区别。

比较钱恂的实地观察及钱对康、孙的偏见,夏曾佑的观察更具特色。钱既不满孙、康所为,对张之洞也颇为不满。夏曾佑(字穗卿)在辞去《国闻报》工作后,到安徽祁门任知县。他是食清廷俸禄而又对它心怀不满的上层知识分子。他与梁启超、汪康年等都是至交,从比较鉴别中,更能发现戊戌政变后,国内一些上层知识分子的动向。这就是,一方面关注革命党,甚至愿与之进行一定程度的合作;另方面更希望光绪重新掌政,进行立宪改革。1900年6月22日,汪康年收到夏曾佑的来信,里面明白提出:"与中山合,此较妥。然事败与俱败,事成则北面而侍人。(中山处大约人才校〔较〕众,皆教中人,非士大夫,故我辈不知。)唆使武负,下策无从行。以上答。"该信又称:"为今之计与英、美、日相商定策,以兵力胁退□□,请□□亲政。再行新政。此事有数好处:形势极便,一也。全体振动,二也。下合人心,三也。少杀人,四也。若有革命党人不愿,可用意将革命、革政二党人化合为一宪政党人可矣。(只须宪法上立一条曰:凡满人所得之权利,汉人均能得之。如此则革命党又何求乎?)鄙人向不持此策,然今日除此别的都来不及,且行此策则尚有后文可做。若不行此,则别事既不及行,各国权力界一定将忍而终古矣。(此策行时有一极难对付事,即是安插对山。)""对山有何乘机赴会之举?"7月6日,夏曾佑在另一封信中又问道:"中山酒店重开否?《对山文集》重刻印否?"② 这些暗语,是问孙中山与康有为是否重新发动?他的主意很明确,首先是考虑与孙中山合作,但此策难行;退而求其次,用外力胁西太后让权,光绪复权。光绪执政,革命党可能不满意,再拟订办法,让革命、革政两党组成宪政党,联合执政,并妥为安置对山(康有为)。这则资料及其所表达的观点极为重要,它是迄今为止的一条关于国内立宪派有影响的一位理论家的主张,它不但直言支持革命党,而且希望保革两派合作组党执政。这个主张有意甩开康有为,是十分明确的。夏曾佑此一观点是否考虑

---

① 汤志钧:《自立军起义前后的孙、康关系及其他》,《近代史研究》1992年第2期,第36页。

② 《汪康年师友书札》(二),第1363~1364、1367页。

到 1899 年夏秋间梁启超与孙中山在横滨协议两党合并之事①，不得而知，但显然不会毫无根据地提出这个主张来。不过，这个计划是行不通的。庚子以后，不但横滨兴中会名存实亡，大部分会员转向康派，而且孙中山在 1901 年赴檀香山作短期停留时，发现该处兴中会组织也被梁启超搞垮了。所以，合作云云者，绝无可能。章太炎《口授少年事迹》记，1902 年"春，即至上海，转至日本，与秦力山交。时中山之名已盛，其寓处在横滨，余辈常自东京至横滨，中山亦常由横滨至东京，互相往来，革命之机渐熟"。而此时孙梁的关系已成水火。这年 3 月 18 日章太炎致上海吴君遂（保初，后为章士钊岳父）函中写道："大龟（按：指袁世凯）近策，以为使孙、康二人自相残杀，而后两害可殊，其计甚毒。今者，任公、中山意气尚不能平，盖所争不在宗旨而在权利也。任公橐日本以□□为志，中陷□□，近则本旨复露，特其会仍名□□耳。彼固知事无可为，而专以昌明文化自任。中山则急欲发难，然粤商性本马鹿，牵掣东西，惟人所命。任公知□□，而彼辈惟知保皇，且亦不知保皇为何义，一经熔铸，亦不能复化异形。中山欲以革命之名招之，必不可致。此其所以相攻击如仇雠也。然二子意气尚算和平。"又谓："吾不敢谓支那大计在孙、梁二人掌中，而一线生机，惟此二子可望，今复交构，能无喟然！"②吴君遂系吴长庆之子，有名于世，太炎在沪，曾寄居其家，故通函无所讳。据章太炎撰《清故刑部主事吴君墓表》称："当是时，清政益衰，士人始扼腕言革命。君自以清世臣，不欲言征诛事，然内是之。"③吴君遂以当时四大名公子之一的地位，周旋于革命、保皇两派之间，为各方人士所重视，对于孙中山，当然有所了解。1902 年，宫崎寅藏《三十三年之梦》出版，该书相当部分为记述孙中山革命经历者。翌年，吴君遂日后之婿章士钊节译宫崎之书，取名《孙逸仙》，并请章太炎、秦力山作序，大加扬揄。章士钊自序称："孙逸仙者，近今谈革命者之初祖，实行革命者之北辰，此有耳目者所同认。"又谓："孙逸仙者，非一氏之私号，乃新中国新发现之名词也。有孙逸仙，而中国始可为，则孙逸仙者，实中国过渡虚悬无薄之隐针。天相中国，则孙逸仙一怪物，不可以不出世。即无今之孙逸仙，吾知今孙逸仙之景与罔两，亦必照此幽幽之鬼域也。"④云云，指兴中国兴孙逸仙为一事，大力宣传之。秦力山序中也说："举国熙熙皞皞，醉生梦死，彼独以一人图祖国

---

① 《革命逸史》第二集，第 29 页。
② 《章太炎年谱长编》上册，第 132、131 页。
③ 吴保初撰：《北山楼集》附录，黄山书社 1990 年版，第 146 页。
④ 黄中黄：《孙逸仙》，《辛亥革命》（一），第 90 页。

之光复,担人种之竞争,且欲发现人权公理于东洋专制世界,得非天诱其衷天锡之勇者乎!吾曾欲著此书,而以三年来与孙君有识,人将以我为标榜也,复罢之。今读中黄之书,与吾眼中耳中之孙逸仙,其神靡不毕肖,喜而为之序。"①毫无疑问,1903 年的孙中山已成为追求新中国的青年一代心中的明星,游东学生亦乐与之交往,这是史有记载的。

1903 年,孙中山住在横滨山下町本牧桥附近,楼下居住的,便是上海著名的乌目山僧黄宗仰。他是因苏报案暂时来日本避难的。冯自由记述:"各省留学志士先后访谒总理者,有程家柽、刘成禺、叶澜、董鸿祎、翁浩、郑宪成、杨度、时功玖、李书城、程明超、吴炳枞、马君武、杨守仁、姚芳荣、李自重、胡毅生、桂少伟、伍嘉杰、黎勇锡、区金钧、卢牟泰、郭健霄、刘维焘、饶景华、李锡青、卢少岐、朱少穆、廖仲恺、张崧云等数十人。苏报案主人陈范及女公子撷芬亦居横滨,日访总理畅论时事;一时京滨道上往还频繁,总理所居,座客常不空也。"②应当承认,1903 年前后的孙中山,在知识界中的影响力,未必比梁启超大,国人也还没有普遍认识到中国救亡非革命不可。但是,他们(尤其是留学生)一旦接触到革命排满思想,便如水之赴壑,不可遏止。

史料生动地说明,孙中山在当时决非孤独的先行者,他身边聚集了一批有志之士,龙蛇起陆,行将大有作为。海外有的学者认为,"与通常的说法相反,孙中山同中国的知识界或学生领袖是没有密切接触的。1905 年以前,他和中国留日学生之间也没有像某些人所相信的那种密切交往"③。这种说法,如果不是忽视了有关史料记载,便是有意识抑孙,甚无谓也,反倒使人产生论证偏颇之感。

1901 年 2 月 2 日,夏曾佑函告汪康年,"所云东洋游学生之习气,今日二十左右之少年,悉系如此。鄙意以为所恶于守旧者,为其所持之术,不适于世也"④。汪、夏所讨论的,是留日学生经过一段时间学习,受西方文化熏陶,思想丕变,从使用新名词到启动新思维,凡事莫不与守旧派扞格不入。留日学生思想上的变化,难道与孙中山的影响无关吗?否。1901 年,秦力山、沈翔云、戢元丞、王宠惠、冯自由、雷奋、杨荫杭等人,在孙中山支持下,刊行《国民报》月刊,它高唱民族主义,风行一时。据载,孙中山还在经费上

---

① 黄中黄:《孙逸仙》,同前引,第 91 页。
② 《革命逸史》初集,第 133 页。
③ (美)薛君度:《黄兴与中国革命》,湖南人民出版社 1981 年版,第 41 页。
④ 《汪康年师友书札》(二),第 1374 页。

对该刊多所接济。① 据章太炎后来说："诸生见孙公无佗犷状,亦渐与亲,种族大义,始震播横舍间";又云:"孙公之在东国,羽翮未具,力山独先与游,自尔群士辐辏,岁逾百人"。留学生与国内息息相通,凡此都足以说明,从1901年至1903年孙中山在日本期间,与留学生及国内知识界,关系密切,影响日见扩大,他的革命主张被愈来愈多的留学生所接受,从而为1905年中国同盟会的成立、孙中山被举为总理,创造了条件。

事实上,国内知识分子上层对孙中山也未能忘怀。例如,章士钊在谈到他译《三十三年落花梦》时,孙中山便已与上海朋友通信:"其时天下固瞢,然不知孙氏为何人也。海上同志与孙先生有旧,以书札往复者,惟湖北王侃叔(慕陶)。侃叔曾示愚先生来柬,以日本卷纸为之,意态横绝,愚惊识之。时先生易名中山樵,愚记录中偶用孙中山三字,缀为姓字称之。侃叔大诧,谓无真伪两姓骈举成名之理。愚未之易也。"② 这里说的王慕陶与孙中山通函事,数十年后章氏在《疏黄帝魂》一文中,重加叙述,互有补充。章氏为律师出身,作文著述以严谨著称,可断此事信而有征。孙、王交往事迹欠详。但王慕陶其人不无可记。该氏与汪康年有密切关系,《汪康年师友书札》中保留了四十四件函札,惜发函时间较迟,未发现牵涉与孙关系之事。王为附生出身,陶在宽弟子,自立军起义失败后入狱,年余始释,以后任驻日使馆参赞,驻比使馆随员,并办报纸、通讯社。由于他参加了1900年上海国会,应当属知识分子上层。

除了王慕陶,前面提到的浙江人周善培也在关注孙中山。1903年5月18日,周善培致函汪康年,询问"新会顷在何所?中山想在横滨,烦侦以告"。同年12月9日,又函称:"顷日更闻中山之耗,益叹天下事非儒所能任心,急急欲东,维萦于亲,终不能。……今日所欲展转达于左右者无他,中山既有所举,吾党不可不赞之,不可复有嫌疑,此一也。……中山倘西顾,必使人来而为恃,仆二者之外,则愿足下不可自冷,不可迫切。"又称:"甲乙丙顷在何处?果有徒,仍宜赞中山。"③ 此函文义十分明白,作函者建议汪康年,"吾党"应支持孙中山的发动,不必有所犹豫,尤其要求汪氏不可自冷,亦不

---

① 《革命逸史》初集,第82、88页;刘成禺撰:《世载堂杂忆》(中华书局1960年版)亦记:"元丞、力山同返日本,创国民报,密与中山先生议,发布推倒满清大革命宣言,是为第一次堂堂正正革命之文字。国民报勃力,遂能支配长江内地,清廷无法禁售。"(第155页)另可参考《太炎文录续编》卷四(上海人民出版社1985年版)。

② 章士钊:《孤桐杂记》,章伯锋、顾亚主编:《近代稗海》第13辑,四川人民出版社1989年版,第327页。

③ 《汪康年师友书札》(二),第1200、1201、1202页。

可追切，急于求成。周善培这种急进态度，汪康年是如何答复的，不详。但发言如此坦诚，表明汪氏是可与言者，甚至是可共事者。居然宣示支持孙中山，这在当时是大逆不道的行为。不妨认为，周善培引孙中山为同调，反映了革命排满主张在国内知识分子上层中，已不被视为洪水猛兽，可作救亡图存之一途。

周善培现象当时还不具有普遍意义，但反映了国内一些上层知识分子在思想上已脱离了君主立宪的窠臼，转向支持革命。这种态势继续向前发展，在清末经过召开国会请愿受挫和保路风潮，更大量的立宪派人士转向革命，成为辛亥革命推倒清廷的原因之一。

保、革势力消长面面观

《汪康年师友书札》有一部分资料是评论保皇派与革命活动，以及两派势力消长状况的。从这些材料，不仅表达了函札作者的政治态度，也反映清末革命形势不可逆转。

1898年7月28日，在驻日使馆工作的黄中慧，致函汪康年，谈到孙中山从英国到日本流亡的事，函称："又同人得英馆洋员马格里来函，称孙文由英至美，英使（馆）特派包探暗中相随，乃抵美之后，伍使以节省经费，不肯雇用包探，以致在美属旧金山及檀香山等处大宴宾客，肆其狂言，捐集巨款，而领事并不过问（张憩伯曾为金山领事，亲言如此，并不讳也。），是以纵成巨祸，不可收拾。吾固曰汪颂〔仲〕虞如不回美，如大局何。"① 这段记述多有不准确之处，因孙此次东返并未在旧金山、檀香山停留，更不用说宴客、募款了。但从中也可看出，清廷方面是注意孙中山活动的。孙中山流亡日本后，在日本友人支持下，进行了一系列反清革命活动，到1905年8月，汇集各省革命志士，建立了中国同盟会，从此，反清革命掀开了新篇章。

汪康年的外甥楼思诰，当时在东京留学，他不时给汪写信，报告留学生中的各种情况及革命形势，其中不乏有价值的资料。1906年12月23日（原标二十九年十一月十九日，二十九年似误，应为三十二年）的信上说："此间近出有《革命评论》（日人白浪滔天力助孙氏者为之谋。孙亦在此，相距不远），盖孙氏之机关报，兼用清、日两国文字，见及否？"② 《革命评论》不是同盟会机

---

① 《汪康年师友书札》（三），第2276页。按原函仅标"六月初十日"，笔者判断为1898年7月16日，所记为1897年孙由英赴日事。但此行孙中山并未在旧金山、檀香山停留、活动，亦未募集巨款。所记似系误传。

② 《汪康年师友书札》（四），第3965页。

关报,是日籍同盟会员办的报纸,但这点不准确,并不影响写信人注意到日人支持孙中山的这个重要事实。1907年1月14日信,谈到萍浏醴起义后东京党人的反应:"萍乡事,此间兴会淋漓。《民报》出号外,语尤夸诞,又有檄文,则竟是湘人手笔,闻变而作者。观其文笔极沈痛,宜足动人,所定军律亦似暗合,恐仍是南海之于唐才裳〔常〕耳。枚叔颇为《民报》所欢迎,盖利用其文章,以为金钱主义,销数极旺,亦是好际遇。"① 值得注意的是,这次信中揭示了萍浏醴起义发布的檄文,并不是当时起义者发布的,而是发动后东京党人(湘人)的手笔,即听到消息后而拟制的。至于章太炎抵东京后受欢迎,《民报》销路畅旺,都符合当时的实际情况。

对《民报》周年庆典的报导,也是比较客观,但其评论则不足取。1907年1月18日的信上写道:"孙、康两党之势,近已孙胜而康败。月前《民报》开会,到者二千余人,其宗旨在劝捐,闻甚踊跃。枚叔附孙已明白昭著,其向之附于康派者,亦渐有离心。演说之词,甚为激烈,而条理极少,恐不足以救国,徒足以乱国,奈何!"② 过去属于康派的人,转向革命党,两派斗争孙胜而康败,如实反映此消彼长的态势。

但是,楼思诰认为,孙中山革命,并不是完全依靠留学生。他在1907年2月5日函告汪康年说:"且所谓革命党者,亦大都口头禅,若孙文,亦并不恃留学生为其势力之消长也。内地如长江督抚颇铺张其事,当不值识者一笑。"③ 这里牵涉到孙中山革命依靠力量问题,专恃留学生,当然不能完成革命事业;但留学生除了进行宣传活动外,发动地党、新军,都离不开曾是留学生的革命党员,这点是无疑的。

1905年12月至1907年5月,汪大燮任驻英公使,在任期间,他与汪康年函件往还,极为频繁。其中部分函件,便谈到孙中山的问题。1907年3月5日的信上说:"闻革党自客秋后大盛,数派人入内地与军界、学界相勾结,年少大为披靡,未知廷臣知之否?"同函又写道:"孙汶本一粗人,略通西语,后颇奋发读书,故能略知西史。以此口辩日利,又能屈己屏息,以恭维少年,故从之者甚众。"对于孙在南洋的活动,"上年在新加坡敛钱,铭仲(按:指张士鼎,1906—1907年10月任驻新加坡领事官)对待之法甚善。铭仲能如此实出预料之外,初以为尚有干才耳,不知其且有意识也。故颇能散其党羽,孙汶所得亦少,后赴爪哇一带所获甚丰,故能遣多人入内地。此事若不及早

---

① 《汪康年师友书札》(四),第3969页。
② 同上书,第3967页。
③ 同上书,第3971页。

为计,人心既去,滋蔓难图。其所以能如此动人者,则改官制后,一切授以口实故也。按近来见缺用满人者,实居六七,故虽非革党之人,平日虽知革命谋乱之谬,见此亦心维革党之言,疑其不欺矣。为渊驱鱼,奈何"。① 中国同盟会成立后,1906 年 6 月至 10 月间,孙中山在南洋发展组织,募集经费(未赴爪哇),函中所述,大体上是这个阶段的形势,认为由于清廷借改革官制之名行满人揽权之实,有利于形势发展,此言不诬。

1906 年,汪康年在北京任内阁中书。这年,在北京发生了一件大事,9 月 3 日,北京学界以朝廷宣布立宪,开会庆祝②;这是立宪派的一次重要活动。但对汪康年他们来说,此事并不太值得重视。他们兄弟通信中,谈到这一年在北京发生的人们不甚了解的革命党的活动。汪大燮在一封未标月日的复信中说:"革党在京运动,极可虑。此辈成事不足,败事有余,一有扰乱,牵动外界,大局便不(可)问。倘当轴能知天下大势所趋,办一二大事,以结民心,动外人视听,则此等事易了。否则不可问也。"③ 这次运动所指为何,函中未道及,但它反映了同盟会成立后,革命党活动的一个动向,有人在北京进行活动,引起有关人士注意。

汪大燮并不是同情革命党的人,虽然有人诬告他与革命党通。不过,他已深感大势所趋。1908 年 1 月 27 日,他告诉汪康年:"革党等等之情形,非流血不止,此人所共知者。然实则无一有革党之资格者,如政府有政府之资格力量,则革党亦何足畏,惜乎未必也。"④ 他从经济状况分析,认为革命党缺少金钱,估计难于有大举。同年 3 月 3 日信上说:"保皇党、革命党之内容,近颇查悉其腐败之实据,盖保党前后得过百三十万金,百万者,经营商业之款也。三十万者,党人之款也。革党则始终不曾有存款,虽欲得万余金而不可得,又乌能为?"⑤ 这个款项统计数字,当是有所根据得来的。康有为一派自准备发动自立军起义后的数年中,除向华侨募捐外,还在墨西哥经营土地、电车,在庇能经营米绞,收入可观。相比之下,革命党经费极为拮据,孙中山及其同志为每一次起义奔走。尽管如此,屡蹶屡起,奋斗不懈,形势不断发展,保皇派在海外的活动则每下愈况,政闻社、帝国宪政会先后成立,也未能改变其颓势。不论是国内的立宪派还是海外的康梁师徒,都未能使清

---

① 《汪康年师友书札》(一),第 919 页。
② 郭廷以编著:《近代中国史事日志》下,中华书局 1987 年影印版,第 1258 页。
③ 《汪康年师友书札》(一),第 862 页。
④ 同上书,第 975 页。
⑤ 同上书,第 996 页。

王朝免于灭亡。1911 年 6 月 14 日，刚出任驻日公使的汪大燮，写信给汪康年，谈到不久前（4 月 27 日）爆发的黄花岗起义——"粤中乱事"，据他在上海得到的消息，是"湘、闽、川、桂大家子弟，与于斯役者甚夥"，真是"可哀也已"！① 其实，这种可哀之事，是包括汪大燮、汪康年这些人早已料及的，原来是清王朝支持者的"大家子弟"，变成清王朝覆灭的掘墓人，变化是清王朝促成的。统治阶级本身不能与时俱进，不思变革，不能在民族危机关头救亡图存，这样的政权被推翻，并无丝毫"可哀"可言。

　　1911 年 10 月 2 日，汪康年在《刍言报》发表专论，颇不以四川保路运动为然。他认为，"革命党宗旨不纯，然亦以存中国为名。今其计划，即使极速，亦须在三年之外"②。但是，8 天之后武昌起义爆发。对此，10 月 17 日，汪氏又在该报之最后一期撰文，警告清政府，应当"吐弃从前一切习惯，而别出手段为之，庶其可也"。"处今日之事局，非求诸己不可"，反对"乞师邻邦"。③ 迹其用心，仍是望清廷以大局为重，妥为处理，不宜病急乱投医。但当他在 11 月 3 日从友人处秘密听到清廷起用袁世凯的消息后，即认为"今方主张共和，然是人可为拿破伦，不能为华盛顿也"，不禁为之太息。④ 当夜遂卒。

　　汪康年不是主张革命的人，他不轻言破坏，去实现革命理想，始终希望清廷诚心进行改革，以免自蹈灭亡之途。但从 1898 年初会晤孙中山之后，他一直关注孙中山及其事业，看不出曾进行反对革命的宣传。他属于温和的君主立宪派一流的论客，在鼎革之际，他转向接受民国政体，应当是比较自然的，可惜他过早地死去了。自甲午战争以后，汪康年的主要工作是办报。由于他与张之洞关系密切，在从事君主立宪理论宣传时，他不能走得太远。但由于他所处的环境和作为报纸编撰人的自由职业者地位，在实际生活中又往往不受官方言论口径的约束。他对孙中山的态度，便是一个显例。上揭资料，是以汪康年为中心，各方对孙中山及其事业的介绍、批评，从一个重要侧面反映了孙中山在中国知识分子上层的影响。汪康年作为立宪派在国内的一员健将，不但未见与革命党开战，反而多少显示出他的同情态度。约在 1898—1899 年，梁鼎芬致函汪康年说："孙同康事，至今未订谬。南皮屡问我曰，穰

---

① 《汪康年师友书札》，第 1015 页。
② 《汪穰卿先生传记》，同前引，第 313 页。
③ 《汪穰卿先生传记》，同前引，第 314 页。
④ 《汪穰卿先生传记》，同前引，第 315 页。

卿甘心污高御史，断断不开罪于孙匪人。"① 按孙同康（后改孙雄）光绪癸巳进士，戊戌授吏部文选司主事②，与汪康年亦有交往，此处订谬云云，当另有所说；而"断断不开罪孙匪人"，则可谓谐谑，似涉汪氏与孙中山关系，颇可注意。总之，作为进行反清革命活动主将的孙中山，他与国内外各界，尤其是与国内知识分子的关系，以往史料发掘不多，研究不足，仍然是值得深入探讨的问题。

---

① 《汪康年师友书札》（二），第 1900 页。
② 《常熟孙吏部传》，卞孝萱、唐文权编：《辛亥人物碑传集》，团结出版社 1991 年版，第 723 页。

孙中山与横滨华侨冯氏昆仲

日本横滨华侨冯镜如、紫珊昆仲，与孙中山早期革命史有着密切的关系。冯氏家族在华侨史上虽说不上显赫，但其地位与作用还是值得研究的。冯镜如曾任兴中会横滨分会会长，其兄弟均为该会骨干，但1898年以后转而支持康梁，冯紫珊任横滨保皇会总理。冯镜如之子冯自由则一直坚定地支持孙中山。冯紫珊之孙冯乃超是"左联"的中共负责人之一，新中国成立后长期在中山大学担任领导工作。百年历史，往事如烟，是非功过，都成过去。本文概略地介绍冯氏昆仲与孙中山的关系。因资料缺失，叙述或许有不尽不实之处，希望读者指正。

一

近代旅日华侨社会开始形成，是在江户幕末港口开放时期，最初他们是在欧美商社从神户、横滨、函馆等地进入日本，其身份为买办或买办处的佣人。在明治时期，约有半数的华侨住在横滨。据日本学者的研究，在神奈川刚开放时，约有50名中国人住在这里，他们是无条约国的国民，在所属商社保护下生活。随后他们在神奈川奉行（长官）审判之下，分为上中下三个层次，分别以此层次登记自己的身份。几乎与此同时，他们组织了"中华会议所"，作为互相扶助并与日本当局进行交涉的机构。

在1869年（明治二年）登记时，买办、商人等所谓上等人物36人，一般办事人员、家仆等所谓中等人物63人，搬运工等从事重体力劳动的所谓下等人物903人，合计1002人。由于1873年中日之间订立了修好规条，旅日华侨结束了无条约国民的身份。他们成立了自治组织，即自己的活动中心——中华会馆，并有了华人的墓地。他们已摆脱受庇于欧美商社的地位，逐渐确立了自己的地位与生活。到1876年中国领事驻扎横滨后，华侨与其他在日外国人均享有治外法权，这种情况在1899年才发生变化。此前来自广东、福建的华侨自发组织了同乡会等组织。1887年的职业调查表明，华侨从事的职业包括钱币兑换所、制鞋业、饮食业、书本装订业、药剂师、理发师、澡堂等。在中日甲午战争前，横滨华侨达3600人以上，战争爆发后，锐减至110人左右，到明治三十年代，才恢复到战争前的水平。战后华侨社会内部开始出现等级分化的征兆，广东省出身的上层商人组织了"亲仁会"，后来下层人物也组织了"忠（中）和堂"。①

日本人鸿山俊雄在1972年2月出版的《日华月报》第64号上发表的《访问在日华侨冯镜如的足迹》一文中，根据长崎县立长崎图书馆史料课所藏史料《明治二年（1869）己巳从正月至12月，外国人支那人名前调账，长崎县外务课、居留地取报》，在明治二年左右所作的对居住长崎的外国人的调查资料中记载有冯镜如的名字。另外，在明治十年前后冯镜如写的书仍保存在彦根等地，故推断他是在明治开国时来到日本的。参考冯自由在《革命逸史》初集《自序》中所记："溯余父之早年经商横滨，亦有故焉。余祖展扬世业儒医，清咸丰初年太平天国洪秀全遣部将陈金刚等谋在粤举兵响应，各府县从之者大不乏人。各以头裹红巾为识，时人以'红头贼'三字称之。余祖即以交结'红头贼'嫌疑被清吏逮捕系狱，瘐死南海县狱。余父以是抱恨终天，愤然间关走日本谋生活，居横滨数十年。甲午中日构衅，清军败绩，余父益愤清政不纲，毅然剪除辫发。时旅日华侨无去辫易服者，有之独余父一人耳；故同国人咸称余父为'无辫仔'焉。"② 从这些记载看，冯镜如兄弟赴日本，时间当是在19世纪六七十年代间，先赴长崎，后到横滨。因为有家庭的变故，对清廷不满，具有一定的反满意识。且希望托庇于英国，冯氏取名经塞尔，其经营的商店亦取名文经商店。③ 按照日本政府对华商的阶层划分，不论是划三等还是划二等，冯氏兄弟因有自己的商店，应是属于上等华侨。孙中山发动革命，最理想的支持者，当然是冯镜如这样具有反满愿望，经济上有一定实力而在华侨社会中有影响的人。

1895年1月，孙中山为准备广州起义从檀香山返国，乘船经过横滨，在码头泊船时认识了上船推销商品的杂货商陈清。据载，孙中山在船上向乘客及登轮侨胞演讲逐满救国道理，陈清听后异常惊奇，急忙告冯镜如。冯大为倾倒，立使陈邀孙登陆，共商国是。但孙表示该轮启碇在即，未便登陆，嘱陈清携兴中会章程及讨胡檄文一大束，交冯代为派送，借广宣传，且谓广东不日可以大举，约陈清回粤相助。这是冯氏与孙互订神交的经过。广州重阳

---

① 松本武彦：《日本华侨与孙中山的革命运动（1895—1912）》，1990年"孙中山与亚洲国际学术讨论会"论文。

② 冯自由著：《革命逸史》初集，《自序》，第1～2页。

③ 《革命逸史》初集第1～2页记："余父镜如少经商日本横滨，营出版业，有商店在横滨山下町五十三番，曰文经活版所。……及马关和议既成，侨商渐次东渡，余父仍有戒心，以生长香港，遂剪辫易服，求英国领事保护营业。"

之役，冯镜如果然资助陈清回粤参与举事。

广州起义未及发动即告失败，孙中山被清方通缉。为逃避追捕，孙中山与郑士良、陈少白搭日本"广岛九"，于11月2日离开香港，13日早上抵达横滨。① 孙中山在找到陈清之后，又与侨商谭发一起租定了住地，然后到船上招郑、陈二人上岸。一两日后陈、谭引孙等会见冯镜如。

在山下町53番地文经印刷店，孙、冯进行了一次愉快的会见。冯自由日后记述说，他们既见，欢若生平，即请孙等三人下榻于店中二楼，并邀冯紫珊（致生印刷店主人），谭发（均昌洋服店主人），梁达卿、黎炳垣（焕墀，法国邮船公司华经理），赵明乐、赵峄琴（均为广福源商号主人），温遇贵（某洋行买办）等十余人，在文经二楼会商组织兴中会事。经讨论，推举冯镜如为会长，赵明乐为管库，赵峄琴为书记，紫珊、谭发、炳垣等为干事。约过了半个月，设会所于山下町175番地。继之加入者有温芬（炳臣）、郑晓初、陈才、陈和、黄焯文、黎简卿、陈植云、冯懋龙（自由）等十余人。② 全部会员，共三十余人。赵明乐不愿任司库，改推冯紫珊。

横滨兴中会成立后，似未有更多的活动。不过一个月左右，孙中山准备赴檀香山，希望会员助为筹措旅费，各会员多以无力对。冯镜如昆仲乃合筹500元应之。③ 孙中山得此款后，即与陈少白剪发易服，并交少白、郑士良各100元。少白留日本，迁入文经印刷店，帮冯镜如编华英字典，郑士良则返国活动。孙抵檀香山后，将所借500元寄回冯氏偿债，此举得到好评。

赵明乐、峄琴二人，也是耶稣教徒，既不愿替孙中山筹款，且不再莅会所。孙离日之后不久，各会员供给月费者渐少，镜如等以经费无着，遂将会所取消，凡有会务均借文经二楼开会决定。在《革命逸史》初集《兴中会组织史》中，冯自由将其后兴中会会务无起色，归咎于少白不善交际。这种因素虽然不能说不起作用，但更重要的原因，应是当时还不存在大规模发展革命组织的气候，较为殷实的华商，多考虑参加反清的后果问题，因有身家性

---

① 关于孙中山等人抵神户、转横滨的经过，历来是据陈少白《兴中会革命史要》及《革命逸史》。日本安井三吉教授根据当时日本报纸，纠正了多处失实的记载，详见安井三吉《孙文与神户简谱》（见陈德仁、安井三吉著：《孙文与神户》，神户新闻总会中心2002年版）所记。

② 冯自由：《中国革命运动二十六年组织史》。转引自《孙中山年谱长编》上册，第103～104页。另据《革命逸史》第四集所记，横滨分会成员多为商人，且几乎全是冯氏南海同乡。

③ 车田让治《国父孙文与梅屋庄吉》（六兴出版社1975年版）一书记载，梅屋此次为孙提供了1300美元旅费。此说颇为可疑。

命所累，对于大逆不道的活动，便往往裹足不前。换句话说，如果此时在日本能打开局面，孙中山也不必远走檀香山了。

二

1896—1897 年间，孙中山在英国活动，其间发生了"伦敦被难"事件。他在当时虽说是"博览群书，广结贤豪"，但毕竟难于开展活动，且当时英国很少华侨与留学生，所以决定东返。1897 年 8 月 16 日，他来到横滨。陈少白这时已去了台湾，孙便住在山下町 119 番地陈少白寓所。9 月间，孙中山结识宫崎寅藏、平山周，又由宫崎、平山介绍给犬养毅，经过犬养与大隈重信、小村寿太郎的协商，孙中山以平山的外语教师身份，居留日本，并在东京麹町区平河町 5 丁目 30 番地住了下来。因该处距中国公使馆较近，旋又迁到早稻田区鹤卷町 40 番地。直到 1898 年 8 月，平山要赴中国活动，孙中山才迁回横滨，住在山下町 121 番地温炳臣家。这次流亡日本，在经济上得到平冈浩太郎关照，每月提供 100 日元（当时中国白银与日元比值为 1 两相当于 1.5 日元），故可独立生活，无需仰仗冯氏昆仲。从日本警方的报告中，亦无孙与冯氏昆仲密切来往的记录。

在孙中山抵日后与宫崎的笔谈残稿中，他们一开始便研究了在日本设中国语学校的问题，称设立学校，可招我辈同志过来，名为教习，内可商举义之策。在此之前，陈少白亦与侨商讨论过开办中国学校之事。经横滨中华会馆全体会议决定，以该会馆为校址，经费半由会馆经费划出，半由募捐。陈少白赴台湾前，将此事交孙中山接手办理。中华会馆校董欲由国内招聘新学之士为教员，就商于孙，孙荐梁启超任校长，并代起名为中西学校。康有为以梁在《时务报》任主编，脱不开身，派徐勤任校长。冯镜如任协理，并以陈荫农、陈默庵、汤觉顿等为教员，康还改校名为大同学校。① 大同学校成立之初，孙中山与康徒等关系尚好，不时到学校去。但到了 1898 年，随着国内变法运动的开展，康徒宣扬康有为有大拜之望，华商趋炎附势，多与康徒结纳。孙中山一派在横滨的势力，由此更为不振。冯自由记述："自大同学校成立之后，兴中会势力渐衰退。会员中能宗旨一贯历久不变者，寥寥十数而已。"②

横滨兴中会成立后的二三年，即 1896 年冬至 1898 年，华侨工商界有两

---

① 陈锡祺主编：《孙中山年谱长编》上册，第 152 页。
② 冯自由：《华侨革命开国史》。转引自中国社会科学院近代史研究所近代史资料编辑组编：《华侨与辛亥革命》，中国社会科学出版社 1981 年版，第 32 页。

个小俱乐部，即三馀轩与修竹寄庐，与兴中会略有关系。三馀轩由冯镜如兄弟、卢桂园、黎炳垣、梁达卿等组成，会员仅十余人。孙中山等人每晚常到轩中叙谈，或浏览书报，是华侨中较开通的组织，在闲谈中拟定了办学以教育子弟之事。修竹寄庐成员有数十人，多属洋行书记职员，如梁麒生（文经印刷店书记）、温炳臣等，孙中山也乐与交往。横滨华侨工商界还有一个小俱乐部忠和堂，俗称行船仔馆，与革命党原无关系，创立于1896—1897年间。初无名称，1898年尤列来到横滨，设法与该团体主持人鲍唐、杨少佳、陈泽景等接近，定该组织为忠和堂。大同学校徐勤讥之为迷信神权的下流社会，该堂人士大为愤激，请陈少白为顾问，代为计划兴革事宜；少白为之易名中和堂，撤去关羽神像。未几耶教徒翟美徒等十余人相继加入。翟为德国某洋行书记，兼英文夜校教员，次年被选为会长。该堂始终与兴中会、同盟会无密切关系，但在1898年冬，横滨华侨各界以康梁党徒借大同学校名义，侵占中华会馆公产，群起反对过程中，成为孙中山的有力支持者。①

关于孙康两派围绕大同学校展开的斗争，还有深层的意义，即是政治方面的原因。大同学校在1898年2月开校，1899年2月便要改选校董，即重新确立领导权。1898年，康有为指示横滨的门徒，与革命党人断绝来往，庶免受其所累，于是两党门户之见日深，发生大同学校教员陈荫农写"孙文到不招待"的条子事件。兴中会员数人往究，欲与之火拼。事为孙所劝阻。从此，孙不复入大同学校。是时横滨侨商纷纷倒戈，大同学校董事均为徐勤辩解，就连冯镜如也倒向保皇派，指责孙中山不应同徐勤闹意气。两派因之势同水火。

戊戌政变后，康梁师徒先后逃亡日本。孙中山企图与康派合作，但康表示拒绝。在康有为于3月22日赴加拿大组织保皇会之前，两派关系极僵，斗争也十分激烈，其中便牵涉冯氏兄弟。1898年11月，梁启超在横滨创办《清议报》，其经费是由冯镜如、冯紫珊、林北泉等募集的。② 冯镜如任总理。③ 后由冯紫珊任经理。粤籍学生郑贯一在《清议报》任助理编辑，因该报议论受康有为直接干涉，稍有急激之文字俱不许刊载，便约同学冯自由、冯斯栾同创半月刊《开智录》，发挥自由平等真理，借《清议报》为发行印刷机关，受各地华侨欢迎。美洲保皇会特致书横滨保皇会，质问宗旨不同之故。冯紫珊遂不许《开智录》在该报印刷，并解除郑编辑之责，因无凭借，《开智录》

---

① 《华侨革命开国史》，同前引，第34～35页。
② 丁文江、赵丰田编：《梁启超年谱长编》，第172页。
③ 《革命逸史》初集，第63页。

出世仅半年便告终。① 这是 1900 年的事。

冯紫珊如此积极为保皇派服务不是偶然的。早在横滨保皇会成立前,即 1899 年 1 月,在大同学校改选斗争中,冯氏昆仲即站在孙中山的对立面,已背离了兴中会的立场。日本外务省所藏档案为我们揭示了许多迄今不见于中国文献的内幕。

1899 年 1 月 18 日,神奈川县知事浅田德则报告青木周藏外相说:"横滨居留地清国人所办之大同学校总理及其他职员任期届满,即将改选。关于改选之事产生两派,一为康有为派,主张现在全校职员连任,维持该校,故亦称维持派。一派为所持意见比康有为派激进的孙逸仙派,此派主张乘机改选,选同志者担任职员,改革该校,故亦称改革派。15 日,维持派有志者集合于中华会馆议事,确定职员选举资格,决定给予经商及其他盛大营业之清国人二百余人以选举权。但改革派多数人无选举权,该派欲借机选举同派人为职员,于 17 日以 151 番忠和堂名义在居留地内两处张贴告示,要投票否决 15 日维持派于中华会馆所定选举方法。17 晚 7 时 30 分,维持派再次集会,坚决实行 15 日决定之条款。两派或恐酿成冲突,特配备警察加强戒备。17 日夜中华会馆如期集会,与会者二百余人。首先改革派第 50 番杂业温芬发问:谁赞成维持目前大同学校的现状?第 56 番冯镜如起而答曰:余为第一赞成者。温芬说:今日为清国人集会,英国人不得出席,请速退场(指冯镜如归化英国,取名字为'经塞尔')。冯紫珊回答,与温芬等一伙恶语暴言相骂,温芬之同伙第 134 番无业者郑照,第 151 番西餐馆陈长和、鲍棠等打手开始争斗。渐而平息,该会遂以无何决议而告散会,并未取消 15 日所定之选举资格。此次职员选举及其他一切有关事项,均全权委请中华会馆 45 名干事。尚闻维持派以大同学校作为康有为派之机关,以发达清国人知识为目的;而改革派则欲改变学校之名称、职员及教员等,并改变其组织,使之由孙逸仙主宰,成为中国革命派之机关。且云此改革派之重要人物为 9 番黎炳垣、50 番温遇贵、80 番谭奋初等,上述温芬等人乃系受指使之打手。"② 这则记载,大体上说清楚了横滨保皇、革命两派围绕着大同学校领导权展开的斗争,而进行正面冲突的,是原兴中会的领导与一般会员。19 日晚,在大同学校集会,由中华会馆董事选举该校总理以下职员;20 日又在中华会馆集会认可,冯镜如连任协理。

---

① 《革命逸史》初集,第 95～96 页。
② 日本外务省档案,明治 32 年 1 月 18 日神奈川县知事浅田德则致青木外相,秘甲第 32 号。

日本警方认为，该校之纷扰以孙逸仙一派失败而告一段落，"酿成此次选举纷争之原因以及清国人中存在的问题，根据内传，目前侨居的中国人，依其政治党派来分，一为孙逸仙派，即清国革命派，属此派者有陈璧、杨飞鸿以及侨居的清国人中处于中等以下生活水平者七十余名。另一派为康有为派，即清国改革派。两派互争势力。此次大同学校职员选举竞争之发生，实出于政治上的原因。该校总理以下职员属孙逸仙派者仅五六名，其余悉属康有为派。该校实权自然落入康有为派之手"。"孙逸仙一派大不平"，"该派遂联合赵明乐等谋改革大同学校。先是，康有为之大同学校维持一派为强气势，去年10月11日行孔子祭典颇严，赵明乐等深感不快。盖赵为耶稣教徒，因此发生龃龉，遂与孙逸仙一派联合"。"19日孙逸仙一派招赵明乐、谭有发、张果、鲍棠、陈长和、关厚祥等（此六名内除赵及关外，均为无赖汉），非难康有为一派，并告以应承认他们关于大同学校职员选举之主张。其后又邀请清国人中豪商中华会馆董事数人，谕示更改大同学校名称，全体现任职员辞职，欲排斥康有为一派。"① 随后，革命派校董提出辞职，学校基础为之动摇。犬养毅认为学校解散可惜，便赴横滨，邀各校董会谈，要求维持，并允任名誉校长。各校董咸允照旧担任。3月18日，大同学校行开学典礼。这样，孙中山抵日之初与宫崎拟议办学以商举义之策的计划，便完全破灭了。

章太炎在谈到孙康两派在横滨的斗争时，曾经讲到："今者，任公、中山意气尚不能平，盖所争不在宗旨而在权利也。任公囊日本以□□为志，中陷□□，近则本旨复露，特其会仍名□□耳。彼固知事无可为，而专以昌明文化自任。中山则急欲发难，然粤商性本马鹿，牵掣东西，惟人所命。任公知□□，而彼辈惟知保皇，且亦不知保皇为何义，一经熔铸，亦不能复化异形。中山欲以革命之名招之，必不可致，此其所以相攻击如仇雠也。"② 函中所叙情形，言侨商保皇一事，实在是孙中山与冯氏昆仲关系的写照。1899年7月《清议报》第50册刊登《记横滨华商会议事》，称6月22日横滨华商1000余人在中华会馆集合，要求日本政府提倡公义，协商各国，复我皇上，以保东亚太平之局。会后发起签名致日首相山县有朋书，冯镜如、紫珊列名其中。横滨保皇会之任冯紫珊为总理，不是没有原因的。1900年5月19日，陈国镛（侣笙）致谭张孝信上说："本埠则冯紫珊为总理，此人极热心，义愤捐题会

---

① 日本外务省档案，明治32年1月18日神奈川县知事致外相，秘甲第40号。
② 1902年3月18日致吴君遂函。见汤志钧编：《章太炎年谱长编》上册，第131页。

金二千余元,真不可多得也,现年为《清议报》总理。"①梁启超办《新民丛报》,冯紫珊仍任总理,康梁倚为长城。②冯氏昆仲还帮助梁启超办译书局、广智书局。尽管他们是横滨保皇会的骨干,但康门弟子似乎对他们仍另眼相看。1903年梁启超给康有为的一封信中说到:"至紫珊与荫南(按:梁荫南,康氏弟子)则甚有意见,其言亦非可尽信。弟子于紫珊之交过于荫南,惟于此云不可尽信者,盖紫珊信冯镜如之言,然镜如大有吃醋之意,谓此局出彼名,而彼不得为总办。然以弟子度之,则与其用荫,不[如]用镜也(镜与紫虽兄弟,然性情相去甚远),而镜如日眈于紫珊,则紫亦不免有溢恶之言矣。"③10月26日,徐勤致康函也说:"凡办事外人多不可靠,必须同门乃可。"④可见,冯氏昆仲弃孙投康梁,所见甚浅,保皇并没有保出名堂来。

三

1905年,中国同盟会在东京成立,革命形势迅速发展。1906年,清廷颁布"预备立宪"上谕,10月21日,康有为宣布新年元旦保皇会改为国民宪政会,取消了保皇名目。1907年7月,《新民丛报》停刊,冯紫珊嗣后主要从事经营广智书局。9月,梁启超在东京成立政闻社。随后,康梁便不再以横滨为活动基地了,冯氏昆仲对康梁保皇活动的挹注,可谓以失败告终。

值得一提的是,在冯镜如、紫珊积极从事保皇活动的同时,冯镜如之子自由(原名懋龙)却积极支持孙中山,并一直以正统的国民党人自居。

冯自由在1895年横滨兴中会成立时,即奉冯镜如之命,宣誓参加兴中会,时年14岁。入会之后,主要活动是在会员间传送书信。1900年,与郑贯一等发刊《开智录》。次年,与戢元丞、沈翔云、王宠惠、秦力山等在东京发刊《国民报》。1902年,又与章太炎、秦力山、马君武等发起支那亡国246年纪念会。这两件事,孙中山均具名为赞成人。同年,他还与秦毓鎏、叶澜等组织青年会。1903年以后,他相继担任香港《中国日报》驻日通讯员、美洲《大同日报》通讯员,并与檀香山《隆记报》、新加坡《图南日报》传递消息。1905年中国同盟会成立后,孙中山委任冯自由赴香港主持报务、党务、军务。1910年,又派他赴加拿大主持《大汉日报》,到旧金山主持《大同日

---

① (美)谭精意供稿:《有关保皇会十件手稿》,《近代史资料》总80号,中国社会科学出版社1992年版,第6页。

② 《革命逸史》第四集,第43页。

③ 上海市文物保管委员会编:《康有为与保皇会》,上海人民出版社1982年版,第227~228页。

④ 同上书,第231页。

报》，兼筹募起义饷糈。1912年，他先充孙中山机要秘书，后由孙中山、黄兴推荐，被北京临时政府任命为稽勋局长。冯自由在1924年顽固反对联俄容共，受到孙中山的严厉谴责。① 抗战时期，冯自由拒绝与汪伪合作，深明民族大义，在重庆坚持抗击日寇。50年代，他终老在台湾。

冯自由任过稽勋局长，掌握许多革命史料。又由于他任过报纸主笔，故长于为文。他认为："前代传闻有异辞，即今亲见亦支离，何如缔造艰难辈，各述行藏尽所知。"因此，从30年代开始，便"重修革命编"。② 他相继撰述《革命逸史》6册，以及《中华民国开国前革命史》、《中国革命运动二十六年组织史》、《华侨革命开国史》等书。这些著作虽然不是每一个史实都十分准确，但因他与孙中山及同盟会其他领导人都十分熟悉，又注意搜集史料，所以，这些纪事为研究辛亥革命史提供了许多重要史料，无疑是应当肯定的。

在冯自由保存的资料中，有一封1921年冯紫珊写给他的信。在信中，冯紫珊谈到早年与孙中山的交往，希望通过冯自由，能与孙重修旧好。此函所记，可补充兴中会史料之缺，不妨详为引录：

（前略）再者贤侄前与愚叔甚为亲爱，凡有要事亦到致生商酌。叔自有生以来，于兄弟叔侄之情至爱。或者因党见，为嫌疑而间疏，未可料也。愚叔虽蠢，只知有国耻，绝不知党见为何物。

叔因在横滨被日人投石，亲受其辱。迨得闻中山由檀归国，道经横滨，托陈清带许多传单埋街，声明准九月起旗作反，杀满洲佬，复明之江山。愚叔得闻之下，即使陈清请孙先生埋街一会，以叙同志之情。后陈清回话，孙先生云，船期出帆在即，不能久留，嘱各同志立即组织会所，取名义兴会，以作后援云云。

不料九月事败，中山、少白、弼臣三人逃往横滨，寓52番，叔与奋初同去相见，斯时方运动同志二十余人，赵明乐管财政，峰琴为书记，叔为干事，汝父为议长，其余为郑晓初、温遇贵、温芬、焕墀、达卿、陈才、陈和等。此会成立，设在175番。不料日清战后，马关和约已成，钦差、领事再派，中山向叔陈及，他三人在日本不便。因他系国犯，倘钦差到任后，有机运动日政府将三人引渡，更有连累各会友不便之处，务须各同志筹五百元，俾他三人择路而逃云云。叔斯时请各同志商量办法，不料各人讲到签银两字，无一人答应。叔再三问之，各人面面相向。斯时激到愚叔大愤，用大义责彼云："今日孙先生满腔热血，救同胞于水

---

① 《孙中山年谱长编》下册，第1839页。
② 《革命逸史》第二集，《自题十首》。

火，国家将亡，匹夫有责，应该自己挺身去办；况今日孙先生因事不成，仍望再接再厉乎？若先生有差池，谁能继之？"将此言遍告一番，亦无动听。逼不得已，叔愤极出言大责，若各位不允集腋成裘，以救三先生出关者，就算我一人出之便是。只好答应孙先生云，该五百元准明日十二点钟送上，决不食言。以此语散会。叔初时以此五百元作国耻牺牲，不料中山迨后寄回，此乃中山之忠厚处也。

在后杨衢云被人行刺，孙先生念他剩落孤儿寡妇，养口无靠，发柬签题。先生着陈才拈柬到叔处签捐。各人所签不过三五元八元十元而已。叔见他系为国身亡，落笔签八十元，后为先生赞美，吩咐陈才叫我时常去倾谈。自始以来，凡在火车与路上见面，无一不握手为欢，绝无意见也。

孙先生得五百元，一百交少白制衣转装，叔荐他在文经代汝父编辑字典。一百交弼臣回港。三百中山回檀使用。此事是否，问先生料必记忆矣。

叔时常欲见先生一面，以全友道；多年旧雨，曾共一方。惟他现为总统之贵，未知念及故友否？欲去而不敢。便中望贤侄代为致候可也。不妨言及叔之现况。（下略）

叔 紫珊十二月十三日①

今案，1920年10月29日陈炯明援闽粤军返抵广州，11月28日孙中山偕部属到达省城，旋第二次开府广东。其时军事鞅掌，冯自由是否曾转交函件或表达紫珊意见，欠详。但据今人所撰紫珊之孙冯乃超传记，紫珊晚年不时到香港。人到晚年类多念旧，何况冯氏昆仲曾经对孙相助，1900年以后又有一定的联系，故冯紫珊之欲重叙旧好，决非慕孙之权势，实在是念旧的平常心态。冯氏昆仲捐输家财支持保皇，兢兢业业，但仍被康徒同门以外人对待，不被信任；到保皇会破产，康梁自顾之不暇，当然不会再念及冯氏等支持过他们的侨商了。反观冯自由追随孙中山，一直被重用，任为机要，推任长稽勋局。此项任职时间虽短，但毕竟任职中枢，在侨商视之，亦不啻为九卿科道级人物。孙中山革命虽然艰难竭蹶，但仍不失为中国一线生机，有见于此，冯紫珊欲重新开始认同革命，亦未可知。

总之，横滨冯氏昆仲与孙中山的关系，作为孙中山与华侨史之一页，殊有其研究之价值。冯氏三代，与孙中山事业均有不解之缘。镜如昆仲与

---

① 冯自由：《中华民国开国前革命史》上编，革命史编辑社1928年版，第30～33页。

冯自由，已如前说。紫珊之孙乃超，生长、留学日本，为"左联"之中共负责人之一。新中国成立后冯乃超长期主持广州中山大学校务。中山大学之有今日，冯乃超之功实不可没。而对乃孙之职责与功绩，当是冯紫珊生前所未料及者。

孙中山与刘成禺

在孙中山众多的故旧中,刘成禺是值得注意的一位。不过,据笔者所知,史学界似未为刘氏立传,故欲了解其生平事迹,大为不易。事实上,诚如说者所言,刘氏是近数十年来在许多方面起过作用的社会活动家,他曾追随孙中山从事革命,曾衔孙之命在美国办《大同日报》,是一位知名的老报人。他以诗名海内,写《洪宪纪事诗》200余首及未完成的《洪宪纪事诗本事簿注》90余篇①,孙中山、章太炎均为之作序。刘氏还著有《世载堂杂忆》②近20万言。至于他与孙中山的关系,在1946年撰《先总理旧德录》时,自称对孙"弱冠随从,今将白首,亲录言行,敢注起居"③。种种资料表明,刘氏从其在20世纪初被派赴日本留学开始,迄1924年孙中山北上,在不同时期,二人之间始终存在一定的联系,尽管有时关系并不那么友善。

梳理孙中山与刘成禺的关系,对于研究孙中山生平事业,无疑有一定的意义。但是,在征引刘氏的记述以说明刘孙关系时,存在一个问题,就是他本人有的记述并不完全可信。章士钊曾经指出,"禺生记事疏阔,往往类此"④。

---

① 刘成禺、张伯驹著:《洪宪纪事诗三种》,吴德铎标点,上海古籍出版社1983年版。章太炎谓,当袁氏乱政时,刘成禺处京师久,习闻其事,其诗叙衰乱之迹,"瑰玮可观","后之百年,庶几作史者有所撷拾,虽袁氏亦将幸其传也"(1919年《洪宪纪事诗序》)。

② 刘禺生撰:《世载堂杂忆》,钱实甫点校,中华书局1960年版。据刘氏记述是书之作:"予平生首尾未完毕之书,如禺生四唱、洪宪纪事诗本事簿注、忆江南杂诗注、容闳辜汤生马相伯伍廷芳外交口授录、世载堂笔记与自传等,尽归纳杂忆中,汇为长编,备事分录。其他典章文物之考证,地方文献之丛存,师友名辈之遗闻,达士美人之韵事,虽未循纂著宏例,而短篇簿录,亦足供大雅咨询,唯求无负友人殷勤劝勖之意而已。"

③ 《先总理旧德录》初刊于1946年《国史馆馆刊》创刊号。本文征引各条,见尚明轩等编《孙中山生平事业追忆录》,人民出版社1986年版。

④ 章士钊:《与黄克强相交始末》,《辛亥革命回忆录》第二集,第141页。

又称:"禺生游淡之雄,好为捕风捉影之说,讥讪前辈,自是一病"①。面对这种严厉批评,在引用刘氏记述时我们便不能不加倍注意。但是,实际上又无法对相关资料的准确与否逐条加以辨证,因此,"疏阔"、"游谈"之讥,本文引用时诚恐难于全然绝迹,幸读者鉴之。本文拟分三部分,即辛亥革命前、民国初年及护法战争前后三个历史阶段,对孙刘关系进行一些回顾。

一

刘成禺(禺生),武昌人,生于1873年(一说是1876丙子),卒于1952年,逝世前任中南军政委员会文教委员会委员。

刘氏家世欠详,据其自称,"禺也少孤,未尝学问,甫弱冠,远走重洋";又谓,"以家世言,门生故吏满天下"。其父刘雨臣,咸丰间曾赴拔贡朝考。成禺又言其家与广州驻防部统恭钊(瑞澂之父)三代世交。家道似颇殷实,称曾将"捐候补道之数万金,随意为革命用之"②。这些片断记述的可信程度如何,无法细考。但"未尝学问"云云,则嫌过谦。盖鄂督张之洞在1890年创办两湖书院,刘氏在1901年或1902年受派赴日留学之前,即在此书院就读。甲午战争以后,中国开始向日本派遣留学生,原湖北学生戢翼翚(元丞)、吴禄贞等人,与在日本亡命的孙中山有所往来。刘氏既为两湖书院学生,后又留学日本,即不能谓之"未尝学问",正是因为有此身份,才能为孙中山所知。

刘成禺在两湖书院就读的最后阶段,是在1901年朝廷接受江鄂两督会奏建议推行改革之际。在此之前的1900年,孙中山与维新派合作,发动自立军起义。据刘氏记述,戢翼翚受孙中山回鄂主持策应革命之责,"一日鄂留日第一学生戢翼翚,投刺来谈,予见之,手出孙先生手函一通,谓吴禄贞言,鄂友只刘问尧一人,可商大事(问尧即成禺原名)。今派戢元丞(翼翚字)来

---

① 章士钊《疏〈黄帝魂〉》,《辛亥革命回忆录》第一集,第224页。有趣的是,孙中山也与刘成禺谈到章士钊。据刘氏记,"先生来美,谈到在东京民报社所遇人物。忽曰:'汝识长沙章行严士钊否?'予曰:'在上海多与往还,定交于昌寿里王侃叔处。其撰国民日日报,则内地民族革命之第一声也。先生以为何如人?'先生曰:'行严矫矫如云中之鹤,苍苍如山上之松,他日学问事业,必有大贡献于国家民族,惜未能与予共生命艰难之事,只能领上乘号召之耳。革命得此人,可谓万山皆响'。"(《先总理旧德录·品藻第六》)

② 《洪宪纪事诗三种》,第29页;尚明轩等编:《孙中山生平事业追忆录》,第692、672页;《世载堂杂忆》,第28页。

鄂，特修函就商，亦因友及友之义"①。自立军失败后，翼翚为避祸，曾躲进刘家。后戢回日本，临行表示，要将刘氏尽力情形，面呈孙中山。刘则称，"予不久亦将来日本，可相见，恕不复函"。刘氏又记，此后他与沈翔云同往香港，见陈少白，并由陈介绍加入兴中会。

1902（壬寅）年，刘成禺在东京就读成城学校，经程家柽介绍，赴横滨会见刚从香港回来的孙中山。会见的具体日期不详，由于孙是在2月13日抵埠的，故应在是月中旬左右。据刘氏记述，孙中山考虑到成城学生不能外宿，让程家柽陪刘到横滨，早出晚归。程、刘到了孙在横滨的住所山月寓庐，纵谈竟日，傍晚乘车回东京，是为刘氏四十余年致力革命之发轫。

孙、刘在日本的交往，有几件事是值得注意的。

一是通过孙中山延誉，刘成禺结识了一批日本人士。据刘氏所述，经孙中山介绍其认识的，有进步党领袖犬养毅、名儒德富猪一郎（苏峰）、自由党领袖板垣退助、主张政治民主的中江笃介、浪人首领头山满。其他如宫崎寅藏、尾崎行昌等，更是朝夕往还。犬养、板垣、头山均是孙中山熟稔的友人，为之介绍与刘氏认识，信其有之。不过此时孙中山是否与德富苏峰、中江兆民有所往来，则迄未见他处记载。要之，刘氏留日不久，认识了一些日本革命人士，是可信的，但其所谓已识"朝野之贤达"，则言过其实。

二是孙中山建议刘成禺编写《太平天国战史》，并为之作序。1902年某日，孙中山与犬养毅、曾根俊虎在东京红叶馆闲谈，也招刘氏参加。刘氏抵达后，孙中山对他说："适与犬养先生，论及太平天国一朝，为吾国民族大革命之辉煌史，只有清廷官书，难征文献。曾根先生所著《满清纪事》，专载太平战事，且多目击。吾欲子搜罗遗闻，撰著成书，以《满清纪事》为基本，再参以欧美人所著史籍，发扬先烈，有昭信史，为今日吾党宣传排满好资料，亦犬养先生意也。吾子深明汉学，能著此书，吾党目下尚无他人，故以授子。"②刘氏根据曾根、孙及犬养提供的书籍，参考英日各书、中国野史及官书，进行编撰，第二年，成书稿16卷，先行印刷6卷，孙中山为之作序。

《太平天国战史》前编于1904年由祖国杂志出版社印行，编著者署名汉公。孙中山在该书序言中，出于排满革命之需要，强调华夷之辨，抨击曾国藩等人不明春秋大义，以汉攻汉、廉耻道丧。他极力颂扬太平天国，但是，

---

① 《孙中山生平事业追忆录》第672页。关于孙中山任戢翼翚负责湖北军事之说，别无佐证。从文献资料可知，孙中山、梁启超送林圭返国，即委托林圭返汉口，招纳亡命，以图暴动，事详陈锡祺主编：《孙中山年谱长编》上册，第191～194页。

② 同上书，第673页。

洪朝亡国距今不过40年，而"一代典章伟绩概付焚如，即洪门子弟亦不详其事实，是可忧也"。正是基于这种原因，所以他极力推介刘成禺的这部著作："汉公搜辑东西太平遗书，钞译成册，中土秘本考证者不下数十种，虽当年遗老所见所闻异辞，文献足征大备，史料官书可据者录之，题曰《太平天国战史》，洵洪朝十三年一代信史也。"序中又指出："太平一朝，与战相终始，其他文艺官制诸典不能蔚然成帙；又近时官书伪本流行，关于太平战绩，每多隐讳。汉公是编，可谓扬皇汉之武功，举从前秽史一澄清其奸，俾读者识太平朝之所以异于朱明，汉家谋恢复者不可谓无人。洪门诸君子手此一编，亦足征高曾矩矱之遗，当世守其志而勿替也，予亦有光荣焉。"① 按1904年夏天孙中山正在旧金山做发动洪门的工作，介绍刘成禺任该埠《大同日报》编辑，与保皇派苦战，以图扫灭在美国之保皇党。当地洪门势力极大，"但散涣不集，今已与各大佬商妥，设法先行联络各地洪家成为一气，然后可以再图其他也"②。很明显，《太平天国战史》的出版，是配合革命党与保皇派论战的重要举措，孙刘之间的这种密切配合，起于东京，完成于旧金山，刘氏在当时为孙不可多得的战友。

三是介绍杨度与孙中山认识的问题。在辛亥革命时期，杨度是一位著名的立宪派人士。他于1902年赴日本留学，入东京速成师范学校，参加编辑《游学译编》，同年10月返国。这年，孙中山于2月13日从香港抵横滨，又于是年12月离日本赴越南。据刘成禺回忆，他与其他人介绍杨度与孙认识，且有所约。

《世载堂杂忆》中，刘氏有一得意之笔：永乐园杨皙子输诚。内谓："杨度在东京，欲谒中山先生辩论中国国是，予与李书城、程明超、梁焕彝介往横滨。孙先生张宴于永乐园，辩论终日。皙子执先生手为誓曰：吾主张君主立宪，吾事成，愿先生助我；先生号召民族革命，先生成功，度当尽弃其主张，以助先生。努力国事，期在后日，勿相妨也。皙子回车，喟然叹曰：'对先生畅谈竟日，渊渊作万山之响，汪汪若千顷之波，言语诚明，气度宽大；他日成功，当在此人。吾其为舆台乎？'"③ 1902年以后，中国赴日留学生数量剧增，孙中山与之会晤者颇多，而孙中山与杨度的晤谈，刘成禺认为他是介绍人之一，言之凿凿。不过，这个记载却招致章士钊的批评，指为不实。

据章士钊追忆，孙杨会晤是在华兴会起义失败之后，至同盟会成立之前

---

① 《孙中山全集》第一卷，第259页。
② 同上书，第241页。
③ 《世载堂杂忆》，第207页。

的某日。他说，他抵东京后不久，黄兴也迁来同住："适中山孙先生由横滨携小行囊，独来东京，旨在合留学生，议起大事。而留学生时以杨度为有名，彼寓富士见町，门庭广大，足以容客。于是中山与杨，聚议三日夜不歇，满汉中外，靡不备论；革保利病，畅言无隐。卒乃杨曰：'度服先生高论；然投身宪政久，难骤改，橐鞭随公，窃愧未能。度有同里友曰黄兴，当今奇男子，辅公无疑，请得介见。'（刘禺生世载堂杂忆称：杨度与中山初见于横滨永乐园。愚按：孙、杨横滨之会或有之，然决非初见。禺生又谓'同行有梁焕彝。'吾知焕彝留英，未到过东京。禺生记事疏阔，往往类此。）中山喜。翌日，吾若宫町宅，有先生足迹见临。克强与吾，皆初见先生。"①章氏对自己的记述，颇为自信。不过，其断言梁焕彝留英，未至东京一节，似过于武断。梁为湘籍留日学生之一，参加编《游学译编》，此事见于《游学译编》第2册译员表。梁氏赴日之时，章士钊尚在国内办《苏报》；晚年回忆，容有失误。

然则，孙杨会晤，始于何时，与刘成禺有无关系？此事似无法深辨，盖刘、章各执一词，事皆亲历，不能是甲非乙。故《杨度集》之所附生平年表将两说皆收，未予置辨。②杨度第一次赴日，系1902年5月至10月；第二次赴日，为1903年8月初至1904年10月。其间孙中山在1902年12月4日离开日本赴越南，至1903年7月22日始由西贡返抵横滨；居日本不过两个月，又于9月26日赴檀香山，迄1905年7月始回日本。我们设想一下，假如在1902年孙杨未曾会晤，那么，1903年7—9月间，孙杨应是见过了。冯自由记述，1903年夏间，孙中山回到日本，住横滨山下町本牧桥附近，其时革命思潮，一日千里，"各省留学志士先后访谒总理者，有程家柽、刘成禺、叶澜、董鸿祎、翁浩、郑宪成、杨度、时功玖、李书城、程明超"等数十人，"一时京滨道上往返频繁，总理所居，座客常不空也"。③刘成禺赴美国是1904年春，所以，在留学生办杂志走向高潮的1903年，由先期在日留学的刘成禺等人介绍杨度与孙认识，是完全可能的。而1902年杨度赴日，因系作为湖南速成师范生入弘文学院，居于院外，每日入院听讲，功课紧张，与孙中山来往，可能性则小些。章士钊否定刘成禺有关永乐园相见之说，谓"孙杨横滨之会或有之，然决非初见"，如此说可信，就必须承认1905年孙杨在东京之相会是初会。那么，就产生了一些疑问：（一）由于孙中山在1905年7月19日抵横滨居数日，即被留学生迎往东京，这样就不可能再有横滨孙杨之

---

① 章士钊：《与黄克强相交始末》，同前引，第141页。
② 刘晴波主编：《杨度集》，湖南人民出版社1986年版，第808、809页。
③ 冯自由著：《革命逸史》初集，第132～133页。

会。(二)刘成禺、冯自由有关1903年孙杨会见之说不可信(但是章士钊并无具体资料去论证),而在1904年之前,章氏并不在日本,又何以知日本之事?(三)据黄兴与宫崎寅藏记述,介绍黄兴与孙中山认识者为宫崎,并非杨度,此事似不必再辩。① 当然,也不排除孙杨在1905年长谈过程中杨推介过黄兴。所以,联系日后杨度欲实践其当年助孙之承诺,则1903年刘成禺介绍杨度之识孙,信非虚言,章士钊之大胆否定,似有成见因素。

四是孙中山的一则记载——"刘成禺在学生新年会大演说革命排满,被清公使逐出学校"② 之说的真相问题。这是孙中山在《建国方略》之一《孙文学说》中的话,历来被屡加引用。实际上,它是不准确的。为说明此事真相,还须从刘成禺的一组题词(诗)说起。刘氏题诗中有一首谓:"士夫密议复中原,顽儒能闻汝我言,豪杰九人端白屦,开天神会竹枝园。"据冯自由注释,1902年刘成禺、李书城、程家柽、时功玖、石志泉、吴炳枞、程明超与冯自由,在东京竹枝园支那料理店宴请孙中山,会上,刘成禺、冯自由主张联合中国士大夫当从留学界入手。③ 刘成禺说孙中山将此次会定为"开天大会",会议决定分途游说各省学生及游历有志人员。刘成禺又称,1902—1903年间,东京留学生杂志高谈民族主义,倡言革命而讳言排满。孙中山召马君武、刘成禺至横滨,认为舍排满而言民族,难以唤醒国民,要他们二人趁元旦留学生团拜之际,欢迎载振贝子,开演说会,公使蔡钧、监督汪大燮皆在,提出排满二字,以救中国,震动清廷。刘氏称,届期,"首由马君武登台演说排满,声泪俱下,予继之。当日全国通电,皆言刘成禺,而不言马君武,故予一人获罪。练兵处奉满廷廷寄,不准学陆军,入士官学校,抄籍武昌家产,逐出东京。后由汪大燮赔款六千元赴美",云云。④ 刘成禺虽然指出此次演说事件记载缺失马君武之不合事实,但却认为他本人在会上也接着发言,且因此受到迫害。孙中山或许曾经策动过元旦演说,但征诸其他记载,刘成禺并非一重要角色,他甚至并未在会上发言。据1903年5月10日出版的第51期《选报》所刊,第一个发言的是马某即马君武,马退而湘人樊锥继之,最后则

---

① 《孙中山年谱长编》上册,第339～340页。
② 《孙中山全集》第六卷,第236页。
③ 《革命逸史》第三集,题词一,第1～2页。
④ 《孙中山生平事业追忆录》,第674～675页。

汪大燮续演。① 清贝子载振赴日参观博览会，是在 1903 年 4 月，与元旦团拜无涉。故刘成禺的这则回忆，甚至称其继马君武演说，实无其事。

那么，刘成禺又为何被湖北取消官费留日而被调回国内的呢？这事与《湖北学生界》杂志有关。这个刊物是 1903 年 1 月由湖北留日学生在东京创办的，当时以省区命名的革命刊物，以此刊为最早。该刊物是月刊，共出版了 8 期，从第 6 期起改名为《汉声》。时张之洞任鄂督，办新政，派遣留学生出国，人数居全国之冠。大批鄂籍留日学生，出国后思想转变，日益激进。在《湖北学生界》各篇言论中，反映出他们抵抗帝国主义侵略、宣传民族独立、抨击封建君主专制、鼓吹民族民主主义的思想，在留学界和国内影响极大，当然也引起官方注意。据载，军机处亦收到这个刊物数份。1903 年 3 月 20 日，原任鄂督、署理江督张之洞奉召入京陛见。某日黎明，在朝房与军机大臣王文韶遇，偶语张在鄂办教育为天下先以誉之。张自诩其重大者为派学生东渡、开办文武高等及方言学堂等。王冷笑，袖中出《湖北学生界》一册与张观之。张阅数页无语。下朝后，即电嘱署鄂督端方以后少派学生出洋，并请将刘成禺、张继煦等电调回鄂；否则停止官费，勒令回国。② 张之洞还致电驻日公使蔡钧，要求约束留学生活动。③ 这便是刘成禺被撤回国的真正原因。

关于刘成禺赴美以后与孙中山的合作关系，亦有可纪者。

清朝官方未敢在这些重大问题上稍涉大意，刘成禺、张继煦等人果然被

---

① 《选报》第 51 期，题为《满洲留学生风潮》，内谓："新正初二日，东京留学生会馆大集同学，兼请国人到馆演说。时有广西马某在座，众首推之，马登坛力数满人今昔之残暴，窃位之可恶，误国之可恨，应如何仇视，如何看待。座中除三十余名满人外，约有五六百人皆鼓掌。逾刻满人互相语曰：宁送朋友，不与家奴，诚吾人待汉奴不易之策也。马退而湘人樊锥继之，言中国患在外而不在内，满虽外族，仍为黄种，不宜同种相仇，与人以鹬蚌之利。满堂寂然无和之者。最后则汪大燮（监督）续演，略谓诸君皆在学年，正直肆力学界，语曰：思不出其位。吾敢以为诸君劝云。"（《孙中山年谱长编》上册，第 286～287 页）。

② 朱峙三：《辛亥武昌起义前后记》，中国人民政治协商会议湖北省委员会编：《辛亥首义回忆录》第三辑，湖北人民出版社 1980 年版，第 151 页。按朱氏所记此事发生在 1906 年（丙午），应是 1903 年 3 月 20 日。（此据钱实甫：《清季重要职官年表》）

③ 张之洞致蔡钧电中称："查游学生职业在安分励学，力行用功，期于学成回国致用。该生等果为爱国起见，课有余暇，尽可翻译东文政治教育等门有用之书，飨遗宗国，何得不请示本省官师，辄自擅刻报章，作此鹜外荒己之事。"故要求严加管束学生，"如抗不听命，应即停给学费、知会日本国校长，将违教学生撤回"。（《张文襄公全集》卷一百八十五，电续六十四）

撤了回来。但是，本意是想压制一下留学生的革命倾向，结果却适得其反，促进了留学生与孙中山联系。刘成禺即是其中搭桥的人物。

朱和中在《革命思想在湖北的传播与党人活动》一文中写道：湖北革命团体花园山同人在革命排满空气日益浓厚的形势下，深知运动必有其成熟之日，"故当时各人心目中，无不以寻得孙逸仙而戴之为首领，为惟一之出头路。正苦无机会出洋，会癸卯年夏季，王璟芳自日本回国，出卖《湖北学生界》，而该报编辑刘成禺遂为清吏所撤回，另给以留学美国之学费二千两。而总理尔时正以旧金山大同日报编辑无人，由香港潘兰史、陈楚楠二同志介绍刘成禺，总理聘之。刘固两湖书院之学生，而与花园山同志通声气者也。自此花园山同志始得间接以达于孙逸仙"①。刘成禺之任职《大同日报》，据冯自由记述，是由冯本人介绍的。② 刘氏编辑《大同日报》，是孙刘关系最为融洽的时期。《大同日报》创立于1901年，系全美洲洪门致公堂机关报，开始时由唐琼昌任经理，康有为门人欧榘甲任总编辑。1903年冬，孙中山由檀香山赴美，被中国领事及保皇派所构陷，为美海关扣留于移民局。欧榘甲不但攻击孙中山为伪革命党，还讥黄（三德）、唐等欢迎孙为不智。黄、唐等人正拟与孙中山合作，故不得不逐欧，转请孙推荐留日学生主持笔政，于是有冯自由荐刘成禺之事。刘氏于1904年春抵美，以留学余暇兼任《大同日报》总编辑，"自是大倡革命排满，放言无忌。美洲华侨革命思想之激荡，刘之力为多焉"③。该报是孙中山在美洲第一个、也是最重要的据点。它不但是革命派与保皇派作斗争的武器，也是在北美的联络处。据载，孙中山在与刘成禺谈话时，讲到三民主义、五权宪法。如果这些记述确凿无误的话，孙中山这些思想的形成，与刘成禺有一定的关系。

谈到"三民主义"一词的提出，刘成禺称，孙中山在旧金山，论及设会，必先有主义，主义定固，乃能成功。林肯提出"民有民治民享"，简单明了，今设会，党纲宣言，意欲提出三民主义。一曰民族，一曰民权，"至于现代国家社会主义，社会经济政策，欧美风靡，他日必为世界人民福利最大问题，无适当名词，不能沿用民享，当讨论之"。刘成禺认为，中国俗语，事不过三，又提到君子三畏三变，正德利用厚生。开党首定三民，亦约法三章。孙表示，"第三主义，定为民生，主义本汝言厚生意也，意义包括宏大，俄之虚

---

① 武汉大学历史系中国近代史教研室编：《辛亥革命在湖北史料选辑》，湖北人民出版社1981年版，第532～533页。

② 《革命逸史》第三集，第74页；第四集，第131页。

③ 《革命逸史》第四集，第131页。

无共产，德之国家社会政策，英、美、法之社会主义，皆在民生主义涵盖之下"。① 按照这种说法，同盟会成立之前在美国活动时，孙中山已形成了民族、民权、民生三民主义理论或三民主义这个"话语"。不过，冯自由却撰文反对这种说法，他在《民生主义与中国政治革命之前途》一文写道："在乙巳年十月东京民报出世以前，世间尚无'民生主义'之一名辞。孙总理与同志研究社会经济问题时仍称社会主义。但曰吾所主张救济社会经济之宗旨及方法，实较目前欧美人所言之社会主义为广大云。此言凡乙巳以前之留东革命同志多闻之也。"又说，在《民报》发刊后一个月，他本人才第一个在《中国日报》撰文阐明民生主义之真理。② 换言之，孙采用民生主义一词代替社会主义，是在1905年11月《民报》发刊之时，与刘氏无关。邓慕韩更认为献此议者为其本人："一日，请国父撰一发刊词，以冠篇首。国父慨然允诺，爰命（胡）汉民纪录其意，曰：'吾国定名民国，党曰民党，权曰民权；现欲将吾平日所提倡之种族革命、政治革命、社会（亦名经济）革命，以一民字贯之。种族则拟为民族，政治则拟为民权，社会则尚未能定。'当时座中各有献议，均未能当。余无意中提出吾国常用国计民生，可否定名民生。众均曰善。遂以社会革命定名民生。由是民族、民权、民生三大主义之名词，于《民报》发刊词确定之。"③ 邓慕韩此文在《三民主义半月刊》发表之时，胡汉民等当事人均尚在，而未见批驳，此或可说明冯说之可信，而前揭之刘说，则涉嫌标榜。

至于孙中山之解说五权宪法，据刘成禺记载，曾由孙口述，刘记录，在《大同日报》发表文章，为之介绍。孙针对同盟会成立初期留美欧日学生对五权宪法之骇异，认为孟德斯鸠创立三权宪法，殊不知孟氏之前，一权皆无，而五权是中国民族历史风俗习惯所必需之法，独有之法，与欧美不同。他详细论述了监察、考试两权，为中国民族进化历史之特权，"祖宗养成之特权，子孙不能用，反醉心于欧美，吾甚耻之"。认为"立法司法行政三权，为世界国家所有，监察考试两权，为中国历史所独有，他日五权风靡世界，当改进而奉行之，亦孟德斯鸠不可改易之三权宪法也"。④ 刘氏在《洪宪纪事诗簿注》卷二，亦叙及此事，似非无稽之谈。

张难先曾经说到湖北留学生与孙中山的关系，谓"吴禄贞、傅慈祥、戢

---

① 《孙中山生平事业追忆录》，第 674 页。
② 《革命逸史》第四集，第 110 页。
③ 邓慕韩：《追随国父之回忆》。转引自《孙中山年谱长编》上册，第 363 页。
④ 《孙中山生平事业追忆录》，第 677～679 页。

元丞、刘成禺、居正、田桐、石瑛、胡秉柯诸志士,一闻总理之主义及计划,倾诚归向,如七十子之服孔子。闻教之后,即偕吾鄂全体学生,标示革命,传播江浒"①。这种说法有些夸大,但其中说到的刘成禺,在沟通孙中山与湖北留学生方面,其作用无疑是肯定的。在1903年至1904年间,湖北派往比利时、德国、法国等国的留学生,达60余人。清吏本意,激烈者派往西洋,纯谨者则派往日本。但是,他们并未达到阻止留学生与孙中山革命派接触的目的。派往欧洲的学生中,有一批急于找孙中山的人,在上海出发时即托赴美的刘成禺寻找孙中山行踪,代他们致意,并邀孙赴欧洲。由于刘成禺的助力,到1904年冬,孙抵达伦敦,函告贺子才等欲赴比利时一游,惟缺乏川资。刘成禺也分别致函朱和中、贺子才,告知孙之住处,且称孙囊空如洗,将有绝粮之虞。接函之后,朱、贺及留法学生分别汇款给孙;孙接款后,始得赴欧洲大陆。在布鲁塞尔,孙住在史青寓所,与魏宸组、贺子才、朱和中、胡秉柯等谈论革命方略,他们取得了共识,决定运动会党与新军并进;在孙提议下组织革命团体,其誓词与半年后成立的中国同盟会誓词相同。随后,孙中山赴柏林、巴黎,组建革命组织。孙中山还建议贺子才等努力向上,成为他日国家建设之人才。是年冬,东京同盟会本部通知,各组织一律用中国同盟会名号。

武昌起义前孙中山与刘成禺的关系,大抵如此。由于刘出生在广州,与旅美华侨来往,自有语言上的方便与感情上的亲近。当他充任美洲致公堂即洪门的白扇(相当于军师一职)之后,经营《大同日报》,便得心应手了。1905年出国考察宪政的端方在旧金山曾劝告刘不要发表宣扬革命、抨击清廷的言论,刘予以拒绝。②应当说,这个阶段,孙中山与刘成禺的关系,是诚挚的。

二

辛亥革命以武昌党人发第一枪为标志,绝非偶然,这是革命党长期运动新军的结果。孙中山、黄兴等人组织南京临时政府时,有一个原则,在人事安排上,总长取名,次长取实。留欧学生中,包括同盟会成员与背盟的汤芗铭、与革命派无涉的蒋作宾,在政府中占了多个席位,即蔡元培任教育总长,魏宸组任外交次长,王鸿猷任财政次长,马君武任农商次长,钮永建任参谋

---

① 张难先:《湖北革命知之录》,《近代中国史料丛刊续编》第86辑,台北文海出版社1981年版,18页。

② 《世载堂杂忆》,第100～102页。

次长,汤芗铭任海军次长,蒋作宾任陆军次长;黄大伟、喻毓西、陈宽沆任大总统参军,朱和中任总参谋部二局局长,胡秉柯、李蕃昌任总统秘书。张翼枢被任为外交部驻法国代表(法方未承认)。留美的王宠惠,当了外交总长。值得注意的是,虽然黎元洪被选为副总统,但首义地区武汉并无领袖人物参加临时政府。刘成禺从美国回来,亦未得到重用,这样,便不免产生一种失落感。类似刘成禺的这些人共同的心态,造成政治诉求的某种一致性。

据载,在南北议和期间,孙武以民军代表名义赴上海活动,意在以湖北军务部长取得南京临时政府陆军次长地位。鄂籍参议员时功玖、刘成禺等亦向孙中山建议,"宜宠异武昌诸将"。但当时人事多由黄兴裁定,黄重视留学生,对孙武有成见,次长一席终由蒋作宾担任。孙武以故怨黄兴且迁怒孙中山,敌视南京临时政府,决心组织民社,与同盟会对抗。① 胡祖舜的记载稍有异同。他说,临时参议院之召集,每省推举三人为议员,"吾鄂原被选者,为孙武、徐声金、彭汉遗。其后孙武因赴南京接洽要公,约同刘成禺、时功玖以俱归。而张伯烈(号亚农,随县人),时任河南师范校长,亦率学生若干人,取道豫南鄂北来投。孙武拒绝应选,推荐刘、时、张三人以代"。一日在省教育会开会,孙力主改选,与会者为都督府重要职员、各部长官、将领,除张"颇有时誉外,刘成禺、时功玖久留外邦,咸不识其为何许人也。孙乃导于演台,一一介绍,彼等亦各演说一番,卒被选为参议员"。②刘成禺与孙武合作,与刘氏不满黄兴有直接关系。据载,"老同盟会员刘成禺新自美洲回国,黄兴问刘在美国学什么东西等,刘亦深为不满。于是孙、刘合作,在上海成立民社,与同盟会公开对立"③。刘成禺从支持孙中山转变为反对孙中山与南京临时政府,这大概是彼此均始料不及的。

民社成立于1912年1月20日,会址在上海,湖北设分会。它拥黎元洪为领袖。同年5月,以民社为基础,成立共和党。该党以黎任理事长。刘成禺在民社、共和党中均是骨干人物。民社还由黄侃在上海办了《民声日社》,成为攻击南京临时政府的喉舌。刘成禺等则成为民社在南京的代理人,"凡南京有所举动,时、刘必先告武昌,武昌便对南京的作法加以抵制"④。以黎元洪为首的武昌官僚政客集团与临时政府闹独立,孙中山就任临时大总统后,黎元洪任副总统,但不执行各省代表决议,仍行使临时大元帅职权。武昌方面

---

① 贺觉非编著:《辛亥武昌首义人物传》上册,中华书局1982年版,第167页。
② 胡祖舜:《六十谈往》,《辛亥革命在湖北史料选辑》,第109~110页。
③ 万鸿喈:《民社成立与黎袁勾结》,《辛亥革命回忆录》第二集,第106页。
④ 贺觉非、冯天瑜:《辛亥武昌首义史》,湖北人民出版社1985年版,第462页。

坚决反对以南京作为首都。他们要求颁布国旗式样，各省代表行使参议员职权（临时参议院在1月28日始成立），决议以五色旗为国旗，武昌方面则坚持以十八星旗作国旗。在财政问题上，南京临时政府极度困难，武昌方面不仅无丝毫支持，且由刘成禺等在临时参议院以湖北代言人的身份，极力反对汉冶萍、招商局借款。刘成禺因未在政府得官，曾当面骂孙为"海贼"，对孙中山提出中日合办汉冶萍以取得一千万元贷款，刘氏与时功玖要求将此一大事交临时参议院讨论。据1月10日《时报》所载，刘成禺等提议："临时政府押借外债及发行军用钞票，未交院中议决，有背临时组织大纲，计分三项：一、以兵力强迫招商局押借外款；二、拨发军用钞票；三、以汉冶萍合同押借巨款，致成中日合办。凡此三端，既失政府信用，又足激变民心，应请公决。□警告政府，另议善法。"① 陕西、江西议员附议。在湖北及汉冶萍公司股东等各方面强烈反对下，南京临时政府不得不宣布汉冶萍及招商局借款合同作废。②

对日借款未达目的，军费无着，财政总长陈锦涛在上海与华俄道胜银行接洽免押借款150万镑。于2月21日签字，等候孙、袁电许及临时参议院通过。26日，临时政府咨请参议院开临时会提前决议。③ 27日参议院会议赞成，但声明须将借款合同交院核议，始能签字。此次会议，手续不甚完备。28日又举行会议，刘成禺等三位鄂籍议员以27日会议人数不足，声言反对。反对不成，是日在院中声称辞职，退出会场。此案在3月1日进行二读、三读，条文虽有变更，仍即通过。但各省当局及团体以此项借款内有全国赋税作抵及其他条件，认为丧失权利，纷纷驰电要求取消。8日，袁世凯通电称，此案该洋行并未承允，已归无效。财政问题与南京临时政府相始终，刘成禺在孙中山多笔借款问题上持反对态度，无疑加速了临时政府的结束。

刘成禺任南京临时参议院参议员，在院中发言毫无节制。例如，在参议院会上，他竟然说"明朝如何，本朝如何"。2月10日，司法部次长吕志伊函告湖北军务司长孙武，指责刘氏违背国宪，应予捕惩。参议院因此弹劾吕志伊，并于28日咨请大总统处理。3月3日，孙中山咨复参议院，认为吕志伊所发之函，系私人书信，在活动上无施行之效力，"贵院议员刘成禺仍在参

---

① 陈旭麓等编：《辛亥革命前后——盛宣怀档案资料选辑之一》，上海人民出版社1981年版，第248页。
② 《孙中山全集》第二卷，第124页。
③ 此项道胜银行借款，"系五厘息，九七扣，一年期，用中央名义担保，毋庸抵押，由下次大宗借款内扣还，并须许以下次政府有大借款，如所索权利与他家相等，华俄银行有优先权"（《孙中山全集》第二卷，第149页）。

议院照常发言,身体言论毫无阻碍,据此即不能断定吕志伊有不法干涉之行为。既无不法干涉之行为,则来咨所指蔑视议院、蹂躏民权之事实,皆不成立矣"。针对参议院称刘成禺出言不慎一事,谓"即令有之,亦不过偶尔失慎,不能指为违宪之确据"的说法,孙中山指出,在共和民国之下,立法权固多倍加尊重,而行政权亦不宜蔑视。① 弹劾案不了了之,但刘成禺等三人因反对华俄道胜银行借款案不成而宣称辞职之事,却引发所谓组织临时国会的问题。

南京临时参议院对刘成禺等三人宣言辞职,表示接受,致电黎元洪请派员接充,内谓"参议员刘成禺张伯烈时功玖三君,俭日在议场声称辞职,遽行离院,本院迭次函催出席,执意不来,昨经公议,准其辞职。除一面函知三君外,特此奉闻,请迅即派员接充"。3月9日,黎元洪复电称:"日前敝省参议员刘成禺时功玖张伯烈等,函电辞职,究厥原因,系因政府以全国赋税向道胜银行抵借巨款矣,该参议员等,恐失国权,提议反对,乃系应行之职权。何议长竟在场呵斥,是否有违议院章程,而失民国参议院性质?至该议员等辞职,敝省决不承认,请转知该参议员等,仍旧到院办事,切勿放弃天职为要。"参议院接电后复称:"佳电敬悉。即遵来命办理。但恐三君不愿就任,仍希我公主持。"② 刘成禺等人热衷于政治,辞职一说,不过是一个姿态,甚至想挟鄂省当局以自重,所以,有了黎元洪的复电,辞职一事就不再提了。

武昌方面既对临时政府不满,也对临时参议院不满,因此有湖北省议会发起组织临时国会的活动。该省议会于2月21日发出通电谓,参议院之参议员,非出自民选,且辞职者甚多,所余仅23人,不足法定之数,断难开会。勿论该院所决定之临时约法,为何项性质,决不承认其有效。特发起组织临时国会,以待11省电复赞成等语。3月14日,袁世凯还将此通电转达各省。对于这种公然蔑视参议院、否定《临时约法》的行径,19日参议院致电湖北省议会,并通电各省,宣布应作无效。在致湖北省议会电中指出,贵会所提议断不能完全实行,非徒无益,实生纠纷。在通电中强调本院系根据临时政府组织大纲,强调其合法性。但现在一省议会居然要召集临时国会,不知何所依据?现在国基初肇,端在守法,参议院为法定机关,万不可任意破坏。至于参议员本应依约法选派,规定选派权在各省,或民选,或公派,一惟各

---

① 《大总统复参议院弹劾司法部次长吕志伊违法文》,《临时政府公报》第28号。
② 曹亚伯著:《武昌革命真史》下,上海书店出版社1982年版,第752页。

省自定。总之，反对法外行动，破坏国基。① 经参议院一再通电，湖北若干人士的这种图谋，未获各省响应。在孙中山辞去临时大总统之后，组织临时国会的建议也就胎死腹中了。迨共和党成立，中国政坛的斗争中心已转移到北京，刘成禺作为该党中坚，支持黎袁合作，以制衡民党，他本人也前往北京。刘氏在北京居住在前门外臧家桥西后孙公园。袁世凯当国期间，他撰《后孙公园杂录》，记述当时的政象。

三

袁世凯死后，黎元洪依法继任大总统，段祺瑞任国务总理。这个政府不是强势政府，围绕参加欧战问题，府院之争白热化，段被解职，黎随后离京。1917年7月初，演出了张勋复辟的丑剧，从而又导致马厂誓师，段祺瑞"再造共和"。7月6日，孙中山南下广州，初意本在护法，讨伐叛逆。他要求西南六省火速协商，建设临时政府，公推临时总统，以图恢复。他号召国会议员来粤，请黎元洪执行职务。但是，护法运动在程璧光率领的海军第一舰队来粤后很快成为反对段祺瑞政府的活动，要求恢复《临时约法》，恢复旧国会。8月25日，120余名议员在广州开会。因不足法定人数，故称为非常国会（后议员人数逐渐增加，达600余人，但来去不定）。非常国会通过《国会非常会议组织大纲》，宣布恢复《临时约法》，组织中华民国军政府，大元帅代表中华民国。孙中山被推为海陆军大元帅，仍电请黎元洪南来组织政府。

刘成禺作为非常国会之一员，9月12日，被聘为大元帅府参议。在非常国会中，刘成禺属于益友社系的中坚分子。益友社号称旧国民党系中之温和派，为南方国会中惟一多数党，议席达220名。"其外援与唐绍仪极接近，桂系亦多表同情，海军尤相倚为命。滇唐、黔刘类皆与本系通款曲，而不满于政学系。"② 旧共和党议员已缩为共和派，与大孙派、小孙派组成民友社系。刘成禺的具体活动不详，但因益友社属于反段派，他又任帅府参议，可以认为，在经过5年左右的疏离之后，刘成禺重新与孙中山握手，致力于护法活动。

第一次护法，孙中山未能"克奏肤功"，在南北武人夹击之下他不得不辞去海陆军大元帅职位，返回上海。孙中山的这次护法，也绝非一无所获。他

---

① 李守孔：《中国立法史》，第54页。转引自罗刚编著：《中华民国国父实录》第三册，第1834～1835页。

② 谢彬：《民国政党史》，荣孟源、章伯锋主编：《近代稗海》第六辑，四川人民出版社1987年版，第67～68页。

从原广东省长朱庆澜手中接管了省长亲军二十营,任命陈炯明为总司令,移驻漳州,称"援闽粤军"。他悉心发展这支武装。1920 年 10 月 29 日,粤军返粤,攻克广州。孙于 11 月 28 日重返广州,次日重组军政府。此后一段时间,刘成禺来往省港两地,不时与孙中山过从。

先是,1918 年,刘成禺写就《洪宪纪事诗》200 首,叙袁氏帝制之衰乱陈迹。1921 年春,刘氏在广州,请孙中山作序。孙乃以《洪宪纪事诗叙辞》答之,内谓:"今春总师回粤,居观音山粤秀楼。与禺生、少白、育航茗话榕阴石上。禺生方著《洪宪纪事诗》成,畅谈《新安天会》剧曲故事。予亦不禁哑然自笑。回忆二十年前,亡命江户,偶论太平天国遗事;坐间犬养木堂、曾根俊虎,各出关于太平朝之东西书籍,授禺生译著。年余,成《太平天国战史》十六卷,予序而行之。今又成《洪宪纪事诗》几三百篇。前著之书,发扬民族主义;今著之诗,宣阐民主主义。鉴前事之得失,示来者之惩戒,国史庶有宗主,亦吾党之光荣也。"① 按,此叙辞,《洪宪纪事诗三种》题为"民国十一年三月孙文叙于广州粤秀楼",罗刚《中华民国国父实录》则记作序时间为"民国十年三月"。揆诸史事,当以"民国十年三月"较为可信。盖 1922 年(民国十一年) 3 月,孙陈关系交恶,已不可收拾,马育航为炯明亲信(同母异父兄弟),此时当无可能与孙悠游林下、谈天品茗也。且是年 4 月 16 日,孙由桂林抵梧州,陈炯明拒绝来梧与晤。孙抵广州,时间在 4 月 22 日,而 3 月间,孙尚不在广州也。然 1921 年 3 月之说亦有疑问,孙之返粤是在炯明"总师返粤"之后,时在 1920 年 11 月,非可谓为"今春"。故所叙填写之日期不无毛病。

这个阶段值得注意的一个问题,是刘成禺所记关于孙中山托他"和赣"之事。据刘氏称,陈炯明兵变后,吴佩孚督师衡阳,严令赣军蹑北伐军许崇智、黄大伟之后,入粤以助炯明。孙中山知刘氏"与黎元洪、曹锟,皆可直接论事,故有和赣之命";而赣中鄂籍军帅与刘氏经说合,有默契,故有此举。孙从白鹅潭永丰舰上派徐苏中送信给在香港的刘成禺,信称:"禺生兄鉴:和赣之事,由吾兄全权办理,务期尽其所能,便宜行事,即刻北行,成功为要。孙文。"刘氏便"佯〔佯〕言赴国会,星夜往北京",找到杨度,随后又利用直军将领王承斌、熊秉琦与吴佩孚的矛盾,沮吴入赣计划。② 据国民党党史会藏件,孙中山此函发于 6 月 26 日,台北与北京版的孙中山全集均予刊载,确无疑义。故此事经过,值得注意。

---

① 《洪宪纪事诗三种》,第 33 页。
② 《孙中山生平事业追忆录》,第 686～687 页。

1922年，鄂人方本仁任赣南镇守使兼任粤赣边防督办暨援粤总司令，孙有意让刘氏以同乡之谊"和赣"，事或指此。但是，刘氏似未弄清，当时值第一次直奉战争结束不过月余时间，直军在湘，驻地南不越岳阳，不存在吴佩孚从衡阳入赣之可能。其次，吴佩孚于7月1日返洛阳，迄1924年9月，并未赴保定或北京参加何种会议。另据刘氏所称，他得到缓行援陈出兵、吴返洛阳确信的消息，便电告谢持转达孙中山，是孙"亦将离黄埔（按：应系白鹅潭）来沪，许、黄安然受先生命令，由粤入闽"之时。查北伐军于7月29日在韶关失利，8月3日召开南雄会议，决定粤军入闽。9日，孙确认南雄业已失守，待援无望，决定离粤赴沪。显然，入赣粤军之动向，与刘氏"和赣"活动并无关系。由于有这些疑窦，所以刘氏的上述有关记载的真相如何，并不太清楚。

据刘成禺称，在"和赣"活动之后，杨度赴上海见孙中山，孙特派杨度为驻扎北中国全权代表，便宜处理军政一切事务。又派卢师谛、郭泰祺、刘成禺三人全权办理湘鄂豫三省军政事务。①

1923年2月，孙中山第三次开府广州。刘成禺此时似已加入国民党，他的一些记述，表明他这时与孙中山的关系更加密切。不过，这些记载在所叙史事的时间、地点及内容上，仍有问题，确实与否，仍待考辨。

其一，《先总理旧德录·德量第三》称，1923年8月（另作9月初），刘氏陪段祺瑞代表许世英赴韶关，延孙莅北京解决国是，鄂巡阅使萧耀南则暗迎孙赴鄂，建设建国政府。在"总统办公室（按：应系韶关大本营），开大会"，孙发言说："予本于九月十八日乘黄埔所泊俄罗斯号船赴海参崴，由西伯利亚转俄京，今中国有改革机会，予可中止俄罗斯之行矣。"刘问其故，孙说明此系鲍罗廷、廖仲恺建议，俄京要电迭至，且派船来迎。刘称，他反对此行，去了不能回来。（胡汉民事后亦证明俄人欲控制孙中山，以号令中国国民党云云。）在刘表态后，孙当场令胡汉民拟电稿致段，告"国以内，兄主之；国以外，弟主之。在天津候弟到，同入北京，商定国基"等语。② 今按，刘之此记，系将数事糅合，加以己意发挥，未可尽信。查许世英抵韶关，时在1924年10月1日，与刘所记差一年有余。1923年8月，孙中山为应付东江陈炯明正焦头烂额，安有能力北伐？至于赴俄之事，系1923年9月决定派"孙逸仙博士代表团"，由蒋介石率领前往，于8月16日出发。既无1924年10月赴俄计划，在会见许世英时又如何能谈及取消此计划？根据罗刚访问许

---

① 《孙中山生平事业追忆录》，第687页。

② 同上书，第681页。

世英记录,许在与孙谈话后,即索纸笔,致电段祺瑞,并非孙令胡起草电文也。且 1924 年 9 月 4 日,胡汉民受孙命任代理大元帅兼广东省长,驻广州,孙会许时,胡未与会。1924 年,孙中山与段、张正在搞三角同盟,南北歧见并未消弭,孙中山是否能对段表示主内主外的分工意见,也颇可疑,迄今人们也还没有看到刘氏所述的那份电报,因此,刘氏为历史留下一个疑点。

其二,1922 年孙中山与陈炯明公开决裂后,联俄外交政策进入实际操作阶段。刘成禺是反对这个政策的国民党员之一。尽管如此,孙中山仍指派刘氏为湖北出席中国国民党第一次全国代表大会的一名代表(其他二人为詹大悲、夏声),并在 1 月 23 日会议上被主席指派为组织宣传审查委员会九名委员之一。孙中山面对复杂的党内斗争,对刘成禺表示:"吾知汝与共产党人水火,故派汝全权办理湘鄂豫军政大事。此后党务,可以不问。"刘氏在《先总理旧德录》中一再谈到他对孙中山表示不相信联俄政策之可行,以及孙中山如何回答他。这些对答当系日后追忆,未必句句属实,但证诸他与冯自由的密切关系,在反对联俄方面志同道合,应无可疑。

1924 年 10 月北京政变后,孙中山受邀北上,经日本赴京。此时段祺瑞已就任临时执政府执政,提出召开善后会议、外崇国信口号,与孙中山提出召开国民大会、废除不平等条约主张完全对立,孙段之间已无合作基础可言。于是,孙中山下令北上的国民党员不得在北京政府任职。刘成禺自述,接受此训,在孙去世后,返回湖北,任职师范学院。

在谈到孙中山与刘成禺关系时,还要提一下刘成禺对孙氏家属的深刻印象。在刘氏《奉题冯自由兄革命逸史三集并自题七十自传暨先总理旧德录》的诗篇中,有一首是怀念陈瑞芬夫人的,谓"望门投止宅能之,亡命何曾见细儿。只有香菱贤国姒,能飘白发说微时"。冯自由注:"横滨日本邮船会社华经理张果字能之,与总理有通家之好。陈夫人瑞芬原名香菱,曾寄居张宅一年。总理居日本及越南南洋时,陈夫人恒为往来同志洗衣供食,辛勤备至,同志称其贤。""国姒"意同国母,其评价可谓无以复加。另据刘氏在《世载堂杂忆》所刊《翠亨村获得珍贵史料》,记述了他在抗战胜利后赴中山县石岐镇,会见了陈瑞芬。陈畅谈身世及参加革命活动情形。然后,在孙氏家人陪同下,到隔田村拜会了孙中山胞姐妙茜;接着,参观了翠亨故居;又到澳门拜会了卢夫人。卢夫人对刘氏说:"在澳门居处甚适,可常与平民亲友晤言,颇足娱晚景也。"

综上所述,我们可以发现,从 1900 年至 1925 年 3 月的 25 年时间里,除了中间一段外,大部分时间孙刘彼此是交好的,在兴中会和南京临时政府成立前的同盟会时期,刘成禺以受知于孙中山,极为感奋,他著书办报,宣传孙中山思想主张，团结美洲洪门，与保皇派作战，其功实不可没。1912年至1916年间，孙刘关系的疏离乃至对立，无可否认。从护法战争开始，到孙中山1924年北上，刘成禺重新回到孙中山旗帜之下。若刘氏所记可信，则其不失为孙中山一得力干部，从孙中山指派其作为国民党"一大"代表，亦可见孙对刘氏实欲有所借重。刘成禺不赞成孙中山的联俄外交政策，似颇不理解孙中山在逆境中寻找出路之苦心，但是，他的不赞成，仅系对孙话语表达，并未如冯自由、邓泽如等之激烈反对有所行动。探讨孙中山与刘成禺的交往史，固有助于了解他们之间的交往史实，就是对近代中国历史一些问题的诠释，也是有所帮助的。

孙中山与王宠惠

1944年，重庆中国国民党党史会编辑出版《中国国民党五十周年纪念特刊》，其中收录了王宠惠《追怀总理述略》一文。1957年，王氏在台北刊行《困学斋文存》时，以同一题目发表订正文。该文前后两刊文字上颇有增删。以订正版为准，我们可以从中了解不少孙中山生平事业与王宠惠的关系。不过，即使是当事人，王氏的追怀，所记亦有不尽准确、不尽翔实之处。本文就笔者所接触到的资料，对孙王关系进行考察，以补充现行孙中山记传的欠缺。

王宠惠字亮畴，祖籍广东东莞，1881年生于香港。王氏系中国资深官员、学者，被誉为"世界当代法学权威，我国第一位大法学家"。他早年毕业于天津北洋大学法科，1901年赴日本攻读法政。1903年后留学美国、欧洲。获耶鲁大学法学博士，考取英国律师资格，当选柏林比较法学会会员。据说他将德国民法译成英文，是英美大学通行教本。他担任海牙国际法庭法官达6年之久，饮誉国际法学界。这种成功，与孙中山的支持有极大的关系。

王宠惠的父亲王煜初牧师，住所在香港荷理活道75号的道济会堂，隔邻即是雅丽氏医院附属的西医书院。1887年，孙中山在该书院习医。据王宠惠记述，当其时，孙中山在课余辄偕陈少白与王煜初相过从，"互相研讨耶稣与革命之理想，耶稣之理想为舍己救人，革命之理想为舍己救国，其牺牲小我，求谋大众福利之精神，原属一致，故二人相处，恍若志同道合"，"而王煜初之对孙之神志英爽，吐词奋发，辄叹赏之"。这是王宠惠对孙瞻识之始，王虽童年不知世事，对所言亦未尽了解，仅见其口讲指画，言论丰采，迥异于人而已。① 1895年广州重阳起义失败后，为逃避清吏缉捕，孙中山逃到广州王宅。当时王宠惠之仲兄结婚，孙前往祝贺，酒席未终，忽有官校入屋索人，

---

① 王宠惠：《追怀国父述略》，王云五等著：《我怎样认识国父孙先生》，第75页。

方错愕间,始知孙已先行离开。① 由上述记载可知,孙中山与王家关系密切,王宠惠从认识孙中山开始,即与反清革命事业有关。

从1897年8月至1903年9月,孙中山长期流亡日本,除数度短期离开日本外,主要时间是在东京、横滨居住。这段时间里,他开始注意做留学生的工作。戊戌变法失败后,梁启超流亡日本,革命、维新两派在日本均开展活动。日本人犬养毅等欲调和两派,使之合作共同反清。两派虽曾多次接触,但终因宗旨不同,不但未能弥合分歧,且斗争愈来愈尖锐。庚子以后,清廷推行新政,留学生赴日本者如过江之鲫。由于国势不振,青年学生相与谈革命事业,有沛然莫之能御之势。王宠惠在1901年抵东京留学,专攻政法问题。他在赴东京之前,先与孙中山见过面。王氏记述,毕业北洋大学后,曾到香港中国日报社,通过陈少白,见了史坚如,数日后史即遇难。旋赴沪,"居数月,东游谒国父于横滨。时尤列君与国父同居于前田桥121番地,一见握手,道前日事,悲喜交集,悲者悲志士之牺牲,喜者喜革命事业之发动也"。不久,王即留学东京。京滨之间相去不远,王宠惠与孙中山保持密切联系。

1901年春间,东京各报传出清廷将对法国割让广东。留日粤籍学生闻之大惊,王宠惠遂与冯斯栾、郑贯一、冯自由、李自重、梁仲猷等发起组织广东独立协会,主张广东独立以对抗清廷。孙中山时在横滨,对此赞助甚力。留日华侨之入会者亦大不乏人,隐然成一革命之外围组织。② 割让广东予法国之事,系属误传,该会随即也停止了活动。不过由此也可看出,留日学生与旅日华侨的反清爱国情绪,已逐渐高涨。同年5月10日,东京留日学界以"破中国之积弊,振国民之精神"为宗旨,创办了《国民报》。

《国民报》是由秦力山、戢翼翚、沈翔云、王宠惠、张继、雷奋等所筹办,内容分社论、时论、丛谈、纪事、来文、外论、译编、答问等栏目。它鼓吹民族主义,抨击清廷政治,"革命思潮,始稍稍灌输于留学界中"。孙中山支持这个刊物,曾接济其经费。③《国民报》篇末附以英文论说,由王宠惠担任。该刊出版四期后,于8月10日停刊。可以认为,《国民报》之出版,实开留学界革命新闻之先河,其功不可没。

---

① 《追怀国父述略》,同前引,第75页。另据吴相湘著《孙逸仙先生传》上册,第30页记,"幸孙先生已匿居王煜初牧师家三日",才离开广州。
② 《追怀国父述略》,同前引,第76页;冯自由著:《革命逸史》初集,第98页。
③ 陈锡祺主编:《孙中山年谱长编》上册,第268页;《革命逸史》初集,第96~98页。

1903年9月26日,孙中山离开日本赴檀香山。他在檀香山的主要活动,是批判保皇派,肃清其影响,组织中华革命军,改组《檀山新报》,与保皇派论战,扩大革命派的影响。他还加入洪门,受"洪棍(元帅)"之职。1904年3月底,赴旧金山。在旧金山,利用洪门的关系,开展多项活动,其中包括倡议致公堂总注册。在洪门大佬黄三德陪同下,6月间,孙中山从旧金山出发,东行至美国各埠继续进行注册宣传。由于运动致公堂不易收效,他将注册事委诸黄三德,自己赴纽约运动留学界及国际人士。7月上旬,他抵达纽约。在旧金山时,他结识台山籍华侨许芹牧师,经许介绍,抵纽约后住在唐人街基督教长老会教堂。然后电招留学生王宠惠、陈锦涛、薛松瀛等来晤。

王宠惠当时在耶鲁大学读书,见到孙中山之后,"为深远之谈"。他们同住在许芹宅中,经济上极为困难。孙取出从檀香山带来的名贵药材龙涎香,重约数磅,价值美金千元,让王宠惠去卖,但没有卖到好价钱,穷益甚。尽管如此,孙中山革命豪气不少挫。他考虑利用这个机会,向更多的美国人作宣传,以扩大中国革命的影响,争取美国人的支持。他的一个重要举措,是与王宠惠商同起草对外宣言《中国问题之真解决》。

1904年7月22日,孙中山致函麦克威廉士(C. E. MacWilliams),内谓:"我是洛杉矶黄三德先生的一个朋友,黄先生也是你所认识的,我和他一路从加利福尼亚旅行到纽约的。但他因事须在阿利桑那和德克萨斯之间的各处停留。我就到纽约来了。黄先生嘱我一到此间,即行与你联络,定期拜候,将我们旅行全美的目的告诉你。我到达此地不过数日,等着和你见面。何时在尊处与你会面较为适宜?一获回音,我当立即趋访。"信函发出后,孙中山到德克萨斯州等地活动。8月18日又前往圣路易。其间,他曾一度回到纽约。孙与麦克威廉士联络后,麦氏建议他撰写一篇论文发表,以供美国人了解其立场与主张。他接受了这个建议,与王宠惠共同完成了写作。

8月31日,孙中山致函麦氏称:"我在回转纽约的途中耽搁了很久,且一直很忙。因此,你要我写的文字,今晨才脱稿,现在随信寄上,俾便印刷。但在你把它付印之前,我希望你能仔细订正一遍,并以更正确的英文来改写一下。我特别请你注意最后的五页,那是完全由我自己所写。其余部分由王(宠惠)先生和我合写。如你认为出版时有加签名之必要,就请把我的姓名签上好了。我将于明晨和友人黄三德先生自本城前往以东之各处旅行。我们在各地停留,或许会在两星期后抵达纽约。"① 孙中山与麦氏以后还通过几次信,讨论包括将致公堂改称"革命军",封面用中文"革命潮"题字等。同年秋,

---

① 《孙逸仙先生传》上册,第410~411页。

《中国问题之真解决》这一册子在美印行，费用由麦氏提供，印约 1 万份，未公开发行，只是分送美国国会议员及企业界、教育界人士。这个小册子被认为是一个对外宣言，大意是说明清朝统治已不可救药，革命势在必起，希望外人不要支持清王朝。该文还批判了当时流行的"黄祸论"。它的译文后来刊在东京《革命评论》与香港《中国日报》上。

王宠惠在写作此文过程中的作用，以及此文写作、印刷过程，从上述孙中山几封函件已可明白。不过王宠惠在《追怀国父述略》中所记述此事，若谓当事人所记当应无误，则未敢必，良以事属追怀，所记难免有错，这是应予指出的。① 在纽约逗留期间，孙中山还与王宠惠讨论法律问题。因为王习法律，故常提出五权宪法问题，互相研讨，以为革命成功实施宪政之准备。② 1921 年 3 月 20 日，孙中山在广东省教育会演讲五权宪法时，回顾了这段时间他与王宠惠讨论五权宪法的情况。据说，他们足足讨论了两个星期，王说"这个五权宪法比什么都好"。但当辛亥革命成功，王学成归国后，孙中山再问他的心得时（王氏获美国法学博士后，又到英、法、德考察各国的政治宪法），王却说："五权宪法，各国都没有这个东西，这个恐怕是不能行的。"孙中山对个态度很不以为然，更令他不快的是，"我们那班同志听了他这话，以为这位法律博士说各国都没有这个东西，想来总是大不妥当，也就忽视这五权宪法了"。③ 当然这是后话，而在当时，孙中山确实是对他寄予厚望的。

孙中山曾鼓励王宠惠："养成一个享誉国际的法学家，其力量足胜十万雄兵。"④据冯自由记载，孙中山曾用革命经费支持王宠惠在欧洲留学。1908 年，孙中山居新加坡，突然收到王宠惠自欧洲来信，谓方投考某国际法学研究学院，有事需款，乃向孙求助。孙使侨商陈楚楠、张永福等筹措 1500 元汇伦敦济其急需。当时正是河口之役前后，党人之需饷项军用，急于星火。同志多以此为不急之需而啧有不满之言。孙中山以甲午之役日军击沉"高升"号，

---

① 王宠惠记："宣言虽已脱稿，而乏资付印，宠惠乃持一外国人所给予国父之介绍书，诣美国人威廉士（Williams），谓孙逸仙博士，今抵是间，君愿见否？并出示宣言书示之。威廉士见此，甚表同情，因招国父与余二人会餐，并允出资付印，俾风行焉。"（《追怀国父述略》，同前引，第 77 页）吴相湘先生指出，王宠惠《追怀国父述略》的两种版本记事，除协助孙先生撰稿一段以外，其余均有误。（《孙逸仙先生传》上册，第 428 页注文）。

② 《追怀国父述略》，同前引，第 76 页。

③ 《五权宪法》，《孙中山选集》，人民出版社 1981 年版，第 490～491 页。

④ 《王宠惠》，黄季陆主编：《革命人物志》第 1 集，台北"中央文物供应社"1959 年版，第 179 页。

遭到各国抨击,赖有日本在欧某法学家根据法律为本国辩护,使人无法置喙一事,证明法学家对国家的重要性。他认为"王君法学渊邃,且为吾党健者,吾党此时助其成功,即为将来革命政府建立之预备也"。"众闻此论,始为释然"。1928 年王宠惠赴海牙国际法庭就法官任时,经过新加坡,张永福、林义顺等设宴欢迎,张等在席间谈起 20 年前旧事,王宠惠方知有此事,称谢不已。①

1904 年 12 月,孙中山离开纽约赴伦敦,在留学生中活动,建立革命组织。在此稍后一段时间,王宠惠也到了欧洲。他在欧洲革命团体经历风波之后来到,各同学见王品学兼优,有真正学者风度,深受感动,始知埋头用功。② 孙中山与王宠惠在西欧也会见过。王在柏林留学,曾到巴黎见孙,孙要王办两件事,一为革命筹款,二为介绍留学生入会。据说王曾与法国一银行家商发债票,但未成功。至于发展会员,则需了解其人才能介绍,虽有介绍,但为数不多。孙中山在欧洲组织的团体还不能称为中国同盟会,但这批成员后来应是转成了同盟会员。王宠惠便属这种情况。但是,冯自由说,王宠惠虽与孙中山结识甚早,且为革命宣传多所尽力,并未正式加入革命党,至辛亥光复,始在广州同盟会照章程宣誓。③ 由于冯自由担任过民元稽勋局长,熟悉人事档案,故他的说法也不是没有道理的。

中国的革命形势,发展之快出人意料。1911 年秋,王宠惠回到国内,抵天津以后,武昌起义便爆发了。听到这个消息,他便急忙赴上海。沪军都督陈其美聘请王宠惠为顾问。到 12 月,南北议和会议在上海举行,南方民军代表为伍廷芳,王宠惠受派为参赞。12 月 25 日,孙中山从海外回到上海。时各省代表在南京开会,选举孙中山为中华民国临时大总统。王宠惠为广东代表之一,王还担任各省代表会议的副议长。随后,汤尔和、王宠惠、陈陶遗被派赴上海作迎孙入宁就职的代表。在南京临时政府组成时,王宠惠被任命为外交总长。王宠惠之担任临时政府外交总长,事实上经过了一番曲折。孙中山对外交总长的提名,也有自己的考虑。揭示这些关系,可以看到民初政治史复杂的一幕。

孙中山在 1912 年元旦就临时大总统职后,即制定了《修正中华民国临时政府组织大纲》。2 日,孙据此提出各部总长人选,征求各省代表会议的同

---

① 《革命逸史》初集,第 101 页。
② 见刘光谦《总理在欧洲最初倡导革命情形》等文,《中华民国开国五十年文献》第 1 编第 11 册,第 379～417 页。
③ 《革命逸史》初集,第 101 页。

意。当时提出的人选,陆军部黄兴,海军部黄钟英,外交部王宠惠,内政部宋教仁,财政部陈锦涛,司法部伍廷芳,实业部张謇,交通部汤寿潜,教育部章炳麟。在代表的谈话会上,一部分人反对宋教仁、王宠惠、章炳麟,也有人主张伍廷芳改任外交部,意见争持不下。

为了整合各派意见,孙中山与黄兴商议。黄兴提出,以宋教仁主张初组政府,须全用革命党,不用旧官僚,理由甚充足;但在今日情势之下,新旧交替,而代表会又坚持反对宋教仁主内政,不如采取部长取名、次长取实的办法,改由程德全长内政,蔡元培长教育,伍廷芳与王宠惠对调。孙中山表示,内、教两部,可同意黄兴意见,外交问题我想直接处理,伍廷芳是长者(意为老前辈),诸多不便,故用王宠惠,可以随时指示。我意甚决。要他去商量代表会,外交、司法不要变更。黄兴又与代表会开会,传达孙中山的意见。众无异议,乃开正式会,按照提出名单,投票同意,一致通过。临时政府于是得以成立。①

对于组织政府的人选问题,胡汉民也有记述。他谈到王宠惠时,说"亮畴(王宠惠字)以资格不足,欲辞。先生曰:'吾人正当破除所谓官僚资格,外交问题,吾自决之,勿怯也'"②。伍廷芳曾任驻外使臣、外务部侍郎之职,于对外交涉,经验老到,今舍伍而任王,外间未免人言啧啧。1912年1月6日孙中山在会见上海《大陆报》记者时,不得不强调建国之初立法之重要,对伍有所借重,并非失察。③ 看来这是不得已的说明,孙之本意,仍是在自己掌握外交,王宠惠不至有异同而已。

对王宠惠之任外交总长,西方的反应似较欢迎。1912年1月5日,《泰晤士报》驻京记者莫理循在给伦敦的一则通信中写道:"孙中山迄今给人们良好的印象"。"孙中山顺利地组织了内阁。昨天北京收到内阁的名单,我已向你发电报加以评述。最为出色的成员是王宠惠,过去信中曾提及此人。王已就任外交总长,此人的语言学造诣是非凡的,他通晓日、英、法、德等外文。他是广东人,但精通官话。总之,是个非凡的人物。他是耶鲁大学的民法博士,他将德国民法典译成英文,在伦敦出版并受到好评。"④这些话表明,从个人能力上、在西方的知名度上考虑,担任外长,王宠惠不是不可以接受的人。或许是忙于南北议和的活动,到1月6日,伍廷芳与王宠惠仍未就职

---

① 居正:《辛亥札记》,《辛亥革命在湖北史料选辑》,第172～173页。
② 《胡汉民自传》,《近代史资料》总45号,第56页。
③ 《孙中山全集》第二卷,第14页。
④ 骆惠敏编:《清末民初政情内幕》,第823页。

(受任)。因此,1月4日起草、5日公布的临时政府《对外宣言书》八条,是孙中山委托澳大利亚人、新闻记者端纳起草的。① 在颁布了外交原则之后,便是实施具体政策措施的问题了。

南京临时政府的外交,大体上仍是维持晚清外交的格局,承认列强与中国的条约关系。它面临的迫切问题,是希望各国承认民国政府,并希望得到国外的贷款。在武昌起义之后,驻汉口各国领事宣布承认革命军为交战团体,在官革之间保持中立。在当时,"非袁莫属"的舆论甚嚣尘上,列强指望袁世凯出山收拾残局,或由袁取代清廷统治,没有任何一个国家准备承认南京临时政府。王宠惠以外交总长身份,在1月17日、19日两次致电美国政府请求承认,但美国政府均不予置答。其他国家对中国共和政府的呼吁,同样也置若罔闻。在对外借款交涉方面,由孙中山亲自主持,主要是对日借款交涉,包括苏浙铁路借款、招商局借款与汉冶萍借款,以及不为外界所知的与三井财阀谈判的满洲借款。其中,王宠惠多少有些介入的,是汉冶萍借款。关于汉冶萍公司借款问题,非本文论列范围,这里仅拟涉及的是,王宠惠的兄长王勋任职汉冶萍上海公司商务长,当时在日本。该公司主要股东盛宣怀在武昌起义后亦逃往日本,王勋承担了盛宣怀与何天炯(南京政府在日借款代表)之间的联络人。在谈判中日合办汉冶萍过程中,该公司上海经理陈荫明也通过王宠惠介绍在南京会见过孙大总统。此项借款因遭国内各方反对而取消,王氏昆仲看来也未曾起实际作用。②

临时政府由于得不到各国承认,不能从外国得到大宗贷款,各海关收入均存入外国银行,经济来源枯竭。南方各省在南京的周围集结了大批军队,索饷之事时有发生,政府要存在下去或求发展,是十分困难的。进行南北议和,解决国家前途,是当时的最佳选择。1月12日,孙中山委任温宗尧为驻沪通商交涉使兼议和参赞,委任钮永建、汪精卫、王宠惠、胡瑛为议和参赞,意在加强南方议和代表的工作。2月12日,清帝宣布退位,南北统一在即。15日,孙中山赴明孝陵行祭告典礼。是日孙中山辞职并推荐袁世凯为临时大

---

① 端纳在1946年病逝之前,曾由他本人口述、厄尔·艾·泽勒记录整理了一部回忆录。此书于1948年由美国哈泼出版公司出版,即取名 *Donald of China* 的书,近年来中国大陆出版了几种不同版本的译本。不过因口述者对陈年旧事、具体事件、参与者似印象模糊,记录整理者又不谙中国历史,故所记不尽可信。如书中所记,王宠惠是上海开业律师,受孙指示要端纳起草此项宣言,王与温宗尧在旁查核和阅读保险箱里的文件,并帮助修改。又记宣言发表后,孙中山急电端纳,请他"尽力说服王宠惠,要他务必接受司法总长一职。中国需要他"。这些记载,大概都不太可信。

② 陈旭麓等编:《辛亥革命前后——盛宣怀档案资料选辑之一》,第230~263页。

总统,在临时参议院选举之日,大总统或须出席,王宠惠不明白孙此日祭陵之意,询之孙中山。孙回答说:"我正因此命全师而出也。今日之事,闻军中有持异议者,恐于选举之顷,有所表示,其意不愿我辞职,又不满于袁世凯也,若此案不通过,人必疑我唆使军队维持个人地位,故特举行祭告,移师城外,使勿预选举事也。"① 如此看来,孙中山在选举新的临时大总统之日祭明孝陵,实有深意在,非为狭隘种族主义之举措。

袁世凯被选为南北统一的民国临时政府大总统之后,任命唐绍仪为国务总理。3 月 29 日,孙中山与唐绍仪同赴参议院,交议国务员名单。是日到会者 38 人,选举结果,各总长中,外交陆徵祥 38 票,内务赵秉钧 30 票,陆军段祺瑞 29 票,海军刘冠雄 35 票,司法王宠惠 38 票,教育蔡元培 31 票,财政熊希龄 30 票,农林宋教仁 34 票,工商陈其美 24 票,交通梁如浩 17 票。梁如浩未获通过。王宠惠以全票当选,表示参议员对其学识能力的认可。

袁世凯掌握全国政权之后,个人独裁之欲日炽,他不容许内阁责任制的存在,乃制造种种障碍,使唐绍仪内阁无法运作。1912 年 6 月 15 日,唐氏弃职离京,17 日请假。18 日袁氏任命陆徵祥代理国务总理。王宠惠等同盟会籍阁员与首揆共进退。王氏辞职后,曾任外交部顾问,旋赴上海。他任中华民国北京临时政府第一任司法总长,实际上不及三个月。在职如此短促,自然是无法施展其在法律方面之长才了,这不能不是一件憾事。民元的王宠惠不过是三十岁刚出头的年青人,他为生活不能不谋事。在上海,他担任了中华书局英文编辑部主任。1913 年,受聘复旦大学副校长,从事法学研究。这个时候,他先后出版了《宪法刍议》、《宪法厄言》、《比较宪法》等书。他对中国民刑法之立法原则,多有贡献。②

1912 年 8 月,孙中山应袁世凯之邀,访问北京,并到华北各处参观。孙

---

① 《追怀总理述略》,同前引,第 77 页。

② 这个时期,孙中山与王宠惠可能继续讨论宪法问题。孙后来回忆,他在南京临时政府的时候,原想要参议院定出一种五权宪法,但仅立了一个三权分立的约法。除了"中华民国之主权在国民全体"外,其余并未体现他的思想。王宠惠是否参与了《临时约法》的制定,无考。王宠惠认为,五权的创制,应划分为两大问题:一是基本理论的确立,二是具体方案的拟订。前者是原则,后者为施行。但孙的全体著作中,仅阐明了有关原则,至于如何施行,则没有一语提及。王忆及孙先生曾说:"先须赞成原则,至于施行方面,尽可别想办法,不应先从办法着想,然后赞成原则。所谓先须赞成的原则,即认定原则为一种优良创制,至于实行时自可制定一种特别办法,以符原则。若为详细办法所囿,则对于原则,必难了解。"(《孙逸仙先生传》下册,第 1670 页)1928 年南京国民政府拟订《国民政府组织法》,即实行五院制,王宠惠是起草的三人之一,可见王氏后来是采纳了五权宪法的原则。

中山有志于实业建设，计划修筑二十万里铁路，以铁路为龙头，达到富国强兵目标。袁世凯乐于看到孙中山从事经济活动，乃授予孙筹划全国铁路全权，孙中山任王宠惠为他所创办的中国铁路总公司顾问。他甚至以王宠惠在铁路公司办事，不能当参议员，让伍朝枢代之。①孙在上海设办事机构，派王宠惠与英国波令有限公司（Pouting and Company, Limited）代表佛兰殊勋爵（Lord French）谈判，草定关于广州至重庆与兰州支线之铁路合同，进展顺利，连同孙中山与该代表签收各种手续在内，仅一星期时间，又无回扣等要求。后因"宋案"事起，发生"二次革命"，合同无法履行。"二次革命"失败后，孙中山亡走海外，至1916年4月底方秘密返回上海。期间有关中华革命党反袁活动，王宠惠似未与闻其事。有的记载谈到，1915年袁世凯称帝前夕，曾派人到上海，准备收买王宠惠为袁鼓吹帝制，遭到拒绝。王谓："余之笔为共和民主而写作，不能以拥护帝制受辱。"②

袁世凯妄图复辟帝制，这种倒行逆施的丑剧，遭到国人的唾弃，西南各省首先揭起护国运动的旗帜。1916年5月，广东肇庆成立"军务院"，王宠惠被任命为外交副使，在上海曾进行过一些活动。6月，袁氏病卒，副总统黎元洪就大总统位。在北京掌握实际权力的是国务总理段祺瑞，他对外推行亲日外交。日本通过西原借款，左右着北京政府的外交政策，促北京对德宣战。段祺瑞毁弃《临时约法》，"府院之争"愈演愈烈。5月23日段氏被免职，7月1日，张勋复辟发生。6日孙中山率海军南下，开展护法运动。就在这一年，王宠惠离开上海，到北京任法律编撰会会长。从1917年到1923年，除一度（192年10月）与顾维钧、施肇基作为中国政府全权代表赴华盛顿出席太平洋会议外，王宠惠一直在北京政府内任职。

孙中山当时反对对德宣战，认为此举百无一利，为此迭电北京政府与国会，图加阻止。5月6日，北京政府派王宠惠赴上海，会见孙中山及唐绍仪，疏通对德问题的意见。同时，还邀孙中山赴京。③但是，王宠惠未完成使命，孙中山致长函给段祺瑞，重申对德宣战之失策。返京之后，王宠惠仍在政府中任职，1920年改任大理院院长，兼北京法官刑法委员会会长。出席华盛顿会议返国后，于1921年12月任梁士诒内阁的司法总长。梁内阁被捏造的所

---

① 《孙中山年谱长编》上册，第752页。

② 谢瀛洲：《王宠惠先生传略》。转引自郑则民：《王宠惠》，《民国人物传》第2卷，中华书局1980年版，第140页。

③ 刘绍唐主编：《民国大事日志》，台北传记文学丛刊1963年版，第86页；《孙中山全集》第四卷，第30～32页。

谓同意胶济路向日本借款赎回，并将改为中日合办的谣言所攻倒。1922年1月25日，梁氏请假赴津，大总统徐世昌任命颜惠庆兼代理国务总理，临时内阁中，王氏仍任司法总长。同年6月11日，黎元洪入京就大总统职，命颜惠庆署国务总理。次日公布的阁员名单中，王宠惠仍长司法。8月1日，民国六年之国会在北京开会，由王家襄、吴景濂分任参、众两院议长；同日，民国八年之国会议员亦在北京开会，自称民八国会为正统。黎元洪之所依托者则为民六国会。

8月5日，北京政府改组，在总理唐绍仪未到任前暂由王宠惠（长教育）兼代。当时北京政府为直系军阀所控制。直系军阀又分保定、洛阳、天津三派，其中保（曹锟兄弟为首）、洛（吴佩孚）矛盾尤为尖锐。唐阁不为吴佩孚所喜。23日，黎元洪在内阁危机中劝王宠惠仍暂代国务总理，以维持现状，王未允。9月19日，内阁改组，王宠惠署国务总理，阁员有：外交顾维钧，内务孙丹林，财政罗文干，陆军张绍曾，海军李鼎新，司法徐谦，教育汤尔和，农商高凌霨，交通高恩洪。其中孙丹林、高恩洪二人系吴佩孚之亲信。

先是，1920年10月，援闽粤军陈炯明部攻克广州。11月底，孙中山、伍廷芳、唐绍仪等抵粤，重组军政府。翌年5月，孙中山就非常大总统职。在粤、滇、黔、赣军占领广西后，12月，孙中山在桂林组织大本营，计划北伐。实际控制广东军政大权的陈炯明主张"联省自治"，消极对待北伐。孙在1922年3月间不得不改变计划，密令各军迅速返回广东；5月，在韶关誓师，向江西进军。6月6日，孙中山发表《工兵计划宣言》，主张裁全国现有兵数之半，以为此法既行，即有不逞之徒，亦无武力以为之哗，毁法之祸，可不再作。不过此时孙、陈之间关系已极度紧张。6月16日，陈炯明部发动兵变，孙中山转移到永丰舰，坚持五十余日之后，离开广州，于8月14日抵达上海。

孙中山在经历陈炯明部兵变劫波后，最大的反应是觉悟到必须改组国民党，使国民党改造成有组织、有主义和有纪律的党。早在1921年冬，孙中山在桂林军次，已经与共产国际代表马林作过长谈，双方有了初步了解。返沪之后，孙中山即与马林及中共方面人士李大钊、林祖涵等商谈合作问题。中共经过西湖会议，大体上取得共识，作出决议，允许中共党员以个人资格参加中国国民党，但仍保持本身的组织与活动。由此，国民党走上改组阶段，获得新生。

在此期间，孙中山与段祺瑞、张作霖进行了一定程度的合作。孙段张合作，矛头所指，即是保、洛直系。不过在《工兵计划宣言》发表后，直系曹吴方面作出反应，8月21日或22日，吴佩孚代表王法勤、曹锟代表孙岳赴沪会晤孙中山。26日，曹吴致电孙中山，表示赞成"工兵计划"。曹锟还邀孙北上。9月3日,孙复电曹吴,再次强调"化兵为工之策,自信为今日救国不二法门"。又称:"军阀窃柄,尤易滥用权威,僭越非望。公等怵于民敝国艰,当与共雪斯耻,推诚共济,何难不纾?时危事棘,岂胜企祷。"①这样,在从事孙段张合作的同时,又开始孙吴共合作的活动。

孙吴共合作始终是在陈炯明不断派人前往洛阳联络的情况下进行的,双方都很难说有多大诚意。不过,联络确实在进行,其中一条渠道,是由王宠惠活动。王氏记述:"民国十一年,国父见厄于陈炯明,于是慨然哀民生之多艰,思得较有实力,而又可与共事者与谋统一之局。时北方大势在汴洛间,宠惠秉承国父之意旨,与汴洛为秘密之谋,兼藉此而阻北方援陈之举也。维时热心是役而奔走其间者,实为孙丹林君。孙君吾党同志,而为洛方所最信任之人。事骎骎成矣,卒见嫉于北方之其他势力,事洩不可行。宠惠与同谋诸人,亦几因此陷于大狱。"又谓:"当时往返密电,尚存书簏中,谨慎保存于上海寓所,直至抗日战起,上海沦陷,始遭散失。"②这则记载,道出若干人所不知的史事,如说孙丹林是"吾党同志",最为热心奔走;又如说王与洛吴为秘密之谋,是据孙中山指示行事;又说孙中山与有实力者共事与谋统一,是因为见厄于陈炯明。作为当事人,这些说法不会没有根据。只是有关的往返密电,在抗战开始后已毁于兵燹,所以写回忆录时,便缺少文字根据了。因为缺少文字根据,全凭脑力记忆,所记便未免有不实之处。不过,如果用白坚武日记去比证,对王宠惠在孙吴共联络过程中的作用,便可以清楚一些。在1922年8月至1923年1月间孙吴合作活动中,白坚武(1886—1937)是经办人。白氏与李大钊为同窗好友,与王法勤、张继则为同乡。白氏在1922年受聘为两湖巡阅使署、直鲁豫巡阅使署政务处长,替吴佩孚处理机要,接待来客。后白氏以"汉奸"罪行,1937年被冯玉祥所处决。其所遗日记一部,为治史者有价值的参考资料。③

据白氏日记,8月3日,"王宠惠代理国务总理,吴子玉去电劝驾"。16日,"复万仞千、徐季龙电,赞佩孙中山"。由此可见吴氏对孙中山的态度。20日,"张则民来电,叙孙中山迩来态度"。

在孙吴联络过程中,共产国际、苏俄方面亦不断派人赴洛阳联络,通过李大钊、白坚武、高恩洪等关系,以向各铁路局派调查员为掩护,中共在铁路开展活动,成立工会等组织。9月8日,李大钊自上海至洛阳,这是国共开

---

① 《孙中山全集》第六卷,第540~541页。
② 《追怀总理述略》,同前引,第78页。
③ 《白坚武日记》。本文所引为上册各年月日,不逐一注出。

始合作后的事。11 日，李回京。在洛，与白等"共谈南北政情。人事之短长得失大略"。11 日"徐季龙寄复吴公一函，吴公嘱代拟一函，并叙明工兵之必要，如有所就，必以中山总其成"。孙吴共合作，由此叙入正题。

9 月 23 日，白氏"电李守常托张则民事，嘱向王亮畴、罗文干说项"。28 日，孙洪伊（伯兰）介绍张溥泉（继）到洛阳。所谈不详。10 月 6 日，白氏记："徐季龙昨日来洛洽商政情，今日过汴往东。"徐季龙即徐谦，为孙中山在北方的政治联络人。9 日，"孙中山代表张溥泉及王励斋（法勤）、李守常来洛。张与吴将军握谈颇欢洽"。双十日，白氏陪张、李等游关陵、龙门、香山等处。11 日，"张溥泉今日言归，吴子玉将军复函答孙中山，以共同忠于民国相勉，勿与卖国党、匪党邻近。溥泉电孙中山意大略亦同"。同日，白氏"偕吴巡使、李参谋长（济臣）送张溥泉、王励斋、李守常、项子和至金谷园车站握别"。12 日，"吴子玉将军本其推戴孙、段数语进谏曹巡使缓办选举，忠诚耿耿，仁至义尽"。

从上述记载看，孙中山方面先后派出多人赴洛，已有相当成效，吴佩孚已表示推戴孙、段，反对曹锟通过选举上台。当时保、津派积极运动倒阁，16 日，白氏记，"余电王阁诸长努力；吴巡使亦电孙汉忱、高定庵、王亮畴负责任重，勿萌退志"。23 日，王宠惠电谢吴、白维持之盛意。王氏此时自顾不暇，电中似未及孙吴合作之事。至 30 日，白坚武称："孙伯兰昨夕有电，道孙吴欢洽，进谋建设事，并商榷约张溥泉到京。复电照办。然闽事之起，实有中山自造障碍，予陈竞存以联合北派之机会，此所谓不明事情者也。"按闽事指 10 月 17 日孙部许崇智偕段部徐树铮、王永泉入福州事，因闽省长问题，许、徐发生龃龉，道路谣诼纷传，故白氏有此记述。

11 月 19 日，众议院院长吴景濂、副议长张伯烈借口财政总长罗文干在对粤借款中有舞弊行为，丧权辱国，盗用众议院关防，请大总统黎元洪下令逮捕。黎即令步军统领、警察总监拘罗文干到法庭。由此政潮，导致王阁倒台。这个所谓"好人政府"① 是靠吴佩孚支持的。它的倒台，除了国会中吴景濂这批人要做政治买卖进行捣乱之外，便是王宠惠与吴佩孚的关系，尤其是王氏暗中拉拢孙吴合作，引起津保方面的不满。黎元洪下令拘捕总长是违法的，

---

① 1922 年 5 月 14 日，《努力》周报刊登了《我们的政治主张》一文。该文由胡适执笔，王宠惠、罗文干、汤尔和、蔡元培、陶行知、李大钊等十六人签名，文章提出组织"宪政的政府"，实行"有计划的政治"。认为只要有若干"好人"出来组织政府，中国是可以走向富强的。由于签名者有王、罗、汤三人入阁，并由王署总理，故王阁被称为"好人内阁"。

洛吴也曾经强烈反对，但在直系内部津保方面旗鼓相当，如果坚持反对，可能会造成洛吴与津保派的分裂，这是不利于洛吴的，所以过了几天，洛吴的态度也就软化了。29日，汪大燮署国务总理，王阁垮台。随后张绍曾被提名为总理人选，得到津保派的支持。张氏与吴佩孚为儿女亲家，无异议。这样，王宠惠想利用其在中央的地位以促成孙吴合作，便不可能了。①

1923年1月4日，张就总理职。6日，孙中山的代表徐绍桢抵洛阳，仍图合作。15日，讨陈粤军开入广州，陈炯明退往惠州。25日，孙中山复电王宠惠、徐谦，要他们转达张绍曾、吴佩孚，仍主以化兵为工，进行和平统一。同日，孙分别委任在粤各师旅长，此时，桂军首领、高州人沈鸿英亦抵广州。26日，沈在江防司令部发动兵变。31日，吴佩孚严促张绍曾发表沈鸿英督粤命令，意在孙中山返粤之前由非孙派军人控制广东。在"二七"惨案发生后，孙中山与吴佩孚合作活动结束。2月22日，孙对记者表示，"余与张、段之三角联盟，现进展甚顺利，当以之制吴佩孚"。

1923年2月17日，孙中山由上海赴广州，21日抵达。他返粤后，积极筹组陆海军大元帅大本营，续行大元帅职权。北京政府总理张绍曾以和平统一相标榜，但在吴曹的压力下，于20日发表沈鸿英督粤、孙传芳督闽的任命。但此举与和平统一政策相违背，且将不为孙中山所谅解，乃以内阁全体名义，派王宠惠、杨天骥携函赴粤，劝孙中山取消大元帅名义，离粤北上。

王宠惠在1921年9月被海牙国际法庭推举为法官，一直未能赴任。他既不在北京政府任职，便准备赴海牙履新。张绍曾以王与孙中山私交甚笃，南下必往拜晤，乃托他带信给孙。王再三推辞。但黎元洪、张绍曾一再敦请，遂答应以私人身份代送信函，不接受北京政府任何名义与任务。王与杨天骥在4月初抵上海后，曾与胡汉民、徐谦等交换意见。胡、徐请终止军事行动，但此要求不为北京政府所接受。18日王、杨动身赴粤，25日抵广州。王等面递张绍曾以全体阁员名义发出之信函。孙中山以王宠惠为旧日同志，厚加款待。惟对北京内阁要求，则认为张绍曾等毫无诚意。② 这种判断与对策是对

---

① 邹鲁著《中国国民党史稿》载，王宠惠"与谢持、邹鲁磋商，欲使吴佩孚信服总理主义"（第1065页）。若此说可信，则王宠惠所记"秉承总理意旨"之说，主动者便成了问题。

② 《中华民国史事纪要》，见罗刚编著：《中华民国国父实录》第六册，第4292～4293页。《追怀国父述略》记："明年，宠惠将出席海牙国际法庭，道出香港，廖仲恺君衔命来召，乃至广州，与国父讨论时局，得与闻工兵政策，及统一救国计划，谈论竟日，不厌綦详，诚以分裂之势已伏，非精诚统一无以挽救也。"此项记述未提及捎信之事，恐系日久淡忘。

的。孙中山当然知道,张绍曾本人并无实力,他的内阁不过是军阀政客卵翼下的虚弱权力机构,它提不出任何解决国是的方针,故不必予以重视。相反,孙中山第三次开府广州,已不再提护法口号,而是开展国民革命运动,进行反帝反军阀斗争,中国革命进入了一个新阶段。而其锋芒所指,首先便是支持张内阁的曹吴直系武人,关于这一点,孙中山已正式表态过了。须知,王宠惠这次与孙中山会晤,是他们三十余年交往中的最后一次。从现在可以查到的资料,此后未再有他们之间来往的函电。1925 年孙中山去世后,王宠惠大部分时间是任职国民政府,从这一点可说明,从思想上、政治理念上来看,他是服膺于三民主义、五权宪法的,可称之为孙中山坚定的信徒。

上述有关孙王交往,仅是见诸历史材料的部分,对他们的全部交往来说,不可能是全面的。不过就这些资料来看,对研究中国民主革命或孙中山生平事业,无疑均是不可缺略的。在他们的关系中,王宠惠并不是可有可无的角色。他们相互支持、合作,彼此信赖,王宠惠在法学方面的造诣,对中国法学的贡献,可以说不负孙中山当年的期许。从政后的王宠惠成为学者型的官僚①,并无特殊政绩可言。不过他放弃了西方的三权分立理论,服膺孙中山的五权宪法主张,可以认为是秉乎孙中山之教,行乎孙中山之愿,心之所安,精神所寄,始终如一的结果。②

---

① 据桂崇基记述:"梁大鹏在台任政治大学教授,以与王宠惠同乡,常往谒见,久之无语不谈。一次大鹏问王宠惠做官有何要诀。王答:必须无个人意见,无个人政策。查王宠惠自民元南京临时政府,以后,历任南北各政府官职,均官运亨通,飞黄腾达,不问政局如何变动,均能厕身其间,担任重要职务。任司法院院长后,凡遇当局有重大措施,均由其与王世杰二人以专家身份代为解说,故时人称二人为官方专家。"(桂崇基:《中国现代史资料拾遗》,台湾中华书局 1989 年版,第 936 页)

② 王宠惠认为,孙中山性格、行事,令人感佩处有三点,一为百折不挠,二为大公无我,三为至诚感人。(《追怀国父述略》,同前引,第 78 页)

孙中山与杨崇伊父子

孙中山与杨崇伊、杨圻父子，从未见面，亦无交往，可说是毫无关系的人。但是，作为革命家的孙中山，在从事其反清斗争过程，又在毫不知情的状态下，先后成为杨氏父子注意的人物，事实上曾经有过重要的关系。本文拟就此问题，作一概括介绍。

杨崇伊字莘伯，光绪间任广西道监察御史。其子杨圻字云史，系李经方女婿，于李鸿章为孙女婿。邓之诚在《骨董琐记全编》中记杨氏其人，称"崇伊常熟人，光绪庚辰翰林，于翁同龢在戚谊，而与李经方为儿女亲家。翁、李生嫌，崇伊往来两家无间。其人实倾危嗜利，人皆畏之"[①]。杨崇伊在清末政坛中原本属于不足道的角色，但他在甲午战争以后，追随李鸿章，反对与李在政治上有嫌隙的人，被认为属于李党，[②]乃逐渐成为各方注意的人物。

清廷在1898年6月11日下诏更新国是，变法自强。变法举措从一开始就受到以西太后为首的顽固守旧势力的阻挠、抵制。变法诏令颁布后，变法与反变法两派势力斗争日趋剧烈。6月15日，协办大学士、总署大臣、户部尚书翁同龢被开缺（随后逐回原籍），朝命荣禄督直。9月4日，礼部满汉六堂官被罢斥。5日，光绪任命杨锐等四人在军机章京上行走，参预新政事宜。7日，李鸿章罢值总署。这时各方反对变法的人物纷纷赴天津与荣禄商议推翻变法局面，其中便有杨崇伊。9月18日（八月初三日），杨崇伊上疏请太后

---

① 邓之诚著：《骨董琐记全编》，北京出版社1996年版，第617～618页。
② 甲午战争以后，李鸿章受言官交章疏弹，杨崇伊曾为之访查弹劾之人，并开列清单。杨还上折攻击京师强学会与强学书院，使之被封禁。1896年又参劾翰林院侍读学士文廷式，使之被罢斥。

训政。①

杨崇伊在 9 月 18 日的上疏固然表达了他反对变法的政治态度，实际上也反映了清廷顽固保守势力维护旧的统治秩序的心愿。该上疏要求西太后"即日训政，以遏乱萌"，据称是"大同学会蛊惑士心，紊乱朝局，引用东人，深恐贻祸宗社"。他从攻击文廷式在甲午之役昌言用兵，遂至割地赔款开始，直至揭露文氏"又创大同学会，外奉广东叛民孙文为主，内奉康有为为主，得黄遵宪、陈三立标榜之力，先在湖南省城开讲，抚臣陈宝箴倾信崇奉，专以讪谤朝廷为事"。接着又抨击本年会试以来，康有为等在京讲学，"将以煽动天下之士心"，又说"不知何缘，引入内廷，两月以来变更成法，斥逐老成，藉口言路之开，以位置党羽。风闻东洋故相伊藤博文，即日到京，将专政柄"，"伊藤果用，则祖宗所传之天下，不啻拱手让人"。② 这就是要求西太后即日训政，密拿、严办叛逆的理由。

若将文廷式的活动与孙中山联系起来，实在是过于牵强，其所以如此提

---

① 关于杨崇伊上疏事，知情者之一江西人蔡金台在 1898 年 11 月 6 日致李盛铎函中说到："自七月下旬，即得至确之耗于云中，且属为之谋参奏。以告再芸，不之信。且行急无暇，间语问刍，则问刍已数言于清河，已拟发矣。而庆邸言宫中固无恙，遂复止。乃转以属之杨莘伯。盖惜足下之不与也。会袁世凯来，而谭嗣同说以调兵，入见语亦云然。袁乃密白略园，电庆邸达之，而杨莘伯乃手训政疏叩庆邸，俱赴湖呈递。时慈意以为此等大政，必有联章，乃成规模，且须大臣言之。莘伯乃告其师王仁和。仁和以书戒之，有'无牵帅老夫'语。莘伯以已成骑虎，不能甘休。且警信日至，谓断发改衣冠，即在指日。而孙文党羽云聚辇下及津沽，势且猝发，不得已独冲入告。"（《骨董琐记全编》，第 602 页）按函中所指再芸系华晖，问刍系刘学询，清河系张荫桓，略国系荣禄，庆邸系奕劻，仁和系王文韶，孙文即孙中山。唯云中为谁，待考。

张尔田（孟劬）记杨崇伊上疏事则说："杨崇伊为御史，值戊戌新政，密草一疏，请太后训政。面谒庆亲王，求代奏。庆王有难色，崇伊曰：'王爷不代奏亦可，但这并非御史的意思。'拂衣便行。庆王急拉之回，曰：'我与你代奏，但你必须同去。'崇伊曰：'那是自然。'遂同至颐和园。庆王命崇伊俟于外，独自入对，递上崇伊折。太后阅毕大怒，曰：'这是国家大事，杨崇伊小臣，安敢妄言？须严办。'庆王叩头。太后徐曰：'这是国家大事，你们都是近支亲王，也应商量商量。你的意下如何？'庆王唯唯。太后曰：'既是你们意见相同，我今日便回宫。'庆王退下，谓崇伊曰：'事情完了，你去罢。'太后既训政，一日召见崇伊，谓之曰：'你是于国家有功之人。'崇伊叩头谢恩。然亦终不大用。"（同上引，第 617 页）从以上资料，可知杨崇伊上疏，发纵指使的是荣禄，经庆王呈递，而与当时卸任总署大臣的李鸿章无涉。即康有为也说："御史杨崇伊，亦荣党也，草折请训政，出示荣禄，荣禄许之，令杨崇伊持折见庆邸而面商之，庆邸与李联〔莲〕英皆跪请西后请训政。"（《康南海自编年谱》，中华书局 1992 年版，第 58 页）。

② 《掌广西道监察御史杨崇伊折》，国家档案局明清档案馆编：《戊戌变法档案史料》，中华书局 1958 年版，第 461 页。

出，是因孙中山为"叛民"，当然是绝对必须镇压的，故文廷式罪在不赦，而现在又扯上变法，且援引日本前首相伊藤来华，欲授予政柄，形势岌岌，非太后重新即日训政不可了。

从 1898 年孙中山的活动来看，他抵日本未久，与国内尚无直接联系。戊戌变法期间日本浪人宫崎寅藏、平山周来华，也是由日本外务省提供经费、犬养毅直接派遣的，与孙中山无涉。文廷式与孙中山接触，是 1900 年春的事。那么，杨崇伊从什么渠道知道有孙中山其人的呢？笔者认为，极有可能是刘学询提供的信息。据张荫桓《戊戌日记》六月二十七日（8 月 14 日）所记提到，"刘问刍自沪来"；七月初二日（8 月 18 日）又记，"晡后约李木斋、刘问刍晚饭，藉可畅谈"。①当时李盛铎、刘学询、华晖、蔡金台等人颇有过从，他们趣味相投，谈论到孙中山，是极有可能的。而刘学询与闻了 1895 年广州起义，与孙中山是熟人，也只有他能提供孙中山的情况。杨崇伊为耸动视听，也就将孙中山的事与变法扯上了。不仅如此，在八月二十八日（10 月 13 日）杨崇伊所上《为乱党虽平，慎防后患》的密折中，更是将孙中山指为"祸机"之首。

据杨崇伊八月二十八日的密折称："窃康逆为孙文羽翼。孙文勾引东人及各会匪，九月在津作乱，东人欲乘其利，而将信将疑，因使伊藤亲来察看。""东人也，孙文也，康逆也，互相为用，亦各争先着。""祸机一发，各国环集，时日后先，间不容发。"今虽已训政，"然而孙文尚在，祸机犹未已也"。杨崇伊又称："臣闻孙文定三策，第一策踞广州，炸药已运入省城，绅士刘学询发其奸，遂亡命于东洋，此乙未秋间事。若李瀚章在粤，孙文必然就擒，无今日之祸矣。今日之祸为第二策，设非皇太后圣谟密运，立破奸谋，大局何堪设想。二策不行，将行三策，则勾结长江上下三合会、三点会、哥老会诸匪，与西人为仇，激成教案，以困朝廷。使广西军，分窜广东、湖南、贵州，专为流寇以扰大局。广西杨衢云一支，即孙文悍党"，"杨衢云待时而动，尚在天平山内，故抚臣不以为意"。"湖南、贵州、广东，毗连广西，亟需知兵大员，预为布置，庶可遏其分窜之路。杨衢云军火饷项，仰给于孙文，断其接济，遏其分窜，而临以重兵，孤军不久自溃。康、梁避迹，必依孙文，此人不除，中华无安枕之日。"因此，他建议："现当二策初破，三策未行之际，亟应设法密图，幸而有机可乘，有人可用，请允臣等相机办理。"②

上述密折中所谈及的孙文反清三策，多属传说成分。第一策已是历史；

---

① 《张樵野戊戌日记》，《广州师院学报》1988 年第 2 期，第 93、94 页。
② 《掌广西道监察御史杨崇伊折》，同前引，第 480、481 页。

但广州重阳起义未能成功，不一定是刘学询揭发的结果。第二策，对孙中山来说，是子虚乌有之事，杨衢云此时尚在南非，并未在广西山中潜伏待机；孙康亦未共谋。杨崇伊为何知道孙中山计划与长江会党合作呢？这是桩1899年之后才酝酿的事。在1898年，它可能还是一个编造的谎言。两年以后的活动，不过是不幸而言中罢了；而该密折中提到的发动会党以引起"教案"的说法，征诸历史，决不是孙中山的计划。

值得注意的是，该密折提出应"设法密图，幸而有机可乘"，"请允臣等相机办理"的问题。这几句话，恐有深意在。杨崇伊认为康梁避迹，必依孙文，此人不除，中华无安枕之日，这是说要"除孙"。但是，这个"除孙"的计划，很快便被"除康"计划所取代。在孙、康二人中，比较起来，还是康有为更重要，因为康有为等人的计划，直接威胁西太后的个人权位。所以，到戊戌年十月初六（月19日），便有"知府衔刘学询、员外郎庆宽，均着自备资斧亲历外洋内地考察商务"的廷谕。①刘学询之被派遣赴日本，是因为"自认能除康"，由刚毅（协办大学士）推荐给庆亲王奕劻。汪大燮在一封信中披露："刘学询诡言见日君，实仅与小田切谋之，借小田（切）来，欲以行其诳，云日君嘱致意联盟，保东方，实无其事，而因杨崇伊达某邸，某邸然之，欲令赍礼物诣东莅盟。某相察其妄，事遂败。迩日劾杨、刘者，纷纷盈箧矣。"② 看来，不论"除孙"或"除康"，都与刘学询、杨崇伊有关。这位小田切，即日本驻沪总领事小田切万寿之助，刘、庆访日，便是由他一手安排的。刘学询1898年8月抵日时，康有为已离开了日本，他未执行也不可能执行除康任务。但刘学询此行与孙中山曾数度密晤，此举既在孙康之间拟议的合作中制造了矛盾，也为1900年孙中山与李鸿章合作计划埋下了伏线。与此相配合，是驻日公使李盛铎劝说孙中山归顺朝廷。此事未能成功，但说明杨崇伊等人"相机办理"，已采取了实际行动，不过，它是一厢情愿，未能奏效。

杨崇伊对孙中山深切痛恨，声言"此人不除，中华无安枕之日"，应当说，对清王朝而言，确实如此。不过，谈到他的儿子杨云史（圻），其任官之际则因为时移势易，态度便发生了巨变，有人要执行"除孙"计划，而杨云史则是加以劝阻了。

张元济在《戊戌政变的回忆》中说，惨杀六君子时，"杨崇伊儿子也是通

---

① 《清光绪朝东华录》第四册，中华书局1984年版，总4258页。1899年6月1日（己亥四月二十三日）又颁一上谕，刘学询升为二品衔道员，与庆宽一同赴日。

② 《汪康年师友书札》，（一），第802～803、808页。

艺学堂学生，他跑来告诉我，看他面有喜色，不知是何居心"①。这个时候的杨云史高兴地看到政变发生，大概是实际情况。杨云史后来考进士不第，纳粟为郎中，任职邮传部，1907年，外放驻新加坡副领事。②一直到武昌起义后，他才辞职返国。据陆丹林记述，杨在任职新加坡期间，曾做过一件事，被认为是对孙中山维护备至，说确切一点，是使孙中山脱离危险的"主动人"。陆丹林所记事发的经过如下：

"那时候总理（按：指孙中山，下同）在星嘉坡（按：即新加坡）从事排满运动，清廷就密令两广总督派遣凶手到星，伺机行刺。这个凶手抵步〔星〕后，先去拜访杨云史，并因总理寓所与领事署毗邻，凶手就住在领（事）署，准备随时乘机下手。孰料这个阴谋，给杨觉察。感到这样危险事故，一旦发作，固然中国政治上失了一个领导改革者。即退一步说，对于本身在居留政府下容纳凶手，更有不便。于是他就约了凶手在密室晓谕一番。最后几句话，便是万一事故发生，你也无法逃脱，我也不能够卸除唆使纵容知情等罪名。况且孙某，与你无冤无仇，又何必干此损人而不利己的事呢？若果为了报销起见，你即在此另谋工作不必返国。我也可以安插你在我经营的果园做事。这一番话，凶手细想之下，俛首无词，以为当领事的都不赞成，为什么要去干那杀人的行为呢？因此，也就立刻停止了行刺总理的行动了。事后，杨并暗中通知田桐转知总理，出入当心，免给奸徒行凶。但其自己因属清廷官吏，职责关系，始终没有和总理会过一面。"③

上述这段轶事，是杨云史在香港亲口对陆丹林说的，所言当是不虚。有关杨云史所说可以安排清吏所派之人在不执行任务之后在自己经营的果园做事的话，也是有根据的。据陈灞一在《杨云史先生家传》中所记，杨曾在马来亚种植橡胶树达三千亩之多，此说之果园，应即是橡胶园。无论如何，行刺孙中山之计划是被化解了。按此事之准确日期无法弄清，当是在1909年5月19日孙中山离开新加坡赴欧洲并将同盟会南洋支部迁出新加坡之前，因此后他便不在该埠长住了。

对于这段往事，日后国民党人似未忘记。据说，"七七"事变发生后，杨云史从北平迁往香港，他的生活费，都由南京（及重庆）政府指定人员按月

---

① 《张元济诗文》，商务印书馆1986年版，第232～237页。
② 关于杨云史出身，可参见陈灞一《杨云史先生家传》及钱仲联编《近代诗钞》（三）所收杨云史诗的题解。杨著被编为《江山万里楼诗词集》。他在20世纪20年代初任吴佩孚幕府的秘书长时，曾陪康有为在河南旅游，康应所求为《江山万里楼词》稿作序，该序见于《康南海自编年谱·续》。
③ 陆丹林：《革命史谭》，《近代稗海》第一辑，第652～653页。

致送，直到他去世为止。这种特殊的救济费，是念他过去的功劳而作的相当报酬吧。反过来说，杨云史也知恩报德。由于杨云史长期掌吴佩孚记室，宾主甚得（杨曾致函其妻云：三年择妇而得君，十年择主而得吴）。故杨居港后，仍念念不忘故主；抗战军兴，曾遣爱妾狄美男，间关携书至北平，劝阻吴佩孚出任日伪傀儡。未几杨卒于香港。这个举动固然出于杨云史的爱国情操，但也是为南京国民政府帮忙，追溯源头，是杨云史保护孙中山一事的结果。从极力主张"除孙"，转变为诚意"护孙"，父子政见大异其趣。杨崇伊父子与孙中山的关系，大致如此。

是非蜀洛待澄清
——孙中山章士钊关系初探

在孙中山生前的故旧中，章士钊（行严）是值得重视的一位人物。孙中山去世后，章氏撰写了一副挽联致唁："景行有二十余年，著录纪兴中，掩迹郑洪题字大；立义以三五为号，生平无党籍，追怀蜀洛①泪痕多。"诠释联语内涵，便是对孙、章20余年关系的回顾，而回顾这段交往史，对于加深认识孙中山革命的行谊，无疑也是有帮助的。

1992年，笔者曾在《孙中山研究论丛》第9辑上发表过一篇题为《孙中山与国内上层知识分子——以汪康年资料为中心》的文章，其中已部分介绍过孙中山与章士钊的关系，但因受论述范围所限，在该文中仅是以小量篇幅谈及辛亥革命前的一些情况。本文拟就笔者所了解到的资料，对20余年间孙、章交往的经纬，作较为完整的叙述。

章士钊（1881—1973）是湖南善化（今长沙市）人。1901年，章氏寄读于武昌两湖书院，与黄兴结识。次年就读南京陆师学堂，后进上海爱国学社。1903年，因拒法、拒俄运动兴起，国人的爱国情绪急剧高涨。是年，章士钊与章太炎、邹容意气相投，遂结为异姓兄弟。章士钊自幼即颇有文名，1903年，他被同乡陈梦坡聘为《苏报》主笔。《苏报》原系日本人办的一家小报，因不善经营，大为折阅，被陈梦坡买收后，继续营业。章氏任主笔后，在5月1日刊出《论中国当道者皆革命党》一文，后来一日一论，并陆续刊出章太炎的《驳康有为论革命书》及邹容的《革命军》，"一切尽情挥洒，以迄于亡"。②这便是轰动遐迩的"苏报案"。其时，章氏不过是22岁的热血青年。正是在这个时候，他成为中国革命青年中第一位宣传孙中山革命事业的人。

先是，1895年广州重阳起义失败后，孙中山亡走海外。次年在伦敦被难，

---

① 蜀、洛，指北宋两大学术流派、政治集团。宋元祐间，以苏轼、吕陶为首的蜀党与二程（程颢、程颐）为首的洛党均反对王安石新法；但苏氏与二程交恶，两党互相攻击，势同水火。

② 章行严：《苏报案始末记叙》，中国史学会主编：《辛亥革命》（一），第388页。

获释后为传媒广泛报导，使他成为一名重要的国事犯。1897年秋，他东返，途经日本，认识宫崎滔天、平山周、犬养毅等日本人，经过一番活动，获准在日本居留。在日本人帮助下，他曾支持过菲律宾独立军，并在1900年发动惠州起义。数年之间，东亚风云变幻，孙中山登高一呼，四方响应，其言行踪迹，极富传奇色彩。1902年，宫崎滔天根据自身活动，结合孙中山的革命活动，写成《三十三年之梦》一书。这本书也流布到了中国，章士钊将它"择要迻录"，取名为《孙逸仙》。

章士钊是如何对孙中山产生兴趣而迻译《三十三年之梦》的呢？章氏称，"吾之所知于先生，较之秦力山所谓海贼孙汶，不多几许。一日，吾在湖北王侃叔（慕陶）许，见先生所作手札，长至数百言，用日本美浓卷纸写，字迹雄伟，吾甚骇异。由此不敢仅以草泽英雄视先生，而起心悦诚服之意"。又称，"吾既因王侃叔而知先生之抱负与方略，复求得滔天先一年壬寅所发行之新著作，本其一知半解之日文知识（吾曾在江南陆师学堂习日文），择要迻录，成此短书。一时风行天下，人人争看，竟成鼓吹革命之有力著述，大出意外"。据同一记载所述，是章氏本人第一次将孙文的姓与其日本化名之中山樵二者联缀在一起，称作孙中山。王侃叔对此极不以为然，但用起来之后，居然约定俗成，不但世人通用，连孙自己也默认了。①

王侃叔是通过何种渠道与孙中山联系上的，未见记述。② 但孙中山致王侃叔函件给章士钊的印象是极为深刻的，它对章氏之决心将孙中山介绍给处于大变革前夕的中国人民，显然有重大作用。章氏在《孙逸仙》的译者自序中强调，"孙逸仙者，近今谈革命者之初祖，实行革命者之北辰，此有耳目者所同认。""孙逸仙者，非一氏之私号，乃新中国新发现之名词也。有孙逸仙，而中国始可为，则孙逸仙者，实中国过渡虚悬无薄之隐针。天相中国，则孙逸仙之一怪物，不可以不出世。即无今之孙逸仙，吾知今之孙逸仙之景与罔两，亦必照此幽幽之鬼域也。"又指出，"谈兴中国者，不可脱离孙逸仙三字。"章氏还请章太炎作序。章太炎题序称："索虏昌狂泯禹绩，有赤帝子断其嗌，掩迹郑洪为民辟，四百兆人视兹册。"秦力山（巩黄）在序中回忆说，"四年前，吾人意中之孙文，不过广州湾之一海贼也，而岂知有如宫崎之所云

---

① 章士钊：《疏〈黄帝魂〉》，《辛亥革命回忆录》第一集，第243页。

② 1898年1月，汪康年、曾广铨曾经赴日本东京与孙中山会晤，此举引起梁启超等维新派部分人士不满；在《汪康年师友书札》中，保存了数十封王侃叔致汪氏函件，由此似可推测，王与孙通函，有可能是通过汪康年搭的线。按王侃叔名慕陶，湖北宜昌人，曾任民政部额外委员，1900年，因唐才常案被捕，年余后获释。1905年，充驻日本使馆三等参赞。嗣任驻比利时使馆随员。与汪康年来往密切，曾倡设远东通讯社。

云者","孙君乃于吾国腐败尚未暴露之甲午乙未以前,不惜其头颅性命,而虎啸于东南重立之都会广州府,在当时莫不以为狂。而自今思之,举国熙熙皞皞,醉生梦死,彼独以一人图祖国之光复,担人种之竞争,且欲发现人权公理于东洋专制世界,得非天诱其衷天锡之勇者乎"。又说,"吾曾欲著此书,而以三年来与孙君有识,人将以我为标榜也,复罢之。今读中黄之书,与吾眼中耳中之孙逸仙,其神靡不毕肖,喜而为之序"。① 上述诸人在序言中揄扬孙中山,为孙在国人心目中树立了正面形象,是继 1899 年长江流域革命党人拥孙为革命"中峰"、"大英豪"之后对大革命家孙逸仙广泛进行的宣传。其时随着国内推行新政,青年学生纷纷留东,《孙逸仙》一书的出版,恰好为这批有志青年寻求新路作了引导。② 前引挽联所谓"著录纪兴中,掩迹郑洪题字大",即是此意,记录大革命家孙逸仙领导兴中会,其事业比诸郑成功、洪秀全,彰明较著,尤有过之,是章氏自叙其在宣传孙中山历史地位与作用之功,亦不可没。

"高山仰止,景行行止,虽不能至,心向往之"。章士钊自称对孙"景行有 20 余年",说浅白一点,是倾心追随革命 20 余年的意思。孙中山从 1895 年领导广州起义,至 1925 年去世,大致是致力于民主革命 30 年。章氏若从 1900 年左右听说有孙文其人,至 1903 年迻译《孙逸仙》,景行有 20 余年之说,大体上是孙从事民主革命中前期的这段时间。至少在这 20 余年的前半段,"景行"之说,尚属可信。

1903 年 7 月《苏报》被封后,章士钊与陈独秀、张继等人又先后创刊《国民日报》,建立东大陆图书译印局,还出版了《苏报纪事》、《沈荩》等小册子,宣传革命。同年,章氏协助黄兴筹设华兴会。该会成立后,计划于 1904 年 11 月 16 日在长沙发动起义,事泄,未发动即告失败。在 11 月的上海万福华谋刺前桂抚王之春事件中,章士钊涉嫌被捕,旋获保释,即东走日本。

章士钊无疑是中国民主革命的积极参与者,不过他坚决拒绝加入中国同盟会。关于此事原委,他本人有较详细的解释。据称,"吾抵东京,寓牛込区若宫町二十七番地。未久,克强移来同居。适中山孙先生由横滨携小行囊,独来东京,旨在合留学生,议起大事。而留学生时以杨度为有名,彼寓富士见町,门庭广大,足以容客。于是中山与杨,聚议三日夜不歇,满汉中外,

---

① 以上所引,见《辛亥革命》(一),第 90、91 页。
② 秦力山在联络留东学生与孙中山交往方面所起作用,颇为重要。章太炎说:"孙公之在东国,羽翮未具,力山独先与游,自尔群士辐凑,岁逾百人,同盟会之立,斯实为维首焉。"(《秦力山传》,《章太炎全集》(五),上海人民出版社 1985 年版,第 185 页)

靡不备论；革保利病，畅言无隐。卒乃杨曰：'度服先生高论；然投身宪政久，难骤改，橐鞭随公，窃愧未能。度有同里友曰黄兴，当今奇男子也，辅公无疑，请得介见。'（中略）中山喜。翌日，吾若宫町宅，有先生足迹见临。克强与吾，皆初见先生。吾昨岁草《孙逸仙》册子，以前知尤相契合。楼下席广窗明，主客失次，三人或蹲或卧，按地图，议天下大事，殊未易一二数。俄而集留学生，为大会盟之议起。先生辩才无碍，指挥若定，吾徒倾心折服，难以形容。"孙中山与黄兴初识，介绍者为谁，容有他说；不过孙黄曾假章寓议事，当系事实。孙黄会见对中国革命运动来说，是一件大事，由此而有革命势力的联合，即所谓收联络之功有一泻千里之势。

按理说，章士钊是会趁热打铁，加入同盟会，并在其中发挥重要作用的，其实不然。为何如此？他说："上海之新败也，吾才短力脆，躁妄致敌，潜怀我杀伯仁之惧，兼蓄愿为周处之思；加以未达壮年，了无学殖，人众茫然无主，事到不知所裁，眼前失机犹小，将来误事必大；愿假数年之力，隐消大过之媒，际兹大党初建，应以分工为务，量其才力，资其性分，缓急文武，各任所宜。"这层意思并不难明白，即是明知知识历练不足，应趁年轻充实自己。他进而申明，大部分人去从事革命实践，小部分人向学业方面努力："吾于焉发议，本党大队趋重实行，小队容其攻苦，审时度势，或庶几焉"。但是，"孙、黄二公，不允所请"。彼此各自坚持，孙黄还托章太炎、孙毓筠游说，要其莅盟，但不起作用。最后黄兴还是满足了他的要求，听其自择。不过，他的未婚妻吴弱男却参加了同盟会，故对章氏有"赔了夫人又折兵"之讥。然而他颇为自得："当同盟会旗鼓大张之时，正鄙人闭户自精之候。"①1907 年，章吴二人联袂赴英留学，迄 1911 年武昌起义爆发后，才返回国内，与黄兴相晤。

章氏在英留学五年，其间写了许多论政文章寄京沪各报，据说宋教仁为

---

① 章士钊：《与黄克强相交始末》，《辛亥革命回忆录》第二集，第 142 页。数十年后，章士钊之女章含之在《我与父亲章士钊》一文中写道：1905 年春，父亲流亡到日本。"在东京，父亲与挚友黄兴同住一处。经杨度介绍，父亲结识了孙中山先生，常在一起共议天下大事，十分投机。这年 8 月，同盟会在东京成立。许多留日学生纷纷要求参加。孙中山先生原以为父亲必是同盟会的积极成员，没料到他竟不愿入会，父亲一生坚持做个无党派人士。当时父亲的结义兄弟章太炎也到了日本。他也和其他同志一起苦苦劝说，父亲却不为所动。太炎先生知道父亲当时对吴弱男女士甚为倾慕，于是生出一计，请吴女士出面动员父亲加入同盟会。不料父亲仍未动摇，吴弱男女士却通过此番接触成了父亲的未婚妻。父亲对我说，后来孙中山先生谈及此事时，戏称'同盟会与章行严的关系真乃赔了夫人又折兵'。说到这里，父亲开怀大笑。"（关鸿等编：《最后的采访》（二），珠海出版社 1995 年版，第 195 页）

之做的剪报即有两巨册,有关民主宪政议会活动的观点,对宋颇有影响云。陈独秀诗所谓"章子当时有令名","文章今已动英京",殆即指此。

二

武昌起义后,孙中山在美国活动了一段时间,然后经由欧洲返国。在伦敦时,孙邀请章士钊掌记室。章以家室之累,迟迟其行。后来到了南京,则胡汉民已任临时大总统秘书长,章似无余事可办。黄兴以各部总长多未到位,有意让章士钊一试,但章却选择了《民立报》,任该报总主笔。

办报是章氏起家的老本行,以之游刃其间,应无濡滞之事。当时担任《民立报》主持人的于右任,对章前往该报馆任事,大喜过望。不过,《民立报》是同盟会惟一报纸,该报言论,应反映同盟会观点,而章士钊并非同盟会成员,其所发表言论,又往往与南京临时政府政策不一致。据前引章氏《与黄克强相交始末》一文记,"顾建政之初,党人势张,不洽舆论之事非一,他报不敢置辞,辔嗷让《民立报》为之"。如建都地点问题、汉冶萍借款问题,该报社论均与政府为敌。这就惹起党人不满,认为党报不应由非党人主持笔政。尤有甚者,章氏曾撰文《政党组织案》,提出"毁党造党"问题,遭到吴稚晖驳难后,又撰《毁党造党说》,重申其意,称"毁党造党云者,乃今之政党悉自毁其党,相与共同讨论,以求其适于己之政纲,而因就政纲而再造为党之谓也"①。在章氏本意,是民国政府已成立,不必再存在革命党,应走民主、法治道路,造成两大政党,开展议会斗争。若从近代政党政治发展历史考察,此类西方政治模式,未始不可以讨论,但却遭到革命党许多人的反对。章氏不安于位,只得愤而去职。同盟会在当时是一个涣散的政治组织,没有严格的组织纪律,虽然在1912年3月3日在南京召开了本部全体大会,选举了总理、协理,宣布了宗旨与政纲,制定了总章,但它缺乏战斗力,孙中山也未对它予以有力指导。从现有资料看,孙中山对章士钊的去留,似未过问。孙中山对《民立报》,倒是主张其记者坚持信念去奋斗;4月16日在参观该报时指出:应"一往不渝,并牺牲一切精神、地位、财产、名誉,使吾所抱之真理屹不为动,作中流之砥柱"②。这里强调的是敬业精神,也强调记者的操守。在当时媒体反对新订报律的环境下,指出这点是必要的。

作为一名报人,章士钊在民元曾对孙中山的行踪作过报导,而且是作正面报导。3月6日在一篇署名行严的《民立报》社论《论同盟会》中写到,

---

① 《民立报》1912年7月29日社论一。
② 《民立报》1912年4月17日。

"同盟会既拥有非常庞大之团体,人物当不虞其不足,且彼孙君文为首领,与美利坚共和党之推戴罗斯福仿佛相似"。对未来一年正式国会中同盟会之将成一大政党,充满信心。4月9—14日,应黎元洪邀请,孙中山访问武汉。章氏以记者身份亦往返同行。他在14日返抵上海之后,看到《神州日报》及《民声日报》汉口专电,谓孙中山"在黄鹤楼演说社会革命,次日铜元局工人,即同盟罢工,鄂中顿见纷扰";又谓"孙君在汉口演说,听者相顾错愕,无拍掌赞成者",又谓"黎副总统不肯正式承认为同盟会协理,孙君……邀黎君……赴同盟社会各党之茶会,黎君于会场中始终未发一言"。章士钊在《鄂游感书》中对此论调予以批评,认为"凡此皆与事实全然相反,此种讹言,实足以挑拨党派之恶感,使国人受其倾轧之祸,新闻中传此谬电,直为不职,记者亲历其状,请得而是正之"。章氏在说明事情真相之后指出:"孙君在鄂所有演说,无不博听者绝对之欢,其中果属盲从与否,记者之赞成孙君所言与否,虽待别论,而事实如是,固不可掩。该电谓听者相顾错愕,无拍掌者,此诚向壁虚造。"最后说:"孙黎同赴同盟会,黎因以送孙行,非孙往邀之,且当日与会,仅同盟会会员,杂以来宾及新闻记者,并无社会党,且该会为演说会,并非茶会,其尤谬者,则黎君亲致演词,高呼孙先生万岁,致全场雷动,而该电乃谓黎君始终未发一言也。"①这篇《感书》坚持新闻报道的真实性,从而也维护了孙中山的政治形象,是正确而且必需之图。孙中山解职之后,主要精力用在宣传其民生主义(即国家社会主义)理论上,鼓吹以建设铁路带动实业建设的主张,对于同盟会及改造后的国民党,不甚措意,在赴京与袁世凯会谈后,尤表示无意于政权。迄于"宋案"发生,仍未改变其态度。

章士钊离开《民立报》后,与王无生创办《独立周报》。旋因传说王无生暗中接受袁世凯津贴,章因而搁笔,但免不了困于群疑罪谤之中,不欲久留上海。1912年冬,章氏赴京,一看形势。袁世凯当时大权独揽,于革命党之欲通过国会选举而上台,正设计扑灭,故于章氏北上,以之为"自家人",颇欲有所借重。盖章氏妻吴弱男,其父保初,祖长庆。袁当初赴汉城投吴,受提携呵护,终于发迹。故袁世凯于章氏妻党言,为父执。因此章得以"与袁迹日亲,稍稍预袁秘事"。迨"宋案"发,竟以凶手归黄兴,袁之此举,使章大忿,次日即潜赴东站独驰返沪。

章士钊回到上海后,见孙、黄,询问反袁军事部署,并告以袁将称帝,即败亦须起兵。黄兴不相信袁将称帝事。孙中山对章主用兵的态度表示高兴,

---

① 《民立报》1912年4月15日。

但亦以为章诋袁为过当。孙还表示,"自苏慎初、张我权两师长被袁买收,粤如无人之境,非利用龙、陆,不足举事",询章是否能往说岑春煊。黄兴也怂恿他去。章答应前往,且由王芝祥为之先容。两天后,章与岑纵谈天下大计,语无不合。章又在刘学询沧洲别墅设宴接待孙、黄及岑,约汪精卫、胡汉民、陈英士、于右任等共襄是事,章氏称之为"革命豪帅之东南高会"。

根据章士钊的观察,对于反袁行动,即"上海计事,孙急而黄缓。然黄先生之缓,盖深悉其军力及错综之情状而为之,非得如孙先生迳情而直行也"。当时可用之师仅南京第八师,孙主张发动其营连长戕杀师旅长,冒险以求一逞。但黄兴反对此举,要求代孙以赴前敌,留孙领导大事。结果议定,孙留上海,督陈其美预备响应;李根源充讨袁军参谋长,辅岑春煊赴粤;7月16日,章士钊任讨袁军秘书长,随黄兴赴苏州。黄兴讨袁通电,即是章士钊手笔。此7月14日事。反袁起兵缺乏各方必要的支持,自7月15日通电誓师讨袁,至29日战争失利,黄兴乘日舰离开南京,随即流亡日本,时间不过半个月。17日,章士钊已经在黄兴示意之下,返沪。

1913年8月间,孙中山、黄兴相继亡命日本。9月,各省反袁即"二次革命"宣告失败。在随后对"二次革命"总结过程中,孙黄意见分歧。章士钊其时与黄兴往来密切,据其所记,谓"时则中山认为二次革命失败,由于党员不听命令,意指克强,刻责无已。而克强温温自克,不一校也"①。从现在人们所能看到的材料去判别,多左黄而右孙。孙对黄兴的"刻责"、"大骂",自己要当"真党魁"等思想作风,显示出其会党首脑型的意识,尽管如此,黄兴还是尊重他,力争与他合作。在中华革命党成立之前,国民党开办《民国》杂志,黄兴先后动员刘承烈、章士钊去主编,均未获同意。这个主意当然是孙中山允准的。1914年3月24日,黄兴致函章士钊说:"昨晚劭襄(按:即刘承烈)兄来云:'杂志之事,昨日汉民兄等仍要求兄主任其事,尚未得见承诺,殊为悬悬。'弟思袁氏作恶已极,必不能久于其位,兄能于此刻出为收拾人心之举,亦不为早。兄前所谈,弟亦主张,两者之间,孰缓孰急,唯兄察之。"② 章氏晚年对此事评论说:"由此缄可得窥见数义:一、克强败后赴东,仍与孙派合作,至欲强拉一非同盟会之旧友,共创机关刊物。外传克强反对,显系造谣。二、强吾主持杂志,倡议者为胡汉民,可见孙派自审势孤,谋党内外大团结,克强实为当时作合柱石。三、孙派中却有如夏重民者一类激烈分子。吾另办《甲寅》后,夏重民曾捣毁吾林町社址一次。倘真

---

① 《与黄克强相交始末》,同前引,第147～148页。
② 毛注青编著:《黄兴年谱长编》,第420页。

共营一报，后患宁复可言？"① 在形势变动中，各政团、政党都不可避免要分裂、重组，国民党亦不外此。不过，孙黄的政见分歧并不影响他们的私交。至5月10日，章士钊主编的《甲寅》杂志在东京创刊；同时，国民党机关刊物《民国》杂志亦在日本发刊，总编为胡汉民，戴天仇、田桐、朱执信、杨庶堪、李根源分任撰述。反袁斗争需要大团结，这些撰述并非全系孙中山的亲信。从政治主张来看，《甲寅》杂志还是革命党的刊物，但章氏独立办刊物，未必是孙黄都愿意看到的局面。

由于党内"极其诡谲之态"，孙又要求黄兴"静养"两年，加上黄兴也确实身体不好，1914年6月30日，黄偕眷属赴美养疴。在此之前的6月22日，中华革命党在东京召开第一次大会，选举孙中山为总理。黄兴未加入，党章设协理虚位以待。

在欧战阴云密布的形势下，许多不愿加入中华革命党的国民党人，组成欧事研究会。该会"经常商讨当前时局及应付的方针，并函告黄先生，征求黄先生的意见"②。黄兴并未参与组织欧事研究会，事后才认可。有人说《甲寅》杂志是黄兴的私人喉舌，也有人说是欧事研究会宣传机关。不过，当事人章士钊并不承认。章氏记述欧事研究会是"黄派军人"在黄赴美后"未即投孙，依然别树一帜，与孙对抗"的表示，"虽其时世界第一次大战，业经爆发，此不过假借世运，掩饰内讧，非本会之起初职志也"。至于章氏所起作用，自称"盖余掌该会书记，所有对外文字，大率归余执笔"。他在整理旧稿时，"发见当时留存电稿两通，赫然为余手削"。这便是1915年2月11日由林虎、李根源等发表的通电及2月25日由黄兴、陈炯明、柏文蔚、钮永建、李烈钧等辟谣的通电。

早在1914年5月1日，孙中山即曾致函日本首相大隈重信，劝说其"助革反袁"，以救东亚危局，并答应事成之后，中国将以"开放全国市场，以惠日本工商"作为报酬。消息披露后，传说孙中山外交函件系由黄兴所宣布。黄兴此时已在美国，于是有人去函相询；不得已，黄于8月18日复函曹汤三，严正声明与其无关。两派之间，恶感加深。迨至日本向袁世凯提出"二十一条"以后，孙黄间对处理时局的主张更形歧异。孙积极向日本寻求支持

---

① 《与黄克强相交始末》，同前引，第147页。有关夏重民率人捣毁《甲寅》杂志社经过，见章士钊《欧事研究会拾遗》（刊《文史资料选辑》第24辑，文史资料出版社1981年版）。

② 李书城：《辛亥前后黄克强先生的革命活动》，《辛亥革命回忆录》第一集，第213页。

反袁，2月5日有孙文、陈其美与犬冢信太郎、山田纯三郎签订《中日盟约》之事，又有3月14日致日本外省小池张造函件。① 与孙相反，黄兴一派则主张停止讨袁，一致对外。不过外间舆论，则传说黄兴等人将假外力以对付政府，以事实完全颠倒，故章氏有上述两次替黄派撰文辨正之事。

章氏所撰林虎、程潜、李根源等2月11日通电内称："时事日非，大局益殆，西望祖国，弥切忧思"，社会流传"吾党消息"，有谓将效法吴三桂以图一逞，"复谓要求当轴，立誓投诚，种种误传，骇人听闻"。"然借异虐同之举，引狼拒虎之谋，前为天良所不容，后为智计所不许，人虽不肖，亦安至此？吾人第一主见，乃先国家而后政治，先政治而后党派"。"此次外交受侮，举国惊惧，虽由国之积弱，而亦中央失政所招，能发能收，责在当局。""吾人所持政见，今虽无地容其发展，而决不以政府意向，与为变迁。政府苟能推诚明政，举国倾心，即吾人客死异邦，亦所甚愿。"章氏回忆："十余日后，此派军人，复以克强领衔，发一事更详细、词加迫切之电。"电云："兴等无状，与父老兄弟别，亦既两年。前此粗疏缪戾，国人所加切责兴等者，皆一一深自引咎。""兴等去国以还，权威所存，僇辱已甚。""迩者国交顿挫，举国惊迷，兴等乞援思逞之谣，又见腾播中外。""癸丑七月之役，固自弃于国人，然苟有他途，国政于以修明，兴等虽万被戮〔被万戮〕，又何足悔？""斯时可战之卒，且〔尚〕复累万，可据之地，何止一省？犹且不肯负固，以困民生。今无尺土一兵，安敢妄言激进？""至言假借外力，尤为荒诞，兴等固不肖，然亦安至国家大义，曚无所知？"通电表示："国人既惩兴等癸丑之非，自后非有社会真切之要求，决不轻言国事。""兴等流离在外，无力回天，遇有大事，与吾徒有关者，亦惟谨守绳墨，使不危及邦家而已。"此电署名者有黄兴、陈炯明、柏文蔚、钮永建、李烈钧五人。② 据蒋永敬编著《民国展堂胡汉民先生年谱》所记，章氏此电稿曾分别经署名各审阅认可。此说当有所据。无论如何，此通电发表后，欧事研究会未见有人提出异议，可见他们是同意的，反映了该派共同的态度。

然而，此25日通电发表后，却遭到孙派人士的痛责。《民国》杂志以"投降"、"屈膝"相责难。中华革命党党务部揭发袁氏与日本交涉之黑幕，通告党员积极讨袁，但攻击矛头，却公然指向黄兴等人，至谓"中、日交涉事起，国人不明交涉之真相，实由夫己氏卖国而来。乃与二次革命有关系者，藉此为举国一致之美名，有迎机投降者，如何海鸣等之自首是也。有恐为夫

---

① 陈锡祺主编：《孙中山年谱长编》上册，第933～935、941页。
② 《欧事研究会拾遗》，同前引，第269～272页。

己氏分谤,而急欲自由〔白〕者,如林虎者之通电国内各报馆是也。有恐受借寇复仇之嫌疑,而自供二次革命有罪(认革命为罪,而不认私逃为罪。),急向国人哀告,如黄兴等之通电宣言是也。独孙先生对于此事默不一言"。又称,孙"盖以为根本问题不解决,此等事乃无法对待。何者(?)不在其位,则虽表示何等态度,外人固蔑视之,抑勿论如何,亦无种益于事也"。惟"急持革命主义,一致进行,然后安内攘外之实可以言也"。"且夫吾党所处地位,纯系一秘密组织之团体,对于国际交涉固未可以立言者也"。① 这些话,近于自饰,恐不为人所尽信。但章士钊等人对此并未重加理论。

今案,此1915年2—3月间孙黄两派对时局之主张,分歧显然,而其中章士钊又为一关键之人。据载,美洲支部之《民口》杂志第十四号中亦刊出《真革命党之态度》、《可耻哉沐猴而冠之党人》、《章士钊之丑历史》等文,对黄兴不无微词,而于发动并起草电文的章士钊则视为"贼",并谓"此獠不去,终为吾党之祸"。② 其言词之激烈,几有必欲灭之而后已之势。章氏既办《甲寅》而与《民国》社诸人歧异,且因发表有关报律问题牵涉居正(南京临时政府内政部次长,即此时之中华革命党党务部长),而有夏重民捣毁章氏社址之事,其中有无个人情绪,姑置勿论;而章氏以一文士积极为黄派军人一再撰文,将革命党内部分歧公诸于众,则是孙派之人无法容忍的。章氏亦深悉此层关系之厉害,所以,当《甲寅》社址被捣后,消息传到北京,徐佛苏、林白水各致章函慰问,章氏并未借题发挥,他在《欧事研究会拾遗》中说:"林札内且夹有袁氏一亲笔便条,有'闻行严为暴徒所狙击,务劝其迅速返京'等语,余阅之大诧。""余向爱袁氏行草,带分书气韵,独此函迹涉政嫌,防人妄播,亟就取灯毁灭。余内子吴弱男未及寓目,并不知有此事。"③ 由此可知,尽管章氏积极参加过反袁斗争,但在袁氏眼中,他始终是"自家人"。章氏之主张停止反袁,一致对外,为黄派军人撰通电,客观上有利于袁氏及袁氏对日交涉,中华革命党之予以痛责,也就可以理解了。

早在是年2月11日林虎、李根源通电发表时,谭人凤就曾致函黄兴,指出李根源等"别有怀抱",而有欧事研究会的组织,谬言外祸迫切,提出民党暂不革命,庶袁政府得以全力对外;甚至"嗾使一般无识学生,发起爱国团,

---

① 原刊《居觉生先生全集》上册,转引自罗刚编著:《中华民国国父实录》第四册,第2573～2574页。

② 《民口》杂志第14号第142页。转引自李云汉著:《中国国民党史述》第二编,台北近代中国出版社1994年版,第215页。

③ 《欧事研究会拾遗》,同前引,第265、266页。

欲发表中山罪状。莠言乱政，亡命客多人其彀中"。① 根据《近代史资料》1962 年第 1 期所刊《黄克强手札》周震鳞再跋（1929 年）记述，"余与克公及石屏、劭襄于中华革命党、欧事研究会均未参加，日奔走于民党大联合，准备进行讨袁。克强旅美，兼容并包，苦心和解"。柏文蔚则在同一资料跋中称，对"官僚党员""另有组织"，"余与石屏先生严词纠正，谓吾党绝不可分裂，自取灭亡也。官僚党员既有所组织，欲利用克公号召，而推为领袖，克公拒之曰，'党只有国民党，领袖惟中山，其他不知也'"。可见，黄兴是积极主张党内团结的。

欧事研究会成员仅约 30 人，活动范围有限，存在时间也不长，"两电发后，国内外形势陡变，不待民国四年年终，会内几无人仍留海外，而本会亦自灰飞烟灭矣。大抵湘人部分，多归命于中华革命党；滇人部分，则别改组为政学会"；"军人各循本分，自寻归宿"。章氏自称其则依违于南鸿北雁间，蹙蹙无所施。② 返国后的章士钊，与袁世凯夙敌岑春煊结纳。1915 年冬，随着袁氏称帝活动猖獗，护国军在云南起事，章氏参预其事，随岑氏讨袁。

日本当局趁欧战期间西方列强无暇东顾，以为大正时代天赐良机，在中国扩张利权。它先是利用袁氏帝制野心，提出"二十一条"。"二十一条"之实现，中国其将成高丽第二。故消息传出，除少数人外，通国之人皆誓死反对。至 1915 年秋冬之际，日人对袁氏已无所爱惜，军部首先决定排袁，乃派陆军中将青木宣纯赴上海，统筹南方反袁势力，促之联合，因之有云南护国军起事及肇庆军院之设立。日人注意力，在岑春煊方面，也力促与孙合作。据岑氏记述："余见逆势犹盛，非有实力为助，惧其功败于垂成也。乃约同章士钊、张耀曾二人，东渡日本，说其当局，共讨袁逆。彼邦亦深恶世凯，谓余能讨袁，必尽力相助。遂缔结条约，以个人名义，借得日币一百万元，并两师炮械，携之回国。西师始得东下，围攻广州。余亦遄赴肇庆，传檄四方，申明约束，宣布宗旨。"是为护国讨逆之役。岑氏对于此举颇为得意：方事之殷也，"我军则舍日本而外，殆无可与语者。故交涉视为重要，余之亲至东瀛，往还皆以微服，绝鲜知者"；赴日外务省，"余语以讨袁，不止关系中国，实为亚东除此巨患，日人亦深韪其说，故允与吾人合作，而有借款助械之事。余又以国权所在，凡交涉契约，皆以个人名义与之缔结，均与历来借款性质

---

① 蒋永敬：《民国胡展堂汉民先生年谱》，第 187 页。
② 《欧事研究会拾遗》，同前引，第 274 页。

迥异，而卒收倒袁之效焉"。① 此项借款契约签字，时在 1916 年 3 月 20 日。在此之前，梁启超的代表周善培（化名张国祥）、岑春煊（化名章士钊、任时兴、关正雄）已在东京与孙中山晤。2 月 3 日下午，孙中山至青山南町 6 丁目 16 番地谢持处会见周善培。4 日，张继、戴天仇、居正、谭人凤等四人前往热海，与岑春煊会见，商定聚会地点、日期等事项。12 日下午，孙中山赴芝区三田南寺 8 番地访问岑春煊，与周善培举行会谈，在场的还有张继，共进晚餐，饭后继续会谈。② 21 日，日本参谋本部次长田中义一致函陆相冈市之助，建议"现在采取让袁完全退出（政权）的手段，同时采取扶持亲我政治势力的手段有利"。于是，在田中相助之下，由商人久原房之助出面，给孙中山、岑春煊借款。在岑春煊此次赴日活动中，章士钊起何种作用，不详，作为助手应是在参谋、疏通方面，有所献替。这一点，可从张继的回忆录中得到印证。张继称："欧事研究会多克强旧属，计划讨袁，云南之发动最有力。余对于中华革命党与欧事研究会不立界限，凡讨袁行动，尽力助之。行严辅岑西林到倭筹款，余助之；总理命余之事，亦莫不为力，总期倒袁收效，同志团结耳。"③ 从前述孙、岑及周善培会谈过程，可证张继所述之不虚。因欧事研究会已经不存在，各派反袁势力已形成合作局面，章在其中，可能起过穿针引线作用。④

孙中山在 1916 年 4 月下旬返国之前，已与黄兴有所联系，彼此约在上海相会。4 月 22 日黄兴离开旧金山返国，过檀香山对记者谈话时，否认与孙有任何分歧。此时各派合作反袁，达到高潮。5 月 8 日，护国军军务院在肇庆成

---

① 岑春煊：《乐斋漫笔》，《近代稗海》第一辑，第 109、110 页。关于岑春煊借日款契约书，刊《近代史资料》第 50 号。
② 日本外务省档案，秘第 211 号，1916 年 2 月 13 日，俞辛焞、王振锁编译：《孙中山在日活动密录》，第 636～637 页。
③ 张继：《回忆录》，《国史馆刊》1946 年第一卷第 2 号。
④ 章士钊记述："一日吾谒孙公于灵南坂（按：即孙 1913 年流亡日本时之住所），周孝怀（按：即善培）不约而至。语次，公废然太息，指吾称：'吾革命无成，因君不肯相助。'孝怀问其故。公曰：'行严左挈岑西林，右携黄克强。二力见辅，吾何功不成？'吾喏曰：'公何言之易也！西林吾新相识，孝怀则旧主宾，性习盖深知之。此公岂容易听人指挥者？夫彼为逊清遗老，原与吾党无瓜葛谊，一旦强之濡迹，相牵亡命，吾党不仅无一语相慰，且骂之为官僚，排之不令预事，吾有何面目，更为耳语，使趋事公？至克强与公共事尔久，忠心耿耿，人无间言，今虽稍有痕迹，然吾敢保公有命令，彼无不从，何待有人从中牵拽为？'吾如此说，公亦无语。二客同时辞出，途间犹闻孝怀频频叹声。"（《与黄克强相交始末》，同前引，第 148 页）此项记述，当是 1916 年 2 月、3 月间会见时的谈话，其中言外之意是章氏对孙中山在处理对岑、黄关系时不当所作的批评。

立，岑春煊为抚军长，主持其事，章士钊任秘书长，并兼两广都司令部秘书长。6月6日，袁氏病死，黎元洪继任大总统职务。章士钊作为岑春煊代表赴京商量善后。此后数年，他多与政学会成员一起活动。据载，政学会成立后，"其会外人士如章士钊、钮永建、章太炎、丁佛言，会中人多与往还，共商国事"①。

三

政学会成立于1916年11月，由张耀曾、李根源、谷钟秀主持，其成立宣言"一承国民党精神，特别注重发扬民主与厉行法治，惟民主可革专制之积威，惟法治可纳庶政于轨物"。据称，政学会活动八年，殆以此为指南。政学会骨干，多渊源于欧事研究会及上海中华新报。肇庆军务院的实际行动，亦多由政学会成员担任。故政学会与岑春煊的关系，实发端于此。1917年7月护法运动开始时，段祺瑞曾劝章士钊不要南下当炮灰。章初未即南下，但移居天津。11月，受聘为北京大学文科研究院教授兼图书馆主任。次年5月，护法军政府改组为总裁制，孙中山辞海陆军大元帅职，离粤赴上海，但仍被选为七总裁之一，岑春煊为主席总裁。章应邀南下，任军政府秘书长。

在护法运动开展的同时，南北双方并未认真作战，一直有多种势力在促进和谈，直系与桂系武人即是主角。岑春煊与桂系武人虽有矛盾，但在对待和谈的问题上，意见大体上是一致的。北京国会虽由安福系控制着，但徐世昌新任大总统与段祺瑞解除国务总理职务，毕竟为议和提供了一个可能性。加上欧战在1918年已经结束，巴黎和会行将举行，中国要想在这次国际会议上有所作为，它必须以一个声音发言。凡此，都说明南北谈判是必要的。到11月份，进行和谈的主张已为南北双方所接受，由唐绍仪作总代表的南方代表团中，孙中山方面派胡汉民为代表，章氏则任岑春煊的代表。在1919年2月20日正式在上海开议之前，1918年11月上旬，章士钊对于议和一事，尤其是各派之争斗，颇有微词，谓"文言之则譬犹滕薛〔嬖?〕之争长，俚言之则譬犹妻妾之争权"②。尽管如此，政学会还是派章士钊、郭人漳、韩玉辰等赴京，"创为国会问题由新、旧两国会自行解散之说，又主张新、旧两国会合并制宪"③。南方议和代表团实际是一个大杂烩。孙中山为使唐绍仪坚持护法

---

① 韩玉辰：《政学会的政治活动》，《文史资料选辑》第48辑，第178页。
② 香港《循环日报》1918年11月7日。转引自莫世祥著：《护法运动史》，广西人民出版社1991年版，第150页。
③ 《循环日报》1919年5月1日。转引自莫世祥：《护法运动史》，第150页。

运动在国会问题上的立场，曾对党内作出指示："上海和议，国会应赞助唐少川，不可为政学〈系〉利用，图推翻之也。"① 南北议和未能取得成效，至 5 月份事实上已经结束。从现有记载，很难看出作为岑春煊代表的章士钊在这个代表团中发挥了何种作用。但参加了会议，则是无疑的。据胡汉民记述：孙中山"以徐世昌等敷衍了事，则嘱汉民立破坏南北和会。初南北议和，北京派代表十人，南方派代表十一人。以先生（按：指孙）之故，汉民与焉。欲辞不就。先生谓宜于其间，为严重之监视者，不应放弃。故于会期中，南方代表将软化者，屡次以汉民意不可夺，事辄不谐。予固盛气凌人，且背后有先生与国民党为渠辈所忌惮。乃由章行严提议扃门会议，言如此可免为外间空气所动摇。余斥其为闭门分赃。乃五四运动起，余谓：诸君尚欲与北方卖国者妥协耶？则皆不能答。乃提出惩治卖国罪魁之条件（按：即由南方总代表唐绍仪提出之八项条件），而和会以破灭告终矣！时人尚有谓当一致对外者。先生曰：与军阀妥协，直一致卖国耳，何言对外也"②。这里所说的"南方代表将软化者"，似指章士钊一类人。若按胡汉民这则记载，孙之令胡代表参加和会，一开始便是为了破坏，不愿和谈成功，结果亦是如此。当时和平会议实难有成，但无论如何，南北分裂绝非国家之福。1920 年 10 月，援闽粤军回粤，岑春煊下野，章士钊也结束了与岑的合作关系。

1924 年 10 月北京政变后，段祺瑞重新上台。章士钊被邀赴京。据说，兼摄总统、总理权限于一身的临时执政一词，便是章氏的建议。章氏参加了执政府，任司法总长，因而成为段氏的合作者（1925 年 12 月 31 日许世英内阁成立时章氏始告辞职）。同年 11 月，孙中山应邀进京，共商国是。他坚持废除一切不平等条约，要求召开国民会议。这些政治主张，与段祺瑞执政府提出的"外崇国信，尊重条约"的外交方针与召开善后会议的措施，严重对立。有鉴于此，孙中山下令禁止中国国民党党员加入执政府任职。可以认为，这时的章士钊与孙中山之间，政见仍然歧异，以迄于 1925 年 3 月孙中山逝世。前述章氏的唁孙挽联，便是这时所撰写的。

章士钊在政治上主张为政尚异。尚异而不尚同，时怀反对党之见，其人虽然从政，但是无论如何也不会受人支配。在处理党派问题时，章氏是在实践君子群而不党的精神，这从其与孙中山关系发展过程便可见一斑。正是因为他生平无党籍，才能周旋于各党派之间，进退自如。

---

① 《孙中山全集》第五卷，第 26 页。
② 胡汉民：《孙逸仙先生言行小识》（国史馆藏原稿）。转引自《民国胡展堂汉民先生年谱》，第 232 页。

章士钊生平无党籍，是既无孙中山系统自同盟会至中国国民党的党籍，也无其他政党的党籍。他与欧事研究会、政学会关系密切，不过该两组织尚不能称为政党。尽管如此，他与黄兴、岑春煊、段祺瑞合作，隐然与孙中山相颉颃，其影响颇关大局。不同历史阶段，蜀洛之间桴鼓相应，旗帜鲜明，史实清楚，毋庸忌讳。诚然，随着时间的推移，感情因素可以调和，政治歧见可以淡化，但是，再回头已是百年身。经过波谲云诡的政海翻腾，而今人已云亡，握手难再，感怀前事，未免凄怆，这大概就是"泪痕多"的真解吧？

当国人还以为孙文不过是岭外一名草寇的时代，章士钊挥动其生花妙笔，拨开云雾，把一位大革命家的形象，推介给中外人民，为宣传反满革命，做了一件大好事。对于这份功劳，孙中山本人是不会忘记的。所以，尽管孙中山不满意章士钊先后与己标异，支持黄、岑、段，但是，从孙中山数以百万字计的各种文集、传记、年谱中，我们实在找不到一条有关孙中山指责章士钊的言论。有容乃大，孙中山深明此理，故能屡蹶屡起，成就一番革命事业。

孙中山与民元实业界

民国元年（1912）在孙中山革命生涯中具有特殊的意义。革命的目的是解放生产力，发展国民经济的总体实力，改善国民生活。共和政府的建立为中国民族资本主义的发展带来了空前的机遇。临时政府制定了一系列发展经济的政策法令，实业界代表人物也入阁参政。孙中山解职之后，积极推动实业建设。按理说，孙中山的政府及其政策措施，他的实业建设理论，应当受到实业界的欢迎和支持。但是，实际情况如何呢？本文拟进行一些探讨。

1911年5月清廷成立"皇族内阁"，使立宪派对通过朝廷实施宪政的希望破灭。随之而来的铁路"国有化"政策，伤害了有关省区的民众的经济利益，激荡成高昂的保路风潮，将立宪派推到反清革命营垒。

在全国经济中心上海，自从上海军政府成立后，上海总商会中一些成员积极筹措军费，解决财政困难。由周舜卿、沈缦云经营的信成银行，由虞洽卿经营的四明银行，在光复前后，提供了大笔军饷。上海商会中的铁业、五金业、面粉业、钱业、煤业、东洋杂货业等各行业董事，担任劝募人员。据1913年1月14日上海商务总会特别会议的报告，沪军积欠上海商家借款实数达300余万元，均是通过上海商务总会向各业筹集的。[①] 1911年11—12月间，上海实业界人士还先后成立了共和建设会、中华民国预备会、商界共和团、中华进步党等社团。由于上海的特殊地位，当地实业界的政治动向，必然会影响到全国各地。上海军政府是孙中山及南京临时政府的支持者，上海实业界对共和革命的支持，即是对孙中山革命事业的支持。

如果说，以沈缦云、李平书、王一亭为代表的上海商务总会人士支持共和革命，显示了上海实业界的政治趋势的话，那么，张謇（江苏咨议局长）以立宪派首领的身份转向支持革命，则是顺应了历史潮流，更显示出人心的向背。武昌起义当晚，张謇离开武汉东下，17日抵上海后，便赴南阳路惜阴堂赵凤昌寓所，并与革命党人接触。张氏以"人望所属，函电四出，各省多

---

① 徐鼎新、钱小明著：《上海总商会史》，上海社会科学院出版社1991年版，第160~161页。

闻声相应"①。他在 11 月 7 日致许鼎霖函中说:"总之,现在时机紧迫,生灵涂炭,非速筹和平解决之计,必至于俱伤。欲和平解决,非共和无善策。此南中万派一致之公论,非下走一人之私言。"②他还致电内阁,劝清廷从速退位。为调和诸军组织政府,12 月 15 日,张謇与程德全、汤寿潜、陈其美赴南京活动。12 月 25 日孙中山从海外返抵上海,次日,赴惜阴堂,赵凤昌为之陈说汉沪情况。③这是孙中山返国后与原立宪派人士交往之始。据张謇《啬翁自订年谱》辛亥十一月所记:"孙文自海外回,晤之。"④29 日孙中山被选为临时大总统,张任实业总长。同时入阁的还有著名立宪派人士浙江汤寿潜(任交通总长)、前江苏巡抚程德全(任内务总长)。这些有影响的人士在共和政府中任职,有利于促进革命形势发展。赵凤昌认为,结束清廷统治,地方人士之效力,初不亚于党人,"所幸孙、黄领袖民党,能识大体,与地方人士推诚相见,协力相济,众亦翕然无丝毫之成见,因以致果"⑤。张謇所代表的原立宪派势力反映了民族资产阶级上层的利益,他们与南方党人合作,对北京方面造成一种压力,使和谈最终能达成协议,实现清室逊位。诚然,他们始终属意于袁世凯,与党人合作总是有限度的。张謇本人对担任此职,也颇为揶揄,谓:"众推任实业部,秩序正紊,有何实业也?"⑥尽管如此,1912 年 1 月 3 日,他还是到南京就职。

在上海经商的广东人,即广肇潮嘉各帮,在经济上也有一定的实力。广帮为帮助孙中山组织临时政府,提供了 70 余万元借款。⑦孙中山的旧友刘学询,在中断多年联系之后,也与孙重新合作,替孙联络西方国家,设立银行。⑧刘还打算购买承办招商局轮船公司。据盛宣怀称:"航业先为各国侵占,所补救者十之三、四,遭乱损失已巨,几为孙、黄所夺。刘学询乃孙、黄所使,鄙人坚持驳散,若辈衔之刺骨。"⑨故他时刻渴望袁世凯"扫荡"革命党。⑩对盛宣怀这类实业家而言,因革命军没收、征用了他们一些财物,心怀

---

① 赵尊岳:《惜阴堂辛亥革命记》,《近代史资料》总 53 号,第 74 页。
② 张謇研究中心、南通市图书馆编:《张謇全集》第一卷,江苏古籍出版社 1995 年版,第 188 页。
③ 《惜阴堂辛亥革命记》,第 76 页。
④ 《张謇全集》第一卷,第 235 页。
⑤ 《惜阴堂辛亥革命记》,第 81 页。
⑥ 《张謇全集》第六卷,日记,第 877 页。
⑦ 《胡汉民自传》,《近代史资料》总 45 号,第 55 页。
⑧ 关于孙刘关系,可参阅前文《孙中山与刘学询》。
⑨ 陈旭麓等编:《辛亥革命前后——盛宣怀档案资料选辑之一》,第 308 页。
⑩ 同上书,第 298 页。

恶感，即使答应与共和政府合作，也很难说是立场已转向革命。

南方各省，武汉与广州工商业比较发达，光复以后，这些地区的实业界均趋附革命。据学者研究，武昌起义爆发，清政府总崩溃的征象明朗化，不少立宪派转而趋附革命，粤商自治会的一些骨干人物也迅速表示支持共和制度，他们在促成广东独立方面也表现了相当的热情。① 在阳夏战役中，汉口市场被北军冯国璋焚毁，损失惨重，临时大总统孙中山曾明令恢复，此系关怀实业的行动。② 但在汉冶萍借款的问题上，湖北产业界并未支持孙中山的主张。

总之，民元实业界以及原立宪派中的知识界人士，与革命党合作，这与孙中山、黄兴"立贤无方，并非偏重民党"③，有密切关系。胡汉民指责黄兴，说"既引进张、汤为收缙绅之望，杨度、汤化龙、林长民等，方有反革命嫌疑，亦受克强庇护，而克强之政见，亦日以右倾"④。这种说法，似有些偏颇。联系和接纳原立宪派人士及实业界领袖到政府中来，是政治斗争所需要，如果得不到他们的支持，临时政府恐怕是建立不起来。

临时政府能否维持下去，关键是能否解决财政问题。1911年12月29日，张謇写了一份《对于新政府之意见书》。在该意见书中，他论述各国承认共和，与政权之巩固、统一，军队与财政诸关系。他估算新政府年开支须有1.2亿两，但可指望的仅关税3000万两，两淮盐务约1000万两，尚缺8000万两。此款从何所出？他建议向集中在南京的各省代表说明情况，并问从明年起，各省能担任若干万两，务求确实复答。又称："孙中山先生久在南洋，信用素著，又为理财专家。能否于新政府成立之后，担任募集外债一万万两，或至少五千万两？""以上两问题，如可立时解决，则无论何人，均可担任临时政府财政之职，不必下走。如其不然，下走无点金术，虽牺牲之而无裨毫末"⑤。黄兴原拟的各部人选中，张謇或熊希龄长财政。但孙中山决定用陈锦涛。张謇的意见书提出了孙中山难于解决的问题。问题既无法解决，即使任陈锦涛长财政，也回天乏术。张謇、汤寿潜到南京就职后，即返上海，不管部务。张致函孙中山，声明行年六十，精力已衰，"比与黄君约，勉任短期，以俟能者"⑥。

---

① 邱捷:《辛亥革命时期的粤商自治会》,《纪念辛亥革命七十周年青年学术讨论会论文选》下册,中华书局1983年版,第395～396页。
② 《孙中山全集》第二卷,第58页。
③ 《李平书七十自叙》,上海古籍出版社1989年版,第63页。
④ 《胡汉民自传》,同前引,第56页。
⑤ 《张謇全集》第一卷,第235～236页。
⑥ 《张謇全集》第一卷,第208页。

临时政府最严重的危机,不是同盟会内部的矛盾,也不是北军的进攻与列强的干涉,而是它本身难于正常运作,经费匮乏。各省并无款解中央。张謇本人任两淮盐务总理,禁止临时政府去提取盐税。他在1月1日的日记称:政府"初成立,亟需军政各费,欲责商会更助五十万,余劝勿扰商,自任为筹"。31日又记:"十三日,筹款五十万成"。① 零星小款,杯水车薪,大宗进项,又无指望,在无可奈何之下,剜肉补疮,孙、黄决定借日款。张謇坚决反对,尤其不赞成与日合办汉冶萍。十二月二十五日(1912年2月12日)"电孙,以汉冶萍事前不能参预,后又不能补救,自动辞职。即日归里,是夕旋通"。同日,清帝宣布逊位。这个逊位诏书,是张謇在惜阴堂起草,经北京方面添改的。清帝退位,袁世凯即上台,南京临时政府结束已成定局。张于此时辞职,说是不受孙、黄尊重,不过是一个借口而已。

汤寿潜也辞去交通总长一职。据载,汤之任为交通总长,乃系"欲选宿望以收众心",但他表示,任此职"于义有不可者七,所以不恤一身者,为拯民,不为取位"。2月24日,汤奉孙中山委任为南洋募公债总理。② 汤寿潜与张謇不同,未参加袁世凯政权;当然,迄1917年去世,他也未再支持孙中山。

南京临时政府财政极端困难,它为从日本三井财团借款,决定汉冶萍与日合办。这是日本打进中国腹地的一个机会,盛宣怀作为最大股东,也希望达成协议,免遭资产被剥夺。盛有意趁机迎合孙、黄,向临时政府输诚。经过一番活动,1月29日,在南京与神户,由孙、黄与盛宣怀分别同三井财团、正金银行签订了两个性质相同的中日合办汉冶萍草约。合办消息传出后,舆论哗然,章太炎、张謇及鄂籍参议员刘成禺等纷纷反对,汉冶萍公司股东反对尤烈。孙、黄虽对此再三解释,仍无济于事。2月23日,孙中山只得咨复参议院,告以"该款已陆续收到二百万元,本总统以与外人合股,不无流弊,而其交款又极濡滞,不能践期,是以取消前令",宣布废除草约,"惟已收支二百万元,照原约须为担保之借款"。③

孙中山在交涉汉冶萍中日合办(以及招商局、苏路借款)的问题上,因关系国家权益的维护或丧失,虽是不得已而为之,但确实欠妥。通过这场斗争,孙中山与实业界的关系顿呈紧张。

---

① 《张謇全集》第六卷,第877页。按据1912年7月30日北京临时政府公布的南京临时政府收支报告,未见此50万元入款。该项借款,似指由何天炯承办的三井财团30万元借款,由张謇担保者。

② 《汤君蛰先先生家传》,《辛亥革命浙江史料选辑》,浙江人民出版社1981年版,第581页。

③ 《孙中山全集》第二卷,第124页。

当然，临时政府在其存在的三个月时间里，颁布了一系列法律法令，积极图谋经济发展，粗具开国规模。实业部成立后，光复各省成立实业司，筹划富国裕民之计，发展农工商矿各业。它还制定、颁布多项保护经济发展的则例、章程，如商业注册章程、商业银行条例等。凡申请开办工矿企业者，无不批准立案。据2月5日《申报》所刊实业部致各省都督电，此前"海内外各实业学者集于南京，共组织中华民国实业协会，以振兴实业，扩充民国生计，挽回利权为宗旨。已开成立大会，举定职员，暂设事务所于南京马府街，逐次筹办调查局、杂志、学堂、工厂等；一面通知各省组织分会"①。2月4日，成立中华国货维持会，以保障民族工业的发达。孙中山还劝其兄孙眉不要从政，应从事实业。他还致函盛宣怀，要他回国尽力。旅日华侨王敬祥申请办兴业贸易株式会社，3月16日，孙中山令审批施行。此外，还成立了以黄兴为会长的拓殖协会（后易名垦殖协会），规划开发西北资源，孙中山指示拨款30万元予以扶持。

临时政府及孙中山本人既大力提倡实业，南方各省闻风响应。从临时大总统残档清理出来的资料，可以看到各省送交临时政府的有关发展实业（包括金融、工矿、农垦、盐业、交通各方面）的文件。例如，工矿方面，有谭公树等申报《广东商民公司民生主义实业方略》，佚名《广东农工商劝业有限公司简章》，马应彪等《创办广东纺土纱局有限公司缘起及招股简章》，古伯荃《倡办广东实业银行节略》，陈长龄呈孙中山《黄埔厂坞设计意见书》，仰光同盟会代表陈警天入滇上中央政府书中关于设立矿政部及云南全省矿产调查，江顺德呈设广东调查地质局文。农垦方面，有黄兴等《创办拓殖协会宣言书及章程》，《中华民国农业促进会缘起及章程草案》（上海），关乾甫等《中华农学会章程》，潘炎华呈孙中山议兴农业征赋税办法文。还有扬州、广州整顿盐业建议，熊仁等所呈《中华民国航业团简章》，以及朴爱德对建造与管理中国铁路办法的条陈，等等。② 由此可见，实业界对民国政府及孙中山本人关于发展实业的号召，是反应积极的。

发展金融事业，既是财政裕源所亟需，也是发展产业的配套设施。孙中山曾计划由日本人阪谷芳郎帮助创立中华民国国立中央银行，后中止。③2月29日，他指示以中华银行为商业银行。3月3日，他复函沈缦云，允任中华

---

① 《张謇全集》第一卷，第214页。
② 黄彦等编：《孙中山藏档选编》，第219～344页。
③ 李廷江著：《日本财界与辛亥革命》，第224页。

商业银行名誉总董。① 18 日，在批财政部拟呈海外汇业银行则例中指出，"海外汇业实为国际贸易之枢纽，即国民经济之关键，东西各国先例昭然。当金融紧迫之秋，得此酌剂盈虚，诚足以扩张商务，补救时艰"②，同意咨送参议院。孙中山下令改大清银行为中国银行，以吴鼎昌任总理，该行具中央银行性质。3 月 21 日，以中国银行则例咨送参议院核议。凡此对金融事业的关注，都是有利于实业发展的。在这个临时的、过渡的、非稳定的三个月内，能制订包括振兴实业在内的一系列方针、政策、法律、法令和则例，确实难能可贵。由于有了这个草创阶段，才迎来民初国家经济发展的大好形势。

孙中山在辞去临时大总统职务后，积极从事宣传、拟制实业建设计划。

解职当日，在南京同盟会员饯别会上，孙中山作长篇演说，认为民国政府成立后，民族、民权两主义俱达到，惟有民生主义尚未着手，今后吾人所当致力的即在此事。在到上海作短期停留后，便赴武昌访问，随后又回广东。8 月，应袁世凯之邀到北京。期间还到过山东、直隶、山西等地。所到之处，均受到热烈欢迎，他也趁此机会积极地宣传建设，讲解民生主义。

民元孙中山宣传的民生主义，有时称社会主义、国家社会主义，或国家社会政策。他所师法的模式，是俾斯麦德国的国家社会主义。

孙中山在与各地实业界人士的接触中，极力介绍自己的主张。4 月 17 日，在上海中华实业联合会欢迎会上，他讲到，中国乃极贫之国，非振兴实业不能救贫。他"抱三民主义以民生主义为归宿，即是注重实业"。针对社会上一部分人士不清楚社会主义内涵，说社会主义便是反对资本家，是均贫富，对此他解释说，资本家应维护，仅是防备垄断资本，如铁路大王、石油大王这种流弊，防止一国财政操纵在极少数人手中，任其专利，致使人民苦楚不堪。所以，"仆之宗旨在提倡实业，实行民生主义，而以社会主义为归宿，俾全国之人，无一贫者，同享安乐之幸福，则仆之素志也"③。10 月 14—16 日在上海社会党作长篇演说，较系统地介绍了社会主义理论。他提出民生主义（社会主义）理论主张后，舆论界反应欠佳，引起实业界忧虑，④ 需要做些解释工作。但他当时也只是讲到民生主义或社会主义不是排斥资本家，不是均贫富，而对社会上提出的有关中国还未经过资本主义阶段（即"资本家之等级"），

---

① 沈云荪：《上海信成银行始末》，《近代史资料》总 55 号，第 117 页。
② 中国国民党党史会编：《国父全集》补编，台北 1985 年版，第 437 页。
③ 《孙中山全集》第二卷，第 339、340 页。
④ 孙中山在汉口熙泰昌茶栈演说社会革命时，孙武即说现万不可再说社会革命。上海《民声日报》、《大共和报》、《大公报》、《亚细亚报》均载文批评社会革命言论。

还不宜实行社会主义的问题,未能作出有力的回答。尽管如此,也表明他对国家前途充满信心,力图说服实业界相信他的主张,为建设民生乐利的社会而努力。

孙中山为使袁世凯放心,还对袁表示,他无意竞选大总统职务,希望由袁练兵百万,他本人则要在十年内修二十万里铁路。在北京,8月26日与袁氏进行第三次会谈,据报道,孙、袁从铁路谈到实业,"孙君谓自己此后当从事于社会事业,且从事于此,当较袁君更为适当,语意中实表明其不愿为第二次总统之意。袁君言下提出抗议,谓我虽系历来做官,然所办之事,却以实业为第一大宗,从前在北洋即立意专派实业学生,至于政法学生,实在因为不得已而后派者,以自表其慎重实业之证。孙君又力驳之,谓我做此等事,必较君更能取信社会云云"。黄远庸对此评论说,"盖二君不为总统之竞争者,而乃相竞争为实业家,可为吾中国实业前途庆矣"①。孙中山当时决心从事实业建设,连张謇也深信不疑,9月17日,他在共和党招待会上致词说:"今中山先生以实业倡导,克强先生亦复注重实业,某从事实业三十年,一意孤行,未见大效;今得两伟人竭力提倡,当有一日千里之进步。今社会凋敝已极,第一须恢复元气。恢复之道,舍振兴实业其道无由。此某所以对孙、黄两先生亟欲掬示同情者也。"②

孙中山民初实业建设,是以修筑铁路为中心开展的,即以筑路为基础,带动其他事业。他主张引进外资,采用批修、合营等方式。5月17日,他致函粤汉铁路股东,指出该路关系民国建设前途甚大,且大利所在,为振兴实业之首务,主张速收三期股款,联合湘鄂进行。6月22日,他在上海与《民立报》记者谈话,表示拟专办铁路事业,欲以十年期其大成;计划定后,当赴京与政府商议,促其实行。25日,又先后会见《民立报》、《大陆报》记者同,谈话中表示:"请问苟无铁路,转运无术,而工商皆废,复何实业之可图?故交通为实业之母,铁道又为交通之母。国家之贫富,可以铁道之多寡定,地方之苦乐,可以铁道之远近计之。"他进而宣示沟通全国由沿海至西藏、新疆、外蒙、唐努乌梁海之真干路三条。他说:"顷者,吾方潜心规划铁路大计,将使中国全境四通八达,此诚发展中国财源第一要策。"③

准备大规模筑路,经费从何筹措?孙中山主张借外债。7月22日,在上海中华民国铁道协会欢迎会上,便说借债立约得当,则永不失败。在塘沽又

---

① 《远生遗著》卷二,第119页。
② 《张謇全集》第一卷,第225页。
③ 《孙中山全集》第二卷,第383～385页。

对听众说,此行是为振兴实业,必欲振兴实业,必自修铁路入手。在北京,对《亚细亚报》记者谈到,要修 20 万里铁路,需 60 亿元,计划设十大公司办理,以民间形式向外国借债,此举不伤主权。8 月 29 日,在全国铁路协会欢迎会上,更对自己的铁路计划作了全面介绍。9 月 2 日在该会作第二次报告时,建议将由他任理的中华民国铁道协会与由梁士诒任总理、孙任名誉总理的中华全国铁路协会合并,以厚积势力,徐图发展。袁世凯满足其要求,于 9 月 9 日授予筹划全国铁路全权,每月通过交通部拨银 3 万两,以作进行全国新修铁路计划费用。

孙中山在太原、北京、张家口、石家庄、济南等处,一边视察铁路,一边宣传铁路计划。他在交给参院议案中,提出三种办法,即借款修路,招股修路(华洋合办,主权在我),以及批给外国人承办(凡有资本者,皆准包修一路,40 年后,收回国有)。① 10 月 10 日,孙中山为英文《大陆报》撰文,题为《中国之铁路计划与民生主义》,全面阐述其铁路计划,意在引起西方企业家的注意。12 日,上海报界公会开欢迎会,他更畅谈建设大业的以交通政策为重要,开放门户利于保障主权,比较借款筑路与批给外人筑路之利害,认为后者害少利多。14 日,他电告袁世凯,遵前令,即日成立铁路总公司,作为筹划全国铁路的机关。12 月 19 日,他公布《铁路公司条例草案》,该草案经参议院修改通过,1913 年 3 月 31 日公布施行("二次革命"爆发,孙中山被免职、通缉,该条例内事权,归交通部执行)。

当时控制铁路即以唐绍仪、梁士诒、叶恭绰等人为主干的交通系,与孙中山有乡谊,他们支持孙的铁路计划。梁士诒当时任大总统秘书长,公开表示孙的铁路计划可行。叶恭绰往来京沪间,协调关系,并遵示每月从交通部拨款给孙中山。民元交通系支持孙中山的实业计划,这在北方实业界,是极为罕见的。当然,北京也有人讪笑孙中山的铁路计划。认为"当此存亡危急之秋,中山君可谓雍容而暇豫者矣"②。孙中山的铁路计划包含了许多主观想象的成分,有些不切合中国国情,但他主张引进外资、主权在我的构思,也并非一无可取。铁路总公司已经运作,武昌已筹设铁路招股分局。③ 如果不发生"宋案",他的计划取得部分成效,是有可能的。

孙中山为筑路筹集巨款,主张开办大银行。

他解职后回到广东,发起组织国民公立兴业银行,以救危亡。黄荔邨等

---

① 《孙中山全集》第二卷,第 464 页。
② 《远生遗著》卷二,第 123 页。
③ 《民立报》1912 年 11 月 8 日。

二百余人签名担任，香港番邑工商公所、中国机器总会、报界公社、四邑商工总局、金山庄行、华安公所、平安公所，皆将议案通过，请孙中山分电华侨助力，群情极为踊跃。① 6 月 15 日孙中山抵港后，与四邑商工总局等商界人士讨论开办商业银行。他表示，此银行与前办者皆异，系中外合办，专为介绍外资起见，不出钞票，专发欧美债票，其性质属于商办。② 在此之前，4 月间，英国人雷士（或译路里士）代表伦敦罗士差罗银行，与孙中山谈判合资合办中华实业银行，又称中华振兴商工银行。该行纯系商业银行，以孙中山为总董。宗旨为"专求发展中国一切之营业，又对于中国之商业与工业在经营创始之际，当间接、直接与以助力，且助中国兴办矿务、铁道、航路以及一切经营之事业，能于中国之福利与贸易实有补益者"。6 月 11 日，双方在《拟创办中华振兴商工银行说帖》上签字。股本 1000 万元及 100 万英镑。总行设在上海，国外设分行。③

由于 6 月 30 日袁世凯通令禁止征收国民捐，7 月 15 日，南京国民捐总会派代理干事长张光曦赴沪请示办法，孙中山与黄兴商定筹组国民银行。④ 10 月 13 日，孙中山致函咸马李，据称，山西有几位银行家正在与其接触，探听是否有可能开办一间实业银行，他们希望为此筹款 500 万元，现正为此事与山西都督阎锡山书信来往，交换意见。⑤ 孙中山还计划联合国内数十间银行成一大银行，以吸引外资。12 月 4 日，他在上海实业及信成银行筹备会演说，指出中国借款受制于银行团，而六国银行团中又以法国占大部分，"鄙意更拟联合多数银行与法国资本家合资，创一极大银行"；"倘合中外为一家，将国中数十银行联合成一巨大银行，发行债票，任外资输入，则全国金融枢纽操之于己，即政府借款，亦可担任，不致受非法之要挟，而利益亦不致入外人之手矣"。又说，"前沈缦云等有筹创实业银行之举，曾由鄙人介绍至南洋各岛招集股份。已见溢额，可谓美满之结果。将来矿商铁路机厂大政，自可次第举行。而吾国富强，可与美国相抗衡矣"。⑥ 此时，孙中山正与法国巴黎银行代表磋商中西合股银行章程，并致电袁氏相机因应银行团，假以下台之法，而与法人合作；但袁氏已令财长周学熙与法人订立章程，议办中法银行，未接受孙中山建议。

---

① 《孙中山藏档选编》，第 242 页。
② 《民立报》1912 年 6 月 16 日。
③ 罗刚编著：《中华民国国父实录》第三册，第 1929 页。
④ 《民立报》1912 年 7 月 16 日。
⑤ 《国父全集》补编，第 342 页。
⑥ 《中华民国国父实录》第三册，第 2068 页。

早在 1911 年 11 月间，沈缦云等组织中华银行。1912 年 7 月，该行改为完全商办，推孙中山为总董。前述孙中山 5 月间在广东拟成立中西合资银行，是为抵制六国银行团以解决中国财政困难，后来有与巴黎银行的谈判。11 月间，沈缦云（中国信成实业银行总理、中华银行"南洋募集队"队长）由南洋回到上海，称已招得实业银行股本四五百万元。孙即与之磋商，将该股本并入，同办中西合资银行，以厚实力。沈开始时答应，故孙电邀陆秋杰、王奕友（中华银行招股人）由新加坡来上海，商量合并办法。后以实业银行发起人多不愿意合并，孙便改计另行组织一新行，为中西合资银行之基础。但孙又考虑到中华、实业两行在南洋招股已发生冲突，若再组行，矛盾将更甚，不如由该两行各行其志。以后中华银行发起人与孙接触，愿将该行作为拟办的中西合资银行之基础，并派江少峰赴南洋招股，须五百万现金，新行始能成立。孙中山在 1913 年 1 月 23 日致函邓泽如，说明其事，嘱为竭力鼓吹。同日又函陈楚楠，告以中华银行与实业银行协商合并事，双方齐头进行招股，将来合并与否，仍由股东公决。为此，孙函复两行代表，谓合并事本发自南洋，不意久议不决，不得已采折中办法，"拟组新行，此用意仍为两行计，今既决议暂不合并，两方单独进行招股，则新行之议可作罢论"①。此说意在廓清外界误会，实际是两行股东不愿合并，中外合资银行又因中法银行之设而沮，拟借外资以兴办实业之事，终无成就。

经济发展需要一个和平宽松的环境。实业家们发展自己的企业，不能徒托空言。对民元孙中山的实业计划，包括南北各地实业界，均作出反应。可知民元孙中山不论在朝在野，与实业界的关系，除了一些具体问题外，大体是比较友善的，对其实业建设号召作出良性回应。

当政权落入袁世凯之手后，实业界转向北京，他们不希望南北分裂，不希望国家再出现动乱，这就是为什么"宋案"发生之后，绝大部分实业界人士公开表示反对"二次革命"的原因。

孙中山以铁路建设为纲的实业计划，作为一个蓝图，留给了后人。他取法乎上，臻国家于富强的理想，成为激励中国人民进取的宝贵精神财富。

---

① 《中华民国国父实录》第三册，第 2090～2091 页。按据沈云荪《上海信成银行始末》，1912 年 11 月，又派王奕友等赴南洋劝募。《辛亥革命时期上海中华银行的资料》（《文史资料选辑》第 76 辑）亦记此事。

孙中山与"满铁"关系者

"满铁"（南满洲铁道株式会社）是日本帝国主义对中国东北地区进行侵略扩张的机构，它在1906年11月26日成立，翌年4月正式开业。孙中山生前没有在东北从事革命活动，与"满铁"并无直接关系。但是，孙中山长期流亡日本，为了反清革命与反袁世凯，他寻求日本援助，结识了相当多的日本人，其中，包括了若干"满铁"关系者，即与"满铁"有关系的人，他们是一批孙中山的日本的主要支持者。从"满铁"角度来研究孙中山与日本人的关系，迄未见有专文发表。本文旨趣，是以孙中山与山田纯三郎家族为中心，综合有关资料，概述孙与"满铁"关系者的交往，从其纷繁的交往中，考察若干重要史事，探讨二者之间各自的用心与目的，从而作出相应的判断。

一

为了能比较清楚地说明孙中山与"满铁"关系者的来往，有必要事先介绍一下有关的日本人及其联系。这种联系，实远远早于"满铁"成立之前。

所谓山田纯三郎家族，指的是菊池九郎与其儿子良一，侄山田良政、纯三郎兄弟。菊池于1872年在家乡弘前创立东奥义塾，弟子日后成名的有陆实、珍田舍己、一户兵卫与原敬等人。一次赴东京途中，菊池遇见一位赴须贺川（福岛县）医校上学的少年，并予以关照，终身结成亲交，他就是后来任台湾总督府民政长官、第一任"满铁"总裁的后藤新平。后藤原任台湾总督府卫生局长，由卸任总督桂太郎引荐给继任人儿玉源太郎，儿玉任之为民政长官，任期将近十年。

1899年7月，山田良政在东京神田三畸町居所与来访的孙中山认识。孙在1897年流亡日本以后，一直在结交日本与亚洲各国志士。1900年6月，任南京同文书院教授的山田良政，向孙中山介绍其弟纯三郎（同文书院第一期生）。9月，良政经厦门赴台湾，将入台策划惠州起义的孙中山介绍给后藤新平。良政旋往广东，死于惠州起义之役。

后藤新平用铁腕手段在台湾确立统治，他写过一本《日本膨胀论》的书，根据自己的经营殖民地的经验，狂热鼓吹日本民族的优越性和露骨的大日本主义。正是由于他在台湾的"实绩","满铁"设立委员长、日本总参谋长儿玉源太郎推荐后藤担任第一任"满铁"总裁,由后藤以"满铁"为中心经营满洲。后藤从政府中获得两项承诺:一为"满铁"总裁在关东都督的监督之下,同时作为关东都督府顾问,直接在外务大臣监督之下,必须与闻都督府的一切行政;二为有关"满铁"副总裁、理事的选任,政府完全不加干涉。这些要求得到确认。他将原台湾殖民总督府财务局长兼总务局长中村是公调来任副总裁,在他所选任的七名理事中,三井物产占了两名,即犬冢信太郎与田中清次郎。这是因为"满铁"的资产政府与民间各占一半,民间(财阀)中三井物产又占较大份额,故三井有较大发言权。犬冢理事还兼任矿业部贩卖课长,在"满铁"中是重量级人物。

山田纯三郎欲加入"满铁",求其叔父菊池九郎写介绍信给后藤新平,但菊池未写。山田一人往见后藤。后藤初未接受,让他等通知。山田说到菊池的住所,后藤听了大吃一惊,了解到他与菊池的关系。山田在1907年5月正式辞去上海东亚同文书院教授职务,加入"满铁",担任了后藤的秘书(地质课),从事由外国人收买的矿山调查。第二年,他担任"抚顺炭贩卖所长",向犬冢信太郎理事提出在船只往来多的上海设点贩卖的计划。犬冢立即接受,并派山田到上海三井物产支店内设立机关,这时上海三井物产支店长为藤濑政次郎。在中华革命党时期,山田与犬冢均成为孙中山的积极支持者。山田将犬冢介绍给孙中山,犬冢又向孙介绍了"侠商"田中隆。在中华革命党反袁时期,田中隆是孙中山的一个支持者。

先是,日俄战争爆发前夕,山田纯三郎离开东亚同文书院,由院长根津一介绍,回东京往见福岛安正少将,加入第九师团任陆军翻译,赴中国东北参战。后随遇到第六旅旅团长一户兵卫,一户即菊池九郎的门生,山田即转入第六旅团任团副。纯三郎之妻喜代的母亲,便是福岛少将夫人的堂姊妹。①1912—1914年,福岛任关东都督府司令官,山田曾与之联络,欲对中国革命党人有所帮助。

犬冢信太郎与山田纯三郎不但是上下级,前者还是后者的恩人。据载,在孙中山发动的"二次革命"失败后,山田在归国途中,曾在大连停留,并向"满铁"汇报工作。由于他是派往上海从事贩卖抚顺煤炭的,却未尽力从事本职工作而埋头于革命运动,革命失败了,难免意气消沉。这时犬冢作为上级,给予鼓励帮助。犬冢还暗中接济山田。回到东京以后,山田感到自己给"满铁"添了麻烦,便向东京驻在理事提出辞呈。当时的总裁中村是公表

---

① 结束博治:《醇粹的日本人——孙文革命与山田良政·纯三郎》,第130页。

示慰留，说仅仅是个社员，不用每日上班，你每年一两次接受会社委托的工作即可。回到上海一看，津贴多了一倍，又吃了一惊。由此可以看出，山田纯三郎为"满铁"服务，已经不是一般的社员（职员），仅做些业务范围内的事务性工作，而是隐含承担一项特殊使命的差遣了。有关这个决定，是中村是公作出的，参与策划的应当有犬冢信太郎。以后的事实我们可以看到，几个重大的与孙中山有关的合作项目，均与犬冢、山田有关。是否可以这么说，通过山田、犬冢等人，"满铁"当局已与孙中山搭上了线，它的具体活动虽然表面上与三井财阀有关，但实际上是有与在"满蒙"扩张承担相当责任的"满铁"联系人。

在辛亥革命前后，日本海军的一个重要将领、海军军令部长秋山真之中将，是犬冢信太郎的"亲友"。通过秋山，犬冢与参谋本部次长田中义一、外务省政务局长小池张造有所来往。秋山、田中与小池是"二十一条"的最后敲定者，这些人与孙中山亦有往来。后面我们还要具体讲到他们的一些活动。通过田中，孙获得铃木久五郎的支持。

从1909年12月至1919年9月任驻上海日本总领事达十年之久的有吉明，也是山田纯三郎的亲密友人。因山田的关系，有吉与孙中山关系十分密切。孙中山居沪期间的反袁、护法历史阶段，孙与日本的交涉，有相当一部分是通过有吉与外务当局联络的，此事详见于相关时段的《日本外交文书》。

三井物产上海支店长村井启次郎，也是山田的朋友，1916年5月初孙中山从日本返抵上海，就是在犬冢安排下由山田与村井帮助秘密登岸，并在村井住宅暂时居住的。

"满铁"成立委员会的委员大仓喜八郎，是大仓组的创始人，他在辛亥革命时期即与孙中山有关系。在中华革命党反袁时期，孙中山继续寻求大仓组的支持。

三井财团的一个重要角色山本条太郎，曾任三井上海支店长，20世纪20年代任"满铁"总裁。民国二年孙中山访问日本，山本曾与孙订立"中国兴业公司"章程；以后联系不断。"二次革命"失败后孙中山流亡日本，继续寻求其援助，但成效不彰。

以上胪列的一些人物，是"满铁"关系者中以山田纯三郎为中心与孙中山生平活动有关的人，自然这不是全部。孙中山的日本支持者甚多，上述不过是一个系统而已。人们也许会说，孙中山本人从未去过东三省，也未与"满铁"机构直接发生关系，有关人、事，大多不过是间接而非直接，所以，谈起来未免牵强。但在笔者看来，如果直接有关（下文要谈到直接关系），当然明白不过了，要研究的问题便不是很多；惟其间接，事涉含糊，或情多微妙，外人不明内幕，便有研究的必要了。

二

早在 1897 年秋天，孙中山从伦敦东返抵达日本。经宫崎滔天、平山周的引介，到东京见到日本民党领袖犬养毅。次年 2 月 3 日，犬养致函陆实（《日本》杂志社长），以他本人有病，要陆实照顾孙中山等人。陆实是菊池的学生，当初是他建议山田良政赴中国学习，从事大陆活动的。1900 年 8—9 月间，孙中山秘密回到上海，旋即返日本，去台湾，拟就近策划、支持惠州起义。

如前所述，1899 年 7 月，山田良政与孙在东京结识，纯三郎亦于同时认识孙氏。次年孙潜返上海时，山田良政曾与孙会晤，随后他与平山周赴台湾。孙在 9 月 28 日抵台北，曾与台湾民政长官后藤新平会见（已知的会见，据后藤日记，仅有 10 月 4 日一次）。他们的会见，据载与山田良政介绍有关。后藤在孙抵台要求支持后，曾向东京请示处理办法。日本政府出于对八国联军占领北京后的远东形势变化，不欲在华南挑起事端，故令停止对孙活动的支持。山田良政则由孙中山派赴惠州起义军中，向郑士良通报情况变化；随后被清军洪兆麟部捕杀。孙中山日后赞誉山田良政为"外国义士为中国共和牺牲者之第一人"①。此后，纯三郎继承兄志，成为孙中山的坚定支持者。

前面讲到，后藤新平在日俄战争结束后不久，担任了第一任"满铁"总裁，山田纯三郎亦以菊池九郎的关系，进入了"满铁"，在犬冢信太郎手下做事，后来派驻上海，推销抚顺煤炭。在 1900 年 12 月间孙中山为处理中村弥六购械舞弊案②曾与后藤在东京会见过。孙对后藤在他滞留台北的关照，念念不忘。1907 年 12 月镇南关之役后，孙托参与此役的日本人池亨吉捎信给后藤。该信回顾了当年起事粤东时后藤"曾赐非常之助力"的情况，对其后后藤之"勋业与誉望雀起，为东亚伟人"，深为赞美。信中又要求他继续支持："东望友邦，求如阁下穰〔曩〕日之肯赐助者，则已无其人。以阁下之热心支那革新事业，尔又见南清今日事势之可为，必其不懈初志，若阁下能复相助如穰〔曩〕日之事，则支那革命可成"。③ 这封信保存在《后藤新平文书》里，后藤应当是看到了，但未见答复。这时的后藤，在其个人事业上，正如日中天。由于他积极经营"满洲"，在 1908 年桂太郎组织第二届内阁

---

① 《孙中山全集》第六卷，第 235 页。
② 陈锡祺主编：《孙中山年谱长编》上册，第 259 页。
③ 《孙中山年谱长编》上册，第 418 页。

（1908.7.14—1911.8.25）时，引后藤入阁，任递信相，即相当于中国的邮传大臣。后藤推荐其心腹中村是公接任"满铁"总裁，继承其事业，并继续将"满铁"领导权控制在自己手中。尽管孙中山寄予厚望，这时的后藤，是不可能对孙作实际支持的。

武昌起义后，孙中山在美国、西欧活动了一些日子，然后东返。1911年12月，山田纯三郎以"满铁"株式会社成员的身份，随宫崎滔天赴香港，迎接孙中山。孙准备赴上海，组织民国政府。但当时清廷未倒，革命前途未卜，而其成败，关键在经费之解决。孙中山在香港会见胡汉民等人以后，决定对外借款的原则：低息，不用抵押，不损主权。在赴上海的船上，孙向山田提出借款，表示一千万或两千万都可以，多多益善。山田说，本人仅仅是见习贩卖煤炭的小伙计，这种事有困难。不过在25日抵达上海之后，还是将三井上海支店长藤濑政次郎介绍给了孙中山。藤濑对孙说，支店长有权决定五十万元的借款，这个数目以上的借款，需要本店的允许。当时日本对华经济的渗透，主要以长江流域为中心，由财阀为主体的借款是以资本输出的形式进行的。孙中山为筹措革命资金，希望得到日本的巨额借款，便不免与日本财阀打交道。

孙中山、黄兴通过山田纯三郎与日本邮船上海支店长伊藤米治郎谈判，以招商局作抵押订立了一千万元借款合同。这笔借款合同，因各方反对，被逼作废。孙、黄还通过山田，由三井藤濑支店长与其本店上司山本条太郎联络，谈判中日合办汉冶萍公司，作价三千万元，双方各半。因该公司已借日款一千万元，故日方仅需再提供五百万元。据说日方已给南京临时政府三百万元。此事遭到舆论强烈反对，孙中山只得宣布取消已签的草合同。①

上述日本财界欲向长江流域渗透的计划，未能达到目的。（略）

孙中山担任南京临时大总统，面临种种无法解决的难题，只得按承诺将临时大总统一职移交袁世凯。1912年8月，孙受袁邀请赴北京，旋被授予筹划全国铁路全权。孙决心修筑二十万里铁路，以带动实业建设，加强国防。他要求访日。但西园寺内阁不表欢迎。桂太郎了解到这种情况，便派秋山定辅来华，劝孙延期赴日，并告桂即将上台。果然，桂于1912年12月21日第三次组阁，后藤新平在桂内阁中任递信相兼铁道院总裁。不过当时打倒藩阀与桂内阁的第一次护宪运动高涨，当1913年2月11日孙启程赴日抵达之时，桂内阁也下了台。尽管如此，山本权兵卫内阁还是热烈欢迎以贵宾身份访日的孙中山，除大正天皇以外，孙会见了山本首相以下的几乎所有的朝野政要。

---

① 见李新主编：《中华民国史》第一编下，中华书局1981年版，第454～461页。

孙中山访日，表面上的理由是为感谢过去日本友人对中国革命的支持与对他本人的关照，并考察工商。事实上也做到了这些计划。他还会见山田良政的亲属，为青森山田良政纪念碑题辞。不过，更为实际的，是与涩泽荣一、山本条太郎、仓知铁吉等人谈判、订立《中国兴业公司章程》，实施引进外资进行实业建议的方案。另外，便是与桂太郎会谈"大亚洲主义"问题。

关于孙中山与桂太郎的会谈，据担任翻译的戴季陶回忆，双方曾经两度密谈，前后十五六小时。这两次密谈，一次是2月20日，应桂之邀共进晚餐，双方交谈甚洽。另一次是3月2日晚，赴桂的宴叙。但据日本方面即山田纯三郎的记载，是在后藤新平宴会后进行的谈话。按照这个记载，后藤前递信相主持的欢迎会，在现帝国大旅店隔壁的华族会馆举行，宴会结束，孙与戴季陶、桂太郎、山田纯三郎四人在吸烟室进行会谈。按据当时新闻报导，后藤在2月19日晚开欢迎会，到会者有铁道院副总裁平井、"满铁"总裁中村是公、铁道协会会长古市公威等，似未记桂与会，及孙桂会谈事。

（略）

在孙中山正式访日行将结束时，国内发生宋教仁被刺案。7月，当"二次革命"被镇压下去之后，局势趋于稳定，袁世凯就任大总统职，列强相继承认民国政府。日本参加了五国银行团的大借款，它的直接目标是东三省的"五路案"，在以"满铁"为主干的基础上，继续扩大铁路修筑权益，以席卷"满蒙"。为达此目的，日本暗中支持袁氏的帝制密谋。当然，袁氏也希望日本能约束孙中山等人的反袁活动。

孙中山在1914年6月成立中华革命党，重新集结同志，进行反袁活动。由于袁氏势力正盛，黄兴又赴美国疗养，日本各界有力者以时机未至，不赞成孙中山军事反袁。孙中山曾经与日本政界、军界、财界及浪人等联络，但因为山本大隈两届内阁仍与袁政权交好，故皆不得答复，或不予支持。不过，随着日本政府尤其是日本军部对袁态度的转变，排袁气氛高涨，日本军人与财界对孙也逐渐予以实际支持。

1914年5月11日，孙中山致函日本首相大隈重信，说其助革反袁，以救东亚危局，"而支那之报酬，则开放全国市场，以惠日本工商"①。未答。1915年1月18日，日本驻华公使日置益向袁世凯提出"二十一条"。2月5日，孙中山与陈其美，同犬冢信太郎、山田纯三郎拟订并草签了《中日盟约》11条。② 3月14日，该"盟约"连同一封函件，由王统一交给收信人外务省

---

① 《孙中山全集》第三卷，第84页。
② 《孙中山年谱长编》上册，第933～935页。

政务局长小池张造。函中强调如欲求东亚之和平，则舍实行真正的日中提携之外，决无他途。据说，这个函件是秋山真之的笔迹。① 众所知悉，秋山、小池与田中是"二十一条"的定稿人。此"盟约"与函件又由秋山暗中主持，则日方通过"满铁"关系者与孙合作，用革命党与日本的关系压袁接受"二十一条"，其用意已昭然若揭。

如前所述，山田纯三郎与关东军司令福岛安正有亲戚关系，山田本人又是"满铁"社员，所以利用大连及"满铁"沿线活动，是中国革命党人的一个计划。1月19日，陈其美、戴季陶、山田纯三郎离东京赴大连，26日抵达，住大连"满铁"医院。因聚集在大连的各种反袁势力再三要求孙下令举事，此行系奉孙令前往抚慰，并调查实行情况。孙的方针是，只要南方还未准备好，就不在北方举事。对于此次行动，山田说："我兼有满铁的公务，也许从这里直接去上海。无论如何，我打算在一两天内去旅顺会见都督，向他面谈我来大连的真实想法（据说都督夫人和山田之妻是亲戚）。""我们住进满铁医院，一方面固然是避人耳目，另则也是想节省开支，云云。"② 1914年3月16日，党人孙祥夫、刘艺舟、马明远在大连的秘密反袁机关被破坏，马牺牲。孙闻讯后电示"缓图"，戴、陈便在3月15日动身回日本，19日山田与陈、戴回到东京，孙即多方找山本条太郎，当日未找到；20日便趋访山本家。他们谈了些什么，缺记。

同年7—8月间，孙中山又派山田纯三郎、蒋介石、丁仁杰赴大连，结果山田去了齐齐哈尔，蒋到了长春，丁在大连等待消息。此行主要任务，是联络巴英额、英顺等部因部队被改编拟与吉林他部举兵一事。关于巴、英等部在起事后家属往大连暂住问题，山田对来人（曲营长）说："这毫无问题，我和满铁总公司商量后，也可严加保护。至于与吉林同僚联合举兵一事，则需要等候孙文的指示。"因为未见巴能否举兵的确切答复，"于是，山田便前去拜访关东州总督和满铁总公司新任正副总裁，一则是去商洽来哈以后的情况，再者也为办些私事"。8月3日，山田去了大连。虽然有"满铁"可以做活动基地，山田纯三郎又路径熟悉，但因东三省反袁不具备基本条件，此后便没有再事经营。1916年中华革命军东北军在山东半岛活动，不是在通常意义的东北三省地区反袁。

在大连等地依托"满铁"支持中国革命党活动的志村光治、金子克己等人，均得到犬冢的关照。1914年7月，犬冢辞去"满铁"的职务，也未重回

---

① 《醇粹的日本人——孙文革命与山田良政·纯三郎》，第146页。
② 俞辛焞、王振锁编译：《孙中山在日活动密录》，第670页。

三井会社,而是与岸清一筹划北越方面的矿山开发与山东煤炭的发掘。犬冢曾在经济上给孙中山支持。据统计,从1916年1月至4月,他们二人会见达34次之多。他曾为孙筹措了30万日元,其中9万日元是他从"满铁"获得的退职金,其余则是他从具岛太市、相生由太郎("满铁"理事)、田中隆等人处取来的。孙中山写了借据,但犬冢将它放进火盆中烧掉了。又一说,久原矿业、日立制作所的创立者久原房之助,为孙中山筹措了100万日元,经犬冢在孙临行前向上原勇作要求,同意给孙。此说可信与否,值得怀疑。久原向孙提供借款,前后计140万日元,有证据的,是1916年2月20日一笔,为70万日元。据彭泽周教授分析,这些借款是田中义一参次授意的,至少得到田中的许可或默认。① 不过,不论久原借款与犬冢有无关系,均不紧要,田中与犬冢也是熟人。1915年11月日本军部决定"排袁",已大力支持各派反袁势力,并派青木宣纯到上海统筹。1916年3月因形势变化,日本阁议允许财界援助反袁活动,尤其是中华革命军东北军成军之后,日本支持孙中山已公开化,上原勇作、田中义一等日本军人与孙来往频繁,孙也就是在这个时候秘密启程回国的。孙中山对犬冢一直感激不尽。犬冢病重期间,孙曾派蒋介石前去慰问。1919年12月,犬冢病故,年仅46岁。据说,犬冢去世后,在他的日记中,发现有下一段话:"余赋性愚钝,惟好结交当代贤豪,轻财重义,扶危济急,自问生平对人处事,无愧于心。此种正义感之由来,皆双亲教诲之所赐"云云。因此,有的论者认为孙与犬冢订交,是因为他们两人都具有高洁的人格和丰富的正义感,志同道合,自然成为知友了。② 国际间的交往不排除正义感的成分,不过在义与利之间,最终考量的恐怕还是利之所在。从犬冢参与订立的《中日盟约》的内容,便可说明这点。

袁世凯的帝制活动,日见猖獗。孙中山在1915年秋以后,分别派陈其美、居正、朱执信、于右任、李烈钧赴上海、山东、广东、陕西、云南,准备讨袁军事。山田纯三郎则在上海以社长名义发刊《民国日报》,作为中华革命党的机关报,鼓动舆论讨袁。山田在上海还参与中华革命党策划"策电"号、"肇和"号起义。由于他与陈其美、王统一等人的密切关系,他的住所萨坡赛路十四号成了革命党活动的主要据点之一。在此期间,菊池九郎与菊池良一也与孙中山有不少往来,尤其是菊池良一,是孙中山反袁的积极支持者。

为了在国内直接组织反袁斗争,孙中山于1916年4月27日离开日本乘"筑前丸"秘密返回上海,张继与宫崎滔天同行。据说秋山定辅还赶到长崎,

---

① 彭泽周:《近代中国之革命与日本》,第198页。
② 陈固亭:《国父与日本友人》,台北幼狮文化事业公司1965年版,第49页。

交给孙一些钱。山田到上海码头迎接。检查完毕,又乘"满铁"的小汽船转到黄浦码头上岸,然后坐马车到"满铁"上海事务所所长村井启次郎的住宅,住了约三周时间。事先村井接到犬冢信太郎的电报通知,村井与山田到总领事馆说明情况,有吉总领事也委托他们办好此事。因为村井要调回大连服务,行前孙为他举行了送别晚餐。后来又托丁仁杰去大连,送去孙题赠的"天下为公"题辞。不过,对村井接待孙中山一事,"满铁"总裁很不高兴,给予严厉斥责。1924 年 12 月孙中山赴天津途中,孙还致电村井,谓"我等现在正赴津途中,与君久阔,想念君全家"。村井以前是三井物产的船长,是第一任"满铁"上海事务所所长。① 由于孙中山一行并不经过大连,所以与村井未能再见面。

孙中山自 1916 年 5 月初回到上海之后,虽然仍与后藤新平、犬冢信太郎及山田纯三郎等与"满铁"有渊源关系的人不断有各种交往,但因他们已先后离开了"满铁",与孙的交往已不再带有"满铁"关系的色彩,所以尽管孙在此后的言论中仍不断涉及"满蒙"问题,但已是本文题外之事,兹不赘述。

以上,以山田纯三郎家族为中心,概述了孙中山与"满铁"关系者的来往,因为史料零碎,叙述难免缺乏系统、完整性,甚至有牵强附会之嫌。要之,这种来往确实是存在的,孙中山本人为了实现其革命目标,寻求有力者支持,便有了这些联系。孙中山从辛亥革命时期开始,曾不止一次作过有关"满蒙"权益的承诺,这是无可讳言的。或许就是看重了这一点,"满铁"关系者才积极援助孙中山,这显然是彼此利用与反利用的关系。在当时情况下,日本人的援助对孙中山来说是必不可少的,包括他第二次流亡日本的生活费,都是安川敬一郎按月提供的。但是,日本人的援助显然包含了日后获得报酬的意思,对中国领土主权而言,隐含了极大的危险性。所以,在评价有关"满铁"关系者对孙中山的支持、帮助时,需要实事求是,不能只看表面,而不深入考察其实质。有些重大史事,仍须深入研究,回避它,并不是好办法。

---

① 《醇粹的日本人——孙文革命与山田良政·纯三郎》,第 161 页。

康梁师徒对孙中山逝世的反应

康有为、梁启超与孙中山的关系,在早期即从兴中会创立至辛亥革命爆发的阶段,一般说来,研究得比较透彻。其间保革两派论争因缘与恩怨,人们已耳熟能详。民国初年梁启超支持袁世凯击败孙中山、国民党的史实,更是民初政争的一部分重要内容,本人曾撰文介绍。但是,孙中山晚年与康梁师徒的关系,尤其是后死的康梁对孙中山去世的反应,似迄未有专文叙述。

辛亥革命推翻了帝制,建立了共和国,这无疑是以孙中山为代表的革命党人的胜利。武昌起义后康有为主张虚君共和,但不为各派政治势力所认同。在民国建立后的十三年时间里,康有为曾两次为复辟清王朝奔走,但均未成功。[①] 康有为是在1927年3月31日去世的,死前做七十岁大寿,逊帝溥仪赐"岳峙渊清"匾额一方,康对此感慨万分,写谢恩折恭谢。对康而言,终其一生,确实是以身为大清臣子为荣。梁启超则不然。他可谓与时俱进,他可以从事变法维新,也可以与孙中山谈合作革命;既可出任民国政府的总长,也可在大学讲堂执教鞭。他为了维护共和政权,还与他一度坚决支持的袁世凯决裂。不过,他一直是前立宪派遗绪进步党、研究系的精神领袖,与孙中山国民党在政治上势同水火。政治家的业绩,不论成败,在其身后都免不了受人评论,其中还可能包括死者的朋友和对手。至于这些评论是否公允,是以何种方式表达出来,那就因人而异了。本文所拟揭示的孙中山去世后康梁师徒的反应,便是介绍孙中山的这两位长期的政治对手对孙的终极评论,以补充治"孙学"者以往所忽略的史事。

一

康梁与孙中山的关系开始于19世纪90年代中期,这个时间也是中国资产阶级维新、革命两派登上历史舞台之际:康有为第一次上书清帝,要求变

[①] 第一次复辟系1917年的张勋复辟。第二次复辟密谋在1924年,有关此次复辟密谋,可参见溥仪《我的前半生》、庄士敦《紫禁城的黄昏》、单士元《我在故宫七十年》及林克光《革新派巨人康有为》等书。

法；革命党人在1894年组织兴中会并在次年密谋广州重阳起义。孙中山等人当时还不以为自己是"革命党"，是想倒清兴汉，但他们计划建立共和政府，无疑是要进行资产阶级革命了。孙中山在其所用的政治辞汇中，把维新、改良、改革、革命视为同义词，① 迄其晚年，并无改变。有此见解，在1900年以前两派虽曾讨论合作，但毕竟彼此手段、目标各异，合作未能进行下去。应当指出，这种合作的策划，并不是康有为所乐见乐闻的，他本人更未允许此项策划，故两派歧见始终无法化解。

从历史上看，康有为颇厌恶孙中山。兴中会成立前，孙中山作为一位名医，在广州执业，结交官府、缙绅，诚非等闲之辈。他要求见康有为，但康要他递门生帖子，为孙所拒。1898年康在日人宫崎寅藏护送下抵东京。同属逋客，孙想见康，未遂。1900年6月，有所谓孙受李鸿章指使用日本浪人行刺康有为的新加坡"刺康案"，此事之真实性可疑，康在致其家属函中亦不信真有其事，但他对外宣传却指为事实。康在致梁启超书中还说："昔孙某频欲害我，汝颇不信此事，然此等事一误，岂有悔哉。"② 据北美洪门大佬黄三德记述："（孙）妒忌康梁，谓保皇会阻其进行。一九〇五年六月，即光绪三十一年乙巳，孙文来函，竟叫三德谋害康有为。此时康先生正在罗省养病，闭门谢客。三德接到孙文此函，极不以为然。"③ 类似这些材料，我们今日已无法逐一辨证其可信与否。在非常时期，暗杀活动也不止一二见，例如康党1900年就在澳门行刺过刘学询，1909年康徒更刺杀了刘士骥。④ 虽然刺康未成事实，但康对此传闻屡出而对孙产生恶感，也可谓属于情理之中。

孙康两派间的斗争，包括保革论战与争夺海外华侨与外国人的支持。保革论战，从东京、南洋到北美等地，争论连年不息。随着时间的推移，保革势力明显出现消长趋势。这种状况，当然也会使康派人士不快，尤其是美洲华侨，包括洪门领袖人物在内，在清末最后几年中纷纷转向革命党，这也就意味着康派不仅在政治上影响消失，而且在经济上也日益艰难，从而更对孙中山产生怨怼。

孙康关系中还有一个死结，便是康有为在广东的一个敌手刘学询始终是

---

① 最先注意到这个问题的，是陈旭麓先生，见《陈旭麓学术文存》，上海人民出版社1990年版，第73～74页。拙书《孙中山的生平及其事业》（中山大学出版社2001年版）对此亦有论述。
② 丁文江、赵丰田编：《梁启超年谱长编》，第422页。
③ 黄三德著：《洪门革命史》，第13页。
④ 赵立人：《刘士骥与振华公司血案》，刘圣宜主编：《岭南历史名人研究》，中山大学出版社2002年版，第177页。

孙中山的支持者。康派认为,孙刘结合,为害康有为不浅。香山人、进士刘学询,操纵广东阄姓赌博,称霸一方,康有为曾撰文抨击他。刘曾与闻广州重阳起义,与孙为友,被参革功名后,转往上海活动。戊戌变法前夕开复。政变后,自言能除康,于是有1899年7—9月刘与庆宽访日之事。刘抵日后,在日人宗方小太郎联络下,与孙秘晤。返国后刘被清廷交李鸿章差遣,随李赴粤,联络孙中山,故有新加坡"刺康案"的发生。1911年12月25日孙中山从欧洲返国后,与在沪的刘学询重叙旧谊,刘支持孙中山建立南京临时政府,孙则促浙江军政府发还刘在杭州的私产名园刘庄。武昌起义后,康仍居留日本,未敢匆遽回国:南方革命政权既是他所敌视的势力,实际控制北方的袁世凯又是康在光绪死后通电摄政王请予以诛杀的戊戌叛徒,为安全计,康只能继续在海外当寓公了。不过,他不甘寂寞,高调鼓吹虚君共和的主张,此举被《民立报》指斥其为汉奸。孙中山这时主张内外有别。章太炎在东京曾两次倒孙,武昌起义后又宣传"革命军兴、革命党销",称孙"不晓国中情伪",仍持反孙立场。但是,孙在政治上仍认为章是同志,与康有所区别。1912年1月12日,孙复函蔡元培称:关于内阁人选及组织用人之道,惟才能是称,不问其党与省。"然其间尚有当分别论者。康氏至今犹反对民国之旨,前登报之手迹,可见一班〔斑〕。倘合一炉而治之,恐不足以服人心,且招天下之反对。至于太炎君等,则不过偶于友谊小嫌,决不能与反对民国者作比例。尊隆之道,在所必讲,弟无世俗睚眦之见也。"① 人们很难指责孙中山的这个见解有什么缺失,因为康有为当时确实在鼓吹"共和政体不能行于中国";即使孙中山肚大量大,汲收康梁加入南京临时政府,估计康梁师徒也不会参加。此时康梁迅速与袁世凯和解,三年前请予诛杀的"袁贼",如今化敌为友,与"慰庭总统老弟"取得谅解,由粤人梁士诒牵线,袁氏提供巨款,招梁启超返国办报、组织政党,为袁政权效力。② 要之,民元政治变动中,原立宪派(不论国内与海外)之归心于袁世凯,已成趋势,而康有为的虚君共和主张,决不可能为各政治派别所接受,这点是无可怀疑的。

尽管孙康二人如影相随,但终康有为一生,都未与孙中山见面。其实,康有为对革命党也区别对待。康对孙的印象固然恶劣,但对革命党人的评价却是不同。1921年1月20日,康有为在《跋章士钊致黄兴书》中提及:"革命党人以仗义起,以争权利终,致中国分裂,生民涂炭,然其中固有真爱国

---

① 《孙中山全集》第二卷,第19页。
② 《梁启超年谱长编》,第614、658页。

而不为利来者,若黄克强、汪精卫、吴稚晖、李石曾数人者是也。"① 这四人中,黄兴已去世,汪精卫还未成气候,吴李则在民党中并不是主要当权派,权利云云者,很难去评判。康有为月旦人物,自有其标准,但他评论民党人物,不妨认为是寓贬于褒之中。民党历来孙黄并称,甚至不分轩轾。康既以黄为正面人物,言下之意,自然孙是争权夺利造成国家分裂、生民涂炭的始作俑者了。事实上,他就是如此判断的,证据就是他所写的《乙卯人日闻大盗死》的一首七律诗。诗云:"乱国残民十四年,喜诛大盗自皇天。血漂岭海户十万,命革中华岁五千。赤化传来人尽畏,黄巢运尽劫堪怜。千刀惜未剚王莽,举酒欢呼吾粤先。"② 这首诗,人们不太注意,实际上对康有为来说,它太重要了,值得介绍一下。

乙卯是1915年,人日是正月初七(西历2月20日)。试问1915年2月20日中国有哪个"大盗死"了呢?没有。但是,诗中所谓"乱国残民十四年",回溯十四年前事,是1911年辛亥革命。革五千年文物政教之命,便是推翻清廷与帝制了。"血漂岭海户十万",应是指1924年10月镇压商团之事。至于赤化之类的用词,不用说是指广东推行联俄的政策了。由此判断,这个"大盗"被"皇天"所杀,入了鬼籍,应是隐指他的终身政敌孙文。1915年乙卯是倒填年份,确切应是1925年乙丑。1925年人日是1月30日。当时孙中山在北京检查出是肝癌晚期,命在旦夕,立时喧腾报章,海内外广为传播。康有为当时住在上海,闻之开怀大乐,诗兴因之大发,乃涂抹一番,以志所怀。但是,他为什么不书乙丑某月某日呢?如果真的是这样填写日期,实在是明目张胆了,政治上风险太大,一旦传了出来,国民党那帮忠贞之士岂能放过?所以,便一方面痛加渲泄,另一方面又故作隐晦,示人予谜式标题,让读者去思考判断。此老虽然狡狯,但未免欲盖弥彰。康有为对孙中山如此深仇大恨,既有政见上的敌对,也有现实中的冲突。如果不是搞"赤化",如果不是孙中山、国民党的友军冯玉祥搞北京政变,驱逐逊帝出京,并且将控制北京的曹吴直系势力击败(1924年4月康有为为吴佩孚写的寿联"牧野鹰

---

① 该文称,1913年夏,黄兴与康徒麦孺博通款,谓中国国情不适合行共和,愿从康所主持,率国民党拥戴,又劝康另组党,提供30万元组党费(《跋章士钊致黄兴书》,汤志钧编:《康有为政论集》下册,中华书局1981年版,第1073页)。今按,章士钊致黄兴书不存,康有为所说未知所据,据当时情况,黄兴有此举动,实匪夷所思。是夏黄兴忙于反袁,困于经费,何来此三十万元?康说往往无稽,属游谈一类,多不可信,于此,则可谓厚诬死者矣。

② 上海文管会文献研究部编:《万木草堂诗集》,上海人民出版社1996年版,第433页。

扬,百岁功名方一半(或作半纪);洛阳虎视,八方风雨会中州",高度捧吴,便是康联络武人搞复辟的重要活动之一),面对这个败局,康有为当然对孙中山恨之入骨了。不过,话又说回来,康、孙实在是一对难兄难弟。古人说:圣人不死,大盗不止。真是历史的巧合,以"素王"自命被称为"圣人"的康有为,与被康有为称为"大盗"的孙中山,竟然是以矛盾、斗争相始终。在孙中山死后,孙的朋友吴稚晖,即上述被康誉为干革命不为权、利的四位革命党员之一,写了一篇题为《以学生领袖而为革命领袖》的悼念文章,内谓:"今日中国为学生与秀才打仗之时。秀才领袖为康有为,康当甲午以后,伏阙上书,渐进而有强学会,而有'戊戌政变',而有保皇会。其部下最得力者为梁启超辈。今日之所谓整理国学,由学生而绅士,而官宦者,皆属秀才一流。中山先生为四十年前之学生,其主义学说,均由学问而来,故与学生最为默契,是以学生首领而为革命党首领也。其部下最得力者为胡汉民、汪精卫等数人。余从前亦一秀才,后游学日本欧西,与先生接近,渐入于学生一途。今济济一堂,不必悲哀,从此向上进行,于孙先生之主义,必可以发挥而广大之。"① 20世纪20年代是否为"学生与秀才打仗"的岁月,不知所云,但吴稚晖所指此时孙康影响、冲突仍在,则多少有些根据。至于孙中山是否以学生首领而为革命党首领的问题,李石曾的说法比吴稚晖可能更准确一些。李认为孙中山有三个特点,即坚强、进步与容纳,其中的"容纳",指孙之"主义事业,并非一己之主张,举凡海外最新学说,及国内社会情形,无不兼收并集,熔化一炉而结之"。② 李石曾不是孙中山的亲信,评论比较客观,他所指的三个特点的说法,一般读者都可以接受。但是要康有为认同这种评价,是绝对不可能的。人存活在民国,但心却仍在逊清的康氏,只能将孙定位为"大盗",这就是康有为之所以是康有为的道理。除了这首倒填年份的"乙卯"人日诗,在1925年3月12日孙中山真的逝世后,康有为对孙是否尚有何种评论,不详。倒是其徒梁启超前往吊唁并说了一番心底话。

二

1895年3月4日梁启超在北京复函湖北汪康年时,在国内上层知识界中首次议论孙中山。函称:"孙某非哥中人,度略通西学,愤嫉时变之流。其徒皆粤人之商于南洋、亚美,及前之出洋学生,他省甚少。闻香帅幕中有一梁姓者,亦其徒也。盍访之?然弟度其人之无能为也。君所见之人,所闻之事,

---

① 伍达光编:《孙中山评论集》,上海三民出版部1925年版,第66页。
② 同上。

望时相告。"又谓:"我辈今日无一事可为,只有广联人才,创开风气,此事尚可半主。"① 这是广州重阳起义前说孙之事,梁对孙的活动情况并不清楚。汪康年当时在武昌自强书院任编辑事,对孙极为注意。1897 年被驻英使馆派作监视孙中山东返的三等秘书曾广铨,与孙化敌为友,与孙交好,返沪后入《时务报》任翻译。1898 年 1 月,曾陪汪赴日游历,并晤孙。此事成为康梁一派攻汪的把柄。此后国内知识界之了解孙中山,多与汪康年有关。

戊戌政变后逃往日本的梁启超,办起《清议报》,言词颇激烈,甚至大谈革命,颇有革命情绪。一时间梁与孙交往频密,且商议组党之事。但在保皇会成立后,横滨成为该会重镇之一,吸引了大批华商入会,横滨兴中会形同瓦解。孙康两派围绕大同学校、华商会议所领导权之事,斗争激烈。1899 年底梁启超赴檀香山,又瓦解了檀香山兴中会。1900 年以后,两派合作已不复可能。中国同盟会在东京成立后,《民报》与《新民丛报》开展论战,保革势力消长之大势已无法逆转。梁启超乃转视革命党为死敌,较对西太后为尤甚。

康梁保皇派虽然在政治上破产了,但是清亡后原立宪派人士在民初政局中却成为举足轻重的角色,是袁世凯政权在政治上的重要支持力量。据梁启超自称,袁氏为他在京提供了住房,每月三千元生活费;他抵京后所受欢迎的程度超过了欢迎孙、黄的热度。有了这种礼遇,梁氏及其同伙便积极支持袁世凯以击败国民党。

民初的梁启超不断以政客和学者的身份交替出现。他极希望在财政方面有所展布,但都未能如愿。五四运动以后,他虽然已出入于书斋和课堂,但是仍想通过文字力量去影响政治,尽管他从政的心思已大不如前。作为一位学者,审视历史的态度可能较为客观。他在 1923 年出版的《中国近三百年学术史》中介绍清末新思想运动的四支主要潮流时写道:"孙逸仙文他虽不是个学者,但眼光极锐敏,提倡社会主义,以他为最先。"② 梁深知,在同盟会成立之前,孙中山即宣传社会主义。《民报》与《新民丛报》论战中,社会主义更是一个议题。民元孙中山更大力宣传社会主义,他的民生主义,这时被解释为国家社会主义,是他终身为之奋斗的目标。凡此,梁启超均有深刻印象,故有此评论。这种尊重历史事实,不带个人感情色彩的评论,体现了作为学者的梁启超的学术风范,是应当充分肯定的。

孙中山晚年,较确切的时段是在 1922 年陈炯明部兵变后,孙的内外政策

---

① 《汪康年师友书札》(二),第 1381、1380 页。
② 梁启超著:《饮冰室合集·专集》第十册,第 30 页。

有使人眼花缭乱之感。孙第一次护法,是反对段祺瑞的皖系军人,为此而与曹吴直系取一定程度的合作。第二次护法,是联合皖段、奉张,搞"反直三角同盟",即反对以吴佩孚为代表的直系武人;孙所指斥陈炯明罪状之一,即系所谓陈联络吴佩孚一派势力。但是,在孙陈决裂后,孙在上海通过李大钊、张继与白坚武的关系,联络吴佩孚,搞孙吴共(共产国际、中共)合作;此项活动至"二七"事件方告结束。在孙吴共合作的同时,孙继续进行"孙段张合作",在1923年又加入了与奉张关系良好的旧交通系。这种敌友、分合关系,颇难判断其政治上的价值取向,联甲联乙,皆视一时之利益为进止。在国际上,孙极力争取日美两国的支持,对日本期望尤殷,亟欲结成中日同盟,且许日本为亚洲之盟主。1923年2月返粤第三次开府广州途经香港,则在其讲演中极力赞羡英国在香港政制之优越,随后孙系太子派人士在港大肆活动,显然欲引英国为奥援。但是,西方列强均不直孙氏之所为,诸事无成,于是联俄成为惟一可行之事。联俄必然容共,由此而国内工农运动勃兴,影响所及,几乎无远弗届,中国历史于焉而发生根本性转变,这是国人所共睹的状况。这种状况也是孙中山始料未及的。所以,当1925年3月孙中山逝世后,国内外评论如潮,其关键,莫不围绕其生平思想与行谊去总结。

孙中山逝世的次日(3月13日),北京《晨报》发表梁启超的访谈录。这是难得一见的梁氏对孙的公开评论,不妨详为引录。梁氏说:"孙君是一位历史上大人物,这是无论何人不能不公认的事实。我对于他最佩服的,第一,是意志力坚强。经历多少风波,始终未尝挫折;第二,是临事机警,长于应变,尤其对群众心理,最善观察,最善利用;第三,是操守廉洁,至少他自己本身不肯胡乱弄钱,便弄钱也绝不为个人目的。孙君人物的价值,就在这三件。""我对于孙君所最不满的一件事,是'为目的而不择手段'。在现在这种社会里头,不会用手段的人,便悖于适者生存的原则;孙君不得不而出此,我们也有相当的原谅。但我以为孙君所以成功者也在此;其所以失败者,亦未必不在此。吾们很可惜的是孙君本来目的没有实现的机会,他便死去了。吾们所看见的,只是孙君的手段,无从判断他的真价值。但以这么一个强毅机警在民国成立上有深厚历史的人,一旦失去,实为国家一大不幸,吾们不能不失声哀悼。"①

梁启超肯定孙中山的三个特点,意志坚强、临事机警与操守清廉,是佩服孙品质与作风可贵之处;称孙是历史上大人物,在民国成立上有深厚历史的人;认为孙的死是国家一大不幸,不能不为之失声哀悼。这是梁氏所能作

---

① 《孙中山评论集》,第72页。

出的最高评价了。因为梁不认为孙是一个学者,故对孙的理论《孙文学说》、三民主义、五权宪法、实业计划、民权初步等主张,均不予涉及。这个做法虽不免失之偏颇,但对梁而言,他本人的态度也确实如此,实话实说。

比较有点麻烦的是认为孙"为目的而不择手段",虽然可以原谅,但不敢恭维。这句话,梁氏应属夫子自道。但他以之奉献给孙中山,孙之党徒便接受不了,差点出了风波。

史载,"三月十四日,梁启超至中山行馆吊奠。致奠后,由汪精卫等招待。""梁问孙先生病逝时情形,汪即略述梗概,并谓:先生自十一日夜半以后,已不能为有连贯的发言,惟断断续续,以英语或粤语及普通语呼'和平''奋斗''救中国'等语。梁极感叹,谓:此足抵一部著作,并足贻全国人民以极深之印象也。时有党员问:昨日《晨报》所载足下论先生为目的不择手段等语,作何解释?梁谓:此仅慨叹中山先生目的之未能达到。党员尚欲继续质问,汪谓:梁君吊丧而来,我们如有辩论,可到梁君府上,或在报上发表。党员始无言而退。"①

这是一篇很有价值的新闻报导,但人们长久以来并不重视它。为何说它很有价值呢?首先,是梁氏能捐弃前嫌,在孙去世的次日即发表谈话,第三日亲往中山行馆(铁狮子胡同顾维钧邸宅)吊唁。这种大度,极为难得,段祺瑞便做不到。孙之左右不乏勇士之流,梁之此行极可能受辱,但憾斯人之不作,他毅然前往,且言行均极得体。文士与武夫毕竟不同,若段祺瑞者,借口脚病拒绝往吊,此是一种并不高明的行动。其次,当接待人员汪精卫介绍孙病逝经过,并称孙临终呼唤"和平"、"奋斗"、"救中国"时,梁称"此足抵一部著作,并足贻全国人民以极深之印象也",这是对孙此一遗言最早、最高的评价。当时的中国人尚未发明"一句顶一万句"之类的辞藻,但汪精卫从孙中山临终嘱咐中挑选出这三组词语加以介绍,亦足见汪氏深识孙中山思想的三昧;而梁即刻加以表彰,亦可见梁思想之锐敏,不以人废言。可惜历来介绍孙临终这些嘱咐,均不指明此乃汪对梁所介绍,这种缺失,是对历史的不公正,应予明白指陈。

三

康梁师徒对孙中山去世之评论,大体如此。从中不难发现,这两种评价完全相反。这是颇为有趣的问题。应当如何理解这种现象呢?

在对待有政治分歧的人物时,康有为并不是始终持敌视态度的。在戊戌

---

① 上海《申报》1925 年 3 月 18 日。转引自《梁启超年谱长编》,第 1030 页。

政变后的十余年中,康视袁世凯为死敌,必欲去之而后快。但辛亥革命以后,他终于与袁和解。梁鼎芬在戊戌变法以前与康有密切关系,1888 年康第一次上书后惧政治上受迫害,曾以后事相托。但后来康、梁矛盾渐显,迨政变发生,梁揭发、责骂康有为无所不用其极。1913 年以后,二人心结化解,关系恢复,在 1917 年 7 月张勋复辟活动中,该二人成为复辟活动的精神领袖。另外,杨崇伊是戊戌政变的积极参与者,在政治上是康的敌人。1923 年冬,为筹划复辟在洛阳吴佩孚处活动的康有为,与在洛吴幕府中任职的杨崇伊之子杨圻(云史)结为忘年之交。康为杨圻的《江山万里楼词》作序,并题"绝代江山"。另又书"风流儒雅"四字赠杨。杨在《送南海先生序》中以为康"意殊爱我。余则以戊戌政变,先公与先生政见不合,弹劾先生至出亡,未敢作深谈,且直告之。先生则笑曰:'此往事耳。政见各行其是,何足介意。况君忠义士,何忍失之,愿与君订交。'由是大加礼异,为论天下大势,至夜分握手惓惓,顾梁饮侯、徐善伯曰:'云史国士也。其诗海内一人,我至爱之,至敬之。是有缘焉。'"杨氏又写道:"余感先生爱我之真诚,至不以怨家为嫌,其气度迥非常人所及。"① 康有为当然有他的气度,但其气度恐怕是基于对现实的考虑。他与袁世凯和解,是因为袁掌握了政权,以强势主政,麇集在大连、青岛、上海等地的遗老们虽不忘故主,但要讲复辟,谈何容易。所以,终袁世凯之世,康有为并未进行复辟的具体活动。袁既死,形势丕变,国家动乱不已,群龙无首,复辟势力浮出水面。康与梁鼎芬的和解即是出于复辟的需要而发。1923 年康有为游洛阳,据说是要策动洛吴参加复辟。杨圻此时总吴幕文案,是在吴左右能说上话的人,康在杨身上下足功夫,目的是不言而喻的。所以,同样在一个人身上,也有变与不变的问题,一切需视实际情况而定。

康有为批评梁启超"流质易变",梁对乃师亦有所见,谓"启超与康有为有最相反之一点,有为太有成见,启超太无成见。其应事也有然,其治学也亦有然。有为常言之,'吾学三十岁已成,此后不复有进,亦不必求进。'启超不然",云云。② 一般说来,学业与治事,总应与时俱进,康氏大言其学三十以后不复有进,亦不必求进,恐是真假参半,不必尽信。但从其在清亡后十余年仍从事复辟这点来看,在政治上不欲"有进",是无可怀疑的。如果说,戊戌变法以前,康有为对西方文化的了解,主要是通过书本知识的话

---

① 《康南海自编年谱》,中华书局 1982 年版,第 220 页;《近代史资料》总 61 号,中国社会科学出版社 1986 年版,第 168~169 页。

② 梁启超《清代学术概论》,《饮冰室合集·专集》第三十四册,第 65~66 页。

（他曾游香港，也到过上海的租界，但这些地方是以中国人为主体的社会），那么，政变之后，情形就大不相同了。他于1898年10月开始流亡海外，至1913年始返故国；其足迹所至，遍及四大洲，经历三十一国，自称行60万里。他对西方的了解不可谓不多，对西方国家的典章文物还颇称赞，但为什么最终还坚持要复辟已经倒台的清王朝呢？为何对进行革命推翻清王朝的孙中山深恶痛绝呢？除了康个人与清王朝的历史渊源外，更主要的，应是传统文化在康有为思想中的发酵所致。或许它可称之曰"康有为现象"。康有为是民初某种群体的代表，这个群体由一批"文化遗民"所组成，而这种"文化遗民"多住在租界与港澳地区。他们是一批复辟分子。在清亡前，其中部分人曾受清廷恩典，时刻不忘大清和"今上"。虽其中部分人并未受清廷多少眷顾，也不见得曾有多少光荣历史，但基于帝制终结、传统崩坏，这些孤臣孽子便以光复旧物、承传文明自任，他们仇视革命、仇视民国，也仇视革命党及其领袖，这就是康有为欢呼"大盗死"而歌之、而咏之的原因。

至于梁启超之赴铁狮子胡同，似颇有"柴桑口吊孝"的味道。他对孙中山之死的评论与吊唁，言行尚称得体。他也完成了一件大事，为孙梁关系划上了一个句号，对历史有个交代。梁启超对"行者之局"始终不以为然。但是，自1927年6月国民革命军逼近北京、王国维沉湖后，梁始感到"行者之局"承接者的压力。形势大非昔比，所幸北伐战争结束不久，1929年1月，梁即去世，从而免除了许多无法预料的烦恼。国民党的南京国民政府对各式政敌并没有多少雅量，对梁氏之死也未作何种表示，对于推行文化专制主义的政权来说，死去一名它并不见得喜欢的文化巨匠，虽不能说是求之不得的事，但它实在无所谓悲喜。它还能有什么表示呢？

孙中山走了，康梁师徒也走了，他们的恩怨自然也结束了。然而，作为近代中国风云人物，他们创造了历史。三十年纠结，三十年是非曲直，世事总休休，留下的是供后人玩索的历史。

孙中山，一个被取、用的名字

《孙中山，一个被取、用的名字》，这个标题，读者可能会认为不通、怪诞。事实上，确实有点不好理解，中国人，只要有些知识，谁不知道孙中山，怎么还说什么"一个被取、用的名字"？孙中山这个名字，谁取、谁用呀？取、用什么呀？是的，这是个疑问，本文就是做这个释疑的功夫。

孙中山是广东香山（今中山市）人，谱名德明，幼名帝象，稍长取名文，字日新（后易为粤语同音之逸仙）。从事革命流亡日本时，为秘密活动安全起见，在日本曾使用中山樵、高野长雄、中山二郎、吴仲这些假姓名。中山、高野用得多些。孙中山在正式公文签名用孙文（印鉴亦仅有"孙文之印"）；对家人亲属用德明、科父（对离异后的卢夫人）；对西人通用孙逸仙（Sun Yat-Sen）。他在写信时，1910年署名使用过中山（偶尔与西人通信使用的中山，不是用日文假名英译Nakayama，而是用汉语英译Chung San）。他从未使用"孙中山"三字联署。1911年以后，其本人对中山二字亦未见使用。

那么，为什么会出现人人知道的孙中山，孙文本名却隐没不彰的情况呢？"孙中山"三字又从何而来，为何孙本人不愿使用，别人却都在使用孙中山这个名字呢？说起来，这里有个小故事。

1897年8月16日，孙中山从伦敦经北美东返抵达横滨。他在与日本浪人宫崎寅藏（滔天）、平山周、可儿长一三人结识后，于9月间由平山、可儿陪同，赴东京会见日本民党领袖犬养毅。从犬养邸宅出来后，到数寄屋桥旁的对鹤馆（旅店）住宿。在馆内旅客登记簿上写名字的时候，孙表示要将真实姓名保持秘密，写一个假名字。平山与可儿想了一会，才想到他们来的时候，路过有乐町中山侯爵家，平山便在簿子上写了"中山"两个字。据说，孙接过笔，添写了一个樵字。孙的意思是，我是中国的山樵。（如果这种说法可信，那么中是姓，名是山樵；不过后来一直使用中山这个姓，孙之通信亦曾署名为樵，故中国山樵之说，恐怕是有心人的附会。）这是孙氏第一次使用中山樵这个日本姓名。1900年他秘密回上海，住在日本人开的旭馆，登记本上写的便是医学士中山樵。

孙中山在日本安顿下来后，便开始准备在国内发动起义。1900年，惠州起义爆发。由于新上台的日本首相伊藤博文取消了台湾总督府对孙中山支持的承诺，浪人遣散。化名吴仲的孙中山无奈，只得回到日本。

随后，他的支持者宫崎寅藏将自己所参与的孙中山革命史事写进回忆录《三十三年之梦》一书中。该书于1902年出版，孙中山为它写了序言。1903年，在上海《苏报》馆任主笔的湖南人章士钊（行严）将这本日文著作，根据自己的意思，节译成《孙逸仙》小册子，作为《荡虏丛书》之一出版。章太炎、秦力山及章士钊本人都为这本小册子作序，高度评价孙中山的革命先导地位。章士钊认为："孙逸仙者，近今谈革命者之初祖，实行革命者之北辰，此有耳目者所同认，则谈兴中国者，不可脱离孙逸仙三字。"此书出版后，"一时风行天下，人人争看，竟成鼓吹革命之有力著述，大出意外"。当大批青年学生出国赴日前后，接触到介绍孙中山活动事迹及看到知识界先进所做的这些介绍时，孙中山的形象无形中便高大了起来，这也就为1905年中国同盟会成立、拥戴孙为总理奠定了基础。

这时的章士钊还不认识孙氏其人。但因为章士钊已结识章太炎，而太炎在1902年赴日本时已与孙中山来往，故士钊对孙的了解，可能多来自太炎的介绍。另外，士钊也可能从秦力山、王慕陶处得来一些信息。

章士钊在《疏〈黄帝魂〉》中回忆说："吾之所知于（孙）先生，较之秦力山所谓海贼孙汶，不多几许。一日，吾在湖北王侃叔（慕陶）许，见先生所作手札，长至数百言，用日本美浓卷纸写，字迹雄伟，吾甚骇异。由此不敢仅以草泽英雄视先生，而起心悦诚服之意。"当时孙文之为国事犯受通缉，已广为人知。为活动方便，用了中山、高野一类的日本姓氏。故熟人相遇，便称中山先生或高野先生。起初是口头上说说，或通信上使用，进而在报刊上也用了，习惯成了自然。如章太炎在1902年3月致吴君遂（后为章士钊之岳父）信中便说："今者，任公、中山意气尚不能平，盖所争不在宗旨而在权利也。"任公是梁启超的字号，章太炎将任公、中山并列使用，可见至少在此时（1902年），部分中国人已将孙氏在日本所使用的姓氏中山，作为孙氏的名字而加以使用了。

约1903年，章士钊也就是在这个时候或晚些时候，便"贸贸然以中山缀于孙下，而牵连读之曰孙中山"。本非约定，卒乃俗成，孙中山孙中山云云，遂成为孙氏的姓名定型，一百多年来使用不绝。据说，王侃叔曾批评章士钊这样做不通，"姓氏重叠，冠履倒错"。章氏虽对批评"逊谢，然亦无法变易，久而久之，从不见有人提出问题，（孙）先生似亦闻而默认"。总括一句话，约在1903年，章士钊第一次取了"孙中山"的名字，并由此传开来，孙氏本人后来也默认了。

在1910年以前，孙中山在对日人通信中落款"中山"、"高野"交用，这个"中山"是日本姓Nakayama，不成问题。但对中国人通信中署名"弟中山",这个中山,字音都应是汉语的中山,与使用署名"弟孙文"相对应,这个中山,则是孙氏用作自己的名字了。

对于这一点,还可从孙氏与外人通信中得到证明。孙氏与外人(西人)通信,历来都使用孙逸仙(汉语拼音)。但在1910年8月11日致咸马里函署名是孙逸仙,通信地址(收信人)写的是 Mr. Chung San。同年9月4日致布思函,通讯处(收信人)也是 Chung San(并注明"邮汇亦请用 Chung San 之名")。8月13日致张永福函,中文直称"弟中山谨启"。可见,暂住槟城的孙氏,即仍处于保密时期的孙氏,已开始使用"中山"二字作为自己的名字。到了1911年12月25日孙氏返抵上海后,孙中山的姓名在报纸上铺天盖地,汤化龙等人的共和建设会的通电中,甚至有"请举孙中山先生为总统,以救国民"的字样。

入民国后,"孙中山"姓名被广泛使用。但是,这是被使用。虽然孙也接受他人称自己为中山先生、孙中山先生,孙中山就是孙文、孙逸仙,但是我们实在找不到孙氏自署孙中山的事例。

孙中山为什么不使用"孙中山"呢?可能有这种因素,即姓名虽是符号,但中国传统上更重视"名从主人"的说法。不论是中山或是孙中山,都是别人所取用的姓氏、姓名,不是本人或长辈给取的,于俗可容,于理无据。况且,中山二字之含义,细想起来,孙氏可能极不舒服。为何如此说?须知,1879年(光绪五年),日本灭中国藩属琉球国,改为冲绳县,逼迁其王至东京,以中山侯爵名义,处于囚禁状态。当中国第一任驻日使臣何如璋抵横滨时,原琉球王听到消息,还派亲信秘密跪见天使,请求代为申冤复国。这是何等可悲可耻之事!若以一大国领袖之姓名竟来源于亡藩辱爵,情何以堪!故孙氏对不知就理之人,尽管由他们去用(不辨,辨无益),反正外界没有人知道其中原委;但如果自己也使用"孙中山",煌煌大字落笔留于档册,为外人笑,则清夜梦回,便难免诛心了。这大概便是孙文(逸仙)不使用孙中山这个名字的缘故。这也就是说,孙中山是一个被取、用的名字。

附带说几句,给孙氏取中山姓氏的平山周,约十年间一直是孙氏的积极支持者,但在1907年汕尾"幸运丸"运械一事闹翻后,二人便中断了来往。至于章士钊,则始终未加入"孙党"(从兴中会、同盟会、国民党、中华革命党,直到中国国民党),形同蜀洛。

鄙人从事孙中山研究三十有余年,以涉猎"孙中山与日本"为帜志,早想写点孙中山之于"孙中山"的文字,迁延未果。值此辛亥革命百年纪念,乃追维原始,涂抹几句,在学言学,聊供同好之谈助。